Mikroelektronik in Österreich

ME

Berichte der
Informationstagung ME 85

Springer-Verlag
Wien New York

Mit 246 Abbildungen

ISBN-13:978-3-211-81893-0   e-ISBN-13:978-3-7091-8821-7
DOI: 10.1007/978-3-7091-8821-7

Den Ehrenschutz der Tagung haben übernommen:

Univ.-Doz. Dr. Heinz FISCHER,
Bundesminister für Wissenschaft und Forschung

Dr. Heinrich ÜBLEIS,
Bundesminister für Bauten und Technik

Dr. Kurt STEYRER,
Bundesminister für Gesundheit und Umweltschutz

Dkfm. Ferdinand LACINA,
Bundesminister für Öffentliche Wirtschaft und Verkehr

Dr. Helmut ZILK,
Bürgermeister der Stadt Wien

VORWORT

Die Veranstalter der Informationstagung Mikroelektronik legen
heuer erstmals die gesammelten Kurzvorträge und Postermittei-
lungen in Buchform vor. Die Kurzfassungen der Hauptvorträge
finden sich in der Nummer 10 der Zeitschrift E und M, die zur
Tagung erscheint. Den ungekürzten Hauptvorträgen ist nach der
Tagung ein Sonderheft der gleichen Zeitschrift gewidmet. Die
Herausgabe der Tagungsunterlagen in Buchform ist mit ein Zeichen für die gestiegene Bedeutung der Mikroelektroniktagung,
deren Ziel, vereinfachend gesagt, in der Förderung des Infor-
mationsaustausches zwischen Forschung und Wirtschaft liegt.

Die vom 15. bis 17. Oktober 1985 stattfindende Informationstagung "Mikroelektronik 1985" ist die sechste Informationstagung
dieser Art. Die erste ME fand am 23. und 24. Oktober 1975
statt. Die Ausweitung des Umfangs dieser Veranstaltung wird
deutlich, wenn man die Zahlen der Vorträge und der Teilnehmer
vergleicht: waren es 1975 sieben Haupt- und 27 Kurzvorträge zu
sechs Themenkreisen bei knapp 300 registrierten Teilnehmern, so
werden heuer dreizehn Haupt- und 51 Kurzvorträge in Form von
Übersichten über Stand und Zukunft der Mikroelektronik sowie
von Berichten über konkrete Applikationen, Methoden und Entwicklungen an erwartete 500 Teilnehmer herangetragen. Darüberhinaus sind in einer Posterschau 29 Poster ausgestellt.

Wurde die ME 75 noch von drei Veranstaltern, nämlich dem Außeninstitut der Technischen Universität Wien, der Bundesversuchs-
und Forschungsanstalt Arsenal und der Österreichischen Studien-
gesellschaft für Atomenergie getragen, so kam 1981 das Außeninstitut der Technischen Universität Graz hinzu. Als Mitveran-
stalter fungieren heuer die Bundesministerien für Wissenschaft
und Forschung, für Bauten und Technik, für Gesundheit und
Umweltschutz sowie das für Öffentliche Wirtschaft und Verkehr.

An der ME 85 werden elf Themenkreise behandelt, an deren Spitze
jeweils ein oder zwei Hauptvorträge gestellt sind. Der bisher
stets gehaltene Einleitungsvortrag zu einem sozioökonomischen
Thema wurde heuer erstmals zu einem eigenen Themenkreis,
"Mikroelektronik, Mensch und Gesellschaft" erweitert. Dieser

Themenkreis steht unter der Leitung von Prof. Dipl.-Ing. F. Margulies; die zugeordneten Hauptvorträge werden gehalten von Mag. H. Vogler, Gewerkschaft der Privatangestellten, Wien, zum Thema "Mikroelektronik; Mißbrauch macht Angst - Mitbestimmung schafft Vertrauen" und von Prof. Dr. F. Wojda, Technische Universität Wien, über "Theorie und Praxis partizipativer Gestaltung von Arbeitssystemen".

Der wieder vorkommende Themenkreis **"Halbleitertechnologie"** wird abermals von Prof. Dr. H. Pötzl, Technische Universität Wien, betreut, der als Hauptvortragenden Prof. Dr.-Ing. H. Ryssel, Universität Erlangen, mit dem Vortragstitel "Neue Technologien für zukünftige höchstintegrierte Schaltkreise" gewinnen konnte.

Der wichtige Themenkreis **"Zuverlässigkeit von Bauteilen und Systemen"**, der heuer zum vierten Mal vorkommt, steht unter der Ägide von Rat Dipl.-Ing. J. Hartberger und Rat Dipl.-Ing. J. Sandera, beide Bundesversuchs- und Forschungsanstalt Arsenal, Wien. Der Hauptvortrag zum Zuverlässigkeitsthemenkreis stammt von Dr.Ing. W. Ehrenberger, Fachhochschule Fulda, und ist dem Thema "Softwarezuverlässigkeit - Erstellung und Nachweis" gewidmet.

Abermals, allerdings in erweiterter Form, kommt der Themenkreis **"Sensoren, Interfaces und Meßwertverarbeitung"** zur Behandlung. Er wird geleitet von Prof. Dr. H. Leopold, Technische Universität Graz, und der Hauptvortrag wird von Prof. Dr. H. Ziegler, Universität Paderborn, über "Digitale Sensoren", ein sehr aktuelles Thema, gehalten.

Der Themenkreis **"Optoelektronik und optische Nachrichtentechnik"** wird von Prof. Dr. W. Leeb, Technische Universität Wien und Prof. Dr. H. Thim, Universität Linz, betreut. Der Hauptvortrag zu diesem Themenkreis kommt von Prof. Dr. G. Schiffner, Ruhr-Universität, Bochum, und widmet sich der "Anwendung von Glasfasern in der optischen Nachrichtentechnik und Sensorik".

Das Thema "Datennetze" der ME 83 wurde erweitert zum Themenkreis **"Nachrichtentechnik und Datenkommunikation"** und steht unter der Leitung von Prof. Dr. E. Bonek und Prof. Dr. R. Patzelt, beide Technische Universität Wien. Der Hauptvortrag wird von Dr. W.E. Herold, Standard Elektrik Lorenz AG, Stuttgart, über das Thema "Mikroelektronik in integrierten Kommunikationsnetzen" gehalten. In einem "kurzen Hauptvortrag" referiert Dr. H. Pichler, Technische Universität Wien, über "Zweidrahtnetze".

Es schließt sich der Themenkreis **"Anwendung im Kraftfahrzeug"** an, betreut von Prof. Dr. H. Leopold, Technische Universität Graz, der als Hauptvortragenden Dr. O. Holzinger, Robert Bosch GmbH, Stuttgart, gewinnen konnte. Holzinger trägt über "Elektronik im Kraftfahrzeug" vor.

Der folgende Themenkreis wurde benannt **"Anwendung in der Verkehrstechnik"** und wird von **Hofrat** Dr. A. Sethy, Bundesversuchs- und Forschungsanstalt Arsenal, Wien, geleitet. Er konnte Dr. R. Genser, Bundesministerium für Öffentliche Wirtschaft und Verkehr, gewinnen, der über "Die Entwicklung der Mikroelektronik und die Zukunft der Verkehrstechnik" vorträgt.

Das Thema **"Anwendung in der Medizin"**, seit vielen Jahren einer der Schwerpunkte der Tagung, wird wieder von Prof. Dr. S. Schuy, Technische Universität Graz, betreut; den diesbezüglichen Hauptvortrag hält Prof. Dr. M. Schaldach, Universität Erlangen, über "Stand und Entwicklungstendenzen der Mikroelektronik in der biomedizinischen Technik".

Ein neuer Themenkreis ist **"Anwendung in Klein- und Mittelbetrieben"** unter der Ägide von Prof. Dipl.-Ing. F. Margulies und Prof. Dr. R. Patzelt, Technische Universität Wien. Den Hauptvortrag hiezu hält Ing. E. Schacherl von der Firma Krippner und Kletzmaier, Linz, über "Anwendung der Mikroelektronik für die Automatisierung von Prozessen in Klein- und Mittelbetrieben".

Der neue Themenkreis **"Digitale Signalverarbeitung"** unter der Patronanz von Prof. Dr. W. Mecklenbräuker, Technische Universität Wien, ist eine wichtige Erweiterung der Tagung. Dr. J.B.H. Peek, Philips Forschungslaboratorium, Eindhoven, trägt hiezu über "Digitale Signalverarbeitung: Wann und Warum?" vor.

Die Mikroelektroniktagung wäre undenkbar ohne die Unterstützung durch öffentliche Stellen, private Institutionen und Firmen. Von Anfang an leisteten das Bundesministerium für Wissenschaft und Forschung und das Bundesministerium für Bauten und Technik den größten finanziellen Beitrag. Seit zwei Jahren gewährt auch das Bundesministerium für Gesundheit und Umweltschutz eine namhafte Unterstützung. Weitere finanzielle Beiträge leisten der Fachverband der Elektroindustrie, der Österreichische Arbeiterkammertag, die Österreichische Industrieverwaltungs-AG und der Österreichische Verband für Elektrotechnik. Unterstützung mit Sachleistungen erfährt die Tagung durch die Stadt Wien, die Österreichischen Bundesbahnen, die Österreichische

Philips Bauelemente Industrie, die Rank Xerox Austria, die
Arbeitsgemeinschaft für Fachausstellungen und, last but not
least, die Wiener Messen und Congreß Ges.m.b.H. Diesen Stellen
und Firmen sei hier der aufrichtigste Dank der veranstaltenden
Fachinstitutionen ausgesprochen.

Zu danken ist aber auch der großen Zahl der Mitarbeiter der
Technischen Universitäten Wien und Graz, der Bundesversuchs-
und Forschungsanstalt Arsenal und des Forschungszentrums Seibersdorf, die mit persönlichem Engagement, häufig unter
Opferung ihrer Privatzeit und ehrenamtlich, all die im Endef-
fekt kaum sichtbaren, zum Gelingen einer Tagung dieser Größenordnung aber unentbehrlichen, Arbeiten erledigt haben.

Wien, im Herbst 1985

                                    F. Oismüller
                          Tagungssekretär der ME 85

INHALTSVERZEICHNIS

3. Themenkreis **Zuverlässigkeit von Bauteilen und Systemen**

4. Themenkreis **Anwendung in der Medizin**

7. Themenkreis **Sensoren, Interfaces** und **Meßwertverarbeitung**

8. Themenkreis **Anwendung in der Verkehrstechnik**

TAGUNGSSEKRETÄR

Oberrat Dipl.-Ing. F. OISMÜLLER,
Bundesversuchs- und Forschungsanstalt Arsenal

WISSENSCHAFTLICHES REDAKTIONSKOMITEE

Dipl.-Ing. Dr. W. ATTWENGER,
Österreichisches Forschungszentrum Seibersdorf GmbH

Univ.-Doz. Dipl.-Ing. Dr. E. BENES,
Institut für Allgemeine Physik, TU Wien

Dr. J. BINNER,
Institut für Allgemeine Elektrotechnik, TU Wien

Dr. H. BODENSEHER,
Bundesministerium für Wissenschaft und Forschung

Univ.-Prof. Dipl.-Ing. Dr. E. BONEK,
Institut für Nachrichtentechnik, TU Wien

Univ.-Prof. Dr. W. FALLMANN,
Institut für Allgemeine Elektrotechnik, TU Wien

Oberrat Dipl.-Ing. G. FIEDLER,
Institut für Elektrische Meßtechnik, TU Wien

Rat Dipl.-Ing. J. HARTBERGER,
Bundesversuchs- und Forschungsanstalt Arsenal

Univ.-Prof. Dipl.-Ing. Dr. W. LEEB,
Institut für Nachrichtentechnik, TU Wien

Univ.-Prof. Dr. H. LEOPOLD,
Institut für Elektronik, TU Graz

Prof. Dipl.-Ing. F. MARGULIES,
Arbeitsgemeinschaft Automatisierungstechnik in Österreich

Univ.-Prof. Dipl.-Ing. Dr. W. MECKLENBRÄUKER,
Institut für Nachrichtentechnik, TU Wien

ORGANISATIONSKOMITEE

Dipl.-Ing. Dr. W. ATTWENGER,
Österreichisches Forschungszentrum Seibersdorf GmbH.

Dipl.-Ing. J. BARDACH,
Institut für Datenverarbeitung, TU Wien

Dr. G. BECKER,
Bundesministerium für Wissenschaft und Forschung

Dipl.-Ing. H. DIETRICH,
Institut für Elektrische Meßtechnik, TU Wien

Dipl.-Ing. E. DOLAK,
Bundesministerium für Bauten und Technik

Oberrat Dipl.-Ing. G. FIEDLER,
Institut für Elektrische Meßtechnik, TU Wien

Dipl.-Ing. Dr. H. FÜRST,
Institut für Elektrische Meßtechnik, TU Wien

Ing. P. HABERL,
Bundesversuchs- und Forschungsanstalt Arsenal

Dir. G. HOFFMANN,
Wiener Messen und Congreß Ges.m.b.H.

Dipl.-Ing. M. HORVAT,
Außeninstitut der TU Wien

Dipl.-Ing. W. KOBLITZ,
Prozeßrechenanlage, TU Wien

Mag. N. KOHSEM,
ARGE für Fachausstellungen

Mag. N. MAYERHOFER,
Gesellschaft für Medienberatung

Oberrat Dipl.-Ing. F. OISMÜLLER,
Bundesversuchs- und Forschungsanstalt Arsenal

Dipl.-Ing. Dr. H. SCHWEINZER,
VÖEST Alpine

1. Themenkreis

MIKROELEKTRONIK, MENSCH UND GESELLSCHAFT

Leitung:

Prof. Dipl.-Ing. F. Margulies
Univ.-Prof. Dr. R. Patzelt

DIE GESAMTVERANTWORTUNG DES MANAGEMENTS BEI KOMPLEXEN VERÄNDERUNGSPROZESSEN DURCH MIKROELEKTRONIKEINSATZ

W. Tritremmel

Vereinigung Österreichischer Industrieller, Wien

ZUSAMMENFASSUNG:

Der erfolgreiche Einsatz moderner Maschinen und Geräte hängt
mehr denn je davon ab, wieweit gleichzeitig mit technischen
Lösungen Problemstellungen insbesondere in den Bereichen Organisation und Mitarbeiter in die Lösungsansätze miteinbezogen
werden. Komplexe Veränderungsprozesse können nicht mehr mit
Methoden und Erfahrungen der Vergangenheit geplant und gesteuert werden. Zur Wahrung der Entscheidungs- und Realisierungs-
freiräume muß der technische Strukturwandel vom Management als
Gesamtverantwortung angenommen werden.

Die Büroautomation, Management-Informationssysteme, der Einsatz computergestützter Planung, Produktion und Kontrolle führten die Rangliste bei einer Umfrage eines weltweit tätigen Be-
ratungsunternehmens unter TOP-Führungskräften bei der Frage
nach den technischen Bereichen, die wesentlichen Einfluß auf
die Unternehmen in den nächsten 10 Jahren haben werden, an. Auf
die Frage nach den wichtigsten Voraussetzungen für den Unter-
nehmenserfolg mit neuen Techniken wurden an die ersten vier
Ränge gereiht:
1. Gute Wettbewerbsposition
2. Verstehen der Technik
3. Einbeziehung des TOP-Managements
4. Interdisziplinäre Behandlung des Technikeinsatzes durch
   Technikexperten, Marketingfachleute, Führungskräfte im Fi-
   nanzbereich etc.
Ein Vergleich der möglichen Mikroelektronikanwendungen mit den
tatsächlichen Anwendungsformen die heute in den Betrieben vor-

zufinden sind zeigt, daß wir tatsächlich erst die ersten Schritte auf dem Weg der technischen Möglichkeiten zur Fabrik oder dem Büro der Zukunft setzen. Weltweit sind noch keine 200 flexiblen Fertigungssysteme im Einsatz. Computer aided Design-Systeme werden vor allem als Zeichenwerkzeuge eingesetzt, darüber hinausgehende Anwendungsmöglichkeiten werden vorerst kaum genutzt.

Neue Produktionsformen mit veränderten Arbeitsbedingungen und Arbeitsinhalten werden möglich. Die Palette vorstellbarer neuer Fertigungsstrukturen reicht von der Einmaschinenfabrik in Form der Fertigungszelle, dem rechnerintegrierten, flexibel automatisierten Fertigungssystem (CIM-computer integrated manufacturing) mit Vernetzung der automatisierten Abläufe über dezentrale Teilbetriebe mit Verbindung an das Informationssystem des Hauptwerkes bis hin zur völligen Ausgliederung von Planungs-, Verwaltungs- oder Montagearbeiten.

Zu denken gibt, daß in der Umfrage unter 200 Spitzenmanagern führender Unternehmen zu den bedeutenden betrieblichen Problemfeldern bei der Entwicklung und Einführung neuer Techniken neben dem Mangel an qualifizierten Mitarbeitern insbesondere unzureichendes Verständnis und Wissen des TOP-Managements über Technologien, zu geringe Einbindung der Führungskräfte in den Entscheidungsprozeß über Technikanwendung oder die unbefriedigende Integration der Technologiefachleute in den Planungsprozeß genannt wurden. Wir leiden heute offensichtlich am Mangel der ganzheitlichen Sichtweise der Technikanwendung in den Betrieben. Dieses Defizit ergibt sich wohl daraus, daß bisher die Einbindung neuer technischer Möglichkeiten in bestehende Systeme, sei es die EDV oder neue Maschinen in der Produktion als eher isolierte Veränderungen durchführbar waren. Die zunehmende Verkettung und Vernetzung, die kürzer werdenden Zeiträume von Veränderungen ebenso wie die zum Teil völlig neuen Anforderungen an Qualifikation und Zusammenarbeit bisher eher parallel wirkender Bereiche zwingen zu neuen, weit über operativ-taktische Lösungsvorgänge hinausgehende Sichtweisen.

Gleichzeitig stellt sich das Erfordernis nach Innovation in einem viel größeren Rahmen als im Sinne von neuen Produkten oder Verfahren.

An die Führungskräfte wird heute der Anspruch gestellt, die Umwelt, die Mitarbeiter, die Märkte, neue Techniken und vieles
mehr vorausblickend in ihre Überlegungen und Entscheidungen
miteinzubeziehen. Eine neue, von Diskontinuität geprägte, risikoreiche Situation unterwirft die Unternehmen einem Selektionsprozeß, der nicht mehr die Zeit läßt, durch nachträgliche Anpassungsvorgänge Korrekturen vorzunehmen. Vom erfolgreichen Management wird zu Recht verlangt, daß es erkennt, daß Muster aus
der Vergangenheit nicht auf die Zukunft übertragbar sind und
die Entwicklung in qualitativen Sprüngen erfolgt.

In Kenntnis der in absehbarer Zeit zur Verfügung stehenden neuen Möglichkeiten der Rechnerintegration mit dem Ziel der automatischen Fertigung von variablen Produktprogrammen, der kontinuierlichen Ablaufsteuerung und direkten Materialfluß und Verarbeitungsregelung in einem maschinellen Organismus zur automatisierten Produktherstellung, ist es nicht nur eine Modeerscheinung, wenn in jeder Management-Fachzeitschrift das strategische
Management, Innovationsbewußtsein, Unternehmenskultur, Organisationsentwicklung, Flexibilität, Personalplanung, Mitarbeiterentwicklung oder Kreativität gepredigt wird.

Für viele Führungskräfte stellt sich damit eine bisher nur für
besonders exponierte Bereiche bekannte neue und große Herausforderung, die nicht mehr von einem alleine oder den sogenannten "unmittelbar Zuständigen" gelöst werden kann. Die Dimension
dieser Herausforderung kann auch daran ermessen werden, daß zu
den technischen, finanziellen und organisatorischen Problemen
erhebliche Probleme des gesellschaftlichen und menschlichen Bereiches verstärkt hinzukommen. Die besorgniserregenden Ergebnisse von Bevölkerungsumfragen über Computerangst und Technikskeptizismus, die konkreten Forderungen der Gewerkschaften nach
verstärkter Kontrolle des technischen Wandels und die von Arbeitskräften geäußerten Befürchtungen über Arbeitsplatzverluste und Qualifikationsprobleme müssen von den Führungskräften als wichtige Signale aufgenommen und als Strategieparameter einbezogen werden.

Ralf Darendorf hat den Satz formuliert: "Die Manager von morgen werden sich durch große Sensibilität auszeichnen: Antennen,
mit deren Hilfe es gelingt, auch in einem schwierigen Klima er-

folgreich sein zu können".

Schon heute kann die Suche und Umsetzung optimaler Lösungen für eine Unternehmenseinheit nicht mehr vom einzelnen Manager mehr oder weniger isoliert erledigt werden. Bereits heute sind, wenn längerfristige Entwicklungsperspektiven verantwortungsbewußt miteinbezogen werden, die komplexen Veränderungsprozesse durch Mikroelektronik nicht mehr durch Delegation, sondern im Rahmen einer Gesamtverantwortung des Managements zu lösen.

Wir müssen akzeptieren, daß der langfristige Erfolg eines Unternehmens nicht nur davon abhängt, wie rasch zur Verfügung stehende, moderne Technik in Produktion und Verwaltung eingesetzt wird, sondern in immer stärkerem Ausmaß davon, ob das gesamte Unternehmen mit allen organisatorischen, hierarchischen, personellen Komponenten auf diese Anwendungen vorbereitet ist und sich kontinuierlich weiterentwickelt. Vielleicht noch bedeutsamer ist augenblicklich diese Problematik in Zusammenhang mit dem Innovationsfeld, das im Unternehmen selbst für neue Produkte oder Verfahren besteht. In einer Aufsatzreihe über Innovationsmanagement haben Wissenschafter und Spitzenführungskräfte mehrmals die hervorragende Bedeutung der Befassung des TOP-Managements mit dem technischen Wandel unterstrichen und auf den notwendigen langjährigen Prozeß der Transformation von innovationsfeindlichen oder innovationsneutralen Unternehmensstrukturen in eine innovationsfreundliche Unternehmenskultur hingewiesen. Ein Wissenschafter und Unternehmensberater aus den Vereinigten Staaten hat als Bedingungen für die Einführung neuer kultureller Elemente zum Innovationsklima genannt:

- Die Verankerung der "neuen" Kultur in der Tradition des Unternehmens,
- Veränderungsprozesse müssen durch strategische Pläne und Zielsetzungen unterstützt werden,
- Erarbeitung von konkreten Aktionsprogrammen zur Änderung der Unternehmenskultur von Trainingsprogrammen bis zur Einführung von Qualitätszirkeln.
- Die Unternehmensführung muß sich voll mit der kulturellen Änderung identifizieren und sichtbare Zeichen setzen.

In einem weiteren Sinne kann für Unternehmen der Weg in die Welt der Mikroelektronik ebenfalls als betriebliche Innovation

gewertet werden, für die durchaus die inzwischen zur Berühmt-
heit gelangten 8 Erfolgskriterien von Peters und Waterman im
Erfolgsbuch "In Search of Excellence" Geltung haben können.
Eine Einbindung dieser Merkmale in die Befassung der Führungs-
kräfte mit dem technischen Strukturwandel kann zu einer leichte-
ren Lösung der vielfältigen Aufgaben beitragen. Drei für die
Gesamtverantwortung der Führungskräfte besonders wichtigen
Merkmale sollen hervorgehoben werden:

1) Sichtbar gelebtes Wertesystem:
   Hiezu meint Thomas Watson jr. von Hewlett Packard, daß die
   Grundphilosophie eines Unternehmens mehr Einfluß auf seine
   Leistungsfähigkeit hat als technologische oder finanzielle
   Ressourcen, Organisationsstrukturen, Innovationsrate oder
   Timing.

2) Produktivität durch Menschen:
   Die exzellenten Unternehmen betrachten ihre Mitarbeiter als
   eigentliche Quelle der Qualitäts- und Produktivitätssteigerung.

3) Freiraum für Unternehmertum:
   Die innovativen Unternehmen fördern in allen Bereichen möglichst viele Führungstalente und Neuerer.

Die bisherigen Ausführungen sollten deutlich machen, wie groß
und vieldimensional die Führungsverantwortung der Manager geworden ist. Nun kann wohl die Frage gestellt werden, wie die
taktische Vorgehensweise im Sinne dieser Gesamtverantwortung
aussehen kann. Eine einfache Antwort kann wieder im Punkt 1 der
Erfolgsmerkmale von Peters und Waterman gefunden werden: "Primat
des Handelns"oder anders ausgedrückt: "do it, try it, fix it"
wie es in diesem Buch erläutert wird. In einem der untersuchten
erfolgreichen Unternehmen werden statt isolierter Arbeit der
Marketingspezialisten oder Ingenieure Teams mit fünf bis fünf-
undzwanzig Mitarbeitern für wenige Wochen gebildet, die rasch
Ideen umsetzen.

Um es am Beispiel des Robotereinsatzes in der Fertigung der
AUDI AG aufzuzeigen: Neben dem Investitionsprogramm wurde eine
Investitionsanalyse entwickelt, die den Personalstellen frühzeitig Informationen über Anlaß, Ort und Ausmaß der technischen
Neuerung geben. Damit konnten personelle Fragen ohne Zeitdruck
gelöst werden. In einem Koordinationsteam, bestehend aus Ver-
tretern des Personalwesens, der technischen Planung, aber auch

des Betriebsrates konnte erreicht werden, daß die gegenseitige
Abstimmung verbessert und ein laufender Informationsprozeß in
Gang gebracht wurde. Aufgabe des Koordinationsteams war es insbesondere,künftige Arbeitsstrukturen, Tätigkeitsbilder und Qua-
lifikationsanforderungen zu erfassen. Auch die Bereiche Wartung,
Instandhaltung und Transport wurden in die Betrachtung einbezogen. Hierarchische Strukturen wurden aufgegeben und eine Zusammenfassung einzelner Arbeitsplätze in Fertigungsteams angestrebt. Die für die Arbeit an der neuen Fertigungsstraße mit
Robotern vorgesehenen Mitarbeiter waren aktiv in die Errichtung
der Anlage eingebunden.

Diese Vorgehensweise ist vom Ansatz her keine auffallende Besonderheit, die Realisierung dieses Weges ist für viele Unternehmen und Führungskräfte aber eher neu. Der Weg gleichzeitig
im Zuge von technischen Veränderungen den organisatorischen
und personellen Wandel zu betreiben, setzt ein gewisses Maß an
Experimentierfreudigkeit und Flexibilität der Führungskräfte
voraus. Die Vorteile dieses Lern- und Erfahrungsprozesses
können sich aber relativ rasch in einer Verbesserung der Wettbewerbsfähigkeit zu Buche schlagen.

Die Führungskräfte als kompetente Gestalter und Entwickler in
den Unternehmen sind aufgerufen, die Gestaltungsfreiräume zu
nutzen und zukunftsorientierte Lösungen zu erarbeiten, die das
gesamte Entwicklungspotential der Unternehmen nützen. Diese
Aufgabe ist umgehend als Gesamtverantwortung anzunehmen, denn
sonst werden andere rasch versuchen, diese Aufgabe zu übernehmen. Die komplexen Veränderungsprozesse erkennend, sind bereits vielfältige Forderungen von außerhalb des Unternehmens
gestellt worden, die letztlich eine dramatische Einschränkung
unternehmerischer Entscheidungsmöglichkeiten bewirken würden.

Der Mikroelektronikeinsatz kann als Prüfstein für das recht-
zeitige Erkennen von Signalen und für erfolgreiches umfassendes Management sein. Wenn diese Chance ungenützt bleibt, werden es andere versuchen, Probleme zu lösen und die würden es
schlechter tun!

COMPUTER IN DER GEWERKSCHAFTLICHEN BILDUNGSARBEIT

Prof. Kurt Prokop

ÖGB-Bildungs- und Arbeitswissenschaftliches Referat

Schlüsseltechnologien waren immer eine Herausforderung für die
Gewerkschaften und die politische Arbeiterbewegung. Auch heute
stehen wir inmitten einer totalen technisch-wissenschaftlichen
Innovation unserer Gesellschaft.

Diese Entwicklung kann nicht nur aus technisch-wissenschaft-
licher Sicht beurteilt werden, sondern man muß gesamtgesellschaftliche Konsequenzen, insbesonders in kultureller und
sozialer Hinsicht, miteinbeziehen.

Die österreichischen Gewerkschaften sind weder Maschinenstürmer,
noch haben sie Berührungsängste mit technisch-wissenschaft-
Innovationen. Sie beurteilen den technischen Wandel nach menschlichen, sozialen und kulturellen Gesichtspunkten und Nutzen
für die Lohnabhängigen.

Deshalb ist Angst kein Instrumentarium zur Bewältigung der
Zukunft.

John Osborn bemerkte richtig: "Der Computer ist die logische
Weiterentwicklung des Menschen - Intelligenz ohne Moral."
Die Gewerkschaften werden deshalb weiterhin für die soziale

Moral in der Gesellschaft und für die gerechte Verteilung des Produktivitätszuschwachses durch neue Techniken zu sorgen haben.

Damit werden auch die Verteilungskonflikte zunehmen. Neue Technologien müssen daher kontrolliert und sozial gesteuert werden. Das Instrumentarium ist die Ausweitung der Mitbestimmung am Arbeitsplatz, im Betrieb und in der Gesellschaft.

Ohne Zweifel ist der Computer als Instrument und Hilfsmittel zur Datenerfassung, Datenerarbeitung und Kontrolle, ein neuer wesentlicher Bestandteil industrieller Beziehungen und damit ein Eckpunkt partizipativer Systeme und Strukturen am Arbeitsplatz und Betrieb.

Mitbestimmung ist nur bei einem Informationsgleichgewicht möglich. Der Computer und das durch ihn erarbeitete Datenmaterial innerhalb von Personalinformationssystemen, Datenerfassungsmethoden an Maschinen und Personen, sowie Zeit und Zwangskontrollen, medizinische Daten, Datentransfer national und international können zu einem massiven Informationsungleichgewicht zwischen Arbeitnehmer- und Unternehmervertreter führen. Damit würden partizipative Systeme und Strukturen ad absurdum geführt werden und die Arbeitnehmervertreter in den industriellen Beziehungen schwer benachteiligt sein.

Informationsungleichgewicht ist auch Machtungleichgewicht.

Deshalb ist der Zugriff zu bestimmten Daten eine Schlüsselfrage für die Mitbestimmungsaufgabe der Betriebsräte, Personalver-

treter im Betrieb und der zentrale Eckpunkt industrieller Beziehungen. In Partizipationsstrukturen muß ein Informationsgleichgewicht vorhanden sein, um zu richtigen und sinnvollen Entscheidungen zu kommen, wobei der mitzubestimmende Datenstock einzugrenzen und zu definieren ist. Ein weiterer Ansatzpunkt für den Einsatz des Computers in der Gewerkschaftsarbeit ist der Gebrauch des Computers für Betriebsrats-, Personalvertretungs- und Gewerkschaftsaufgaben.

Die Betriebsräte müssen derzeit umfangreiche Karteien führen, um ihre Tätigkeit effektiv ausführen zu können. Dabei geht es um Daten: über die innerbetriebliche Lohnpolitik, um Sozialleistungen, um Interventionen bei Arbeitsplatz und Qualifikationsfragen, bei Versetzungen, etwaigen Disziplinarmaßnahmen in der Bildungs- und Schulungsarbeit, bei arbeitsmedizinischen und bei Arbeitsschutzproblemen, sowie bei der Mitgliederevidenz und Mitgliederbetreuung. Hier wird der Computer ein wesentliches Hilfsmittel für die Interessensvertretungen und Mitbestimmung im Betrieb.

Die Grundproblematik liegt im Mangel geeigneter "Software" für den Bereich gewerkschaftlicher Tätigkeit. Der ÖGB ist gerade dabei in Zusammenarbeit mit Betriebsräten, Personalvertretern genaue Funktions- und Systemprofile für die gewerkschaftliche Tätigkeit im Betrieb zu erarbeiten, um eine eigene "Softwareentwicklung" zu beginnen.

Im Bildungsbereich des ÖGB wird die Softwareentwicklung für Betriebsräte und Personalvertreter, sowie computergestützte Studien, Dialog und Abfrageprogramme eine wesentliche Aufgabe für die Zukunft sein. Ein wesentlicher Bestandteil gewerkschaftlicher Bildungsarbeit ist aber der kritische Umgang mit der Computertechnologie und den sozialen Auswirkungen der Computeranwendungen auf den arbeitenden Menschen, den Arbeitsplatz um seine Stellung im Betrieb zu erkennen.

Dabei liegt der Schwerpunkt besonders auf neue computergestützte Datenerfassung, Kontrolle und Überwachungsmöglichkeiten und damit auf die nunmehr äußerst eingeschränkten menschlichen Freiräume im Betrieb und am Arbeitsplatz.

Zu diesem Zweck wurde ein eigener einwöchiger Seminartyp für Betriebsräte und Personalvertreter entwickelt, der nun seit zwei Jahren in der gewerkschaftlichen Bildungsarbeit erprobt wird.

Eingeleitet wird dieses Seminar mit dem Thema "Neue Technologien und Gewerkschaften - Die Computertechnologie und ihr gesellschaftliches Umfeld - Eine gewerkschaftliche Position." Fortgesetzt wird dieser Seminartyp mit zweitägigen Unterweisungen und Übungen am PC-Computer, sowie Übungen mit der BTX-Technologie. Dabei werden computergestützte Zugangskontrollen, Personalinformationssysteme, Datenerfassungsgeräte an Maschinen, computergestützte Abfrageprogramme mit gewerkschaftseigener "Software" demonstriert.

Ein weiterer halber Tag dient der ergonomischen Gestaltung von Computerarbeitsplätzen.

Weitere zwei Tage sind für die Vermittlung spezieller Mitbestimmungs- und Arbeitsrechtsbestimmungen vorgesehen. Den Abschluß des Seminars bildet die Erarbeitung einer Mustervereinbarung für die Anwendung der Computertechnologie im Betrieb.

Die Aufgabe und das Ziel der Seminare des ÖGB ist die Durchsetzung einer kontrollierten Anwendung der Computertechnologie im Betrieb und am Arbeitsplatz zum Schutz der Menschenwürde im technischen Wandel.

Einsatz eines Bildschirmdialoges für Pensionsänderungen

H. Wollner

Pensionsversicherungsanstalt der Angestellten, Wien

Zusammenfassung:

In der Pensionsversicherungsanstalt der Angestellten wurde in
einem 3-Stufen-Projekt für Pensionsänderungen ein Bildschirm-
dialogverfahren für die Zentrale und die Außenstellen eingesetzt.

Seit dem Jahre 1973 werden in der Pensionsversicherungsanstalt
der Angestellten die Pensionsberechnungen anläßlich der Erst-
zuerkennung einer Pension maschinell durchgeführt. In der sogenannten Pensionsdatei wurde der jeweils letzte Stand der
Pensionshöhe gespeichert. Alle künftigen Änderungen in der
Pensionshöhe mußten ebenso wie die Differenznachzahlung bzw.
ein entstandener Überbezug händisch berechnet werden.

In einem 3-Stufen-Projekt wurde die Möglichkeit geschaffen,
alle von der Antragstellung auf eine Pension bis zum Wegfall
sich ergebenden Veränderungen maschinell durchzuführen.

Ziel des Projektes:

- Beschleunigung des Verfahrens,
- verstärkter Einsatz der Außenstellen,
- jederzeitige Auskunftsmöglichkeit, auch ohne Pensionsakt·

Zunächst wurde aus der bestehenden Pensionsdatei eine Pensionsdatenbank aufgebaut, die einen Pensionsverlauf bei bereits

laufenden Pensionen ab 1.1.1979, bei Neuzuerkennungen nach
Projektstart (4.79) frühestens ab 1.1.1977 enthielt.

1. Stufe: Erfassungsbeleg und Pensionsakt für alle Vorgänge.

2. Stufe: Erfassungsbeleg und Pensionsakt für Erstzuerkennun-
gen.
Erfassungsbeleg und Bildschirm als Auskunftsmedium
für alle Pensionsänderungen (Auskunftsphase).

3. Stufe: Bildschirmdialog für alle Pensionsänderungen.

Ein generelles Umstellen auf Bildschirmdialog wurde zunächst
nicht vorgesehen. Die anläßlich der Zuerkennung einer Pension
entstehenden Massendaten sollen weiterhin von Erfassungsbelegen durch Datatypistinnen zur maschinellen Weiterverarbeitung
vorbereitet werden.

Die zahlenmäßige Aufteilung Neuzuerkennung und Betreuung von
Pensionsleistungen lauten

21 % Zuerkennungen,
79 % Betreuungen.

Der Einsatz des Bildschirmdialogs für die Pensionsänderungen
war daher voll gerechtfertigt.

Das schrittweise Vorgehen bei Durchführung dieser einschnei-
denden Änderungen sollte einerseits den Sachbearbeitern ein
Gewöhnen an die geänderten Bearbeitungsvorgänge und an das
neue Arbeitsmedium "Bildschirm" ermöglichen, andererseits war
es auch bedingt durch die äußeren Gegebenheiten. Im alten
Bürogebäude war das Installieren von Bildschirmen aus Raum-
mangel weder möglich, noch sinnvoll.

Erst im neuen Bürogebäude sollten den Mitarbeitern auf eigens
konzipierten Arbeitsplätzen die Bildschirme zur Verfügung stehen. Für je 2 Mitarbeiter ist ein Bildschirm vorgesehen, der
auf einer Schiene zwischen den Schreibtischen installiert ist
und ein manuelles Betätigen des Bildschirmes ohne Verlassen
des Arbeitsplatzes ermöglicht. Diese Arbeitsweise ist vorerst
aber nur in der Hauptstelle sinnvoll. In den Außenstellen sind
die Mitarbeiter aus Gründen der effizienten Auslastung der
Bildschirme gezwungen, einen der zentral installierten Bildschirme zu benutzen.

Für die Sachbearbeitung trat anläßlich des Einsatzes des Bildschirmdialogs keine wesentliche Belastung ein. Die Eingabesymbolik auf den Erfassungsbelegen war ident mit der im Dialog erforderlichen. Durch die Auskunftsphase waren die Bildschirmschablonen (insgesamt 35) bereits bekannt.

Zwei Monate vor Einsatz wurde eine "Spieldatenbank" aufgebaut, die den Sachbearbeitern ein Training des Dialogverfahrens ermöglichte. Der Echteinsatz war daher vollkommen problemlos!

Wie bereits auf den Erfassungsbelegen waren auch auf den Bildschirmmasken nur

- Steuerungsdaten (Änderungsgrund, Termin der Zahlungsaufnahme)

- Änderungsdaten (z.B.: Einkommen aus einer Beschäftigung, geänderte Steuerdaten etc.)

- Wirksamkeitsbeginn

einzugeben.

Das Ergebnis dieser Eingabe:

- Durchführung der Neuberechnung aufgrund der gesetzlichen Bestimmungen.

- Errechnung der Nachzahlung bzw. des Überbezuges.

- Aufzeigen des Berechnungsergebnisses auf einer Ergebnismaske bzw. der fehlerhaften Eingabe auf einer Korrekturmaske.

- Aufzeigen der Verständigung für den Betroffenen.

- Aufnahme der Veränderungen in die Pensionsdatenbank.

- Buchung.

- Ausdruck eines Bescheides oder einer Mitteilung für den Bezugsberechtigten.

- Ausdruck der Abrechnung.

- Erstellung der Anweisungsunterlagen.

- Anweisung.

Zur Vermeidung von ungeprüften Veränderungen der Datenbank werden diese Veränderungen bis zur Freigabe durch den Prüfer in einer Evidenzdatenbank zwischengespeichert. Erst nach Eingabe eines Totalfreigabezeichens werden die Veränderungen in die Pensionsdatenbank übernommen.

Die Änderung der Bearbeitungsweise brachte folgende Zeitersparnis:

Änderung mit Erfassungsbeleg: Änderung mittels Bildschirm:

1. Tag: Auszeichnung des   - Eingabe der Anstoßdaten
        Erfassungsbeleges
                                     - Ergebnisrückmeldung

                                     - Aufzeigen der Verständigung

2. Tag: Prüfung   - Prüfung

                                     - Durchführung in der EDV

                                     - Ausdruck des Bescheides

3. Tag: Erfassung der Daten   - Expedit des Bescheides
        Durchführung in
        der EDV

4. Tag: Rückleitung an   - - - - -
        Prüfabteilung

5. Tag: Aussendung des   - - - - -
        Bescheides

Im Fehlerfall ergab sich bei den Durchführungen mit Erfassungsbelegen noch eine weitere Verzögerung um 2 Tage durch die Notwendigkeit, Eingabedaten zu korrigieren, während bei Bild-
schirmeingaben die Korrektur sofort möglich war. Außerdem entfällt das neuerliche "Hineindenken" in den Pensionsfall.

Weiters fielen manipulative Vorgänge wie Evidenzhaltung der
Pensionsakten bis zum Rücklangen der EDV-Ausdrucke, Anschluß
der Ausdrucke an die Pensionsakten, sowie Prüfung der durch
Programme unkontrollierbaren Daten auf Erfassungsfehler weg.

Durch diese Arbeitsablaufänderung war es auch möglich, die
Außenstellen in den einzelnen Bundesländern wesentlich mehr in
die Betreuungsaufgaben einzubeziehen und die Serviceleistungen
für Versicherte und Pensionisten zu verbessern.

Schon die Auskunftsphase war für die Außenstellen eine wesentliche Erleichterung der Tätigkeit: Bei Vorsprachen von Pensionisten mußte nicht mehr der Pensionsakt angefordert und der
Vorsprechende neuerlich vorgeladen werden! Die Auskunftsmöglichkeit war durch Bildschirmabfragen sofort vorhanden.

In der Dialogphase trat insbesondere bei Einbringung eines
Pensionsantrages für die Außenstellen eine wesentliche Vereinfachung ein:

Durch Speicherung der Antragstellung auf der "ANTRAGS"-Maske
werden, nach Prüfung der Eingabedaten durch einen Prüfer der
Außenstelle, in der Hauptstelle Klebeetiketten ausgedruckt,
die dazu führen, daß ein vorhandener Versichertenakt mit den
Klebeetiketten an die für die Bearbeitung zuständige Außenstelle übermittelt wird. (Vor Einführung dieses Bildschirmdialogs mußte der Antrag kopiert und mit einem Formblatt zum
Aktenanschluß der Hauptstelle übermittelt werden. In der Hauptstelle erfolgte die Antragspeicherung und der Anschluß an den
Versichertenakt. Nach Erledigung dieser Vorgänge wurde der Akt
zur Bearbeitung an die Außenstelle übersandt.)

Diese Umstellung brachte nicht nur eine Verbesserung der Serviceleistungen und eine Verkürzung der Bearbeitungszeit, sondern auch eine größere Arbeitszufriedenheit bei den Mitarbeitern, da das Ergebnis der Berechnung unverzüglich aufgezeigt
wird und nicht erst drei Tage später, wenn der Akt nicht mehr
im Gedächtnis des Bearbeiters verhaftet ist.

Ein Arbeitsvorgang kann komplett abgeschlossen werden. Eine
Evidenzhaltung und neuerliche Bearbeitung ist nicht mehr erforderlich.

EINSATZ DER MIKROELEKTRONIK ZUR ÜBERWINDUNG DES
TAYLORISMUS

P. Kolm
Gewerkschaft der Privatangestellten
Ausschuß für Automation und Arbeitsgestaltung

ZUSAMMENFASSUNG:

In der Mikroelektronik sind neue Möglichkeiten für die Gestaltung der Arbeitsorganisation angelegt. Nichtsdestoweniger
weist der Taylorismus ein beachtliches, weil in betrieblichen
Machtstrukturen verankertes Beharrungsvermögen auf. Um die
Chancen neuer Techniken zu nützen, müssen soziale Strukturen
verändert werden.

1. Zum Begriff des Taylorismus

Dem Begriff Taylorismus wohnt heute ein negativer Beige-
schmack inne. Doch darf darüber nicht vergessen werden, daß
sich in und durch Frederick W. Taylor das Selbstverständnis
einer zur Reife gelangten Produktionsweise ausdrückte, deren
bestimmende Merkmale nach wie vor unsere Wirtschafts- und
Sozialordnung kennzeichnen: Die lebendige Arbeitskraft, das
menschliche Arbeitsvermögen ist für das Kapital bloßes Mittel
zum Zweck einer Organisation des Produktionsprozesses, wo
mit einem Minimum an Aufwand ein Maximum an Gewinn erzielt
werden soll.

Der Taylorismus zu Beginn unseres Jahrhunderts bedeutete zunächst ja nichts anderes, als den Versuch in der Organisation
von Arbeits- und Produktionsabläufen den Entwicklungsstand
der Mechanisierung beim Übergang zur Massenfertigung einzu-
holen. Ein System der Unternehmensführung verbunden mit
"wissenschaftlichen" Methoden der Betriebsorganisation löste
alte, auf Erfahrung und Faustregeln basierende Verfahren ab.
Zu den zentralen Elementen des Taylorismus zählt die exakte
Analyse von Arbeitsvorgängen auf Basis von Zeit- und Bewegungs-

studien, eine auf Pensumvorgaben aufbauende Lohnform und last not least die   strikte Trennung von Denken und Tun, von planender und ausführender Tätigkeit.

"All possible brain work should be removed from the shop floor and centered in the planning or laying out department ."/1/

Dieses Zitat zeigt überdeutlich, warum sich die Auseinandersetzung zwischen Unternehmer und Arbeitern im Hinblick auf den Gebrauchswert der Arbeitskraft immer so stark auf den Taylorismus bezog. Der Taylorismus ist mehr als eine historisch zweckmäßige Bedingung der Produktion von Gütern, er ist zugleich ein Herrschaftsmittel, denn eine effektive Beherrschung der Produktion (eingeschlossen die Produktionsarbeiter) ist nur denen möglich, die auch über die darin verkörperte Geistesarbeit verfügen.

2. Arbeitsorganisation und Technik

Arbeitsorganisation und Technik stehen einander nicht unvermittelt gegenüber. In jeder Technik sind Organisationsvorstellungen und Organisationslösungen vergegenständlicht. Hinter dem Fließband, das den Arbeiter zum Anhängsel einer im vorgegebenen Takt arbeitenden Maschine, mit einigen wenigen inhaltsleeren Handgriffen degradiert, steckt die tayloristische Konzeption von Arbeit. Die ganze Entwicklung des industriellen Maschinensystems zeugt von ungeheuren Anstrengungen im Bereich der materiellen Arbeitsmittel um den Preis des Verlustes der Entwicklungsmöglichkeiten für große Teile der menschlichen Arbeitskraft.

Die Geschichte der Fabrik ist daher immer auch eine Geschichte des versteckten oder offenen Widerstandes gegen die verdinglicht in Gestalt der Technik auftretenden Zwänge. Absentismus, Fluktuation, passive Resistenz, selbst Kleinsabotage sind die individuellen Ebenen des Widerstandes, Überlebensstrategien vor allem in Zeiten günstiger Arbeitsmarktverhältnisse, stets genährt von der immer breiter werdenen Kluft zwischen steigendem Bildungsniveau der Arbeitnehmer und den Chancen, die im Menschen schlummernden Fähigkeiten und Fertigkeiten im Arbeitsprozeß anwenden zu können. Das Auftreten und die in der ge-

werkschaftlichen Organisation vertretenen Ziele markieren
die kollektive Ebene des Widerstandes, ein Widerstand, der in
der Abwehr negativer sozialer Folgen in der Anwendung bestimmter
Techniken offensichtliche Erfolge aufzuweisen hat, jedoch
Arbeitsorganisation und Technikentwicklung in der Domäne der
Unternehmensleitung beließ.

Technik entwickelt sich also nicht im luftleeren Raum. Insofern
sie soziale Verhältnisse von Arbeitsteilung und Machtausübung
abbildet, ist die Mensch-Maschine, besser gesagt Arbeiter-
Maschine Beziehung keineswegs zufällig. Und gerade weil die
Technik ein soziales Verhältnis ausdrückt, ist sie beeinflußbar. Es erhebt sich die Frage, ob und in welcher Weise die
Mikroelektronik dieses soziale Verhältnis berührt.

3. Zum Beispiel Industrieroboter/2/

Daß Roboter Arbeitskräfte ersetzen bedarf keiner näheren Erläuterung. Vielfach wird die Eliminierung der Arbeit durch
Roboter ja geradezu als Antwort auf schlechte, gesundheitsge-
fährdende Arbeitsbedingungen und fragmentierte, monotone
Arbeitsaufgaben gesehen. Allerdings: bevor ein Roboter einen
Arbeitsgang vollständig übernehmen kann, sind viele Entwicklungsschritte notwendig. Würde man einen Schweißer fragen, welcher
Teil seiner Arbeit ihn am meisten befriedigt, wäre die Antwort
vermutlich "Schweißen". Doch genau diese qualifizierte Aufgabe
wird zunächst dem Roboter übertragen. Natürlich sind viele
Qualifikationsmöglichkeiten von der technischen Zusammensetzung
des Systems abhängig. Diese schließt in vielen Fällen eine
Programmierfunktion des Arbeiters nicht aus. Doch zeigen die
meisten Erfahrungen, daß die Zeitanteile für solche Arbeiten
nach der Einführungsphase rasch abnehmen und die Beschickungs-
und Entladetätigkeit das bestimmende Moment der Tätigkeit wird.
Es kommt zu einer Leistungsverdichtung, die Taktbindung der
Arbeit wird verschärft, weil der räumliche und zeitliche Be-
wegungsspielraum zum Selbsteinteilen und Gestalten der Arbeits-
abläufe abnimmt.

Die für die Roboterbedienung erforderlichen Fähigkeiten und
Berufserfahrungen werden also zwischen den früheren und neuen

Arbeitsfunktion neu verteilt, wobei die Tendenz besteht, daß
sie abstrakter, genormter und formalisierter werden. Die
Polarisierung der Qualifikationen ist daher nicht nur ein
Problem der Aufteilung von Qualifikationen zwischen verschiedenen Tätigkeiten und Personen, sondern gerade im Hinblick auf
Roboter ein Moment der Anforderungsverteilung innerhalb der
Tätigkeit einer Person. So kann immer wieder das in organisatorischen Entscheidungen angelegte Entstehen völlig un-
qualifizierter Resttätigkeiten bei Robotereinsatz beobachtet
werden. Irgendwann wird dann auch diese Resttätigkeit automatisiert.

"Für die Therapie triviale Arbeit abzuschaffen, muß erst die
Krankheit erzeugt werden, das Angebot an trivialer Arbeit, die
von Robotern getan werden kann."/3/

4. Zum Beispiel CNC-Werkzeugmaschinen/4/

CNC-Maschinen, also von Computern gesteuerte Werkzeugmaschinen,
erlauben einen relativ großen Spielraum für die Gestaltung der
Arbeitsorganisation. Als Grundtypen lassen sich folgende
Organisationsformen festhalten:
- Büroprogrammierung bzw. Maschinenbedienung,
- Maschinenführung mit Optimierungskompetenz und
- Werkstattprogrammierung.

Rund die Hälfte der CNC-Maschinenarbeiter ist derzeit auf die
Maschinenbedienung beschränkt, ein Viertel ist in den Prozeß
der Korrektur und Optimierung von Programmen einbezogen und
bloß auf das restliche Viertel trifft teilweise oder ganz Werkstattprogrammierung zu.

Traditionelle Rationalisierungsstrategien stehen also auch
bei der Anwendung von CNC-Maschinen im Vordergrund. Das Arbeitsvermögen hier vor allem der Facharbeiter wird entwertet, denn
für die Arbeitsqualität an den CNC-Maschinen geben die programm-
bezogenen Aufgaben den Ausschlag, in erster Linie Programmerstellung, in zweiter Linie Korrektur und Optimierung von
Programmen. Die Chance oder besser die prinzipiell im computer-
gesteuerten Maschinensystem angelegte Möglichkeit der Verbindung

von geistigen und körperlichen Elementen in der Tätigkeit des
Arbeiters sowie von theoretischem Wissen und praktischer Erfahrung wird kaum genutzt. Im Gegenteil, das Management be-
harrt zumeist auf zentralisierten Organisationsformen und entscheidet damit in Richtung Dequalifikation für die Maschinen-
bediener.

5. Eine industriesoziologische Kontroverse

Nach ihrer in den siebziger Jahren die Diskussion prägenden
Studie "Industriearbeit und Arbeiterbewußtsein", haben die
deutschen Industriesoziologen Horst Kern und Michael Schumann
eine Folgestudie durchgeführt, die unter dem Titel "Das Ende
der Arbeitsteilung? Rationalisierung in der industriellen
Produktion" 1984 veröffentlicht wurde und sofort eine massive
Kontroverse auslöste. /5/

Kern/Schumann definieren ein "technokratisch - borniertes"
Produktionskonzept, das den Menschen nur die Funktion des
Lückenbüßers auf dem Weg zur Vollautomation zuteilt. Es kann
jedoch Fehler wegen der Variabilität der eingesetzten Werkstoffe bei Werkzeugen und Werkstücken sowie der Unkalkulierbar-
keit von Maschinenläufen nicht vollständig ausschließen. Daher
führt das Organisationskonzept hinter diesem Typus von Automation zu "Über" - Organisierung und Abblocken improvisierter
Lösungswege. Die bei computerunterstützten Produktionsvorgängen
gegebene Entkoppelung der Mensch-Maschine Zwangsbindung kann
nicht kreativ genützt werden.

Demgegenüber steht das "empirisch-unideologische" Produktionskonzept, das die Begrenztheit technisch machbarer Automation
erkennt und auf Flexibilisierung sowie Abbau der Hierarchien
setzt. Der "neue" Arbeiter, eine Art Kombination von Arbeiter
und Techniker, wo altes Erfahrungswissen und neue auf Computer-
wissen abgestimmte Qualifikationen verschmelzen, kann sowohl
als kontrollierendes Organ des Produktionsprozesses tätig sein,
Reparatur, vorbeugende Wartung und Instandhaltung der Maschine
übernehmen, als auch spezifische Aufgaben für die Entwicklungs-
arbeit erfüllen.

Schon die Kritiker am 22. Deutschen Soziologentag meinten,
daß Kern/Schumann weniger einen Wechsel arbeitspolitischer
Paradigmen (Muster mit modellhaften Charakter) beobachtet hatten
als einen "Formwandel kapitalistischer Rationalisierung, der die
Rigiditäten historisch durchgesetzter tayloristischer oder
fordistischer Rationalisierungsformen durch einen breiteren
Zugang zum Arbeitsvermögen zu überwinden trachtet."/6/ Die
neuen Produktionskonzepte stellen Inseln im Betrieb dar und
sind mit einem verschärften Kontroll- und Leistungsanspruch der
Betriebe verbunden.

Die Autoren der österreichischen CNC-Studie sehen im "empirisch-
unideologischen" Konzept keinen prinzipiellen Standpunkt des
Management. Managementpositionen und Organisationskonzepte
ändern sich mit den Bedingungen und im Zuge der weiteren technischen Entwicklung dürften die "Empirisch-Unideologischen"nicht
allzu standhaft gegen die Vorstöße der Technokraten sein.

6. Die neue Technik braucht neue soziale Elemente /7/

Worin liegt die neue Qualität der Mikroelektronik? Während
konventionelle Technologien häufig relativ starr sind und ihre
Anwendung dem in der Entwicklung der Maschine vorgegebenen
Muster folgen muß, sind die konkreten betrieblichen Auswirkungen
der Computertechnologien nicht so sehr durch die (an)greifbare
Hardware als durch die große Flexibilität und Gestaltungs-
spielräume aufweisende Software (Programme) bestimmt. Die Entwicklung der Software ist kein simpler technischer Vorgang,
sondern ein sozialer Prozeß. Der Computer wird angekauft, mit
ihm ein Betriebssystem und möglicherweise diverse Standard-
softwarepakete. Doch muß zum Beispiel bei flexiblen Fertigungs-
systemen ein guter Teil der Anwendungsprogramme in oder mit dem
Betrieb entwickelt, die Standardsoftware kann dabei in die eine
oder andere Richtung ergänzt und selbst die Systemsoftware muß
fallweise verändert werden.

Dabei ist zu berücksichtigen, daß das System nicht nur einfach
Arbeit abnehmen, sondern die menschlichen Fähigkeiten unter-
stützen und verstärken soll. Die Software muß sich Arbeitsweise
und Arbeitsrythmus des Menschen anpassen, also keine maschinen-

geführte Dialoge, wo der Rechner den Benutzer zu ständiger
Unterordnung zwingt, sondern benutzergeführte Dialoge, wo der
Benutzer Arbeitsablauf, Lösungsweg und die Reihenfolge der
Arbeitsschritte bestimmt. Das Programm muß transparent sein
und dem Benutzer den jeweiligen Bearbeitungsstatus der Arbeits-
aufgabe angeben können. Zur Flexibilität eines Fertigungssystems
gehört auch ein offener Zugang auf unterschiedlicher Komplexi-
tätsstufe, also Berücksichtigung des jeweiligen Standes der
EDV-Systemkenntnisse, aber auch von Entwicklungsmöglichkeiten
der Benutzer.

Diese Anforderungen an die Software müssen in organisatorische
Gestaltungsmaßnahmen eingebettet werden, die letzlich Arbeits-
inhalt, Qualifikation, Leistungsdruck und Zeitregime bestimmen.
Die neue Technik <u>kann</u> benutzt werden, um die Arbeitsteilung zu
verringern. Statt wenigen hochausgebildeten Spezialisten auf der
einen Seite und Arbeitnehmern mit schematisierten und standardisierten Arbeitsaufgaben auf der anderen Seite, ermöglicht die
Mikroelektronik die Zusammenfassung von Routine- und Spezial-
aufgaben und Qualifikationsmöglichkeiten, die auf unterschiedlichen Stufen Entscheidungsfreiheit und Handlungsspiel-
raum ausdehnen.

Ullrich Briefs systematisiert die Ansatzpunkte für eine Strategie,
die die alternativen Gestaltungsmöglichkeiten der Computer-
technik nützt, so:
" - der Systementwicklungsprozeß ist ein langer und mühsamer
    Prozeß; (und er hört praktisch nie auf, Anm.P.K.)
  - er ist zugleich im wesentlichen ein im Betrieb, in den
    betroffenen Abteilungen bzw. im Spannungsfeld zwischen den
    betroffenen Abteilungen und den Systementwicklungsabtei-
    lungen ablaufender Prozeß;
  - er ist ein Prozeß des ständigen Erschließens wichtiger
    Teile des Wissens der Beschäftigten;
  - er ist daher ein Prozeß der notwendigen Beteilung der Be-
    schäftigten an der Entwicklung und an den Entwicklungspro-
    zessen;
  - er ist ein Prozeß der ständigen Erzeugung von Alternativen;"
    /8/

Welche Alternative gewählt wird, die tayloristische oder die einer neuen Arbeitsqualität verpflichtete, ist davon abhängig, ob die Beschäftigten ihre Interessen in organisierter Weise vertreten und in die Entscheidungsprozesse eingreifen, also die Machtverteilung im Betrieb verändern. Das Problem der Neuverteilung von Arbeit insgesamt,denn mit oder ohne Taylorismus ersetzen neue Technologien Arbeitskräfte, erfordert darüberhinaus eine gesamtgesellschaftliche Konzeption.

<u>Literatur</u>

1. Taylor, F.W.: Shop Management (1903), Reprinted in: Scientific Management, New York and London 1947
(Die ganze mögliche Geistesarbeit sollte von der Werkshalle entfernt und in der Planung oder Arbeitsvorbereitung konzentriert werden, Übersetzung P.K.)
2. Vergleiche dazu: Dell'mour, R., Fleissner, P., Hofkirchner, W., Kolm, P., Sint, P.P.: Industrieroboter in Österreich, Verbreitung und Auswirkungen bis zum Jahr 2000, Verlag des ÖGB, Wien 1984
3. Rosenbrock, H.: Robots and People, Vortragsmanuskript, 1981
4. Vergleiche dazu: Lauber, W., Moritz, M., Ofner, F., Samlitzki, P., Wintersberger, H.: CNC-Werkzeugmaschinen in Österreich. Eine Studie über Verbreitung und soziale Einbettung, Institut für Gesellschaftspolitik, Wien 1985
5. Kern, H., Schumann, M.: Das Ende der Arbeitsteilung? Rationalisierung in der industriellen Produktion, Verlag C.H. Beck, München 1984
6. Düll, K.: Gesellschaftliche Modernisierungspolitik durch neue "Produktionskonzepte"?, in: WSI Mitteilungen Nr.3/1985
7. Vergleiche dazu: Fleissner, P., Hofkirchner, W., Kolm, P., Margulies, F., Ofner, F., Schenk, W.: Anwendungskonzepte flexibler Automation in Klein- und Mittelbetrieben, Institut für sozioökonomische Entwicklungsforschung an der Österreichischen Akademie der Wissenschaften, Wien 1985
8. Briefs, U.: Informationstechnologien und Zukunft der Arbeit, Pahl Rugenstein Verlag, Köln 1984

INDUSTRIEROBOTER - WIRTSCHAFTLICHKEIT UND ZUKUNFT

Dipl. Ing. Gerald Meyer
Österreichisches Forschungszentrum Seibersdorf
Bereich Fertigungstechnik

Vor allem durch die Entwicklung der NC-Maschinen während der 50er Jahre hat
die Automation in der Produktion einen besonderen Fortschritt gemacht. Erst
um etwa 1980 zeigte sich ein Trend reiner Massenproduktion zu kleineren Losgrößen um die spezifischen Kundenwünsche erfüllen zu können. Teile der FMS-
Technologie werden abgedeckt durch CNC-Maschinen einerseits und durch einen
zunehmenden Einsatz von Industrierobotern andererseits.

Der Hauptgrund zum Einsatz von Handhabungsgeräten und Industrierobotern als
spezielle Maschinengruppe innerhalb der FMS-Technologie sind:
- Rationalisierung
- Humanisierung.

Eng verbunden mit dem Begriff der Rationalisierung ist der Begriff der Steigerung der Produktivität. Die Produktionstechnologien von gestern sind nicht länger ausreichend für die Erfordernisse der heutigen und zukünftigen Kunden. Kürzere Prozeßzeiten bei gleichzeitiger zunehmender Diversifikation von Produkten
und Typen führen zu einer Erhöhung der Produktivität, aber gleichzeitig müssen
die Produktionskosten gesenkt werden ohne Einbuße an Qualität.

Eine hohe Produkivität ist erreichbar, wenn so Industrieroboter und Maschinen
rund um die Uhr arbeiten, während wir selbst nur während des Tages arbeiten.
Um es ganz einfach zu sagen: am liebsten hätten wir Tagesarbeiter und Nacht-
maschinen, denn letzten Endes erhöht diese Produktionsmethode die Produktivität unseres eingesetzten Maschinenkapitals.

Wenn Industrieroboter es ermöglichen die Materialdurchsatzzeiten zwischen Lager
und verschiedenen Maschinenbearbeitungen zu verringern, ist dies auch eine Erhöhung der Produktivität. Durch die Aufstellung der Maschinen in flexible Maschinengruppen kann das an dem Arbeitsprozeß beteiligte Kapital verringert werden, welches oft den höchsten Kapitalanteil auf der Kapitalbilanz der Industrie-
firma einnimmt. Solche Maschinengruppen haben eine Lagerung zwischen den
Maschinen vollkommen eleminiert und können z.B. die Durchsatzzeit bei fünf Be-
arbeitungsoperationen von einer Woche auf eine Stunde reduzieren.

Rationalisierung leitet sich von verschiedenen Komponenten von verschiedener Signifikanz ab, was vom individuellen Fall abhängig ist. Einige dieser Komponenten sind:

- Erhöhung der Produktionsziffern
- Erhöhung der Flexibilität der Produktionseinrichtuhgen
- höhere und gleichmäßigere Produktionsqualität
- höhere Anpassungsmöglichkeit an wechselnde Marktsituation

der wirtschaftliche Einsatz erfordert eine exakte Planung und eine detaillierte Kosten-Nutzen-Kalkulation, vor allem deshalb, weil die Investitionsausgaben hoch sind. Außer den reinen Investitionskosten für Industrieroboter werden auch noch Kosten aufscheinen für:
- Installierung
- Raum und Energie
- Erneuerung und Programmierung
- Transporteinrichtungen
- Sicherheits- und Steuereinrichtungen
- Einschulung des Personals
- Maschinenwartung u.a.m.
Die Mechanisierung des Arbeitsplatzes kann unter folgenden Zielen gesehen werden:

- Befreiung des Arbeiters von zeitgebundener Arbeit
- Befreiung von schwerer physischer Arbeit, die jedoch
  keine geistigen Ansprüche stellt
- Befreiung von toxischen gesundheitsgefährdenden
  Umgebungunseinflüssen wie Staub, Hitze, Lärm
- Erfüllung der Zufreidenheit am Arbeitsplatz durch
  die Möglichkeit einer verschiedenartigen Aktivität.

Was ist ein Industrieroboter?

Eine Standarddefinition, welche international anerkannt ist, existiert nicht. Eine mögliche Defition könnte möglicherweise sein: "Ein Handhabungsapparat, der imstande ist axiale, rotierende und kombinierte Bewegungsabläufe in einem 3-dimensionalen Raum auszuführen."

Eine andere Definition nach VDI (Zitat): "Industrieroboter sind universell ein-

setzbare Bewegungsautomaten mit mehreren Achsen, deren Bewegungen hinsicht-
lich Bewegungsfolgen und Wegen bzw. Winkeln frei (das heißt ohne mechanischen
Eingriff) programmierbar und gegebenenfalls sensorgeführt sind. Sie sind mit
Greifern, Werkzeugen oder anderen Fertigungsmitteln ausrüstbar und können
Handhabungs- und/oder Fertigungsaufgaben ausführen."

Alle Produktionsprozesse bestehen prinzipiell aus einer Anzahl von Arbeitsplätzen
an denen ein beschränkter Umfang von Aktivitäten erfüllt wird. Diese Aktivitä-
ten kann man gruppenweise zusammenfassen wie z.B.:
- Herstellen
- Montieren
oder
- Transportieren
- Steuern
- Lagern
- Hantieren.

Typisch für den Industrieroboter ist, daß er viele verschiedene Funktionen ausführen kann. Deshalb ist es möglich, auch Kleinserien mit hoher Diversität zu
automatisieren, was mit konventionellen Maschinen wirtschaftlich nicht möglich
war. Anders ausgedrückt, besteht der Hauptunterschied zwischen Industrieroboter
und Spezialautomaten darin, daß die letzteren hauptsächlich für Großserien geeignet sind, während Industrieroboter flexibler sind, da kleine Anpassungen der
Maschinen notwendig sind, um ähnliche Produkte produzieren zu können.

Zur Zeit besteht ein Trend auch in Klein- und Mittelbetrieben Industrieroboter
verstärkt einzusetzen. Die nachfolgende Tabelle zeigt das Verhältnis von Industrie-
arbeitern zu Roboter pro 10.000 Industriearbeiter.

Land	Industriearbeiter Mio	Roboter pro 10.000 Industriearbeiter
Schweden	1,35	9,6
Japan	19,6	6,7
BRD	11,3	3,1
Belgien	1,3	2,7
USA	29,8	2,1
Frankreich	7,7	1,25
England	5,3	1,24
Italien	7,8	0,9

Die Tabelle zeigt, daß Schweden den höchsten spezifischen Einsatz von Industrierobotern hat, gefolgt von Japan und der BRD. Ein Grund dafür sind die hohen
Stundenlöhne und die hohen Lohnnebenkosten. Entsprechend einer VDI-Publikation
ist die Situation in Österreich günstiger als in der BRD, aber ungünstiger als
in Japan. Der Grund dafür sind die hohen Stundenlöhne in den Industrieländern
und vor allem die sehr stark zunehmenden Lohnnebenkosten, welche z.B. in der
BRD, entsprechend einer Statistik der deutschen Automobilindustrie, zwischen
1960 und 1980 um das fünffache gestiegen sind. Die folgende Tabelle zeigt die
gesamten Lohnkosten pro Stunde für oben genannte Länder auf.

Land	Lohnkosten
BRD	25,03 = 100 %
USA	24,97 = 99,8 %
Schweiz	24,95 = 99,7 %
Kanada	22,87 = 91,4 %
Frankreich	19,91 = 79,5 %
Italien	19,32 = 77,1 %
Österreich	17,80 = 71,0 %
Japan	16,32 = 65,1 %
England	16,00 = 63,8 %
Spanien	13,40 = 53,5 %

Der Kern der Flexibilität bei Industrierobotern ist ihre Programmierbarkeit. Wie
jeder Anwender eines Computers weiß, müssen alle Daten in einen geordneten
Datenfluß eingebunden sein und zwar in einer Form, die an die Maschine angepaßt ist. Der Anwender von Industrieroboter muß im Prinzip mit dem Material
das selbe tun. Wenn flexible Produktionselemente und hier im Besonderen Industrieroboter mit dem Materialfluß verbunden werden, muß auch hier der Datenfluß, der den Produktionsprozeß begleitet, automatisiert werden.

Je kleiner die Losgröße, desto größer ist die Anzahl von Daten, die den Produk-
tinsprozeß begleiten müssen. Um mit hoher Wirtschaftlichkeit arbeiten zu können, ist deshalb bei der Einzelfertigung sogar eine Datenstrategie notwendig, um
die Daten zwischen den verschiedenen hierarchischen Ebenen der Computer zu
steuern .
Die Wirtschaftlichkeitsrechnung von FMS-Projekten, welche im allgemeinen von
einem Vergleich zwischen menschlicher Arbeitsweise und maschineller Arbeitsweise basieren, sind für eine realistische Bewertung nicht ausreichend. Überall
dort,wo das installierte Kapital der Einrichtungen einen großen Kostenfaktor
darstellt, muß deshalb bei einer wirtschaftlichen Betrachtung auch die mögliche
Verringerung der Durchlaufzeit und der damit verbundene Zinsengewinn berück-
sichtigt werden.

So wie Automatisierungsprojekte im allgemeinen und der Einsatz von Industrierobotern im speziellen zu einer Erhöhung der Produktqualität führen, sollten Kosteneinsparungen, welche sich aus einer Verringerung der Garantiefälle ergeben, in eine Wirtschaftlichkeitsrechnung einbezogen werden.

Industrieroboter haben einen indirekten Einfluß auf die Produktionskosten, wenn ihr Einsatz bereits in der Produktentwurfs- und Konstruktionsphase berücksichtigt wird. Es gibt bereits einige Veröffentlichungen auf diesem Gebiet, und die Einführung der CAD/CAM-Technologie wird die Wirtschaftlichkeit noch weiter verbessern können. Es ist zu erwarten, daß Industrieroboter am Anfang in grösseren Umfang eingesetzt werden. Z.B. für:

- flexible Fertigungsstrecken
- Technologien mit hohen Qualitätsanforderungen
- als Teil verketteter Produktionseinrichtungen
- als Ersatz für schwere manuelle Arbeit.

Industrieroboter sind nach wie vor nur Teil eines Gesamtproduktionssystems wie z. B. auch Palettierungssysteme, automatische Montageplätze, automatische Flurförderer etc. Mit Hilfe einer computergestützten Steuerung und -Verkettung aller am Produktionsprozeß beteiligten Einrichtungen und Maschinen kann die Produktivität selbst und folglich die Wirtschaftlichkeit weiter gesteigert werden.

Neue Entwicklungen, die Industrieroboter gleichsam mit Tastsinn und Gehörsinn ausstatten können und die allgemein unter Sensoren zusammengefaßt werden, sind erst im Anfangsstadium, werden aber in Zukunft unerläßlich sein. Wenn die Industrieroboter auch noch diese Sensoren und weiterentwickelte elektrische Steuereinrichtungen haben werden, werden sie vielleicht jene "Geisterarbeiter" sein, die dann arbeiten, wenn wir selbst unsere Freizeit genießen.

SPEICHERPROGRAMMIERBARE-, FREIPROGRAMMIERBARE- UND MIKROCOMPUTER-
STEUERUNGEN IN DER INGENIEURAUSBILDUNG IM FACHGEBIET STEUERUNGSTECHNIK

H. Sliwa

Höhere technische Bundes-Lehr- und Versuchsanstalt Innsbruck

ZUSAMMENFASSUNG:
Der Beitrag beruht auf Erfahrungen des Autors, die er während einer zehn-
jährigen Lehrtätigkeit aus dem Fach "Steuerungs- und Regelungstechnik" an
der Höheren Abteilung für Elektrotechnik an der HTBLVA Innsbruck gewinnen
konnte. Steuerungsaufgaben werden mit Hilfe des Kontaktplanes, des Funk-
tionsplanes, des Programmablaufgraphen, des Zustandsgraphen oder mittels
Boolscher Gleichungen beschrieben. Die Realisierung erfolgt mittels speicherprogrammierbarer Steuerungen oder freiprogrammierbarer Microcomputer-
steuerungen.

1. Freiprogrammierbare binäre Steuerungen

Die folgenden Ausführungen gelten sowohl für die theoretische Ausbildung

aus "Steuerungs- und Regelungstechnik" als auch für die Ausbildung aus

"Elektrotechnischem Laboratorium". Grundlage der Programmierung ist die

Beschreibung von Steuerungsproblemen mit Hilfe der Boolschen Algebra. Der

Auszubildende muß in der Lage sein, Synthese, Realisierung und Analyse

sowohl kombinatorischer als auch sequentieller binärer Schaltungen vorzu-

nehmen.

Das Kennzeichen freiprogrammierbarer und speicherprogrammierbarer Steue-

rungen besteht darin, daß Steuerungsprogramme in einem RAM- oder EPROM-

Speicher abgespeichert und jederzeit änderbar sind. Drei Systeme freipro-

grammierbarer Steuerungen werden eingesetzt: Zwei Systeme S5 von Siemens

und der Mikrocomputer AIM 65 von Rockwell. Beide Systeme der S5 sind Ge-

schenke der Firma Siemens an die HTBLVA Innsbruck. Das erste System be-

steht aus dem Steuergerät 130 und dem Programmiergerät 630 (Bild 1). In

der Elektrowerkstätte erfolgte der Einbau in einem tragbaren Steuerschrank.

Des weiteren wurde eine Konsole zur Simulation von 32 Eingängen und 16

Ausgängen hergestellt. Die Anpassung der 24 V Ein-Ausgabebaugruppen an
einen 110/220 V Peripheriestromkreis erfolgt mittels Modulschnittstellen-
relais. Das Steuergerät besteht aus einem Netzteil, einer Zentraleinheit,
einem Eingabemodul für 32 Eingänge, einem Ausgabemodul für 16 Ausgänge und
einem Zeit- Zählermodul. Das 2716-EPROM mit dem Steuerungsprogramm befindet
sich in einem Sockel des Steuergerätes. Wird das Steuergerät mit dem Programmiergerät on-line verbunden, dann besteht die Möglichkeit, das im RAM
gespeicherte Steuerungsprogramm zu testen. Die Programmierung erfolgt mittels Kontaktplan oder mittels Anweisungsliste (Bild 2). Das zweite System
mit dem Steuergerät 101 U und dem Programmiergerät 105 U wird zur Zeit
überwiegend in der Fachschule bzw. in der Werkstättenausbildung eingesetzt.
Die Mikrocomputersteuerung wird mit dem Mikrocomputer AIM65 realisiert. Der
AIM65 ist ein Einplatinencomputer mit einem 6502 Mikroprozessor, 4K-RAM,
4K-ROM Monitor, einem 6522 PIA für wahlweise 16 Ein- oder Ausgänge, einem
Thermodrucker und einem zwanzigstelligem Display. Des weiteren stehen
Sockel zur Aufnahme von EPROM der Type 2532 zur Verfügung. Den Einbau
in das Schreibmaschinengehäuse, das dankenswerterweise von der Fa. IBM zur
Verfügung gestellt wurde, erfolgte in der Elektrowerkstätte. Als Schnittstelle zwischen Mikrocomputer und Prozeß dient ein Optokopplermodul. Da
die 16 Ein- und Ausgänge nicht ausreichend sind, erfolgt eine Erweiterung
mit einem eigenen Modul. Hierbei werden die 8 Anschlüsse des PA-Ports
wahlweise als Ein- oder Ausgänge verwendet. Die 8 Anschlüsse des PB-Ports
sind als Ausgänge vorgesehen und werden einem Adreßdecoder zugeführt. Bei
einer vollständigen Decodierung aller 8 Ausgänge des PB-Ports sind somit
256 mal 8 Ein- oder Ausgänge realisierbar. Die freien Sockel dienen zur
Aufnahme des 6502-Assemblers, eines 12K BASIC, eines 8K PL 65, eines 8K
FORTH oder eines 20K PASCAL. Die frühere 8K BASIC Version wurde durch ein
12K BASIC ersetzt. Die großen Befehlsausführungszeiten sind ein Nachteil
des BASIC-Interpreters. Die Ausführungszeit eines BASIC-Befehls beträgt
hierbei im Durchschnitt ca. 10 ms. Da die Schüler diese Programmiersprache
im Unterricht erlernen, erscheint es dennoch sinnvoll, diese einzusetzen.
Zeitkritische Steuerungen werden am besten in Assembler geschrieben. Lange
Zeit erschien es schwierig, den Schülern ausreichende Kenntnisse in der
Assembler-Programmierung zu vermitteln. Dies um so mehr, als die notwendigen Kenntnisse in einigen Stunden erworben werden müssen. Die Programmierung binärer Steuerungen verlangt allerdings nur die Kenntnis einiger weniger Befehle (LDA, STA, AND, ORA, PSA, PLA, JSR, JMP), wenn zusätzlich zum
Steuerprogramm eine feste Ein- Ausgaberoutine vorhanden ist, die jedem Bit
des PA- und PB-Ports eine Speicheradresse zuordnet. Für den Anwender entfällt die Programmierung des PIA. Grundsätzlich können zwei Programmier-
prinzipien unterschieden werden. Werden zwei "AND" durch "OR" verknüpft,

dann ist es notwendig, das erste "AND" entweder auf einen definierten
Speicherplatz oder auf den Stack zu schreiben. Die Definition von Hilfs-
speicherstellen ist zwar in der Dokumentation aufwendiger, erlaubt es jedoch, das Programm zu optimieren. Die Verwendung der Stackprogrammierung
ermöglicht es, auf die Definition von Hilfsspeicherzellen zu verzichten.
Als Zeitglieder sind Monoflops der Type TTL 74123 vorgesehen. Nachteilig
ist die manuelle Einstellung der Impulsdauer. Es ist beabsichtigt, einen
Zeitsoftwaremodul zu entwickeln, der das Hauptprogramm über den Interrupt
des Timers unterbricht. Der AIM65 besitzt weiters einen EPROM-Programmer,
um die getesteten Programme in einen EPROM-2716 zu speichern. Als zweiter
Steuerungscomputer dient ein Einplatinen-Computer in Europakartenformat
(Bild 3) mit einem 6504 Mikroprozessor, einer 6532 PIA und einem 2K EPROM.
Platinenherstellung und Bestückung erfolgten in der Elektrowerkstätte. Da
das System als Steuerungscomputer arbeitet, existieren auch keine weiteren
peripheren Schnittstellen. In einem freien Sockel des Steuerungscomputers
befindet sich das mit Hilfe des AIM65 programmierte EPROM.

2. Aufgaben aus Theorie und Labor

Die Lösung eines Problems erfolgt in folgenden Schritten: Problembeschrei-
bung, Wahrheits- oder Übergangstabelle, KV-Tafel, Steuergraph, Programmab-
laufgraph, Boolsche Funktionen, Kontaktplan, Funktionsplan, Anweisungsliste
für speicherprogrammierbare Steuerung, 6502-Assemblercode. Die Aufgaben gehören zu den vier Laborübungen: Logik 1, Logik 3, speicherprogrammierbare
Steuerungen, Mikrocomputersteuerungen. Zur Laborübung "Speicherprogrammierbare Steuerungen" gehört das Erstellen und das Testen der Anweisungslisten
zu den Aufgaben aus "Logik 1" und "Logik 3". Zu dieser Übung gehören auch
Realisierungen von Folgesteuerungen aus dem Gebiet der Antriebstechnik. In
den beiden letzten Jahren lag das Schwergewicht auf dem Entwurf komplexerer
Ablaufsteuerungen. Bild 4 zeigt die Realisierung einer Waschmaschinensteuerung. Im Rahmen der Werkstättenausbildung wurden alle Ein- und Ausgänge
einer Waschmaschine herausgeführt. Bild 5 zeigt die Realisierung eines digitalen Reglers.

3. Literatur

/1/ Berger, H.: Steuerungen programmieren mit STEP5. Bd.1: Programmieren
    von Grundfunktionen. Berlin, München: Siemens Aktiengesellschaft 1982
/2/ Berger, H.: Steuerungen programmieren mit STEP5. Bd. 3: Funktionsbau-
    steine selbst programmieren. Berlin, München: Siemens Aktiengesellschaft
    1980.
/3/ Allgäuer, A. und Seeberger, C.: Beschreibung von Steuerungsaufgaben mit
    Funktionsplänen. Teil: Funktionspläne mit Grundfunktionen. Berlin,
    München: Siemens Aktiengesellschaft 1979.

/4/ Allgäuer, A. und Seeberger, C.: Beschreibung von Steuerungsaufgaben
mit Funktionsplänen. Teil 2: Funktionspläne mit Makrosymbolen. Berlin,
München: Siemens Aktiengesellschaft 1979.
/5/ Simatic S5-Lehrgang Speicherprogrammierbares Automatisierungsgerät 130.
E328-9-20-.1. Erlangen: Schule für Industrieelektronik und Sinumerik
1980.
/6/ Sliwa, H.: Simulation von Steuerungen mit Mikrocomputer.
Elektronikschau (1982) Nr. 11, S.60/61
/7/ Sliwa, H.: Simulation von Folgesteuerungen mit Mikrocomputer.
Elektronikschau (1983) Nr. 7, S.32/35
/8/ Sliwa, H.: Ablaufsteuerungen: Simulation mit Mikrocomputer.
Elektronikschau (1983) Nr. 8, S.22/26
/9/ Sliwa, H.: Singelchip-Mikrocomputer mit Huckepack-EPROM (HD68P01).
Elektronikschau (1984) Nr. 3, S.55/58
/10/ Traffic Light Control for Microcomputer Applications. MIC 957.
Crowborough: Feedback Instruments 1981.
/11/ Automatic Washing Machine for Microcomputer Applications. MIC 958.
Crowborough: Feedback Instruments 1981.
/12/ AIM65 Microcomputer Users Guide. Document No. 29650N36. Rockwell
International Corporation 1978.

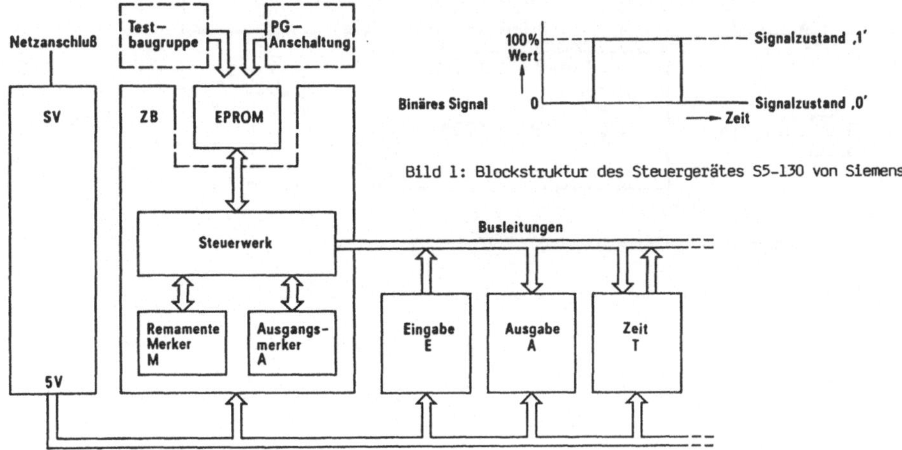

Bild 1: Blockstruktur des Steuergerätes S5-130 von Siemens

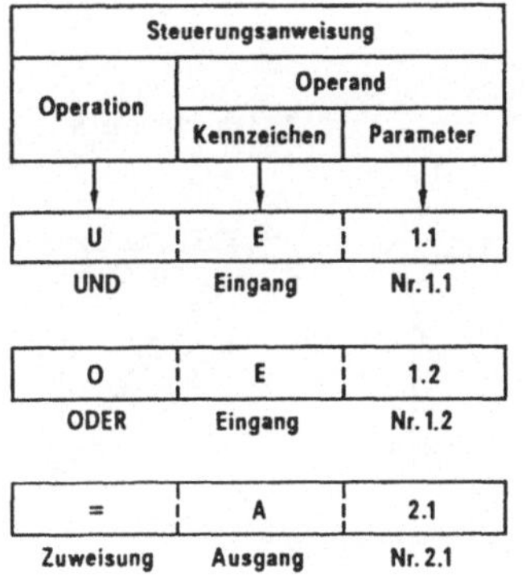

Bild 2: Codierung in der Programmiersprache STEP 5

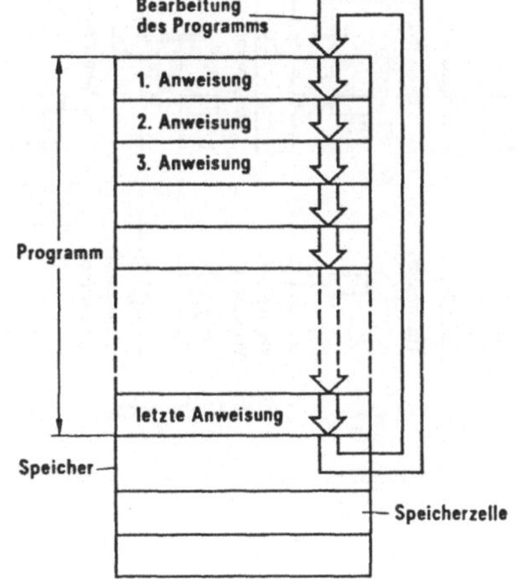

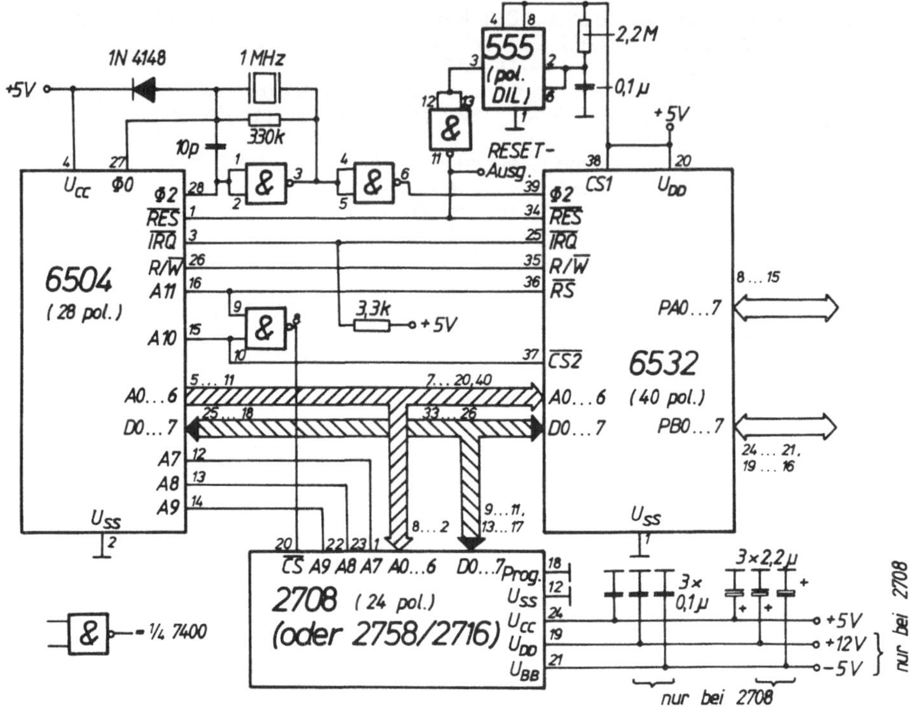

Bild 3: Schaltung des Einplatinensteuerungscomputers

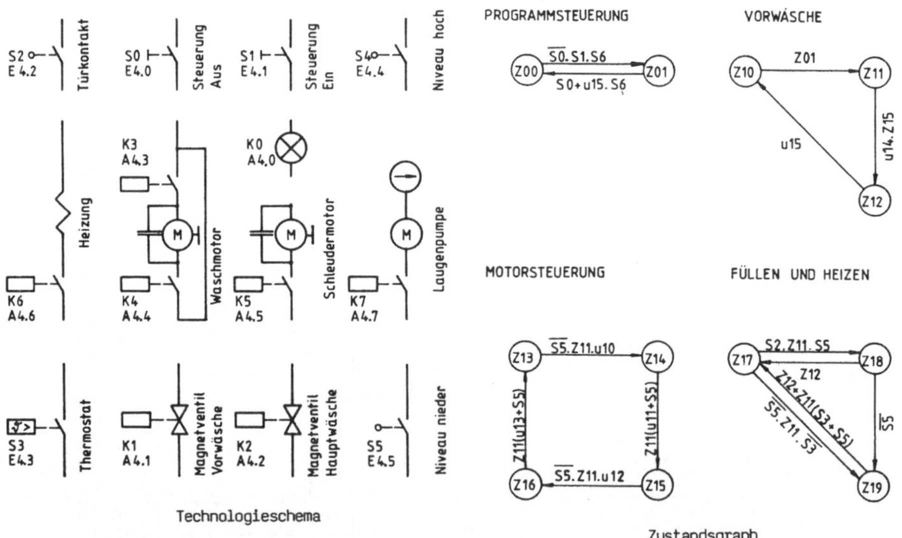

Bild 4: Waschmaschinensteuerung (Vorwäsche)

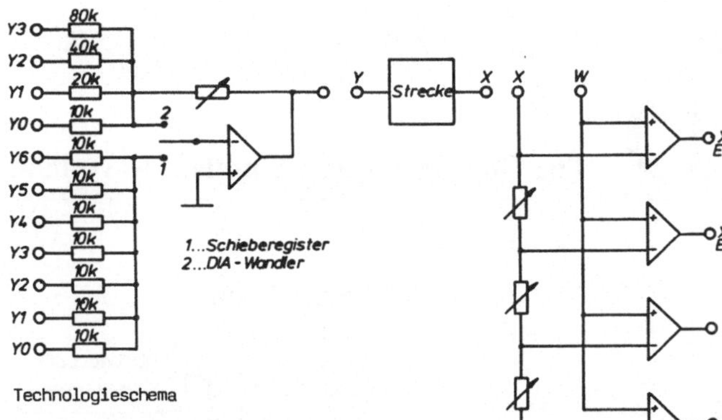

Technologieschema

Zustandscodierung

	Z2	Z1	Z0	Y6	Y5	Y4	Y3	Y2	Y1	Y0
Z0	0	0	0	0	0	0	0	0	0	0
Z1	0	0	1	0	0	0	0	0	0	1
Z2	0	1	1	0	0	0	0	0	1	1
Z3	0	1	0	0	0	0	0	1	1	1
Z4	1	1	0	0	0	0	1	1	1	1
Z5	1	1	1	0	0	1	1	1	1	1
Z6	1	0	1	0	1	1	1	1	1	1
Z7	1	0	0	1	1	1	1	1	1	1

Eingänge: X0, X1 — Zustandsgraph

Ausgänge: Y0,Y1,Y2,Y3,Y4,Y5,Y6

Zuweisungsliste

X0. E4.0	Y0...A4.0	Y4...A4.4	Z0 ..M5.0/M6.0
X1.. E4.1	Y1...A4.1	Y5...A4.5	Z1 M5.1/M6.1
U.. M4.0	Y2...A4.2	Y6...A4.6	Z2 M5.2/M6.2
S0.. E4.2	Y3.. A4.3	Y7...A4.7	

Z0:
$$s_0 = \overline{Z1}\cdot\overline{Z2}\cdot X0\cdot u + Z1\cdot\overline{Z2}\cdot\overline{X1}\cdot u + Z1\cdot Z2\cdot X0\cdot u + \overline{Z1}\cdot Z2\cdot\overline{X1}\cdot u$$
$$r_0 = Z1\cdot\overline{Z2}\cdot X0\cdot u + \overline{Z1}\cdot\overline{Z2}\cdot\overline{X1}\cdot u + \overline{Z1}\cdot Z2\cdot X0\cdot u + Z1\cdot Z2\cdot\overline{X1}\cdot u + \overline{S0}$$

Z1:
$$s_1 = Z0\cdot\overline{Z2}\cdot X0\cdot u + Z0\cdot Z2\cdot\overline{X1}\cdot u$$
$$r_1 = Z0\cdot Z2\cdot X0\cdot u + Z0\cdot\overline{Z2}\cdot\overline{X1}\cdot u + \overline{S0}$$

Z2:
$$s_2 = \overline{Z0}\cdot Z1\cdot X0\cdot u$$
$$r_2 = \overline{Z0}\cdot Z1\cdot\overline{X1}\cdot u + \overline{S0}$$

Ergebnisfunktionen

$$Y6 = \overline{Z0}\cdot\overline{Z1}\cdot Z2$$
$$Y5 = \overline{Z1}\cdot Z2$$
$$Y4 = Z2\cdot(Z0+\overline{Z1})$$
$$Y3 = Z2$$
$$Y2 = Z2 + Z1\cdot\overline{Z0}$$
$$Y1 = Z2 + Z1$$
$$Y0 = Z2 + Z1 + Z0$$

$$u = \overline{T1}\cdot S0$$
$$T:\ S = \overline{T1}\cdot u$$

Bild 5: Digitaler Regler

Ergebnis- und Überführungsfunktionen

Operation	Kennz.	Parameter
U.N.	E.	4.2
R.	M.	5.0
R.	M.	6.0
R.	M.	5.1
R.	M.	6.1
R.	M.	5.2
R.	M.	6.2
U.N.	M.	5.1
U.N.	M.	5.2
U.	E.	4.0
U.	M.	4.0
O.		
U.	M.	5.1
U.N.	M.	5.2
U.N.	E.	4.1
U.	M.	4.0
O.		
U.	M.	5.1
U.	M.	5.2
U.	E.	4.0
U.	M.	4.0
S.	M.	6.0
U.	M.	5.1
U.N.	M.	5.2
U.N.	E.	4.1
U.	M.	4.0
O.		
U.	M.	5.1
U.	M.	5.2
U.	E.	4.0
U.	M.	4.0
S.	M.	6.0
U.	M.	5.1
U.N.	M.	5.2
U.	E.	4.0
U.	M.	4.0
O.		
U.N.	M.	5.1
U.N.	M.	5.2
U.N.	E.	4.1
U.	M.	4.0
O.		
U.N.	M.	5.1
U.	M.	5.2
U.	E.	4.0
U.	M.	4.0
O.		

Operation	Kennz.	Parameter
U.	M.	5.1
U.	M.	5.2
U.N.	E.	4.1
U.	M.	4.0
R.	M.	6.0
U.	M.	5.0
U.N.	M.	5.2
U.	E.	4.0
U.	M.	4.0
O.		
U.	M.	5.0
U.	M.	5.2
U.N.	E.	4.1
U.	M.	6.0
S.	M.	6.1
U.	M.	5.0
U.	M.	5.2
U.	E.	4.0
U.	M.	4.0
O.		
U.	M.	5.0
U.N.	M.	5.2
U.N.	E.	4.1
U.	M.	4.0
R.	M.	6.1
U.N.	M.	5.0
U.	M.	5.1
U.	E.	4.0
U.	M.	4.0
O.		
U.	M.	5.0
U.N.	M.	5.2
U.N.	E.	4.1
U.	M.	4.0
R.	M.	6.1
U.N.	M.	5.0
U.	M.	5.1
U.	E.	4.0
U.	M.	6.0
S.	M.	6.2
U.N.	M.	5.0
U.	M.	5.1
U.N.	E.	4.1
U.	M.	4.0
R.	M.	6.2
U.	M.	6.0
=.	M.	5.0

Anweisungsliste

Operation	Kennz.	Parameter
U.	M.	6.1
=.	M.	5.1
U.	M.	6.2
=.	M.	5.2
O.	M.	5.1
O.	M.	5.2
=.	A.	4.1
O.	A.	4.1
O.	M.	5.0
=.	A.	4.0
U.N.	M.	5.0
U.	M.	5.1
O.	M.	5.2
=.	A.	4.2
U.	M.	5.2
=.	A.	4.3
(		
O.	M.	5.0
O.N.	M.	5.1
)		
U.	M.	5.2
=.	A.	4.4
U.N.	M.	5.1
U.	M.	5.2
=.	A.	4.5
U.	A.	4.5
U.N.	M.	5.0
=.	A.	4.6
U.N.	T.	1.
U.	E.	4.2
=.	M.	4.0
U.N.	T.	1.
U.	M.	4.0
S V	T.	1.

2. Themenkreis

HALBLEITERTECHNOLOGIE

Leitung:

Univ.-Prof. Dipl.-Ing. Dr. H. Pötzl

ZWEIDIMENSIONALE PROZESSIMULATION

P.Pichler, W.Jüngling, S.Selberherr, E.Guerrero, H.Pötzl

Institut für Allgemeine Elektrotechnik und Elektronik
Abteilung für Physikalische Elektronik
Gusshausstraße 27-29, 1040-Wien, AUSTRIA

ZUSAMMENFASSUNG:

Der Übergang zu immer kleineren Strukturen in der Fabrikation
von VLSI-Bauteilen erfordert die Kenntnis der zugrundeliegenden
physikalischen Vorgänge. Durch die numerische Simulation
physikalischer Modelle ist man in der Lage, die Umverteilung
der Störatome im Halbleiter zu berechnen und damit Entwicklungszeit und Entwicklungskosten zu senken. Dieser Artikel
beschreibt ein Programm, mit dem auch die Simulation komplexer
Modelle möglich ist und bringt als Beispiel die Simulation
einer stark gekoppelten Bor-Arsen-Diffusion.

1. EINFüHRUNG

In den letzten Jahren gelangten beim Entwurf neuer Generationen
von VLSI-Schaltkreisen in immer stärkerem Maße Programme zum
Einsatz, die das elektrische Verhalten der Einzeltransistoren
berechneten. Mit steigender Miniaturisierung steigt auch der
Einfluß von Nebeneffekten auf die Dotierungsprofile und damit
auf das elektrische Verhalten der Bauteile. Zur Beschreibung
dieser Einflüsse im Rahmen der Prozeßsimulation werden Modelle
verwendet, deren Komplexität laufend zunimmt. Die
Implementierung dieser Modelle in bestehende Programme zur
Prozeßsimulation sowie deren Adaption und der Austausch von
Parametern ist meist sehr arbeitsintensiv und manchmal
überhaupt unmöglich /1/, /2/, /3/, /6/. Aus diesem Grund wurde
das Programmpaket PROMIS (PROcess Modeling In Silicon
semiconductors) entwickelt, das die numerische Simulation
parabolischer und elliptischer Systeme gekoppelter,
nichtlinearer, partieller Differentialgleichungen (PDEs) fast

beliebiger Struktur gestattet. Kapitel 2 dieses Beitrages beschreibt die mögliche Struktur der PDEs, in Kapitel 3 wird eine Anwendung aus dem Gebiete der extrinsischen, stark gekoppelten Diffusion von Bor und Arsen gezeigt.

2. BESCHREIBUNG VON PROMIS

Die Hauptanwendung von Promis liegt in der zweidimensionalen Berechnung der Umverteilung physikalischer Größen bei Diffusionsschritten. Die Beschreibung dieser Vorgänge erfolgt durch Differentialgleichungen. Die Struktur, in der eine Definition von PDEs möglich ist, wurde daher so allgemein wie möglich gewählt.

$$\sum_{j=1}^{N} a_{ij} \cdot \frac{\partial c_j}{\partial t} + \text{div } J_i + G_i - R_i = 0 \tag{1}$$

$$J_i = \sum_{j=1}^{N} (d_{ij} \cdot \text{grad } C_j + \mu_{ij} \cdot C_j \cdot \text{grad} \psi) \tag{2}$$

Die Differentialgleichungen haben die Form allgemeiner Kontinuitätsgleichungen (1) mit Generations/Rekombinations-termen und allgemeinen Stromrelationen (2), wobei N sowohl der Anzahl der Differentialgleichungen als auch der Anzahl der abhängigen Variablen C_j entspricht. Die Koeffizienten a_{ij}, d_{ij}, μ_{ij}, G_i und R_i können Funktionen der Simulationszeit bei der transienten Simulation der PDEs, des Ortes, der Temparatur und der lokalen Werte der abhängigen Variablen sein. Die Variable ψ ist eine der abhängigen Variablen C_j und wird für das elektrische Potential verwendet.

Durch diese allgemeine Formulierung ist es möglich, die physikalischen Vorgänge bei Hochtemparaturschritten, wie z.B. Umverteilung der Dopanden, der Einfluß des elektrischen Feldes, intrinsischer Kristalldefekte, usw. numerisch auszuwerten.

Die Formulierung der Randbedingungen (3) erlaubt die üblichen Dirichlet- und Neumann-Randbedingungen aber auch gemischte Randbedingungen mit Summen von durch (2) definierten Strömen.

$$\sum_{j=1}^{N} \zeta_{ij} \cdot (J_j \cdot \overline{n}) + F_i = 0 \tag{3}$$

Die Koeffizienten $\mathbf{f}_{ij}$ können Funktionen der Simulationszeit, der Ortskoordinate und der Temparatur sein, die F_i können zusätzlich Funktionen der lokalen Randwerte der abhängigen Variablen sein.

Die Berechnung der Differentialgleichungen erfolgt bei der derzeitigen Version von PROMIS in einem rechteckigen Simulationsgebiet auf einem nichtäquidistanten Gitter, dessen Adaption automatisch erfolgt.

Zur Befriedigung der Bedürfnisse in der Prozeßsimulation wurden alle gebräuchlichen Modelle zur Beschreibung von Ionen-Implantationen eingebaut. Zur Weiterverarbeitung von Meßprofilen und von Ergebnissen von Monte-Carlo Progammen können Daten von externen Datenträgern gelesen werden. Eine ausführliche Beschreibung der Programmstruktur findet sich in /5/.

3. GEKOPPELTE DIFFUSION VON BOR UND ARSEN

Der Einfluß der feldunterstützten Diffusion von Bor und Arsen ist ein wichtiges Kapitel der Prozeßsimulation, da diese Elemente häufig bei der Herstellung von Halbleiterbauelementen verwendet werden. Dieser Effekt führt zu einer gegenseitigen Beeinflussung der Dopanden bei der Umverteilung und kann, wie wir im Beispiel sehen werden, starke Auswirkungen auf die Umverteilung der Ionen haben. Die gleichungsmäßige Formulierung einer gekoppelten Diffusion ist durch die Gleichungen (4)-(6) gegeben.

$$\text{div grad } \Psi = \frac{q}{\epsilon} \cdot (2 \cdot n_i \cdot \sinh(\frac{\Psi}{U_t}) + C_B - C_{As}) \tag{4}$$

$$\frac{\partial C_B}{\partial t} = \text{div } (D_B (\text{grad } C_B - \frac{C_B}{U_t} \cdot \text{grad } \Psi)) \tag{5}$$

$$\frac{\partial C_{As}}{\partial t} = \text{div } (D_{As}(\text{grad } C_{As} + \frac{C_{As}}{U_t} \cdot \text{grad } \Psi)) \tag{6}$$

Das System besteht aus einer Poisson-Gleichung (4) und den Kontinuitätsgleichungen für Bor (5) und Arsen (6) und wurde unter der Vernachlässigung von Hochdotierungseffekten gewonnen. Wie in /4/ gezeigt wurde, ist eine Vereinfachung der Poisson-

Gleichung unter Vernachlässigung der Raumladung zwar zulässig, führt jedoch bei gleichzeitiger Reduktion des Gleichungssystems auf kompliziertere Ableitungen bei den Diffusionkoeffizienten.

Die Anfangsbedingungen für die Diffusion wurden mit zwei Ionen-Implantationen von Bor (10^{15} cm^{-2}, 75keV durch eine SiO$_2$-Maske mit 15nm) und Arsen (10^{15} cm^{-2}, 90 keV durch eine SiO$_2$-Maske, die vom Koordinatenursprung von 15nm weg mit 45° ansteigt.) angenommen. Die durch die Ionen-Implantation entstandenen Profile sind in Fig.1 und Fig.2 gegeben.

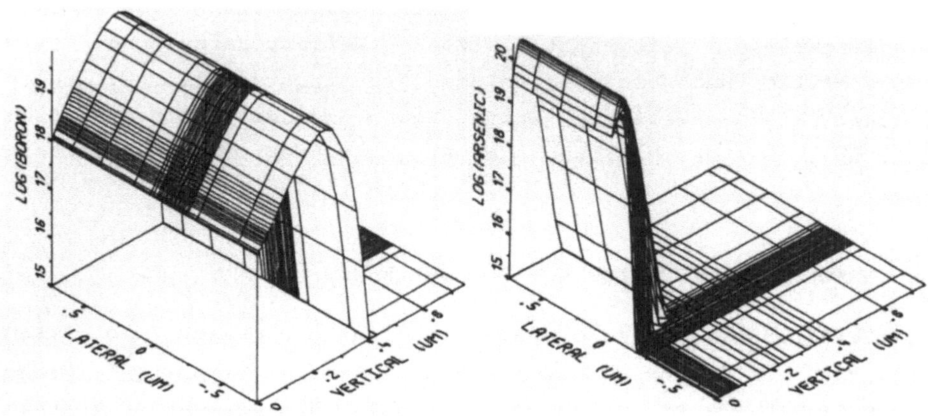

Fig.1: Bor Konzentration
nach der Ionen-Implantation

Fig.2: Arsen Konzentration
nach der Ionen-Implantation

Nach 600 Sekunden inerter Diffusion bei 1000°C ergeben sich die in Fig.3 bis Fig.5 dargestellten Kurvenformen für das elektrische Potential und die Dopanden.

Durch den Einfluß des Arsens bildete das Bor-Profil in der Umgebung des p-n-Überganges eine Spitze. Um das Ausmaß der gegenseitigen Beeinflussung besser abschätzen zu können, wurden in den Bildern 6 und 7 die Dotierungsprofile in linearem Maßstab gezeichnet.

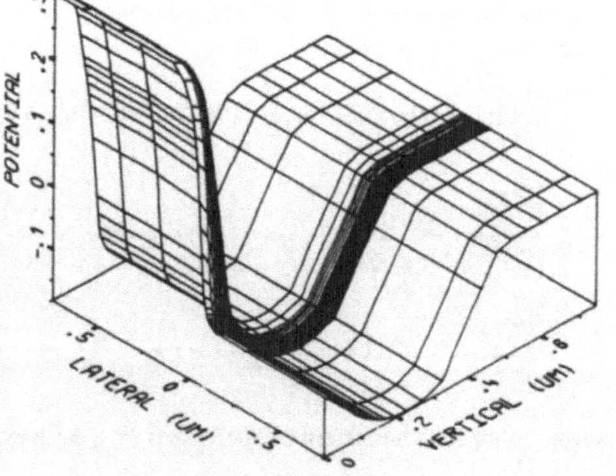

Fig.3: Potential nach
600s Diffusion

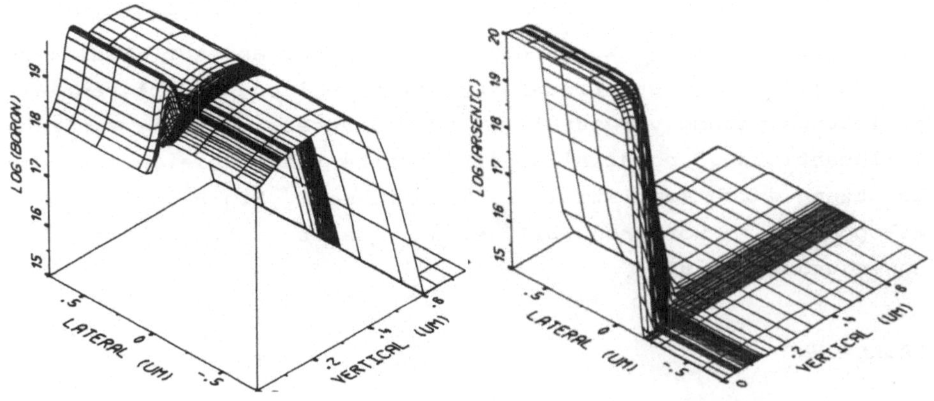

Fig.4: Bor Konzentration
nach 600s Diffusion

Fig.5: Arsen Konzentration
nach 600s Diffusion

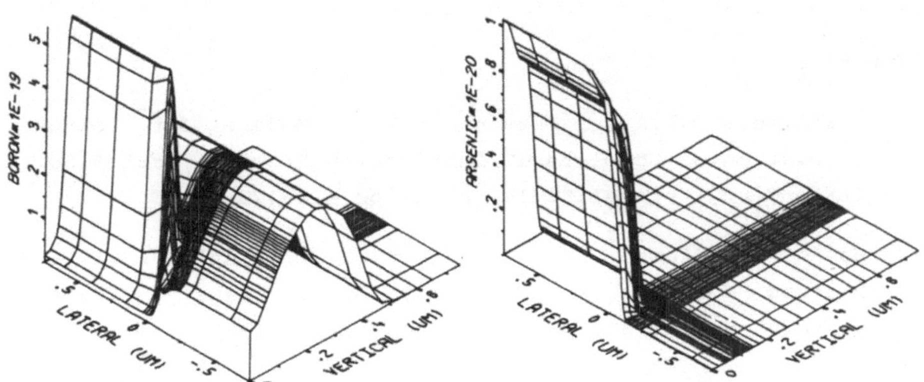

Fig.6: Bor Konzentration
nach 600s Diffusion

Fig.7: Arsen Konzentration
nach 600s Diffusion

Eindimensionale Untersuchungen /4/ zeigten, daß am Anfang einer extrinsischen Diffusion der Einfluß des elektrischen Feldes, das durch die anfängliche Verteilung der Dopanden entsteht, die Diffusion maßgeblich beeinflußt. In dieser Phase bilden sich die beobachteten Akkumulationen der Dopanden, die in einer zweiten Phase der Diffusion ambipolar diffundieren. Dieser Effekt tritt, qualitativ gesehen, bei allen MOS-Transistor Prozessen auf, da meist Arsen für die Drain- und Sourcegebiete und Bor für die Kanalimplantation verwendet wird. Die Auswirkungen sind jedoch wegen der meist geringen Bor-Dosis und der geringeren Temparatur weniger ausgeprägt.

ZUSAMMENFASSUNG

In diesem Beitrag wurde ein Universalprogramm zur Simulation nahezu aller in der Prozeßsimulation üblichen Differentialgleichungssysteme vorgestellt. PROMIS unterstützt die einfache Implementierung physikalischer Modelle und erleichtert die Benutzung durch sophistizierte Algorithmen. Ein Beispiel einer gekoppelten Bor-Arsen-Diffusion zeigt ein typisches Anwendungsbeispiel.

DANKSAGUNG

Diese Arbeit wurde durch die SIEMENS Forschungslaboratorien in München und den Fonds zur Förderung der wissenschaftlichen Forschung, Projekt S 43/10 unterstützt.

LITERATUR

/1/ Antoniadis D.A., Dutton R.W., Models for Computer Simulation of Complete IC Fabrication Process, IEEE J.Solid State Circuits, Vol.SC-14, No.2, pp.412-422, 1979.

/2/ Ho C.P., Plummer J.D., Hansen S.E., Dutton R.W., VLSI Process Modeling - SUPREM III, IEEE Trans. Electron Devices, Vol.ED-30, No.11, pp.1438-1453, 1983.

/3/ Penumalli B.R., A Comprehensive Two-dimensional VLSI Process Simulation Program, BICEPS, IEEE Trans.Electron Devices, Vol.ED-27, No.9, pp.986-992, 1983.

/4/ Pichler P., Jüngling W., Selberherr S., Pötzl H., Two-Dimensional Coupled Diffusion Modeling, Physica B, Vol.129B, pp.187-191, 1985.

/5/ Pichler P., Jüngling W., Selberherr S., Guerrero E., Pötzl H., Simulation of Critical IC-Fabrication Steps, Accepted for publication in IEEE Trans.Electron Devices, October 1985.

/6/ Ryssel H., Haberger K. Hoffmann K., Prinke G., Dümcke R., Sachs A., Simulation of Doping Processes, IEEE Trans.Electron Devices, Vol.ED-27, pp.1484-1492, 1980.

<u>RICHTLINIEN FÜR DAS PARALLELSCHALTEN VON LEISTUNGSHALBLEITERN</u>*

J. Thoma, H. Pichler

Institut für Allgemeine Elektrotechnik und Elektronik
Technische Universität Wien

<u>Abstract</u>

Es gibt viele Gründe Schaltelemente parallel zu betreiben, gleichgül-
tig ob diese sich auf einem gemeinsamen Chip befinden oder nicht. Oft tritt
das Problem auf, daß ein Leitungshalbleiter in seinen Spezifikationen nicht
den Anforderungen der Schaltung entspricht. Gesetzt den Fall, daß der Strom
die begrenzende Größe darstellt, kann das Parallelschalten mehrerer Elemente Abhilfe schaffen. Als Ideenlieferant tritt dabei der MOSFET auf, der,
als diskretes Bauelement gesehen, bereits eine Parallelschaltung einiger
hundert Einzelzellen darstellt. Deshalb wird im folgenden entsprechend der
verwendeten Nomenklatur immer der MOSFET als Beispiel herangezogen, da er
sich am besten zu einer Parallelschaltung eignet. Die besprochenen Verfahren können jedoch sinngemäß auf jedes beliebige Leistungsbauelement angewendet werden. Im Vergleich zum Bipolartransistor /7/ oder Thyristor wirft
der MOSFET weit weniger Probleme auf, was einer der Gründe ist, warum man
ihn in der heutigen Form und Leistungsfähigkeit überhaupt kaufen kann. Dennoch stellt die Parallelschaltung kein triviales Problem dar. Es gibt eine
Reihe von Unannehmlichkeiten die auftreten können. Um daher zu einer zuverlässig funktionierenden Schaltungsanordnung zu gelangen, müssen die Gründe
für das Auftreten von Problemen und die Mittel für deren Beseitigung bekannt sein.

<u>Dynamische Stromaufteilung</u>

Beim Übergang vom leitenden in den sperrenden Zustand, oder umgekehrt,
muß der MOSFET durch den linearen Bereich. Dies bedeutet, das in 2.2. Aus-
gesagte besitzt auch hier Gültigkeit. Allerdings mit gewissen Einschränkungen: Die Verweilzeit im Triodenbereich ist sehr kurz. Entsprechend der gewählten Ansteuerschaltung liegt sie typisch bei etwa 10 bis 100 ns. Thermische Effekte sind wegen der großen Unterschiede in den Zeitkonstanten für
den Schaltvorgang vernachlässigbar. Symmetrierwiderstände in den Sourcelei-
tungen sind ob der hohen Verluste im eingeschalteten Zustand nicht tragbar.

Zu den für den stationären Bereich relevanten Größen, jenen, die vom
Bauelement herrühren (U_T, g_{fs}, C_i), treten im Schaltbetrieb Parameter hinzu, die durch den Aufbau und dessen Geometrie gegeben sind: Im Steuerkreis
tragen die Widerstände von Generator und Gate ($R_{DR} + R_{GP}$) , sowie die Induktivität der Steuerleitung L_G bei. Im Lastkreis sind die Streuinduktivi-
tät L_l und Leitungsinduktivität L_S, die beiden Kreisen gemeinsam ist, rele-
vant (Bild 1).

Bei den Schaltvorgängen treten zu den aus der statischen Betrachtung
bekannten bauteilinhärenten Größen (die hier der Vollständigkeit halber
noch einmal angeführt werden), die durch realen Aufbau und Geometrie bedingten Parameter:

---

*Das Projekt wurde vom Fonds zur Förderung der Wissenschaftlichen Forschung
(Projektnr.: P5190) unterstützt.

1.   Bauelementabhängige Parameter
      Widerstand der Drain-Source-Strecke R_{DS}
      Schwellspannung U_T
      Übertragungsleitwert g_{fs}
      Eingangskapazität C_i

2.   Aufbau- und Geometrieabhängige Parameter

2.1. Ansteuerkreis
      Widerstand in der Gateleitung R_G
      Kreisinduktivität L_G

2.2. Lastkreis
      Streuinduktivität der Drainleitung L_D
      Streuinduktivität der Sourceleitung L_S

Jede einzelne der angeführten Größen kann zu einer das Gesamtsystem gefährdenden Asymmetrie in der Laststromverteilung führen. Üblicherweise tritt jedoch eine Kombination mehrerer Parameter auf. Wird nun eine bestimmte Anzahl von Bauelementen parallel betrieben, so interessieren vor allem die Auswirkungen der Ungleichheit der genannten Parameter: Bleibt der Strom des am meisten belasteten Bauteils innerhalb der zulässigen Grenzen, bzw. arbeitet das Schaltelement innerhalb der SOAR? Die Differenz in den Strömen, die durch den Einschaltvorgang hervorgerufen wird, stellt eine Anfangsbedingung für den "konstanten" Strom während der Pulsdauer dar. In Schaltungen, bei denen die Leitend-Verluste die thermische Konstruktion dominieren, darf dieser Aspekt nicht außer acht gelassen werden. Stromdifferenzen, die durch das Ausschalten verursacht werden, bewirken Unterschiede in der vom Einzelelement zu verkraftenden Schaltenergie (1)

$$P_S = f_S \left((t_1-t_0) \int_{t_0}^{t_1} U_{DS} \, I_D \, dt + (t_3-t_2) \int_{t_2}^{t_3} U_{DS} \, I_D \, dt \right) \tag{1}$$

Dort, wo hohe Stromdifferenzen während des Abschaltvorgangs geschaffen werden, treten große Unterschiede in den Schaltverlusten auf. Bei Applikationen, bei denen die Verluste im wesentlichen von der Schaltenergie herrühren, muß an dieser Stelle mit einer Überlastung des Systems gerechnet werden. Außerdem stellt eine Asymmetrie in der Laststromverteilung während des Ausschaltvorgangs, die aus unterschiedlicher Schwellspannung oder unterschiedlichem Übertragungsleitwert resultiert, nur die Fortsetzung und Verstärkung eines Effektes dar, der durch das Einschalten initiiert wurde. Im allgemeinen wird der größte Teil der Asymmetrie im Pentodenbereich der Kennlinie (4) geschaffen. Das Verhalten des MOSFETs ist bekanntlich durch folgende Beziehungen festgelegt:

gesperrter Zustand: $i_D = 0$ (2)

Triodenbereich $i_D = g_{fs} \, (u_{GS} - U_T)$ (3)
                            für $u_{DS} \geq i_D \, R_{DSon}$

Pentodenbereich $i_D = u_D \, / \, R_{DSon}$ (4)

Die nächste Frage von essentieller Bedeutung für den Einsatz parallelgeschalteter MOSFETs: Gibt es eine Grenze für die Größe der Laststromasymmetrie, die durch die angeführten Parameter hervorgerufen wird? Eine Ungleichheit der Kreisinduktivitäten wird solange verschiedene Ströme hervorrufen, solange diese durch die Induktivität bestimmt sind. Dieser Parameter zeigt eine zeitliche Abhängigkeit. U_T, R_{DS} und g_{fs} sind dagegen keine Funktionen der Zeit.

Grenzen des Ungleichgewichts resultierend aus R_{DS}

Für die Annahme eines Modells für den "schlechtesten Fall" (Worst Case) existiere eine Schaltung aus n parallelen Zweigen (Widerständen), wobei dem ersten ein kleinerer Wert zugewiesen wird. Die übrigen n-1 Zweige mögen alle den Gleichen Wert besitzen (Bild 1). Dann gilt für den Gesamtstrom

$$I_0 = I_{D1} + (n-1) \, I_{D2} \tag{5}$$

wobei der Spannungsabfall an allen Zweigen gleich sein muß:

$$I_{D1} \, R_{1T} = I_{D2} \, R_{2T} \tag{6}$$

Der Index T steht dabei für die jeweilige Temperatur, für die der Widerstandswert gilt. Somit wird

$$R_{iT} = R_{i-25} \, (1 + ((T_a-25) + I_{Di}^2 \, R_{iT} \, R_{\theta ja}) \, K) \tag{7}$$

wobei R_{i-25} den Maximalwert des Widerstandes im i-ten Zweig bei 25°C darstellt, und K die Widerstandsänderung in Ω/°C ausdrückt. Der Gleichgewichtswert des Stromes durch jeden Zweig ergibt sich aus

$$I_S = I_0 \, / \, n \tag{8}$$

Einsetzen von (5), (7) und (8) in (6) ergibt eine kubische Gleichung von I_{D1}. Durch Kürzen und Ersetzen von

$$\Delta T_{2ja} = R_{2-25} \, I_S^2 \, R_{\theta ja} \tag{9}$$

erhält man

$$\left(\frac{I_{D1}}{I_S}\right)^3 - (n+1)\left(\frac{I_{D1}}{I_S}\right)^2 + \left[n - \left(\frac{n-1}{n}\right)\left(n-1 + \frac{R_{2-25}}{R_{1-25}}\right) \cdot \right.$$

$$\left. \cdot \frac{1}{\Delta T_{2ja} \, K}\right]\left(\frac{I_{D1}}{I_S}\right) + (n-1)\left(\Delta T_{2ja} \, K \, \frac{R_{1-25}}{R_{2-25}}\right)^{-1} = 0 \tag{10}$$

für $n \to \infty$ reduziert sich (10) auf eine quadratische Gleichung

$$\left(\frac{I_{D1}}{I_S}\right)^2 - \left(1 - \frac{1}{\Delta T_{2ja} \, K}\right)\left(\frac{I_{D1}}{I_S}\right) - \left(\Delta T_{2ja} \, K \, \frac{R_{1-25}}{R_{2-25}}\right)^{-1} = 0 \tag{11}$$

Da der Effektivstrom die mittlere Chiptemperatur bestimmt, gilt für Pulsströme mit dem Spitzenwert I_S und dem Tastverhältnis D :

$$\Delta T_{2ja} = R_{2-25} \, I_S^2 \, D \, R_{\theta ja} \tag{12}$$

Grenzen des Ungleichgewichts hervorgerufen durch Schwellspannung U_T und Steilheit g_{fs}

Große Werte der Laststromasymmetrie, die durch Differenzen in der Schwellspannung U_T und der Steilheit g_{fs} begründet sind, erhält man im Pentodenbereich (an der Grenze zum Triodenbereich) bei relativ langsamen Schaltzeiten und vernachlässigbarer Sourceinduktivität L_S. Die Grenzen des Ungleichgewichts des Laststroms können errechnet werden, wenn für eine gegebene Schaltzeit der Momentanwert i_S bei seinem Maximum festgehalten und

I_S zugewiesen wird. Die Berechnung der ungünstigsten Stromverteilung erfolgt dann wie in dem Fall, wo das Ungleichgewicht des Laststroms aus R_{DS} resultierte, wenn wieder Zweig 1 den Fall der schlechtesten Parameterkonstellation repräsentiert (vgl. Bild 1). Für die Stromverteilung gilt wieder (5). Einsetzen der Bestimmungsgleichung für den Pentodenbereich (4) ergibt:

$$I_{D1} = I_0 - (n-1)\, g_{fs2}\, (u_{GS} - U_{T2})^2 \qquad (13)$$

$$I_{D1} = g_{fs1}\, (u_{GS} - U_{T1})^2 \qquad (14)$$

Aus (10) und (11) folgt

$$u_{GS}^2 - \frac{2\,\{g_{fs1}\, U_{T1} + (n-1)\, g_{fs2}\, U_{T2}\}}{g_{fs1} + (n-1)\, g_{fs2}}\, u_{GS} +$$

$$+ \frac{g_{fs1}\, U_{T1}^2 + (n-1)\, g_{fs2}\, U_{T2}^2 - I_0}{g_{fs1} + (n-1)\, g_{fs2}} = 0 \qquad (15)$$

eine quadratische Gleichung für u_{GS}. Das Laststromgleichgewicht sei gegeben durch (8) und die Schwellspannungsdifferenz durch

$$\Delta U_T = U_{T1} - U_{T2} \qquad (16)$$

Einsetzen von (8), (15) und (16) in (4) ergibt:

$$I_{D1} = g_{fs1}\, (u_{GS} - U_{T1})^2 = \frac{g_{fs1}}{(g_{fs1} + (n-1)\, g_{fs2})^2} \cdot$$

$$\cdot \left[(n-1)\, g_{fs2}\, \Delta U_T + \right.$$

$$\left. + \sqrt{n\, (g_{fs1} + (n-1)\, g_{fs2})\, I_0 - (n-1)\, g_{fs1}\, g_{fs2}\, \Delta U_T^2} \right]^2 \qquad (17)$$

Für großes n und das schlechtestmögliche Zusammentreffen von U_T und g_{fs} ergibt sich ein Maximum der Asymmetrie:

$$\left. \frac{I_{D1}}{g_{fs1}} \right|_{n \to \infty} = \left(\Delta U_T + \sqrt{\frac{I_S}{g_{fs2}}} \right)^2 \qquad (18)$$

Eine Normierung der Ströme I_{Dn} auf den maximal zulässigen Pulsstrom I_{DM} eines konkreten Bauelements führt auf

$$\Delta U_{Tn} = \Delta U_T \sqrt{g_{fs}/I_{DM}} \qquad (19)$$

Damit ergibt sich mit $n \to \infty$ ein normiertes Maximum des Drainstromungleichgewichts von:

$$\frac{I_{D1n}}{g_{fs1n}} = \left(\Delta U_{Tn} + \sqrt{\frac{I_{Sn}}{g_{fs2n}}} \right)^2 \qquad (20)$$

Der Ausdruck (20) kann entweder dazu herangezogen werden, um das Laststrom-

ungleichgewicht für gegebene Parameter zu bestimmen, oder einen zulässigen
Bereich für die Abweichung dieser zu definieren.

Resultiert eine asymmetrische Stromaufteilung allein aus einer Abweichung der Steilheit so, wirkt sich dies im praktischen Anwendungsfall nicht
sonderlich aus. Besitzt eine Gruppe von MOSFETs gleiche Steilheit g_{fs} und
einer davon abweichend eine um 30% höhere, so wird auch die größte Stromab-
weichung nur 1.3 betragen, ein Wert, der durchaus beherrschbar ist (besonders dann, wenn viele Elemente verwendet werden). Die Abweichung des
Stromes geht also linear mit der der Verstärkung einher.

Unterschiedliche Schwellspannungen U_T führen gleichfalls zu einem begrenzten Stromungleichgewicht. Allerdings deshalb, weil der MOSFET durch
das Überschreiten der Schwellspannung zwar eingeschaltet, jedoch nicht völlig durchgeschaltet wird, denn dazu sind viel höhere Spannungen am Gate
erforderlich. Diesem "weichen" Einsetzen der Transferkennlinie ist es zu
danken, daß ein anderer Mechanismus zum Tragen kommt, nämlich der negative
Temperaturkoeffizient des On-Widerstandes. Ohne diesen Schutzmechanismus
wäre das Drainstromungleichgewicht, hervorgerufen durch unterschiedliche
Schwellspannungen, unbegrenzt.

<u>Maßnahmen zur Begrenzung des Ungleichgewichts
der Drainströme</u>

Drei Wege stehen offen, dieses Ziel zu erreichen:
1. Der Versuch Unterschiede in den aufgezählten Parametern zu eliminieren

2. Modifikation des Lastkreises um eine Kompensation des Ungleichgewichts
zu erreichen, also die Größe der Abweichung zu mildern.

3. Modifikation der Steuerkreises zur Verminderung der Dauer des Ungleichgewichts

Punkt 1. ist am meisten zielführend. Dieser Weg sollte daher auch be-
schritten werden. Bezüglich der Layoutabhängigen Parameter ist dies auch in
weiten Bereichen möglich. Bei den Bauteilabhängigen Größen kann dies nur
durch teures Aussuchen erreicht werden, und ist daher nicht immer tragbar.

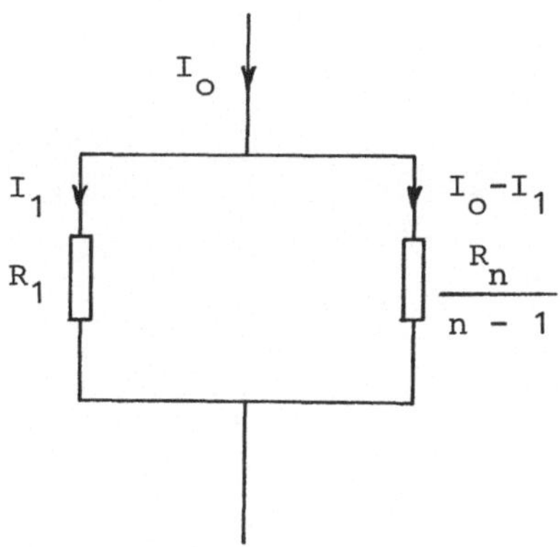

Bild 1: Ersatzschaltbild zur Berechnung des Stromungleich-
        gewichts durch n parallel angeordnete Schalter

Literatur

/1/ Sze, S.M.,
     Physics of Semiconductor Devices, 2nd ed., Wiley-Interscience, New
     York 1981
/2/ Forsythe, J.B.,
     Paralleling of Power MOSFETs for Higher Power Output, IEEE-IAS Confe-
     rence Record 1981, pp. 777 - 796
/3/ Forsythe, J.B.,
     Techniques for Controlling Dynamic Current Balance in Parallel Power
     MOSFET Configurations, Powercon 8, USA, 1981, pp. G3.1 - G3.11
/4/ Oxner, E.S.,
     Parallel Operation of Power MOSFETs. Technical Article TA 84-5 der Fa.
     Siliconix Inc., Santa Clara, CA.
/5/ Thoma, J., Pichler, H., Franz, A.F.,
     Comparison of Dynamic Limits of Paralleling Bipolar and Power-MOS
     Transistors, Power Conversion International, 9th Conf., Oct. 1984, pp.
     168 - 178
/6/ Schultz, W.,
     High Current FETs - A New Level of Performance, Powerconversion Inter-
     national, Vol. 10, Nr. 3, March 1984, pp. 43 - 46
/7/ Redoutey,J.
     Parallel Operation of Switching Power Transistors, Power Conversion
     International, 3rd Conf., Munich 1981
/8/ Kassakian, J.G.,
     Thermally Forced Current Sharing in Paralleled Power MOSFETs, Silico-
     nix MOSPOWER Applications Handbook 1984
/9/ Kassakian, J.G., Lau, D.,
     An Analysis and Experimental Verification of Parasitic Oscillation in
     Paralleled Power MOSFETs, IEEE Trans. on Electron Devices, Vol. ED-31,
     No. 7, July 1984, pp. 959 - 963
/10/ Gauen, K.,
     Paralleling Power MOSFETs in Linear Applikations, Power Conversion In-
     ternational, 8th Conf., Atlantic City, 1984, pp. 144 - 151

AUTOMATISIERTE   ENTFLECHTUNG   ZUR HERSTELLUNG VON EINLAGIG VER-DRAHTETEN
HYBRIDSCHALTKREISEN

N. Kerö und H. Binner

Technische Univerität Wien, Insitut für allgemeine Elektrotechnik und
Elektronik, 1040 Wien, Gußhausstraße 27-29

ZUSAMMENFASSUNG

Die Entflechtung von Schaltschemata stellt eines der Hauptprobleme des
rechnergestützten Layoutentwurfs dar. Es werden verschiedene Lösungsmethoden auf ihre Eignung für den Entwurf von Hybridschaltungen hin untersucht.
Allen Lösungsalgorithmen ist ein gravierender Nachteil gemein: Sie erfassen
nur einen mehr oder weniger großen Teil der möglichen Darstellungen des
Schaltschemas in der Ebene. Es wird ein neues Entwurfskonzept zur Schal-
tungsplanarisierung vorgestellt, das alle möglichen Lösungen implizit berücksichtigt. Es können somit alle kreuzungsfreien Darstellungen der Schaltung ermittelt werden.

Die Notwendigkeit, Schaltschemata zu entflechten (d. h. eine Anordnung der
Bauelemente und Leiterbahnen zu finden, die eine Realisierung der Schaltung
mit nur einer Verdrahtungsebene ermöglicht) ergibt sich aus der Forderung,
möglichst kostengünstig zu fertigen: jede zusätzliche Leiterbahnebene erfordert die Herstellung zweier Masken und die Ausführung weiterer fünf Ver-
fahrensschritte.
Manuelle oder durch einen CAD-Graphik-Arbeitsplatz unterstützte Entflechtung erfordert langjährige Erfahrung und ist zeitaufwendig. Sie sollte daher weitestgehend automatisiert werden.

Methoden der Layouterstellung

Die Erstellung eines Layouts läßt sich in zwei Teilaufgaben gliedern: Plazieren der Bauelemente und Verdrahten. Je nach Reihenfolge, in der diese
Teilaufgaben gelöst werden, unterscheidet man zwei Lösungsmethoden:

Plazieren - Verdrahten

Es werden zuerst alle Bauelemente im Rastermaß plaziert, wobei benachbarte
Plätze nach bestimmten Kriterien ermittelt werden; ·z.B.: je mehr Verbindungen zwischen zwei Bauelementen existieren, umso näher zueinander werden
sie plaziert / 1/. Anschließend werden alle Verbindungsleitungen verlegt.

Diese Methode ist nur für Schaltungen mit vielen gleich großen Bauelementen sinnvoll einzusetzen. Sie wird daher hauptsächlich für VLSI- und Leiterplattendesign verwendet. Bei Anwendungen mit wenigen unterschiedlich großen Bauelementen, die für Hybridschaltungen typisch sind, versagt diese Methode, weil bei der Plazierung die spätere Leiterbahnanordnung nur ungefähr berücksichtigt werden kann und daher kreuzungsfreie Strukturen kaum zu realisieren sind.

Topologischer Lösungsansatz

Zur Lösung werden graphentheoretische Methoden herangezogen. Im folgenden seien einige graphentheoretische Grundbegriffe kurz erläutert:

Unter einem Graph versteht man ein Tripel (V, E, f) worin V (Knotenmenge) und E (Kantenmenge) zwei elementfremde Mengen sind und f eine Vorschrift, die jedem Element von E zwei Elemente von V eindeutig zuordnet.
Eine geometrische Darstellung eines Graphen in der Ebene (Einbettung) erhält man, indem man jedem Knoten einen Punkt der Ebene zuordnet und alle Kanten durch Verbindungslinien zwischen den entsprechenden Knoten darstellt.
Ein Graph ist genau dann planar, wenn er eine kreuzungsfreie Einbettung in der Ebene besitzt.

Es wird zuerst das Problem der kreuzungsfreien Leiterbahnführung gelöst, indem das Schaltschema eineindeutig auf einen Graph abgebildet wird, der auf Planarität untersucht und gegebenenfalls planarisiert wird. Die Planarisierung kann durch Untertunneln von Hybridbauelementen oder durch Leiterbahnkreuzungen erfolgen. Für einlagig zu verdrahtende Hybridschaltungen muß man sich auf das Untertunneln beschränken. Die eigentliche Lage und Gestalt der Bauelemente wird nachträglich festgelegt.
Unter den in der Literatur angegebenen Abbildungsvorschriften eignet sich folgende am besten zur graphentheoretischen Beschreibung einer Hybridschaltung:

- Jedem Potential bzw. jedem Bauelement- und Randanschluß wird ein Knoten zugeordnet.

- Die Verbindungen zwischen Potential- und Anschlußknoten werden auf Kanten abgebildet.

- Aufeinanderfolgende Bauelement- bzw. Randanschlüßknoten werden durch Ordnungskanten miteinander verbunden.

- Das Außengebiet der Schaltung und ev. auch die Innengebiete einzelner Hybridbauelemente werden durch je einen Stern für alle anderen Kanten gesperrt. Als Stern wird ein innerhalb des zu sperrenden Gebietes liegender Knoten, der durch je eine Kante mit allen Randknoten des Gebietes verbunden ist, bezeichnet (Siehe Abbn. 1.a und 1.b).

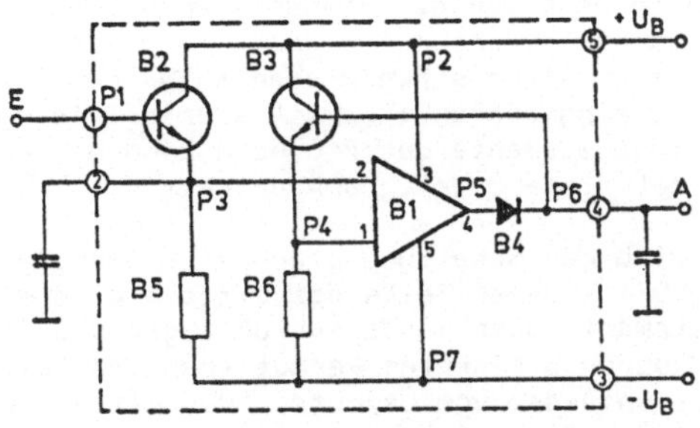

Abb. 1.a: Schaltschema

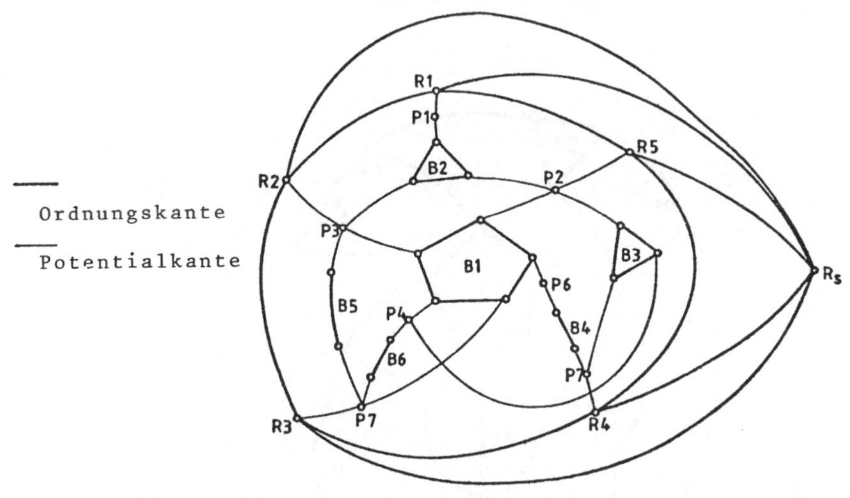

Abb. 1.b: Schaltungsgraph

Zur Lösung der Planarisierungsaufgabe werden in der Literatur grundsätzlich folgende zwei Methoden vorgeschlagen:

Nach der ersten Mehode wird ein maximal planarer Teilgraph (das ist jener planare Teilgraph, der die meisten Kanten besitzt) ermittet und alle noch fehlenden Kanten einzeln unter Ausnutzung der Tunnelmöglichkeiten so eingefügt, daß der jeweilig resultierende Graph planar bleibt. Zur Ermittlung maximal planarer Teilgraphen stehen einige zum Teil sehr leistungsfahige Algorithmen zur Verfügung / 2, 3/. Sie zeichnen sich allgemein durch kurze

Rechenzeiten aus. In / 4/ beispielsweise werden die Kanten des Schaltungsgraphen gewichtet und jener Teilgraph, der das größte Gesamtkantengewicht
aufweist, ermittelt. Dadurch kann vor der Planarisierung festgelegt werden,
welche Kanten Hybridbauelemente durchtunneln dürfen und welche nicht.
Diese Algorithmen weisen aber einen schwerwiegenden Nachteil auf. Die Lö-
sungsmenge wird sehr stark eingeschränkt, weil a priori festgelegt wird,
welche Kanten keine Hybridbauelemente durchtunneln können. Das sind alle
jene Kanten, die der maximal planare Teilgraph enthält.

Nach der zweiten Methode wird der Schaltungsgraph eineindeutig auf ein Gitterdiagramm abgebildet (/ 5/). Jeder Zeile des Gitters wird ein Potential
und jeder Spalte ein Bauelement- oder Randanschluß zugeordnet (Abb. 1.d).
Eine planare Lösung wird durch geeignetes Permutieren von Zeilen und Spal-
ten ermittelt. Dabei ist entweder vom Layouter oder mit Hilfe eines entsprechenden Programms /5, 7/ die vorgegebene Anschlußreihenfolge der Bauelemente und des Randes zu berücksichtigen. Im Schaltungsgraph wird der
Rand der Schaltung einem Potentialknoten gleichgestellt und jeder Randanschluß als zweipoliges Bauelement modelliert. Ein Anschluß wird mit dem
jeweiligen Potential und der andere mit dem Randknoten verbunden (Abb.
1.c).

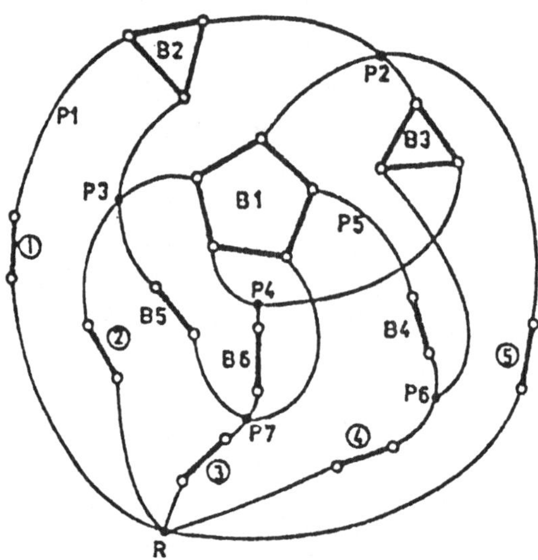

Abb. 1.c: Schaltungsgraph nach van der Leeden

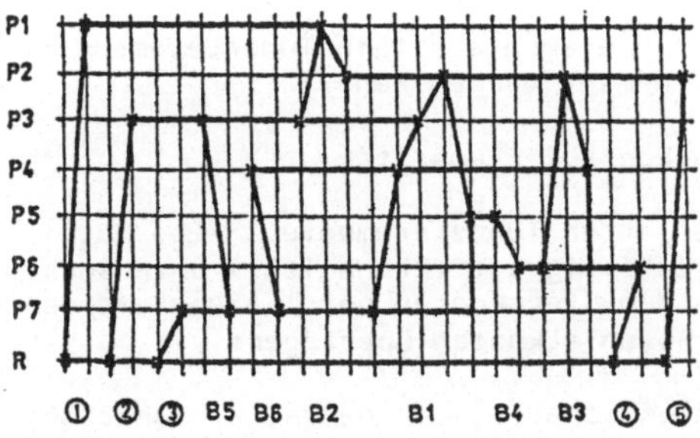

Abb. 1.d: Gitterdiagramm

Dadurch wird gewährleistet, daß die Randanschlüsse unabhängig von den vor-
genommenen Permutationen immer an den Rand zu liegen kommen, falls die dem
Randknoten entsprechende Zeile immer an erster Stelle im Gitterdiagramm
bleibt.
Auch diese Methode weist einige Nachteile auf:
Jedes Potential ist genau einer Zeile des Gitterdiagramms zugeordnet. Es
lassen sich daher nur rückführungsfreie Lösungen ermitteln. In den Abbildungen 2.a und 2.b sind Leiterbahnführung und Gitterdiagramm einer nicht
rückführungsfreien Anordnung dargestellt.

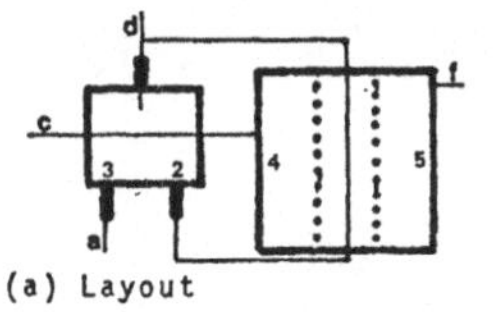

(a) Layout

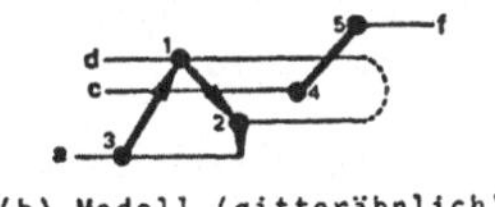

(b) Modell (gitterähnlich)

Abb. 2.a   Abb. 2.b

Außerdem ist es im Gitterdiagramm unmöglich Potentialknoten unter ein Hybridbauelement zu plazieren.

Aufbauend auf ein Programmpaket zum interaktiven Entwurf von Hybridschaltungen / 7/ wird ein Entflechtungsalgorithmus entworfen, wobei die vorher
angeführten Nachteile der verschiedenen Methoden umgangen werden.

Der Ablauf des Algorithmus gliedert sich in folgende Schritte:

1) Identifizieren des Innenraums aller ringförmigen Hybridbauelemente
   duch Hinzufügen eines Sterns

2) Identifizieren jedes Bauelementanschlußknotens aller Linienelemente
   (Diese werden als Kantenzuge modelliert) mit dem dazugehörigen Potentialknoten. Dadurch wird die Möglichkeit, Anschlüsse von Linienelementen beidseitig zu verdrahten, implizit berücksichtigt.

3) Vereinfachen des Schaltungsgraphen durch fortlaufendes Entfernen paralleler Kanten und Knoten an denen nur zwei Kanten zusammenlaufen $(g(V) = 2)$.

4) Entfernen aller Tunnelelemente. (Ein Tunnelelement ist ein Hybridbauelement, das untertunnelt werden kann.)

5) Prüfen des Restgraphen auf Planarität.

6) Einzelnes Einfügen aller Tunnelelemente. Alle Möglichkeiten der Tunnelung werden auf Zulässigkeit (Planarität) untersucht. Bei Ringelementen wird dabei dem Sternknoten bei Linienelementen jeder Ordnungskante jeweils ein Potenialknoten überlagert.

7) Aufbauen eines Lösungsbaumes, in dem alle Tunnelmöglichkeiten hierarchisch berücksichtigt werden.

8) Anwenden von depth-first search, wenn der Lösungsbaum eine gewisse Breite erreicht hat; dies um die Ausführungszeit kurz zu halten

Durch die implizite Enumeration aller möglichen Tunnelungen liefert das Verfahren alle möglichen Lösungen und ist nur durch Speicherplatzbedarf und Rechenzeit limitiert.

LITERATURHINWEISE

1) J. SOUKUP
Circuit Layout
Proceedings of the IEEE, vol. 69(1981), No. 10, pp.1281-1304

2) T. CHIBA, I. NISHIOKA and I. SHIRAKAWA
An Algorithm of Maximal Planarization of Graphs (Printed Circuit Layout)
Proceedings of the 1979 International Symposium on Circuits and Systems pp. 649-652 1979

3) W. E. KLIMOW und L. A. STAROSTINA
Algorithmus für die Planaranalyse von Hybridschaltungen
Wiss. Zeitschrift der TH Ilmenau 28(1982), Heft 3, S.117-123

4) M. MAREK-SADOWSKA
Planarization Algorithm for Integrated Circuits Engineering
Proc. IEEE Internat. Symp. on Circuits and Systems 1979, pp. 919-23

5) R. van der LEEDEN:
Zum topologischen Layoutentwurf Hybrider Schichtschaltungen
Dissertation, TU-München, 1979

6) WEUSTE
Hybrid-Layout
Forsch.-Ber. TU-München (1980) s.1-13

7) F. PACHA:
Integriertes Entwurfsystem für Hybridschaltungen
Dissertation, TU-Wien, 1983

8) N. DEO
Graph Theory with Applications to Engineering and Computer Science
Prentice-Hall 1974

THERMISCHE STABILISIERUNG VON MEßSCHALTUNGEN IN DICKSCHICHT-HYBRID-TECHNIK

P. Dullenkopf

Arbeitsgruppe Schaltungstechnik, Ruhr-Universität Bochum

1.Einleitung

Bei elektronischen Meßschaltungen, die umgebungstemperatur-unabhängig hohe Meßgenauigkeit aufweisen sollen, müssen systematische und unsystematische Temperaturfehler eliminiert werden. Systematische Temperaturfehler, hervorgerufen durch z.B. temperaturabhängige Bauelementeparameter wie Stromverstärkung und Basis-Emitter-Spannungen der verwendeten Transistoren lassen sich durch entsprechende Schaltungsauslegungen oder zusätzliche Regelschaltungen weitgehend vermeiden. Unsystematische Fehler durch z.B. ungewollte Temperaturunterschiede zwischen kritischen Bauelementen und streuende temperaturabhängige Bauelementeparameter erfordern im allgemeinen Maßnahmen zur Temperatur-Homogenisierung innerhalb der Meßschaltung und darüber hinaus häufig auch den Einsatz von Temperaturstabilisierungen. Für elektronische Meßschaltungen, die in Dickschicht-Hybrid-Technik aufgebaut sind, wurde eine Schaltung zur Homogenisierung und Stabilisierung der Temperatur des Al_2O_3-Substrates entwickelt.

2. Entwurf und Dimensionierung der Reglerschaltung

Die vorgesehene Temperatur-Reglerschaltung soll es möglich machen, eine Meßschaltung - z.B. die im vorstehenden Vortrag vorgestellte Segment-Logarithmiererschaltung - mit dem Platzbedarf von ca. 1"x 1" auf eine konstante Betriebstemperatur des Keramiksubstrates von $\vartheta_{Sub} = 50^{\circ}C$ bis $80^{\circ}C$

durch Wahl eines entsprechenden externen Stellwiderstandes R_1 einzustellen. Bei Umgebungstemperaturen des Thermostaten zwischen $+ 10^{\circ}C$ und $+ 40^{\circ}C$ und Betriebsspannungsvariationen um $\pm$ 10% sollen die Temperaturschwankungen um die Solltemperatur $\pm 1^{\circ}C$ nicht überschreiten. Die Reglerschaltung soll mit wenigen aktiven und passiven Bauelementen realisiert werden, um den Flächenbedarf auf der Keramik klein zu halten.

Zur Erfüllung der geforderten zeitlichen Temperaturkonstanz reicht ein Proportional-Regler mit ausreichend hoher Ringverstärkung aus. Die Heizelemente des Reglers sollen zur Erreichung möglichst geringer räumlicher Temperaturdifferenzen auf der Keramik verteilt angeordnet sein, d.h. im wesentlichen aus großflächig gedruckten Dickschicht-Widerständen auf der Substrat-Unterseite bestehen.

Das Schaltbild des entwickelten Reglers /1/ ist in Abb.1 dargestellt.

Den Temperatursensor der Reglerschaltung bildet der Transistor T_2, der als Einzel-Chip-Bauelement an geeigneter Stelle auf dem Keramiksubstrat plaziert werden kann und die Steuergröße $I_{C2} = f(\vartheta_{T2})$ liefert. Die dazu benötigte, weitgehend betriebsspannungs- und temperaturunabhängige Spannung $U_{BE,2}$ wird durch den als Z-Diode geschalteten Transistor T_1 ($U_Z \approx 8V$) mit Vorwiderstand R_{12} zusammen mit dem Spannungsteiler R_1-R_2 geliefert. Die Größe des frei wählbaren externen Widerstandes R_1 bestimmt dabei die Größe von $U_{BE,2}$ und damit letztendlich die Höhe der Substrattemperatur.

Der temperaturabhängige Spannungsabfall an R_3 steuert die Teilschaltung bestehend aus R_5, T_3, R_4 an, die eine spannungsgesteuerte Stromquelle darstellt. Der damit temperaturabhängige Stromquellenstrom ist der Steuerstrom des Transistors T_4. R_5 dient der Einstellung der Ringverstärkung der Schaltung, die im vorliegenden Fall ca. 140 beträgt. R_4 begrenzt in der Aufheiz-Phase den Kollektorstrom von T_3 und damit den Basisstrom von T_4 auf ca. 170 μA und verhindert die Sättigung von T_4.

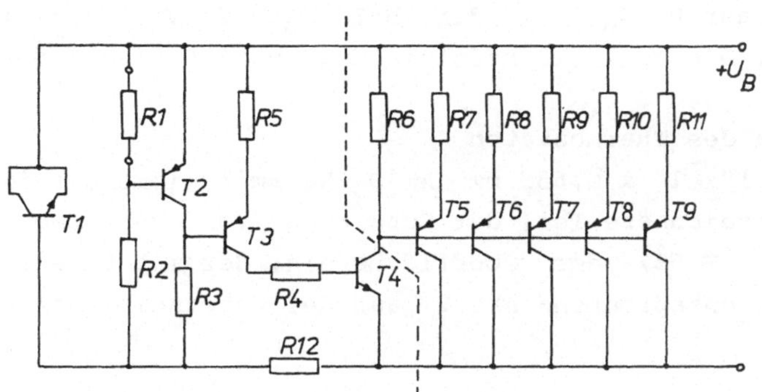

Teilschaltung A   Teilschaltung B
(Substrat-Oberseite)   (Substrat-Unterseite)

R_1 : Metallfilmwiderstand
R_2 bis R_{12} : gedruckte Dickfilmwiderstände

$$R_2 = 470 \ \text{k}\Omega \qquad\qquad R_5 = 4,7 \ \text{k}\Omega$$
$$R_3 = 470 \ \text{k}\Omega \qquad R_6 \text{ bis } R_{11} = 1,9 \ \text{k}\Omega$$
$$R_4 = 39 \ \text{k}\Omega \qquad\qquad R_{12} = 22 \ \text{k}\Omega$$

T_1, T_3, T_4 :   Transistor-Array CA 3096 (Chip)
T_2 :   2 N 2907 (Chip)
T_5 bis T_9 :   BCX 71 (SOT 23)

Abb. 1. Schaltbild des Temperaturreglers

T_4 bildet zusammen mit R_6 eine der 6 Heizstufen des Reglers.
Bei der gewählten Dimensionierung ist die Transistorverlust-
leistung wesentlich kleiner als die in R_6 umgesetzte Wärme-
leistung. Die am Kollektor von T_4 angeschlossenen 5 identischen Kollektorschaltungen bilden 5 Heizstufen, in denen bei
der Wahl von identischen R_7....R_{11} selbst bei streuenden
Transistorparametern von T_5....T_9 infolge der starken
Stromgegenkopplung praktisch gleiche Heizleistungen umgesetzt werden, wobei wieder die Heizleistungen der Widerstände die der Transistoren weit überwiegen. (Wählt man R_6 =
R_7....R_{11}, d.h. also gleiche Geometrien für alle Dick-
schicht-Widerstände, so sind für $U_B \gg U_{BE,5...9}$ die
Heizleistungen aller sechs Stufen praktisch gleich groß.)

Während der Aufheizphase sind die Kollektorströme $I_{C,4...9}$ auf ungefähr $U_B/R_{6...11}$, d.h. bei $U_B = 24$ V auf ca. 12,5 mA begrenzt. Die maximale Heizleistung beträgt also 1,8 W.

3. Aufbau des Thermostaten
Auf der 1"x 1" x 0,635 mm Al_2O_3-Keramik nimmt der in Abb.1 mit A bezeichnete Teil der Schaltung (vgl. auch Abb.2) etwa 40 mm^2 ($\approx$ 6%) der Oberfläche ein; der mit B bezeichnete Teil ist entsprechend Abb.2 auf der Unterseite der Keramik

Substrat-Oberseite   Substrat-Unterseite

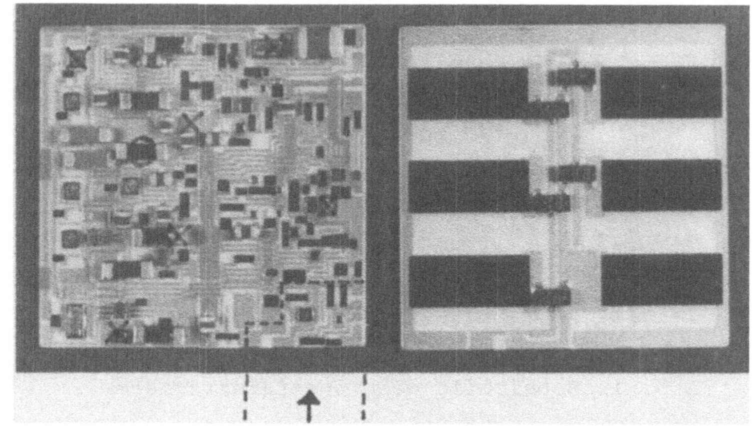

Teilschaltung A des Temp.-Reglers

Abb.2. Dickschicht-Hybrid-Schaltung
(x = Temperaturmeßpunkte und
o = Stör-Heizquelle der Versuchsschaltung)

aufgebracht. Die 6 großflächig ausgelegten Heizwiderstände (vgl. Abb.2) gewährleisten eine gleichmäßige Flächenbeheizung. Die Keramikscheibe ist auf 2 Acrylglasleisten in einem 1"x 1"-Metallgehäuse thermisch gut isoliert montiert (s. Abb.3). Die elektrischen Verbindungen zwischen den Schaltungsteilen A und B erfolgen mit Metallklammern über einen freien Rand der Keramik. Der Stellwiderstand R_1 (Metallfilmwiderstand) befindet sich außerhalb des Thermostaten. (Die

durch den Temperaturkoeffizienten eines guten Metallfilmwi-
derstandes im vorgesehenen Umgebungstemperaturbereich auftretenden Tempera-
turänderung der Ke-
ramik liegen sicher
bei $< |\pm 0,2^\circ C|$.)

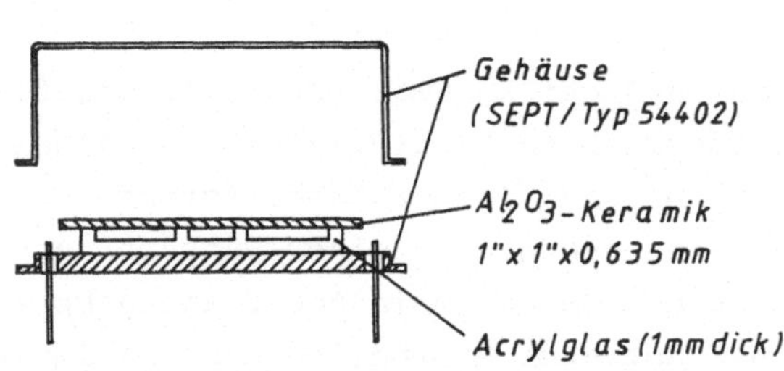

Abb.3. Thermostat-Aufbau
(Seitenansicht)

4. Meßergebnisse

Die Eigenschaften des aufgebauten Thermostaten in ruhender
Umgebungsluft $\vartheta_{Umg.}$ sind im folgenden beispielhaft für
die mittlere Substrattemperatur $\vartheta_{Sub} = 73^\circ C$ zusammengestellt:

Betriebsspannung U_B : 24 V
Stellwiderstand R_1 : 26,1 kΩ
Räumliche Temperaturabweichungen
    auf dem Substrat : $< |\pm 1,5^\circ C|$
Temperatur-Schwankungen auf dem Substrat
    bei $\vartheta_{Umg.} = 20^\circ C \,{}^{-10^\circ C}_{+20^\circ C}$: $< |\pm 0,1^\circ C|$
Maximale Heizleistung in der Aufheizzeit : 1,8 W
Aufheizzeit auf $\vartheta_{Sub} = 73^\circ C$: $\approx$ 60 s
Heizleistung bei $\vartheta_{Sub} = 73^\circ C$: 0,63 W
Maximale Temperatur-Abweichungen bei
    U_B-Variation um $\pm$ 10% : $< |\mp 1^\circ C|$

Bei der Betriebsspannung $U_B = 24$ V läßt sich die Substrattemperatur durch Variation von R_1 zwischen 30 kΩ und 25 kΩ
von $\vartheta_{Sub} = 50^\circ C$ bis $\vartheta_{Sub,max.zul.} = 80^\circ C$ einstellen.
Die Funktion des Thermostaten ist für Betriebsspannungen
zwischen $U_B = 18$ V und $U_B = 24$ V sichergestellt. Für
kleinere Betriebsspannungen als + 24V müssen wegen der reduzierten maximalen Heizleistung etwas größere Aufheizzeiten

hingenommen werden.

Die Regelstrecke weist einpoligen Tiefpaßcharakter mit einer "thermisch bedingten" Zeitkonstanten auf, die im Sekundenbereich liegt.

Punktförmige Heizquellen auf der Keramik führen grundsätzlich (trotz der guten thermischen Leitfähigkeit des Al_2O_3-Substrates) zu größeren räumlichen Temperaturdifferenzen auf dem Substrat als oben angegeben. Bei einer punktförmigen Stör-Heizquelle der Leistung 500 mW im in Abb.2 angegebenen Punkt O wiesen die 6 Temperatur-Meßstellen eine maximale Temperaturdifferenz von $6^{\circ}C$ auf. Die Temperaturerhöhung der Meßstelle ☒ in Abb.2, die genau am Ort des kritischen Teils der Logarithmiererschaltung plaziert ist und 9 mm vom Temperatursensor T_2 der Regelschaltung entfernt liegt, betrug bei dieser (für den Logarithmiererbetrieb jedoch nicht typischen) Versuchsmessung + $2,5^{\circ}C$.

5. Literatur

/1/ Borgmann, U.: Studienarbeit am Lehrstuhl für elektronische Schaltungen, Ruhr-Universität Bochum, 1984

Ein 5500 Gatter CMOS-Standardzellen-IS
für digitale Nebenstellenanlagen

E. Oitzl

Entwicklungszentrum für Mikroelektronik Ges.m.b.H.*), Villach

*) Ein Unternehmen der Siemens AG und der ÖIAG

<u>Zusammenfassung</u>

Für die Schnittstellenanpassung im ISDN-fähigen Büro-
kommunikationsystem HICOM wurde ein VLSI-Baustein mit einer
Komplexität von ca. 5500 Gatteräquivalenten auf Basis einer
CMOS-Standardzellenbibliothek und eines geschlossenen CAD-
Systems entwickelt. Wesentliche Gesichtspunkte einer Halb-
Kundenspezifischen IS-Entwicklung werden anhand dieser Bau-
steinentwicklung diskutiert.

<u>1. Einleitung</u>

Die allgemeinste Form der Kommunikation (Sprache, Texte, Bild,
Daten) ist heute bereits weltumspannend möglich, jedoch ge-
schieht dies derzeit noch über verschiedene für ihren jeweiligen
Zweck angepaßte Netze, d.h. eine gleichzeitige Nutzung mehrerer
Kommunikationsarten ist nur mit unterschiedlicher Handhabung,
Geräten und Rufnummern möglich. Erschwerend wirken sich dabei
auch die nationalen Unterschiede bei einzelnen Kommunikations-
arten aus, denn internationale Standards sind zur Zeit nur für
das Telefon- und das Telexnetz im Einsatz.
Im Jahr 1979 wurde daher auf internationaler Ebene mit der
Definition einer allgemein gültigen Kommunikationsschnittstelle
begonnen, sodaß heute Standards des CCITT für ein integriertes
Netz vorliegen.
Das ISDN-(<u>I</u>ntegrated <u>S</u>ervices <u>D</u>igital <u>N</u>etwork) Konzept sieht
vor, daß alle Kommunikationsformen, wie Sprache, Text, Bild

und Daten, in einem Netz, auf einer Leitung, unter einer Rufnummer durchgeführt werden können /1/.
Eine wesentliche Voraussetzung für die Realisierung eines
universellen, weltweit offenen Netzes, wurde durch die rasante
Weiterentwicklung der Halbleiter-Technologien und der Entwick-
lungshilfsmittel für Integrierte Schaltkreise (IS) geschaffen.
Damit ist eine schnelle und wirtschafliche Entwicklung und
Fertigung von anwendungsspezifischen, hochintegrierten Bau-
steinen (ASICs... Application Specific Integrated Circuits)
mit geringen, gut kalkulierbaren Risiken möglich geworden.
So bilden eine Vielzahl anwendungsspezifischer IS die Basis
für das ISDN-fähige Bürokommunikationssystem HICOM (High-
Technology-Communications) der Siemens AG (Abb. 1) /2/.
Neben anwendungsspezifischen Standard-(ISDN-) IS kommen vor
allem für die Adaptierung vorhandener Schnittstellen bzw. Ge-
räte Halb-Kundenspezifische Schaltkreise auf Gate Array- und
Standardzellen-Basis zum Einsatz.
So wurde für das System HICOM im EZM Villach der digitale Schnit
stellen-Baustein SLID (Subscriber Line Interface Digital) als
Halb-Kundenspezifische Lösung mit CMOS-Standardzellen entwickelt

2. Wesentliche Funktionen des SLID-Bausteins

In Verbindung mit dem Schnittstellen-Steuerbaustein PBC
(Peripheral Board Controller) /3/ übernimmt der SLID-Baustein
die Informationsschnittstellenanpassung zwischen PCM-Highway
und Teilnehmer (Abb. 2). Die vom PBC in Einheiten von 8 Bit
empfangene Information wird paarweise mit Signalisierung und
Synchronsteuerinformation zusammengefaßt und als 20 Bit-Infor-
mation an den Teilnehmer weitergegeben. Die effektive Bitrate
der digitalisierten Sprache beträgt 64 kBit/sec, wobei die eigen
liche Datenübertragung auf Systemseite mit einer Frequenz von
512 kHz und auf Teilnehmerseite mit 256 kHz erfolgt. Die Steuerung wird durch interne Ablaufzähler durchgeführt, die mit dem
2048 kHz Systemtakt getaktet werden. Der Informationsaustausch
über die Teilnehmerleitung geschieht nach dem Zeitgetrenntlage-
oder Ping-Pong-Verfahren. Dabei erfolgt der Informationsaustausc
zwischen Teilnehmer und System in der Form, daß erst nach dem

Empfang eines vollen Datenwortes von 20 Bit, ebenfalls 20 Bit
gesendet werden. Dieses Verfahren ermöglicht für eine effektive
Bitrate von 64 k Bit/sec eine Informationsübertragung auf einer
Zweidrahtleitung bis zu einer Entfernung von ca. 4,5 km.
Da der Empfangszeitpunkt durch die asynchrone Übertragung von
der Leitungslaufzeit (-länge) bestimmt wird, wird bei Einrich-
ten einer Verbindung eine Synchronisierung vorgenommen. Dies
geschieht durch einen programmierbaren Steuermodus des SLID-
Bausteins. Weitere programmierbare Funktionen dienen der Fehler-
ortung und der Fehlermeldung. Geschwindigkeitsanpassungen, Da-
tenaufbereitung, Systemmeldungen, Synchronisierung unabhängig
und gleichzeitig für 4 Teilnehmer, geben dem SLID-Baustein
eine logische Komplexität von etwa 5500 Gatteräquivalenten
(ca. 30.000 Transistorfunktionen).

3. Realisierung des SLID-Bausteins als Halb-Kundenspezifischer IS

Sehr eng gesetzte Terminforderungen für erste Muster zur Systemerprobung ließen auf Grund der großen Komplexität nur eine ziel-
führende Realisierung auf Basis von CMOS-Standardzellen zu.
Eine Gegenüberstellung der Entwicklungsaufwendungen für Voll-
und Halb-Kundenspezifische IS zeigt, daß bei vergleichbaren Entwicklungen für Halb-Kundenspezifische IS nur ca. 1/4 der Auf-
wendungen notwendig ist. Bewirkt wird dies durch eine Standardisierung des Entwicklungsablaufes, durch die Verwendung von
ausgetesteten und entwurfssicheren Teilschaltungen (Zellen, z.B.
entsprechend den TTL- oder CMOS-Standardschaltkreisen) und den
rechnergeführten und kontrollierten Design-Ablauf.
Der Vorteil der stark reduzierten Entwicklungszeit wird allerdings mit einer ca. 1 1/2- bis 2-fach größeren Chipfläche er-
kauft. Auch können i.a. die Technologie-Leistungsmerkmale nicht
voll ausgenutzt werden. Für sehr rasche Erprobungsmuster und bei
kleinen bis mittleren Stückzahlen ist jedoch die Wirtschaftlichkeit einer Halb-Kundenspezifischen Lösung unbestritten.

Der SLID-Baustein wurde auf Basis der CMOS-Standardzellen-
Bibliothek und dem CAD-System VENUS ® der Siemens AG entwickelt /4/, /5/.

Nach der Logikentwicklung und der Aufnahme der Schaltung auf
einer Workstation und damit Bildung der zentralen Schaltungs-
daten, wurden umfassende Logikanalysen und Timingkontrollen
anhand von ca. 20.000 Eingangsbitmustern durchgeführt.
Sowie das logische und zeitliche Verhalten den Anforderungen
entsprach, wurde mittels eines Plazierungs- und Verdrahtungs-
programmes das symbolische Layout erstellt, zeitkritische
Pfade durch eine Layout-Extraktion ermittelt und interaktiv
am graphischen Bildschirm nachgearbeitet. Aus dem symbolischen
Layout wurde durch Einbinden des realen Zellenlayouts das
Maskendatenband erstellt und an die Siemens AG zur Maskener-
zeugung und Chip-Fertigung übergeben.
Anhand der Simulationsergebnisbitmuster wurde mittels Prüf-
programm-Generators das Prüfprogramm für den Testautomaten
SENTRY® generiert. So konnten die ersten Muster bereits fertigungsgerecht untersucht werden. Trotz der sehr großen Chipfläche von 108 mm^2 (siehe Chipfoto Abb.3) waren diese voll
funktionsfähig. Nach der vom Kunden durchgeführte Systemerprobung, welche positiv verlief, wurde das Layout für eine wirtschaftliche Fertigung überarbeitet. Durch die Verwendung einer
weiteren Metallisierungsebene war es möglich, die Chipfläche
um 1/3 zu verkleinern. Auch bei dieser Layouterstellung wurde
ein Plazierungs- und Verdrahtungsprogramm eingesetzt, sodaß
erste Muster ebenfalls innerhalb kürzester Zeit voll funktionsfähig vorlagen (Abb. 4). Der Entwicklungszeitraum von der Spezifikation bis zum 1.Muster betrug trotz der großen Komplexität
weniger als 1 Jahr. Der Kundenforderung nach rasch verfügbaren,
funktionsfähigen Mustern für die Systemerprobung konnte durch
die Standardzellen-Lösung voll entsprochen werden (Abb. 5).

Die Entwicklung dieses Schaltkreises wurde vom Forschungsförderungsfonds für die Gewerbliche Wirtschaft der Republik
Österreich in dankenswerter Weise unterstützt.

<u>Literatur</u>

/1/ Binder, U.W.: Nebenstellananlagen
    Kontakt & Studium Band 156, Expert-Verlag
    ISBN 3-8169-0024-0
/2/ HICOM, Produktschrift Siemens AG, Bereich Privat- und
    Sonder-Kommunikationsnetze
/3/ Lerach, L.: A Novel Device Concept for Subscriber Line
    Boards in Digital Exchange Systems
    NTG-Fachtagung "Größtintegration", Baden Baden, 3/1983
/4/ Lechner, A., Oitzl, E., Sandner, G.:
    Rechnergestützte Entwicklung von Kundenspezifischen Inte-
    grierten Schaltungen in CMOS- und BIPOLAR-Technologie
    Mikroelektronik für den Menschen, Tagungsband 1,
    11.-13.9.84 Johannes Kepler Universität Linz, S.549-566
/5/ E.Hörbst, et al.: VENUS, Entwicklung von kundenspezfischen
    Bausteinen mit Standardzellen und Gate Arrays
    Elektronik 33 (1984) Nr. 19 bis 22

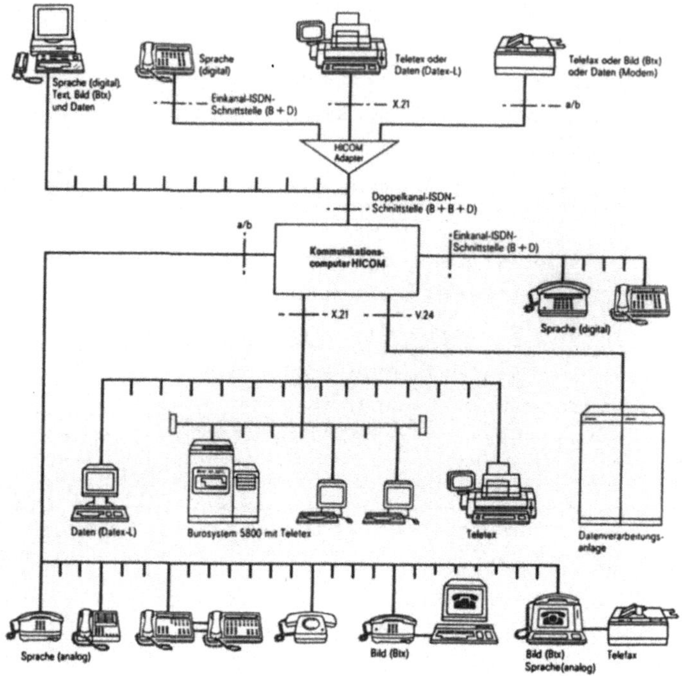

Abb.1:   Konfigurationsübersicht über das ISDN-
         fähige Nebenstellensystem HICOM
         (Quelle: Siemens AG)

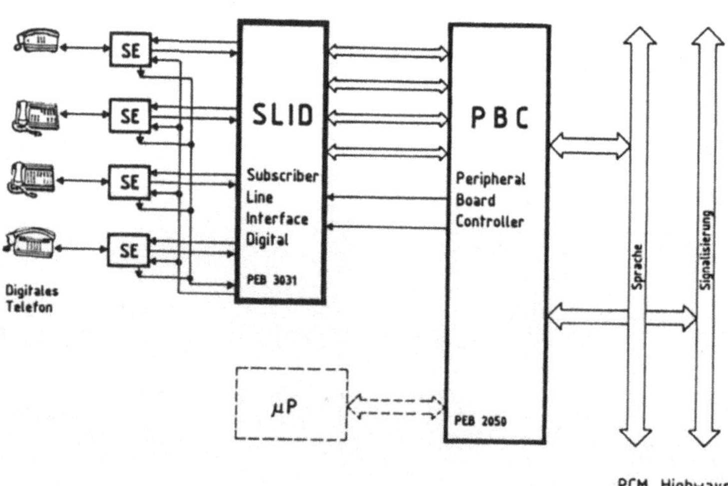

Abb.2:   Teilnehmeranschluß für digitales Telefon
         mittels SLID und PBC

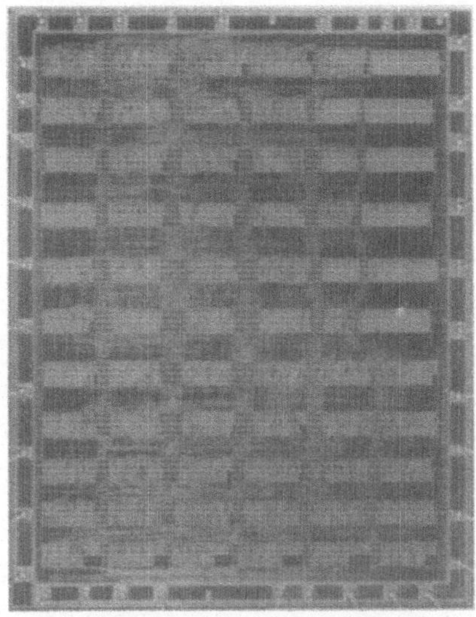

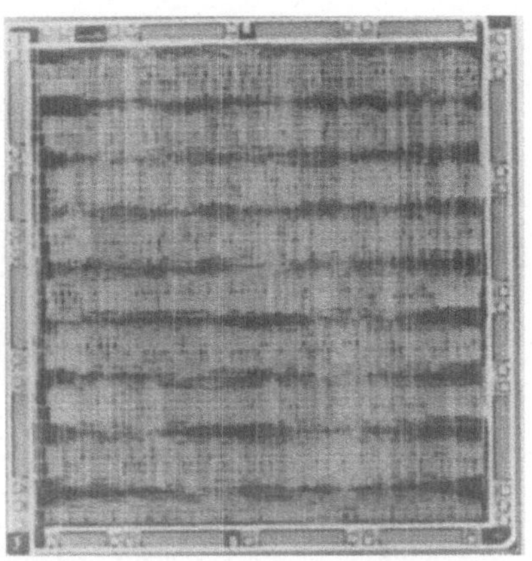

Abb.3: SLID, Chipfoto eines
Musters für die System-
erprobung (108 mm2,
Interzellverdrahtung
mit Polysilizium und
einer Aliminiumebene)

Abb.4: SLID, Chipfoto der
Serienausführung
(76 mm2, Interzell-
verdrahtung mit
Polysilizium und
zwei Aluminiumebenen)

Abb.5: Interface-Baugruppe mit PBC und zwei
SLID-Bausteinen für den Anschluß von
8 digitalen Teilnehmern (Einkanal-
ISDN-Schnittstelle)

N-WELL CMOS TECHNOLOGY FOR HIGH PERFORMANCE
LSI-VLSI APPLICATIONS

T. Athanas

SEMCOTEC GmbH, 1030 Wien

ABSTRACT

The development of a n-well HCMOS technology is described and
the critical process parameters are defined. High speed with
low power dissipation performance have been demonstrated. For
effective channel lengths larger than 2 μm, operation with
voltages greater 10 V is possible.

1. Introduction

CMOS technology is the leading candidate for VLSI circuits.
Large memories, microprocessors and complex semi-custom
circuits can benefit from the low power dissipation offered by
this technology. High density CMOS (HCMOS) circuits with gate
lengths of less than 3 μm are now capable of Low-Power-
Schottky speeds. For these reasons it is now forecasted that
CMOS will be the predominant technology in 1990, most likely
surpassing the NMOS market share in 1988.

Traditionally CMOS has been fabricated using an n-type
substrate with a p-well diffusion. The p-type dopant for the
p-well was introduced using boron nitride diffusion sources at
relatively low temperatures. An equivalent method for n-type
dopant was not available until ion implantation was developed.
Now that n-well is possible, the n-channel device is

constructed on high resistivity p-substrate offering better
performance n-channel devices. This is advantageous
for digital applications.

2. Technology Description

A n-well isoplanar CMOS process has been developed for LSI and
VLSI applications. The process was fully simulated prior to
any processing. The most important simulation parameters were:

a) Ion implantation dose for the n-well and
b) for field threshold voltage control,
c) device threshold voltage adjustment by ion implantation,
d) ion implantation and drive in diffusion conditions for
   shallow junction source drain regions.

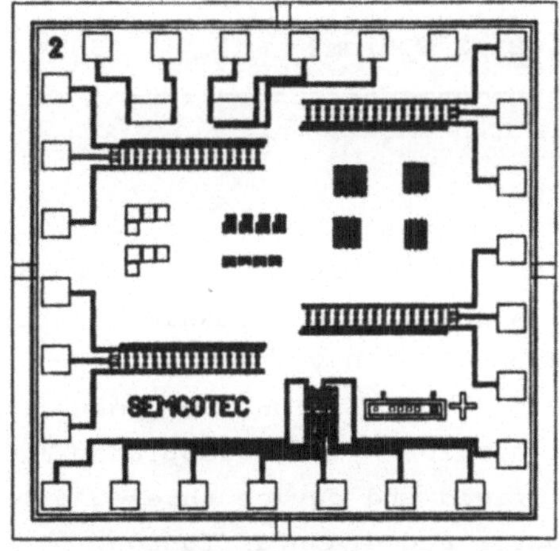

Fig.1: Layout of the Process Capability Test Chip

The process was verified using a process capability test chip
(Fig. 1). In addition to the standard structures for process
development the test chip also contained four ring oscillators
with gate lengths from 3 to 7 μm to be used for dynamic

measurements. The process conditions derived from simulation proved to be reliable, since the first run of wafers provided the desired results. The optimized implant conditions used are listed in Table 1.

Table 1: Conditions for Ion Implantation

Process Step	Implant Dose	Implant Energy
N-well Implant	P: 4-6 E12/cm2	100 keV
Field Implant	B: 1-5 E13/cm2	100 keV
Vt Implant	B: 2-6 E11/cm2	40 keV
N+ Implant	As: 3.5 E15/cm2	80 keV
P+ Implant	B: 2 E15/cm2	50 keV

The critical dimension design rule goal was 2 μm, however, the process capability test chip was designed to provide information for a variety of possible applications, e. g. supply-voltages exceeding 10 V. The process sequence requires nine masking levels. That includes n+ polysilicon gates, the use of silicon nitride for isoplanar processing, ion implantation for field and device threshold voltage control, as well as for source and drain diffusion.

3. Process Sequence

Operation with supply voltages beyond the VLSI standard of 5 V was considered. For such cases a gate oxide thickness of 75 nm was used along with a channel length larger than 2 μm. For 5 V applications the process is identical in every respect, except that a gate oxide thickness less than 50 nm is used and channel lengths smaller than 2 µm are feasible.

The starting substrate is high resistivity (10-20 Ohm·cm) p-type with <100> orientation. A phosphorus implant is carried out in selected regions and then driven in at 1200 deg. C. to form the n-well. Following the n-well formation a series of processing steps are performed to define the device active regions and to provide adequate protection against inversion of the field regions during device operation.

Silicon nitride isoplanar technology is used. Gate oxidation, ion implantation for threshold voltage adjustment, and polysilicon deposition are the subsequent processing steps.

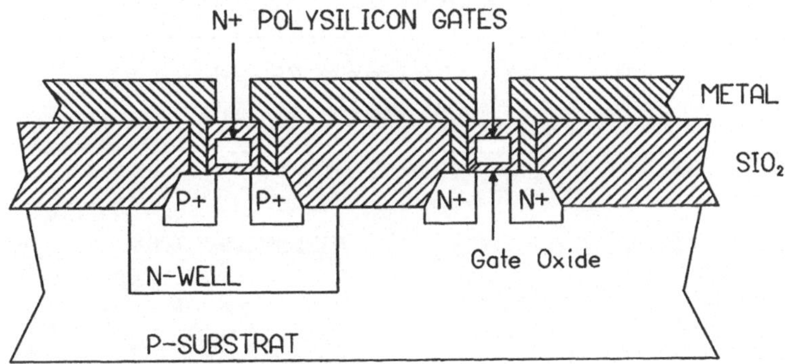

Fig. 2: Cross-Section of the N-Well Structure (diffusion depth: 0.5 µm for n+ and p+; sheet resistance: 60 Ohm/sq. for p+ and 30 Ohm/sq. for n+)

The polysilicon gates are n+ doped and the source and drain regions are implanted using arsenic and boron. Additional field oxide is grown and contact windows are opened, followed by the metal deposition and definition steps. Finally the process cycle is completed with the passivation layer deposition and definition. Fig. 2 is a cross section of the n-well structure.

4. Performance

The measured parameters for the electrical performance are given in Table 2. Vt is the threshold voltage, tox the oxide thickness, BVdss the breakdown voltage and K' the k-factor.

Table 2: Electrical Characteristics of the Test Chip

Parameter	Typical Values
Vt (N-channel)	0.9 V (tox=75 nm); 0.6 V (tox=50 nm)
Vt (P-channel)	0.9 V (tox=75 nm); 0.6 V (tox=50 nm)
BVdss	> 18 V (n-ch.); > 30 V (p-ch.)
K' n-ch.	12 µA/V (tox = 75 nm)
K' p-ch.	3 µA/V (tox = 75 nm)

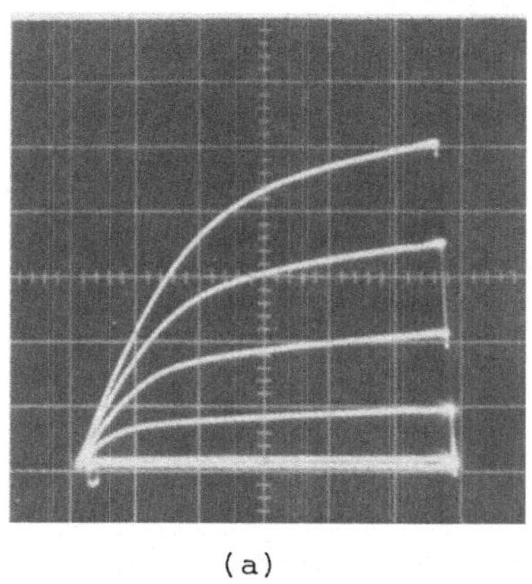 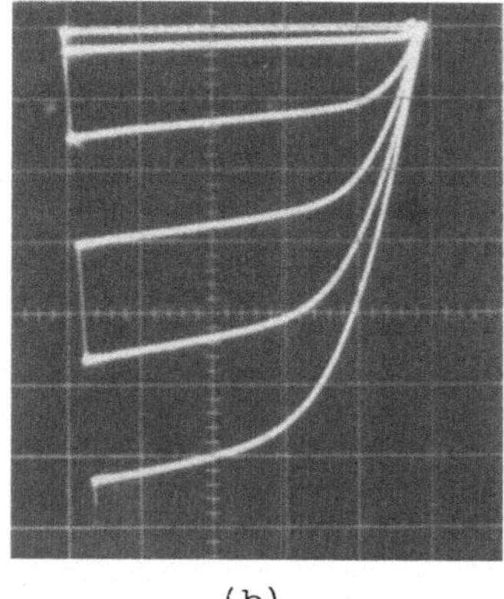

(a)   (b)

Fig. 3: I-V Characteristics of the MOSFETs with Lg = 3 µm and W = 5 µm. (2 V/div. and 2 V/step)
a: n-channel device, 100 µA/div
b: p-channel device, 50 µA/div

Fig. 3   shows the I-V characteristics for a n   and   p-channel
MOSFET with 3 μm geometrical channel length (Lg).   The typical
propagation delay times of an inverter stage (fan-out 1)   for
Vdd = 5 V are 1 ns for Lg = 3 μm, 2 ns for Lg = 4 μm and 3 ns
for Lg = 5 μm.   The results were obtained from a 15-stage ring
oscillator.   The gate oxide thickness for the measurements
above was 75 nm. The respective power delay products are given
in Fig. 4 for Lg=3 μm and Lg=5 μm over the whole range of
applicable supply voltages Vdd.   It is quite well demonstrated
that the ring oscillators work properly up to Vdd = 18 V.

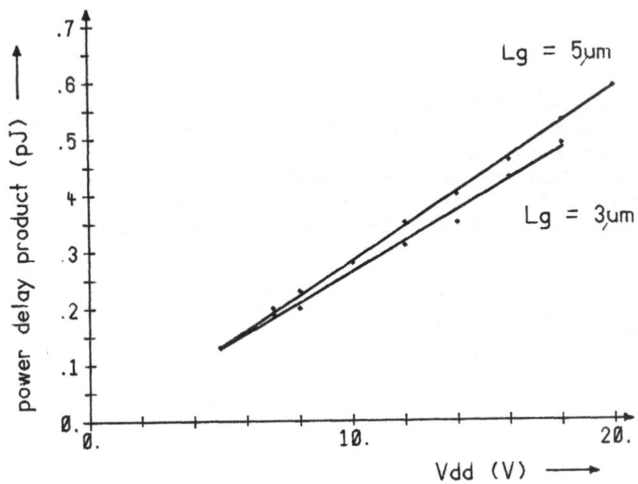

Fig. 4: Power-Delay Product of the N-Well Process, Measured
        at CMOS Inverters with Lg = 3 μm and Lg = 5 μm

5. Acknowledgement

The development of this   process   was partially funded by the
"Oesterreichischer Forschungsfoerderungsfonds   fuer   die
gewerbliche Wirtschaft".

GATE-ARRAYS IN HCMOS TECHNOLOGIE

W. Kausel, S. Smedley, B. Rauscher

SEMCOTEC GmbH, 1030 Wien

ZUSAMMENFASSUNG:

Es wird eine Gate-Array-Serie mit einer Komplexitaet von 500 bis 1500 Gattern vorgestellt, die in Oesterreich entwickelt wurde. Die Technologie basiert auf einem modernen Silizium-Gate HCMOS Prozess, wodurch bei niedriger Leistungsaufnahme die Schaltgeschwindigkeiten der Low-Power-Schottky-Serien uebertroffen werden. Saemtliche Designschritte bis zum Magnetband fuer die Maskenherstellung werden im Hause durchgefuehrt.

1. Einleitung

In Oesterreich entstand in den letzten beiden Jahren eine spuerbare Nachfrage an Gate - Arrays. Als rein private oesterreichische Firma entwickelte SEMCOTEC die Gate-Array-Serie SA000 und baute gleichzeitig ein Design-Center auf, um speziell den Beduerfnissen der oesterreichischen mittel-staendischen Industrie nachzukommen.

Die Vorteile der Gate-Arrays gegenueber dem diskreten Aufbau der ICs auf Leiterplatten liegen

* in der Einsparung von Platz,
* in der hoeheren Zuverlaessigkeit,
* in einer erhoehten Nachbausicherheit,
* im geringeren Leistungsverbrauch,
* in den hoeheren Arbeitsfrequenzen und
* in den reduzierten Kosten.

Die Logikfunktionen des Gate Arrays wurden der TTL-Serie 74XXX bzw. der CMOS Serie 4XXX angepasst, um fuer den Schaltkreisentwickler das Design eines Gate-Arrays durch bekannte Typenbezeichnungen und deren Eigenschaften zu erleichtern. Die SEMCOTEC Gate-Array-Serie SA000 beinhaltet Basis-Chips mit 500, 750, 1000, 1250 und 1500 Logikgattern (aequivalent zu einem NAND-Gatter mit zwei Eingaengen). Die Arbeitsgeschwindigkeiten der Arrays sind hoeher als bei Low-Power-Schottky mit gleichzeitigen CMOS - Eigenschaften, wie geringem Leistungsverbrauch und hohem Rauschabstand.

2. Gate-Array-Aufbau

Die Gate-Array-Serie SA000 wird in einer bewaehrten P-Wannen HCMOS Technologie mit Polysilizium-Gates hergestellt. Die Basiszelle besteht aus zwei N-Kanal- und zwei P-Kanal-MOSFETs, die fuer ein NAND Gatter mit zwei Eingaengen benoetigt werden (Fig.1). Die geometrische Gatelaenge der MOSFETs von 4 μm entspricht einer effektiven Gatelaenge von 2,8 μm. Die Spannungsversorgung verlaeuft senkrecht zu den Gates der MOSFETs. Die Verbindung der logischen Gatter erfolgt in einer

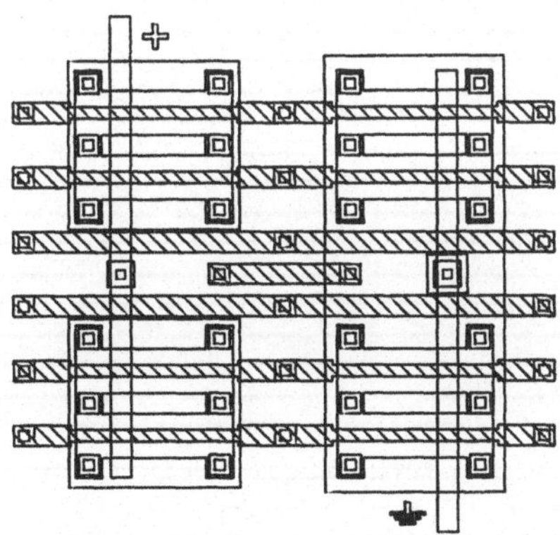

Fig.1: Layout von zwei benachbarten logischen Basiszellen
(P-Wanne liegt rechts, Polysilizium ist schraffiert)

Aluminium-Verdrahtungsebene und durch Polysilizium. Zwischen den Basiszellen befinden sich ebenfalls Polysiliziumtunnels (Fig. 1), die ein kompaktes Verdrahten der einzelnen Basiszellen zu sogenannten Makros erlauben, ohne dafuer die internen oder externen Buskanaele zu benutzen.

Die Basiszellen sind spaltenfoermig angelegt (Fig.2), zwischen ihnen befindet sich die sogenannte interne Busstruktur, die fuer die kleineren Arrays (SA500 und SA750) Raum fuer 4 Metalleitungen und fuer die groesseren Arrays (SA1000, SA1250, SA1500) Raum fuer 6 Metalleitungen laesst. Fuer die Verbindungen zu den Ausgangstreibern steht die externe Busstruktur mit 8 bzw. 12 Leitungen zur Verfuegung. Die Zahl der vertikal verlaufenden Busse und der Polysiliziumtunnel sind so bemessen, dass eine vollstaendige und automatische Verdrahtung selbst bei hohem Ausnutzungsgrad der Gates und bei dichten Verdrahtungsnetzen durchgefuehrt werden kann.

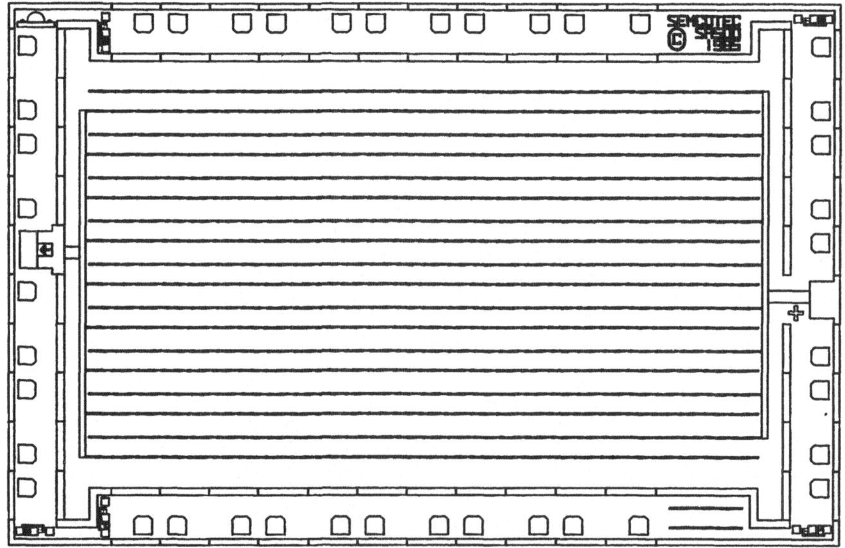

<u>Fig. 2:</u> Layout des Gate Arrays SA500

Auf dem Umfang des Gate - Arrays liegen je ein Anschluss fuer "Power" (Vdd) und "Ground" (Vss) und je nach Array-Groesse 40 bis 62 Ein- bzw. Ausgabepuffer. Jeder dieser Puffer ist als Eingang, Ausgang oder bidirektional einsetzbar. Standard maessig treiben die Ausgangspuffer bis zu 2 TTL-Lasten (-3,2 mA bei logisch Null), auf Kundenwunsch koennen auch zwei Puffer parallel geschaltet werden. Alle Puffer koennen ueber 50 kOhm Widerstaende, die im externen Bus untergebracht sind, an Vdd oder Vss angeschlossen werden. Die Eingangspuffer sind speziell gegen Ueberspannung und "Latch-Up" geschuetzt und koennen als CMOS-Inverter, als Widerstandsleitung und als Schmitt-Trigger mit 0,75 V Hysterese verdrahtet werden.

3. Betriebsbedingungen

Die SEMCOTEC Gate-Arrays sind fuer den industriellen und kommerziellen Anwendungsbereich ausgelegt.

Tabelle 1: Betriebsbedingungen

Parameter	Bereich	Einheit	
Vdd	4,5 bis 5,5	V	Versorgungsspannung
Vin	- 0,3 bis Vdd+0,3	V	Eingangsspannung
T	- 40 bis +125	Grd.C.	Temperatur

4. Dynamisches Verhalten

Die Verzoegerungszeiten fuer einige wohlbekannte Makros sind in der Tabelle 2 fuer Standardbedingungen (Vdd = 5 V, 25 Grd. C.) angegeben.

<u>Tabelle 2:</u> Verzoegerungszeiten

Makro	NAND2	NOR2	NAND4	NOR4	NAND8	NOR8	EXOR
td (ns)	3	4,5	7	8	9,5	13	11

Die nachgestellte Zahl bei den Makrobezeichnungen in Tabelle 2
gibt die Zahl der Eingaenge an, td ist die Verzoegerungszeit.
Die relative Abhaengigkeit dieser Verzoegerungszeiten von der
Temperatur ist in Fig. 3 dargestellt. Die Verzoegerungszeiten
der Ausgangszellen betragen, abhaengig von der kapazitiven
Last, 15 ns (11 pF), 18 ns (22 pF) und 20 ns (47 pF).

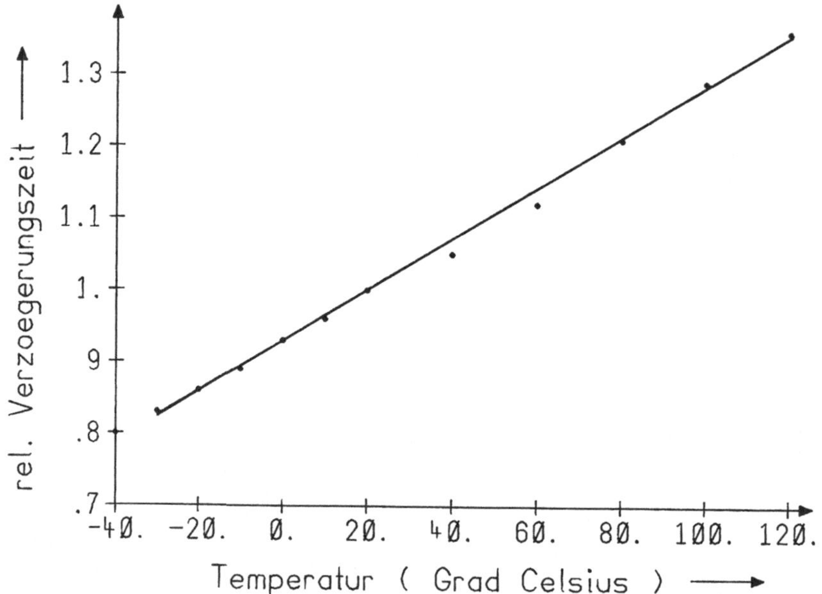

<u>Fig. 3:</u> Zunahme der Gatterlaufzeit mit der Temperatur

Einen Ueberblick ueber die Leistungsaufnahme der Grund- und
Ausgangszellen gibt Tabelle 3:

<u>Tabelle 3:</u> Typische Leistungsaufnahme

Leistungsverbrauch bei abgeschalteten Gattern	1 μW
Leistungsverbrauch des Grundgatters / MHz	20 μW
Leistungsverbrauch eines Ausgangspuffers / MHz / pF	25 μW

5. Entwurf einer Kundenschaltung

Die logische Schaltung des Gate-Arrays wird mit Hilfe der SEMCOTEC Makrozellenbibliothek entworfen, die derzeit ca. 150 Standardbausteine der TTL- bzw. HCMOS-Serien enthaelt. Alle Designschritte, wie die Eingabe des logischen Schaltplans, die Logiksimulation, das automatische Plazieren und Verdrahten, die Testmustergenerierung und die Erzeugung des Magnetbandes fuer die Photomaskenherstellung werden "in-house" durchgefuehrt.

Vorhandene Hardware:

        VAX 11/750

        CALMA (CPU: Eclipse S/140)

        Tektronix 4113

        CALCOMP Plotter 965

Vorhandene Software:

        CALMA GDS II

        SILVAR LISCO

        HILO-3 (GenRad)

Das Designsystem und die Gate-Arrays sind so optimiert worden, dass fuer die Gate-Array-Serie SA000 bei 95 % Ausnuetzung aller vorhandenen Gatter eine vollstaendige und vollautomatische Plazierung und Verdrahtung moeglich ist.

2K Gate Array für Robotersteuerungen

M. Haas

Entwicklungszentrum für Mikroelektronik Ges.m.b.H.*), Villach

*) Ein Unternehmen der Siemens AG und der ÖIAG

Zusammenfassung

Es wird eine Integrierte Schaltung für Weg- und Drehwinkelerfassung in Fertigungsrobotern beschrieben.
Für die Entwicklung dieses komplexen Logikbausteines mit ca.
2000 Gatteräquivalenzen wurden die Vorteile eines CAD-Systems
für halbkundenspezifische Schaltungen genutzt und die rasche
Verfügbarkeit durch Realisierung als GATE ARRAY sichergestellt.

1. Einleitung

Mikrocomputersysteme, ergänzt mit anwendungsspezifischer Hardware zur schnellen Vorverarbeitung von Meß- und Steuergrößen,
ermöglichen maßgeschneiderte Systemlösungen. Für kostengünstige Integrationen von anwendungsspezifischen Schaltungen
im Kleinstückzahlbereich (< 5000 Stück) bietet sich die Realisierung mit GATE ARRAYS an.
Für eine wichtige Komponente im Bereich der Fertigungsroboter,
der Wegstrecken und Drehwinkelerfassung, wurde eine Schaltung
für die Auswertung dieser Größen als GATE ARRAYS realisiert.
Der Schaltkreis S360 B114 ist besonders für die digitale Erfassung von Meßgrößen nach dem inkrementalen Verfahren geeignet.

Bild 1 zeigt das Prinzip des INKREMENTAL-ENCODERS und dessen
Ausgangssignale:

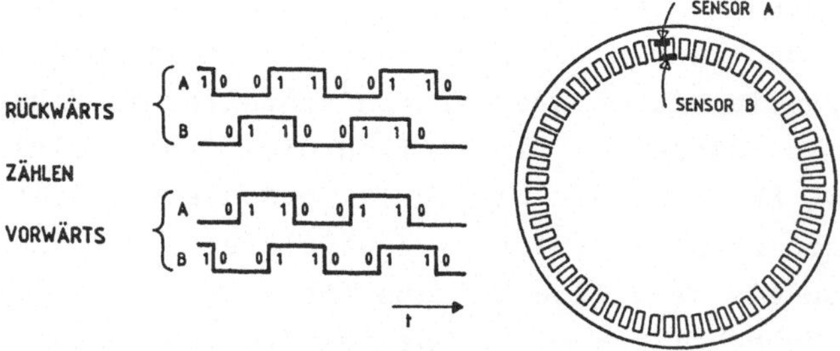

Zwei zueinander versetzt angeordnete Lichtschranken tasten
eine mit Strichraster versehene Scheibe ab. Die beiden Lichtschranken sind so angeordnet, daß die bei einer Drehung der
Scheibe entstehenden Impulsfolgen eine Phasenverschiebung von
$\pm 90^{\circ}$ je nach Drehrichtung aufweisen. In einer Auswertelogik
wird jede Flanke der Lichtschrankensignale in einen Zählimpuls gewandelt und damit die Auflösung der Meßwerte erhöht.
Aus der Phasenverschiebung der Lichtschrankensignale wird die
Drehrichtung der Rasterscheibe erkannt.

2. Wesentliche Funktionen des UPC S360 B114

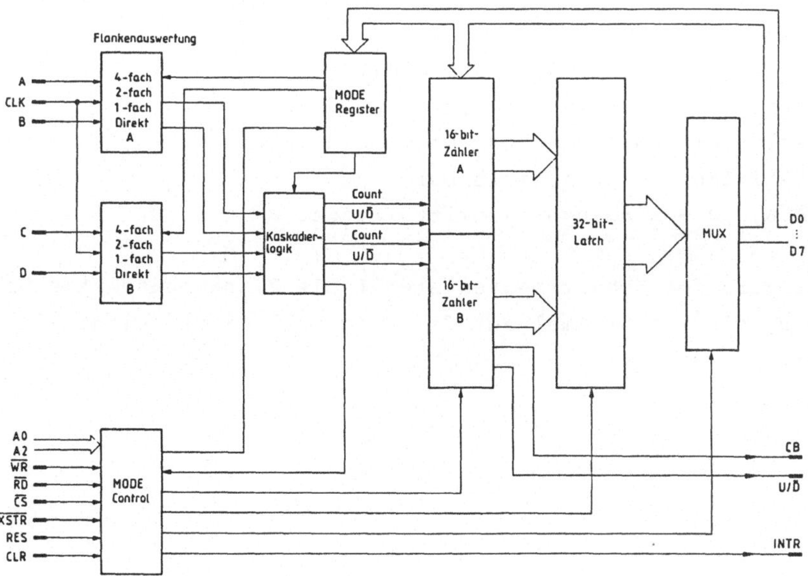

Bild 2: Universal Programmable Counter (UPC) S360 B114

32 Bit bzw. 2x16 Bit synchrone Zähler stehen entweder mit Signalauswertung oder direkt als Frequenzteiler zur Verfügung.
Die Zählerdaten werden in einem 32 Bit Parallellatch zwischengespeichert und über Multiplexer auf dem Datenbus angeboten.
Eine universelle Mikroprozesserschnittstelle mit 8 Bit Datenbus, 3 Bit Adressbus und die Möglichkeit, den Schaltkreis über sein CONTROL REGISTER mit bis zu 19 verschiedenen Signalverarbeitungsarten zu programmieren, gewährleisten die flexible Anpassung an die jeweilige Aufgabenstellung.
Die 32 Bit-Verarbeitung mit 3 MHz Taktfrequenz stellt die notwendigen Reserven für schnelle Anwendungen sicher.

Der Funktionsumfang ist im folgenden kurz zusammengestellt:
- 4fach-/2fach-/1fach-Auswertung zweier phasenverschobener
  Takte. Weiterverarbeitung in 32 Bit ladbarem Vorwärts-
  Rückwärts-Zähler
- Richtungserkennung für Aufwärts-/Abwärtszählen
- Hystereseschaltung zur Unterdrückung des 1. Pulses nach
  Drehrichtungsumkehr - abschaltbar
- 32-Bit-Datenlatch, Latch - Strobe synchronisiert mit Zähler-
  takt
- 8 Bit parallele Daten-Aus-/Eingabe über Tristate-Bus
- Arbeitsmodusdefinition über internes CONTROL-REGISTER
  ladbar über Daten-Bus
- Externe Clear- und Strobe-Möglichkeit
- Interrupt-Anzeige nach externem Strobe
- Pulsbreitenmessung über Direkteingänge
  Zählrichtung programmierbar
- A,B,C,D - Eingänge: Schmitt-Trigger

Das Herz des Schaltkreises stellt die Flankenauwerteschaltung, sie ist zweimal auf dem Chip realisiert (siehe Bild 2), dar.

Bild 3 zeigt die Arbeitsweise der Flankenauswerteschaltung
im 4fach-MODE:

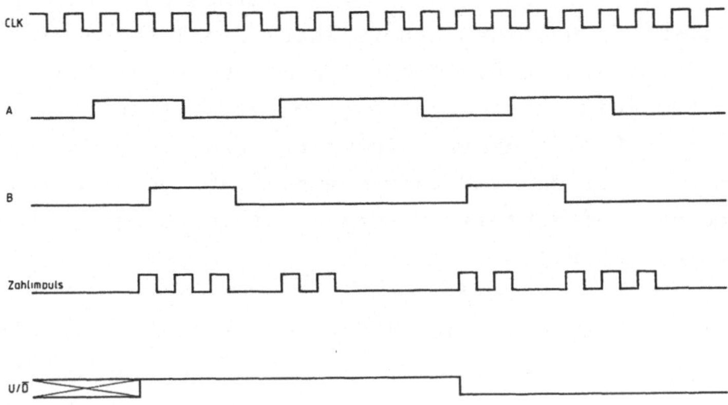

Die Taktauswerteschaltung generiert im 4fach-MODE aus jeder Flanke zweier zueinander phasenverschobener Signale (siehe
Bild 1) einen internen Zählimpuls. Hierzu werden diese Signale
von dem gemeinsamen Takt CLK abgetastet und zwischengespeichert. Daraus werden die Zählimpulse erzeugt und aus der Phasenverschiebung die Zählrichtung dekodiert. Im 2fach- bzw.
1fach-MODE werden entsprechend weniger Flanken für die Takt-
erzeugung ausgewertet.
Zusätzlich steht in beiden Signalauswerteschaltungen eine
Hystereseschaltung zur Verfügung. Sie unterdrückt den jeweils
ersten Zählimpuls nach einer Drehrichtungsumkehr. Diese Hystereseschaltung gewinnt besondere Bedeutung bei ungenauer Posi-
tionierung des Strichrasters zu den Signalgebern. Hier kommt
es zu schnellen aufwärts-abwärts-Impulsfolgen, die von der
Hystereseschaltung unterdrückt werden.
Eine genaue Beschreibung des Bausteins und die elektrischen
Spezifikationswerte finden sich in /1/.

3. Realisierung

Für die Entwicklung von GATE ARRAYS stehen heute umfangreiche
CAD-Werkzeuge zur Verfügung /2/. Mit einem durchgängigen Ent-
wurfssystem für Halbkundenspezifische Schaltungen wird der Entwickler in der Phase des logischen Entwurfs und hier vor allem
durch einen leistungsfähigen Logik-Simulator voll unterstützt.
Die weiteren Schritte der Chipkonstruktion werden weitgehend
automatisch über das CAD System ausgeführt und stellen somit
eine sichere und schnelle Umsetzung einer "ausgereiften Idee"
in Silizium sicher.

Bild 4 zeigt das rechnergestützte Entwurfsverfahren mit zentraler Datenhaltung:

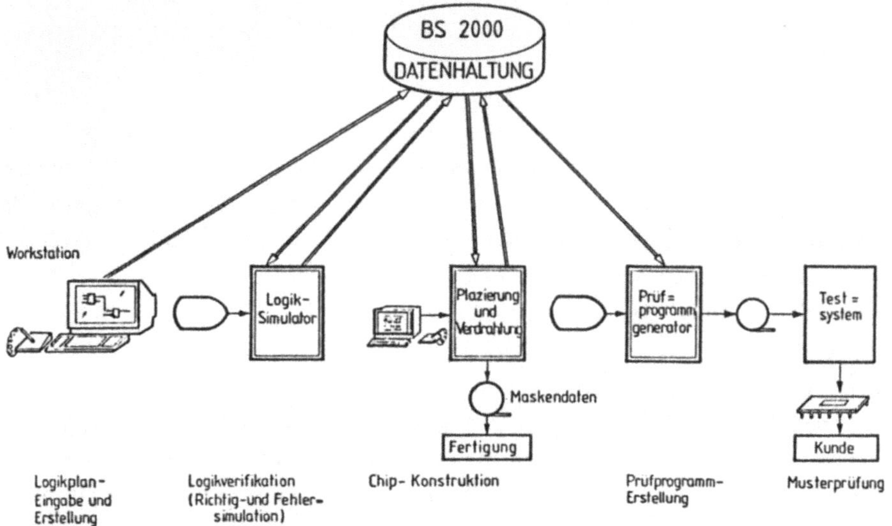

Automatische, aber auch interaktive Plazierung und Verdrahtung
unter ständiger Kontrolle der einzuhaltenden Designregeln,
leistungsfähige Logiksimulation mit der Möglichkeit der Einbeziehung realer Geometriedaten für die Timingsimulation und

automatische Prüfprogrammgenerierung stellen die Kenndaten
eines leistungsfähigen CAD-Systems dar. So war es möglich die
Entwicklung dieses Schaltkreises in ca 5 Monaten bis zum funktionsfähigen 1.Silizium abzuschließen.

4. Systemumgebung

Der Schaltkreis bildet die Schnittstelle zwischen den Signalgebern und einem Mikrocomputer-System und dient der schnellen
Signalverarbeitung. Die Daten werden, ohne die Signalverarbeitung zu beeinflussen, dem Mikroprozessor zur Verfügung gestellt,
der die Steuerung des Gesamtsystems übernimmt.

Bild 5 zeigt die Systemumgebung mit S360 B114:

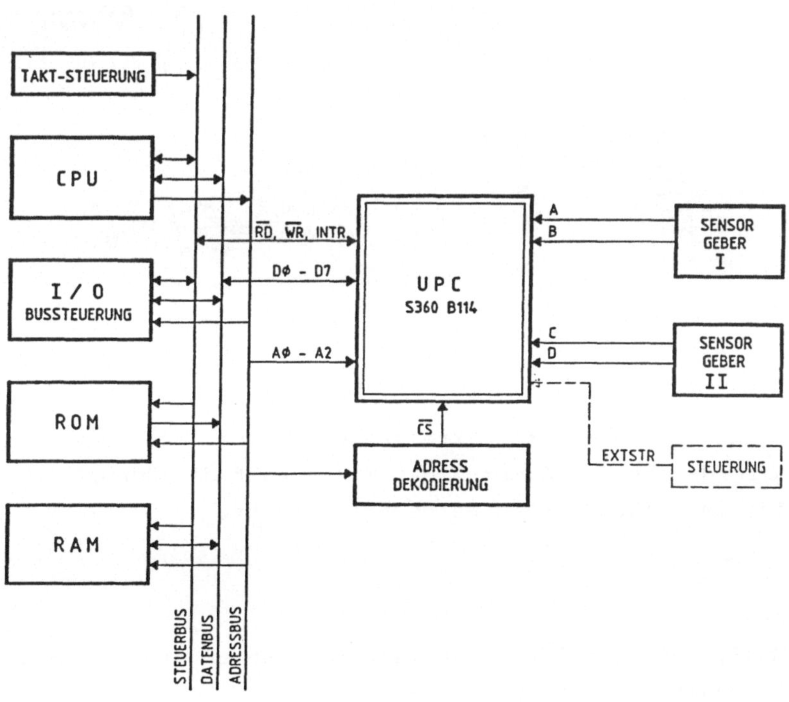

5. Einsatzgebiete und Anwendung

Der Einsatzbereich dieses Schaltkreises ist in allen Systemen
mit Wegstrecken-, Drehwinkel-, Drehrichtungs- Erfassung aber
auch Koordinatenerfassung, Längenmessung, Ereigniszählung und
Impulsdauermessung denkbar. Einen Überblick gibt Bild 6.

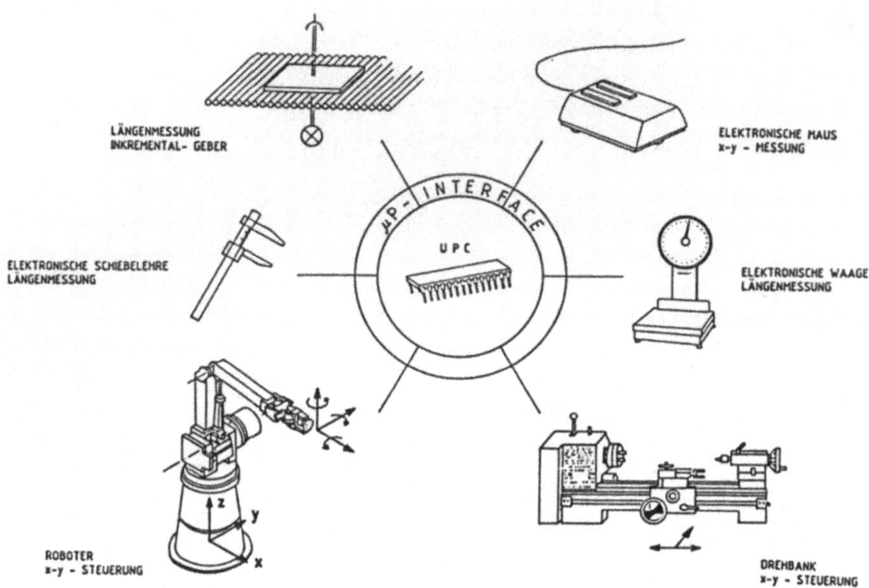

Die Entwicklung dieses Schaltkreises wurde vom Forschungs-
föderungsfonds für die Gewerbliche Wirtschaft der Republik
Österreich in dankenswerter Weise unterstützt.

Literatur

/1/ SIEMENS, Universell programmierbarer Zähler mit Flankenaus-
     werteschaltung, Datenblatt (3.85)
/2/ A.Lechner, E.Oitzl, G.Sandner:
     Rechnergestützte Entwicklung von kundenspezifischen inte-
     grierten Schaltungen in CMOS- und Bipolar-Technologie
     Mikroelektronik für den Menschen, Tagungsband 1,
     11.-13.9.84, Johannes Kepler Universität Linz, S. 549-566

PLL für anwendungsspezifische IS

D. Draxelmayr

Entwicklungszentrum für Mikroelektronik Ges.m.b.H. [*], Villach

[*] Ein Unternehmen der Siemens AG und der ÖIAG

Zusammenfassung

Der Entwurf integrierter Schaltungen mittels Standardzellen
ist heute weit verbreitet. Grundlegende Voraussetzung dafür
ist die Existenz eines ausgereiften Zellenkatalogs. Es wird
die spezielle Problematik bei der Entwicklung von Analogzel-
len behandelt, und das Design einer PLL (Phase locked loop)-
Schaltung beschrieben. Theoretische Überlegungen und praktische Ergebnisse werden präsentiert.

1. Einleitung

Gate-Arrays und Standardzellen sind moderne Hilfsmittel bei der
Entwicklung von anwendungsspezifischen Integrierten Schaltungen.
Gemeint ist damit eine Methodik bei der Chipentwicklung, die
nicht auf Transistorebene aufsetzt, sondern bereits auf Funk-
tionsebene. Die Grundelemente eines Standardzellenentwurfs sind
vorentwickelte, aufeinander abgestimmte modulare Funktionseinheiten, sogenannte Zellen. Es ist damit möglich, in kurzer
Zeit und mit geringem Entwicklungsaufwand zu einer funktionsfähigen integrierten Schaltung zu gelangen /1/, /2/, /3/.

2. Gesichtspunkte beim Zellenentwurf

Beim Entwurf einzelner Zellen einer Bibliothek stellen sich
eine Reihe von speziellen Bedingungen, die es in möglichst
guter Weise zu erfüllen gilt:
- Sichere Handhabung auch von Geräteentwicklern

- Verträglichkeit mit anderen Zellenkombinationen
- CAD-konformes Zellendesign
- Unempfindlichkeit gegen Fertigungstoleranzen
- Funktionsfähigkeit über einen großen Temperaturbereich
  über einen großen Versorgungsspannungsbereich

Bereits bei digitalen Zellen müssen eine Reihe von Kompromissen
geschlossen werden, um ein Optimum bei den einander widersprechen-
den Bedingungen zu finden. Bei der Entwicklung analoger Zellen
kommen noch weitere Gesichtspunkte hinzu, da die Sollfunktion
durch wesentlich mehr Parameter charakterisiert werden muß, als
das bei digitalen Zellen der Fall ist. Dies findet seinen Nieder-
schlag in einer Reihe weiterer Begriffe, wie etwa Bandbreite, Aus-
steuerbereich, Offset, Rauschen, Linearität, die diverse nicht-
ideale Eigenschaften von Analogschaltungen charakterisieren.
Hier ist es vor allem schwierig, die sichere Handhabung auch von
Geräteentwicklern zu gewährleisten.

3. Entwicklung einer PLL-Schaltung als Analogzelle

Die Zelle sollte als integraler Bestandteil einer vorwiegend
digitalen Zellenbibliothek einsetzbar sein. Rechteckförmige
Ein- und Ausgangssignale sollten in einem möglichst großen
Frequenzbereich ohne zusätzlichen schaltungstechnischen Aufwand
problemlos verarbeitet werden können. Um bereits existierendes
Know-how beim Geräteentwickler zu nutzen, diente die Standard-
serie 40XX als Vorbild für die Spezifikation.
Eine typische Anwendung einer PLL ist der Einsatz als <u>Frequenz-
vervielfacherschaltung</u> (Abb.1):

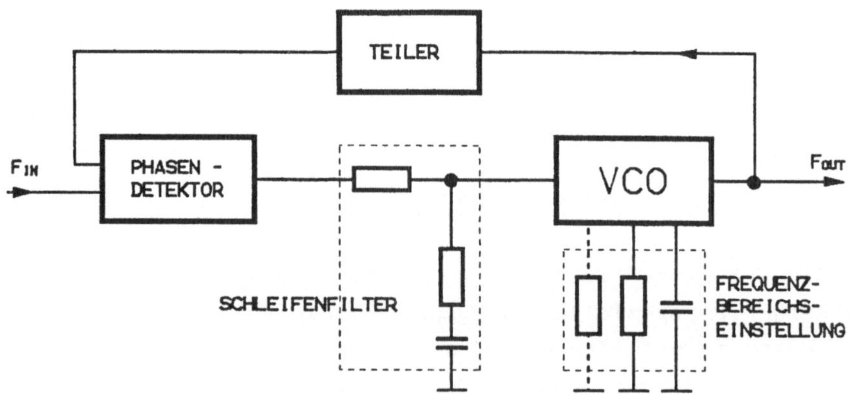

Phasendetektor ist ein flankengetriggertes digitales Netzwerk
(/4/, Typ 4), das sowohl phasen- als auch frequenzsensitiv
wirkt. Im eingerasteten Zustand beträgt die Phasendifferenz
zwischen den beiden Eingangssignalen 0°. Gemeinsam mit einem
EXOR-Gatter, das ebenfalls als Phasendetektor eingesetzt werden
kann, ist es somit möglich, alle gängigen Einsatzgebiete abzu-
decken (/4/,/5/). Der VCO (Voltage Controlled Oscillator) basiert auf einem spannungsgesteuerten Rechteckgenerator (Abb.2):

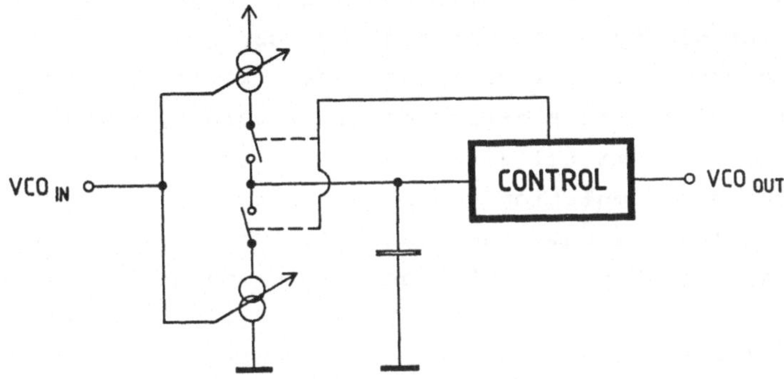

Extern zu beschalten sind das Schleifenfilter und die RC-
Kombination, die die VCO-Charakteristik festlegt.

Zwei Konstantstromquellen laden und entladen abwechselnd einen
Kondensator zwischen zwei festen Schaltschwellen. Da der Strom
der beiden Stromquellen von der Eingangsspannung abhängt, ist
somit eine spannungsgesteuerte Frequenzerzeugung möglich.
Ein Vorteil dieses Funktionsprinzips ist es, daß ohne schaltungs-
technische Änderungen ein weiter Frequenzbereich durchfahren
werden kann. So wurde z.B. durch bloßes Ändern der Synchronisationsfrequenz ein stabiler PLL-Betrieb in einem Frequenzinter-
vall von 6 Dekaden (f_{max} zu $f_{min} = 10^{6}$) nachgewiesen. In der
Praxis bedeutet das, daß die gesamte VCO-Kennlinie (Abb.3)
durchfahren wird. Damit findet der Betrieb nicht nur in dem
üblicherweise genutzten Mittenbereich, sondern auch in Randbereichen der Kennlinie statt. Da dort eine starke Kennlinienkrüm-
mung zu beobachten ist, ist es bedenklich, die Schaltung ausschließlich nach konventionellen Gesichspunkten (lineare Theorie
/4/) zu betrachten.

4. Entwurfshilfsmittel

Um das Verhalten auch im nichtlinearen Fall studieren zu können,
ist ein herkömmlicher Schaltungssimulator wie z.B. SPICE nicht
besonders gut geeignet, da dort die Schaltung auf Bauelementbas᛫
beschrieben werden muß und es somit nicht möglich ist, makro-
skopisch erfaßbare Größen, wie sie etwa durch eine Kennlinie da᛫
gestellt werden, gezielt zu modellieren. Weiters stellt sich
heraus, daß bereits ein relativ einfacher Vorgang wie etwa das
Einrasten auf die Synchronisationsfrequenz in Wirklichkeit sehr
komplex ist und viele Taktperioden dauern kann; außerdem ist di᛫
erforderliche Rechenzeit extrem hoch. Es wurde deshalb als effi᛫
zientes Simulationsmittel ein neuer Simulator entwickelt, der
speziell für die Simulation von PLL-Schaltungen geeignet ist:
SNAP (Simulation und numerische Analyse von PLL-Schaltungen) is
in PASCAL geschrieben und auf einem Kleinrechner implementiert.
SNAP modelliert je nach Bedarf Schaltungsteile abstrakt oder au
auf physikalischer Basis. Die Ereignissteuerung des Simulators
folgt entweder datengetrieben (d.h. eine Flanke löst ein Ereign
aus) oder auf Zeitscheiben-Basis. Die jeweils optimale Steuerun
wird vom SNAP selbst ermittelt und ist abhängig vom gerade aktu
ellen Geschehen in der Schaltung und der gewünschten Genauigkei
Damit sind kurze Simulationszeiten gewährleistet. Die solcherar
gewonnenen Ergebnisse dienen zur Vergrößerung der Betriebssiche
heit und führten zu einem konstruktiven Eingriff im VCO, um das
Stabilitätsverhalten bei extremen Bedingungen (starke Nichtline
arität, Totzeit in der Rückführung) zu verbessern.

5. Realisierung als Funktionsteil einer integrierten Schaltung

Zur Verifikation der zunächst auf theoretischer Basis gewonnenen Erkenntnisse wurde die Schaltung auf einem Testchip in
CMOS-Technologie der Siemens AG implementiert.

Abb. 4 zeigt ein Chipfoto der gesamten Teststruktur. Besonders
gekennzeichnet sind VCO und Phasendetektor (PD).

Messungen ergaben ein zuverlässiges Funktionieren der Schaltung
bei einer Vielzahl von externen Beschaltungen und in einem
weiten Frequenzbereich. Bemerkenswert erscheint die Tatsache,
daß auch im Unterschwellenbereich der Eingangsstufen noch einwandfreie Ergebnisse erzielt werden. Da dort die Stromaufnahme
drastisch absinkt, ist ein Betrieb bis zu sehr niedrigen Frequenzen (im Hz-Bereich) mit derselben Konfiguration möglich
wie der Betrieb bei Nominalfrequenz (einige 100 kHz) oder
Maximalfrequenz. Durch einfache Änderung externer Widerstände
können Minimal- und Maximalfrequenz beliebig eingestellt werden.
Damit ist zusätzlich zu breitbandigen Anwendungen auch eine
spezielle Eingrenzung des Frequenzbereichs möglich.

Schlußwort

Es wurde eine PLL-Funktion als Analogzelle als Ergänzung einer
digitalen Zellenbibliothek geschaffen, die aufgrund ihrer Einfügung in ein CAD-Paket eine Vielzahl von problemlosen anwendungsspezifischen Entwicklungen durch Geräteentwickler in kurzer
Zeit erlaubt.

Literatur

/1/ A.Lechner, E.Oitzl, G.Sandner: Rechnergestützte Entwicklung
    von kundenspezifischen integrierten Schaltungen in CMOS- und
    Bipolar-Technologie, Mikroelektronik für den Menschen,
    Band 1, S 549 - 566, Universität Linz, 1984
/2/ E. Hörbst, et al.: VENUS, Entwicklung von kundenspezifischen
    Bausteinen mit Standardzellen und Gate-Arrays
    Elektronik 33 (1984) Nr. 19 bis 22
/3/ H. Vollmer, K. Blondin, B. Koch,M. Hernandez, R. Müller:
    VENUS - A Fully Automatic Design System for Complex Cell
    and Gate Array Chips, Digest of techn.Papers, ESSCIRC (1985)
/4/ R. Best: Theorie und Anwendungen des Phase-Locked-Loops
    AT Verlag Aarau, 1982, 3.Auflage
/5/ Geschwinde: Einführung in die PLL-Technik
    Braunschweig, Vieweg, 1984, 3.Auflage

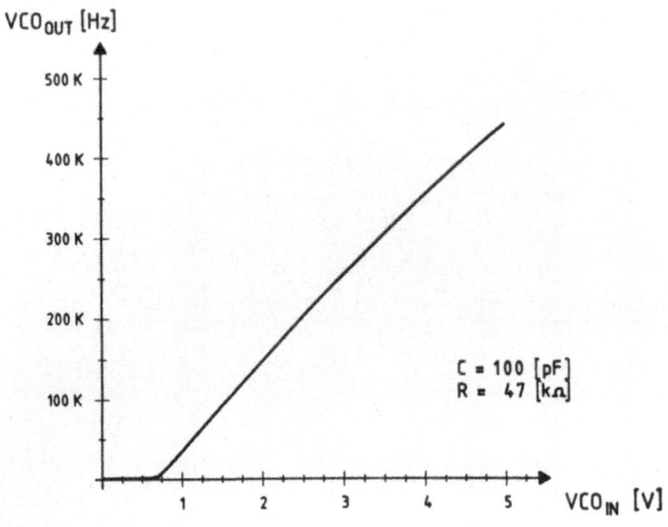

<u>Abb. 3:</u> **Voltage Controlled Oscillator (VCO) Kennlinie**

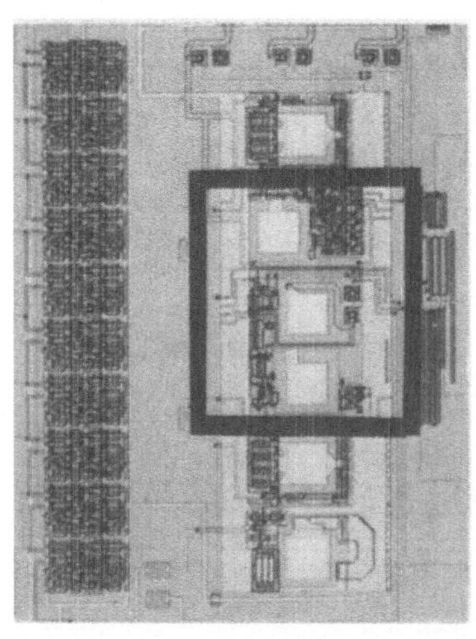

<u>Abb. 4:</u>

Technologie:	CMOS-Silicon-Gate
Versorgung:	5 V $\pm$ 10 %
Maximalfrequenz:	1,2 MHz
Zellfläche VCO:	0,2 mm^2
Zellfläche PD:	0,12 mm^2
Transistoren VCO:	23 Stück
Transistoren PD:	48 Stück

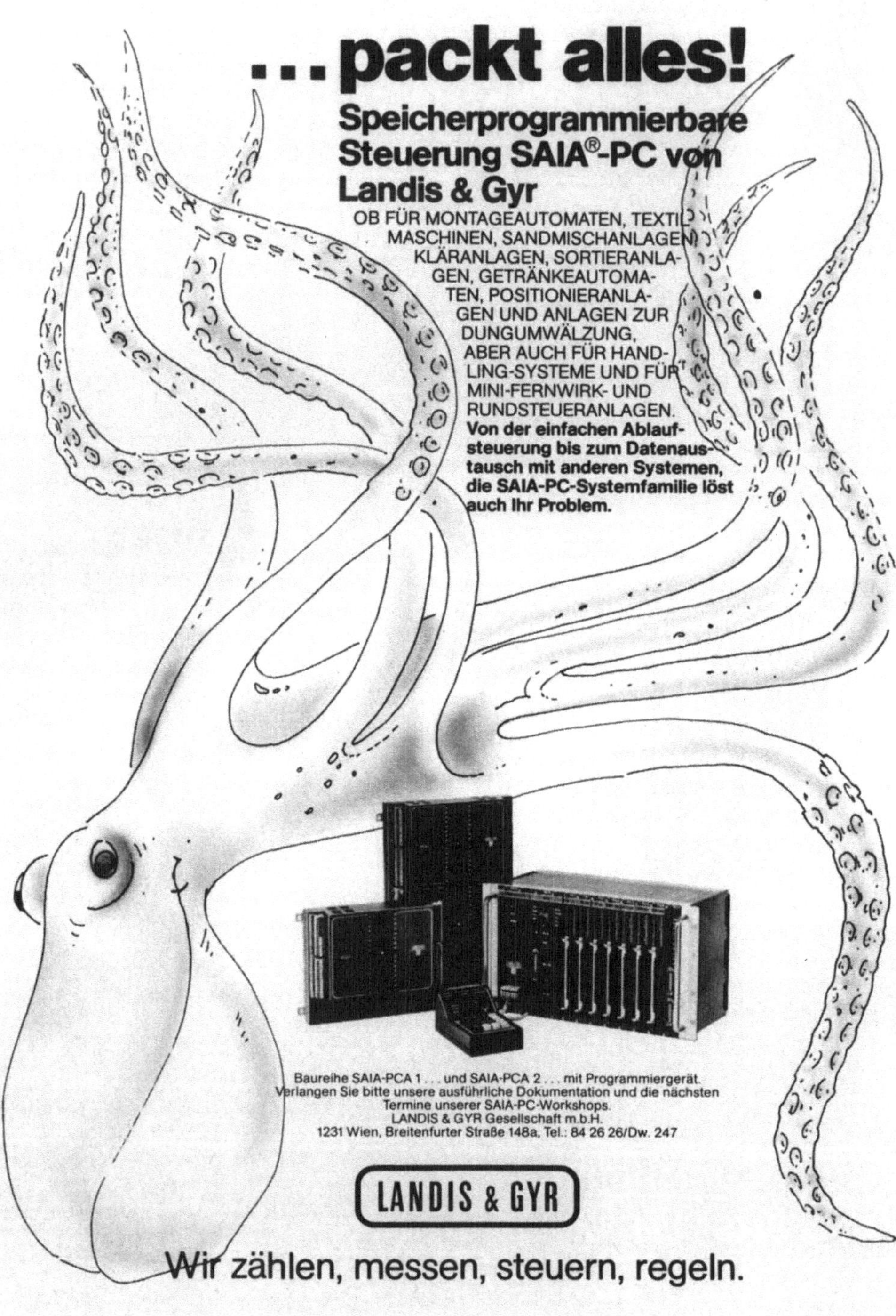

...packt alles!

Speicherprogrammierbare
Steuerung SAIA®-PC von
Landis & Gyr

OB FÜR MONTAGEAUTOMATEN, TEXTIL-
MASCHINEN, SANDMISCHANLAGEN,
KLÄRANLAGEN, SORTIERANLA-
GEN, GETRÄNKEAUTOMA-
TEN, POSITIONIERANLA-
GEN UND ANLAGEN ZUR
DUNGUMWÄLZUNG,
ABER AUCH FÜR HAND-
LING-SYSTEME UND FÜR
MINI-FERNWIRK- UND
RUNDSTEUERANLAGEN.
Von der einfachen Ablauf-
steuerung bis zum Datenaus-
tausch mit anderen Systemen,
die SAIA-PC-Systemfamilie löst
auch Ihr Problem.

Baureihe SAIA-PCA 1 . . . und SAIA-PCA 2 . . . mit Programmiergerät.
Verlangen Sie bitte unsere ausführliche Dokumentation und die nächsten
Termine unserer SAIA-PC-Workshops.
LANDIS & GYR Gesellschaft m.b.H.
1231 Wien, Breitenfurter Straße 148a, Tel.: 84 26 26/Dw. 247

LANDIS & GYR

Wir zählen, messen, steuern, regeln.

3. Themenkreis

ZUVERLÄSSIGKEIT VON BAUTEILEN UND SYSTEMEN

Leitung:

Rat Dipl.-Ing. J. Sandera
Rat Dipl.-Ing. J. Hartberger

DEFINITIONEN DER UMWELT IN DER ZUVERLAESSIGKEITSTECHNIK
DEFINITIONS OF ENVIRONMENT IN RELIABILITY TECHNIQUES

J.-P. Frauche

Centre Suisse d'Essais des Composants Electroniques ASE-CSEE,
Ruelle Vaucher 22, CH-2000-Neuchâtel, Schweiz

ZUSAMMENFASSUNG :

Darlegung zuverlässigkeitshebender Methoden im Apparatebereich (durch
anwendungsspezifische Beanspruchungen) und bei den Komponenten im Grenz-
bereich)

ABSTRACT :

Presentation of reliability assurance methods for appliances (with stresses
typical of lifetime) and for components (with maximal stresses)

Introduction

This short presentation results from a study on how to make a choice of
integrated circuits : from a reliability point of view, which parameters
will assess a good adaptation to the environment. From this examination
results the following questions :

What is an environment?

What is a reliability point of view?

Are they linked?

The environment is the space surrounding a component or an appliance.
It defines the working conditions. These will influence the failure rate
which is the main concern of the reliability.
Failures could occur along two mechanisms: either a breaking-point is ex-
ceeded or the statistical value of the environment parameters has induced
a sufficient probability of failure.

Definition of the environment

The environment is specified through parameters related to the working conditions of objects. The catalogue of the parameters is published in IEC 721-1 or in VDI 4005 Blatt 1. Parameters occur in great number. However, all are not usable or meaningfull for an electronic appliance.

The environment is firstly depending of the free air climate. Air temperature and humidity are the main parameters. Depending of their importance, solar radiation, precipitation and earthquake could be added.

Every place on earth has a climate caracterised by a statistical repartition along the year of temperature and humidity. A climatic zone is created when these repartitions are the same for different places. A thoroughly study of earth surface leads to a precise definition of climatic region like in DIN 50019. For each climate the temperatures and humidities are reported on climatogramms as shown in figure 1. Characteristic points and limits are defined as :

- basic point S : mean temperature and mean humidity
- internal field I : significant values for long term stress
- intermediate field Z : significant values for short term stress
- external field A   : extrem values
- limit field G   : extrem values of border points of the climatic region. Min and max values cannot occur at the same place.
- limit field for surfaces b : taking into account the radiation of sun or night, the values occur only on surfaces.

These environmental data are used for :

Design of appliance	Use of Existing appliance
- Specifications for design	- Comparison between environment and specification
- Calculation of reliability prediction	
- Choice of components quality	- Planning of tests for reliability demonstration
- Planning of tests for reliability demonstration	

Links between environmental parameters and reliability : Acceleration law

If the failure rate depend of an applied stress, the relation is usualy
heavily non-linear. As the stress raises, the failure rate increases
more and more rapidly.
The best know law is the Arrhenius relationship which states that the
failure rate grows exponentially with the temperature.

$$\frac{\lambda\,[\theta 2]}{\lambda\,[\theta 1]} \;=\; EXP\left[\frac{EA}{k}\left(\frac{1}{\theta 1}-\frac{1}{\theta 2}\right)\right]$$

k = Bolzmann's constant
EA = Energy of activation
θ = temperature
λ = failure rate = 1/MTBF

The corresponding curve is shown in figure 2. The shape of the curve is always the same as long as multipliing the y axes is compensated by a shift
on the x axes. The importance of the highest temperatures is evident.
When many stresses occur together, the Eyring equation can be used.
It is also an exponential relationship. The primordial importance of
the high stress period leads to two way of accelerated testing :
A) Testing in the working conditions

The total probability of failure builds up in the periods of heavy
stress. Without influencing too much the total probability, one can
discard the periods of low stress when simulating the life of product. During this accelerated testing the level of stresses is the
same as in the real life. It is usualy called "Testing with representative severity".

B) Testing in the most severe conditions

If the law of acceleration is well known and the same for all pieces
subjected to the test, it is possible to test the pieces in the worst
conditions in a short time. The failure rate in normal use can be cal-
culated from the result of the test and the knowledge of the acceleration
law.

Reliability demonstration of appliances

The standard MIL STD810 gives the guidelines for determining the environment
requirements and tailoring the corresponding tests. This standard was prepared for military equipment but the principles apply to all equipments as
well.

(1) One has first to describe the life cycle of the equipment. Every phase
where the equipment works in the same condition has to be defined and
described.
(2) For every phase one has to defined quantitatively the working conditions.
That means use rate, environmental stresses, and also the mode of failure
and the related test requirements.
(3) One has finaly to choose and tailor the representative test methods.

In order to get useful description, the standard asks at the point (1) to
show the mechanisms of stress generation induced by the free air climate and
by the type of use. The point (2) follow a sequence shown in figure 3 :
from the description of the phase, the climate must be defined and the local
conditions (platform) precisely described.
From these two groups of data the local environment can be defined. It
consists of the stresses of the climate modified by the local conditions
and the stresses induced by the local conditions. These data of the stresses
will be used either for the design of the appliance or for the design of
test sequences. This test will prove the capability of the appliance to
fulfil its mission.

Environment for components (mainly ICs)

In such a case properties of all the components are homogeneous. Every
one reacts in the same way at the applied stresses. It is possible to
define acceleration laws for the applied stresses. By using the highest
stresses leading to the greatest acceleration, the tests will take the
shortest time.

The climatic and environmental test methods are defined in standards
MIL STD 883 and IEC 68. Each method provides only one environmental
stress.   Climate or surroundings definitions are not used.
Typical stresses are hot, cold, humid,shocks, vibrations etc ....
In the quality control procedures for ICs like MIL 883 procedure 5005
only three test methods are used to assert the resistance of the components
to environmental stresses :

    Stabilization bake
    Temperature cycling
    Steady state life

These tests are about always the same for all the types of integrated circuits.

Knowledges of climates and environment will be used in reliability pre-
dictions. These calculations use failure rates of components (possibly
coming from the environmental tests), acceleration laws and knowledge of
environments.

When the probability of failure is too high, it is possible to chose
components of a better quality level which means better results of
the environmental tests.

Conclusions

Starting with the study of the environment we have shown two ways leading
to the evaluation of the reliability of an appliance. Results from these
evaluations can be used for :

- increasing reliability by modifications :
    · changing component (quality level, producer or technology)
    · changing working conditions (cooling)
    · introducing redundancy

- assessing rates and modes of failure for :
    · satisfaction of the user
    · repairing policy (exchange of apparatus, cards, components)
    · importance of reparation and maintenance
    · importance of spare pieces stocks

REFERENCES

- IEC 721   Classification of environmental conditions
- VDI4005   Einflüsse von Umweltbedingungen auf die Zuverlässigkeit
                   technischer Erzeugnisse
- DIN 50019   Technoklimate
- MIL-STD-810D   Environmental test methods and engineering guidelines
- ECR101   "Experimental Equipment Reliability Determination"
                   Elektronikcentralen 1980
- MIL-STD-883C   Test methods and procedures for microelectronics
- IEC 68   Basic environmental testing procedures
- DIN 40040   Anwendungsklassen und Zuverlässigkeitsangaben für Bauelemente
                   der Nachrichtentechnik und Elektronik

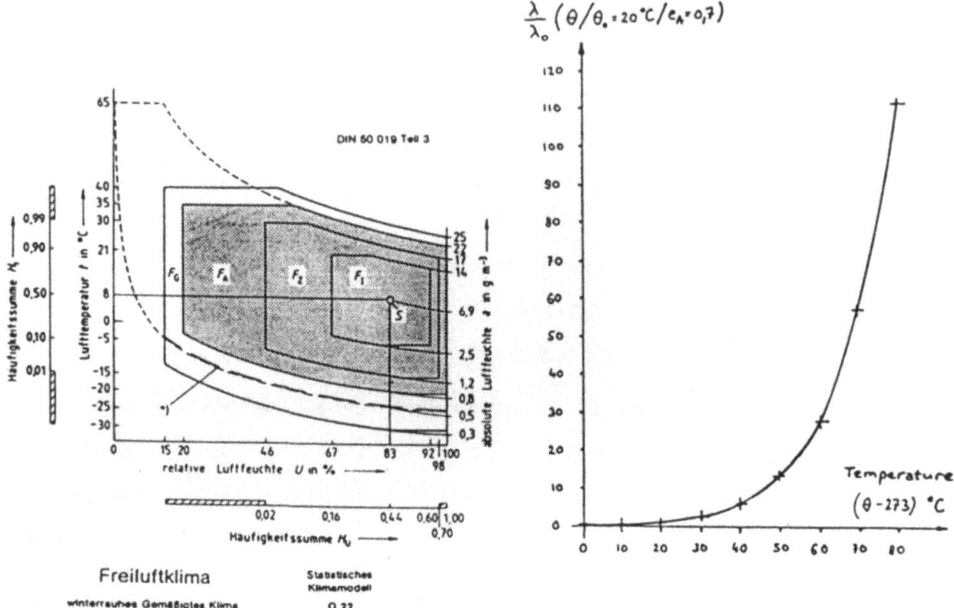

FIGURE 1: from DIN 50019   FIGURE 2: Arrhenius law

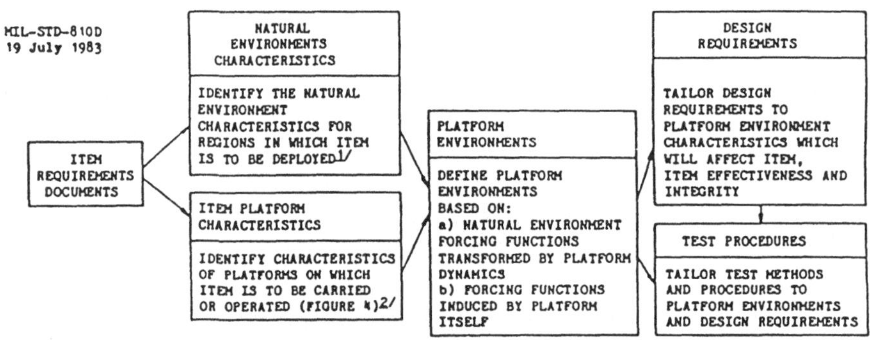

FIGURE 3: from MIL-STD-810

Planare Bauelemente für den zuverlässigen
und wirtschaftlichen Aufbau von elektronischen Geräten

O. Hintringer

Siemens AG
Unternehmensbereich Bauelemente, Anwendungstechnik, München

ZUSAMMENFASSUNG

Bei der Oberflächenmontage werden statt bedrahteter Bauelemente
flach auflötbare planare Bauelemente auf die Leiterplatte gebracht. Die Oberflächenmontage ermöglicht eine Rationalisierung
der Baugruppenfertigung durch Bestückungsautomaten, die Verkleinerung der Flachbaugruppen und die Erhöhung der Zuverlässigkeit. Die verschiedenen Bauformen der planaren Bauelemente,
die Bestückung, die Verbindungstechniken und die Aufbauvarianten von entsprechenden Flachbaugruppen werden erläutert.

Prinzip der Oberflächenmontage

Bei der heutigen Flachbaugruppenfertigung werden Leiterplatten
benutzt, durch deren Löcher von einer Seite (Bauelementeseite)
die Anschlußdrähte von bedrahteten Bauelementen gesteckt werden, die dann auf der anderen Seite (Lötseite) mit den Leiterbahnen durch Schwallötung verlötet werden (Einsteckmontage).

In dem ständigen Bemühen, die Flachbaugruppen elektronischer
Geräte zu verkleinern, ihre Fertigung zu rationalisieren und
die Zuverlässigkeit zu erhöhen, gewinnt die Oberflächenmontage
von Bauelementen immer mehr an Bedeutung. Hierbei werden Bauelemente mit Lötflecken oder Lötstummeln statt Anschlußdrähten
plan auf der Leiterplatte mittels Lotpaste oder nichtleitendem
Kleber fixiert und anschließend gelötet. Die Umhüllung dieser
oberflächenmontierbaren, planaren Bauelemente, auch SMDs (Surface Mounted Devices) genannt, ist dabei auf ein Mindestmaß

reduziert, so daß sie sehr viel kleiner sind als vergleichbare
bedrahtete.

Viele SMDs - besonders passive Bauelemente, Transistoren und
Dioden - entstanden für die Hybridtechnik, d.h. für den Einsatz auf Keramiksubstraten ohne Löcher.

Das eigentlich Neue an der Oberflächenmontage oder SMD-Technik ist, daß man planare Bauelemente auf Kunststoffleiterplatten aus Standardmaterial auflötet. Hiergegen bestanden bis vor
relativ kurzer Zeit wegen der unterschiedlichen Ausdehnungskoeffizienten von Leiterplatte und z.B. Bauelement mit Keramikkörper technologische Vorbehalte. Die Praxis hat gezeigt, daß
die mechanischen Spannungen von der Elastizität der Leiterplatte und des Lotes aufgenommen werden können, wenn Beschränkungen bezüglich Bauelementegröße und Temperaturbelastung berücksichtigt werden. Weiters neu an der SMD-Technik ist, daß
auf beiden Seiten der Leiterplatte Bauelemente plaziert werden
können, wobei eine zwanglose Kombinierbarkeit von SMDs und bedrahteten Bauelementen möglich ist.

Die Ablösung der bedrahteten Bauelemente ist in vollem Gange,
wenn auch regional in unterschiedlich hohem Maße. In Japan sind
heute bereits ca. 40 % aller ablösbaren Bauelemente SMDs (überwiegend in der Konsumelektronik), in Europa und USA erst 10 %.
Weltweit erwartet man, daß 1990 die Hälfte aller Bauelemente
oberflächenmontiert werden.

Die Vorteile der Oberflächenmontage hinsichtlich Miniaturisierung, Rationalisierung und Erhöhung der Zuverlässigkeit kommen
umso stärker zum Tragen, je konsequenter Bauelemente, Bestückautomaten, Verbindungstechnik und Prüftechnik einem einheitlichen Gesamtkonzept unterworfen und nicht nur Einzelschritte
wie z.B. die Auswahl der Bauelemente unabhängig voneinander
optimiert werden.

Die kleinen Abmessungen der SMDs und die beidseitige Bestückkung der Leiterplatte führt zur drastischen Verkleinerung der
Flachbaugruppen und des gesamten elektronischen Gerätes, was
in der Konsumelektronik ebenso wichtig ist wie z.B. beim
schnurlosen Telefon oder anderen mobilen Geräten.

Für Hochfrequenzanwendungen ergeben sich große Vorteile durch
den Wegfall von parasitären Induktivitäten und Kapazitäten der
Anschlußdrähte. So werden heute Tuner von modernen Fernsehgerä-
ten nur noch in Oberflächenmontage ausgeführt. SMDs können mit
Automaten nahezu fehlerfrei bestückt werden, da das planare
Aufsetzen wesentlich einfacher mechanisiert werden kann als das
Einstecken von Anschlußdrähten in Löcher.Dies bedeutet, daß die
kostenaufwendige Nacharbeit an Flachbaugruppen verringert und
die Zuverlässigkeit erhöht wird.

Bauformen und Verarbeitung von planaren Bauelementen

Das Angebotsspektrum planarer Bauelemente ist bereits sehr
groß. Fast alle SMDs sind international genormt oder befinden
sich im Normenvorschlags-Status. Man unterscheidet folgende
Bauformen:
Quader, auch "Chips" genannt, jedoch nicht zu verwechseln mit
Halbleiter-Chips. Diese Bauform wird hauptsächlich für Keramik-
Vielschicht-Kondensatoren, Kunststoff-Folien-Kondensatoren,Tan-
tal-Kondensatoren,Heiß- und Kaltleiter,Varistoren und auch für
Widerstände benützt. Die Längsabmessung reicht von 2 - 5,7 mm.
Zylinder oder MELF (Metal Electrode Face Bonding) für Wider-
stände und Dioden mit Längsdimensionen von 2 bis 5,9 mm.
SOT 23,143,89,192 sind winzige,quaderförmige Plastikgehäuse mit
3 Lötstummeln für Transistoren, Dioden und Lumineszenzdioden.
SO auch SOIC (Small Outline Integrated Circuit),ist ein recht-
eckiges, langgestrecktes Plastikgehäuse mit 4 bis 28 nach
außen abgewinkelten Lötstummeln.
SOJ 20/26 ist ein rechteckiges Plastikgehäuse - ähnlich dem
SOIC - mit 20 Anschlüssen, die jedoch J-förmig nach innen gebo-
gen sind. Dieses Gehäuse zeichnet sich als Trend für 1 Megabit
MOS-Halbleiterspeicher ab und wurde als Norm vorgeschlagen.
CHIP CARRIER (PLCC Plastic Leaded Chip Carrier, LCCC Leadless
Ceramic Chip Carrier) sind quadratische Gehäuse für integrierte
Schaltungen mit bis zu 84 Anschlüssen an allen 4 Seiten, die
wie beim SOJ-Gehäuse wie ein "J" nach innen eingerollt und in
einer Kerbe an der Unterseite der Gehäuse eingehakt sind.
FLAT PACK, ein meist quadratisches, flaches, vielbeiniges Plastikgehäuse für integrierte Schaltungen, das weite Verbreitung
in der Konsumelektronik findet.

<u>Mikropack</u> auch TAB (Tape Automated Bonding) genannt. Bei diesem Gehäuse wird der Halbleiterchip nicht durch Drahtbonden mit einem geeignet ausgestanzten Metallrahmen (lead frame) verbunden, sondern es wird eine planare Kupferspinne, die durch einen Kunststoffilm gestützt wird, in einem Arbeitsgang auf die Anschluß-Pads des Halbleiterchips aufgelötet. Die Kupferspinne wird photolithographisch hergestellt. In den bandförmigen Kunststoffträger werden Perforationslöcher entsprechend den Maßen eines Super-8-Filmes gestanzt. Vor dem Lötvorgang werden auf die Oberfläche des Halbleiterchips eine dünne Glasschicht abgeschieden und Kontaktlöcher zu den Anschlüssen des ICs freigeätzt. Auf diese Weise erhält man eine hermetisch dichte Versiegelung des Chips und eine extrem niedrige Bauhöhe von max. 0,6 mm. Das Verfahren erlaubt ferner eine nahezu beliebige Wahl der Anschlüsse bezüglich Lage, Zahl (bis über 300) und Abmessung und ergibt eine sehr kleine Einbaufläche auf der Leiterplatte. Durch geeignetes Design der Kupferspinne kann eine sehr gute Wärmeableitung vom Chip erreicht werden. Die Anlieferform in einer Filmrolle mit den darauf sehr genau positionierten Chips ist hervorragend für die Oberflächenmontage durch Bestückautomaten geeignet.

Für Induktivitäten, Oberflächenwellenfilter, Trimmer, Quarze, Schalter, Stecker, Relais u.a. gibt es unterschiedliche planare <u>Spezialbauformen</u>.

Ein großer Teil der genannten SMDs ist schwallötfähig. Chip-Carrier, Mikropack, Flat Pack sowie einige Sonderbauformen erfordern Reflow-Lötverfahren, auf die später eingegangen wird.

SMDs können als Schüttgut, in Gurten oder Magazinen angeliefert werden. Sehr häufig werden Gurte (Pappgurt oder Blistergurt) verwendet, da sie die Bauelemente verwechslungssicher und geschützt aufbewahren und bereits weltweit genormt sind.

Die kleinen Abmessungen der SMDs erlauben keine sinnvolle manuelle Bestückung und führen zwangsläufig zu einer Automatisierung. Man kann zwei Prinzipien der automatischen Bestückung unterscheiden, die sequentielle und die simultane. Bei der sequentiellen Bestückung werden die Bauelemente einzeln von den Abholpositionen am Automaten entnommen und auf die Leiterplatte gesetzt (auch Pick- and Place-Methode genannt), bei der simultanen Bestückung werden Abhol- und Aufsetzvorgang jeweils gleichzeitig für alle SMDs durchgeführt. Das führt zu sehr großen Bestückleistungen. Sequentiell arbeitende Automaten sind am besten für kleine und mittlere Losgrößen geeignet, da sie einfach und schnell umgerüstet werden können. In der SMD-Technik lassen sich die maschinenbezogenen Bestückungskosten pro Bauelement im Vergleich zur Einsteckmontage beträchtlich reduzieren, da nur ein Automat erforderlich ist gegenüber drei bei der Einsteckmontage (je einer für radiale, axiale und DIP-Bauelemente).

Ein wesentlicher Vorteil der Oberflächenmontage ist die hohe Bestückleistung der SMD-Automaten,die bis zu mehreren hunderttausend Bauelementen pro Stunde plazieren können. Automaten mit Sequenzer für bedrahtete Bauelemente erreichen dagegen nur 5000 bis 10.000 Bauelemente pro Stunde. Ferner erzielen SMD-Bestückautomaten eine hohe Bestückungssicherheit. Automaten mit Identitätsprüfung und Erkennung fehlerhafter Bauelemente erreichen eine Fehlerrate von nur 20 ppm, d.h. daß bei einer Million Stück gesetzter Bauelemente nur max. 20 nicht oder falsch gesetzt sind.

Neu bei der Oberflächenmontage ist der meist notwendige Klebevorgang, mit dem die SMDs auf der Leiterplatte fixiert werden, da sonst nicht "über Kopf" schwallgelötet werden kann. Die Form der Bauelemente muß ein problemloses Anwenden des Klebers ermöglichen, d.h. der Abstand des Bauelementekörpers von der Leiterplatte darf nur geringe Toleranzen aufweisen. Es muß vermieden werden, daß ein zu großer Klebertropfen sich auf benachbarte Leiterbahnen ausbreitet und dadurch eine einwandfreie Lötung verhindert. Fast alle Bestückautomaten sind mit Dosiergeräten oder Stiften (Stempel) zum Aufbringen des Klebers ausgerüstet. Auch das Siebdruckverfahren ist hierfür geeignet. Hiermit wird hauptsächlich die für das Reflow-Löten (s.u.) erforderliche Lötpaste aufgetragen, die auch die Klebefunktion übernehmen kann, wenn die bestückte Leiterplattenseite nicht "über Kopf" gelötet wird.

Große Bedeutung in der Flachbaugruppenfertigung kommt dem Löten zu. Am häufigsten wird das Schwallöten (Wellenlöten) mit Bad-

temperaturen zwischen 240 bis 260° C und Lötzeiten von 1 bis
3 sec. verwendet. Für die SMD-Technik empfehlen sich Lötanlagen
mit Doppelwelle, wobei die erste turbulente Welle Lot an alle
Lötstellen heranführt und die anschließende ruhige Welle über-
schüssiges Lot (Lotanhäufungen, Brücken) wieder abführt. Beim
Baugruppenentwurf ist die Lötrichtung zu beachten, so daß Löt-
schatten vermieden werden.

Beim Reflow- oder Wiederaufschmelzlöten wird das Lot vor dem
eigentlichen Lötvorgang gezielt, z.B. als Lotpaste im Siebdruckverfahren, auf den Einbauplatz gebracht. Das Aufschmelzen
erfolgt durch Kondensationslöten (Vapor Phase), Heißgaslöten,
Bügellöten oder Infrarotlöten. Besonders vorteilhaft ist das
Kondensationslöten. Hierbei wird durch Sieden einer inerten
Flüssigkeit ein Dampf mit einer genau definierten Temperatur
(z.B. 215° C) erzeugt. Über der Dampfzone befindet sich eine
Dampfsperre, die das Entweichen des teuren Mediums verhindert.
Beim Einbringen der bestückten Platine in die Dampfzone
kondensiert der Dampf an den kalten Teilen, die durch die
Kondensationswärme in etwa 20 sec gleichmäßig auf Löttemperatur
gebracht werden. Dieses Verfahren ist sehr schonend, da keine
Überhitzung der Bauelemente stattfinden kann. Reflow-Lötverfahren sind für die Einsteckmontage nicht geeignet, da damit
die Löcher in den Leiterplatten nicht mit Lot gefüllt werden
können.

Die Oberflächenmontage erlaubt eine Reihe von Aufbauvarianten:
reine SMD-Bestückung, gemischte Bestückung mit SMDs und bedrahteten Bauelementen, sowie Kombinationen mit nicht-schwall-
lötfähigen SMDs. In nächster Zeit wird die Mischbestückung
dominieren, da noch nicht alle Bauelemente als SMDs zur Verfügung stehen und sie die größte Flexibilität beim Entwurf von
Flachbaugruppen bietet.

QUALITÄTSSICHERUNG BEI OBERFLÄCHENMONTIERBAREN
KERAMIK-VIELSCHICHTKONDENSATOREN

K. Seiner

Siemens Bauelemente OHG, Deuschlandsberg

ZUSAMMENFASSUNG:

Ein wirksames Qualitätssicherungskonzept für SMD-Vielschichtkondensatoren wird beschrieben.

Eine Qualitätssicherung hat dafür zu sorgen, daß das dem Ab-
nehmer gelieferte Produkt die von diesem erwarteten Eigenschaften aufweist. Das geschieht einmal, indem durch geeignete Kontrollen fehlerhaftes Material ausgeschieden wird und
zum anderen, indem durch Rückkopplung in den Herstellprozeß
und in die Entwicklung angestrebt wird, die Qualität gleich
bei der Produkterschaffung mit zu erzeugen.

Da aus einem Kilogramm Rohmaterial Zehntausende SMD-Konden-
satoren hergestellt werden, von denen aber jeder einzelne
fehlerfrei sein soll, kommt bereits der Qualitätssicherung
am Rohstoff entscheidende Bedeutung zu. Ein nach modernstem
Stand ausgerüstetes Chemie-Labor sichert mittels Spektro-
metrie, RFA, Korngrößenanalyse usw., gleichbleibende Be-
schaffenheit aller Ausgangsstoffe.

Die Weiterverarbeitung des Ausgangsmaterials zu Chip-Konden-
satoren wird auf jeder Prozeßstufe und an Ort und Stelle
überwacht. Damit ist unverzügliches Reagieren auf Kontroll-
ergebnisse möglich, sodaß Fehlerquellen bereits bei sich an-
kündigender Entstehung neutralisiert werden können.

Unmittelbar an den Erzeugungsprozeß anschließend erfolgt
eine hundertprozentige Auslese an automatischen Prüfplätzen
Die hier ausgeschiedene Ware wird auf Fehlerursache analysiert zwecks Prozeßsteuerung. Zuletzt wird das durchgelas-
sene Auslesegut mittels statistischer Qualitätsprüfung auf
die Datenblatteigenschaften überprüft und bei Übereinstimmung in das Verkaufslager gegeben.

An dieser Stelle des Erzeugungsablaufes erfolgt auch die
Probeentnahme für Zuverlässigkeitsuntersuchungen. Es wird
künftig mit einem AQL von 0,065 Prozent geprüft werden;
angestrebt wird eine Auslieferungsqualität von 10 dpm und
eine fit-Rate von 10 für SMD-Vielschichtkondensatoren.

Als Erfolg dieses allgemeinen QS-Konzepts konnte bereits
die - derzeit auf VS-Kondensatoren mit Drahtanschlüssen
bezogene - Anerkennung als Hersteller gütebestätigter
Bauelemente nach CECC als erster (und bisher einziger)
Hersteller in Österreich erlangt werden.

"WORKING WITH THE CECC SYSTEM"

DAVID W. SMITH

QUALITY MANAGER
STC COMPONENTS LTD., QUALITY DIRECTORATE,
Edinburgh Way, Harlow, Essex.
CM20 2DE - U.K.

Summary:

The CECC System of quality assessment for, and release of, electronic
components to harmonised European Specifications has been operating
since the early 1970s. STC Components Ltd., a major U.K./European
based manufacturer and user of electronic components highlights some
of the benefits of CECC and explains why its Company Quality Policy
includes a statement "to promote the extension and use of BS9000/CECC/
IECQ specifications and components of assessed quality.

STC Components Ltd employs some 6,000 people and has an annual turnover
of some £250 million. Its activities are divided into five major
manufacturing divisions: Electron Devices, Capacitors, Semiconductors,
Micro Devices and Power Components, each with its own dedicated design
marketing, production and sales teams.

STC Components Ltd therefore, designs, manufactures and distributes
complex electronic components, sub-assemblies and modules to serve
the fast growing defence, professional, automotive, industrial and
telecommunications markets throughout the world.

STC Components Limited Quality Policy includes a statement:

"To promote the extension and use of BS9000/CECC/IECQ specifications
and components of assessed quality".

WHY ?

In explaining the answer to this question, I hope to give you an insight
from the component manufacturers point of view, into the benefits
of the CECC system and in addition give those who are equipment manufacturers, or users, an idea of some of the advantages which you can
capitalise on to improve your quality and reduce your costs.

The worldwide market for electronic components is estimated at some
£72,500 million.

Historically to achieve penetration into this market we must address
a customer's need which in the first instance is by assessing his
specification. This assessment is often protracted, involves comparison
of test methods and limits, AQL's etc., and results in an often agreed
compromise. After negotiation, and bidding, we are potentially in
a position to supply product if the commercial side of the business
is concluded satisfactorily. Before the supply, there follows for
the most demanding customers, a vendor appraisal - two or three QA
engineers/purchasing staff of the potential customer, visit our factory
for two days, audit our procedures, satisfy themselves that we have
the right disciplines and controls to be able to consistently produce
the quality and conformance they require.

If the audit were to be unsatisfactory no supply could take place.
Samples are supplied, customer qualification tests are conducted and
we are listed on their QPL if successful. This activity costs us
and the customer a lot of time, resource and money. Even so it is
still considered a good investment by certain companies particularly
from the US, who value quality so highly they are prepared to make
such an enormous investment.

Now, the situation is changing dramatically, owing to the CECC system.

To achieve production of a quality product requires a total quality
control system covering, and controlling, all aspects of the business
from design, through purchased materials, products, processes, testing
packing, shipment and reliability testing, and of course, product
qualification. CECC meets these needs. STC Components Ltd did not
see the sense in re-inventing the wheel and found that the CECC system
covered the key requirements for a quality system capable of meeting
the most stringent customer's assessment requirements. Implementing
the system avoided the cost of developing an equivalent.

There were no features which we as a company believed where defined
"for the sake of the system", all were necessary requirements, as
a result the cost of implementation of the CECC system was no more
than implementing any other necessary system. The independent ONS
assessment verified our conformance, and the appropriate approval
certificate followed from the NAI.

The independent certification of our quality system has meant that
a substantial number of customers do not perform vendor appraisals. If they
have occurred our system has withstood the rigours of the most searching
audits from customers worldwide. In addition, product that we have
qualified to CECC specifications are to standard format details specifications which in turn call up defined test methods and conditions,
so the debate/arguments on these test methods and specifications
is eliminated - another saving. The inherent flexibility enables
all market sectors to be addressed. The application of CECC quality
assessment procedures produces an additional benefit - the reduction
of quality costs.

The cost of poor quality is loss of business.

The cost of quality is made up of three main areas:

Prevention costs   - (quality assurance department, Test House costs etc.)

Appraisal costs   - (Inspectors etc.)

Failure costs   - (Scrap, rework and warranty).

These totalling typically 2% - 15% of sales depending upon the technology. For most electronic component manufacturers the most significant contributor to quality costs is scrap which again is typically up to 50% of the total quality cost.

As you apply your quality assessment procedures you develop the corrective action feedback data necessary to reduce scrap. A disciplined approach, design reviews, with proper documentation in the Quality Manual, process and inspection records, audit and properly calibrated test equipment are essential pre-requisites of knowing that you have a solid base to improve from with corrective action fallback, thereby reducing scrap and reducing quality costs.

Particularly by the use of Capability Approval (CA), we are now able to supply components under the CECC system which precisely meet customer's requirements, unlike in the very early days of the system, when overwhelming influence of the Defence sector needs on the specification, mandatory military requirements testing existed on, say, a telecommunication component because the System was not flexible enough.

Let me stress that the situation does not apply today - the CECC system is flexible and can be used to address components for all market sectors, not just defence.

So far then I have given you some of the important reasons why component manufacturers should use the CECC system.

But how does CECC help the component purchaser/user ?

Here I detail some of our experiences of benefits to the equipment manufacturer, the electronic component purchaser.

1.   Our customers know that they are dealing with a supplier with an independently assessed Quality System, certified by the NAI and they respect this assessment.

2.   They know that product released under the system has been qualified under the system, that testing has been supervised by the ONS, and the report approved by them.

3.   The system provides for the specification of acceptance requirements using sampling inspection and for the collection of data from performance tests for quality assessment.

4. Customers know that a standard inspection procedure ensures that components are supplied in conformity with the specification, and this conformity is certified for each delivery.

5. Buyers know that in the event of a quality problem they can appeal to the independent ONS who will ensure that any corrective actions required are taken, including if necessary, withdrawing a manufacturers' approval.

6. They can cut their vendor appraisal costs by using manufacturers approved under the system.

7. Customers should know that volume for volume, and "apples for apples" in terms of specification, there is no system generated reason why any CECC released component should cost any more than a commercial product.

8. European approved sourcing to their requirements is available.

9. Reduced Goods Inwards Inspection costs follow, particularly as their volume of released product purchases increases.

10. Many customers in areas where historically the purchaser of CECC approved components has been small e.g. UK TV manufacturers - use CECC Inspection Approval as a key selection criteria before doing business with a particular manufacturer against their requirements i.e. PPM, a concept which is completely compatible with the CECC system.

11. <u>Total Cost of Ownership</u>

   Most equipment companies define precise targets for their buyers - purchasing cost improvements are readily quantifiable - the pence or pounds off the previous price ! Very few however, have control monitoring systems which also quantify what I call the "total cost of ownership of a component" i.e. the purchase cost plus assembly rework attributable to that component and the field return cost/ service cost attributable to that component. As an example, a 2p commercial capacitor, which in failure causes an equipment fault in the Middle East requiring a service engineer to be flown to effect the repair, may have an effective cost of ownership of £1000 + 2p - a more reliable, independently certified 2p capacitor, would have been better. I am really saying that accepting the lower price, without the required quality is foolhardy. Even better, with CECC minimising total cost of ownership and enhancing reliability. The required quality at the same price. It's plain common sense!

12. Users now have instant easy access to the CECC system QPL via CODUS, The University of Sheffield data bank provides all the necessary information (CECC 002C0 in hard copy)

There we have it, a list of some of the significant benefits of CECC to the component purchaser/user.

In conclusion I return to the Quality Policy of STC Components Ltd which includes the statement:

"To promote the extension and use of BS9000/CECC/IECQ specifications and components of assessed quality".

Use of the CECC system enables you to jump the "specification barrier"; to jump the "test conditions barrier"; to be able to prove by independent assessment and certification, that you are operating a first class quality system and releasing first class quality products.

It has worked for my Company - whether you are an electronic component manufacturer or user, CECC can and will be of great benefit to you.

ANALYSE VON SICHERHEITSKRITISCHEN BAUTEIL-
AUSFÄLLEN IN ELEKTRONISCHEN SYSTEMEN

M. Thurner

Bundesversuchs- und Forschungsanstalt Arsenal
Elektrotechnisches Institut, Abt. EE Wien

ZUSAMMENFASSUNG:

Hier werden grundsätzliche Überlegungen zur Analyse elektronischer Systeme dargelegt, dann die Analysemethoden selbst dargestellt und anschließend die Probleme erörtert. Abschließend
wird noch ein Beispiel gebracht, an dem die Methoden angewandt
wurden.

1. EINLEITUNG

Dem Vorteil, komplexe Funktionen auf kleinsten Raum unterzubringen steht bei Systemen mit Sicherheitsverantwortung die
schwierige Erstellung eines Sicherheitsnachweises gegenüber.
Konnte man bei elektromechanischen Systemen die Betrachtungen
der Ausfallursachen noch stark einschränken, so ist das bei
elektronischen Bauelementen nicht mehr möglich. Die Sicherheit
liegt hier nicht im einzelnen Bauelement,sondern auf der
Systemebene.

Es ist nun ein wesentliches Bestreben das sicherheitskritische
Ausfallverhalten eines Systems abgeleitet aus dem Ausfallverhalten der einzelnen Bauelemente bzw. Betrachtungseinheiten,
zu berechnen.

2. ANALYSEMETHODEN

2.1 Qualitative Analysemethoden

(1) Ausfallart- und Fehlereffektanalyse: auch unter dem
Namen "Einzelfehlernachweis" bekannt. Diese Methode
wird als bekannt vorausgesetzt.

(2) Störfallablaufanalyse: Mittels eines Störablaufdia-
grammes können Störabläufe, d.h. die logischen und
zeitlichen Abläufe von Folgeereignissen, die durch
den Ausfall von Bauelementen oder von Folgeereignissen, die durch den Ausfall von Bauteilen oder durch
Fehlbedienung ausgelöst werden in einfacher und übersichtlicher Weise dargestellt und analysiert werden.

(3) Fehlerbaumanalyse:Während die beiden vorher gezeigten
Methoden Antwort über die Ausfallmöglichkeiten geben,
ist diese Methode geeignet, Antwort über die Wahrscheinlichkeit der Ausfälle zu geben.

Hier wird ein unerwünschtes Ereignis vorgegeben und
nach den Ursachen gesucht, die zu diesem Ereignis führen
können. Jede an dem Ereignis beteiligte Ursache hat eine
bestimmte Eintrittswahrscheinlichkeit, woraus die Ge-
samtausfallwahrscheinlichkeit für das unerwünschte Ereignis berechnet werden kann.

Die wesentlichsten Aspekte der qualitativen Methoden sind
der Nachweis für Einzelfehler, Common-Mode Fehler und der
Nachweis der statistischen Unabhängigkeit. Diese Aspekte
bilden auch die Grundlage für die Quantifizierung.

2.2 Quantitative Analysemethoden

Um zu statistischen Aussagen über den sicherheitskritischen
Ausfall zu gelangen,wird von der qualitativen Fehlerbaum-
analyse ausgegangen. Der Fehlerbaum liefert die logischen

Verknüpfungen zwischen Elementausfällen und Systemausfällen,
somit die Bedingungen für das sicherheitskritische Ereignis.
Das Eintreten des sicherheitskritischen Ereignisses mit der
Zeit wird also durch die Wahrscheinlichkeit der einzelnen
Elemente berechnet. Für die Berechnung gibt es mehrere Me-
thoden, zwei wesentliche davon sind

    die simulative Methode (Monte-Carlo-Methode) und

    die analytische Methode.

Bei der analytischen Methode kann zur Quantifizierung des
sicherheitskritischen Ausfalles zum Beispiel nach ÖNORM 9013
/1/ oder nach dem Bayes'schen-Verfahren /2/ vorgegangen
werden.

Die Einsatzbedingungen und die Ausfallarten (Unterbrechung,
Kurzschluß, Drift) müssen in den Ausfallraten berücksichtigt werden. Im weiteren wird der Analogieschluß gezeigt,
der den Zusammenhang zwischen Elementausfallrate und Systemausfallrate zeigen soll. Vorausgesetzt wird, daß das Modell
der Exponentialfunktion Gültigkeit haben soll.

Analogieschluß von Element- auf Systemausfallrate:

a) Element (Bauteil oder Baugruppe)
   Ausfallrate (wird konstant angenommen): λ
   Wahrscheinlichkeit für Funktionieren: $R(t)=\exp(-\lambda t)$
   Die Wahrscheinlichkeit für das Nichtfunktionieren $F(t)$
   wird aus der Gesamtwahrscheinlichkeit berechnet.
     $R(t)+F(t)=1$
Somit kann berechnet werden: $F(t)=1-\exp(-\lambda t)$
Durch die verschiedenen Ausfallmechanismen (Kurzschluß,
Unterbrechung) muß $F(t)$ noch unterteilt werden:
Kurzschluß tritt zu x% auf. Unterbrechung tritt zu y% auf.
    $F(t)=x\%F(t)+y\%F(t)=K(t)+U(t)$
Sind die Verläufe von $R(t)$ bzw. $F(t)$ bekannt, so kann
die Ausfallrate auch mit

$$\lambda(t)=\frac{\dfrac{dF(t)}{dt}}{R(t)}$$

berechnet werden.

b) System

Für das System gilt analog zum Element für die Gesamtwahrscheinlichkeit: $Z(t)+U(t)=1$
Die Wahrscheinlichkeit für das zuverlässige Funktionieren
wird mit $Z(t)$ bezeichnet. Die Wahrscheinlichkeit für
die Unzuverlässigkeit wird mit $U(t)$ bezeichnet. Die Unzuverlässigkeit kann man noch unterteilen in kritische
und nicht kritische Unzuverlässigkeit.

$$U(t)=U_{nk}(t) + U_k(t)$$

Allgemein ergibt sich analog zum Element für die Systemausfallrate:

$$\lambda_{sys}(t) = \frac{\frac{dU(t)}{dt}}{Z(t)}$$

Weiters wird für die sicherheitskritische Ausfallrate
berechnet:

$$\lambda_{sys,k}(t) = \frac{\frac{dU_k(t)}{dt}}{Z(t)}$$

3. DISKUSSIONSHINWEISE

Ein Problem, das bei einer praktisch durchgeführten Quantifizierung aufgetreten ist, war die schwierige Zugänglichkeit von
Daten. Die Angaben der Firmen über Ausfallraten und Ausfallarten,
sowie über deren Verhalten bei veränderten Anwendungsbedingungen
(Temperatur, mechanischer Stress, Leistungsstress, Spannungs-
stress, etc.) sind unzulänglich. Ebenfalls fehlen Angaben über
den Gültigkeitsbereich für nahezu konstante Ausfallraten.
Schwierig ist auch die Umsetzung des sicherheitskritischen Ausfalles in einen Fehlerbaum speziell bei großen Anlagen, hiebei
ist man auf die Computerunterstützung angewiesen. Ein wichtiger
Aspekt bei der Verwendung einer Rechenanlage ist die Erbring-
lichkeit der Genauigkeit. (Bei Sicherheitsanwendungen wird mit
sehr kleinen Wahrscheinlichkeiten p und deren Komplementen
p'=1-p gerechnet.)

Literatur

/1/ ÖNORM A 9013 (Konzept, Diskussionsstand vom Nov. 1984).

/2/ Geiger, M.: Die Anwendung des Bayes'schen-Verfahrens auf Zuverlässigkeitsberechnungen, Arbeitsbericht ME 83, S 197ff Wien, 1983.

/3/ Höfle-Isphording, U.: Zuverlässigkeitsrechnung, Springer-Verlag, Berlin/Heidelberg, 1978

/4/ Sethy, A., Hartberger, J.: Methoden von Sicherheits- und Zuverlässigkeitsanalysen bei Elektronischen Systemen, ORE Kolloquium über sichere elektronische Systeme, DT 129, ORE, Utrecht, 1981.

/5/ Hartberger, J.: Quantifizierungsprobleme bei der Systembeurteilung Elektronischer Anlagen in der Eisenbahntechnik, Arbeitsbericht ME 79, S 91 ff, Wien, 1979.

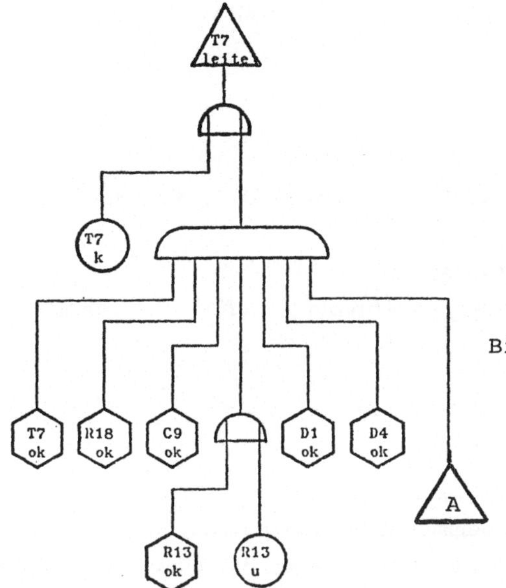

Bild 1: Beispiel eines
Teil-Fehlerbaumes
für den sicherheits-
krit. Ausfall.

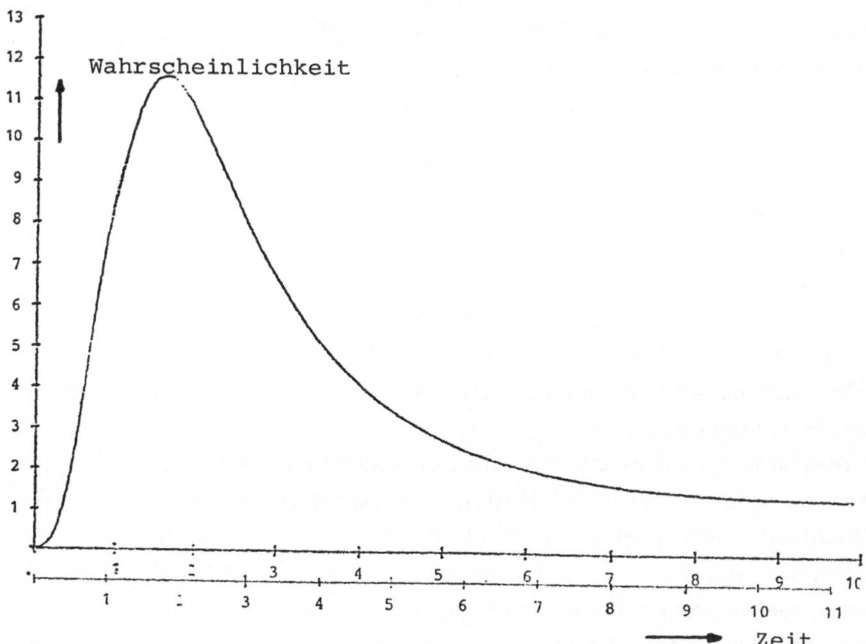

Bild 2: Beispiel des zeitlichen Verlaufes des sicher-
heitskrit. Ausfalles eines Systems.

ZUVERLÄSSIGKEIT IN DER EXPERIMENTELLEN WELTRAUMFORSCHUNG

K. Schwingenschuh, M. Steller, N. Valavanoglou und Ö. Aydogar

Österreichische Akademie der Wissenschaften,
Institut für Weltraumforschung, Abteilung für Experimentelle
Weltraumforschung

ZUSAMMENFASSUNG :
Meßsysteme für physikalische Experimente im Weltraum erfordern eine hohe Zuverlässigkeit. Die Verwendung spezifizierter Bauteile, eine äußerst präzise Integration, und eine durchstrukturierte Software sollen diese Anforderung erfüllen. Die großangelegten Testphasen sollen insbesondere garantieren, daß alle gestellten Forderungen erfüllt werden, und allfällige Entwurfsfehler eliminiert werden.

Forschungsmissionen im interplanetaren Weltall gewinnen ständig an Komplexität, immer entferntere Ziele werden angepeilt. Dieser Trend hat eine enorme Kostenexplosion zur Folge, und deshalb wird auch an die Zuverlässigkeit mitfliegender physikalischer Meßsysteme höhere Anforderungen gestellt. Von den Raumfahrtbehörden NASA, ESA und Intercosmos (zuständig für die Raumfahrt in den Osteuropäischen Ländern) sind allgemeine Vorschriften erstellt worden, zu deren Einhaltung sich jeder Experimentator verpflichtet.
Das Diagramm zeigt die Ausfallswahrscheinlichkeit N als Funktion der Entwicklungs- und Betriebszeit. Während der Entwicklungsphase ist die Zuverlässigkeit noch gering, bedingt durch unausgereifte Entwürfe und nachträglich eingebrachte Änderungen. Mit dem in der Weltraumfahrt als technologisches Modell bezeichneten Prototyp, welcher alle Testzyklen zu absolvieren hat, sollte bereits die angestrebte Ausfallswahrscheinlichkeit erreicht sein. Die Größe ist nur durch 'zufällige Ausfälle' vorgegeben. Am Ende steigt die Anzahl der Ausfälle bedingt durch Verschleißerscheinungen und Alterung der Komponenten wieder an. Während der

Entwicklungsphase kann vor allem durch eine sorgfältige Planung sowie Maßnahmen in der Fertigung die Zuverlässigkeit angehoben werden. Der folgende Zeitabschnitt entspricht der Betriebszeit des Gerätes. Das Erfassen der Umwelt- und Betriebsbedingungen, deren Einbindung in den Entwicklungsvorgang und die abschließende Testphase ermöglicht die Minimierung sogenannter 'zufälliger Ausfälle'. Das Ansteigen der Ausfälle nach längerer Betriebszeit kann nur durch eine sorgfältige Auswahl der Komponenten verhindert werden. MIL-Standard 883-B, der auch an unserem Institut als Basis herangezogen wird, soll die Erfüllung der Forderung nach langer Betriebssicherheit auch bei anspruchsvollen Umweltbedingungen garantieren. Bauteile die MIL-883-B entsprechen, sind für den Temperaturbereich von -55 bis +125 °Celsius spezifiziert, unterliegen umfangreichen Testzyklen, Burn-In Tests und sind bereits vorgealtert. Im weiteren sollen Maßnahmen die vorwiegend die Entwicklungs- und Testphase betreffen, betrachtet werden. Während der Entwicklungsphase sollen die Zuverlässigkeitsprobleme der Bereiche

- Entwicklung der Elektronik
- Erstellen der Software
- Vorgang der Integration

getrennt betrachtet werden.

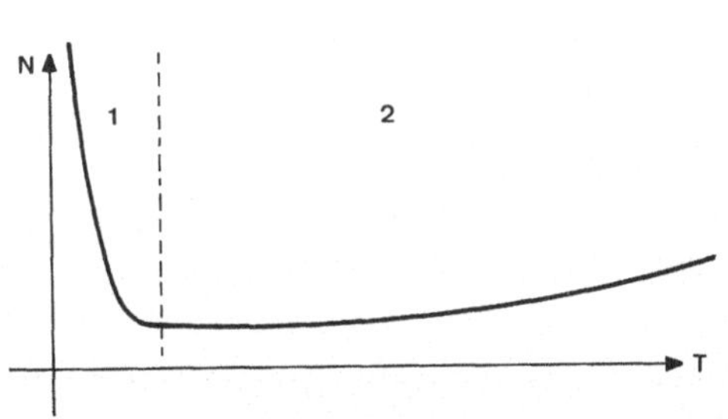

1 ... Entwicklungs- und Testphase

2 ... Betriebszeit

a) Entwicklung der Elektronik

Für Anwendungen im Bereich der Weltraumforschung ist aus Gründen der Funktionalität, des Leistungsverbrauches und des Gewichtsproblems die Verwendung neuester Technologien unumgänglich. Die Erfahrungswerte damit sind jedoch meist sehr gering, und in Österreich ist es auf Grund seiner geopolitischen Lage noch schwieriger die nötigen Unterlagen zu erhalten. Bereits der Entwurf ist stark eingeschränkt durch die mangelnde Verfügbarkeit an MIL-geprüften Bauteilen. Bei Komponenten im analogen Schaltungsbereich ist zu berücksichtigen, daß die Betriebsparameter z.B.

Stromverstärkung von Transistoren, Ableitwiderstände von Kondensatoren usw. meist schlechter sind als bei Standard Bauelementen. Die Betriebswerte von MIL-Bauteilen sind aber infolge der Voralterung auch für längere Betriebszeiten garantiert. Bei 'Höher Integrierten Bauelementen' ist nur eine bedingte Auswahl vorhanden. Bis vor etwa eineinhalb Jahren war nur ein Mikroprozessortyp in CMOS-Technologie und Space Qualified Version d.h. MIL-883B erhältlich. Im Bereich Hardware ist die Anzahl der Verbindungen (Lötstellen) der ausschlaggebende Faktor für die Zuverlässigkeit. Man ist daher bestrebt die Komplexität auf dem Minimum zu halten, das alle Forderungen erfüllt, bzw. höherintegrierte Bausteine zu verwenden. Soll die Elektronik auch hohe Strahlungsfestigkeit besitzen, so muß oft auf niederintegrierte Logikschaltungen zurückgegriffen werden, oder es müssen bipolare Typen verwendet werden, deren Strahlungsfestigkeit wesentlich günstiger ist. Bei Letzteren ist wegen des hohen Leistungsverbrauches ein Power-Strobing unumgänglich.

b) Erstellung der Software

Zur Sicherheit des Gesamtsystems trägt die Software einen wesentlichen Teil bei. Vor allem in der Entwurfs- und Konzeptionsphase wird der Grundstein für ein zuverlässig operierendes Programm gelegt. Ein modularer Aufbau und streng hierarchische Strukturen ermöglichen einen gut übersichtlichen Programmablauf und eine ausreichende Kontrollmöglichkeit in der Testphase. Zur Zuverlässigkeit von Programmen gehört auch, daß sie robust gegenüber Fehlbedienungen sind. Falsche Eingaben oder fehlerhafte Daten dürfen den Ablauf des gesamten Programms nicht stören. Gerade die Übermittlungskanäle zwischen Erde und Satellit, über die alle Kommandos übermittelt werden, sind einer großen Störwahrscheinlichkeit ausgesetzt. Bei komplexeren Meßsystemen muß darauf geachtet werden, daß der Ausfall bzw. das fehlerhafte Funktionieren einzelner Meßwerterfassungssysteme oder Statusleitungen nicht das komplette System lahmlegt. Erwünscht wäre auch eine Redundanz bei den Programmen. Hierbei ist speziell an das Eliminieren defekter Speicherstellen im Programmspeicher gedacht, die durch Umweltbedingungen z.B. kosmische Strahlung geschädigt wurden. Die Verwirklichung redundanter Programme überschreitet meist die Limitierung für Platz, Gewicht und Leistung.

c) Integration

Die Integration umfaßt die Arbeiten von der Erstellung der Printplatten, Aufbau der Bauteile bis zu den abschließenden Einbauarbeiten in das Gehäuse. Sauberkeit während der Arbeit ist das höchste Gebot. Deshalb werden alle diese Arbeiten in Räumen mit kontrollierten Umweltbedingungen durchgeführt. Sogenannte Clean-Rooms besitzen eine Schleuse und haben stets Überdruck gegenüber angrenzenden Räumen, um damit ein Eindringen von Staubpartikeln zu verhindern. Die Klimatisierung stellt eine konstante Temperatur von 22 °C und eine maximale relative Luftfeuchtigkeit von 60% sicher. Ein Filtersystem sorgt für Frischluftzufuhr und deren zugfreie Verteilung. Die Beleuchtung der Arbeitsplätze ist auf die Ansprüche abgestimmt, und alle verwendeten Werkzeuge erfüllen selbstverständlich die MIL-Spezifikationen. Die Arbeiten werden nur von speziell eingeschultem Personal unter Verwendung der dafür vorgesehenen Arbeitskleidung, wie Übermantel, Handschuhe, Überschuhe und Kopfbedeckung durchgeführt. Die kritischste Arbeit ist das Einlöten der Bauteile in die Printboards. Die Anzahl der Verbindungen je Leiterplatte ist auf Grund der geforderten Packungsdichte sehr hoch. Die Verwendung von sogenannten Flatpacks stellt die Anforderung außerordentlicher Genauigkeit an den Lötvorgang. Jede einzelne Lötstelle wird sofort einer optischen Kontrolle unter dem Mikroskop unterzogen. Der Besuch von Lötkursen an darauf spezialisierten Versuchsanstalten vermittelt das nötige Sachwissen und erlaubt eine objektive Beurteilung der durchgeführten Arbeiten. Es ist selbstverständlich, daß dieses Personal seinen Wissenstand ständig erneuert und erweitert.
Eine nicht zu vernachlässigende Rolle spielt die psychische Verfassung des Löters. Um Fehler auf Grund von Ermüdungserscheinungen auszuschließen, wird eine Person maximal vier Stunden pro Tag dafür herangezogen.

d) Testphase

Die sehr umfangreiche Testphase muß den Beweis für ein Funktionieren des Systems unter allen möglichen Umständen erbringen. Die Planung und Festlegung der Testzyklen soll das Erfassen aller möglicherweise auftretenden Fehlzustände während der Testphase sicherstellen. Während des Fluges sind Systemeingriffe nur mehr über den Kommandoweg möglich.

Die Testphase läßt sich schwer von der Entwicklungsphase trennen. Bereits nach der Erstellung des Hardwarekonzeptes und dessen Realisierung in einem Wrap-Aufbau wird unter Verwendung von Dummy- Programmen das Konzept auf seine Funktion und anschließend auf Temperaturprobleme getestet. Die Programmtests mit fixen Datensätzen sind dann die nächste Stufe. Dazu ist das Meßsystem noch mit dem Entwicklungssystem gekoppelt. Parallel dazu werden Simulationen auf einem Rechner durchgeführt, die einen Vergleich der Ergebnisse zulassen. Für die weiteren Tests steht ein eigenes Testgerät zur Verfügung. Dieses basiert auf einem Personal-Computer und ergänzenden Interface-Schaltungen, und simuliert den Bord-Computer des Satelliten. Damit kann das gesamte System vom Sensor bis zur Übertragungsstrecke, System zu Bord-Computer, überprüft werden. Eventuell auftretende Fehler und Ausfälle werden am Drucker mitnotiert. Um für spätere Überprüfungen gerüstet zu sein, werden die Daten an einen Großcomputer weitergeleitet und auf Band abgespeichert. Ein eigener Testzyklus beinhaltet die vorgeschriebenen Umwelttests. Dazu wird die Flugeinheit thermischen Tests, Thermo-Vakuum- und Schütteltests unterzogen. Damit soll der Nachweis erbracht werden, daß nicht nur die verwendeten Komponenten (nach MIL 883B) sondern auch die Qualität der Integration und Verarbeitung dem geforderten Standard entspricht. Die gesamte Testzeit beträgt ungefähr 2000 Stunden. Dieser Umfang wird allerdings nur mit den Technologischen Modellen durchgeführt. Für die eigentlichen Flugeinheiten wird mit Rücksicht auf das Ansteigen der Ausfälle nach langer Betriebszeit ein reduzierter aber signifikanter Testzyklus durchgeführt.

Einige wichtige Fakten zum MIL-STD-883B mit dem Titel 'Test Methods and Procedures for Microelectronics:

-   - die Verpackungen sind hermetisch dicht ausgeführt, als Materialien kommen dafür Keramik, Glas oder Metall in Frage;
- der Temperaturbereich beträgt +125 bis -55°C, die Druckfestigkeit umfaßt Normaldruck bis 2×10^{-6} mmHg ;
- die Lebensdauer der Bauteile ist mit 1000 Stunden bei +125 °C festgelegt, bei einer Umgebungstemperatur von 50°C würde das einer Betriebszeit von einer Million Stunden entsprechen;
- die Burn-In Tests umfassen, 160 Stunden bei +125°C und Temperaturzyklen in folgender Konfiguration: -55°C mindestens 10min, +25°C maximal 5 min, +125°C mindestens 10min und +25°C maximal 5 min ;
- Schütteltests werden im Frequenzbereich von 20Hz bis 2kHz mit einer Mindestdauer von 4 Minuten je Zyklus und einer Belastung von 50 g durchgeführt.

Insgesamt kann das Institut momentan auf Erfahrungen aus drei Projekten zurückgreifen. Erste Projekt war die Beteiligung an einem Experiment an Bord von Spacelab. Das Experiment bestand aus zwei Teilen, einem Massenspektrometer und einem Magnetometer. Letzteres wurde zur Gänze am Institut entwickelt. Da dieses Experiment an Bord eines bemannten Raumschiffes durchgeführt wurde, waren die Vorschriften für die Materialauswahl (insbesondere Kunststoffe) sehr streng. Die relativ kurze Betriebszeit (11 Tage) wurde von den überproportional langen Testzeiten, bedingt durch die verzögerte Fertigstellung des Space-Shuttles, aufgewogen. Die beiden nächsten Projekte führten in den Interplanetaren Raum. ASM (Austrian Soviet Magnetometer) an Bord der beiden Raumsonden Venera 13 und 14 wurde im Oktober 1981 gestartet. Die Missionsdauer betrug mehr als ein Jahr. Kurz vor Ende trat bei einem der beiden Magnetometer ein Defekt auf. Leider konnte die Ursache nicht ermittelt werden, da uns dieser Ausfall erst nach Ende der Mission mitgeteilt wurde, und zu diesem Zeitpunkt keinerlei Diagnose möglich war. Als derzeit letztes Experiment wurde MISCHA (Magnetic Field in Interplanetary Space during Comet Halleys Approach) an Bord der Raumsonden VEGA 1 und 2, im Dezember 1984 erfolgreich gestartet. Bisher funktionieren beide Instrumente einwandfrei. Die Gesamtdauer der Mission erstreckt sich dabei auf eineinhalb Jahre. Der entscheidende Augenblick wird im März 1986 eintreten wenn VEGA 1 und 2 in die Nähe des Halleyschen Kometen kommen, und damit das Ziel der Mission erreichen. Abschließend ist noch festzustellen, daß bei allen Experimenten die Flugeinheiten zum Einsatz kamen, und die Reserveeinheiten unangetastet blieben.

Literatur:

-Seminarunterlagen des Zentrums für Verbindungstechnik Schweisstechnische Lehr-und Versuchsanstalt Hannover

-Military Standards: Testmethods and Procedures for Microelectronics, Department of Defense, U.S. Washington

- Schmidt R., Schwingenschuh K.: Magnetic Field Measurements on Board Venera 13, Venera 14 and Venera-Halley, Proc. Alphach Summer School, July 29 - August 7, 1981, ESA SP-164 (1981)

- Riedler W., Schwingenschuh K., Torkar K.M., Wilhelm K., Stüdemann W., Watermann J.: DC Magnetic Field Environment (aboard Spacelab-1) to be published at AIAA Meeting, Houston 1985

SYSTEMATISCHES KALIBRIEREN - EINE VORAUSSETZUNG ZUR QUALITÄTS-
SICHERUNG

F. Jäger

Bundesversuchs- und Forschungsanstalt Arsenal
Elektrotechnisches Institut, Abt. EA, Wien

ZUSAMMENFASSUNG

Um im Qualitätswesen gesicherte Prüfaussagen zu erhalten, ist es
unerläßlich, die verwendeten Meßgeräte einer regelmäßigen Kontrolle zu unterziehen. Zu diesem Zweck muß ein systematisch vor-
gehender Kalibrierdienst geschaffen werden. Die nachstehende Mitteilung behandelt die Anforderungen an eine derartige Kalibrierstelle.
Als konkretes Beispiel einer unabhängigen Kalibrierstelle wird
abschließend der Kalibrierdienst des Elektrotechnischen Instituts
der BVFA (Bundesversuchs- und Forschungsanstalt Arsenal) beschrieben.

1. Einleitung

Sowohl bei der Prüftätigkeit als auch bei der Produktion, zB. von
elektronischen Bauteilen, müssen Aussagen über Meßgrößen mit
einer bestimmten Genauigkeit erfolgen. Um sicherzustellen, daß
diese Aussagen von den wahren Werten nur um einen definierten Betrag abweichen, ist die periodische Überprüfung aller Meßeinrichtungen durch eine Kalibrierstelle erforderlich.
Die Kalibrierstelle kann entweder eine unabhängige Stelle, zB.
eine staatliche Versuchsanstalt oder, in einem Industriebetrieb
eine, organisatorisch von der Produktion unabhängige Abteilung
sein.

2. Begriffsbestimmungen

2.1 Kalibrierung

Der Vergleich zwischen einem Normal oder einer Meßeinrichtung
oder Teilen einer Meßeinrichtung oder einem Instrument, und
einem Normal höherer Genauigkeit, zur Feststellung, zum
Vergleich oder zur Justierung oder Dokumentierung der
Genauigkeit des Instruments oder der Meßeinrichtung, die verglichen oder geprüft wird, wird Kalibrierung genannt.

2.2 Genauigkeit

Unter Genauigkeit versteht man den Grad von Exaktheit, mit dem durch eine Meßmethode der wahre Wert einer Größe angegeben wird. Häufig wird die Genauigkeit durch ihr Gegenstück, den 'Fehler' ausgedrückt.

2.3 Meßeinrichtung

Die Meßeinrichtung sind alle Meßgeräte, um einen Gegenstand zu messen, lehren, prüfen, untersuchen oder anderweitig quantitativ erfassen zu können.

2.4 Normal

Unter einem Normal versteht man ein Instrument, eine Vorrichtung oder Material bekannter Eigenschaften und höherer Präzision, das zur Einführung und Aufrechterhaltung der Genauigkeit von Meßsystemen und Meßeinrichtungen dient.

3. Anforderungen

3.1 Aufgabe der Kalibrierstelle

Es ist Aufgabe der Kalibrierstelle in wirksamer Weise die Überwachung und Kalibrierung aller für die Qualitätssicherung verwendeten Normalien und Meßeinrichtungen durchzuführen.

3.2 Rückführbarkeit

Alle Meßeinrichtungen müssen unter Verwendung von Sekundärnormalien kalibriert werden, deren Genauigkeit auf nationale oder internationale Normalien rückführbar sind. Ausgenommen sind Normalien die von anerkannten natürlichen physikalischen Konstanten, oder von der Verhältnismessung eines Selbstkalibrierverfahrens abgeleitet sind. Normalien vor Ort brauchen nicht direkt auf nationale Normalien zurückführbar sein, wenn sie mit Sekundärnormalien verglichen werden, die ihrerseits auf nationale Normalien rückführbar sind. Es soll jedoch die Anzahl der Normalien in der Kalibrierkette im Interesse von Genauigkeit und Präzision auf das notwendige Minimum beschränkt werden. Für alle von der Kalibrierstelle benutzten Normalien müssen Zertifikate, Prüfberichte oder Datenblätter einer anerkannten Kalibrierstelle vorhanden sein, die mit höheren Genauigkeiten gemessen hat, um die zu einem bestimmten Zeitpunkt unter bestimmten Bedingungen ermittelte Genauigkeit nachzuweisen.

3.3 Fehlerfortpflanzung

Die Fehlerfortpflanzung in jedem Glied der Kalibrierkette muß für jede nachfolgende Meßeinrichtung oder jedes nachfolgende Normal beachtet werden. Wenn der Gesamtwert so groß wird, daß er die Messungen innerhalb der erlaubten Toleranzen merklich beeinflußt, müssen Korrekturmaßnahmen durchgeführt werden. Die Berechnung der Fehlerfortpflanzung ist zu dokumentieren.

3.4 Umgebungsbedingungen

Meßeinrichtungen und Normalien müssen in einer Umgebung kalibriert und eingesetzt werden, die im notwendigen Maße festgelegt ist, um fortlaufende Messungen der geforderten Genauigkeit und Präzision sicherzustellen.

3.5 Zeiträume der Kalibrierung

Meßeinrichtungen und Normalien müssen in periodischen Zeitabständen geprüft werden, die von ihrer Stabilität, vom Anwendungszweck oder von der Häufigkeit des Gebrauchs abhängen. Diese Zeitabschnitte müssen, falls notwendig zur Sicherstellung fortlaufender Genauigkeit in Abhängigkeit der vorausgegangenen Kalibrierung gekürzt werden. Die Zeitabschnitte können verlängert werden, wenn die Ergebnisse der vorhergegangenen Kalibrierung mit Sicherheit zeigen, daß ein solches Vorgehen das Vertrauen in die Genauigkeit der Meßeinrichtung nicht beeinflußt. Die Kalibrierstelle muß sicherstellen, daß alle Einrichtungen die nicht nach dem festgelegten Turnus kalibriert wurden, sofort zurückgezogen werden, oder wenn sie nicht ortsbeweglich sind, deutlich sichtbar gekennzeichnet werden.

3.6 Kalibrierungskennzeichnung

Normalien und Meßeinrichtungen müssen durch eine Plakette, ein Kalibrierzeichen oder Ähnliches gekennzeichnet sein, um ihren Kalibrierstatus zu erkennen. Jede Eingrenzung der Kalibrierung oder Einschränkung der Benutzung muß klar am Gerät ersichtlich sein.

3.7 Schriftliche Kalibrieranweisungen

Für die Kalibrierung aller Normalien und Meßeinrichtungen sind schriftliche Anweisungen auszustellen und zu befolgen. Die Kalibrieranweisungen müssen ausreichende Schritt-für-Schritt-Anweisungen enthalten, denen das Personal folgen kann um zu erkennen, daß die Genauigkeit der Geräte innerhalb der vorgeschriebenen Grenzen liegt.

3.8 Prüfberichte

Die Kalibrierstelle muß eine umfassende und vollständige Sammlung von Berichten zusammenstellen und fortführen, welche Genauigkeiten, Kalibriermethoden, Präzision und Geschichte aller Normalien und Meßeinrichtungen enthalten. Diese Prüfberichte sollen nachweisen, daß jedes Normal und jeder Teil einer Meßeinrichtung zur Durchführung von Messungen innerhalb der angegebenen Genauigkeitsgrenzen liegt.
Die Prüfberichte müssen folgende Angaben enthalten:
1. Beschreibung und klare Erkennbarkeit der Meßeinrichtung
2. Datumsangabe jeder Kalibrierung
3. Kalibrierzeitraum
4. Datum der nächsten Kalibrierung
5. Kalibriermethode
6. Basis der Kalibrierung und Rückführbarkeitsnachweis
7. festgestellte Meßwerte
8. die bei der Kalibrierung bestehenden Umgebungsbedingungen
9. eine Angabe über den Einfluß der Fehlerfortpflanzung
10. Angaben über Justierungen, Reparaturen....

4. Realisierung

Das Elektrotechnische Institut der BVFA (Bundesversuchs- und Forschungsanstalt Arsenal) wurde 1982 als Nationale Überwachungsstelle für Österreich im CENELEC-Gütebestätigungssystem für elektronische Bauelemente, CECC[1], bestimmt. Als solches ist das ETI auch Mitglied des internationalen Komitees der Überwachungsstellen (ECQAC). In Übereinstimmung mit den, mit diesen Tätigkeiten verbundenen Pflichten wurde in der Abteilung 'Allgemeine Elektronik' ein Kalibriersystem eingerichtet (Abbildung 1). Die Abteilung verfügt dazu über Normalien für die wichtigsten elektrischen Bezugsgrößen, bzw. über kalibrierte Meßgeräte für abgeleitete Größen.

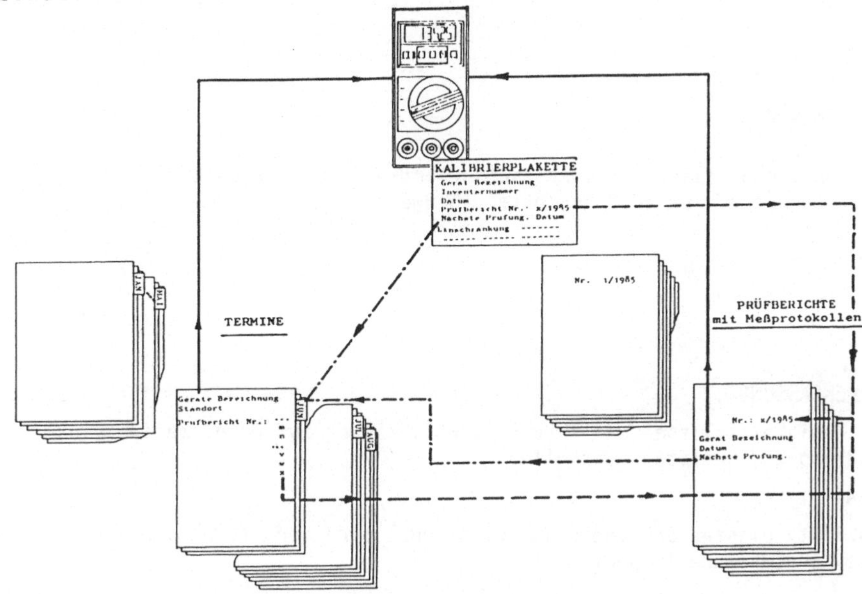

<u>Abb. 1:</u> Schematische Darstellung eines Kalibriersystems.

Meßeinrichtungen und Normalien werden in periodischen Zeitabständen im Bundesamt für Eich- und Vermessungswesen bzw. bei anderen, u.U. ausländische Stellen, die ihrerseits Anschluß an nationale Standards haben, überprüft (PRÜFBERICHTE).

Die Überprüfungsperiode hängt von der Stabilität, vom Anwendungszweck und von der Häufigkeit des Gebrauchs der einzelnen Normalien und Meßgeräte ab. Auch über die Termingebarung wird ein Protokoll in Form eines Terminplanes geführt (TERMINE).

Weiters wird durch eine geeignete Kennzeichnung der Normalien und Meßeinrichtungen (KALIBRIERPLAKETTE) Vorsorge getroffen, daß ihr Kalibrierstatus sofort erkannt werden kann und eventuelle Einschränkungen in der Benützung klar ersichtlich sind.

---

1) CENELEC   Europäisches Komitee für elektrotechnische
              Normung
    CECC   CENELEC Electronic Components Committee
              (CENELEC Komitee für Bauelemente der Elektronik)
    ECQAC   Electronic Components Quality Assurance Committee
              (Komitee für Gütesicherung von Bauelementen der
              Elektronik)

QUALITAETS- UND ZUVERLAESSIGKEITSSICHERNDE METHODEN FUER
INTEGRIERTE SCHALTUNGEN

QUALITY AND RELIABILITY ASSURANCE METHODS FOR INTEGRATED CIRCUITS

J.-P. Frauche

Centre Suisse d'Essais des Composants Electroniques ASE-CSEE
Ruelle Vaucher 22, CH-2000 Neuchâtel, Schweiz

ZUSAMMENFASSUNG :

Zuverlässigkeitsklassen und ihre Berücksichtigung auf Homologation, Vor-
behandlung und Qualitätskontrolle

ABSTRACT :

Reliability classes and their impact on qualification, screening and
quality conformance inspection

INTRODUCTION

Electronic components and specifically integrated circuits have always been
source of failures in appliances. When the risk of failure have to be controlled, a quality assurance system must be used.

Reasons leading to quality assurance systems

A quality assurance system is established in order to limit the risk of
failures. These risks can be set up through indirect way. It explains the
complexity of the quality assurance. Objectives and results of a control and
a quality increase appear as follow :

Reduction of purchase problems or design errors

Complete specifications   - limits for use (design)
                           - stipulated clauses (trade value)

Reduction of manufacturing waste products

Test methods simulating   - Reduction of waste
manufacturing stresses   - Enhancing of design which sometimes underesti-
                              mates problems of manufacturing

Reduction of failures during stocking

Test methods simulating   - Reduction of repair costs
stocking conditions   - Improvement of confidence from the selling-
                                   distribution operation toward the design-manu
                                   facturing operation.

Reduction of failures during warranty

Removing of infant mortality - Reduction of repair costs under warranty
Test methods simulating life - Evaluation of after sale service importance
of components   - Evaluation of repairing strategy

Reduction of failures during life

Test methods simulating   - User can require an evaluation of life cycle
life of components, failure   cost based on reliability prediction
rate supervision   - satisfaction of user, brand reputation, brand
                                   fidelity

Effects on reliability prediction

Reliability prediction allows to calculate the failure rate of an appliance knowing its components, construction and use. All the calculation is explained in MIL Handbook 217. For integrated circuits, the failure rate is given by the equation :

$$\lambda = \pi_Q \left[C_1 \pi_T \pi_V \pi_{PT} + (C_2 + C_3) \pi_E \right] \pi_L \ (10^{-6} \ F/_H)$$

The factor π_Q depends of the quality of components and spreads from 0.5 to 35. It appears on table 1.

Factors occuring in quality control

The testing of integrated circuits is only the most visible part of a quality system.
Many others operations and conditions must be fulfilled before production of qualified pieces. They can be summarized in the diagram on table 2.

It must be well understood that from a quality viewpoint, all the risks have to be controled and diminished. The failure rate shown by testing is only a factor of the total risk.

Other factors are :
- testing was not correctly undertaken
- pieces were not tested
- results of testing were misunderstood

It explains the complexity of a system like MIL or CECC where errors possibilities are reduced as much as possible.

<u>Difference between standards and industry</u>
The participants of a quality assurance system are the following :
- End users of appliances; mainly administrations like Telecom, military, space, transports.
- Manufacturers of appliances using integrated circuits
- Manufacturers of ICs
- National organism responsible for the elaboration and control of the quality assurance system.

An IC-type cannot be used before the caracterisation and the study of this type by the national organism. A complete specification is established concerning as well the fonctions of the IC as the tests required to reach the quality level. The specification is recorded in standards. It is assumed that ICs produced along these requirements will show the expected quality level.

The requirements states the qualification, screening and qualify conformance inspection. When qualification is obtained, the device is placed on the qualified products list. It means that all the appliance manufacturers can use this device with a quality level agreed by the end user.

If an industry want to follow his own way, there are only two participants: ICs manufacturer and appliances manufacturer.
The appliances manufacturer (ICs user) undertakes a complete analysis of an IC-type which concerns caracterisation - specification - type recording - qualification - type approuval.
All the operations can be visible and described or implicit, unconscious and sometimes not done. Only when problem arises it becomes visible that an activity has not been done correctly.

The meaning and objectives of the work are not the same in the two approaches. In the standardized way the work of the national organism is valuable for

every IC producer concerned by the IC type. In the second way the appliance
manufacturer focuses his investigations on one IC type decisive for him and
from his selected ICs manufacturer.

Objectives of the three test procedures : qualification, screening, quality conformance inspection

The screening must eliminate all the infant mortality failures of integrated
circuits. In this procedure, the ICs are stressed. Then the failed ones are
eliminated. The quality level of ICs depend of the severity. The severity
is determined by the level of applied stresses and by the conditions of
control. Every ICs have to endure theScreening procedure.

The quality conformance inspection verify that the circuits are manufactured
as defined in the model. However it is often impossible to verify directly
every detail. The control is done by a test showing the risk of failure.
Control uses the possibilities of sampling.
The qualification is a complete inspection of quality conformance, placed
at the beginning of the production of qualified products.

Main standards

In the MIL system, the standard MIL-M38510 describes all the organisation
of the quality assurance system. For the tests themselves the standard
MIL STD 883 specify the screening procedure (METHOD 5004) and the qualification or quality conformance inspection procedure (METHOD 5005). The two
procedures are showing the succession of trials. Each trial is also defined
in MIL STD 883 in other METHODS. Some trials must assert the identity with
the model and others show the failures arising from stressing. If only this
last type of method is restained, the quality classes ask for the following
stresses :
Screening:

Class S (883C)	Class B (883C)	Class C (883B)	Class D (HDBK217) (plastic enc.)
Stabilization bake	Stabilization bake	Stabilization bake	Burn-in
Temperature cycling	Temperature cycling	Temperature cycling	Temperature cycling
Constant accel.	Constant accel.	Constant accel.	Continuity at 100°C
Burn-in (240h) with individual evolution measured	Burn-in (160h)		

Qualification and quality conformance inspection:

Steady state life (1000h)

Temperature cycling ⎤ (Die
Constant acceleration⎦ problems)

Thermal shock
Temperature cycling ⎤
Mechanical shock
Vibration ⎦ (Package problems)
Constant acceleration

The CECC system starts with publication 00107 giving the rules of the quality assurance system. Publication 90'000 is dedicated to monolithic integrated circuits, and screening procedure is handled here. Publication 90'100 is dedicated to digital monolithic ICs, and qualification and quality conformance inspection procedure is handled here. Although a little more complex than MIL, the CECC system is established with the same principles.

All the trials used by the CECC system are defined in the standard IEC 68.

Conclusions

A standardized quality assurance system specifies as well tests method as control assuring that testing was correctly done. Due to its industrial importance, it can plan interventions during the manufacturing of IC. Control of risk of failures is specially well done and increases the cost of pieces. An industry can undertake for itself a quality control of purchased ICs. It has the choice of test sequences and is responsible for the execution. Costs and delays can be optimised.
In order to facilitate this approach the "Centre Suisse d'Essais des Composants Electroniques" (CSEE) is offering test services for small and big industry allowing them to save on the costs of a specialized service greater than their needs.

π_Q - QUALITY FACTORS

5.1.2.5 Tables for the Monolithic Model Parameters

Quality Level	Description	π_Q
S	Procured in full accordance with MIL-M-38510, Class S requirements.	0.5
B	Procured in full accordance with MIL-M-38510, Class B requirements.	1.0
B-0	Procured in full accordance with MIL-M-38510, Class B requirements except that device is not listed on Qualified Products List (QPL). The device shall be tested to all the electrical requirements (parameters, conditions and limits) of the applicable MIL-M-38510 slash sheet. No waivers are allowed except current and valid generic data* may be substituted for Groups C and D.	2.0
B-1	Procured to all the screening requirements of MIL-STD-883, Method 5004, Class B and in accordance with with electrical requirements of MIL-M-38510, DESC drawings, or vendor/contractor electrical parameters. the device shall be tested to all the quality conformance requirements of MIL-STD-883, Method 5005, Class B. No waivers are allowed except current and valid generic data* may be substituted for Groups C and D. This category applies to DESC drawings and contractor prepared specification control drawings (SCD's) containing the above B-1 screening and quality conformance requirements.	3.0
B-2	Procured to vendor's equivalent of the screening requirements of MIL-STD-883, Method 5004, Class B, and in accordance with the vendor's electrical parameters and vendor's equivalent quality conformance requirements of MIL-STD-883, Method 5005, Class B. Applies to contractor prepared SCD's containing the above B-2 screening and quality conformance requirements.	6.5
C	Procured in full accordance with MIL-M-38510, Class C requirements.	8.0
C-1	Procured to screening requirements of MIL-STD-883, Method 5004, Class C and the qualification requirements of Method 5005, Class C. Generic data may be substituted for Groups C&D	13.0
D	Hermetically sealed part with no screening beyond the manufacturer's regular quality assurance practices; parts encapsulated with organic material. All encapsulated devices must be subjected to 160 hr. burn-in at 125°C., 10 temperature cycles (-55°C to 125°C) with end point electricals, and high temperature continuity test at 100°C.	17.5
D-1	Commercial (or non-mil standard) part, encapsulated or sealed with organic materials (e.g., epoxy, silicone or phenolic).	35.0

* Group C generic data must be on date codes no more than one year old and on a die in the same microcircuit group (See appendix E of MIL-M-38510) with the same material, design and process, and from the same plant as the die represented. Group D generic data must be on date codes no more than one year old and on the same package type (see 3.1.3.12 of MIL-M-38510) and from the same plant as the package represented.

Table 1
from
MIL-HDBK-217D

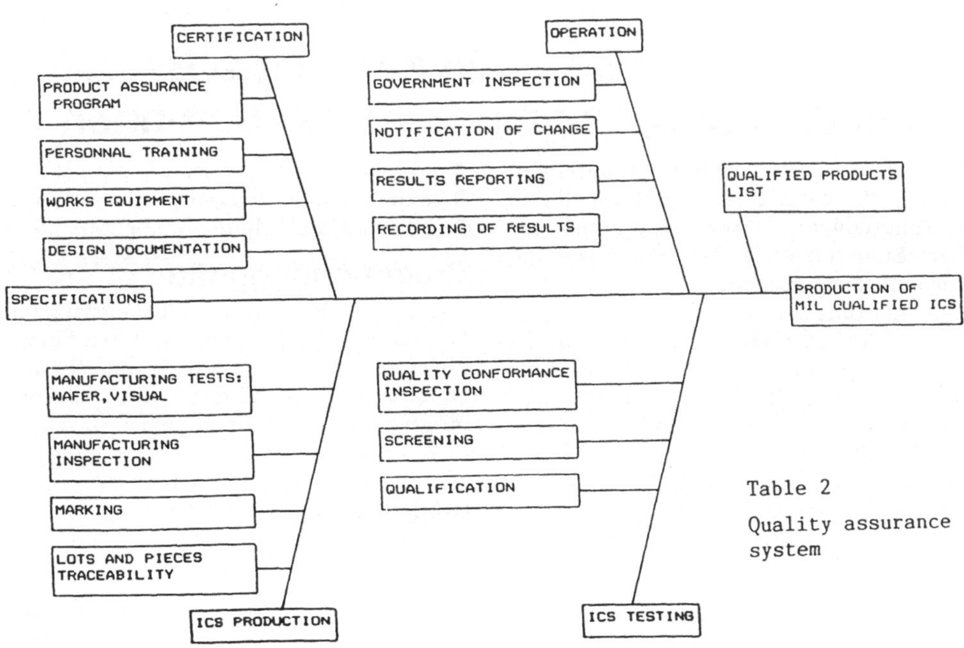

Table 2
Quality assurance
system

4. Themenkreis

ANWENDUNG IN DER MEDIZIN

Leitung:

Univ.-Prof. Dipl.-Ing. Dr. S. Schuy

FREQUENZBEREICHSKOMPRESSION - Digitale Signalverarbeitung zur
Unterstützung von Patienten mit Innenohrprothesen

H. Bartosik, I. Hochmair-Desoyer, E. Hochmair

Institut für Allgemeine Elektrotechnik und Elektronik
der Technischen Universität Wien
Gußhausstraße 27-29
A-1040 Wien

ZUSAMMENFASSUNG:
Eine wesentliche Eigenschaft bei der Elektrostimulation des
Innenohres ist der geringe Dynamikbereich, wobei aber kleinere
Amplitudenunterschiede wahrgenommen werden können, als vom Normalhörenden. Ein herkömmlicher Silbenkompressor hält den Gesamt-
pegel und damit hauptsächlich die größte Komponente konstant und
kleinere Signalkomponenten bleiben auch nach der Regelung unterschwellig. Mit der Frequenzbereichskompression wird dieser Nachteil vermieden.

Einleitung:
Mit Hilfe einer Innenohr- oder Cochlearprothese können völlig
taube Menschen ein begrenztes Verständnis von Sprache ohne zusätzliches Lippenablesen wiedererlangen. Dabei wird die Weiterleitung des Schalles vom äußeren Gehörgang über das Mittel- zum
Innenohr und die Umwandlung des Signales in adäquate Reize des
Hörnervs umgangen und der Nervus acusticus mittels Elektroden
elektrisch gereizt.
Im Innenohr findet eine Aufteilung der Frequenzkomponenten eines
komplexen Signales auf verschiedene Reizorte statt. Trotzdem
konnte bisher mit einem Mehrkanalsystem kein besseres Sprachver-
ständnis erzielt werden , als mit einem Einkanal- Breitband-
stimulator.
Die Voraussetzungen bei der Elektrostimulation sind: 1) die
Dynamik der Intensität liegt bei Normalhörenden bei 120 dB und
bei Patienten mit Cochlearprothesen bei 10 bis 20 dB. 2) Gleichzeitig ist die Intensitätsunterschiedsschwelle wesentlich
kleiner - ca. 0.2 dB und bei Normalhörenden ca. 1.2 dB. 3) Die
Frequenzdiskrimination ist wesentlich schlechter als bei Normalhörenden.

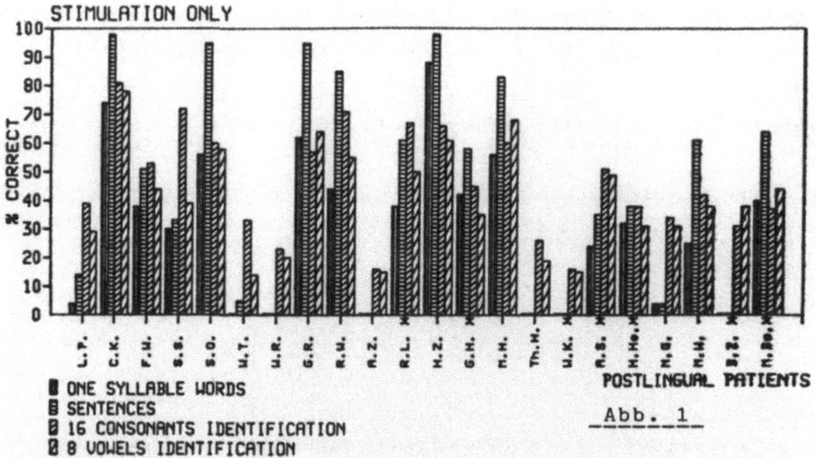

Abb. 1

Obwohl mit einem Cochlearimplantat nicht immer gleich gute psychoakustische Werte erreicht werden, wie sie Normalhörende aufweisen, konnten mit der "Wiener Hörprothese" beachtliche Sprachergebnisse erzielt werden (Abb.1). Der verwendete Sprachprozessor enthält unter anderem einen Silbenkompressor mit einem Kompressionsverhältnis von 6. Damit wird der Unterschied zwischen lauten Vokalteilen und leiseren Konsonanten ausgeglichen und die Gesamtintensität des Signales bewegt sich in dem vorgegebenen Bereich. Allerdings wird hauptsächlich nach der größten Signalkomponente geregelt und schwache Komponenten – meist höhere Frequenzen – werden maskiert, bzw. sind nach der Kompression noch immer unterschwellig (Abb.2a).

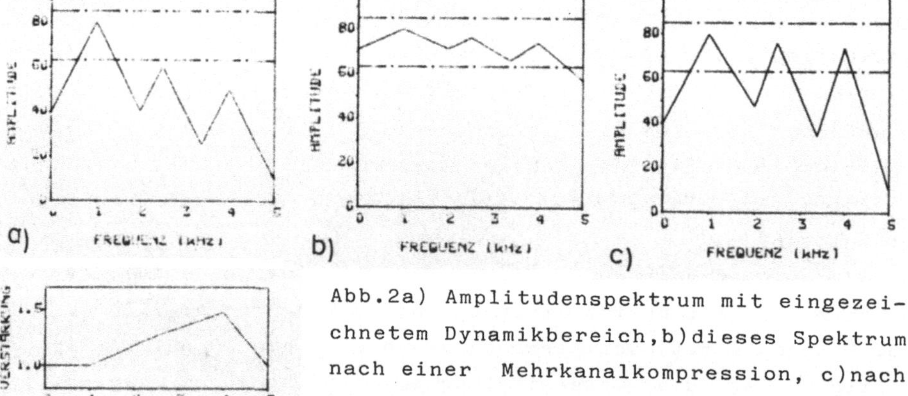

Abb.2a) Amplitudenspektrum mit eingezeichnetem Dynamikbereich,b)dieses Spektrum nach einer Mehrkanalkompression, c)nach Frequenzbereichskompression.Unter d) ist die Verstärkung eingezeichnet, die sich aus dem Spektrum a) ergibt und zum Spektrum c) führt.

Um die beschriebenen Nachteile zu umgehen, wurde auf der vorhandenen Signalverarbeitungsanlage (mit einer PDP 11/24 als Recheneinheit) eine Frequenzbereichskompression implementiert. Sie soll verhindern, daß auch Formanttäler angehoben werden und daß die ohnehin verschlechterte Frequenzdiskrimination noch zusätzlich beeinträchtigt, bzw. das Zeitsignal durch viele Frequenzanteile angereichert wird, wie es bei einer Mehrkanalkompression unter Umständen der Fall ist (Abb.2b).

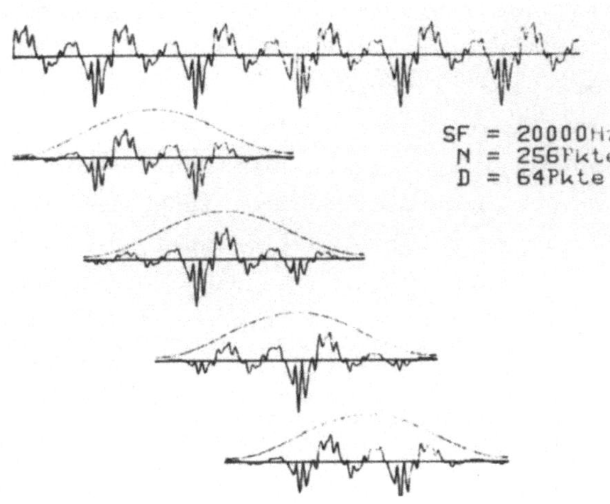

Abb.3. Zeitverlauf eines Signales und die mit einem Hammingfenster gewichteten Segmente. Sie sind jeweils um 1/4 ihrer Länge verschoben.

Verfahren:

Die Frequenzbereichskompression basiert auf der Overlap Add Methode (OLA) /1/. Es werden mittels Fast Fourier Transformation (FFT) die Kurzzeitspektren von sich überlappenden und mit Hammingfenstern gewichteten Segmenten des abgetasteten Signalverlaufs x(n) gebildet (Abb.3). Um Aliasing bei der Rekonstruktion des Zeitsignales aus den modifizierten Spektren zu verhindern, werden die gewichteten Segmente auf beiden Seiten mit Nullen ergänzt und die FFT mit einer größeren Länge durchgeführt, als der Länge des Zeitfensters entspricht. Interpretiert man die einzelnen Frequenzpunkte des Spektrums S(f,nD) als Ausgänge einer Filterbank, so ist die Einhüllende jedes Frequenzkanals durch das Hammingfenster tiefpaßgefiltert mit einer Grenzfrequenz von $f_g=2/N$, wobei N die Länge des Fensters ist. Aus dem Abtasttheorem ergibt sich damit der zeitliche Abstand D der einzelnen Spektren zu $D=1/2 \cdot f_g = N/4$, was einer vierfachen Überlappung entspricht. Ohne Modifikation könnte das Signal mit zweifacher Überlappung vollständig rekonstruiert werden.

Aus den Amplitudenspektren werden die relativen Maxima gesucht und entsprechend der Kompressionsvorschrift die für diesen Frequenzpunkt notwendige Verstärkung errechnet. Bei einem Kompressionsverhältnis von 6 ergibt sich die Verstärkung Vi für das i-te Maximum mit der Amplitude Mi zu

$$Vi = (\sqrt[6]{Mi} \cdot K)/Mi \ , \ \text{wobei } K = Mi\text{-max}/\sqrt[6]{Mi\text{-max}}$$

Im Bereich zwischen zwei Maxima wird die Verstärkung linear interpoliert und bei der Frequenz 0 Hz sowie bei der höchsten Frequenz wird sie 1 gesetzt. Der Verlauf der Verstärkung über der Frequenz stellt die Übertragungsfunktion des gesuchten Filters dar, und das Amplitudenspektrum wird damit multipliziert. Abb. 2d) zeigt die Übertragungsfunktion für das Amplitudenspektrum 2a) und in Abb.2c) ist das mit dieser Funktion gewichtete Spektrum zu sehen. Nach der Modifikation werden die einzelnen Segmente wieder in den Zeitbereich zurücktransformiert, überlappend aufaddiert und die Gesamtamplitude durch einen nachgeschalteten Silbenkompressor in den vorgegebenen Dynamikbereich gebracht. Als Beispiel ist in Abb. 4 ein Ausschnitt des Vokales "e" vor und nach der Kompression gezeigt.

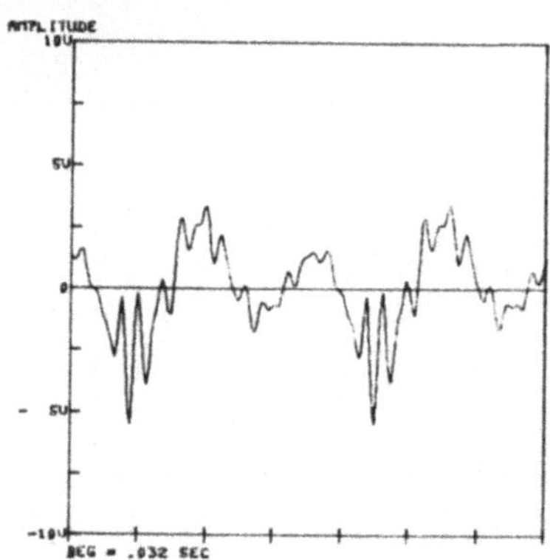
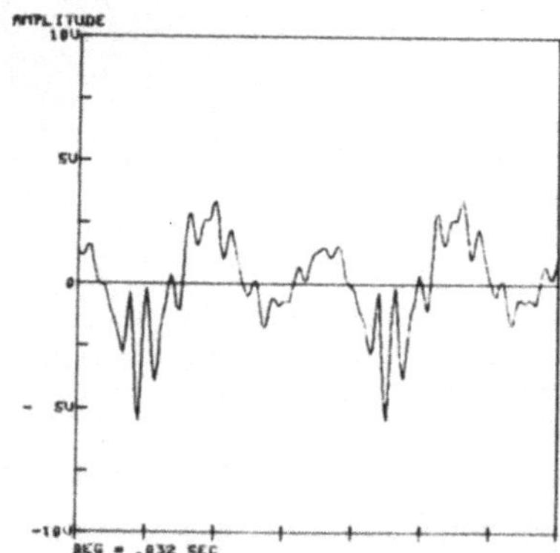

Abb.4. Ausschnitt aus einem "e" vor und nach der Frequenzbereichskompression. Es sind 8.96 ms dargestellt.

<u>Versuche:</u>

Um überschaubare Ergebnisse zu erhalten, wurde mit einem abgeschlossenen Set von Vokalen und Konsonanten getestet und 3 Verarbeitungsstrategien verglichen: 1) die Frequenzbereichskompression (VFC), 2) eine Verarbeitung die dem Silbenkompressor des Sprachprozessors weitgehend entspricht (VCO)und 3) eine nichtlineare Kennlinie (VNL) u.z. die 6. Wurzel – die zum Kompressionsverhältnis 6 equivalente Kennlinie, wobei unterhalb eines Schwellwertes eine konstante Verstärkung verhindert, daß Hintergrund- oder Digitalisierungsrauschen zu sehr verstärkt wird.

Der Vokalidentifikationstest wurde mit je drei Realisationen der acht deutschen langen Vokale – a,e,i,o,u,ä,ö,ü –, gesprochen von einem weiblichen Sprecher, in einer Konsonant-Vokal- Konsonant Umgebung durchgeführt, wobei jeweils rückgemeldet wurde, ob die Antwort richtig oder falsch war.

Bei der Patientin R.W. ergaben sich bei drei Testläufen, wobei jedesmal die Reihenfolge der Strategien verändert wurde, folgende Ergebnisse in % richtig:

Strategie	VFC	VCO	VNL	Mittelwert
I	70.8	58.3	60.4	63.2
II	93.8	79.2	75.0	82.7
III	87.5	77.1	70.8	78.5
Mittelwert	84.0	71.5	68.7	74.8

Man sieht, daß mit der Frequenzbereichskompression in der gegebenen Testsituation eine Verbesserung des Vokalverständnisses erreicht werden kann. Daß die Nichtlinearität, die eine weiche Begrenzung darstellt und somit Oberwellen produziert, nicht wesentlich schlechter abschneidet als VCO, war nicht unmittelbar zu erwarten.

Es wurde eine Informationsübertragungsanalyse /2/ durchgeführt, wobei die Merkmale der Vokale aus Tab.I verwendet wurden/3/,/4/. Abb. 5 zeigt das Ergebnis der Analyse und man sieht, daß durch VFC bis auf den Öffnungsgrad (die Zunge ist tief, mittel oder hoch) alle Merkmale besser übertragen werden.

Bei den Konsonantenidentifikationstests ergaben sich für die Frequenzbereichskompression zum Teil schlechtere Werte, da die Parameter noch nicht im Hinblick auf Konsonantenverständlichkeit optimiert wurden.

Tab.I: Merkmal   a   ä   o   ö   e   u   ü   i

Merkmal	a	ä	o	ö	e	u	ü	i
Zunge: vorne	–	+	–	+	+	–	+	+
hinten	–	–	+	–	–	+	–	–
tief	–	–	–	–	–	+	+	+
mittel	–	+	+	+	+	–	–	–
hoch	+	–	–	–	–	–	–	–
Lippenrundung	–	–	+	+	–	+	+	–
F1	4	3	2	2	2	1	1	1
F2	2	4	1	3	4	1	3	4

Dabei sind folgende Gruppen verwendet für
F1: unter 320 Hz(1), 320-500(2), 500-650(3), darüber (4) und für
F2: unter 1100Hz(1), 1100-1400Hz(2), 1400-1700Hz(3), darüber (4)

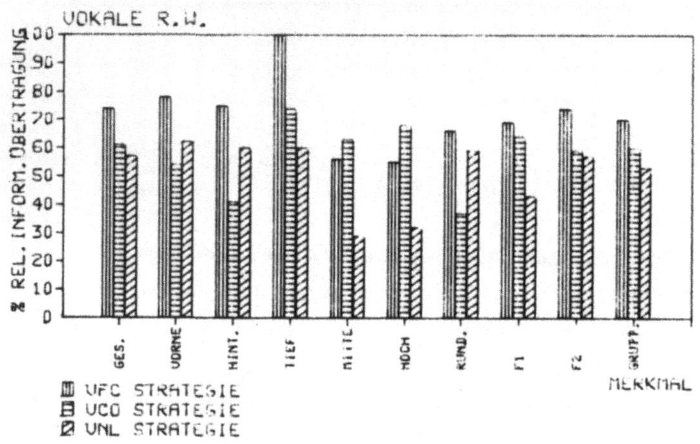

Abb.5. Informationsübertragungsanalyse für Patientin R.W.

Literatur:

/1/ Allen, J.B. "Short Term Spektral Analysis, Synthesis and Modifikation by Discrete Fourier Transform" IEEE Trans. ASSP 25 (1977), Nr.3, S.235-238.

/2/ Miller G.A., Nicely P.E. "An analysis for perceptual confusions among some English consonants". J. Acoust.Soc.Am.27, pp. 338-352, 1955.

/3/ Dillier, N. "Minimal Auditory Capacity Test-Batterie, German version", Abt. für Audiophonology, ORL-Klinik, Universitätsspital, CH-8091 Zürich,1984.

/4/ Traunmüller, H. "Perceptual dimension of openness in vowels" JASA, Vol. 69, Nr. 5, May 1981.

ENTWICKLUNG EINES SINGLE CHIP HERZMONITORS

G. Wießpeiner, R. Grüber, S. Schuy

Institut für Elektro- und biomedizinische Technik, TU Graz

ZUSAMMENFASSUNG:

Durch den Einsatz eines Single Chip Mikrocomputers ist es erstmals gelungen, alle einen kompletten Herzfrequenzmonitor auf
einem einzigen Chip zu realisieren. Der Chip beinhaltet alle
Funktionen wie ADC, LCD-Driver, Tastaturinterface und führt
die EKG-Verarbeitung nach einer digitalen Mustererkennung aus.
An diesem Fallbeispiel wird über Erfahrungen in der Auswahl
und Anwendung von Single Chip Mikrocomputern, dem Einsatz von
Entwicklungshilfen und der Laborfertigung von SMD berichtet.

Die automatische Überwachung der Herzfrequenz zur Patienten-

überwachung in der Notfallmedizin und zur Trainingsoptimierung

im Sport ist noch immer ein nicht zufriedenstellend gelöstes

Problem. Dabei geht es um die Ableitung und Auswertung des

EKG's von bewegten Personen wobei das Nutzsignal (EKG) von

Störungen (Bewegungsartefakten) verfälscht wird.

Herkömmliche Triggerschaltungen (Bild 1) können die QRS-Erken-

nung bei Artefakten nicht mit der nötigen Zuverlässigkeit aus-

führen, was zu Fehlinterpretationen und Fehlalarmen führt.

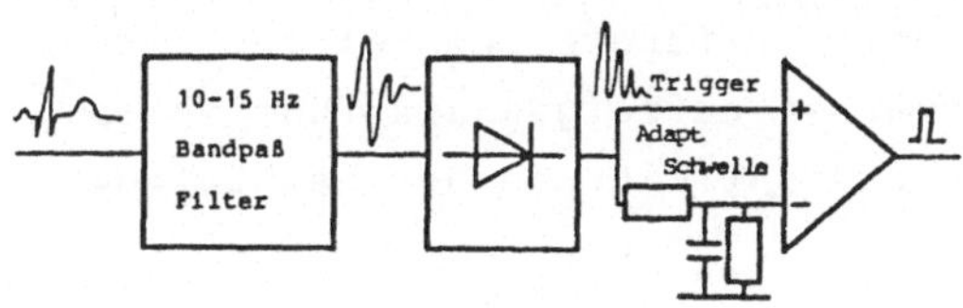

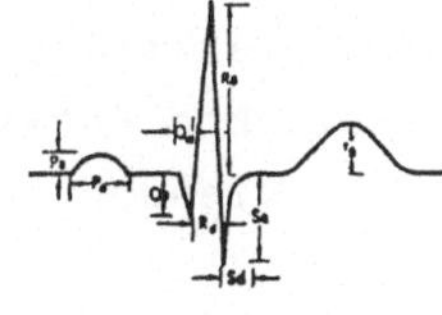

Bild 1: Konventionelle
QRS-Triggerschaltung

Bild 2: Musteranalyse durch
EKG-Vermessung

Die Vorteile der Mikroprozessortechnik haben uns bereits 1977
/1/ davon überzeugt, diese Technologie zur Lösung des Problems
der fortlaufenden EKG-Überwachung zu nützen. Um ein Höchstmaß an
Störsicherheit zu erreichen, wird das Original-EKG digitalisiert
(200 Hz, 8 bit) und in einer Mustererkennungsroutine, vergleich-
bar mit den Kriterien des Arztes, vermessen (Bild 2) interpretiert und so von Artefakten getrennt /2/.

Die Rahmenbedingungen nach Tabelle 1 ließen es sehr bald zweckmä-
ßig erscheinen, die technische Realisierung in CMOS-Single-Chip-
Mikrocomputer-Technologie anzustreben /3/.

SINGLE CHIP ANWENDUNG	
VORTEILE	NACHTEILE
STÜCKPREIS	ENTWICKLUNGSAUFWAND
LAYOUT	MINDESTSTÜCKZAHL
BESTÜCKUNG	BEGRENZTE HARDWARE
TEST	STARRE SOFTWARE
ZUVERLÄSSIGKEIT	ANFANGSINVESTITION
MINIATURISIERUNG	
STROMVERBRAUCH	

Tabelle 1

Auswahl des Prozessors:

An Hand von Prototypen in NMOS Technologie (MCS6502) /4/ wurde
zuerst die technische Realisierbarkeit einer computerisierten
EKG-Musteranalyse mit den begrenzten Möglichkeiten eines Single
Chip Mikrocomputers nachgewiesen. Dabei zeigte sich die Wichtig-
keit des praxisgerechten Feldtests. Umfangreiche Feldtests konnten versteckte Entwicklungsschwächen aufzeigen und führten zu
einer bedeutenden Verbesserung und Optimierung der Gerätefunktionen.

Als Single Chip Prozessor wählten wir dann den MC146805G2 vor allem deshalb, weil dazu eine EPROM-Version (MC1468705) angeboten wurde, die beim Prototyp im Feldtest erprobt werden sollte. Diese EPROM-Version wurde wegen technischer Mängel (für ca. 2 Jahre!) zurückgezogen.

Der 6805 softwarekompatible Single Chip Mikrocomputer HD63L05 von Hitachi weist zwar eine langsamere Verarbeitungsgeschwindigkeit auf (10 us Befehlszyklus), kommt aber den Idealspezifikationen zur Zeit am nächsten. Durch Umstrukturieren der Software im zeitkritischen Teil ist es gelungen, das Herzmonitorprogramm für den HD63L05 lauffähig zu machen.

Tabelle 2 zeigt die unterschiedlichen Spezifikationen der realisierten Lösungen und Bild 3 die dazugehörigen Blockschaltbilder zur Funktion als Herzmonitor.

Prozessortype	MOS-Technologie	Zykluszeit µs	Int. ROM	Int. RAM	I/O-Ports	Timer	Spez. Funktionen	Herz-Monitor Bausteine	Herz-Monitor Bausteine
6503	N	1	-	-	-	-	-	6	5 V/250 mA
146805G2	C	1	2k	112	32	1	-	3	5 V/6 mA
63L05	C	10	4k	96	20	1	ADC LCD Time	1	3 V/1 mA

Tabelle 2

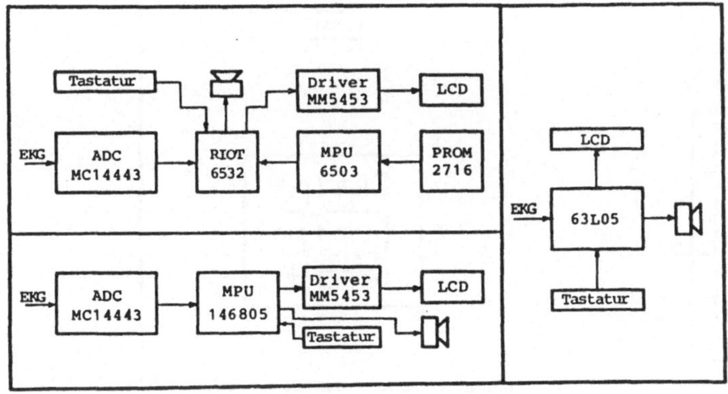

Bild 3

Entwicklungsgeräte

Um Single-Chip-Prozessoren schon vor der Maskenherstellung testen zu können, bieten manche Hersteller eine PROM-Version (bei CMOS selten) oder einen EVALUATION-CHIP (externes PROM) an. Mit Hilfe einer entsprechenden Evaluation-Schaltung lassen sich dann auch die Gerätefunktionen erproben und optimieren.
Die Umsetzung der erprobten NMOS-Multichip-Prototypen in Single Chip Technologie erfolgte in drei Stufen (Bild 4).

1. Schrittweise Erprobung auf ENTWICKLUNGSSYSTEM:
   (Motorola EXORSET + HDS200 + Peripherie) Programm im Entwicklungs-RAM modifizierbar. Ein spezieller 6305 EMULATOR zum Motorola System wurde entwickelt.
2. Labortest auf einem EVALUATION BOARD:
   Kombination von EVALUATION-CHIP (gesockelt) mit externem PROM und modularer Peripherie
3. Feldtest mit EVALUATION-PROTOTYP:
   Seriengerechter Aufbau in SMT (Surface Mounted Technology)

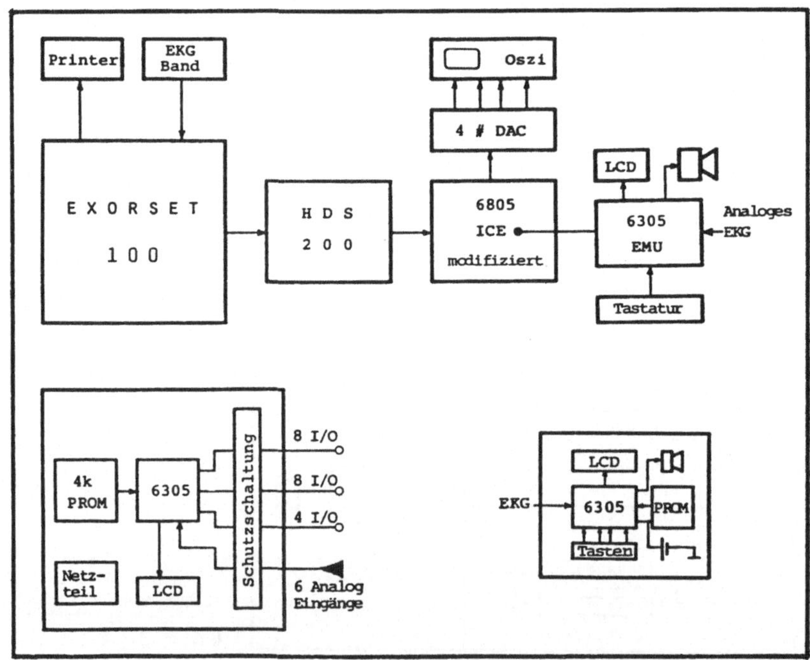

Bild 4

Laborfertigung mit Oberflächenmontage (SMD)

Durch den Einsatz des Prozessors HD63L05 von Hitachi konnte ein
kompletter Herzfrequenzmonitor mit computerisierter EKG-Musteranalyse auf einer Fläche von nur 5 x 3 cm und 6 mm Dicke (inkl.
Display) und einem Stromverbrauch von 2mA/3V entwickelt werden.

Bild 5: Ansicht des kompletten Herzmonitors

Die umfangreichen Experimente mit miniaturisierten Bauteilen zur
Oberflächenmontage (SMD - Surface Mounted Devices) mit konventioneller Elektroniklabor-Ausrüstung haben folgende Ergebnisse gebracht:

Leiterplatte: Leiterbahnstärken bzw. Abstände ab 0,2 mm sind
        problemlos zu beherrschen. Durchkontaktierungen werden in
        0,3 mm Bohrungen mit Leitkleber hergestellt.
Löten: SMD-Lötpaste wird durch eine selbstgeätzte 0,1 mm starke
        Messingmaske aufgetragen. Montieren der Bauteile, vor-
        trocknen und Löten mit Lötkolben.
        (Nicht bewährt hat sich die Verwendung von Lötdraht oder
        das labormäßige Löten der Bauteile mit Heißluft).
Test: Einzelne oder nur in kleinen Gruppen angeordnete Feder-
        pinkontakte sollen beweglich positionierbar und arretier-
        bar sein.
Verfügbarkeit: Die meisten aber nicht alle angepriesenen SM-Bau-
        teile sind verfügbar. Die Beschaffung von Lötpaste in klei-
        nen Mengen war problematisch.

<u>Projektierungshinweise:</u>

Auf Grund eigener negativer Erfahrungen bei der Beschaffung
neuer Technologien und Bauteile - so konnten die von uns gewählten Typen RCA CDP1804 und Motorola MC1468705 nach Beschaffung eines Entwicklungssystems und nach Fertigstellung der Software nicht geliefert werden - empfehlen wir die Einhaltung folgender Entwicklungsschritte (Tabelle 3).

SINGLE CHIP ENTWICKLUNGSSCHRITTE

FESTLEGEN DER SPEZIFIKATIONEN (FUNKTIONSWEISE)

BAU EINES FUNKTIONSMUSTERS IN VORHANDENER TECHNOLOGIE

ÜBERPRÜFUNG UND OPTIMIERUNG DER FUNKTIONEN

AUSWAHL DES OPTIMALEN, VERFÜGBAREN PROZESSORS

OFF-LINE PROGRAMMUMSETZUNG UND FUNKTIONSMUSTERBAU

IN CIRCUIT EMULATION

HERSTELLUNG EINES EVALUATION-FUNKTIONSMUSTERS

BAU EINES SERIENÄHNLICHEN EVALUATION-PROTOTYPS

ÜBERPRÜFUNG IM PRAXISTEST

AUFTRAG ZUR MASKENHERSTELLUNG

PRODUKTION   Tabelle 3

Auf jeden Fall sollte die Prozessorentscheidung so spät wie möglich fallen, weil Veränderungen am Bauteilemarkt während der
ersten Entwicklungsphase zu einer gänzlich anderen Ausgangssitua-
tion führen können.

Literatur:

/1/ Wießpeiner, G., H. Gruber: Einsatz eines Mikroprozessors in
     der biomedizinischen Technik am Beispiel eines Herzfrequenz-
     monitors. Tagungsberichte Informationstagung Mikroelektro-
     nik, 1977, Wien
/2/ Wießpeiner, G., S. Schuy, R. Grübler: Verbesserte QRS-Erken-
     nung durch Mikroprozessor Signalanalyse. Biomedizinische
     Technik, Band 26, Stuttgart 1981
/3/ Wießpeiner, G.: Ein einfacher Herzmonitor in Mikroprozessor-
     technik. Biomedizinische Technik, Band 23, Stuttgart 1978
/4/ Wießpeiner, G., S. Schuy, R. Grübler: EKG-Monitor mit digi-
     taler Signalanalyse. Wissenschaftl. Berichte der 6. Jahres-
     tagung der Österr. Gesellschaft für Biomed. Technik, Graz
     1981

MESSUNG UND BEWERTUNG EVOZIERTER REIZANTWORTEN - BEISPIELE VON MIKROPROZESSORAPPLIKATIONEN IN DER ANÄSTHESIOLOGISCHEN FORSCHUNG

H. Gilly, G. Dvoracek, F. Netauschek

Experimentelle Abteilung der Klinik für Anästhesie und Allgemeine Intensivmedizin und Ludwig Boltzmann-Institut für Experimentelle Anästhesiologie und Intensivmedizinische Forschung Wien-Linz, Spitalgasse 23, A-1090 Wien

ZUSAMMENFASSUNG:

Die rasche Weiterentwicklung "intelligenter" mikroelektronischer Schaltkreise führt auch bei biomedizinisch-technischen Geräten in Anästhesiologie und Intensivmedizin zu wesentlichen Verbesserungen in Konzeption und Leistungsbreite. Beispielhaft werden Eigenentwicklungen zur fortlaufenden intraoperativen Erfassung und mikrorechnergesteuerten Kontrolle der neuromuskulären Funktion während chirurgischer Eingriffe und zur on-line-Auswertung elektrisch evozierter Potentiale vorgestellt.

Sogenannte "intelligente" mikroelektronische Schaltkreise erlauben bereits seit geraumer Zeit im Bereich der biomedizinischen Technik die Konstruktion äußerst leistungsfähiger Geräte und führen darüber hinaus zu bemerkenswerter Zuverlässigkeit medizintechnischer Apparaturen. Für den spezifischen Bedarf im Fachbereich Anästhesiologie und Intensivmedizin werden Geräte-Neuentwicklungen meist von wissenschaftlich aktiven Forschungsgruppen selbst konzipiert und ausgeführt. An unserer Abteilung befaßten wir uns in den letzten Jahren u. a. mit der Erfassung, Auswertung und Dokumentation elektrisch evozierter Reizantworten. Hiefür wurden entsprechende Meß - und Auswertegeräte entwickelt; aus der Fülle derartiger Entwicklungen werden an zwei Beispielen technische Ausführung und Ergebnisse bei routinemäßiger Anwendung kurz erläutert.

A) Relaxationsmonitor

Dieses Gerät dient zur fortlaufenden Bestimmung und Überwachung des Ausmaßes der Muskelrelaxation während chirurgischer Eingriffe. Zur Messung der neuromuskulären (nm) Blockade (B) wird üblicherweise ein peripherer motorischer Nerv (z.B. N.radialis) über Oberflächenelektroden supramaximal stimuliert. Geeignete Stimulationsmuster sind Einzelreize (Folgefrequenz 0.1 Hz, 0.2 msec Impulsdauer), intermittierende Train-of-Four-Stimulation (4 Reize, 2 Hz) oder die tetanische Reizung (20-100 Hz für 1-5 sec Dauer) /11/. Als Reizantwort wird die mechanische Kontraktionskraft (MMG; /2/, /11/) und/oder das evozierte elektromyographische Signal z.B. der Thenarmuskulatur /3/, /6/ bewertet.

Wie Abb. 1 zeigt, werden Schaltkreise zur elektrischen Stimulation, Signalverstärkung, optischen Signaltrennung (Patientensicherheit), Integration des EMG-Signals, Spitzenwerterkennung sowie A/D-Wandlung und Anzeige benötigt. In dem von uns konzipierten, tragbaren Gerät /4/, /5/ besorgt ein Personalcomputer (AIM 65, Rockwell; /10/) die Steuerung sämtlicher Gerätefunktionen: Generation des Stimulationsmusters, Berechnung der Meßwerte, Anzeige der errechneten Werte, Datenübertragung an ein Tischrechnersystemzur Speicherung

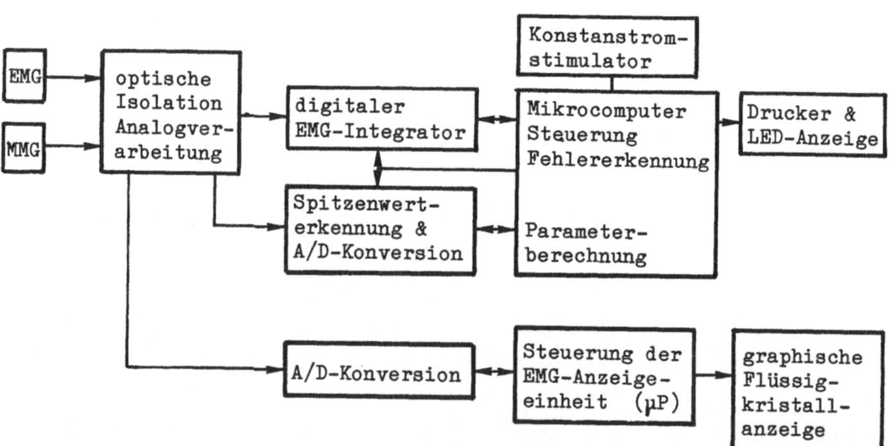

Abb.1: Prinzipschaltschema des Monitorsystems für EMG- und MMG-Signalerfassung und -verarbeitung. Als µP finden die Typen R6502 Verwendung. Weitere Einzelheiten siehe Text.

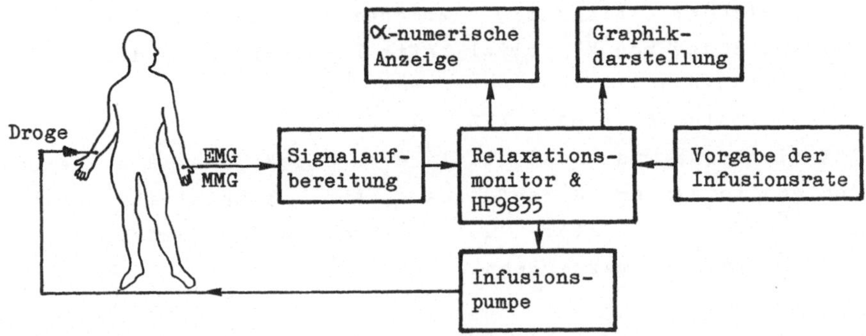

Abb. 2: Schema einer Anordnung mit computergesteuerter Verabreichung von MR zur Aufrechterhaltung eines vorwählbaren nmB. Die gemessene Variable (Kontraktionskraft, EMG-Amplitude) wird an einer Extremität abgeleitet, vom Monitorsystem verarbeitet und dient als Ist-Wert zur Regelung des Ausmasses des nm Blockadegrades. Bei geschlossener Regelschleife wird die Infusionsrate vom Computer errechnet und die Infusionspumpe direkt angesteuert. Bei offenem Regelkreis kann die gewünschte Infusion über die Eingabetastatur des Monitors eingestellt werden.

etc. Der Großteil des Programms ist in BASIC geschrieben, zeitkritische Programmsegmente sind in Maschinensprache verfaßt. RAM- und ROM-Speicher umfassen 4 bzw 16 k.

Die Bedienung des Systems ist relativ einfach und erfolgt über die Eingabetastatur, wobei alle Funktionen (Wahl des Reizmusters, Beginn einer Messung, Protokolleingaben, eventuelle Programmänderungen) über codierte Tasten selektiert werden können; diese Monitoreinstellungen werden automatisch protokolliert. Sämtliche Meßwerte (MMG-Kontraktionsamplitude, Vorlast; EMG-Amplitude oder EMG-Fläche) werden fortlaufend in kalibrierter Form (in Prozent des jeweiligen Kontrollwertes vor Verabreichung eines MR) graphisch auf Thermo-Streifendruckern dokumentiert.Im Gegensatz zu anderen Relaxationsüberwachungsgeräten /2/, /3/, /11/ werden keine zusätzlichen Analog-Schnellschreiber benötigt. Als weitere Besonderheiten des Monitors sind anzuführen: Eine LC-Anzeige zur unmittelbaren Kontrolle des EMG-Signals in Echtzeit, kombiniert mit einem Transientenspeicher zur zeitgedehnten Wiedergabe des EMG und eine serielle Schnittstelle zur Ansteuerung einer Infusionspumpe. Während langdauernder

chirurgischer Eingriffe erscheint die kontinuierliche
Verabreichung von MR vorteilhaft: Die Berechnung der benötigten Infusionsrate kann dabei vom Computer selbst ausgeführt
werden ("closed loop", Abb. 2). Die Vorwahl einer bestimmten
Infusionsrate ist alternativ auch direkt über das Keyboard
des Monitorsystems durchführbar. Abb. 3 zeigt als Beispiel
computerkontrollierter Muskelrelaxation den Zeitverlauf der
nmB in einem Tierexperiment.

B) Programmierbarer Transientenrecorder
Veränderungen der Nervleitung unter Drogeneinwirkung können
mittels Ableitung elektrisch evozierter Potentiale von

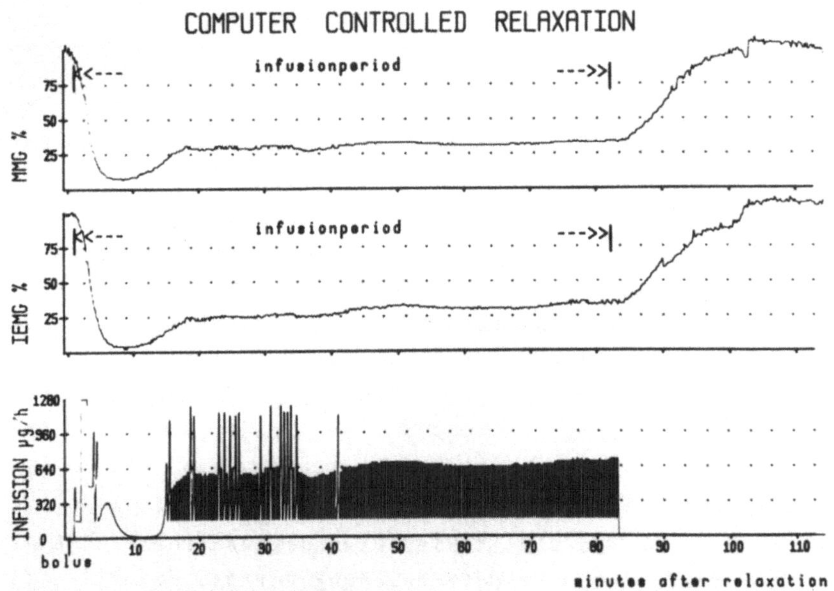

Abb. 3: Computerkontrollierte Muskelrelaxation (Tierexperiment; Atracurium). Simultane Registrierung von EMG und MMG
über den Relaxationsmonitor; die Speicherung sämtlicher Daten
erfolgt im HP9835. Die Muskelrelaxation wurde mit einer Bolus
injektion (100 µg/kg) eingeleitet und die automatische Regelung begonnen (Sollniveau 25%). Über die gesamte Versuchsdauer
stimmen Soll- und Istwert der nmB weitgehend überein.

Einzelfasern exakt untersucht werden. Zusätzliche Informationen über Aktivierungsmechanismus der Na- und K-Ionenströme /8/ sind aus dem Verhalten der Latenz (Zeitdauer zwischen elektrischer Reizung und Registrierung der Reizantwort (Einzelfaser-Aktionspotential) in Abhängigkeit von der Frequenz der Stimulation ableitbar.

Zur Prüfung der Nervleitungsänderung unter Opiaten /7/ wurde ein programmierbarer Transientenrecorder (TR) mit einem max. RAM-Speicherbereich von 64 k , der auch verschiedene Stimulationsmuster (variable Anzahl von Stimuli bei frei wählbarer Frequenz und Wiederholrate) generiert, entwickelt. Abb. 4 zeigt den Signallaufplan unserer Untersuchungsanordnung: Der µP-gesteuerte TR (R 6501 Q; /9/) wird über eine 4 x 4-Tastatur programmiert; auf einer alphanumerischen Punktmatrix-LC-Anzeige /1/ können Eingaben für : Programm-Modus, Zeitverzögerung zwischen elektrischer Stimulation und Beginn der Datenspeicherung, Abtastrate des A/D-Wandlers (max. 25 kHz), Verstärkungsbereich, DC/AC-Kopplung, Analogausgabe etc. kontrolliert werden. Der Programmumfang (Maschinensprache) beträgt ca. 4k . Zur visuellen Kontrolle der registrierten Signale auf Oszilloskop und XY-Schreiber stehen entsprechende Signalausgänge zur Verfügung, zur

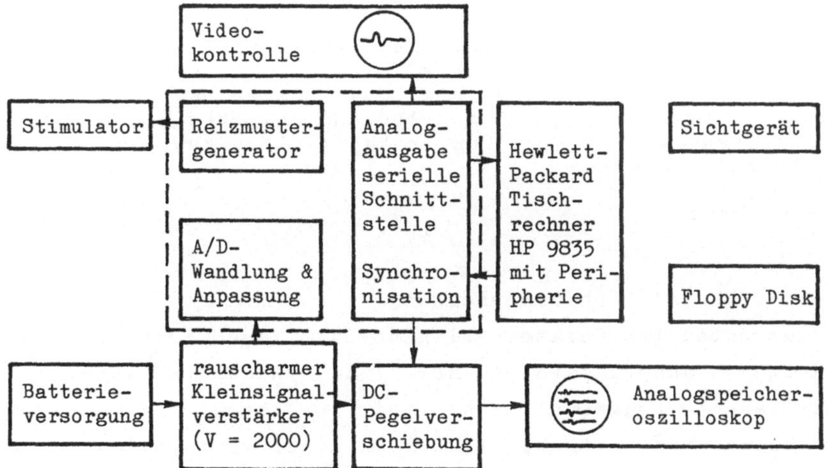

Abb. 4: Blockschaltbild zur On-line-Auswertung elektrisch evozierter Aktionspotentiale. Die Funktionskreise des TR sind punktiert umrandet, die elektrischen Signalpfade zu den Peripheriegeräten mit Pfeilen gekennzeichnet.

Speicherung auf Floppy Disk werden die Daten über die serielle Schnittstelle an ein HP 9835-Tischrechnersystem übergeben. Abb. 5 zeigt als Anwendungsbeispiel die Registrierung von Aktionspotentialen nach ca. 20-minütiger Opiateinwirkung auf den N.saphenus: Die reizfrequenzabhängige Zunahme der Latenz ist bei der Trainreizung mit 4Hz deutlich erkennbar.

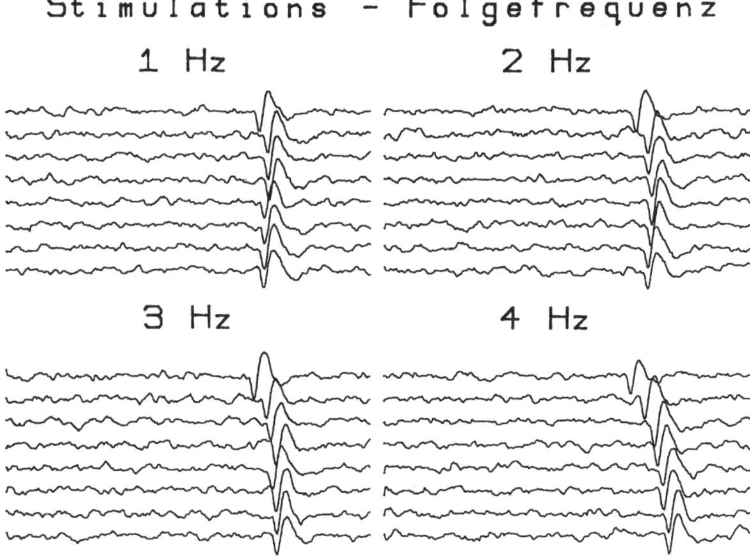

Abb5.: Off-line- Auswertung der Reizantwort einer einzelnen Nervenfaser (C-Faser) nach 20 minütiger Morphineinwirkung (nach /7/). Beginn der Darstellung 32 msec nach Stimulation, Darstellzeit 20 msec. 15 sec Abstand zwischen den einzelnen Trainreizen. Die reizfrequenzabhängige Latenzverlängerung bei 4Hz beträgt ca 2msec.

Zusammenfassende Schlussbemerkung
Die vorgestellten Geräteentwicklungen lassen erkennen, dass technisch anspruchsvolle Meß- und Auswertesysteme für spezifische Fragestellungen bei Vorliegen entsprechender Voraussetzungen (Elektroniklabor an einer medizinisch orientierten Forschungsabteilung) in Eigenentwicklung aufgebaut werden können. Da bei der begrenzten Kapazität eine Optimierung bis ins Detail nicht möglich ist, sollte eine engere

Zusammenarbeit mit der Fachindustrie unter Ausnützung sowohl der biomedizinisch-technischen als auch experimentell medizinischen Kompetenz der Entwickler die Möglichkeit eröffnen, in klinischer Forschung geprüfte und bewährte Geräte-Prototypen einem breiteren Anwenderkreis kostengünstig zugänglich zu machen.

<u>Literatur</u>

1. Epson: LC-Display. June 1983.

2. Fiore, M.D., Atlee, J.L., Webster, J.G., Tompkins, W.J.: A microcomputer-based neuromuscular blockade monitor. IEEE Trans. Biomed. Eng. BME-28:775-783 (1981).

3. Gebert, E.: Der Relaxograph - eine verbesserte Technik zur Messung der Relaxation. Anaesth. Intensivmed. Notfallmed. 20:147-150 (1985).

4. Gilly, H., Stöhr, H., Fitzal, S., Netauschek, F.: Monitoring and assessment of neuromuscular blockade by means of a low cost microcomputer system. Abstr. Comp. in anesth. Sa. Monica, California, 22.-26.2.1982.

5. Gilly, H., Fitzal, S., Schwarz, S., Stoehr, H.: Electronic instrumentation for monitoring the neuromuscular function. Abstr. 2nd Int. Symp. Comp. in anesth. and intens. care, Rotterdam, 6.-10.9.1983, S. 91.

6. Gilly, H., Fitzal, S., Netauschek, F., Steinbereithner, K., Stöhr, H.: A versatile neuromuscular transmission analyser, processing evoked electromyogram or mechanomyogram on-line. Anesthesiology 59:A291 (1983).

7. Gilly, H., Kramer, R., Zahorovsky, I.: "Lokalanästhetische" Effekte von Morphin und Naloxon. Anästhesist (in Druck).

8. Hille B. : Ionic channels of excitable membranes.Sinauer Ass Inc. Sunderland, Massachusetts (1984).

9. Rockwell: Databook 1984

10. Siemens: Personal Computer PC 100 (1981/82).

11. Viby-Mogensen, J.: Clinical assessment of neuromuscular transmission. Br. J. Anaesth. 54:209-223 (1982).

DISTANZMESSGERÄT NACH DEM ULTRASCHALL-LAUFZEITVERFAHREN
FÜR HERZ-KREISLAUF-UNTERSUCHUNGEN

P.H. Rehak, H. Metzler*, W. Stenzl, K.-H. Tscheliessnigg

Universitätsklinik für Chirurgie, Graz
* Institut für Anästhesiologie, Graz

ZUSAMMENFASSUNG:

Das Konzept eines 4-Kanal-Distanzmeßgerätes nach dem Ultraschall-Laufzeitverfahren wird vorgestellt. Durch konsequentes Multiplexen sind aufwendige
Schaltungsteile nur einmal erforderlich, es besteht völlige Freiheit bezüglich der Auswahl der angeschlossenen Ultraschallwandler als Sender oder
Empfänger für jeden Kanal. Die Einsatzmöglichkeiten des Gerätes werden
anhand zweier Beispiele illustriert.

1. Einleitung

Ein bisher vorwiegend im Tierexperiment angewendetes Verfahren zur Bestimmung zeitlich veränderlicher Distanzen ist das Ultraschall-Laufzeitverfahren. Es wird hauptsächlich zur Erfassung geometrischer Größen des Her-
zens wie Durchmesser, Wandstärken und Segmentlängen, sowie zur Gefäßdurch-
messerbestimmung eingesetzt.
Die Distanzmessung erfolgt durch die Ermittlung der Laufzeit eines Ultra-
schallpulses zwischen zwei entsprechend implantierten Ultraschallwandlern.
Diese Laufzeit ist unter der Annahme konstanter Schallgeschwindigkeit im
Medium zwischen den Wandlern deren Entfernung proportional.
Da die Schallgeschindigkeiten des Blutes und des Gewebes nur geringfügig
differieren, ist nach diesem Prinzip eine Messung mit kleinem Fehler möglich.
Die Erfassung von Zeitverläufen der gemessenen Distanzen erfolgt durch
periodische Wiederholung der Messung mit ausreichender Frequenz.
Die "gleichzeitige" Messung mehrerer Distanzen kann im Zeitmultiplexver-
fahren durchgeführt werden.

Die aus Piezo-Keramik bestehenden Ultraschallwandler werden im wesentlichen in zwei Bauformen verwendet: kreisscheibenförmig mit aufgesetzter akustischer Linse und ausgeprägter Richtcharakteristik, und in Form zylindrischer Röhrchen mit zirkumferenzieller Abstrahlcharakteristik in der Ebene normal zur Zylinderachse.

Die Ansteuerung der Wandler erfolgt üblicherweise mit einem kurzen Impuls, der ein Anschwingen mit der Resonanzfrequenz (im MHz-Bereich) des Wandlers bewirkt.

Die derzeit bekannten Geräte /1/.../5/ arbeiten mit getrennten Sender- und Empfängerschaltungen, wobei der Anschluß der Wandler symmetrisch erfolgt.

Bei diesem Konzept kann ein Wandler nur entweder als Sender oder als Empfänger geschaltet werden.

2. Gerätekonzept

Für Herz-Kreislaufuntersuchungen am Department für experimentelle Chirurgie in Graz wurde ein 4-Kanal-Gerät entwickelt, das sich von den üblichen Geräten in einigen Punkten unterscheidet.

Die Wandleransteuerung wurde unsymmetrisch ausgelegt, um auf einfache Weise jeden Wandler als Sender und als Empfänger betreiben zu können. Der gesamte Signalweg vom Empfänger bis zur Umwandlung der Laufzeit in ein Analogsignal ist nur einmal ausgeführt.

Die Abbildung 1 zeigt das vereinfachte Blockschaltbild der Sende- und Empfangsschaltung. Das (nicht dargestellte) Timing erfolgt über einen Quarz-Clockgenerator (6.144 MHz) mit nachgeschalteter Zählerkette und Decodierung der Steuersignale für die 4 Kanäle (A...D).

Jedem der 4 anschließbaren Wandler (0...3) ist eine mit einem Power-MOSFET aufgebaute Sendeschaltung zur Erzeugung der Ansteuerpulses und ein Diodenschalter ("Switch") zur Verbindung des zum Empfänger bestimmten Wandlers mit dem Verstärker zugeordnet.

Die Frequenz der Sendepulse beträgt 4.8 kHz, womit sich für einen Kanal eine Wiederholfrequenz von 1.2 kHz ergibt.

Die Auswahl des als Sender bzw. als Empfänger arbeitenden Wandlers erfolgt durch je einen Demultiplexer über Daumenradschalter. Der Diodenschalter wird während des Sendeimpulses gesperrt ("mute").

Auf diese Weise kann jeder Wandler mit jedem anderen verknüpft werden, sodaß bei Wandleranordnungen im Drei- oder Viereck alle Seiten der so gebildeten Figur bestimmt werden können.

Außerdem kann auch der selbe Wandler als Sender und Empfänger arbeiten, sodaß auch Reflexionsmessungen möglich sind.

Der Verstärkerausgang liegt am Eingang eines schnellen Komparators, dessen

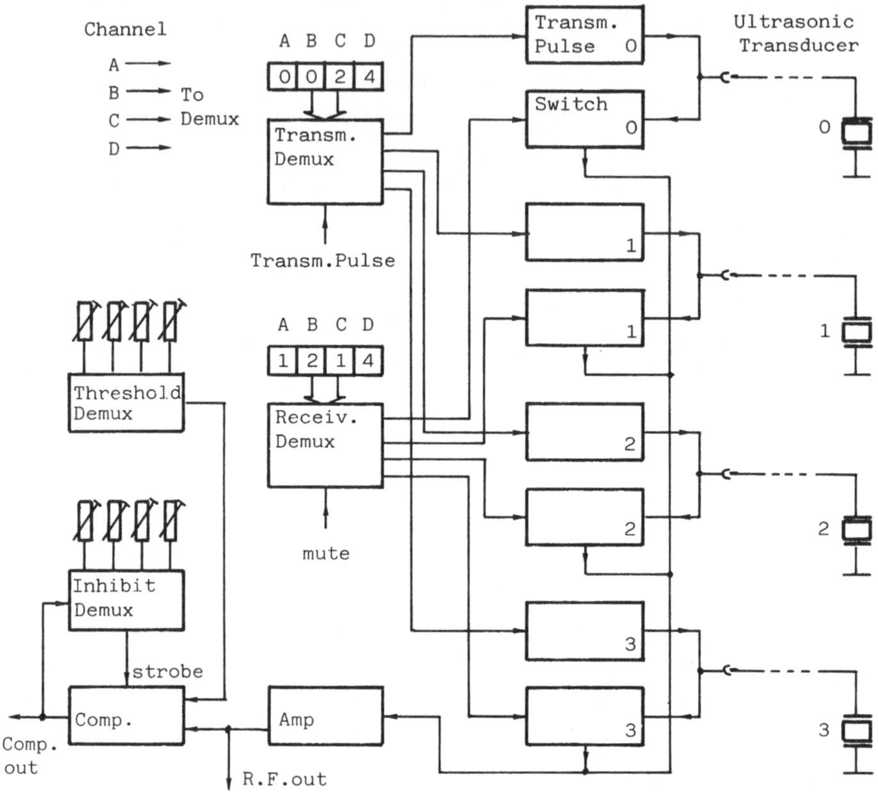

Abb. 1 Blockschaltbild der Sende- und Empfangsschaltung

Schwelle - für jeden Kanal getrennt einstellbar - über einen Demultiplexer zugeführt wird. Außerdem wird der Komparator über den Strobe-Eingang für eine ebenfalls für jeden Kanal getrennt einstellbare Zeit inhibiert.

In der Abbildung 2 ist das vereinfachte Blockschaltbild der Auswerteschaltung dargestellt. Das Störaustastsignal ("mute") dient gleichzeitig als Triggersignal für ein Oszilloskop, welches zur Einstellung und Überwachung des Gerätes im Betrieb erforderlich ist (siehe auch Abb. 3).

Ein vom Sendeimpuls gesetztes RS-Flip Flop wird bei Ansprechen des Komparators zurückgesetzt, sodaß seine Ausgangsimpulsdauer der Ultraschall-Laufzeit entspricht.

Für die Kalibrierung wird der Rücksetzimpuls vom Takt abgeleitet, wobei zur einfachen Schreibereinstellung zwei alternierende, über Daumenradschalter in "mm"-Schritten einstellbare Kalibriersignale erzeugt werden.

Die Laufzeit-Spannungswandlung erfolgt über einen Start-Stop-Rampengenerator, dessen Ausgang je eine Sample&Hold-Schaltung pro Kanal speist.

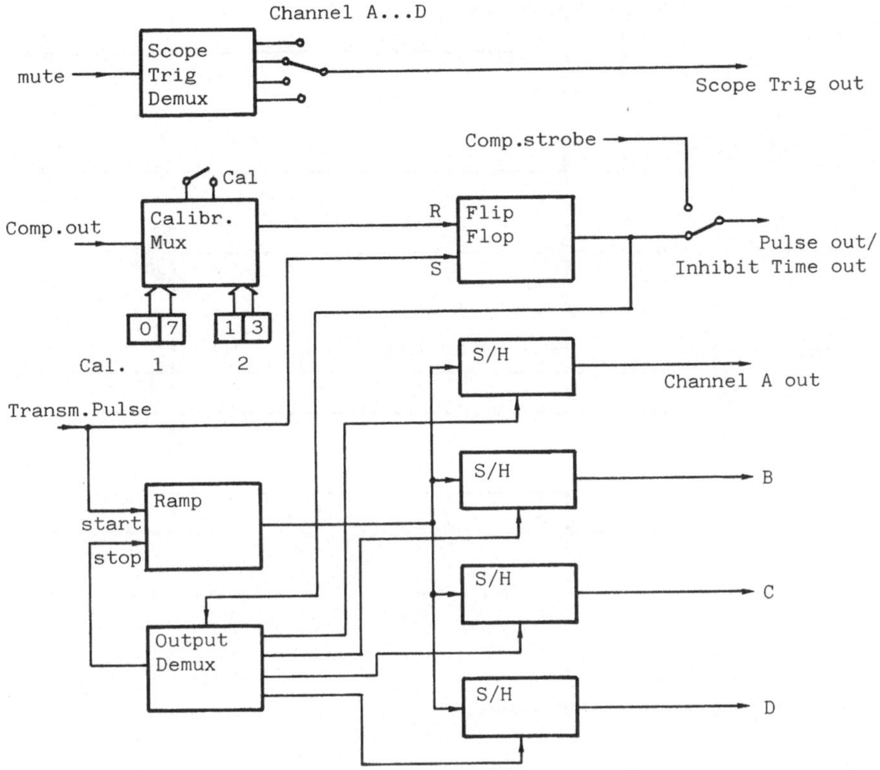

Abb. 2 Blockschaltbild der Auswerteschaltung

Über einen Demultiplexer wird das dem aktuellen Kanal entsprechende Sample&
Hold angesteuert, wobei die Rampenspannung vorher angehalten wird.

3. Anwendungsbeispiele

Das Gerät wurde bisher vorwiegend für Untersuchungen an der rechten Herzkammer (rechter Ventrikel, RV) im Tierexperiment am Schwein eingesetzt.
In einer Versuchsserie wurde der Effekt einer durch partielle Obstruktion
der Lungearterie (Pulmonolarterie, PA) hervorgerufenen Drucküberlastung des
rechten Ventrikels untersucht.
Neben anderen Parametern wurde dabei mit dem Distanzmeßgerät der Durchmes-
ser des rechten Ventrikels zwischen Vorder- und Hinterwand gemessen.
Dabei kamen scheibenförmige 5Mhz-Wandler zur Anwendung, die auf die Herz-
wand aufgenäht wurden.
In der Abbildung 4 ist ein Beispiel für die Auswertung in Form von Druck-
Durchmesser-Schleifen dargestellt.
Die Schleifen werden während einer Herzaktion einmal durchlaufen.

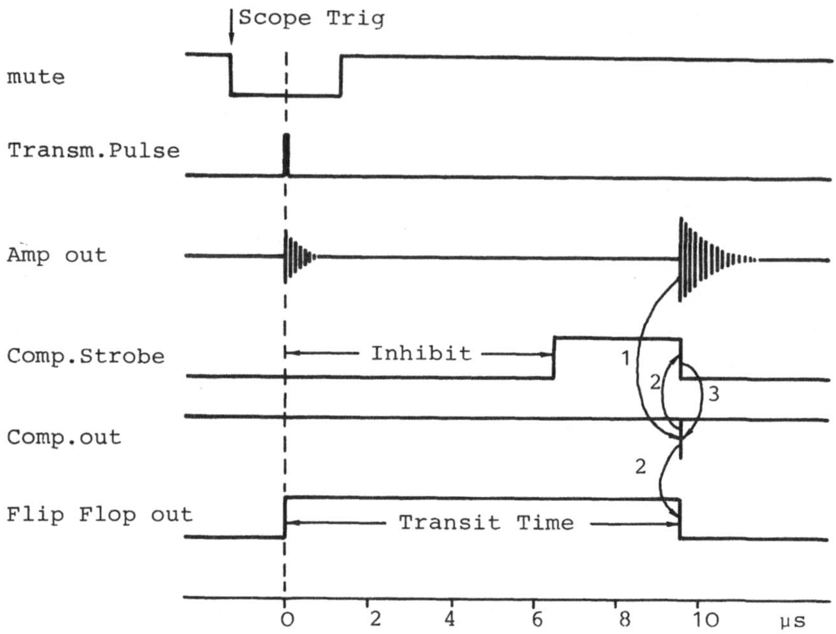

Abb. 3 Meßzyklus für einen Kanal

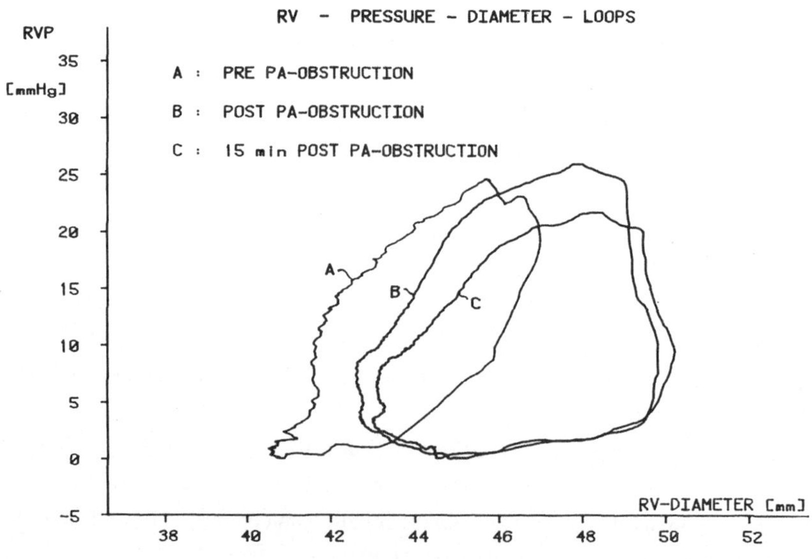

Abb. 4 Druck-Durchmesser-Schleifen der rechten Herzkammer

In einer weiteren Serie wurden in die Vorderwand des rechten Ventrikels 3
röhrchenförmige Wandler in Dreieck-Anordnung implantiert. Die drei Seiten
des Dreiecks wurden gemessen und die Fläche berechnet.
Die Flächenänderung wurde zu einer Volumensänderung hochgerechnet.
Die Abbildung 5 zeigt so ermittelte Druck-Volumen-Schleifen bei kontrol-
lierter Volumenüberlastung vor und nach Schädigung des rechten Ventrikels.

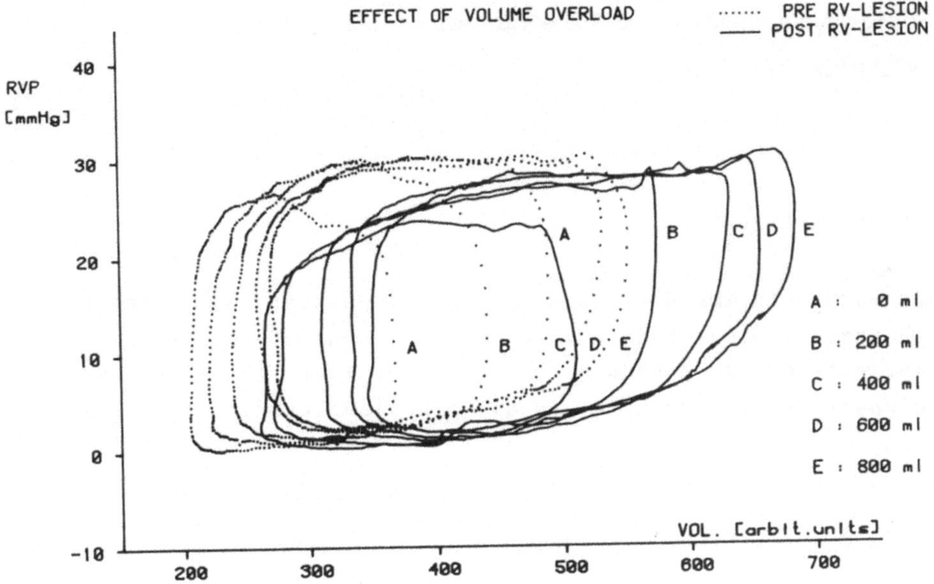

Abb. 5 Druck-Volumen-Schleifen der rechten Herzkammer

<u>Literatur</u>

1. Bertram, C.D.: Ultrasonic Transit-Time System for Arterial Diameter
   Measurement. Med.& Biol.Eng.& Comput. 15, 489-499 (1977).
2. Gilly, H., Stöhr, H., Parbus, K.: Semiautomatic Multidimensional Dis-
   tance Measurement System for Cardiovascular Research. Proc.World Congr.
   Med.Phys.& Biomed.Eng., S 23.30, Hamburg (1982).
3. Heimisch, W., Hagl, S., Gebhardt, K., Meisner, H., Mendler, N., Sebening
   F.: Direct Measurement of Cyclic Changes in Regional Wall Geometry in
   the Left Ventricule of the Dog. Innov.Tech.Biol.Med. 2, 487-501 (1981).
4. Horwitz, L.D., Bishop, V.S., Stone, H.L., Stegall, H.F.: Continuous
   Measurement of Internal Left Ventricular Diameter. J.Appl.Physiol. 24,
   738-740 (1968).
5. Rubinstein, M.L., Carlson, C.J., Rapaport, E.: Improved Signal Processor
   for the Ultrasonic Dimension Gauge. Am.J.Physiol. 233, H322-326 (1977).

MIKROPROZESSORGESTEUERTES IMPEDANZMESSGERÄT

Ch. Eichtinger, R. Pizzera[x] P. Wach, S. Schuy

Institut für Elektro- und Biomedizinische Technik, TU Graz

x LKH Graz, Direktion

ZUSAMMENFASSUNG:

Es wurde ein Impedanzmeßgerät für die Messung biologischer Impedanzen in vivo und in vitro bei Frequenzen von 2 Hz bis 80 kHz entwickelt. Anhand des Blockschaltbildes des Meßkreises werden das Meßverfahren und die schaltungtechnische Realisierung erläutert.

1. Allgemeines

Durch die Messung der Gewebsimpedanz erhält man Information über Zustand und Veränderungen biologischen Gewebes. Impedanzänderungen entstehen z.B. durch strukturelle Veränderung des Gewebes sowie durch veränderte Durchblutung. Neben der Messung der Impedanz bei einer einzigen Frequenz hat die Messung des Frequenzganges der Impedanz besondere Bedeutung. So wurden Veränderungen der Impedanzortskurve mit strukturellen Änderungen im Myokard bei fortschreitender Ischämie festgestellt /1/. Desweiteren ist eine Kontrolle von Elektrodensystemen in bezug auf die Übertragungseigenschaften durch die Aufnahme von Impedanzortskurven möglich. Daher wurde bei dem beschriebenen Impedanzmeßgerät die Möglichkeit vorgesehen, die Meßfrequenz vom Programm aus in dem oben angegebenen Bereich zu variieren.

2. Meßprinzip

Es erfolgt die Messung von Real- und Imaginärteil des Stromes
und der Spannung in einer Vier-Elektroden-Anordnung und durch
anschließende komplexe Division von Spannung und Strom wird
Betrag und Phase der Impedanz ermittelt.
Der gesamte Eingangskreis ist galvanisch von der Erde
getrennt.
Nachfolgend sind die einzelnen Funktionsgruppen des
Blockschaltbildes eingehender beschrieben.

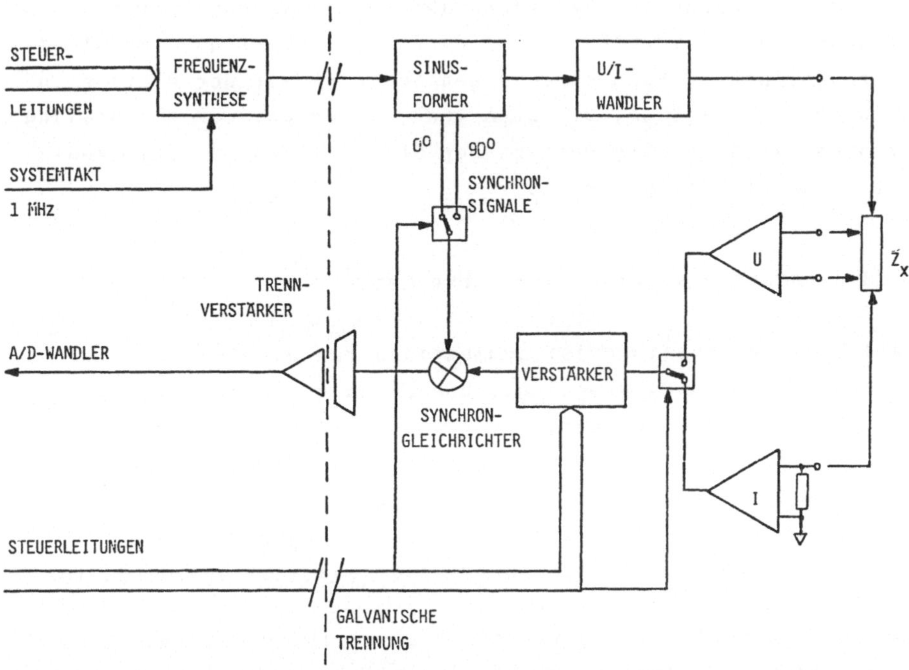

BLOCKSCHALTBILD DES MESSKREISES

2.1. Frequenzsynthese

Dieser Schaltungsteil erzeugt aus dem 1 MHz-Takt des Mikropro-
zessorsystems eine Rechteckschwingung der gewünschten Meßfrequenz. Zunächst werden durch einen PLL-Baustein und einen 8
bit - programmierbaren Teiler Frequenzen zwischen 20 kHz und

200 kHz mit einer Auflösung von 1kHz erzeugt.
Mit weiteren 4 dekadischen Teilern kann der gewünschte Bereich
von 2 Hz bis 200 kHz überstrichen werden.
Über einen Optokoppler erfolgt die Übertragung der Meßfrequenz
zum erdfreien Meßkreis.

2.2 Sinusformer, Spannungs-Strom-Wandler

Durch das vom Frequenzsynthesizer erzeugte Rechtecksignal wird
ein VCO (voltage controlled oscillator) synchronisiert /3/,
aus dem auch zwei 90 Grad phasenverschobene Steuerspannungen
für die Synchrongleichrichtung abgeleitet werden. Durch einen
Transkonduktanzverstärker /4/ wird der eingeprägte Meßstrom
erzeugt. Dieser kann durch einen Schalter auf der Platine in
den Werten 1μA, 10μA, oder 50μA gewählt werden. Für die Messung
von Kapazitäten wird weiters der Gleichstromanteil des Meßstromes auf Null geregelt.

2.3 Eingangsverstärker, Verstärkerkette

Die Eingangsschaltung ist symmetrisch für die Messung von
Strom und Spannung ausgelegt. Die Eingangsstufen bestehen aus
Instrumentierverstärkern, die aus JFET- Operationsverstärkern
aufgebaut sind. Dadurch kann ein Eingangswiderstand größer 1GΩ
im gesamten Frequenzbereich erzielt werden.
Die Abschirmung der Elektrodenmeßkabel liegen auf Signal-
potential, um den Einfluß ihrer Kabelkapazität auszuschalten
(driven guard).
Bei der anschließenden Verstärkerstufe ist die Verstärkung
von 1-1300 programmierbar. Die Kette ist aufgeteilt in 4 Verstärker mit konstanter Verstärkung und drei programmierbare Abschwächer, aus deren Produkt sich der genannte Verstärkungsbereich ergibt.
Die Einstellung der Abschwächung erfolgt über CMOS-Schalter
und Opto-Koppler von der Prozessorperipherie aus.
Durch Synchrongleichrichtung werden Realteil und Imaginärteil
von Strom bzw. Spannung gebildet. Diese vier Meßgrößen werden
sequentiell ermittelt. Da die Eingangsstufen symmetrisch für
Strom und Spannung aufgebaut sind und die weitere Verstärkung
in der selben Verstärkerkette erfolgt, kürzen sich bei der anschließenden komplexen Division etwaige Ungenauigkeiten der

Verstärkung und Variationen des Frequenzganges.

2.4. Synchrongleichrichter /4/

Die beiden Steuerspannungen für die Messung von Real- und
Imaginärteil von Strom und Spannung haben Phasendifferenzen
bezogen auf den Meßstrom von 0 Grad und 90 Grad.
Die Mittelung erfolgt bei Meßfrequenzen größer als 200 Hz
analog darunter digital.

3. Messung und Signalverarbeitung durch das Prozessorsystem

Das Programm des Prozessorsystems beinhaltet das sukzessive
Einstellen der optimalen Verstärkung mit Hilfe einer Über-
steuerungsanzeige und das Umschalten zwischen den verschiedenen Meßfrequenzen und Meßgrößen.
Aus den Daten (Realteil und Imaginärteil von Strom und Spannung, Verstärkungsfaktoren, Meßwiderstand der Strommessung)
berechnet das Mikroprozessorsystem durch komplexe Division
Betrag und Phase der Impedanz.
Der Benutzer kann zwischen verschiedenen Frequenzbereichen und
Abstufungen der Frequenz des Meßstromes wählen. Die Ausgabe
ist auf Terminal, Floppy oder Drucker/Plotter möglich.

4. Meßbereich

Der Meßbereich des Gerätes reicht von 10 Ohm bis 255 kOhm bei
einem maximalen Fehler von 5% an den Grenzen des Frequenzbereichs.

5. Literatur

1. Gersing, E., Preusse, C.J., Gebhard, M.M., Ulbricht, L.J.,
   Bretschneider, H.J.: The electric impedance as indicator of
   myocardial ischemic stress. In: Proc. of the VIth International Conference on Electrical Bio-Impedance, Zadar,
   September 1983
2. EXAR Integrated Systems: XR 2206
3. RCA Linear Integrated Circuits: CA 3080
4. Tietze, U., Schenk, Ch.: Halbleiter-Schaltungstechnik
   Springer-Verlag, Berlin Heidelberg New York 1980

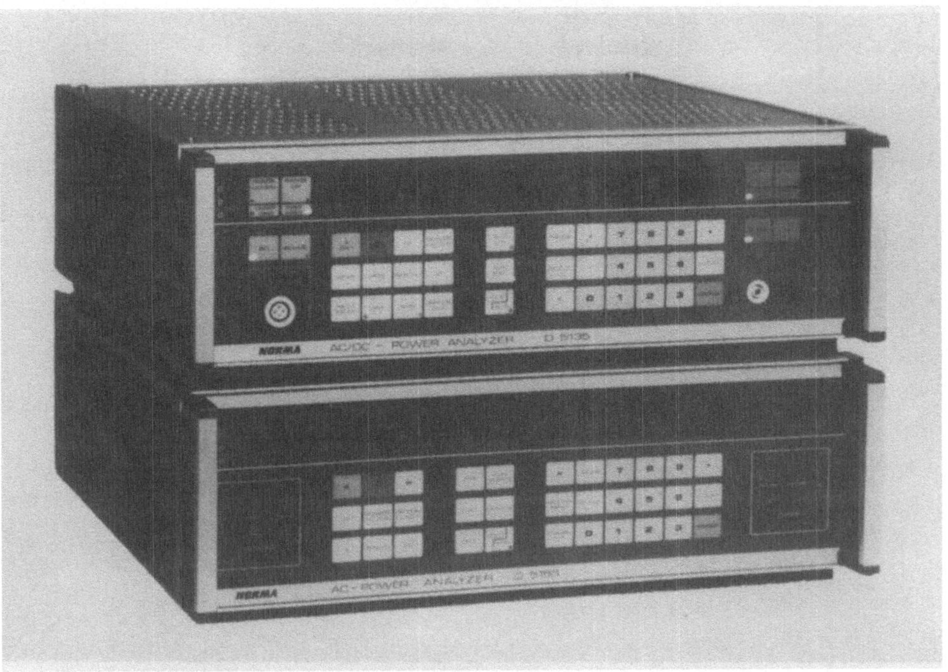

Konkurrenzlos in der Technik
AC POWER ANALYZER D 5155
AC/DC POWER ANALYZER D 5135
von NORMA

AC POWER ANALYZER D 5155
(PRECISION WATTMETER)

Der neue AC POWER ANALYZER D 5155 mißt 3phasig Wirkleistung, Scheinleistung, Leistungsfaktor, Energie, Wirkwiderstand, Scheinwiderstand, Strom und Spannung.

Bis zu 32 Kennwerte werden aus einem einzigen Meßzyklus gebildet (z. B. Summenwerte).

Der große Meßbereichsumfang 65 V – 650 V und 0,1 – 50 A und die hohe Genauigkeit von 0,1% sichern einen weiten Anwendungsbereich in ein- oder mehrphasigen Netzen.

AC/DC POWER ANALYZER D 5135
(MULTI-FUNCTIONMETER)

Der neue AC/DC POWER ANALYZER D 5135 mißt Gleich-, Wechsel- und Mischgrößen. Bei Strom und Spannung erhält man den arithmetischen Mittelwert, den Gleichrichtwert und den echten Effektivwert (True RMS). Hinzu kommen Wirkleistung, Leistungsfaktor, Wirkwiderstand und Scheinwiderstand. Es werden die DC-Komponenten, die AC-Komponenten mit ihren Oberwellen bis 100 kHz und die Gesamtwerte gemessen.

Hoher Bedienungskomfort
Mikroprozessoren errechnen die Meßwerte, kontrollieren die Eingaben und steuern die Meßabläufe. Über das Interface IEEE 488 oder IEC 625 werden die Geräte ferngesteuert. Ein Analogausgang erlaubt die graphische Darstellung der Meßwerte.

Große Anwendungsbereiche
Anwendungsschwerpunkte sind Messungen in der Leistungselektronik, an Motoren, Generatoren, Transformatoren, Schweißgeräten, Phasenanschnittsteuerungen, Stromversorgungen, Vorschaltgeräten usw.

Führend in der Meßtechnik
Neue Technologien, ausgereifte Technik und über 60 Jahre Erfahrung im Meßgerätebau sind Garanten für Qualität und Sicherheit.

NORMA

Mit NORMA messen Sie richtig!

NORMA Messtechnik, Optik, Elektronik Gesellschaft m.b.H., A-2351 Wiener Neudorf, Eumigweg 7, Postfach 81, Telefon: (02236) 82 630-0, Telex: 79316, 79439

5. Themenkreis

OPTOELEKTRONIK UND OPTISCHE NACHRICHTENTECHNIK

Leitung:

Univ.-Prof. Dipl.-Ing. Dr. W. Leeb
Univ.-Prof. Dipl.-Ing. Dr. H. Thim

ENTWICKLUNG VON NEUARTIGEN FARBEMPFINDLICHEN DÜNNFILMDETEKTOREN IM SICHTBAREN

K. Berthold, G. Strasser, E. Gornik

Institut für Experimentalphysik, Universität Innsbruck
A-6020 Innsbruck, Schöpfstraße 41

ZUSAMMENFASSUNG:

Durch eine Strukturierung einer Metalloberfläche kann das Reflexionsverhalten stark verändert werden. Ein periodisches sub-µm Gitter ermöglicht eine effektive Anregung von Oberflächenplasmon-Polaritonen (kollektive Elektronenschwingungen). Durch die Herstellung von Tunnelstrukturen auf holographischen Gittern konnte ein Metall-Oxyd-Metall-Farbdetektor realisiert werden.

Ebene Metalloberflächen (Ag, Al) reflektieren das sichtbare Licht mit hoher Effizienz (ca. 90 %). Wird hingegen die Metalloberfläche mittels holographisch hergestellten sub-µm-Gittern periodisch strukturiert, so können an der Metall-Dielektrikum- bzw. Vakuum-Grenzfläche ganz bestimmte kollektive Elektronenschwingungen angeregt werden (Oberflächenplasmon-Polaritonen) /1/. Die Reflexion sinkt in diesen schmalen Frequenzbereichen nahezu auf Null und die gesamte Strahlungsenergie wird auf die Oberflächenplasmon-Polaritonen übertragen. Die Effizienz der Anregung hängt von den Gitterperioden (200 nm - 700 nm), dem sinusförmigen Gitterprofil (ca. 15 nm Modulationshöhe) und den dielektrischen und geometrischen Parametern ab. In der Abb. 1 sind Reflexionsspektren von zwei verschiedenen Tunnelstrukturen ((b) - $Ag-Al_2O_3-Al$, (c) - $Al-Al_2O_3-Al$) und einer ebenen Silberschicht (a) dargestellt. Das Insert zeigt die experimentelle Anordnung. Der Einfallswinkel (Θ_o) des Lichtes beträgt 5° und die Gitterperiode Λ = 666 nm. Die Lage der Reflexionsminima

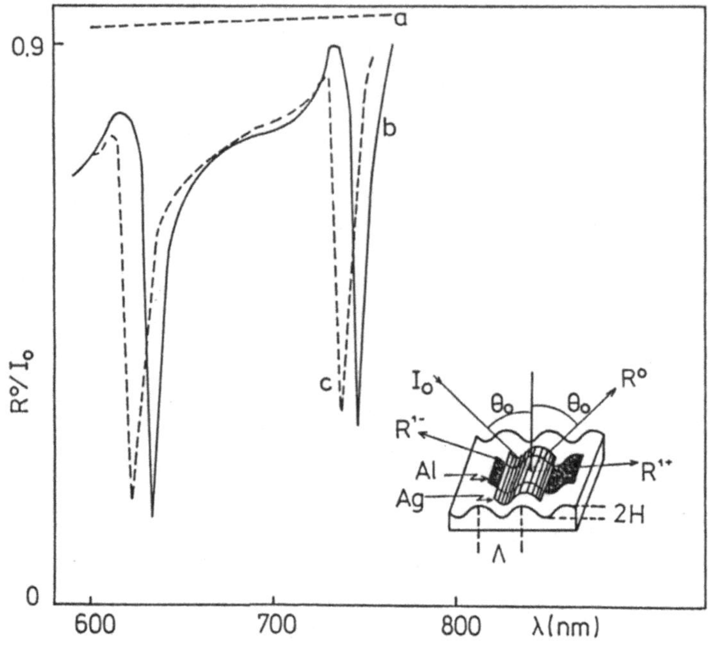

ABB. 1

stimmt exakt mit den berechneten Werten aus der Oberflächen-
plasmon-Polariton-Dispersionsrelation überein.

Die Oberflächenplasmonschwingungen können Energie und Impuls an
einzelne Elektronen innerhalb des Metallfilms übertragen. Dieses
Prinzip läßt sich am einfachsten in Tunnelstrukturen realisieren, wobei die angeregten Elektronen durch die Oxydbarriere
tunneln und dadurch einen Photostrom bewirken /2,3/. Der Photostrom konnte durch geeignete Herstellung des Oxyds und Optimierung der Metallfilmdicken und des Gitterprofils wesentlich
erhöht werden /4/.

Die Abb. 2 zeigt (a) die Reflexionsverminderung und (b) die relative Photospannung für zwei verschiedene Polarisationsrich-
tungen des einfallenden Lichtes (p-pol bedeutet $\overline{\text{E}}$-Vektor parallel zum Gittervektor) der Wellenlänge λ = 632,8 nm in Abhängig-

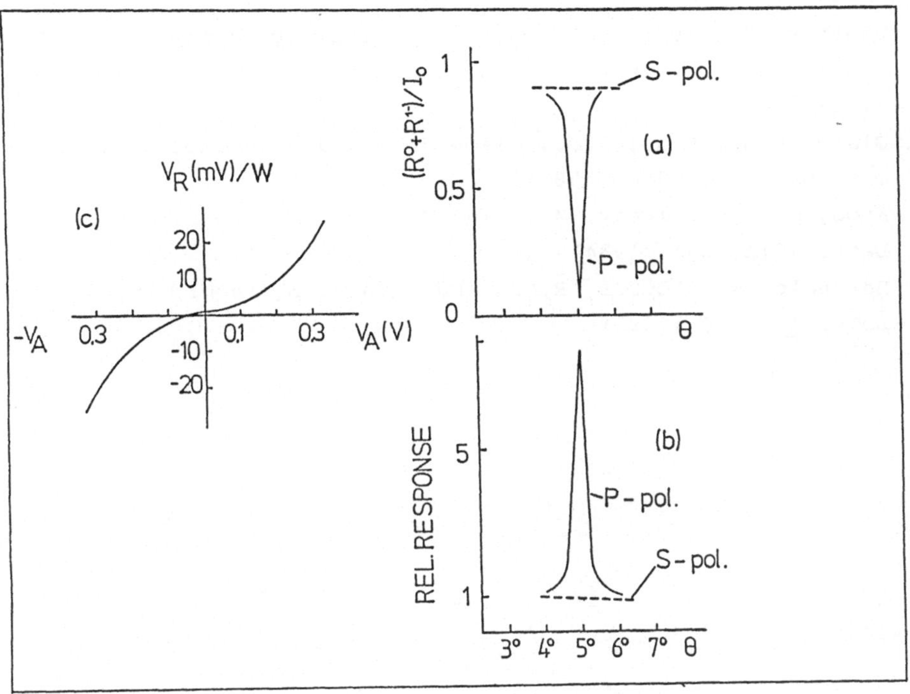

ABB. 2

keit vom Einfallswinkel. Das Anlegen einer äußeren Spannung (V_A) an die Tunnelstruktur bewirkte eine weitere Verbesserung des Photosignals (V_R). Die Photosignale wurden an einer 100 Ω Impedanz gemessen.

Diese schmalbandigen Resonanzen erlauben eine farbselektive Detektion von einfallender Strahlung, da das Signal-Untergrund-verhältnis um mehr als 10:1 unterschiedlich ist. Die Farbempfindlichkeit kann durch die Beschichtung mit verschiedenen Dielektrika (z.B. SiO_2) über den gesamten sichtbaren Spektralbereich variiert werden. Ein weiterer Vorteil ist die Schnelligkeit dieser Detektoren. Bei geeigneter Dimensionierung könnten mehr als 10 GHz erreicht werden.

<u>Literatur</u>

1. Raether, H.: Surface Polaritons, edited by Agranowich, V.M.
   and Mills, D.L. (North-Holland, Amsterdam, New York, Oxford,
   1982), S. 331.
2. Glass, A.M., Liao, P.F., Olson, D.H., and Humphrey, L.M.:
   Opt. Lett. $\underline{7}$, 1286 (1982).
3. Kroo, N., Szentirmay, Zs., and Felszerfalvi, J.: Physics
   Lett. $\underline{101A}$, 235 (1984).
4. Berthold, K., Höpfel, R.A., and Gornik, E.: Appl. Phys.
   Lett. $\underline{46}$, 626 (1985)

MECHANISCH GEKÜHLTER VORVERSTÄRKER FÜR EINEN
OPTISCHEN EMPFÄNGER BEI 10 µm

R. Flatscher

Technische Universität Wien, Institut für Nachrichtentechnik
Gußhausstraße 25, A-1040 Wien

ZUSAMMENFASSUNG:

Ein auf ca. 80 K gekühltes HgCdTe-Detektorelement dient in
einem optischen Homodynempfänger als Phasendetektor, an dem
das Regelsignal für die Phasenregelschleife und gleichzeitig
das demodulierte Datensignal auftritt. Die Kühlung des Detektors erfolgt durch einen mechanischen Stirling-Kühler mit abge-
setztem Kaltteil. Um größte Empfindlichkeit zu erreichen muß
auch der Breitband-Vorverstärker mitgekühlt werden. Verschiedene rauscharme Verstärkerkonzepte mit geeigneten aktiven Elementen wurden entwickelt, aufgebaut und miteinander verglichen.

Mit einer optischen Sende-Empfangseinheit bei einer Wellenlänge

von 10 µm sollen Daten zwischen Satelliten ausgetauscht werden.

In einem ersten Modell wird ein digital phasenmoduliertes Ein-

gangssignal mit einer Leistung von 1 nW bei einer Datenrate von

140 Mbit/s detektiert /1/. Der Homodyn-Empfänger zeigt dabei

gegenüber anderen Empfangsverfahren deutliche Vorteile /2/.

Eine auf etwa 80 K gekühlte Detektor-Vorverstärker-Kombination

stellt einen wesentlichen Teil des Empfängers dar.

Ein mechanischer Kühler hat gegenüber der üblichen Strahlungs-

kühlung die Vorteile einer weitgehend freien Wahl der Anordnung

im Satelliten und der Erzielbarkeit von tieferen Temperaturen.

Ein Labormodell wurde mit einem kommerziell erhältlichen Stir-

ling-Kühler aufgebaut. Der abgesetzte Kaltteil muß dabei in ein

Vakuumgefäß eingebaut werden. Die Detektordiode und der Vorver-

stärker sind an ihm befestigt. Mit etwa 40 W Eingangsleistung

wird bei einer Temperatur von 80 K eine Kühlleistung von 1 W

erzielt. Beim Homodyn-Empfänger müssen die wesentlichen

temperaturabhängigen Detektoreigenschaften konstant gehalten
werden um keine Phasenfehler vorzutäuschen. Deshalb wurde eine
Temperaturstabilisierung vorgesehen.

Eine kommerziell erhältliche HgCdTe-Photodiode dient als Detektor. Bild 1a zeigt die gemessene Strom-Spannungs-Kennlinie in
Abhängigkeit der optischen Leistung. Aus diesem Kennlinienfeld
wurde der Photostrom als Funktion der optischen Leistung gewonnen (siehe Bild 1b). Die Steigung der Kurve entspricht dem Quantenwirkungsgrad bei niedrigen Frequenzen, der hier 65% beträgt.

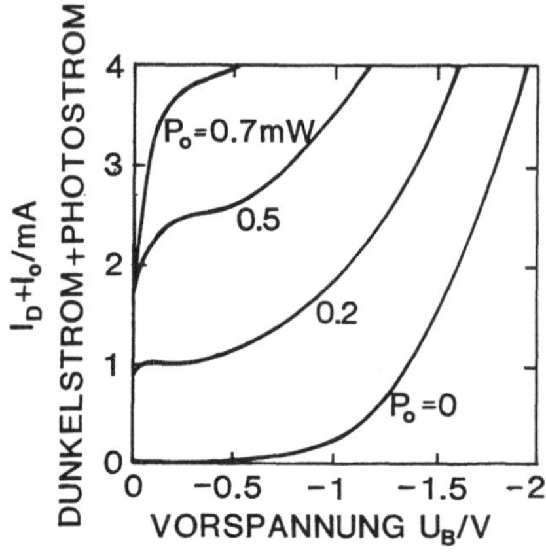

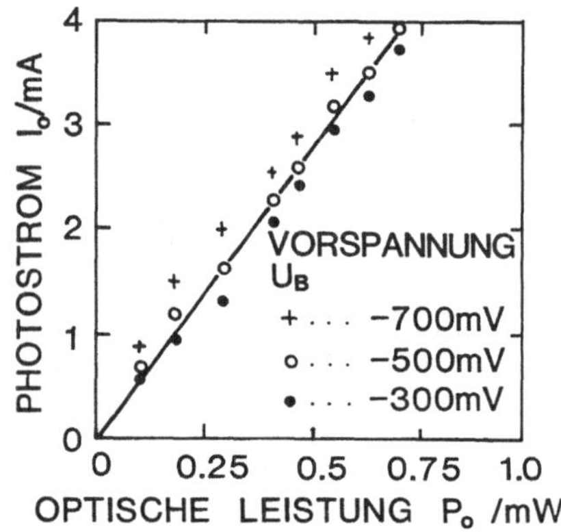

Bild 1a: Strom-Spannungs-Kenn-
        linie, Parameter:
        optische Leistung

Bild 1b: Photostrom über opti-
        scher Leistung, Para-
        meter: Vorspannung

Neben dem Quantenwirkungsgrad und der Bandbreite wird eine Photodiode durch ihre Impedanz charakterisiert. Der gemessene Verlauf ist im Smith-Diagramm (Bild 2a) dargestellt. Diese Impedanz läßt sich durch das Hochfrequenz-Ersatzschaltbild in Bild
2b annähern. Mit den Werten der Schaltelemente kann das theoretische Signal-Geräusch-Verhältnis errechnet werden.

Bei großer Leistung des lokalen Oszillators dominiert das
Schrotrauschen der Photodiode gegenüber dem Verstärkerrauschen.
Das Signal-Geräusch-Verhältnis nimmt dabei seinen größtmögli-
chen Wert an. Die zulässige optische Leistung des Detektors
ist aber mit 0.7 mW begrenzt. Die thermischen Rauschbeiträge
der Photodiode und vor allem des Vorverstärkers machen sich
deshalb störend bemerkbar und müssen minimiert werden.

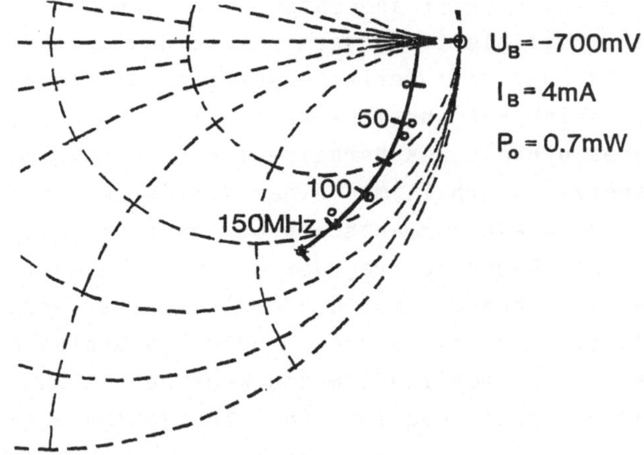

Bild 2a: Detektorimpedanz im Smith-Diagramm

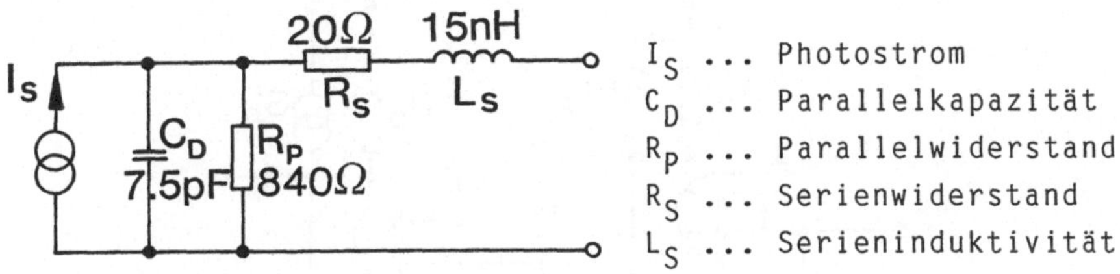

Bild 2b: Hochfrequenz-Ersatzschaltbild

Streukapazitäten und Induktivitäten in der Verbindung des Detektors zum Vorverstärker verschlechtern die Rauscheigenschaften bei hohen Frequenzen entscheidend. Der Verstärker muß daher in räumlicher Nähe des Detektors angebracht und somit
zwangsweise gekühlt werden.

Bei Temperaturen um 80 K eignen sich nur Feldeffekttransistoren
(FETs) als aktive Bauelemente. Bei bipolaren Transistoren kommt
es zum "Ausfrieren" der Ladungsträger. MOSFETs weisen gegenüber
Sperrschicht-FETs eine wesentlich größere Steilheit auf und
sind bis etwa 200 MHz, GaAs-FETs bei höheren Frequenzen vorteilhaft zu verwenden. Bei allen FETs verbessern sich durch
Kühlung sowohl das Rauschverhalten als auch die elektrischen
Eigenschaften. So nimmt die Beweglichkeit zu, dadurch vergrößert sich die Steilheit und auch die Transitfrequenz.

Empfindliche optische Breitbandempfänger werden mit Transimpe-
danzverstärkern realisiert. Am Verstärkereingang wird dabei die
durch die Verstärkung dividierte Gegenkopplungsimpedanz wirksam.
Diese relativ kleine Eingangsimpedanz ergibt eine große Bandbreite und gutes dynamisches Verhalten. Bei verschwindendem
Rückkopplungsnetzwerk erhält man einen Verstärker mit großer
Eingangsimpedanz. Diese Variante ergibt den empfindlichsten
Verstärker, da der Rauschbeitrag des Netzwerkes fehlt. Wegen
der großen Detektorimpedanz muß die erste Verstärkerstufe eines
hochohmigen Verstärkers als Source - oder als Drainschaltung
ausgeführt werden, um möglichst wenig Rauschen zu addieren /3/.
In Bild 3 sind die Rauschquellen einer Sourceschaltung dargestellt, wobei als zweite Stufe ebenfalls eine Sourceschaltung
berücksichtigt wird.

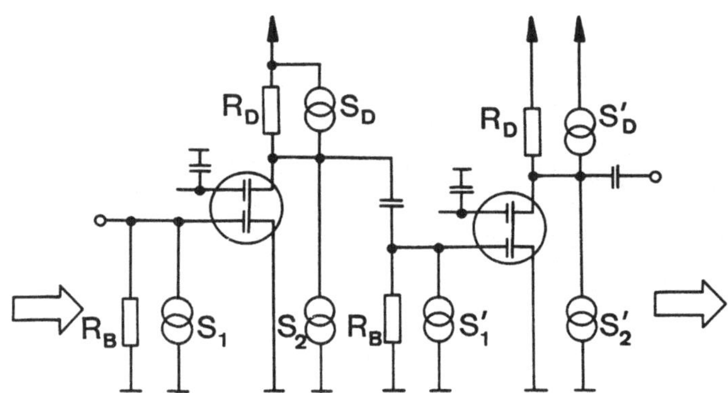

Bild 3: Rauschquellen ($S_1, S_2, S_D, S_1', S_2', S_D'$) einer Sourceschaltung

Die spektrale Rauschleistungsdichte S_1 setzt sich aus dem
Schrotrauschen des Gate-Leckstromes, dem thermischen Rauschen
des Arbeitspunktwiderstandes R_B und dem Transistorrauschen zu
sammen. Es gilt

$$S_1 = 2eI_g + \frac{4kT_B}{R_B} + \frac{4kT}{g_{m1}} \theta\omega^2 C_{GS_1}^2 \tag{1}$$

mit e ... Elektronenladung, I_g ... Gate-Leckstrom, k ... Boltz-
mannkonstante, T_B ... Temperatur des Widerstandes R_B, T ...
Transistortemperatur, g_m ... Steilheit des MOSFET, ω ... Kreis-
frequenz, C_{GS} ... Gate-Source-Kapazität, und θ ... Formfaktor:
$\theta = \frac{4}{15}$ für MOSFETs /4/.

Das thermische Rauschen des Kanalwiderstandes wird durch

$$S_2 = r4kTg_{m1} \tag{2}$$

berücksichtigt, wobei für MOSFETs $r = \frac{2}{3}$ beträgt /4/. Der Drain-widerstand R_D liefert ebenfalls einen thermischen Rauschanteil von

$$S_D = \frac{4kT}{R_D} . \tag{3}$$

Die spektralen Rauschleistungsdichten der zweiten Stufe S_1' und S_2' werden in gleicher Weise beschrieben. Alle Rauschquellen dieses zweistufigen Verstärkers können in einer äquivalenten Rauschstromquelle S_{eq} am Eingang zusammengefaßt werden. Bei Vernachlässigung kleiner Größen ergibt sich

$$S_{eq} \approx \frac{8kT}{3g_{m1}} \omega^2 [(C_D + C_{GS1})^2 + \frac{2}{5} C_{GS1}^2] + \frac{8kT}{3g_{m1}} \frac{1}{R_P^2} \tag{4}$$

wobei Serienwiderstand R_S und Serieninduktivität L_S des Detektors nicht berücksichtigt wurden.

Die Rauschquellen einer Drainschaltung mit nachfolgender Source-schaltung sind in Bild 4 dargestellt.

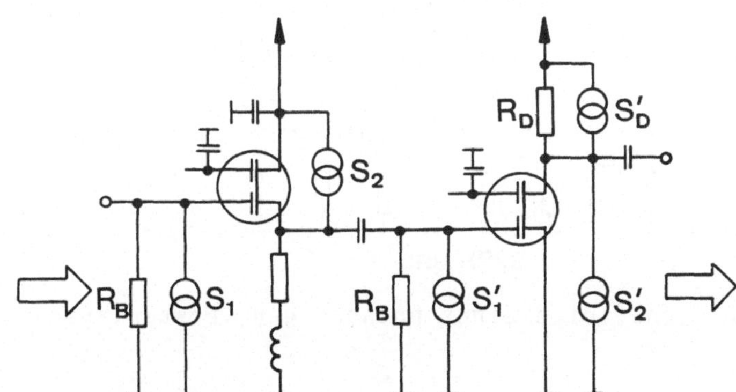

Bild 4: Rauschquellen $(S_1, S_2, S_1', S_2', S_D')$ einer Drainschaltung

Die äquivalente Rauschleistungsdichte S_{eq} ergibt sich hier zu

$$S_{eq} \approx \frac{8kT}{3g_{m1}} \omega^2 (2C_D^2 + \frac{2}{5} C_{GS1}^2) + \frac{8kT}{3g_{m1}} \frac{1}{R_P^2} \tag{5}$$

mit der Annahme, daß die Steilheit der beiden Transistoren gleich ist ($g_{m1} = g_{m2}$). Mit den Bauteilwerten des Detektorersatzschaltbildes in Bild 2b und einer typischen Gate-Source-Kapazität von 3 pF ergibt sich für beide Varianten eine gleich große äquivalente Rauschleistungsdichte. Da aber die Eingangskapazität der Drainschaltung wesentlich kleiner ist, hat dieser Verstärker eine größere Bandbreite und ist daher für höhere Datenraten zu bevorzugen.

Bild 5 zeigt die Schaltung eines dreistufigen Verstärkers gemäß Bild 3. Dieser Verstärker wurde mit MOSFETs in Chiptechnologie aufgebaut und mit dem mechanischen Kühler bei einer Temperatur von 80 K getestet. Die letzte Stufe dient nur der Impedanzanpassung an 50 Ω. Mit einer 3 dB-Bandbreite von 165 MHz und einer Verstärkung von 34 dB ist dieser Verstärker ausgezeichnet für das 140 Mbit/s-System geeignet. Durch die hohe Eingangsimpedanz wird das Eingangssignal integriert. In einer anschließenden Stufe wird die Entzerrung und Bandbegrenzung vorgenommen.

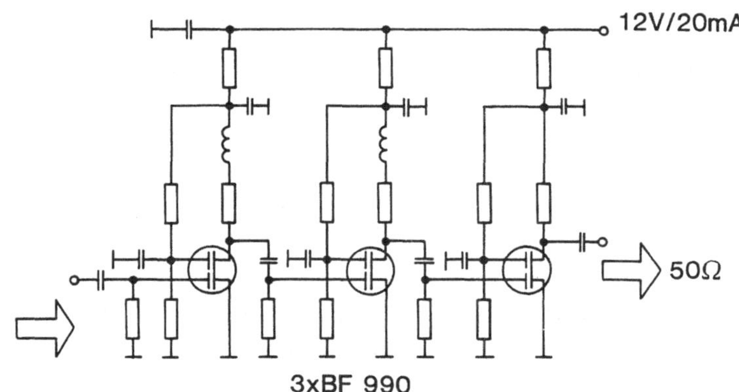

Bild 5: Schaltbild eines hochohmigen Verstärkers

Literatur

/1/ Leeb, W.R. et al.: Phase-locked Loops for Optical Homodyne Detection. Final Report ESTEC contract No. 5083/82 (1983).

/2/ Englisch, W. et al.: CO_2 Laser Transceiver System with Gbit/s Capability for Space-to-Space Communications. Laser 83 Optoelektronik, S. 470-475. Heidelberg: Springer. 1984.

/3/ Goell, J.E.: Input Amplifiers for Optical PCM Receivers. B.S.T.J., Vol. 53, No. 9, S. 1771-1793 (1974).

/4/ Das, M.B.: FET Noise Sources and their Effects on Amplifier Performance at Low Frequencies. IEEE Trans. Electron Devices, ED-19, No. 3, S. 338-348 (1972).

HALBLEITERLASER FÜR KOHÄRENTEN EMPFANG

A. Ullrich

Institut für Nachrichtentechnik, Technische Universität Wien
Gußhausstraße 25, A-1040 Wien

ZUSAMMENFASSUNG:

Halbleiterlaser weisen instantane Linienbreiten (Phasenrauschen)
von einigen MHz auf. Wir präsentieren theoretische Untersuchungen über den Einfluß dieser Eigenschaft beim Einsatz in einem
Homodyn-Empfänger mit einer Phasenregelschleife zweiter Ordnung
für phasenumgetastete Eingangssignale. Aus der Systemdegradation
zufolge Phasenrauschens wird die gewünschte Verschmälerung der
Laserlinie abgeleitet. Im Experiment wurde die Linienbreitenreduktion durch schwache optische Rückkopplung und deren automatische Stabilisierung untersucht.

1. Einleitung

In der optischen Datenübertragung mit Halbleiterlasern wird
heute das nichtkohärente Verfahren der Intensitätsmodulation
in Verbindung mit dem Direktempfang eingesetzt. Empfänger, die
nach dem Überlagerungsprinzip arbeiten, weisen demgegenüber
theoretisch eine deutlich erhöhte Eingangsempfindlichkeit auf
und es lassen sich dadurch auch Modulationsverfahren wie Fre-
quenz- und Phasenmodulation einsetzen. Die kleinste Bitfehlerrate für ein digitales Übertragungssystem verspricht das Homo-
dyn-Empfangsverfahren - das ist ein Überlagerungsempfang mit
einer Zwischenfrequenz von null Hertz - für phasenumgetastete
Signale (PSK). Im folgenden wird untersucht, ob sich ein solches
System auch mit Halbleiterlasern als Signalquellen realisieren
läßt, welche Anforderungen an die Kohärenzeigenschaften der
Laser zu stellen sind und inwieweit diese erfüllt werden können.

Für den Einsatz in kohärenten Detektionsverfahren, dazu zählt
auch der Heterodyn-Empfang, sind an die Signalquellen folgende
Anforderungen zu stellen: Monomodebetrieb, gute Frequenzstabi-
lität und geringes Phasenrauschen. Im Hinblick auf Freiraum-
ausbreitung sind GaAlAs-Laserdioden, die bei einer Wellenlänge
von etwa 850 nm emittieren, den bei längeren Wellenlängen arbeitenden InGaAsP-Halbleiterlasern vorzuziehen, da in diesem
Wellenlängenbereich in Empfängern rauscharme und empfindliche
Si-Photodioden eingesetzt werden können. Allerdings bringt der
Einsatz dieser Laser in kohärenten Empfängern auch Probleme mit
sich: GaAlAs-Laser zeigen eine starke Abhängigkeit der Emissions-
frequenz von Temperatur (ca. -20 GHz/K) und Injektionsstrom
(ca. -3GHz/mA). Weiters weist das Emissionsspektrum zufolge
Phasenrauschens eine instantane Linienbreite Δf von einigen MHz
auf.

2. PLL für phasenverrauschte Signale

Das Kernstück eines Homodyn-Empfängers, dessen Prinzip Abb.1
zeigt, bildet eine Phasenregelschleife (PLL). Das Eingangssignal und das Signal eines lokalen Oszillators (VCO) werden

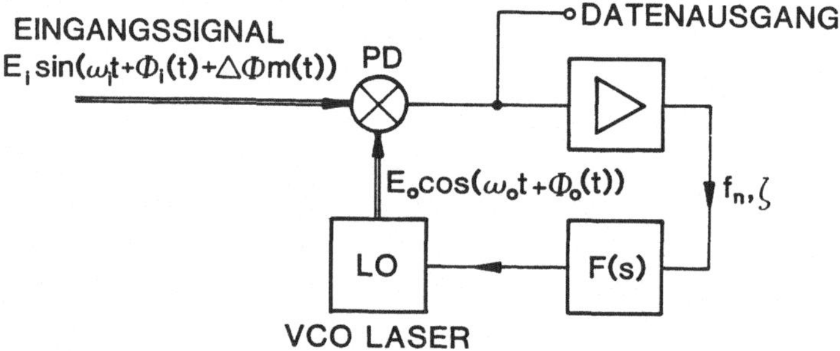

Abb.1: Prinzip eines optischen PSK-Homodyn-Empfängers.
       (PD...Phasendetektor, F(s)...Schleifenfilter, LO...
       lokaler Oszillator)

einer Photodiode, die als Phasendetektor dient, zugeführt.
Stimmen die Frequenzen der beiden optischen Signale überein,
so ist der Ausgang des Detektors der Phasendifferenz proportional. Dieses Fehlersignal wird über ein Schleifenfilter dem
in seiner Frequenz steuerbaren Laser in der Weise zugeführt,
daß der Zustand der Phasensynchronisation erhalten bleibt.

Wurde das Eingangssignal phasenmoduliert, so lassen sich die
Daten direkt am Ausgang des Phasendetektors rückgewinnen, sofern sie einen spektralen Bereich oberhalb der Eigenfrequenz
der PLL einnehmen.

Zwei Störquellen werden das obenbeschriebene Verhalten eines
optischen Homodyn-Empfängers nachteilig beeinflussen. Zum einen
ist dies das Phasenrauschen der Laser, das einen statistisch
schwankenden Phasenfehler ergeben wird, zum anderen beinhaltet
der Photostrom des Detektors nicht nur das Nutzsignal, das die
Information über die Phasendifferenz enthält, sondern auf Grund
der Gleichleistung der optischen Signale auch einen Gleichstrom-
term, der ein Rauschsignal zufolge Schrotrauschens ergibt. Eine
wichtige Kenngröße des stochastischen Störsignals im Datenkanal,
die Varianz, läßt sich aus den Leistungsdichtespektren der Störquellen und den Übertragungsfunktionen der PLL berechnen. Für
eine PLL zweiter Ordnung mit einem aktiven Schleifenfilter ergibt sich diese Varianz zu

$$\sigma^2 = K_d^2 \, \frac{\Delta f_i + \Delta f_o}{f_n} \, \frac{1}{4\zeta} + 2N_o B X(f_n,\zeta)$$

wobei f_n und ζ die natürliche Frequenz und den Dämpfungsfaktor
der PLL bezeichnen, K_d ist der Verstärkungsfaktor des Phasendetektors, Δf_i und Δf_o sind die Linienbreiten des Eingangssignals und des lokalen Signals, N_o steht für die Rauschleistungsdichte des Schrotrauschens, B ist die Bandbreite des
Datenkanals und $X(f_n,\zeta)$ ist eine Korrekturfunktion,die von den
Schleifenparametern abhängt. Mit diesem Ergebnis haben wir die
Bitfehlerrate (BER) eines Homodyn-Empfängers für PSK-Signale
berechnet. Als Phasendetektor wurde eine Lawinenphotodiode angenommen, deren Eigenschaften durch den Quantenwirkungsgrad η
und die Rauschzahl F beschrieben werden. Abbildung 2a zeigt die
BER in Abhängigkeit von der Eingangsleistung P_i, Parameter ist
die Summe der Linienbreiten der Laser. Die Systemdegradation
durch die instantanen Linienbreiten ist in Abb.2b dargestellt.
Wie aus diesem Diagramm hervorgeht, läßt sich ein PSK-Homodyn-
Empfänger für phasenverrauschte Trägersignale entweder durch
Verringerung der Linienbreite der optischen Signale oder durch
eine Erhöhung der Eigenfrequenz f_n der Phasenregelschleife näher
an die Empfindlichkeitsgrenze, die sich aus dem Schrotrauschen

des Phasendetektors ergibt, heranführen. Eine Vergrößerung von f_n wird durch die technische Realisierbarkeit von breitbandigen, gleichstromgekoppelten Verstärkern mit linearem Phasengang, wie sie eine PLL benötigt, begrenzt. Daraus ergibt sich die Forderung nach einer Reduktion der Linienbreite der Halbleiterlaser.

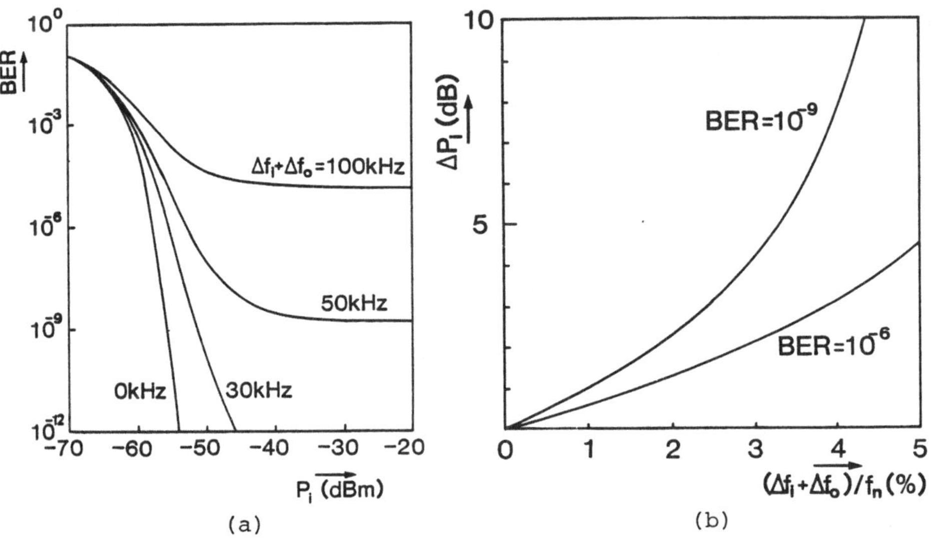

Abb.2 (a) Bitfehlerrate für optischen PSK-Homodyn-Empfänger.
(b) Systemdegradation durch Phasenrauschen der Laser.
($\lambda = 830$ nm, Phasenhub $\pm 45°$, Datenrate 140 Mbit/s,
B = 70 MHz; $f_n = 1$ MHz, $\zeta = 0.707$; F = 4, $\eta = 0.85$)

3. Linienbreitenreduktion

Abb.3 zeigt das Prinzip der Linienverschmälerung durch schwache optische Rückkopplung. Wird ein Teil der Laserstrahlung phasenrichtig rückgekoppelt, so zeigt der Laser in dieser Drei-Spiegel

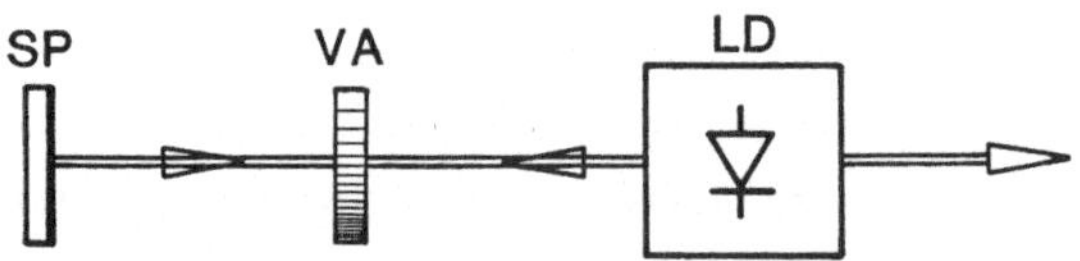

Abb.3. Prinzip der Linienbreitenreduktion durch schwache optische Rückkopplung. (LD...Laserdiode, VA...variabler optischer Abschwächer, SP...Spiegel)

Konfiguration ein verschmälertes Emissionsspektrum /1/. Die
Linienbreitenreduktion kann durch Erhöhung des Abstandes des
dritten Spiegels und der rückgekoppelten Leistung vergrößert
werden. Die Grenze der Linienverschmälerung ergibt sich aus
dem Auftreten von Nebenmoden im Frequenzabstand von c/2L, wobei c die Lichtgeschwindigkeit und L den Abstand des externen
Spiegels vom Laser bezeichnet. Für GaAlAs-Laserdioden lassen
sich mit diesem Verfahren Linienbreiten von etwa 100 kHz erzielen. Durch zusätzliche Antireflexbeschichtung einer Aus-
trittsfläche des Halbleiterlasers wurde eine Linienbreite von
20 kHz bei einem InGaAsP-Laser realisiert /2/. Da sowohl der
Verschmälerungsfaktor als auch die Größe der Nebenmoden von
der Phase des rückgekoppelten Lichtes abhängen, ist, um eine
hinreichende Stabilität zu gewährleisten, unbedingt eine aktive
Stabilisierung der Resonatorlänge vorzusehen. Derzeit untersuchen wir ein Regelkriterium, das auf der Änderung der Größe
der Nebenmoden mit der Länge des Resonators basiert. Fällt die
Emission eines solchen Lasers auf eine Photodiode, so beinhaltet
das Spektrum des Photostromes bei einer Frequenz die dem Moden-
abstand entspricht ein Signal, dessen Leistung sich mit der
Länge L ändert. Dieses Signal zeigt für den gewünschten Fall
der kleinsten Linienbreite ein Minimum und könnte daher in
einer Schleife als Regelgröße eingesetzt werden. Das Prinzip
einer solchen Regelschleife zeigt Abb.4.

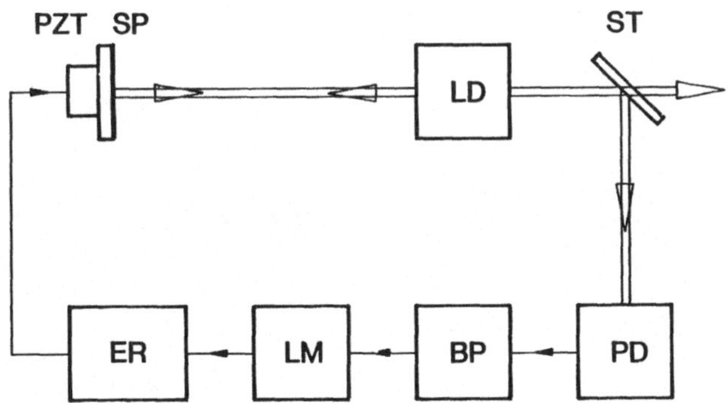

Abb.4. Prinzip einer aktiven Stabilisierung der Länge des ex-
ternen Resonators (LD...Laserdiode, PD...Photodiode,
BP...Bandpaß, LM...Leistungsmesser, ER...elektronischer
Regler, PZT...Piezokeramik, SP...Spiegel)

4. Ausblick

Ob ein empfindliches optisches PSK-Homodyn-System mit Halbleiterlasern realisiert werden kann, wird davon abhängen,
welche Linienbreiten langzeitstabil erreicht werden und wie
groß die Eigenfrequenz der Phasenregelschleife gewählt werden
kann. Die erstgenannte Bedingung wird Gegenstand von künftigen
Untersuchungen sein. Die zweite Forderung läßt sich umgehen,
wenn man einen Heterodyn-Empfänger für Eingangssignale, die
nach dem Verfahren der Differenzphasenumtastung moduliert
wurden, in Betracht zieht. Hier geht nur das Verhältnis der
Linienbreiten zur Datenrate in die Systemdegradation ein /3/.
Dieses System weist allerdings gegenüber dem PSK-Homodyn-
Empfang für vernachlässigbare Linienbreiten eine Empfindlich-
keitseinbuße von etwa 3,5 dB für eine BER von 10^{-9} auf /3/.
Für gegebene Linienbreite der optischen Trägersignale wird
abzuschätzen sein, welches Verfahren empfindlicher ist.

Literatur

/1/ S. SAITO, Y. YAMAMOTO, "Direct observation of Lorentzian
    lineshape of semiconductor laser and linewidth reduction
    with external grating feedback," Electron. Lett., vol. 17,
    pp. 325-327, April 1981.

/2/ M.R. MATTHEWS et al., "Packaged frequency-stable tunable
    20 kHz linewidth 1.5 µm InGaAsP external cavity laser,"
    Electron. Lett., vol. 21, pp. 113-115, Jan. 1985.

/3/ G. NICHOLSON, "Probability of error for optical heterodyne
    DPSK system with quantum phase noise," Electron. Lett.,
    vol. 20, pp. 1005-1007, Nov. 1984.

NEUER LASEROPTISCHER GESCHWINDIGKEITSMESSKOPF

F. Kawa und W. Schwenzfeier

Institut für Verformungskunde und Hüttenmaschinen,
Montanuniversität Leoben
A-8700 Leoben

ZUSAMMENFASSUNG:

Vorgestellt wird ein nach dem Differenz-Doppler-Prinzip arbeitender laser-
optischer Meßkopf zum berührungslosen Geschwindigkeitsmessen an festen
Oberflächen, besonders unter industriellen Bedingungen.
Durch eine günstige Anordnung der Bauelemente und eine spezielle Sende-
optik wurden kompakte äußere Abmessungen, große thermische und mechanische
Stabilität sowie kostengünstige Fertigung des Meßkopfes erreicht.

1. Einführung

Zuverlässiges und genaues Messen der linearen Geschwindigkeit eines bewegten Gutes ist oft, besonders unter industriellen Bedingungen keine einfache Aufgabe. Das klassische Verfahren - Messen mit einer Anpreßrolle -ist
in vielen Fällen gar nicht oder nur mit Einschränkungen einsetzbar.
Laseroptisches Geschwindigkeitsmessen an festen Oberflächen, obwohl bereits
anfangs der 70iger Jahren für die Hüttenindustrie vorgeschlagen /1/, ist
immer noch nicht weit verbreitet. Die Hauptursache dafür dürfte darin
liegen, daß die am Markt befindlichen und vor allem für Labormessungen in
Fluiden konzipierten, sehr hochwertigen und universellen Meßsysteme sehr
teuer, in der Bedienung kompliziert, auf Störeinflüsse (Erschütterungen,
Hitze, Spritzwasser, Staub) sehr empfindlich und daher für den industriellen Einsatz in der Regel unbrauchbar sind.
Ausgehend von dieser Tatsache ist in den letzten Jahren am hiesigen Institut ein für den Einsatz in der Stahlindustrie gedachtes laseroptisches Ge-
schwindigkeitsmeßsystem   "LGM" weiterentwickelt worden /2/. Dieses System
beinhaltet einen laseroptischen Meßkopf und eine Auswerteelektronik. Nachstehend wird über den Aufbau des Meßkopfes näher berichtet.

2. Meßprinzip

Das Meßprinzip (Abb. 1) basiert auf dem Ende der 60iger Jahre von Rudd und
Stein /3/ ausgearbeiteten Differenz-Doppler-Verfahren. Mit diesem Verfahren
ist es möglich, optisch nach dem Doppler-Effekt Geschwindigkeiten von langsam bewegten Objekten zu erfassen.

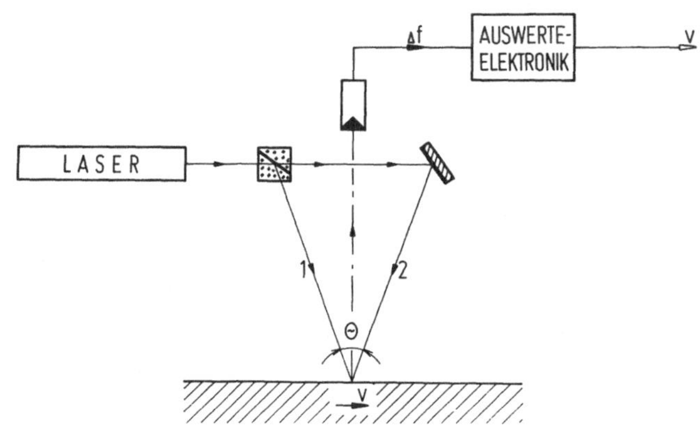

Abb. 1. Geschwindigkeitsmessen nach dem Differenz-Doppler-Prinzip

Ein vom Laser ausgesandter Lichtstrahl mit der Wellenlänge λ_L wird in
zwei Teilstrahen 1 und 2 zerlegt, die an der Oberfläche des mit der Geschwindigkeit v bewegten Meßgutes wieder zum Schnitt unter einem Winkel Θ
gebracht werden. Passiert die bewegte Oberfläche den Schnittbereich der
beiden Teilstrahlen, das sogenannte Meßvolumen, so enthält das dabei rück-
gestreute Licht eine Schwebungsfrequenz Δf, welche der gemessenen Ober-
flächengeschwindigkeit v proportional ist.

$$\Delta f = v \cdot \frac{2}{\lambda_L} \cdot \sin\frac{\theta}{2} \tag{1}$$

Das Lichtsignal wird im optoelektronischen Empfangsteil des Meßkopfes zu
einem elektrischen Signal umgewandelt und vom Signalprozessor ausgewertet.

3. Laseroptischer Geschwindigkeitsmeßkopf "LGM"

Bei der Entwicklung des neuen Meßkopfes wurden in erster Linie die Forderungen nach einer robusten, zuverlässigen und kompakten Konstruktion, sowie nach einfacher und kostengünstiger Fertigung berücksichtigt.
Im Unterschied zu den bisher bekannten Meßkopfausführungen, von denen die
meisten nur für Laboreinsätze geeignet sind, wurde eine neue /4/, besonders
platzsparende Anordnung der einzelnen Elemente der Sende- und Empfangsoptik
gewählt (Abb. 2), die außerdem beste thermische Stabilität garantiert.

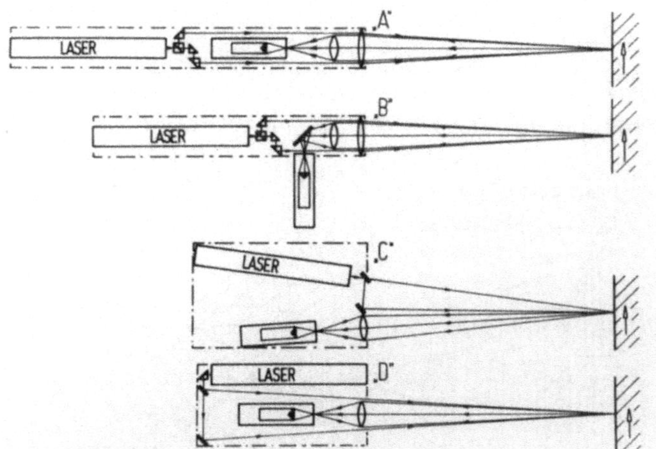

Abb. 2: Anordnung der Baugruppen in laseroptischen Geschwindigkeitsmeß-
köpfen: A bis C - bisherige Ausführungen, D - neue Ausführung.

Der Laser, die Sende- und Empfangsoptik liegen nicht in einer Reihe, sondern parallel zueinander. Dadurch wird das Gerät kurz und seine Länge nur
durch die Länge des Lasers bestimmt. Sende- und Empfangsteil sind getrennt
und unabhängig voneinander angeordnet, so das kein Primärlicht in die
Empfangsoptik gelangen kann. Die zentrale Lage des Fotoempfängers in Richtung der höchsten Intensität des rückgestreuten Lichtes garantiert ein
günstiges Signal-Rausch-Verhältnis des Meßsignals. Die empfindliche Sendeoptik, die den exakten Schnitt der beiden Teilstrahlen an der Meßoberfläche
gewährleisten muß, ist im hinteren Bereich des Meßkopfes untergebracht, wo
sie vor der thermischen Strahlung des Meßobjektes am besten geschützt ist.
Die Abb. 3 zeigt den inneren Aufbau des Meßkopfes. Er umfaßt folgende
Funktionsgruppen: Tragrahmen, Dauerstrichlaser, Lasernetzteil und Umlenk-
optik, Sendeoptik und optoelektronisches Empfangssystem.

Abb. 3: Laseroptischer Geschwindigkeitsmeßkopf "LGM" (ohne Schutzgehäuse).

3.1. Sende- und Empfangsoptik

Die Sendeoptik ist in Form eines neuartigen /7/ justierbaren Strahlenteilers ausgeführt, dessen Prinzip und Fertigung die Abb. 4 zeigt.

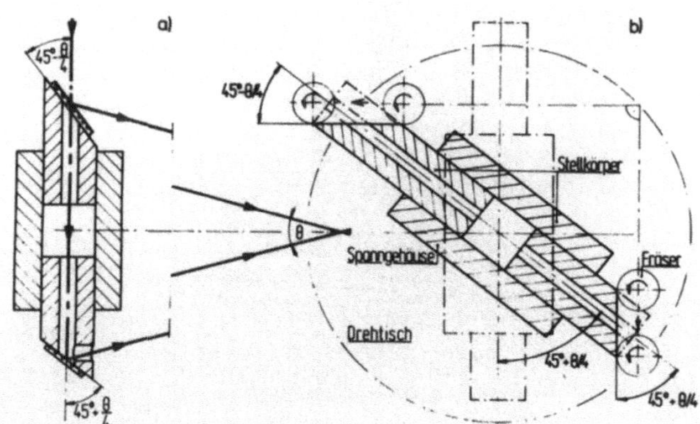

Abb. 4: Prinzip des justierbaren Strahlenteilers - a) und Bearbeitungsprinzip seiner Stellkörper - b).

Der Strahlenteiler besteht aus einem spannbaren Gehäuse mit einer zylindrischen Bohrung und zwei darin befindlichen Stellkörpern, von denen einer eine teildurchlässige Platte und der zweite einen Vorderflächenspiegel trägt. Der Winkel zwischen den beiden umgelenkten Teilstrahlen ist durch die Neigung der Montageflächen für die beiden Spiegel an den Stellkörpern festgelegt. Durch Verschieben und Verdrehen der Stellkörper können die beiden Teilstrahlen in der gewünschten Entfernung zum Schnitt gebracht werden. Diese Strahlenlage wird dann durch Einklemmen der Stellkörper im Aufnahmegehäuse stabil gehalten. Eine für die richtige Funktion des Strahlenteilers notwendige präzise Bearbeitung der schrägen (45 + θ/4 und 45 - θ/4) Montageflächen der beiden Stellkörper läßt sich in der in Abb. 4 dargestellten Weise einfach verwirklichen. Die beiden fertig gedrehten Zylinderkörper werden im Spanngehäuse am Drehtisch einer Fräsmaschine montiert. In Nullage des Drehtisches liegen die Zylinderkörper axparallel zur Längs- bzw. Quervorschubrichtung der Fräsmaschine. Anschließend wird der Drehtisch auf den gewünschten Neigungswinkel einer der Montageflächen eingestellt und die Fläche des einen Stellkörpers im Quervorschub und die des zweiten im Längsvorschub der Fräsmaschine bearbeitet. Danach muß lediglich einer der Stellkörper um seine Achse um 180° verdreht werden.

Die an der Frontseite angebrachte Empfangsoptik enthält zwei plankonvexe Linsen und ein schmalbandiges Interferenzfilter für Laserlicht Im Brennpunktbereich der letzten Linse vor dem Fotoempfänger befindet sich eine justierbare Blende, die sekundäre Lichtreflexe abhält.

3.2. Meßkopfempfangselektronik

Die Empfangselektronik wandelt das von der Empfangsoptik erfaßte Lichtsignal in ein zum Übertragen und Weiterverarbeiten geeigentes elektrisches Signal um. Die Abb. 5 zeigt das Blockschema der elektrischen Schaltung des Meßkopfes.

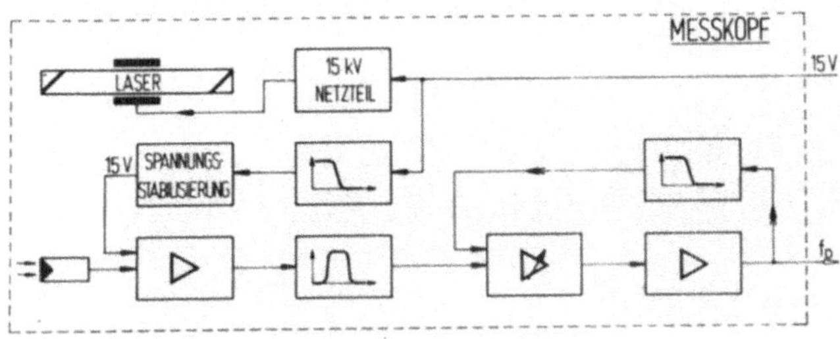

Abb. 5. Elektrische Schaltung des Meßkopfes.

Als photoelektrischer Wandler dient eine PIN-Photodiode die nur niedrige Versorgungsspannung benötigt, im Bereich des roten Laserlichtes besonders empfindlich, aber unempfindlich gegen Lichtüberlastung sowie kostengünstig ist. Das elektrische Signal der Photodiode wird vorverstärkt einem Bandpaßfilter zugeleitet. Die Durchlaßbandbreite des Filters wird den zu erwartenden Meßfrequenzen angepaßt. Das gefilterte Signal passiert im Meßkopf einen Regel- und einen Endverstärker. Über den Regelverstärker kann vom Steuergerät aus die gewünschte Pegelhöhe des Meßkopfsignals fernverstellt werden.
Für die Meßkopf-Empfangselektronik wurde eine kompakte und zuverlässige Bauweise (Abb. 6) gefunden.

Abb. 6: Aufbau der Meßkopfempfangselektronik.

4. Technische Daten des Meßkopfes

Meßprinzip: Differenz-Doppler-Verfahren

Lasertyp: He/Ne (632,8 nm)

Laserleistung: 2 mW (5 mW)

Empfängertyp: PIN-Photodiode

Elektr. Anschluß: 15 V DC, 1 A (1,5 A)

Ausgangssignal: geschwindigkeitsproportionales, gefiltertes Frequenz-
                     signal

Umsetzkonstante: 94,8 kHz.s/m

Meßabstand: 1000 mm + 5 mm

Abmessungen: 80 x 180 x 330 mm (80 x 200 x 460 mm)

5. Anwendungsmöglichkeiten

Der vorgestellte Meßkopf wurde im Hinblick auf die Erfordernisse der
Hüttenindustrie entwickelt und dort mit Erfolg erprobt. Die Abb. 7 zeigt
einen für den Einsatz in Stranggießanlagen gebauten Meßkopf in einem
spritzwasserfesten Schutzgehäuse mit aufgesetztem Schutzrohr.

Abb. 7: Geschwindigkeitsmeßkopf "LGM" für Messungen in Stranggießanlagen.

Darüberhinaus kann der Meßkopf nach entsprechender Anpassung sowohl für betriebliche Untersuchungen als auch für Dauermessungen in Fertigungsanlagen
vieler anderen Industriezweige eingesetzt werden.

Literatur

/1/ Schwenzfeier, W., Gfrerer, M.: Berührungsloses Geschwindigkeitsmessen.
    Berg- und Hüttenmänn. Mh. 1972, 445-52.

/2/ Kawa, F.: Beitrag zum meßtechnischen Überwachen des Stahl-Strang-
    gießens. Diss. Montanuniversität Leoben. 1984.

/3/ Stein, v.H.D., Pfeifer, H.J.: A Doppler Differenz Method for Velocity
    Measurements. Int. J. of Sci. Metrology 1969, 59-61.

/4/ Österr. Patent Nr. 378267

/5/ Österr. Patent Nr. A 3438/83

LWL KOMPONENTEN UND IHRE ANWENDUNG

W. Hojas

Siemens AG
Abt. N SI KOMP V LWL V
Hofmannstr. 51
8000 München 70

ZUSAMMENFASSUNG:
Die Vorteile, die eine Übertragung über Galsfaser bietet, führte
zu einer Nachfrage und Entwicklung von Lichtwellenleiter-Kompo-
nenten für teilweise recht unterschiedliche Anwendungen. Komponenten sind die Schlüsselbausteine jeder Anlage. Vielfalt und
Grundeigenschaften einiger dieser Komponenten soll aufgezeigt
werden.

Funktionsprinzipien:
Prinzipieller Aufbau eines optischen Übertragungssystems.

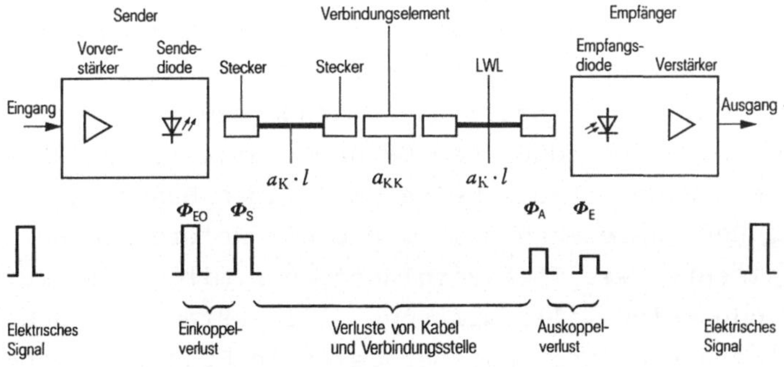

Die dem Sender zugeführten elektrischen Signale werden in
optische Signale umgesetzt (∅ eO) und über z. B. eine Steck-

verbindung in eine LWL-Leitung eingekoppelt (øs). Aufgrund
der Einkopplungsverluste, der Leitungsdämpfung und der evtl.
vorhandenen Verbindungselemente bzw. Spleiße steht am Ende
der Leitung eine auszukoppelnde optische Strahlungsleistung
(ø A), welche dem Empfänger zur Verfügung steht und von
diesem in elektrische Signale umgewandelt wird.

Profile und Eigenschaften von Lichtleitfasern

A) Mehrmodenfaser mit Stufenprofil

Bei diesem Fasertyp wird das Licht durch Totalreflexion
an der Grenzfläche zwischen Kern und Mantel der Glasfa-
ser geführt. Dieser Fasertyp eignet sich je nach Kern-
querschnitt für Übertragungsbandbreiten zwischen 10 und
50 MHz x km. Typische Kerndurchmesser dieser besonders
für industriellen Einsatz geeigneten Faser sind 100 µm,
200 µm, 400 µm und 600 µm.

B) Einmodenfaser mit Stufenprofil

Wie schon der Name sagt, ist in diesem Fasertyp nur ein
Mode, der Mode niedrigster Ordnung ausbreitungsfähig.
Man spricht hier auch von einer Wellenführung in der Faser. Die Bandbreite geht bis weit in den GHz x km-Be-
reich. Der Kerndurchmesser einer Einmodenfaser beträgt
5 bis 10 µm. Für industrielle Anwendungen hat diese Faser
z. Zt. wenig Bedeutung. Der Grund dafür ist, daß im ange-
sprochenen Problemkreis keine derartigen Bandbreiten auftreten. Ganz abgesehen davon, daß die Anforderungen an
Koppelelmente, wie Steckverbinder, nur mit großem Aufwand
lösbar und keinesfalls wirtschaftlich wären. Als Sender
kommt für diese Faser nur der Laser in Frage, da eine LED
wegen ihrer Strahlcharakteristik nicht genügend "Licht" in
die Faser einkoppelt.

Ihren Übertragungseigenschaften entsprechend, bei extrem
hoher Bandbreite, kann diese Faser in der Breitbandkommuni-
kation zum Einsatz kommen. Typischer Anwendungsfall dieser

Faser findet man in postalischen Übertragungssystemen.

C) <u>Mehrmodenfaser mit Gradientenprofil</u>

Hier wird das Licht durch Brechung in der Faser geführt.
Die Bandbreite einer derartigen Faser liegt über
1 GHz x km. Für Übertragungsstrecken großer Länge und
in Verbindung mit schnellem Datentransfer, kann der Einsatz einer Gradientenfaser auch im industriellen Bereich
erforderlich sein.

<u>Optische Steckverbinder</u>

Optische Steckverbinder dienen dazu, eine leicht lösbare,
reproduzierbare und dämpfungsarme Verbindung zwischen den
einzelnen Systemkomponenten Sender, LWL-Kabel, Empfänger und
Verzweigern herzustellen. Auch Durchführungen und Verlänge-
rungen von LWL-Kabeln werden aus zwei Steckverbindern und
einem Verbindungselement aufgebaut.

Optische Steckverbinder können bezüglich ihrer Wirkungsweise
in zwei Gruppen unterteilt werden. Die erste Gruppe beruht
auf dem Prinzip der Stirnflächenkopplung und die zweite
Gruppe auf dem Prinzip der optischen Abbildung mittels Linsen.

Der optische Steckverbinder ist in der Kette der Bauteile
eines optischen Übertragungssystemes ein Glied, an das hohe
Anforderungen gestellt werden. Der Steckverbinder für industrielle Anwendungen sollte ein Optimum hinsichtlich Mon-
tageaufwand (Konfektionierung der LWL-Kabel mit Steckern),
Leistungsdaten und Produktionskosten sein.

Für den Anwender ist es wichtig, nicht zuletzt wegen der
Sicherstellung einer Second Source, daß der in Frage kom-
mende Steckverbinder einer Norm entspricht, die eine fest-
gelegte Qualität und Kontinuität in der Lieferfähigkeit ga-

rantiert. Ein umfassendes Angebot an Steckverbindern für optische Datenübertragungsanlagen befindet sich bereits auf
dem Weltmarkt. Es reicht von Hartmetall-Einmoden-Steckver-
binder für Weitverkehrssysteme über Metallsteckverbinder
für Mehrmodenglasfasern bis zu LWL-Mehrmoden-Kunststoff-
steckern für Plastikfasern die für kurze Strecken im industriellen Bereich eingesetzt werden.

<u>Beispiele einiger LWL-Steckverbinder</u>

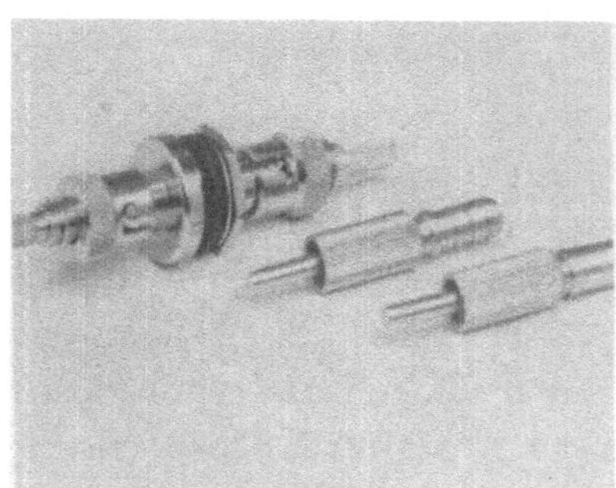 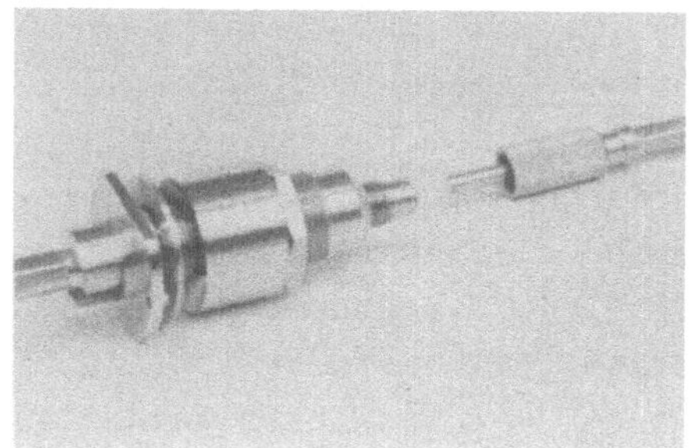

Um Steckverbinder an LWL-Kabeln anzubringen, stehen Monta-
gekoffer mit reichhaltigem Zubehör zur Verfügung.

<u>Wandler</u>

Wandler, bestehend aus Sende- oder Empfangsdiode und Gehäu-
sekuppler, lassen sich problemlos in anwenderspezifische
Sender und Empfänger einbauen. Sie bilden die mechanische
Nahtstelle zu Lichtwellenleiterkabeln.

Die Sende- und Empfangsdioden sind meist in ein Metallge-
häuse eingebaut und arbeiten bei 800 - 900 nm. Sie sind
unter anderem , für Steckverbinder passend, in DIN oder
SMA-Ausführung erhältlich.

Wandler zeichnen sich durch hohe Sendeleistungen bzw. grosse Eingangsempfindlichkeit bei kleinen Dunkelströmen aus.

Beispiele optoelktrisch- elektrooptische Wandler

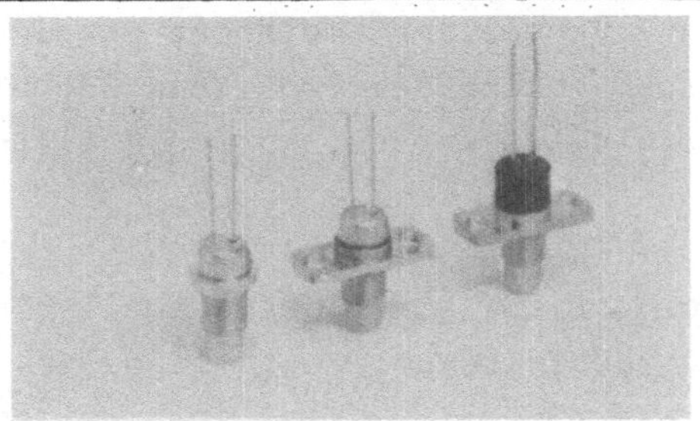

Systeme

Als aktive Komponenten stehen Sender und Empfängermodule zur
Verfügung, die bei einer Wellenlänge von 830 nm - 1300 nm
und einer Betriebsspannung von 5 V arbeiten und je nach
Ausführung auch mit automatischer Signalauffrischung ausgestattet sein können. Ihre Schrittgeschwindigkeit reicht
bis zu 200 MBd. Ihr Einsatz ist vorzugsweise in Systemen
vorgesehen, die mit der Gradientenfaser G 50/125 bzw.
G 100/140 µm ausgerüstet sind, wobei u. a. zwischen DIN-
Steckverbindern mit 2,5 mm Stiftdurchmesser und SMA-Steck-
verbindern gewählt werden kann. Es können Übertragungsstrecken bis zu einigen km erreicht werden.

Beispiele für LWL-Übertragungsmodule

Optische Verzweiger

Sobald über eine Faser "Nachrichten" in zwei Richtungen über
tragen oder mehrere Sender und Empfänger in einer Busstruktur vereinigt werden sollen bzw. optische Signale an mehrere
Teilnehmer weitergeleitet werden, kommen optische Verzweiger
zur Anwendung.

Durch die Verwendung z. B. eines halbdurchlässigen Spiegels
als Strahlteiler, können sowohl wellenlängeabhängige (Wel-
lenlängenmultimplexer/Demultiplexer) bzw. wellenlängenunab-
hängige Verzweiger (3-Tor-Verzweiger/Sternkoppler) gefertigt
werden. Strahlteiler weisen niedrige Einfügungsdämpfungen bei
geringen Übersprechen auf und stehen mit unterschiedlichen
Teilungsverhältnissen in den Ausführungen mit Flansch und
Pigtail zur Verfügung. Eine weitere Möglichkeit optische Signale umzuleiten bietet das LWL-Relais in den verschiedensten
Konfigurationen.

Beispiele für 3-Tor-Verzweiger, WDM, Wellenlängenmultiplexer Sternkoppler und Relais

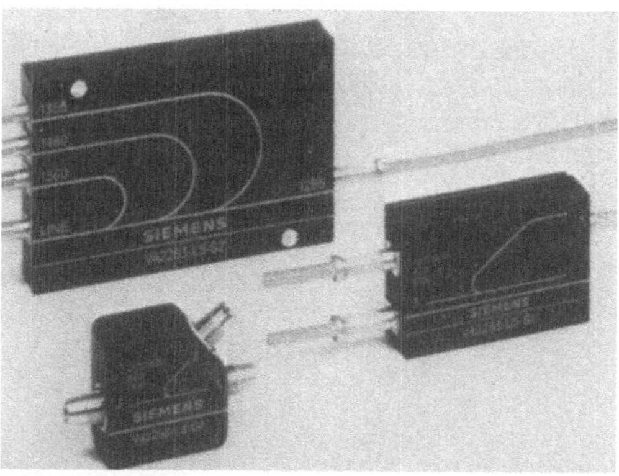

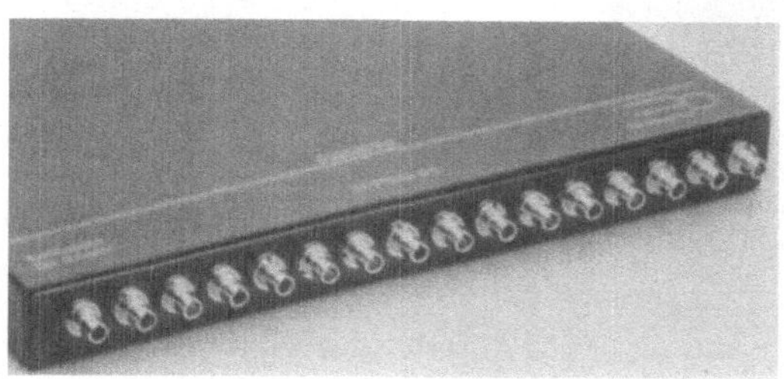

INTEGRIERT-OPTISCHER MODULATOR FÜR 1,3 µm GLASFASERSYSTEME

E. Bratengeyer, B. Furch

Institut für Nachrichtentechnik, Technische Universität Wien
Gußhausstraße 25, A-1040 Wien

ZUSAMMENFASSUNG:

Ein Wellenleitermodulator in der Technik der Integrierten Optik
wurde zur Intensitätsmodulation von Halbleiter-Laserstrahlung
($\lambda = 1,3$ µm) in Glasfasersystemen entwickelt. Wir beschreiben
die Funktionsweise und die Herstellung eines Interferometer-
Wellenleitermodulators. Weiters berichten wir über Messungen
der Lichtführung und des Modulationsverhaltens (Halbwellenspannung, Auslöschungsvermögen, Einfügungsdämpfung, Bandbreite)
dieses Bauelementes.

Einleitung

Bauelemente der Integrierten Optik gewinnen zunehmend an Bedeutung in der Nachrichtentechnik, basierend auf der erfolgreichen
Entwicklung von Halbleiterlasern sowie dämpfungs- und disper-
sionsarmen Glasfasern bei Lichtwellenlängen von $\lambda = 1,3$ µm bzw.
1,5 µm /1/. Kernstück der Integrierten Optik ist der dielektri-
sche Wellenleiter, ein Kanal mit erhöhtem Brechungsindex, in
dem Lichtwellen durch Totalreflexion geführt werden. Kleine Abmessungen - typische Monomodewellenleiter für $\lambda = 1,3$ µm sind
6 µm breit und 4 µm tief - erlauben äußerst effiziente und
schnelle Beeinflussung der Lichtausbreitung durch elektrische
Signale, wie dies für Modulatoren für Übertragungsraten im
Gbit/s-Bereich oder in der schnellen Signalverarbeitung (A/D-
Wandler, optische Abtastelemente, Logikelemente) notwendig ist.
Basierend auf Untersuchungen von Modulatoren für $\lambda = 0,6$ µm /2/
wurde für den Einsatz in modernen Glasfasersystemen ein externer

Modulator für $\lambda = 1,3$ µm realisiert. Durch Optimierung der geometrischen Abmessungen der Wellenleiter und der Diffusionsparameter konnte bei einer Steuerspannung von 5,5 V (Modulationstiefe 99,8%) und einer Einfügungsdämpfung von 4,6 dB eine Bandbreite von 2,2 GHz erzielt werden.

Funktionsweise eines elektrooptischen Modulators

In elektrooptischen Kristallen,wie z.B. in $LiNbO_3$, läßt sich durch elektrische Felder eine Änderung des Brechungsindex n um

$$\Delta n = - \frac{1}{2} n^3 rE \tag{1}$$

bewirken. r bezeichnet den entsprechenden Koeffizienten des elektrooptischen Tensors, E die elektrische Feldstärke /1/. Ein elektrisches Feld, das zwischen aufgedampften planaren Goldelektroden durch den Wellenleiter durchgreift, bewirkt somit eine Phasenverschiebung der Lichtwelle. Die Phasenverschiebung $\Delta\varphi$ nach der Wechselwirkstrecke L ist dann

$$\Delta\varphi = \frac{\pi n^3 r}{\lambda_0} \frac{V}{G} L\Gamma \quad , \tag{2}$$

wobei λ_0 die Vakuumwellenlänge des Lichtes bezeichnet, V die Spannung an den Elektroden mit dem Abstand G und Γ das Überlappungsintegral von elektrischem und optischem Feld. In der in Abb.1 gezeigten Interferometerkonfiguration, die aus Wellenleiterverzweigungen gebildet wird, führt die Phasenmodulation der Lichtwellen in den beiden Interferometerarmen zur Intensitätsmodulation im Ausgangswellenleiter. Die Abhängigkeit der Ausgangslichtintensität I von der Modulationsspannung V ist gegeben durch /3/

$$I = \cos^2 \left(\frac{\pi}{2} \frac{V}{V_\pi} + \frac{\varphi}{2} \right) \quad , \tag{3}$$

wobei V_π die für vollständige Ein/Aus-Modulation notwendige Halbwellenspannung und φ ein statischer Phasenunterschied zwischen den Wellenleitern ist.

Herstellungsparameter und Aufbau

Zur Untersuchung der Modenführung im Wellenleiter wurden Titan-
streifen unterschiedlichen Querschnittes durch Bedampfen und
photolithografische Abhebetechnik auf $LiNbO_3$-Substrate aufgebracht /4/. Eine Schichtdicke von 84 nm und eine Breite von
6,5 µm führt nach Eindiffusion zu Wellenleitern, in denen nur
der Grundmodus ausbreitungsfähig ist. Die Wahl der Diffusions-
temperatur von 1020°C und der Diffusionszeit von 8 h stellt
sicher, daß der Grundmodus dämpfungsarm geführt wird. Nach der
Diffusion wurden die Endflächen des Kristalles präzise poliert,
um eine verlustarme Lichteinkopplung über die Stirnflächen zu
ermöglichen /5/. Nach der Untersuchung des Einflusses von Abstand, Länge und Anspeisung der Elektroden auf das Modulationsverhalten wurde eine offene koplanare Übertragungsleitung
(275 nm dicke Cr-Au-Schicht) gewählt (siehe Abb.1), da mit dieser Elektrodenform kleine Elektrodenabstände und damit minimale
Halbwellenspannungen realisiert werden können. Beim untersuchten Modulator wurde ein Elektrodenabstand von 5,8 µm und eine
Wechselwirklänge von 4,5 mm gewählt.

Um bandbegrenzende Effekte, die durch Zuleitungen oder Bondver-
bindungen hervorgerufen werden können, zu vermeiden, wurde die
Signalzuführung in einfacher Weise durch direktes Andrücken der
SMA-Stecker auf Mittel- und Masseelektrode realisiert.

Messungen

Zur Messung von Lichtführung und Modulationsverhalten des optischen Modulators wurde linear polarisiertes Licht eines InGaAsP-
Lasers ($\lambda = 1,3$ µm) durch ein 20x Mikroskopobjektiv auf die
Stirnfläche des Eingangswellenleiters fokussiert. Ein 40x Mikroskopobjektiv bildete das Nahfeld des Ausgangswellenleiters
gleichzeitig auf eine Photodiode sowie ein IR-Vidikon ab.

Zur Charakterisierung der Lichtführung wurden die Lichtleistung
und die Moden-Halbwertsbreiten gemessen. Sie betrugen 6,0 µm in
lateraler und 3,2 µm in vertikaler Richtung. Die Halbwellenspannung, jene Spannung, die erforderlich ist,um maximale bzw.

minimale Lichtintensität am Modulatorausgang zu erhalten, beträgt 5,5 V bei einem Auslöschungsverhältnis von 23 dB. Hohes Auslöschungsvermögen bei kleiner Spannung konnte durch exakte Anpassung der Elektroden- und Wellenleitergeometrie erreicht werden. Die Einfügungsdämpfung beträgt nur 4,6 dB und wird im wesentlichen durch Reflexion und Modenfehlanpassung an den Wellenleiterendflächen bestimmt.

Für Kleinsignal-Intensitätsmodulation wurde der Frequenzgang M(f) des Modulators indirekt mittels der Swept-Frequency-Methode gemessen /6/. In Abb.2 ist die Frequenzabhängigkeit des optischen Modulatorausgangssignals dargestellt. Errechnete /7/ und gemessene /8/ Werte stimmen gut überein, die 3-dB Bandbreite beträgt 2,2 GHz.

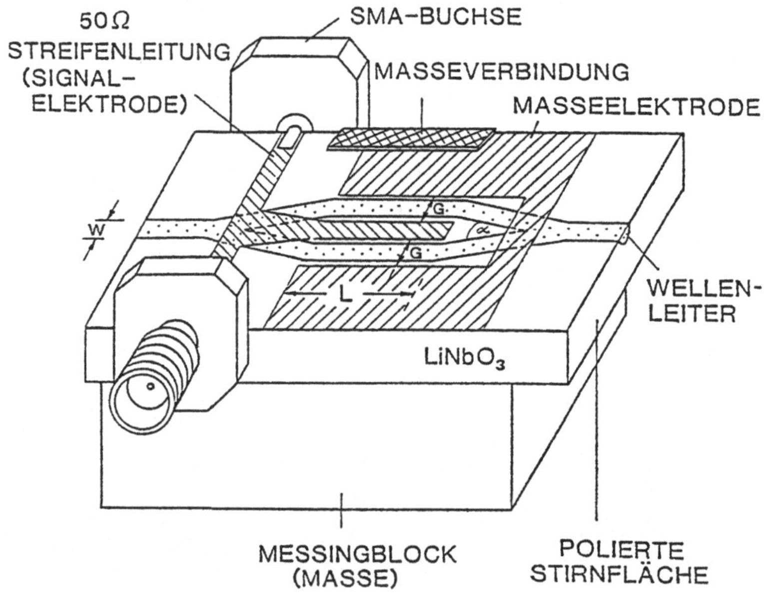

Abb.1: Schematischer Aufbau eines integriert-optischen Modulators. Das Modulationssignal wird über eine 50-Ω Streifenleitung der Mittelelektrode zugeführt. Elektrodendimensionen (schraffiert): L = 4,5 mm, G = 5,8 μm. Wellenleiterdimensionen (punktiert): w = 6,5 μm, α = 1,1°. Kristallabmessungen 14 x 2 x 6 mm³.

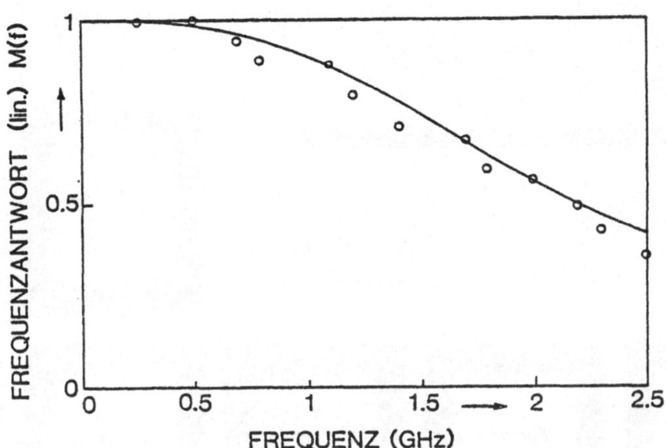

<u>Abb.2:</u> Gemessener (o) und errechneter (-) Frequenzgang des
optischen Ausgangssignals des Modulators.

<u>Danksagung</u>

Wir danken der österreichischen Nationalbank für Ihre Unterstützung durch den Jubiläumsfonds im Projekt 2302.

<u>Literatur</u>

/1/ ALFERNESS, R.C., IEEE Trans. Microwave Theory Tech., MTT-30,
    1121-1137; 1982.

/2/ FURCH, B., BRATENGEYER,E., Proc. 6th Int. Congress "Laser 83,
    Optoelectronics", München, 481-485; 1983.

/3/ BECKER, R.A., IEEE J. Quantum Elctron., 20, 723-727; 1984.

/4/ SCHMIDT, R.V., KAMINOW, I.P., Appl. Phys. Lett., 25,
    458-560; 1974.

/5/ FURCH, B., BRATENGEYER, E., RAUCH, H., J. Opt. Comm., 4,
    47-50; 1983.

/6/ FURCH, B., BRATENGEYER, E., Tagungsbericht Sem. d. TU Wien,
    Großarl/Sbg, 107-113; 1985.

/7/ ZIERHOFER; C., Diplomarbeit, TU Wien, 1985.

/8/ BRATENGEYER, E., FURCH, B., Postdeadline paper, "3rd Europ.
    Conf. Integrated Optics", Berlin; 1985.

6. Themenkreis

ANWENDUNG IN KLEIN- UND MITTELBETRIEBEN

Leitung:

Prof. Dipl.-Ing. F. Margulies
Univ.-Prof. Dr. R. Patzelt

ERFAHRUNGEN ÖSTERREICHISCHER UNTERNEHMEN
MIT "FLEXIBLER AUTOMATION"

H. Lasek

Beratungs- u. Informationsstelle für Mikroelektronik
(BIME) im Wirtschaftsförderungsinstitut der Bundeskammer
der gewerblichen Wirtschaft

ZUSAMMENFASSUNG:

Durch die Mikroelektronik ist die Automatisierungstechnik
zu einem Prozeßsteuerelement geworden, das durch hohe
Flexibilität, Zuverlässigkeit und Wirtschaftlichkeit ausgezeichnet ist. Der österr. Wirtschaft, die zum Großteil aus
Klein- u. Mittelbetrieben besteht, ergeben sich aber gewisse
Probleme bei der Anschaffung kapitalintensiver Anlagen. Ein
schrittweiser Einsatz der Flexiblen Automation der aufgrund
eines umfassenden Konzeptes erfolgen sollte, ist zur Erhaltung
der Wettbewerbsfähigkeit unserer Unternehmungen unumgänglich.

1. Das Problemfeld

Die wirtschaftliche Situation änderte sich im letzten Jahrzehnt
grundlegend. Erhöhte Qualitätsansprüche, steigende Individualität
der Bedürfnisse der Kunden und nicht zuletzt die technische
Entwicklung führen dazu, daß immer mehr neue Produkte in immer
kürzeren Abständen - bei sinkendem Preis und verbesserter
Leistung - am Markt auftauchen.

Reduktion der Herstellkosten durch Produktivitätssteigerung
im Fertigungsbereich, die durch meist kapitalintensive Auto-
matisierungsanlagen erreicht wurde, war die bisherige Strategie
der produzierenden Unternehmungen. Der Automatisierungsgrad
ist aber im allgemeinen umso größer, je spezialisierter, d.h.
je produktbezogener die Einsatzmöglichkeiten solcher Fertigungsanlagen (z.B.Transferstraßen) sind. Das Resultat ist die preis-
günstige Herstellung von Massenware.

Die heutige Markt- u. Umfeldsituation verlangt aber eine Strategie
die es gestattet, Produkte rasch zu entwickeln, an individuelle
Kundenwünsche leicht anzupassen und diese qualitativ hochwertigen Produkte auch bei relativ kleinen Losgrößen - bis hin zur
Einzelfertigung - mit hoher Wirtschaftlichkeit herzustellen.
Dadurch soll die Existenz des Unternehmens in einem verschärften Wettbewerb - auch am Weltmarkt und gegenüber Schwellen-
ländern mit anderer Kostenstruktur - langfristig gesichert
werden.

2. Lösungsansätze über Flexible Automation

Die Automatisierungstechnik der letzten Jahre war also gekennzeichnet durch kurze Be- bzw. Verarbeitungszeiten, war gut
geeignet für größere Serien, aber wenig universell einsetzbar.
Sie führte bei richtigem und problemangepaßtem Einsatz zu hoher
Wirtschaftlichkeit in der Produktion.

Mit der Nutzung der Eigenschaften der Mikroelektronik ist heute
die Automatisierungstechnik zu einem Prozeßsteuerelement geworden,
das durch hohe Felxibilität, Zuverlässigkeit, Wirtschaftlichkeit und universelle Einsatzmöglichkeiten ausgezeichnet ist.
Die Anwendung der Flexiblen Automation ist zu einem Gradmesser
für die internationale Wettbewerbsfähigkeit geworden. Mikroelektronische Bauelemente dienen zur exakten und flexiblen
Steuerung von Bearbeitungsmaschinen, Handhabungsgeräten
(Industrieroboter), Transportsystemen usw.

Die Frage, ob NC-Maschine, Fertigungszelle, flexibles Fertigungssystem (FFS), flexible Transferlinie oder klassische Transfer-
straße zum Einsatz kommen soll, hängt weitgehend von der Flexi-
bilitätserfordernis, d.h. von der Jahresproduktion u. der Anzahl
der unterschiedlichen Werkstücke ab. Im allgemeinen ist eine
Flexibilitätserhöhung mit einer Produktivitätsverringerung
zu bezahlen.
Der Einsatz von nur einer bzw. nur wenigen NC- bzw. CNC-Maschinen bringt zwar in vielen Fällen punktuell eine Entschärfung
von Engpässen sowie eine Produktivitätssteigerung mit sich,
eine Flexibilitäts- u. Qualitätsverbesserung bezogen auf die
gesamte Herstellung einer Produktlinie ist üblicherweise aber
nicht gegeben. Dies ist nur dann möglich, wenn der gesamte
Herstellungsprozeß rechnergesteuert abläuft, um damit die

Durchlaufzeiten, die heute zu etwa 80 % durch organisations-
bedingte Warte- u. Liegezeiten bestimmt sind, zu senken und
dadurch das Umlaufkapital zu reduzieren.
Die Struktur der österr. Wirtschaft besteht zu etwa 95 % aus
Klein- u. Mittelbetrieben, also Unternehmen die bis zu
500 Mitarbeiter beschäftigen. Dies bringt gewisse Probleme mit
sich. Zwar bieten kleinere Unternehmungen Vorteile bezüglich
der Flexibilität, weisen jedoch Nachteile bei der Anschaffung
kapitalintensiver Anlagen auf, weil diese dann meist großteils
fremdfinanziert werden müssen. Ein schrittweiser Einsatz der
Flexiblen Automation scheint deshalb in Österreich wirtschaftlich sinnvoll. Dabei ist aber darauf zu achten, daß flexible
automatische Fertigung geändertes Maschinen-Layout, flexiblere
Abläufe und neue Organisationsstrukturen ebenso erfordert wie
fertigungsgerecht und strukturoptimiert konstruierte Produkte.
Der schrittweise Einsatz von CNC-Maschinen, Industrierobotern
etc. in einem Unternehmen bedarf der Entwicklung eines umfassenden Konzeptes. Die Anschaffung einer derartigen Maschine
sollte nicht nur nach den klassischen Rationalisierungsgrund-
sätzen wie z.B. Kosten der Maschinenstunde, erfolgen.

3. Kostenentstehung und Kostenfestlegung

In den letzten 100 Jahren konnte im Fertigungsbereich durch
die technische Entwicklung bedingt, ein Produktivitätszuwachs
von ca. 1 000 % erreicht werden. Dadurch konnten die Herstellkosten wesentlich reduziert werden. Eine wichtige Komponente
neben der Kostenentstehung ist aber die der Kostenfestlegung:
Durch die Art der Konstruktion eines Produktes werden etwa 70 %
der - zwar später noch beeinflußbaren - Herstellkosten festgelegt.
Der Konstrukteur - der Vater eines Produktes - muß außer dem
anwendungs-/kundenbezogenen Know-how auch die herstellungsbe-
zogenen Möglichkeiten einer wirtschaftlichen Fertigung berücksichtigen. Im Rahmen der Konstruktion muß zwischen technisch
Machbarem und wirtschaftlich Vertretbarem optimiert werden.
Der Konstrukteur entwickelt ein zunächst gedankliches Modell
über Funktion und Gestalt des Produktes sowie über die Herstell-
barkeit der einzelnen Komponenten. Diese Geometrieinformationen
werden in der Sprache des Technikers, der Zeichnung formuliert,
um sie anderen Menschen mitteilen zu können.

Zunehmender Komplexheitsgrad der Produkte und der Herstellverfahren würden eine iterative Vorgangsweise im Rahmen der Konstruktion erfordern, um zwischen technisch Machbarem und wirtschaftlich Vertretbarem optimieren zu können. Dies ist aber
meist aus Zeit- u. Kostengründen nicht möglich.

Die heute mögliche interaktive grafische Datenein u. -ausgabe
in einen Computer gestattet dem Konstrukteur, das gedankliche
Modell über Produkt und Produktherstellung in ein rechnerinter-
nes Modell zu übertragen (Computer Aided Design/CAD: Computer-
unterstütztes Konstruieren). Er wird dabei von Routinetätig-
keiten entlastet und kann sich somit seiner eigentlichen Aufgabe,
der optimalen Produktgestaltung, widmen. Strukturoptimierte,
fertigungsgerechte Produkte - insbesonders im Rahmen der Flexiblen Automation - können dann bis hin zur Einzelfertigung kostengünstig hergestellt werden.
Aufgrund der günstigen Entwicklung des Preis/Leistungsverhält-
nisses von Computeranlagen werden derartige CAD-Systeme auch
für österr. Klein- u. Mittelbetriebe erschwinglich.

4. Information als Produktionsfaktor

Die im Rechner abgelegten Informationen über das Produkt, insbesondere die Geometrie- u. Technologiedaten, werden dann entweder in Form von Zeichnungen, Stücklisten usw. an Menschen ausgegeben oder können als elektronisches "Bit-Muster" an flexible,
numerisch gesteuerte Fertigungseinrichtungen weitergeleitet
werden. Man spricht in diesem Zusammenhang auch von Computer
Aided Manufacturing (CAM).
Diese Weiterleitung der Daten an CNC-Maschinen genügt allerdings
noch lange nicht, um jene Flexibilität und damit die oben ange-
führte Durchlaufzeitreduzierung zu erreichen, um das Umlaufkapital zu senken. Hier hilft vor allem die Computerunterstützte
Planung (CAP), um die Abläufe in der Fertigung zu steuern, die
Materialwirtschaft zu optimieren. Auch das rasche Erkennen von
Toleranzgrenzenüberschreitung durch Computer Aided Testing (CAT)
und die rasche Ursachenbeseitigung durch z.B. automatischen
Werkzeugwechsel dienen dazu, den heute geforderten Qualitäts-
ansprüchen gerecht zu werden. Will man dem immer wichtiger wer-
denden Produktionsfaktor "Information" gerecht werden, ist eine
Vernetzung von Daten innerhalb eines Unternehmens unumgänglich,

das Fernziel Computer Integrating Manufacturing (CIM) wird aber
wahrscheinlich frühestens in einem Jahrzehnt für die österr.
Unternehmen Realität werden.

Das Zusammenführen des technischen, material- u. produktbezoge-
nen Datenflusses mit dem kommerziell-administrativen, führt zu
der eingangs erwähnten Strukturoptimierung, nicht zuletzt deshalb, weil durch den Rechnereinsatz Ablauf- u. Aufbauorganisation
geändert und den heutigen Anforderungen angepaßt werden müssen.
Sinkende Hardwarepreise bewirken, daß jede Abteilung ihren eigenen Rechner zur Verfügung haben wird, der, den jeweiligen Anforderungen hard- u. softwaremäßig möglichst gut angepaßt, die Verarbeitung von Daten vorort durchführt. Diese Rechner werden in
einem Rechnerverbund zusammengeschaltet und stehen mit einer
(oder mehreren) Datenbank(en) in Verbindung. Die Mitarbeiter
können auf für sie relevante Daten/Informationen zugreifen und
diese erst an Ort und Stelle aufgabengemäß verknüpfen. Man spricht
in diesem Zusammenhang von "verteilter Intelligenz".

Voraussetzung für einen erfolgreichen Einsatz und eine zukunfts-
orientierte Integration dieser neuen Technologien im Unternehmen
sind eine genaue Analyse und gegebenenfalls Modifikation von
Produktestruktur/-palette, Ablauf- u. Aufbauorganisation sowie
Herstellverfahren. Das heute erforderliche, gesamtheitliche
Systemdenken wird durch die EDV-immanente Integration früher
streng getrennter Bereiche stark unterstützt.
Nicht zuletzt sollte aber auch auf die notwendige und möglichst
frühe Einbeziehung aller Betroffenen in den Entscheidungs-,
Auswahl- u. Veränderungsprozeß hingewiesen werden, denn die
Effizienz jedes technischen Hilfsmittels ist in höchstem Maß
abhängig von der Akzeptanz der Anwender.

5. Dienstleistungen der BIME

Die Einführung und der wirtschaftlich sinnvolle Einsatz dieser
modernen Technologie erfordern, wie eingangs erwähnt, die Erstellung eines umfangreichen Konzeptes, das nicht nur die technischen Voraussetzungen zu prüfen hat, sondern auch die organisatorischen und personellen Gegebenheiten. Die Beratungs- u.
Informationsstelle für Mikroelektronik (BIME) bietet deshalb
österr. Unternehmungen Hilfe bei der Erarbeitung und Umsetzung
dieses Konzeptes an. Diese Stelle wurde von der Bundeskammer

der gewerblichen Wirtschaft mit Unterstützung des Bundesmini-
steriums für Handel, Gewerbe u. Industrie im Wirtschaftsförderungsinstitut eingerichtet.
In mehrjähriger Erfahrung wurde von der BIME ein Beratungsmodell
entwickelt, mit dem es möglich ist, gemeinsam mit den Entschei-
dungsträgern des Unternehmens in einer Gruppenarbeit einen Überblick über die Einsatzmöglichkeiten der Mikroelektronik zur
Automatisierung zu erarbeiten.
Seit 1982 wurden insgesamt ca. 450 Beratungs- u. Informations-
gespräche geführt. Davon entfielen etwa 90 % auf den Bereich
Automatisierung. Derzeit werden die beiden Schwerpunktthemen
Industrieroboter u. CAD/CAM angeboten. Dabei wurden bis zum
heutigen Tag etwa 60 Informations- bzw. Beratungsgespräche
durchgeführt.
Für ein erstes, informatives Gespräch stehen dem Unternehmen
Mikroelektronikberater, das sind neben den BIME-Mitarbeitern
externe, freiberufliche Berater, Mitarbeiter von techn. Hoch-
schulen, techn. Büros und Ziviltechniker, einen Tag kostenlos
zur Verfügung, um eine Grobabschätzung über einen technisch
sinnvollen und wirtschaftlich erfolgreichen Mikroelektronikeinsatz vorzunehmen.
Ergibt sich daraus ein konkreter Anwendungsfall, beauftragt der
Unternehmer die BIME mit einer Beratung. Die Beratungskosten
werden in den ersten 6 Tagen zu 75 % und vom 7. - 12. Tag zu
50 % von der Bundeswirtschaftskammer übernommen. Darüber hinaus
bieten in manchen Fällen die Handelskammern zusätzliche finanzielle Unterstützung. Für 1985 wurde der Beratertagsatz mit
öS 4 400,-- + Spesen festgelegt.
Die BIME ist im Zentralgebäude der Bundeswirtschaftskammer
in 1045 Wien, Wiedner Hauptstr. 63, untergebracht und unter
der Wiener Telefonnummer 0222/65 05/DW 3048 erreichbar.

Ein CAD-System für Printplattenlayout

R. Grübler, G. Wießpeiner, S. Schuy

Institut für Elektro- und biomedizinische Technik, TU Graz

Zusammenfassung:

Entflechtung von Leiterbahnen und Erstellung von Fertigungsunter-
lagen ist ein zeit- und kostenintensiver Prozeß, der insbesondere Klein- und Mittelbetriebe belastet, da gerade hier kleine
Stückzahlen und Artenvielfalt zusammentreffen.
Für unsere eigenen Bedürfnisse, die etwa dem Anforderungsprofil
der oben erwähnten Gruppe von Elektronikanwendern entsprechen,
wurde ein CAD-System entwickelt, das trotz geringer Investitionskosten eine erhebliche Verkürzung der Layoutzeiten ermöglicht.

Der Markt an CAD-Systemen für Printplattenlayout ist in den letzten Jahren sehr unübersichtlich geworden. Die große Anzahl sehr
unterschiedlicher Systeme erfordern vom potentiellen Anwender
eine genaue Formulierung seiner Bedürfnisse, um das am besten
geeignete System auswählen zu können. Ein Limit bei den Investitionskosten genügt als Auswahlkriterium keineswegs, da zum
selben Preis sehr unterschiedliche Leistungen angeboten werden.

Folgende Randbedingungen führten zur Entwicklung eines eigenen
CAD-Systems:

* Ersatz der bisherigen Klebetechnik durch ein schnelleres
  und exakteres Verfahren.
* Investitionskosten max. öS 100 k.

* einfache Bedienung, da die Anwendung des Systems von mehreren Personen erfolgt und nicht von einer, speziell darauf ausgebildeten.

Unter diesen Voraussetzungen waren Autorouting und Autoplacement nicht realisierbar. Wir legten stattdessen das Schwergewicht auf rasches Digitalisieren einer handentflechten Vorlage und auf möglichst komfortable Editiermöglichkeiten. Die relativ kostspielige hochauflösende Bildschirmgraphik ist nicht erforderlich. Es genügt ein 4-farben Digitalplotter, ein Graphik-Tablett und ein 8-Bit Steuerrechner. Sämtliche Programme sind in Maschinensprache geschrieben, um kurze Reaktionszeiten zu erreichen.

1. Entflechtung

Diese Arbeit bleibt dem Entwickler überlassen. Sinnvollerweise wird er die Plazierung der Bauelemente gleich auf dem Raster vornehmen, mit dem später digitalisiert wird. Zu diesem Zweck plottet das CAD-System ein 1/20 Zollraster wählbarer Größe im Maßstab 2:1 aus (durch die Vergrößerung wird das Digitalisieren einfacher).
Das Zeichen der Augenmuster erfolgt am CAD-System auf dem gewählten Raster. Die Leiterbahnen werden dann per Hand, mit Bleistift gezeichnet. Sollte die Liniendichte an einer Stelle größer werden, als das Raster erlaubt, so kann das vorerst unberücksichtigt bleiben. Beim späteren Digitalisieren kann durch Verschieben der Bauteile Platz geschaffen werden.

2. Digitalisieren der Augen

Es können Einzelaugen und ganze Augenmuster eingegeben werden. Dazu stehen die Eingabemodi "A" für Einzelauge, "L" für Augenlinie und "I" für IC zur Verfügung. Die Position der Augenmuster wird am Graphiktablett digitalisiert. Bei Augenlinien und IC's genügt die Digitalisierung des linken, unteren Auges. Alle übrigen Augen werden automatisch generiert. Die dazu notwendigen Angaben wie Anzahl der Augen und Orientierung (W-waagrecht, S-senkrecht) werden am Terminal gemacht.

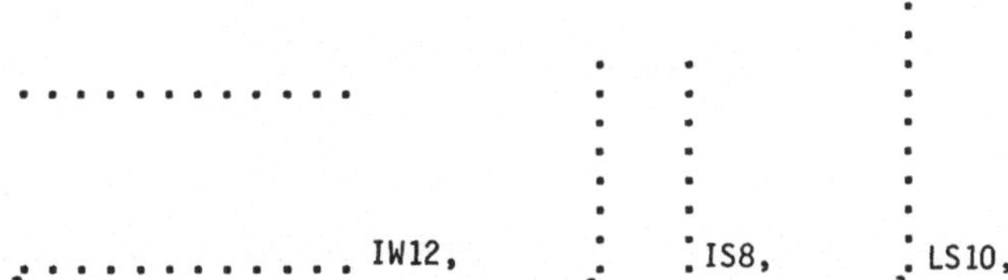

Abb. 1: Beispiele zur Generierung von Augenlinien und IC's. Danebenstehend die Kommandos, die diese Augenmuster erzeugen ("*"
heißt digitalisieren der Position).

Der Plotter zeichnet gleichzeitig mit der Eingabe am Tablett die
generierten Augen aus (siehe Abb. 1).

3. Digitalisieren der Linien

Die Eingabe von Linien erfolgt durch Digitalisieren der Eckpunkte (ebenfalls im Maßstab 2:1). Damit ist ein sehr rasches Arbeiten möglich. Wiederum zeichnet der Plotter parallel dazu mit.

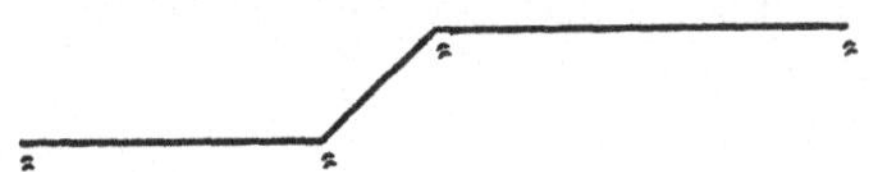

Abb. 2: Eingabe von Linien erfolgt durch Digitalisieren der Eckpunkte
("*" -Positionen).

Zuvor muß allerdings angegeben werden, ob die Linien auf die Unterseite oder auf die Oberseite gehören. Die Strichstärke kann
von 0,4 bis 4,8 mm in 16 möglichen Abstufungen gewählt werden.

4. Erzeugung komplexer Printstrukturen

Kommen auf einen Print gleichbleibende Muster vor (z.B. auf Bus-
platinen oder Speicherkarten), so müssen diese nicht mehrmals
eingegeben werden. Es genügt dieses Muster einmal einzugeben und
als Makro zu definieren. Makros können mit einem Tastendruck
überall am Print positioniert werden. Auch ein mehrmaliges automatisches Einfügen (mit gleichbleibenden Versatz) ist möglich
(siehe Abb. 3).

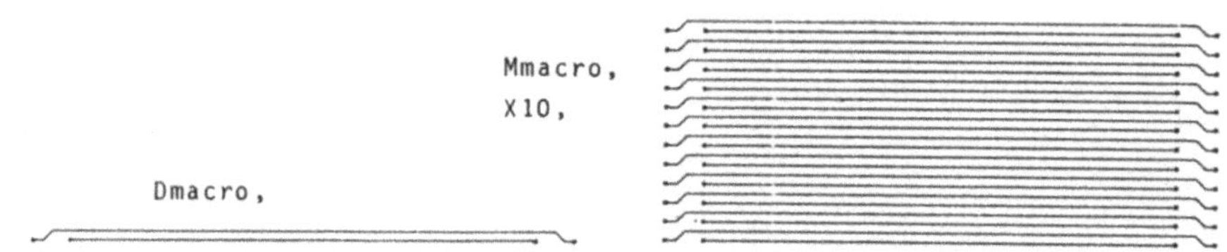

Abb. 3: Layout einer Verlängerungskarte. Links - Definition des Macros. Rechts - nach 10maligen automatischen Einfügen des Macros. Danebenstehend die jeweils erforderlichen Kommandos.

5. Korrekturmöglichkeiten

Augen: verschieben, löschen.

Linien: als ganzes löschen, Linieneckpunkte löschen (unterbrechend oder nicht unterbrechend), Linieneckpunkt verschieben, Strichstärke ändern.

Felder: Ein rechteckiges Gebiet auf einem Print kann als Feld definiert werden. Felder können als ganzes gelöscht, verschoben oder gedreht werden. Linien die nicht vollständig innerhalb des Feldes liegen, werden nach dem Gummibandprinzip mitgezogen.

6. Plotten des Prints

Das Layout kann auf drei verschiedene Arten ausgeplottet werden.

Kontrollplot: Augen, Ober- und Unterseite werden im Maßstab 2:1 übereinander und in verschiedenen Farben ausgeplottet. Augen werden durch ein kleines Quadrat, dicke Linien nur durch die Umrandung dargestellt. Die Zeichengeschwindigkeit ist schnell.

Tuscheplot: Die Ausgabe erfolgt im Maßstab 1:1 auf Transparentpapier mit Tuschefeder. Ober- und Unterseite werden nebeneinander gezeichnet. Augen und dicke Linien werden ausgefüllt. Die Zeichengeschwindigkeit ist reduziert, damit die Tusche ordentlich fließt.

Kupferplot: Mit ätzfester Tusche kann auch direkt auf eine kupferkaschierte Printplatte geplottet werden.

Bei Tusche- und Kupferplot wird die Augengröße an die Umgebung
angepaßt(Abb. 4).

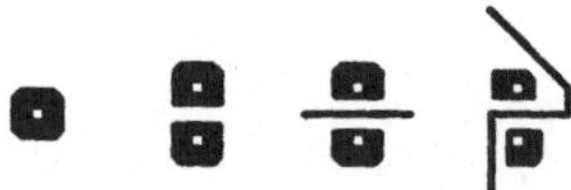

*Abb. 4: Beispiele für die automatische Anpassung der Augengröße an
die Umgebung (vergrößert dargestellt).*

Die wesentlichsten Merkmale dieses CAD-Systems können somit wie
folgt zusammengefaßt werden:

* Geringe Investitionskosten
  Es genügt ein Low-Cost Steuerrechner, ein 4-farben Digitalplotter und ein Graphik-Tablett.

* Kurze Layoutzeiten
  Ausgehend von einer handentflechteten Vorlage im Maßstab 2:1
  wird eine typische Europakarte mit 544 Augen und 1370 Linien-
  segmenten in ca. 1 Stunde digialisiert. Danach stehen zwei
  Tuscheplots (M 1:1, für Ober- und Unterseite) zur Verfügung,
  die direkt zur Kontaktbelichtung beschichteter Leiterplatten
  verwendet werden können.
  Bei herkömmlicher Klebetechnik benötigt die Herstellung der
  Vorlage allein ca. 6 Stunden, zusätzlich muß noch photogra-
  phisch auf Maßstab 1:1 verkleinert werden.

* Kurze Reaktionszeiten
  Der schnelle Ablauf, der in Maschinensprache geschriebenen Programme, gewährleistet ein Arbeiten ohne Wartezeiten.

* Korrekturen sind simpel
  Nachträgliche Änderungen sind einfach durchführbar. Dazu
  stehen eine Reihe von komfortablen Editierhilfen zur
  Verfügung. Wie z.B. Drehen und Verschieben ganzer Print-
  segmente, wobei alle Linien automatisch mitgezogen werden.

PROZEß-PROGRAMMIERUNG AUF MODERNSTEM LEITSYSTEM
OHNE SYSTEM PROGRAMMIERKENNTNISSE

Ing. Christian Seidler

Österreichische ASEA-Elektrizitätsges.m.b.H.

ZUSAMMENFASSUNG:

Ein Prozeßleit- und Prozeßautomatisierungssystem für Meß-, Steuer-, Regel-
und Überwachungsfunktionen wurde mit dem Ziel, Mitarbeitern ohne Programmierkenntnisse zu ermöglichen, Programme zu erstellen, entwickelt. Durch
eine eigens entwickelte Programmiersprache, die PC-Sprache genannt wird,
ist das möglich.

Der automatisierte Prozeß von heute erfordert ein flexibles Steuer- und
Regelsystem, das leichte Handhabung und Programmierung, erweiterte Kommunikationsmöglichkeiten mit hoher Übertragungsrate sowie hohe Verfügbarkeit
ermöglicht.

ASEA Master ist ein neues Konzept, welche alle diese Forderungen erfüllt.
Bei der Entwicklung des ASEA Master-Systems wurde der Programmierung sehr
viel Bedeutung zugemessen. Es ist eine eigene Programmiersprache, die sog.
PC-Sprache, erstellt worden. PC steht für Process Control. Für diese neue
Sprache wurden von ASEA 500 Mann-Jahre Entwicklungszeit und 0,5 Milliarden
Schilling investiert. Die PC-Sprache wurde nicht nur von Softwaretechnikern
alleine sondern in Verbindung mit Prozeßfachleuten entwickelt. Wir wollen
Ihnen nun die Ziele nennen, die sich ASEA bei der Entwicklung der Sprache
gesetzt hatte:

- Das Programmieren viel schneller machen
- Die Voraussetzung für weniger Programmfehler bieten
- Die Fehlersuche und Programmänderungen zu erleichtern
- Die Wahrscheinlichkeit erhöhen, daß Sie die letzte Version des Programmdiagramms auch im Drucker vorfinden
- Die Prozeßverfolgung erhalten
- Daß die Programmierer der PC-Sprache keine Systemprogrammierer sein müssen
- Die Sprache von jedermann leicht zu handhaben ist

Die MP-PC Sprache basiert auf vielen Jahrzehnten Erfahrung in der Prozeßleittechnik. Es kostete uns fünfzehn Jahre und eine vollkommen neue Philosophie, sie zu entwickeln.

Es kostet Sie weniger als eine Woche, die ASEA MasterPiece Sprache zu lernen. Die PC-Sprache besteht aus fertigen Softwaremodulen. Jedes dieser Module ist bereits die softwaremäßige Lösung eines bestimmten Problems aus dem Prozeß. Dies beginnt bei einfachen logischen Funktionen wie OR oder AND und geht bis zu den kompliziertesten Regelkreisen, d. h. die Softwarelösung des einzelnen Problems erfolgt bereits im PC-Element. Die eigentliche Tätigkeit des "Programmierers" besteht darin, die Ein- und Ausgänge dieser Elemente richtig zu verbinden.

Es ist uns bewußt, daß das eigentliche Know-How des Prozesses in dieser Tätigkeit liegt - aber diese Tätigkeit kann nun auch ein Prozeßfachmann ausführen, der kein Programmierspezialist ist.

Der Wert der Symbole

Eines der einfachsten "Symbole" in der MasterPiece Sprache ist dieses
Speicherelement. S und R stehen für Setzen und Rücksetzen und das ist auch
der Name, der diesem Funktionselement gegeben wird.

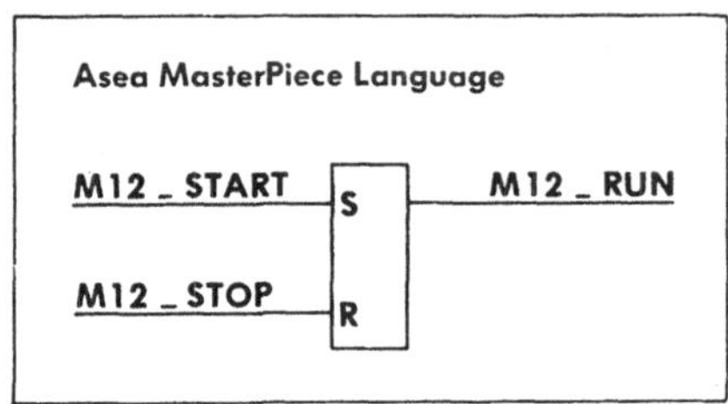

Die Namen der Eingangs- und Ausgangssignale erscheinen im Klartext.

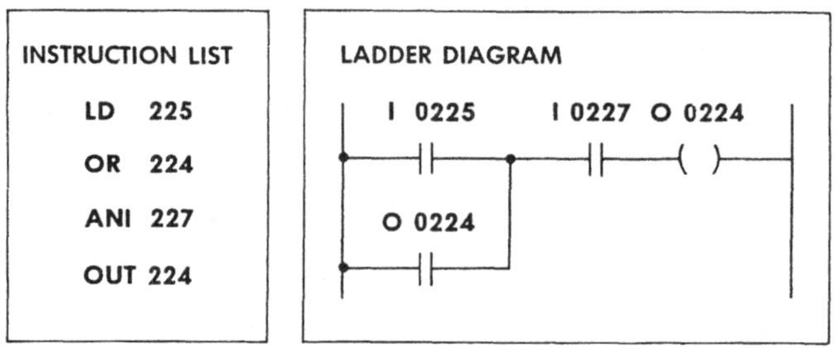

Und zum Vergleich die gleiche Funktion als Instruktionsliste und als
Kontaktplan. Eigentlich nicht viel komplizierter auf dieser Ebene. Aber wo
ist der Klartext? Woher weiß man sofort, daß es sich um ein Speicherelement
handelt? Dies sind Dinge, die sehr an Bedeutung gewinnen, wenn das Programm
wächst.

Die ASEA MasterPiece Automationssysteme enthalten Funktionselemente zur
Prozeßsteuerung, -regelung und -überwachung.

In der Funktionsbibliothek sind enthalten:

- Gatter und Flip-Flops mit verschiedenen
  Eingangskombinationen

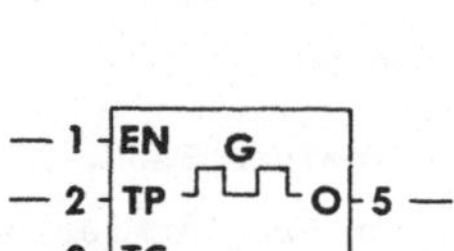

- Zeitglieder, Oszillatoren, Monostabile,
  Kippglieder, Zähler

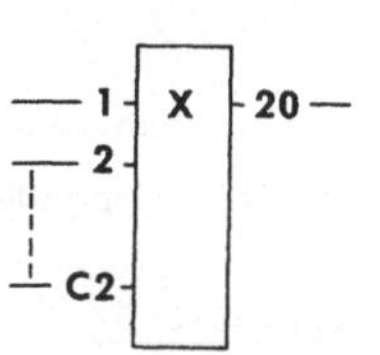

- Elemente für arithmetische Berechnungen
  natürlicher und reeller Zahlen

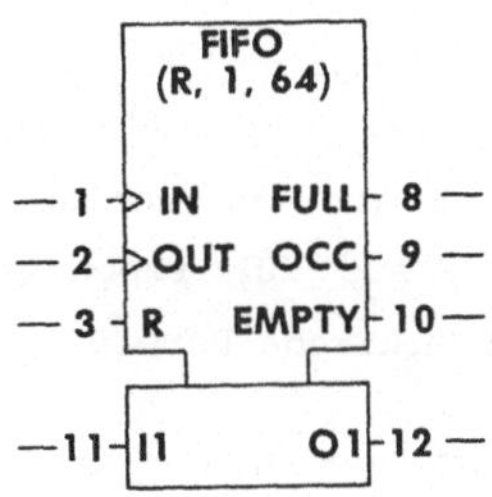

- Vergleicher, Max-Minelemente, Schalter
  Datenumwandlungselemente, Schieberegister
  und Queue-Register

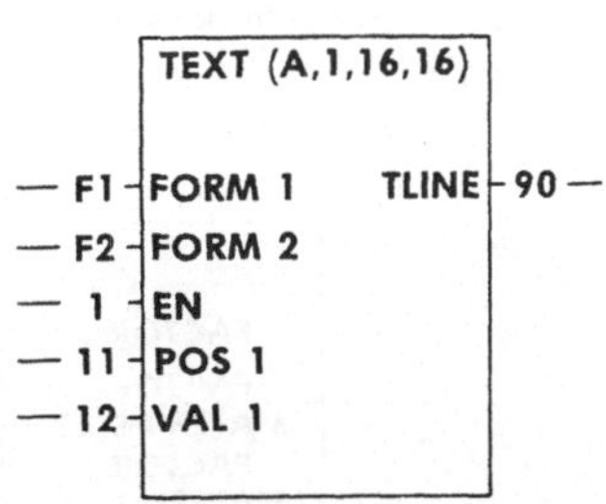

- Elemente um Text aufzubereiten und
  Drucker anzusteuern.
  Dadurch wird es leichter, Texte und Daten
  zu einem Bericht zusammenzustellen.

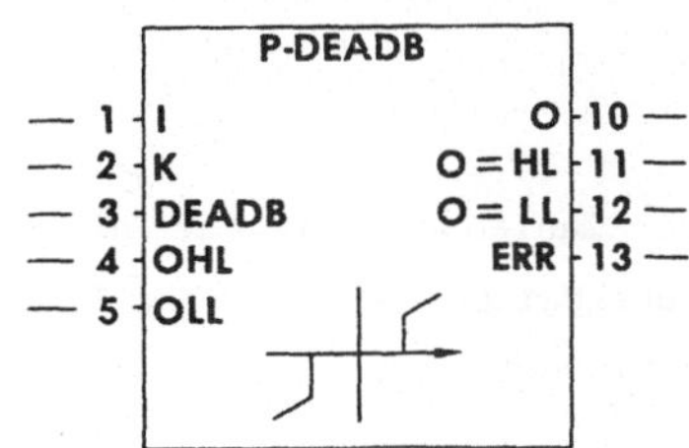

- Funktionsgeneratoren, Rampengeneratoren,
  Filterelemente, sowie sämtliche Regel-
  elemente, wie PID, PI, D, I usw.

- Ein Fehlerelement, das bis zu neun
Fehlersignale bearbeiten kann. Mit
koordinierten Funktionen für Alarme,
Gruppenalarme, Quittierung, Lampentest,
Anzeige von neu auftretenden Fehlern
und so weiter. jedes einzelne Fehlersignal benötigt daher nur zwei Verbindungen.

Ein einziges FAULT-Element benötigt in
anderen Programmiersprachen bis zu
zweihundert Instruktionen.

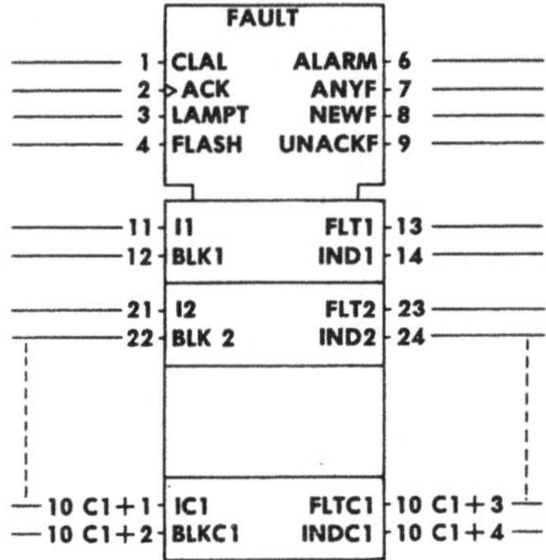

Gleichungen können mit der PC-Sprache folgendermaßen gelöst werden:
Nehmen wir die folgende Formel an:

$$R = \frac{k.(A.B+C.D)}{I}$$

Als Kontaktplan sieht das Programm so aus:
Der Bereich der Zahlen ist begrenzt mit 999 bestenfalls mit 9999. Da ist
kein Platz für Exponentendarstellung. Nur hardcodierte Hardwareadressen.
Die graphische Darstellung läßt aber noch viele Fragen unbeantwortet.

Benutzt man die ASEA Master PC-Sprache ist es fast einfacher den Algo-
rhytmus zu programmieren, als ihn auf dem Papier niederzuschreiben.

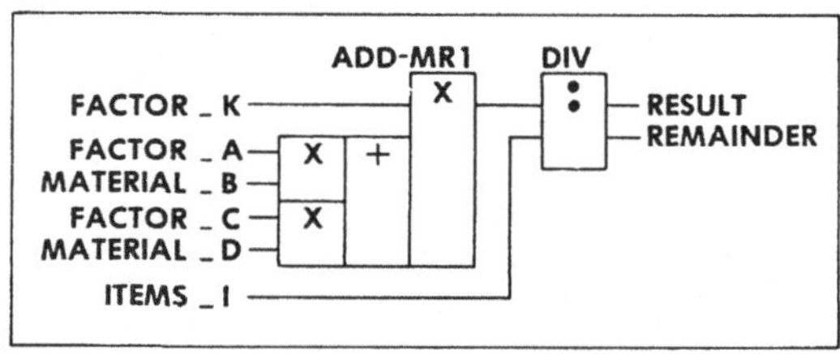

Der Zahlenbereich geht von +/- 10 x 10^{18} bis zu +/- 0,5 x 10^{25}. Auch die
Verarbeitungsgenauigkeit läßt kaum Wünsche offen. Und wenn man ganze Zahlen
dividiert, erhält man den Rest, so klein er auch sein mag.

Es sind genau diese kleinen aber wichtigen Details, die das System zu dem
machen, was es ist.

Ein weiteres Beispiel, das die Flexibilität der PC-Sprache zeigt, ist die
Regelung von Durchflußmengen.

Mit dem Funktionselement zu schrittweiser Regelung, CON-PU (Controller
Pulsed) kann man direkt den Antrieb für ein Stellventil ansteuern. CON-PU
ist in der Standardbibliothek enthalten und kostet keinen Schilling mehr.

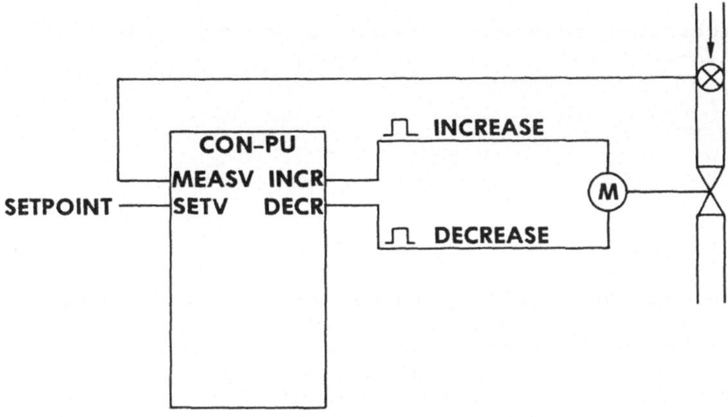

Derzeit umfaßt die PC-Bibliothek mehr als 100 Funktionselemente die leicht
von Verfahrensfachleuten zu verwenden sind.

CROSS-ENTWICKLUNG: SINGLE-CHIP-COMPUTER IST SEIN EIGENER
EMULATOR

P. Baumhauer

Österreichisches Forschungszentrum Seibersdorf Ges.m.b.H.,
Elektronik-Institut, 2444 Seibersdorf

ZUSAMMENFASSUNG:

Eine der möglichen Philosophien des Mikroprozessor-Hard- und
Softwaredesigns ist die Cross-Entwicklung. Dazu benötigt man
vor allem bei Single-Chip-Computern meist teure Emulatoren.
Interessant ist, daß man in besonderen Fällen, wenn die Pro-
zessortype bestimmte Eigenschaften aufweist, einen relativ
einfachen Real-Time-Emulator bauen kann, der als Kernstück
einen Single-Chip-Computer gleichen Types enthält. Es wird
eine solche Schaltung für den Single-Chip-Computer MC68701
vorgestellt.

Da im Forschungszentrum Seibersdorf bereits Cross-Assembler
für mehrere Mikroprozessortypen (8085, Z80, 6809) auf einer
VAX zur Verfügung standen und auch laufend bei Projekten zum
Einsatz kamen, lag es nahe, auch Programme für den Single-
Chip-Prozessor MC68701 von Motorola in der komfortablen
VAX/VMS-Umgebung zu erstellen. Die übliche Entwicklungs-Hard-
ware für die anderen Prozessoren enthält ein Download- und
Monitor-EPROM, unter dessen Kontrolle das auf dem Host-Rechner
erstellte Anwendungsprogramm in das RAM geladen und von dort
exekutiert wird (Abb. 1).
Meist ist also die einzige Hardwareänderung nach Abschluß
der Softwareentwicklung ein Austausch des Monitor-EPROMs ge-
gen die zuvor im RAM ausgetestete Applikations-Firmware. Die
Kommunikation mit der Peripherie erfolgt über den Daten- und
Adressbus.

Wie aber im Falle eines Single-Chip-Prozessors vorgehen?

Das Datenblatt des 68701 wies den Weg: man kann diesen Baustein in verschiedenen "Modes" betreiben, deren eines Extrem
der Betrieb als eigenständiger Mikrocomputer ist, die Bauteil-
anschlüsse also größtenteils nur mehr als I/O-Leitungen fungieren. Im anderen Extremfall kann man den 68701 aber auch
als "normalen" 8-bit Prozessor betreiben. Eines der I/O-Ports
wird dann zum gemultiplexten Adress-/Datenbus nach Intel-Mu-
ster, ein anderes gibt das High-Byte der Adresse aus.
Abgesehen von gewissen Speicherbereichen (27 Bytes interne
Registeradressen, 128 Byte RAM, 2 KByte EPROM) erfolgt der
Speicherzugriff über diese herausgeführten Busse.
Man kann daher das Monitor-EPROM und das Emulator-RAM adres-
sieren, auch eine weitere serielle Schnittstelle (der 68701
enthält bereits eine auf dem Chip) bereitet keine Probleme.

Ist also alles gerettet, kann das Schema der üblichen Entwicklungshardware übernommen werden?

Im Prinzip ja, nur kann man die entwickelten Programme zwar
laden und starten, aber nicht mehr in dem Bereich testen,
wo sie auf die beiden I/O-Ports zugreifen, die jetzt für
Adress- und Datenbus verwenden werden. Damit scheint diese
Entwicklungsmethode ad absurdum geführt, denn in den weitaus
meisten Fällen wird man diese I/O-Ports benötigen.
Glücklicherweise sind aber auch die Adressen zum Ansprechen
dieser Ports in dieser Betriebsart extern herausgeführt. Es
konnte also eine Zusatz-Hardware entwickelt werden, die diese
beiden Ports so nachbildet, daß sie sich nach außen so verhalten, wie die auf dem Chip vorgesehenen.

Abb. 2 zeigt das Blockschaltbild der Entwicklungshardware.
Sie wurde als Prototyp auf 3 Europakarten im Wire-Wrap-Verfah-
ren aufgebaut. Eine trägt CPU, RAM, EPROM und serielle
Schnittstellen, die beiden anderen jeweils die Hardware für
eines der beiden emulierten Ports, die laut Datenblatt Port
3 und Port 4 heißen. Beide Ports sind bidirektionell, d.h.
ihre jeweils 8 Leitungen können einzeln als Eingänge oder
Ausgänge fungieren, abhängig vom Inhalt des zugehörigen "Data

Direction Registers". Ein Reset-Signal löscht die Data Direction Register und macht somit alle Leitungen zu Eingängen.

Die Adressierung der Ports erfolgt, wie bereits erwähnt,
über eine 16-bit-Adresse. Die Richtung des Datentransports
entscheidet das R/W-Signal des Prozessors. Als Zeitbasis
für korrekte Datenwerte dient der System-Takt (E-Clock).
Die sich daraus ergebende Schaltung ist ziemlich "straight-
forward", sieht man davon ab, daß zum Zeitpunkt der Entwicklung (1984) aufgrund des Engpasses auf dem Bauteilmarkt für
die benötigten Tri-State-Treiber mit separaten Enable-Ein-
gängen für jede Leitung auf alte exotische Bauteile zurückgegriffen werden mußte.

Eine Schaltungsübersicht für das Port 4 zeigt Abb. 3.

Bei Port 3 ist die Sache etwas komplizierter.

Hier existieren zusätzlich ein Kontroll- und Statusregister
sowie zwei Handshake-Leitungen, deren Funktion es nachzubil-
den gilt. Das Port ist mit einem transparenten Eingangslatch
versehen. Ist Bit 3 des Kontroll- und Statusregisters gesetzt,
so können die Eingangsdaten bei einer negativen Flanke auf
einer Handshake-Leitung (Input-Strobe) "eingefroren" werden.
Nach einem Lesezugriff auf das Port ist das Latch wieder
transparent.
Zusätzlich kann programmiert werden, ob die zweite Handshake-
Leitung (Output-Strobe) einen Puls bei Lese- oder Schreibzu-
griff auf das Port erzeugt. Eine negative Flanke auf der Leitung "Input-Strobe" kann nicht nur die Daten "einfrieren"
(siehe oben), sondern setzt auch immer das Bit 7 des Kontroll-
und Statusregisters. Ein Interrupt wird erzeugt, sofern er
nicht durch Bit 6 maskiert ist.

Bild 4 zeigt einen schematischen Überblick über Port 4.

Die nachgebildeten Port-Pins wurden zusammen mit "Original-
Pins" der CPU (z.B. Port 1, das in jeder Betriebsart erhalten
bleibt) in einem 40-poligen Flachbandkabel zusammengefaßt,
an dessen anderem Ende ein DIL-Stecker montiert ist, der

anstelle des Mikrocomputers in die Ziel-Hardware gesteckt
wird. Mit diesem Aufbau wurden bereits mehrere kleine Applikationen entwickelt, u.a. ein intelligenter Frequenzzähler
und eine Ventilsteuerung.

Nach Abschluß der Testphase kann das on-chip EPROM auf der
CPU-Platine programmiert werden. Der programmierte Baustein
wird dann anstelle des DIL-Steckers in die Zielhardware gesteckt.

Zusammenfassend kann gesagt werden, daß hier mit vergleichs-
weise geringem Aufwand ein durchaus praxistaugliches Ent-
wicklungswerkzeug geschaffen wurde.

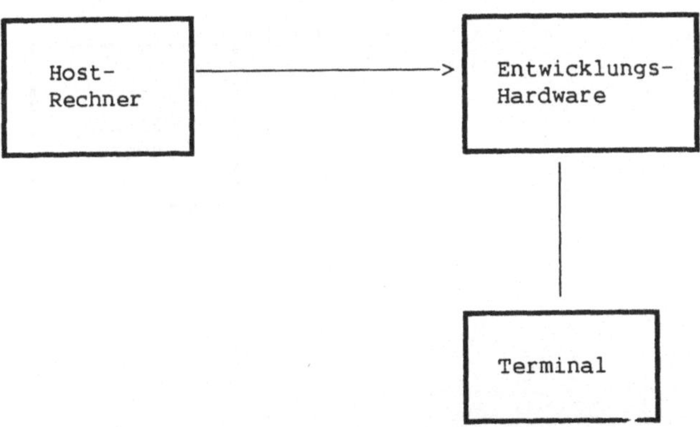

Abb.1 Aufbau eines Cross-Entwicklungsplatzes fuer Mikroprozessorsysteme

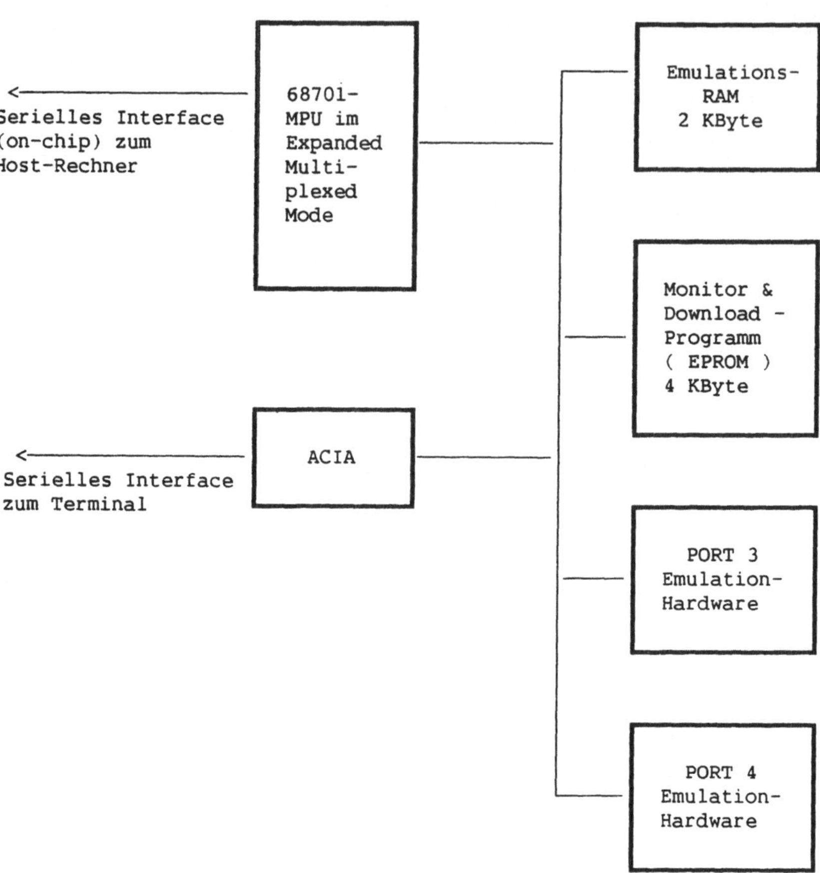

Abb.2   Blockschaltbild des Entwicklungswerkzeuges

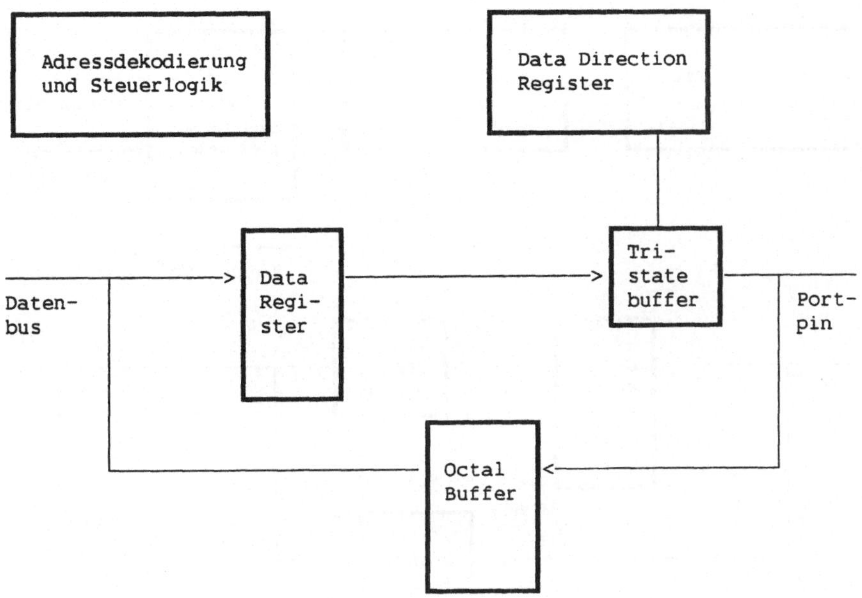

Abb.3 Schaltungsuebersicht Port 4 (nur eines der acht Bit gezeichnet)

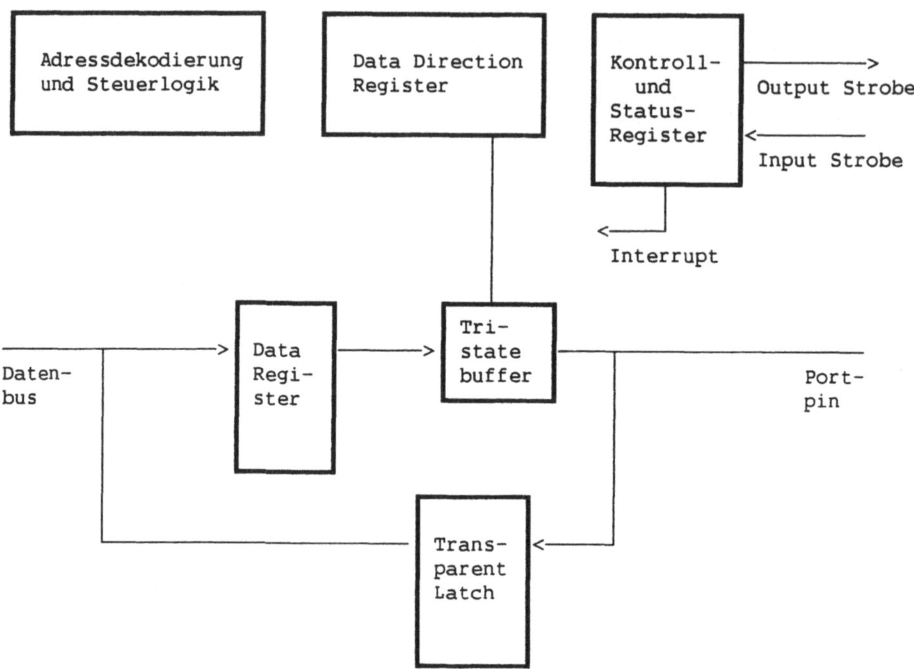

Abb.4 Schaltungsuebersicht Port 3 (nur eines der acht Bit gezeichnet)

FREIPROGRAMMIERBARE STEUERUNG FPS-3

R. Wagner

Elin-Union AG, Bereich Elin Elektronik
Abt. Marketing und Vertrieb, Wien

ZUSAMMENFASSUNG:

Die freiprogrammierbare Steuerung FPS-3 ist ein modular aufge-
bautes Steuerungssystem zur wirtschaftlichen und damit kostengünstigen Lösung kleinerer bis mittlerer Steuerungsaufgaben.
Die FPS-3 wird mit Hilfe des Programmiergerätes PG 35 und der
leicht verständlichen Fachsprache FPST 85 programmiert. An Hand
dieses vorgewählten Verknüpfungsschemas werden die Binärsignale
verarbeitet.

1) Systemaufbau

Das Steuersystem ist in 19"-Technik 84 Teileinheiten, bei kleineren Einheiten auch weniger Teileinheiten möglich, aufgebaut.
Je nach Aufwendungsfall werden die Geräte mit 3, 6 oder 9 Höhen-
einheiten ausgeführt.

Die Steuergeräte dienen zur Aufnahme von Hardwarebaugruppen in
Einfacheuropakartenformat (160 x 100 mm) mit Steckerleisten der
Norm DIN 41612 E. Die Baugruppen sind mit Frontplatten ausgerüstet, um alle Informationen (Ein- und Ausgangszustände, Zeiten und Merker) werden über Leuchtdioden angezeigt. Die interne
Verbindung der Hardwarebaugruppen erfolgt über wire-wrape Verdrahtung. Als externe Verbindungen zu den galvanischen Trennmo-
dulen bzw. zum Prozeß dienen aufschraubbare Universal-Kabelge-
häuse mit drei Meter langem Kabel. Die Ein- und Ausgangsbaugrup-
pen EB 35 und AB 35 sind im Oktalsystem fest adressiert und
haben dieselbe Hecksteckerbelegung.

Die Versorgungsspannung kann wahlweise 220 V Wechselspannung
oder ohne Netzteil 220 V∿ auch 24 V Gleichspannung sein. Der
Anschluß für beide Versorgungsspannungen ist mit Schraubsich-
erungsklemmen ausgeführt.

2) Funktionsschema

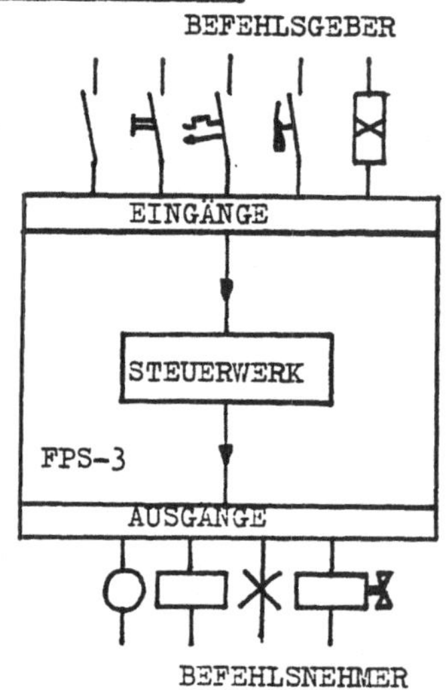

Befehlsgeber sind:
Taster, Schalter, Programm-
schaltwerke, Schützkontakte,
Endschalter, Näherungsinitia-
toren usw.

Befehlsnehmer sind:
Motoren, Schütze, Meldelampen,
Magnetventile, usw.

3) Blockschaltbild FPS-3

a) Eingangsseite

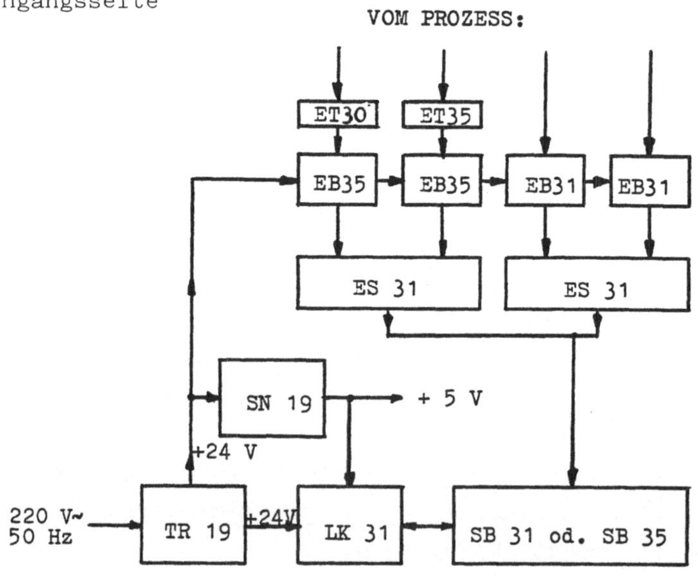

Eingangstrennmodul ET 35: 2 Eingänge galvanisch getrennt mit Eingangsglättung 40 ms (220 V).

Eingangstrennmodul ET 30: 2 Eingänge galvanisch getrennt ohne Eingangsglättung (220 V, 110 V, 60 V, 48 V, 24 V).

Heckstecker mit Kabel für EB 35 (16 Eingänge)
Heckstecker mit Kabel für EB 31 (8 Eingänge)

Eingangsbaugruppe EB 35: 16 Eingänge galvanisch nicht getrennt (24 V nullaktiv), durch LED angezeigt.

Eingangsbaugruppe EB 31: 8 Eingänge galvanisch getrennt (15 V, 24 V, 48 V, 60 V), durch LED angezeigt.

Eingangsspeicher ES 31: für 32 Eingänge (max. 4 x ES 31 = 128 Eingänge).

Steuerbaugruppe SB 31: 2 K EPROM
Steuerbaugruppe SB 35: 2 K - 6 K EPROM

b) Ausgangsseite

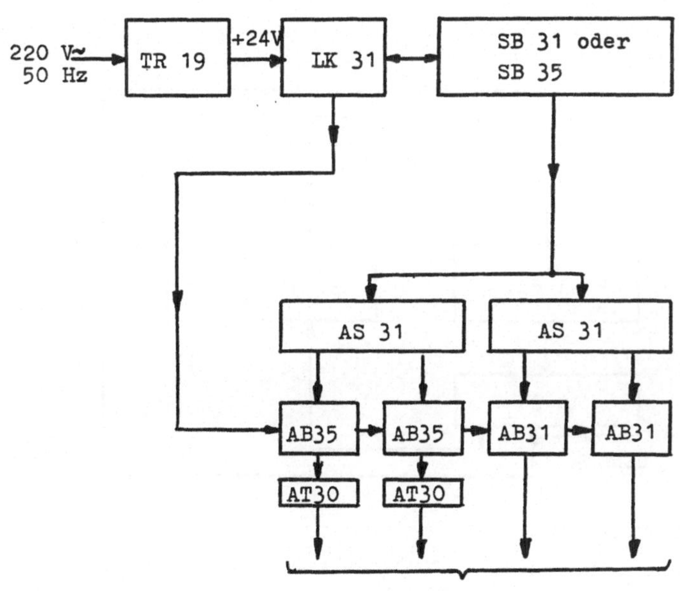

ZUM PROZESS

Laufkontrolle LK 31: für die Überwachung des Mikroprozessors und für die 5 V bzw. 24 V Spannungsüberwachung.

Netzteil SN 19: Eingang 24 V - Ausgang 5 V.
Netzteil TR 19: Eingang 220 V/50 Hz - Ausgang 24 V -

Ausgangsspeicher AS 31: für 32 Ausgänge oder Merker (max. 4 x AS 31 = 128 Ausgänge oder Merker) durch LED angezeigt.

Ausgangsbaugruppe AB 35: 16 Transistorausgänge galvanisch nicht getrennt 24 V/40 mA kurzschlußfest.

Ausgangsbaugruppe AB 31: 8 Relaisausgänge je 1 Umschalter bis 60 V/1 A Dauerstrom.

Heckstecker mit Kabel für AB 35 (16 Ausgänge)
Heckstecker mit Kabel für AB 31 (8 Ausgänge)

Ausgangstrennmodul AT 30: 2 Relaisausgänge bis 220 V/50 Hz/2A
110 V - 0,3 A
60 V - 0,6 A
24 V - 2,5 A

2 A Sicherung mit Kennmelder im Ausgangskontaktrelais.

Anstatt des Ausgangsspeichers AS 31 kann auch eine Gefahrenmeldebaugruppe GM 31 eingesetzt werden.

c) Hardwarezeiten

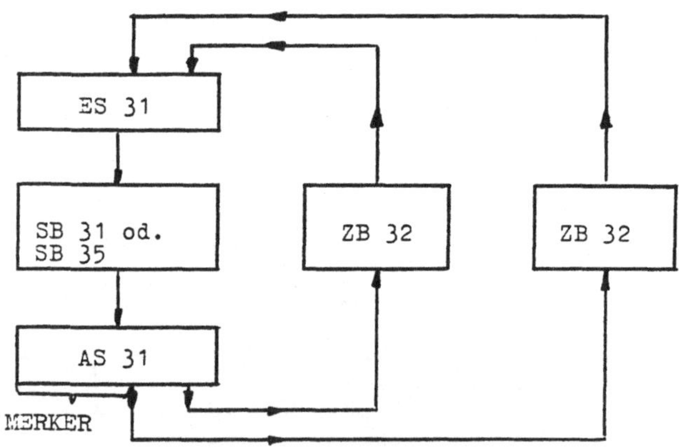

Zeitbaugruppe ZB 32:
4 Hardwarezeiten, Bereiche: 1   0,05 -   1 sec.
2   0,5 - 10 sec.
3   3 sec- 1 min.
4   30 sec- 10 min.
5   3 min- 1 std.

Feinjustierung in den Zeitbereichen durchs frontseitig montierte Potentiometer.

Die Zeitbaugruppen sind je nach Ausführung des Steuergerätes
an bestimmten Ein- und Ausgangsplätzen fest verdrahtet.

d) Merker

Blockschaltbild: siehe Hardwarezeiten

Merker sind unbeschaltene Ausgänge eines Ausgangsspeichers
AS 31 d.h. sie werden genauso durch Leuchtdioden angezeigt, wie
normale Ausgänge mit dem Unterschied, daß bei Merkern keine
Verbindung zu Befehlsnehmern besteht.

Die Anzahl der Merker berechnet sich aus Gesamtanzahl der Sys-
temausgänge ist gleich 128 minus der Anzahl der verwendeten
Peripherieausgänge minus der Anzahl der Zeiten.

4) Programmiersprache und Programmierung

a) Allgemeines

Die Programmierung der freiprogrammierbaren Steuerung erfolgt
in der leicht verständlichen Sprache FPST 85. Sie ist eine an-
wenderorientierte Sprache mit nur 9 Befehlen und bietet die
Möglichkeit, Steuervorgänge in einem Ablaufprogramm zu erstellen. Die Sprache wurde so erstellt, daß von herkömmlichen Strom-
lauf- oder Logikschaltplänen ohne vorhergehender Programmier-
arbeit das Anwenderprogramm erstellt werden kann. Es sind keine
speziellen Programmierkenntnisse erforderlich.

Das Anwenderprogramm wird mit Hilfe des Programmiergerätes PG35
in den Programmspeicher abgelegt.

Als Programmspeicher dienen EPROMS mit einem Speichervermögen
von 2 K (= 2048 BYTES), 4 K (= 4096 BYTES) oder 6 K (= 6144
BYTES) Byte.

Sie sind Festwertspeicher, d.h. sie behalten die Information
auch dann, wenn das Gerät abgeschaltet ist. Daher benötigt die
freiprogrammierbare Steuerung FPS-3 keine Pufferbatterie zur
Sicherung des Programmes.

b) Sprachelemente

ADRESSE FUNKTION VARIABLE+NEGATION (=ÖFFNER)

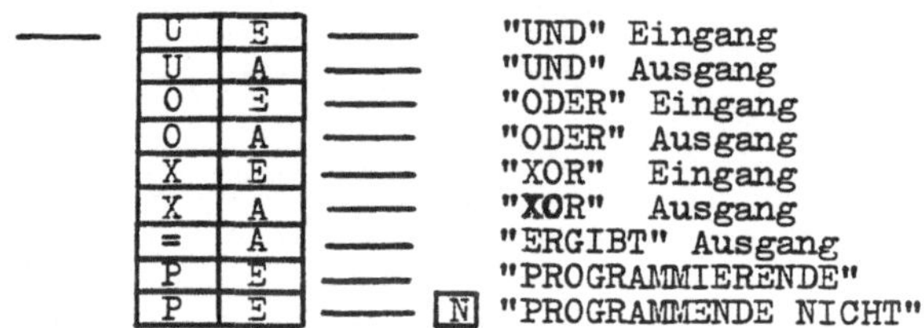

5) Programmiergerät

Zur Programmerstellung in der unter Pkt. 4) beschriebenen Programmiersprache FPST 85 wird das Programmiergerät PG 35 verwendet.

Dieses Gerät bietet folgende Funktionen:

- Neuerstellung und Änderung von Anwenderprogrammen
- Programmierung als Anweisungsliste
- Überprüfung der Anweisungsliste auf Eingabefehler
- Langzeitspeicherung des Anwenderprogrammes auf das eingebaute Kassettenlaufwerk
- Laden von Anwenderprogrammen aus dem Kassettenlaufwerk
- Anwenderprogramme von EPROM's (Festwertspeicher) laden
- Programmieren von EPROM's
- Löschen von EPROM's
- Ausdruck des Anwenderprogrammes auf internen und externen Druckern (siehe auch Kapitel 6 Dokumentationsmöglichkeiten eines Anwenderprogrammes).

Das Programmiergerät besteht aus einem EPSON HX-20 Hand-Held Computer und dem EPROM-Programmiergerät PG 35.

Das Programmiergerät ist menügesteuert, d.h. die einzelnen Funktionen können durch Auswahl eines der am Display angezeigten Menüpunktes aufgerufen werden.

6) Dokumentationsmöglichkeit eines Anwenderprogrammes

a) Dokumentation auf eingebauten Drucker

- Anweisungsliste
- Querverweisliste

- Textausdruck für Stromlaufplan

b) Dokumentation durch Ein- und Ausgangsvariablenliste

- Variablenliste für diverse Steuergeräte

c) Dokumentation auf externen Drucker

- Anweisungsliste
- Querverweisliste
- beschrifteter Stromlaufplan

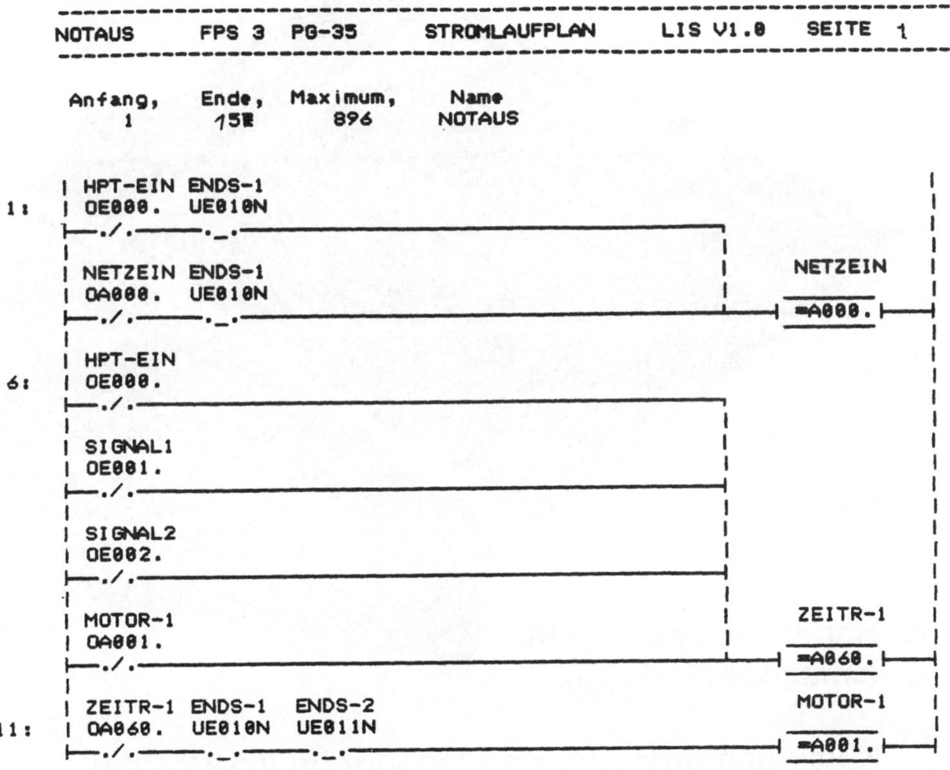

Der neue Katalog von **C&K** hilft Ihnen beim Bestellen von Schaltern!

- **Viele neue Schalter für alle Einsatzgebiete**

- **Mehr als 200 Seiten**

- **Handliches Format für einfaches Bestellen**

Kataloganforderung und technische Information:

C&K Components Handels-Ges.m.b.H.

Thaliastraße 68
A-1160 Wien
Tel. (02 22) 46 90 97

The primary Source Worldwide...

7. Themenkreis

SENSOREN, INTERFACES UND MESSWERTVERARBEITUNG

Leitung:

Univ.-Prof. Dr. H. Leopold

Ultraschneller 8 Bit A/D-Umsetzer

R. Petschacher, B. Zojer

Entwicklungszentrum für Mikroelektronik Ges.m.b.H. [*], Villach

[*] Ein Unternehmen der Siemens AG und der ÖIAG

Zusammenfassung

Es wird die Entwicklung eines 8 Bit A/D-Umsetzerchips mit der
extrem hohen Umsetzrate von 100 MHz beschrieben. Als Halbleitertechnologie wird eine bipolare Technologie mit Oxidisola-
tion und einer 3-Lagenmetallisierung der Siemens AG eingesetzt.
Eine Reihe von neuen schaltungstechnischen Maßnahmen, die über
das konventionelle Design eines Parallelumsetzers hinausgehen,
werden vorgestellt.

Einleitung

Mit fortschreitender Integrationsdichte und Steigerung der Geschwindigkeit digitaler Schaltkreise wird die Grenze zwischen
analoger und digitaler Signalverarbeitung immer mehr von den
Eigenschaften verfügbarer A/D-Umsetzer bestimmt. Jede Verbesserung der Umsetzeigenschaften in Richtung größerer Auflösung oder
höherer Geschwindigkeit erschließt neue Anwendungsgebiete für
digitale Verfahren. So wird die Entwicklung ultraschneller A/D-
Umsetzer insbesondere in der Meßtechnik zu neuen Gerätegenera-
tionen führen. Die schnellsten bisher am Markt befindlichen A/D-
Umsetzer arbeiten nach dem Parallelverfahren und erreichen Um-
setzraten von 100 MHz. Wegen ihrer geringen Auflösung von 6 Bit
fanden sie allerdings nur beschränkte Einsatzmöglichkeiten. Der
im EZM Villach entwickelte 8 Bit/100 MHz A/D-Umsetzer zählt derzeit zu den führenden Produkten dieser Art auf der Welt/1/.

Der Umsetzer zeichnet sich besonders durch sehr gute dynamische
Eigenschaften aus: So reicht die Großsignalbandbreite bis über
die Nyquistfrequenz (das ist die durch das Abtasttheorem vorgegebene Grenzfrequenz, hier 50 MHz), die zulässige Slew-Rate der
Eingangssignale beträgt 0,3 V/ns und das Signal-Rauschverhältnis
für ein 30 MHz Analogsignal liegt bei über 40 dB.

Schaltungsprinzip

Der Umsetzer arbeitet nach dem Parallelverfahren, d.h. das analoge Eingangssignal liegt gleichzeitig an 255 Komparatoren, wobei jeder einer Quantisierungsstufe zugeordnet ist (Bild 1). Die
Referenzspannungen für diese Komparatoren werden aus einer Widerstandskette $R_1...R_{256}$ gewonnen und sind äquidistant über den
durch die äußeren Spannungen an der Widerstandskette $+U_{ref}$ und
$-U_{ref}$ bestimmten Eingangsspannungsbereich verteilt. Somit wird
die Eingangsspannung parallel mit allen Quantisierungsstufen
verglichen und das Ergebnis dieses Vergleiches wird – gesteuert
vom Taktsignal CLK 1 – in die erste Flip-Flop-Stufe der Kompa-
ratorzellen übernommen. Nach der Regeneration durch ein zweites
Flip-Flop wird das bis dahin im sogenannten Thermometercode vorliegende Digitalsignal in drei Codierstufen binär codiert und
über die Ausgangsstufen als 8-Bit Datenwort mit ECL-Pegeln zur
Verfügung gestellt.

Komparatorschaltung

Die Schlüsselelemente eines Parallelumsetzers sind die Kompara-
torzellen. Ihre Eigenschaften bestimmen nahezu alle Parameter
des Umsetzers: Linearität, Eingangsimpedanz, Frequenzgang und
Signalverzerrungen werden hauptsächlich durch den Eingangsver-
stärker bestimmt; die Abtastrate ist direkt mit der Schaltge-
schwindigkeit der Flip-Flops verknüpft, und nicht zuletzt ist
die Leistungsaufnahme einer Komparatorzelle ein entscheidendes
Kriterium für die Integrierbarkeit des Umsetzers. Die zweistu-
fige Ausbildung der Komparatorzelle /2/ erlaubt eine getrennte
Optimierung von Analogeigenschaften und Abtastverhalten. Gleichzeitig wird dadurch die Häufigkeit gelegentlich auftretender
Fehlcodes, die von einem metastabilen Zustand eines Komparator-

Flip-Flops herrühren, um einige Zehnerpotenzen gesenkt.
Die geringe Eingangskapazität von 30 pF zusammen mit dem um Null
symmetrischen Eingangsspannungsbereich erlaubt die Ansteuerung
des Umsetzers durch ein konventionelles 50-Ohm System. Dabei
weist der Frequenzgang eine 3 dB-Grenzfrequenz von 80 MHz auf.
Bei niederohmigerer Ansteuerung ist ein noch flacherer Frequenzgang zu erzielen.

Linearität

Bei herkömmlichen Parallelumsetzern verursachen die Komparator-
eingangsströme einen systematischen Linearitätsfehler, da sie
zusätzliche Spannungsabfälle an der Widerstandskette hervorrufen und somit die Äquidistanz der Referenzspannungen beeinträch-
tigen. Dieser Effekt tritt besonders dann in Erscheinung, wenn
zur Erzielung guter dynamischer Eigenschaften ein höherer Strom
in der Eingangsstufe erforderlich ist und somit auch höhere Ba-
sisströme fließen.
Bei dem hier vorgestellten Umsetzer wurde eine neue Korrekturme-
thode für diese Linearitätsfehler angewendet, die auf folgender
Überlegung beruht: Es genügt, daß im Abtastzeitpunkt nur jene
Referenzspannung ihren theoretischen Wert annimmt, die am
nächsten bei der Eingangsspannung liegt. Alle anderen Referenzspannungen können zu diesem Zeitpunkt von ihrem theoretischem
Wert abweichen. Mit der Annahme, daß in die Referenzeingänge
der unteren Komparatoren kein Strom und in jene der oberen
Komparatoren der Eingangsstrom I_B fließt, erhält man ein System
quadratischer Gleichungen. Die Lösungen ergeben Korrekturen des
Nominalwertes für jeden einzelnen Widerstand. Damit kann durch
einfache Modifikation der Widerstandskette eine volle Kompensation dieser systematischen Fehler erreicht werden. Die Wirksam-
keit dieser Methode zeigt Bild 2. Die gemessene Nichtlinearität
des 8 Bit/100MHz A/D-Umsetzer wird dem theoretischen Verlauf der
Nichtlinearität gegenübergestellt, wie er sich für einen Umsetzer
mit einer Kette identischer Widerstände ergeben würde.

Technologie

Der Chip wird in einer oxidisolierten Bipolartechnologie hergestellt. Emitterstreifen von 2 μ Breite erlauben Strukturen mit

geringen parasitären Kapazitäten und zusammen mit einer Transitfrequenz von 5 GHz ergeben sich Transistoren, die auch bei niedrigen Strömen sehr gute Schalteigenschaften aufweisen. Die Drei-
lagenmetallisierung ermöglicht einen kompakten Aufbau, der insbesondere zur Verkürzung der Leitungslängen notwendig ist.
Der A/D-Umsetzer besteht aus ca. 11.000 Bauelementen, die auf
einer Chipfläche von 24 mm^2 integriert wurden (Bild 3).
Der Chip wird in einem DIC 24-Gehäuse eingebaut und kann wegen
seiner geringen Verlustleistung von nur 1,4 W ohne Kühlkörper
betrieben werden.

<u>Ergebnisse</u>

Die dynamischen Messungen des A/D-Umsetzers werden mit Hilfe
eines rechnergestützten Labormeßsystems durchgeführt, welches
die digitalen Ausgangsdaten mit Fast Fourier Transform (FFT)
Algorithmen auswertet. Als Eingangssignal wird ein reines Sinussignal verwendet, da dies die einfachste und genaueste Interpretation der Ergebnisse zuläßt. Bild 4 zeigt den flachen Frequenzgang und den Verlauf des Signal-Rauschverhältnisses (SNR) bis
50 MHz Analogfrequenz bei der Umsetzung eines $2V_{SS}$ Sinussignals
mit einer Abtastrate von 100 MHz. Die hervorragenden dynamischen
Eigenschaften demonstriert Bild 5. Ein 51,4 MHz Analogsignal mit
$2 V_{SS}$ Amplitude wird mit einer Frequenz knapp neben dem Doppelten der Analogfrequenz abgetastet. Durch Weglassen jedes zweiten
Abtastwertes erhält man die digitale Rekonstruktion des sinusförmigen Eingangssignals und sieht, daß selbst bei der Nyquistfrequenz eine hohe Wiedergabequalität erreicht wird.

Die Entwicklung dieses Schaltkreises wurde vom Forschungsförderungsfonds für die Gewerbliche Wirtschaft der Republik
Österreich in dankenswerter Weise unterstützt.

<u>Literatur:</u>
/1/ R.Petschacher, B.Zojer, W.Luschnig:
    "New methods improving static and dynamic performance of
    an 8 Bit/120 MHz A/D-converter", ESSCIRC 85, Toulouse
/2/ B.Zojer, R.Petschacher, W.Luschnig:
    "A 6 Bit/200 MHz full nyquist A/D-Converter" IEEE Journal
    Solid State Circuits, Vol. SC-20, pp.780-786, Juni 1985

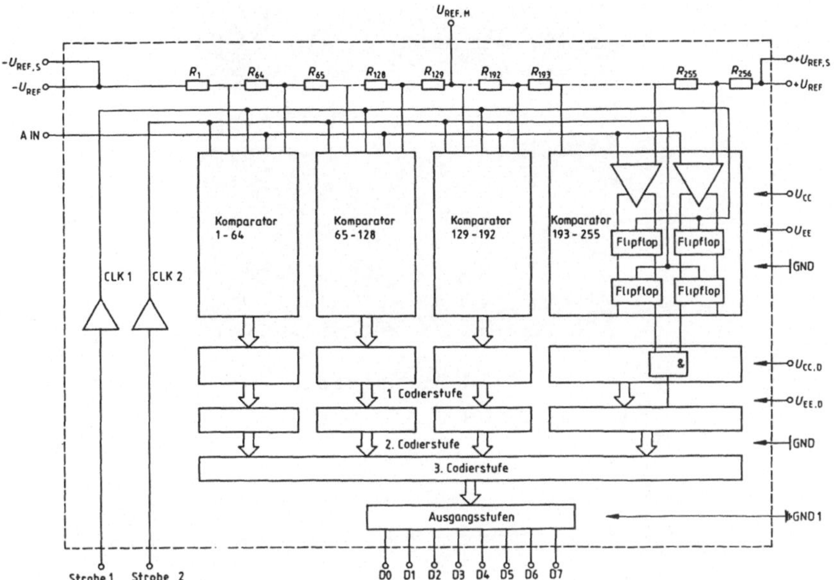

Bild 1: Blockschaltbild

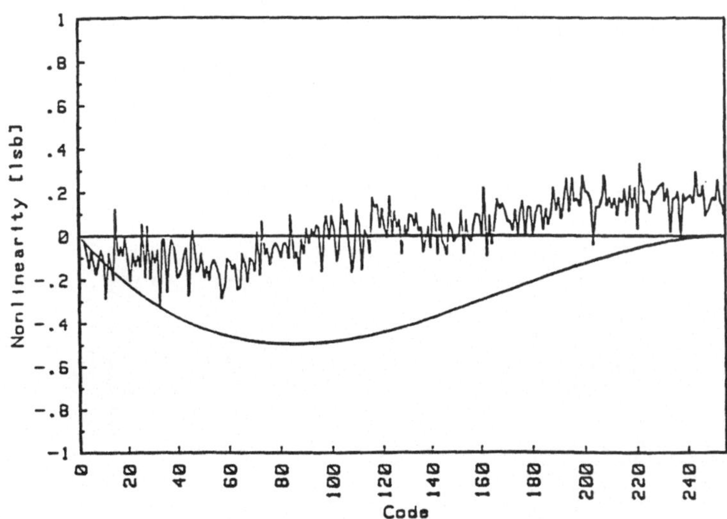

Bild 2: Gemessene Nichtlinearität und theoretischer Verlauf
bei konventioneller Widerstandskette

Bild 3: Chipfoto

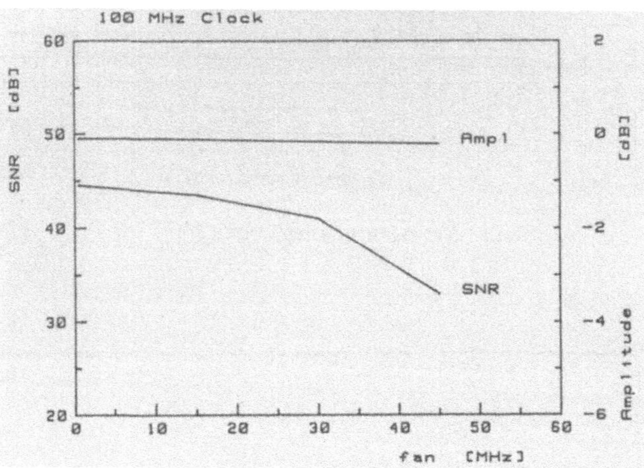

Bild 4: Amplitudenverlauf und Signal-Rauschverhältnis

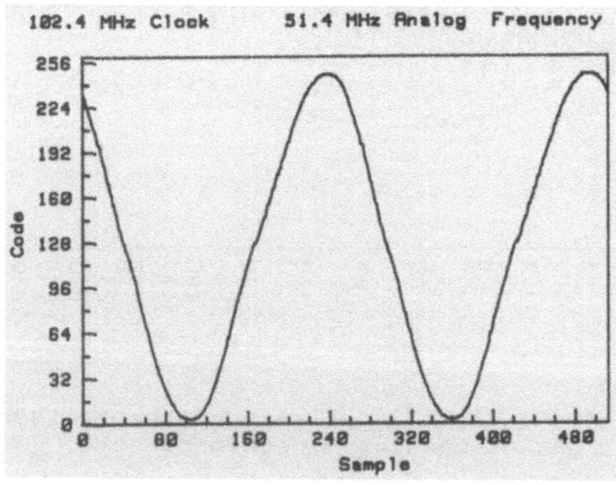

Bild 5: Rekonstruiertes Signal an der Nyquistgrenze

DICKSCHICHT-HYBRID-TECHNOLOGIE ZUR REALISIERUNG EINES SCHNELLEN LOGARITHMIERVERSTÄRKERS

A.Glasmachers

Lehrstuhl für Elektronische Schaltungen
Ruhr-Universität Bochum

1. Einleitung

Bei schnellen und präzisen Meßverstärkern stellen Temperatureinflüsse sowie aufbaubedingte parasitäre Kapazitäten und Induktivitäten wesentliche Begrenzungen für die erreichbaren Meßgenauigkeiten und Bandbreiten dar. Dies gilt besonders für nichtlineare Schaltungen wie z.B. Logarithmierverstärker, da hier keine Stabilisierung der Schaltungseigenschaften durch Gegenkopplungsmaßnahmen möglich ist.

2. Logarithmierverstärker

Bei der hier vorgestellten Logarithmiererschaltung nach dem Segmentverfahren /1-4/ wird der Gesamtdynamikbereich in einzelne Segmente aufgegliedert (s. Abb. 1a). Dabei soll ein einzelnes Segment eine Kennlinie nach Abb. 1b mit einem deutlich kleineren Dynamikumfang als die Gesamtkennlinie aufweisen. Für eine Schaltungsstruktur nach Abb. 1c ergibt sich dann das Gesamtausgangssignal durch Summation der Segmentsignale.

Für die Realisation der Segmente sind Differenzstufen (Emittergekoppelte Bipolartransistor-Paare) besonders gut geeignet, weil
  a) sie näherungsweise die gewünschte Kennlinie aufweisen,
  b) sie hohe Signaländerungsgeschwindigkeit ermöglichen,
  c) die Summation der Segmentsignale durch Zusammenschalten der Ausgänge erfolgen kann (Strom-Summation).

Das Prinzipschaltbild einer solchen Anordnung mit m=6 Stufen zeigt Abb. 2. Für die Übertragungsgleichung der Schaltung gilt näherungsweise

$$u_A = \frac{1}{2} R_A \sum_{j=1}^{6} I_{0,j} \cdot \alpha_j \cdot \tanh\left(\frac{A_j\, u_E + U_{OS,j}}{2\, U_{T,j}}\right)$$

mit:
$A_j = u_{D,j}/u_E$ Dämpfungsfaktor der Teilerkette

$I_{0,j}$ Ruhestrom der Stufe j

α_j Transistorstromverstärkung der Stufe j

$U_{OS,j}$ Offsetspannung der Stufe j

$U_{T,j} = kT/e$ Temperaturspannung der Stufe j

Für die optimale Approximation einer logarithmischen Kennlinie in einem Eingangsspannungsbereich von 60 dB mit 6 Segmenten ist das rechnerische Ergebnis in Abb. 3 gezeigt. Neben der Bezugskennlinie (Kurve a) und der erreichten Approximation (Kurve b) sind die Verläufe der Einzelsegmente (Kurven c-h) dargestellt sowie der Verlauf der eingangsbezogenen relativen Abweichung ε_{RTI} (Kurve i) zwischen Approximation und Bezugskennlinie. Im interessierenden Bereich bleibt die Abweichung unter 0,5%.

3. Temperatureinflüsse
In der o.a. Übertragungsgleichung ist die wesentliche Temperaturabhängigkeit durch die Temperaturspannungen $U_{T,j}$ gegeben. (Alle anderen Einflüsse werden durch hier nicht gezeigte elektronische Korrekturen ausreichend reduziert.) Eine gleichmäßige Veränderung der Temperatur aller Stufen führt in Abb.3 zu einer Verschiebung der Kennlinien parallel zur u_E- Achse, der prinzipielle Verlauf bleibt dabei jedoch erhalten. Aus der o.a. Gleichung folgt, daß für eine maximale Abweichung $|\varepsilon_{RTI}| < 1\%$ bei Raumtemperatur die Temperatur der Schaltung maximal um 3 K variieren darf.
Im Gegensatz dazu bewirkt eine Temperaturdifferenz innerhalb der Schaltung eine Kennlinienverformung, die am Verlauf der eingangsbezogenen relativen Abweichung $_{RTI}$ zur Bezugskennlinie in Abb. 4 deutlich wird. Man erkennt, daß für eine maximale Abweichung $|\varepsilon_{RTI}| < 1\%$ die Temperaturdifferenz maximal 4 K betragen darf.
Beide Forderungen lassen sich bei einer Realisierung der

Schaltung in Dickschicht-Hybridtechnik gut erfüllen. Nähere Angaben zum thermischen Verhalten einer Dickschichtschaltung finden sich im nachfolgenden Beitrag von P. Dullenkopf : "Thermische Stabilisierung von Meßschaltungen in Dickschicht-Hybrid-Technik"

4. Hochfrequenzverhalten

Das Hochfrequenzverhalten der Schaltung und damit die erreichbare Geschwindigkeit werden wesentlich durch die Eigenschaften des Summationsknotens am Ausgang der Schaltung bestimmt. Für die Differenzstufen werden Transistoren aus dem monolithisch integrierten Transistor-Array CA3127 eingesetzt. Damit ergibt sich für den Ausgang jeder Differenzstufe ein Ersatzschaltbild nach Abb. 5a.

Bei einer Realisierung der Schaltung mit Transistor-Arrays im Dual-In-Line-Gehäuse auf einer Epoxidharz-Platine ergeben sich Anschlußinduktivitäten der Transistoren zwischen 10 nH und 25 nH. Dies führt zu der gemessenen Frequenzabhängigkeit der Kleinsignalverstärkung gemäß Abb. 5b, Kurve I. Die gleiche Schaltung wurde in Dickschicht-Hybrid-Technik mit ungekapselten Halbleiterchips auf einer 1"x1" Al_2O_3-Keramik aufgebaut (s.Abb.6). Dabei konnten durch kurze Bondverbindungen Anschlußinduktivitäten < 4nH erreicht werden. Die an diesem Aufbau gemessene Frequenzabhängigkeit zeigt Abb. 5b, Kurve II. Man erkennt, daß gegenüber der gedruckten Schaltung deutliche Verbesserungen des Frequenzgangs und damit kürzere Einschwingzeiten der Sprungantwort des Systems erreicht werden konnten.

Literatur

1. Sanders,L.E.;Henrion,W.S.: A versatile integrated logarithmic video amplifier. Proc. Seventeenth electr.Comp.-Conf.Jackson, IEEE (NY) (1967)
2. Lehmann,K.: Schneller Logarithmierverstärker für bipolare Analogsignale. Elektronik 3 (1983)
3. Wiese,K.:Diplomarbeit am Lehrstuhl f. Elektr.Schaltungen
4. Glasmachers,A.; v.Münchow-Pohl,F.: Breitband Radizierverstärker zur Dynamik-Kompression für einen CCD-Bildsensor. Kleinheubacher Berichte der URSI,28 (1985)

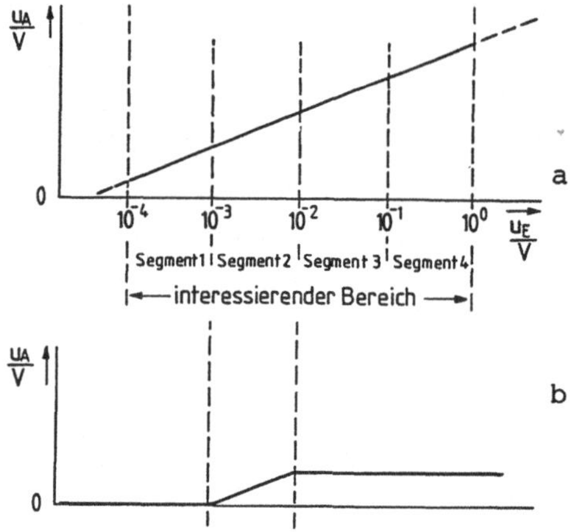

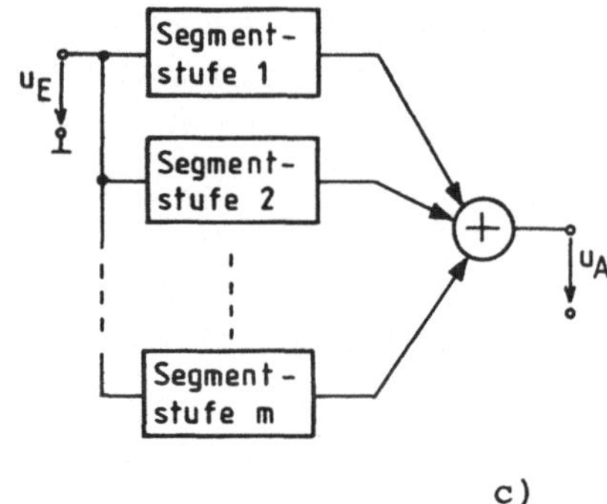

Abb.1 Prinzip des Segment-Logarithmierverstärkers
a) Aufteilung einer Kennlinie
b) Einzel-Segment-Kennlinie
c) Blockschaltbild

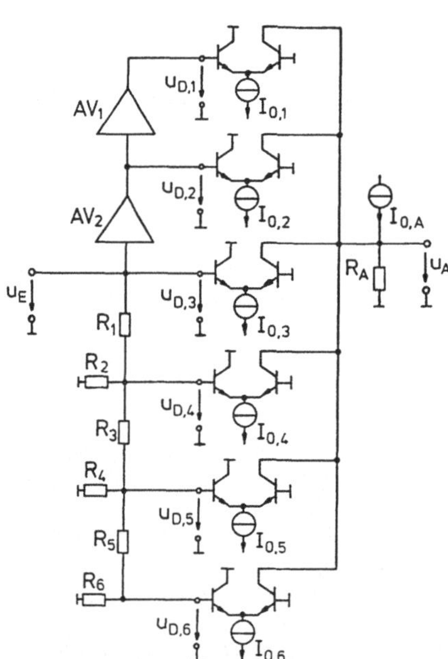

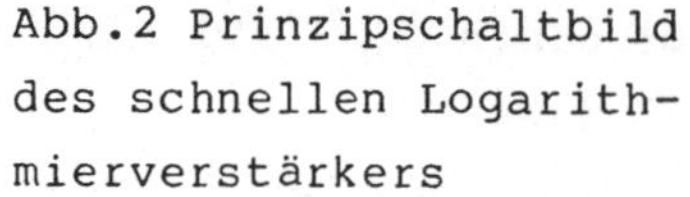

Abb.2 Prinzipschaltbild des schnellen Logarith-mierverstärkers

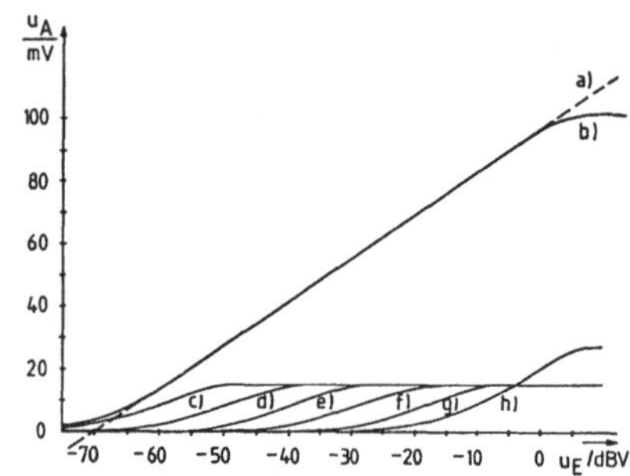

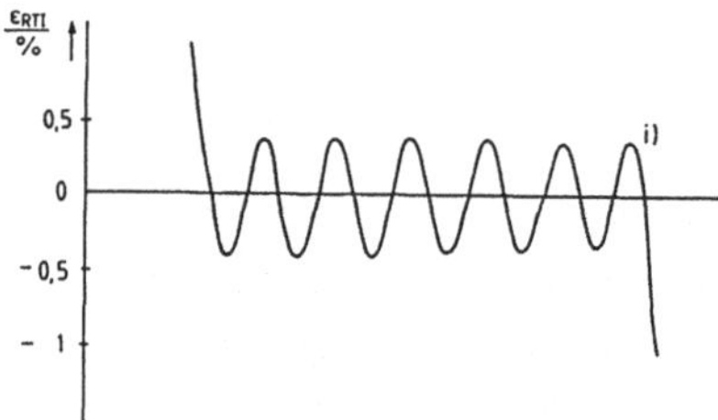

Abb.3 Approximation einer log. Kennlinie durch Segmente
a) logarithm. Bezugskennlinie
b) Approximationskennlinie
c)-h) Kennlinien der Segmente
i) Eingangsbez.rel. Abweichung

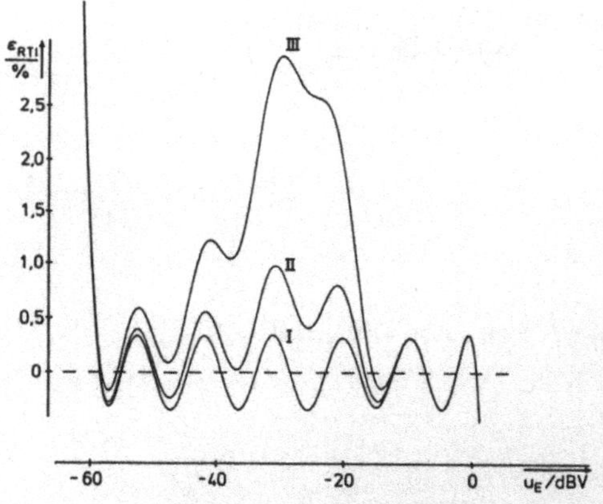

Abb.4 Eingangsbezogene
rel. Abweichung ε_{RTI}
bei einer Temperaturer-
höhung nur in Stufe 3
um :

I   :   0 K

II   :   4 K

III : 15 K

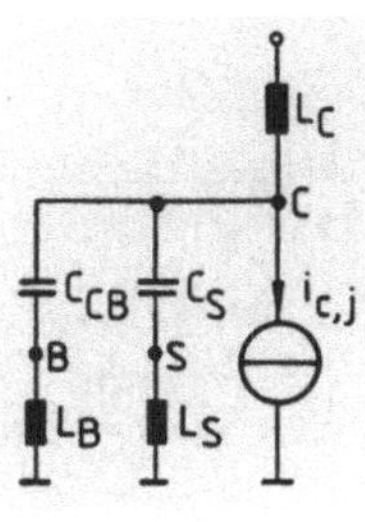

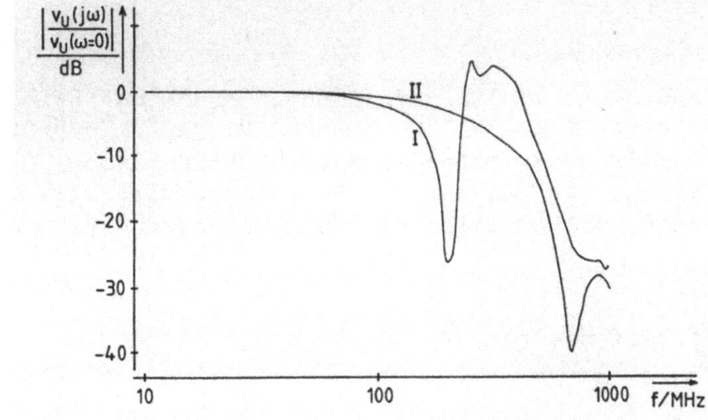

a)   b)

Abb. 5   a) HF-Ausgangs-Ersatzschaltbild einer Segmentstufe
            b) Frequenzabhängigkeit der Kleinsignalverstärkung
                I : Platine mit gekapselten Halbleiter-Chips
               II: Hybridschaltung mit ungekapselten Chips

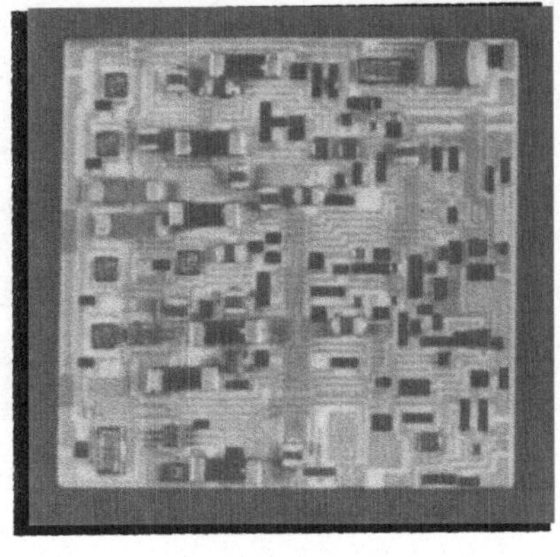

Abb.6 Dickschicht-Hybrid-
Aufbau des schnellen Loga-
rithmierverstärkers

SERIELLES INTERFACE FÜR MESSGERÄTEKOPPLUNG

W. Meiling und R. Krause

Technische Universität Dresden, Sektion Physik
Dresden, DDR

ZUSAMMENFASSUNG:

Ausgehend von der steigenden Bedeutung serieller Interfaces
für die Kopplung von Meßgeräten werden wesentliche Eigenschaften des Inter-IC Bus I^2C beschrieben. Ferner wird die
Implementierung einer I^2C-Schnittstelle auf der Grundlage
eines universellen Ein-Chip-Mikrorechners U 882 vorgestellt.

Interfaces für die Kopplung von Meßgeräten und Gerätemoduln
zu einem Meßsystem basieren im wesentlichen auf bitparalle-
ler oder bitserieller Datenübertragung. Die Vorteile der parallelen Datenübertragung liegen in einer hohen Datenübertragungsrate und in einem einfachen Übertragungsprotokoll,
insbesondere bei getrennten Daten- und Adreßleitungen. Die
Vorzüge einer seriellen Datenübertragung sind in geringerem
Aufwand für Treiberstufen, Steckverbinder und Übertragungs-
leitungen zu sehen, so daß eine Datenübertragung auch über
größere Entfernungen oder mit Lichtleitfasern möglich wird.

In der Meßtechnik haben Interfaces mit serieller Datenübertragung bislang keine große Verbreitung gefunden. Der Serial
CAMAC Highway /1/ mit bitserieller oder byteserieller Übertragung eignet sich für sehr umfangreiche Meßsysteme, hat
sich aber im Gegensatz zu den anderen bekannten CAMAC-Konfi-
gurationen nicht entscheidend durchgesetzt. Das byteserielle,
bitparallele Interface nach IEC-625 bzw. IEEE 488-75 /2/ ist
eigens für die Meßgerätekopplung im Rahmen eines Laborraums

konzipiert und wird in der elektronischen Meßtechnik viel
verwendet. Mit 16 Daten- und Steuerleitungen und einem übersichtlichen Übertragungsprotokoll bei Übertragungsraten bis
größenordnungsmäßig 1 Mbyte/s nutzt es die Vorteile der parallelen und seriellen Interfaces.

Die zunehmende Verwendung von Mikrorechnern in den Meßgeräten
zur internen Meßwertaufbereitung und -verdichtung reduziert
die zwischen den einzelnen Geräten eines Meßsystems auszu-
tauschenden Informationen auf Datenblöcke und Steuerkomman-
dos, so daß die Anforderungen an die maximale Übertragungsrate sinken. Mit hochintegrierten Schaltkreisen, z.B. I/O-
Controller, UART oder Schaltkreisen für lokale Rechnernetze,
wird die Realisierung von seriellen Übertragungsverfahren wesentlich unterstützt. Es liegt daher auf der Hand, nach der
Verwendbarkeit derartiger serieller Interfaces für die Verkopplung von Meßgeräten im Labormaßstab zu fragen. Für Übertragungsstrecken bis ungefähr 100 m sind vor allem folgende
serielle Interfaces zu erwähnen:
- Serial Bus Mil. Std. 1553,
- PDV-Bus für Prozeßsteuerung,
- Digital Data Bus D^2B für Heimelektronik u.ä.
Für kurze Entfernungen innerhalb einer Leiterkarte oder eines
Rahmens sind die Komponentenbusse
- Inter-Intelligence Bus IEEE P896 Std. und
- Inter-IC Bus I^2C /3/
entworfen worden.

Aus dem Vergleich dieser Interfaces folgt, daß der I^2C-Bus
aus folgenden Gründen für einen Einsatz zur Verkopplung von
Meßsystemen interessant ist:
- Ausreichende Datenübertragungsrate bis maximal 100 Kbit/s,
- Verwendung von nur zwei Signalleitungen ohne hohe Anfor-
  derungen an Treiber- und Empfängerschaltungen,
- Möglichkeit der Abwicklung wesentlicher Teile der Über-
  tragungssteuerung unter Programmkontrolle, z.B. mit Hilfe
  eines Ein-Chip-Mikrorechners,
- Adressierbarkeit von 128 Einheiten, automatische Anpassung
  unterschiedlicher Taktfrequenzen bei Master und Slave,
- Multimasterfähigkeit mit dezentraler Buszuteilung.

In der Originalversion sind die Steuerstufen für den I^2C-Bus
auf dem Chip der Ein-Chip-Mikrorechnerfamilie 8400 /4/ und
zugeordneter Schaltkreise, z.B. Speicher oder Timer, implementiert. Mit den Schaltkreisen 8400 wurde die Eignung des
I^2C für die Kopplung von CAMAC-Moduln innerhalb des Crates
nachgewiesen /5/. Die vorliegende Untersuchung bezieht sich
auf die Frage, mit welchem Aufwand die I^2C-Bus-Schnittstelle
auf der Grundlage eines universellen Ein-Chip-Mikrorechners
realisierbar ist, um ohne Bindung an die 8400-Familie Meßgeräte mit einem derartigen Anschluß ausstatten und über Entfernungen von einigen Metern miteinander koppeln zu können.

Der I^2C-Bus verwendet zwei bidirektionale Leitungen SDA
(serial data) und SCL (serial clock), die sich auf Potential H befinden, wenn der Bus frei ist. Das Datenbit auf SDA
ist bei Potential H der Taktleitung SCL gültig (Abb.1a). Der

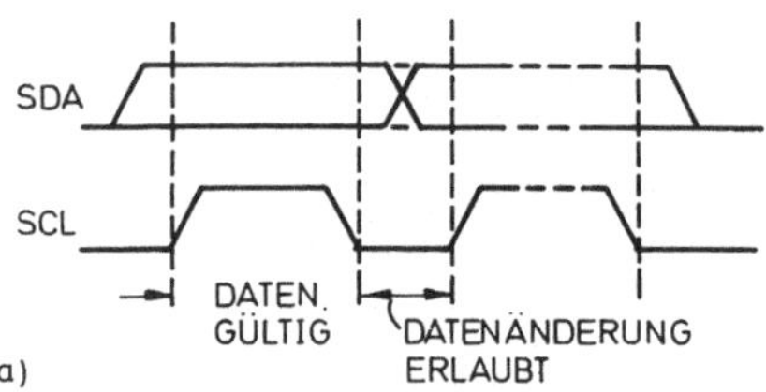

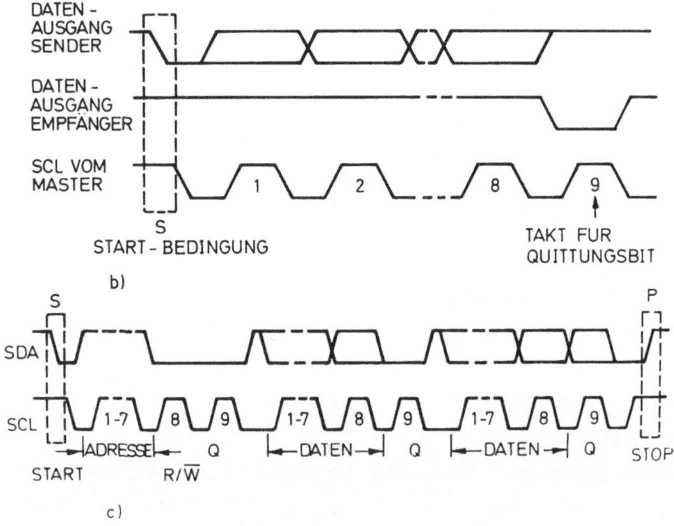

Abb.1 I^2C-Bus, a: Bit-Übertragung, b: Quittungsbit nach
Byte-Übertragung, c: kompletter Datentransfer

Geräteanschluß an SDA und SCL erfolgt über open-collector-
bzw. open-drain-Stufen und stellt eine wired-UND-Funktion dar.
Die Belegung des freien Busses durch einen Master beginnt mit
einer START-Bedingung als H/T-Übergang von SDA bei SCL = H
(Abb.1b). Dieser Übergang setzt in allen an den Bus angeschlossenen Einheiten das Bus-Busy-Flipflop und blockiert auf
diese Weise mögliche Busanforderungen durch andere Einheiten
so lange, bis eine STOP-Bedingung (Abb.1c) den Bus wieder frei
gibt. Adressen und Daten werden als Bytes übertragen, begin-
nend mit der 7 bit langen Slave-Adresse und dem Datenrich-
tungsbit $R/\overline{W}$ ($R/\overline{W}$ = O bedeutet Datenschreiben vom Master zum
Slave). Nach dem 8. Bit wird vom Datenempfänger das Quittungs-
bit Q übertragen, das auch zur Beendigung des Transfers herangezogen werden kann (Abb.1b und 1c). Bei gleichzeitig auftretenden Zugriffswünschen mehrerer Einheiten zum Bus erhält
diejenige Einheit den Bus zugeteilt, deren Adresse (und bei
Gleichheit die nachfolgenden Datenbytes) den niedrigsten
Stellenwert besitzt. Maximal sind Taktfrequenzen bis etwa
100 kHz zulässig; eine spezielle asymmetrische Taktsignalform
ist für 1,92 kHz Übertragungsrate vorgesehen.

Die Implementierung einer I^2C-Schnittstelle mit Nutzung des
Ein-Chip-Mikrorechners U 882 /6/ ist in Abb.2 skizziert. Die
empfangenen Daten werden in einem Eingangsschieberegister
zwischengespeichert. Die serielle Ausgabe von Adressen und

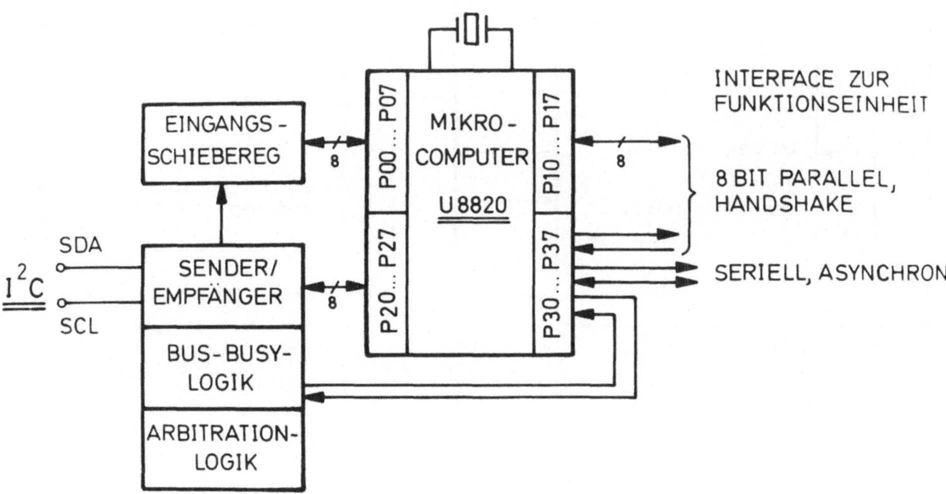

Abb.2 I^2C-Bus-Schnittstelle mit Ein-Chip-Mikrorechner U 882

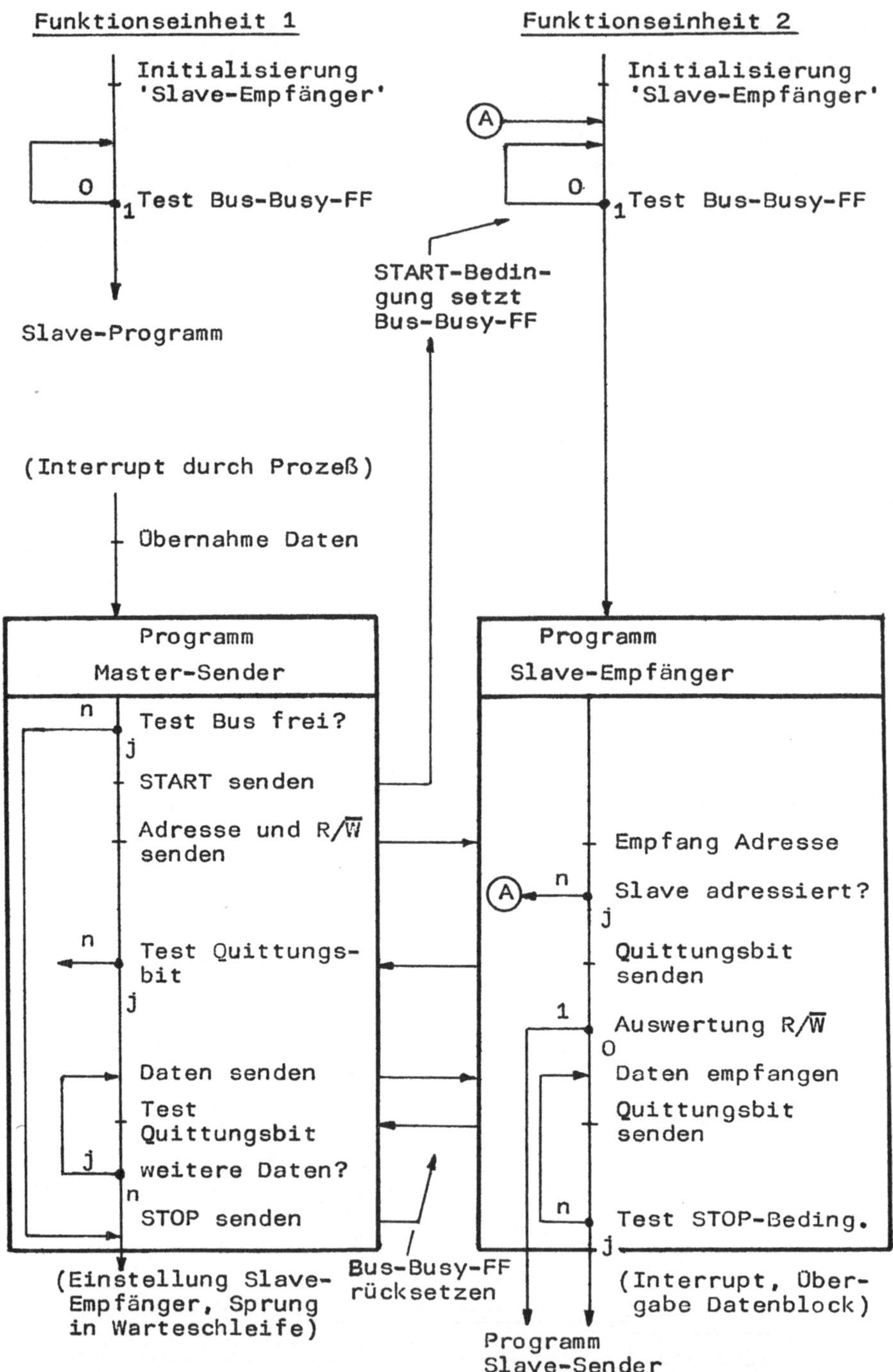

Abb.3 Prinzipieller Programmablauf für eine Datenübertragung von Funktionseinheit 1 nach Funktionseinheit 2

Daten erfolgt programmgesteuert. Der interne 144 byte umfassende Registerblock des U 882, der kompatibel zur Ein-Chip-
Mikrorechnerfamilie Zilog Z 8 ist, dient als RAM und kann jeweils einen 32 byte langen Datenblock aufnehmen. Über Ports
P1 und P3 erfolgt die Kopplung zum 8-bit-Datenbus der Funktionseinheit; mit Nutzung des internen UART ist auch eine
serielle, asynchrone Ankopplung möglich. Zur Sicherung einiger
logischer und zeitlicher Bedingungen sind die Bus-Busy-Logik
und die Arbitrationlogik durch Hardware realisiert, so daß
die I^2C-Anschlußschnittstelle nebem dem Mikrorechner-Schalt-
kreis und dem EPROM (2 Kbyte) sechs weitere Logikschaltkreise
enthält. Mit der Konfiguration nach Abb.2 wird eine maximale
Transferrate von etwa 25 Kbit/s erreicht.

Einen Überblick über den Programmablauf bei der Kopplung von
zwei Funktionseinheiten gibt Abb.3. Zunächst laufen beide
I^2C-Schnittstellen in einer Warteschleife. Wird Funktionseinheit 1 durch einen Interrupt vom Prozeß zur Datenübernahme
aufgefordert, d.h. zur Ausübung einer Master-Funktion, setzt
sie bei freiem Bus eine START-Bedingung, die in der anderen
Funktionseinheit 2 über das Bus-Busy-Flipflop den Übergang
zum Slave-Programm ermöglicht. Nach dem Datentransfer mit Auswertung der Quittungsbits wird mit der STOP-Bedingung der Bus
wieder freigegeben. Die I^2C-Steuerung der Funktionseinheit 1
geht in die Warteschleife zurück, und die I^2C-Steuerung von
Funktionseinheit 2 löst einen Interrupt zur zugeordneten Ge-
rätesteuerung aus, um den zwischengespeicherten Datenblock
übergeben zu können.

Als Schlußfolgerung kann gesagt werden, daß mit relativ
geringem Aufwand Schnittstellen für den I^2C-Bus realisiert
werden können. Damit wird es möglich, in flexibler Weise Meßgeräte über einen seriellen Bus mit Multimasterfähigkeit zum
Meßsystem zu koppeln.

Literatur:
1. Serial CAMAC Highway, Report EUR 6100, Luxembourg, 1977
2. IEC Technical Committee No.66, 1975
3. I^2C Bus Specification, Philips GmbH, Niederlande, 1981
4. Single-Chip 8-bit Microcontroller MAB 8400, Philips, 1982
5. K.D.Müller, IEEE Transact.Nucl.Sci. NS-29 (1982) 111
6. M.Bankel, Radio Fernsehen Elektronik (DDR) 34 (1985) 81

KONZEPT EINES MODULAREN SYSTEMS ZUR ERFASSUNG UND VERARBEITUNG
VON MESSDATEN

R. Röhrer, G. Stöckler

Institut für Elektronik
Technische Universität Graz

ZUSAMMENFASSUNG:

Das hier beschriebene System zur Erfassung und Verarbeitung
von Meßdaten wurde im Hinblick auf ein hohes Maß an Flexibilität
und einfache Konfigurierbarkeit entwickelt. Es ist modular aufgebaut. Die einzelnen Module stellen die Schnittstellen zum Prozeß dar und arbeiten weitgehend selbständig. Der Datenaustausch
zwischen den einzelnen Modulen geschieht über einen seriellen Bus
nach einem entsprechenden Protokoll.

Systemkonfiguration

Wie in Abb. 1 dargestellt ist, besteht das System aus dem internen
Prozeßrechner und einer Reihe von unterschiedlichen Modulen zum
Anschluß von verschiedensten Meßwertaufnehmern (Eingabemodule),
sowie zum Anschluß von Registriergeräten, Digitalanzeigen, Stell-
gliedern usw. (Ausgabemodule). Jedes Modul verfügt über einen

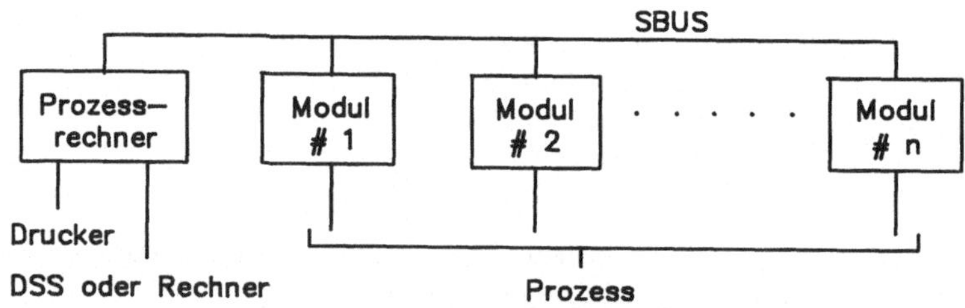

Abb. 1. Systemkonfiguration

eigenen Microcomputer mit einem seiner Aufgabe entsprechenden
ROM-residenten Programm. Dadurch wird das eigentliche Anwendungsprogramm im Prozeßrechner weitgehend entlastet. Es gibt analoge
und digitale Ein- und Ausgabemodule, ein Modul zum Anschluß
mehrerer Fernanzeigen und ein Modul zum Anschluß von Aufnehmern,
die ihre Information in Form von periodischen Rechtecksignalen
liefern.

Die Verwaltung des gesamten Systems und die Verarbeitung der von
den einzelnen Modulen gelieferten Meßdaten und Statusinformationen wird vom internen Prozeßrechner durchgeführt. Dazu beinhaltet der Prozeßrechner ein ROM-residentes Betriebssystem und
ein vom Anwendungsfall abhängiges, in der Computersprache BASIC
erstelltes Anwendungsprogramm. Der Austausch von Daten, Steuer-
anweisungen und Statusinformationen zwischen dem Prozeßrechner
und den einzelnen Modulen des Systems geschieht über einen seriellen Bus (SBUS) nach einem entsprechenden Protokoll im Halb-
duplexbetrieb. Das Betriebssystem kontrolliert den Datenverkehr
am SBUS und stellt dem Anwendungsprogramm alle aus dem Prozeß
erhaltenen Größen als BASIC-Variable zur Verfügung.

Sowohl der Prozeßrechner als auch die einzelnen Module benötigen Rechenkonstanten, bzw. an Module angeschlossenen Sensoren
zugeordnete exemplarspezifische Kennwerte wie z.B. Temperaturkoeffizienten etc. Alle diese Größen sind im Prozeßrechner in
einem batteriegepufferten Schreib/Lesespeicher abgelegt und werden beim Start des Anwendungsprogrammes an die entsprechenden
Module gesendet.

Als Schnittstelle zum Benutzer stehen am Prozeßrechner eine acht-
stellige alphanumerische Anzeige und ein 4x4 Tastenfeld zur Verfügung. Damit können alle im Prozeßrechner vorhandenen Größen
angezeigt und gegebenenfalls geändert werden.

Interner Prozeßrechner

In Abb. 2 ist ein Blockschaltbild des Prozeßrechners dargestellt.
Der Baustein 8052-BASIC ist ein Microcomputer, dessen internes
8k-ROM einen vollständigen BASIC-Interpreter enthält. Der Spei-
cherblock des Prozeßrechners besteht aus vier Einheiten. RAM1

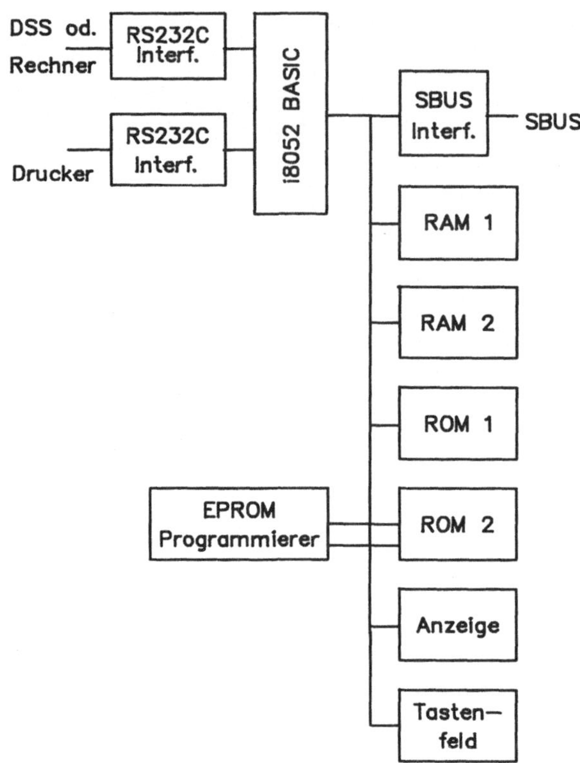

Abb. 2. Blockschaltbild des Prozeßrechners

(16k-Byte) steht gänzlich dem BASIC-Interpreter als Arbeitsspeicher zur Verfügung. RAM2 (8k-Byte) ist batteriegepuffert und
wird zum einen Teil vom Betriebssystem und zum anderen Teil zur
nichtflüchtigen Speicherung von Systemparametern und Konstanten,
die auch bei Ausfall der Stromversorgung oder bei Abschalten der
Anlage erhalten bleiben sollen, verwendet. In den beiden 16k-Byte
Festwertspeichern sind das Betriebssystem (in ROM1) und das Anwendungsprogramm (in ROM2) enthalten.

Über zwei RS232C-Schnittstellen können gegebenenfalls eine Datensichtstation und ein Drucker angeschlossen werden. Beide Pe-
ripheriegeräte sind außer bei der Erstellung des Anwendungsprogrammes im allgemeinen nicht erforderlich, können aber bei Bedarf vom Anwendungsprogramm angesprochen werden. Über die der

Datensichtstation zugeordnete Schnittstelle kann das System auch
an einen übergeordneten Rechner angeschlossen werden.

Erstellung des Anwendungsprogrammes

Die Erstellung des Anwendungsprogrammes kann direkt im System
durchgeführt werden. Das Programm wird über die Datensichtstation in den Arbeitsspeicher des Prozeßrechners eingegeben bzw.
editiert und kann dort zum Ablauf gebracht und getestet werden.
Wird anschließend mit Hilfe der im Prozeßrechner vorhandenen
Programmiereinrichtung der Programmcode aus dem Arbeitsspeicher
in das EPROM (ROM2) übertragen, beginnt der Prozeßrechner bei
jedem Neustart unmittelbar mit der Abarbeitung des Anwendungsprogrammes. Soll ein neues Programm erstellt werden, muß das
beschriebene EPROM vorher durch ein gelöschtes ersetzt werden.

SBUS

Wie bereits oben erwähnt, wird der Datentransport über den SBUS
im Halbduplexverfahren durchgeführt und vom Betriebssystem kontrolliert. Alle im System installierten Module sind durch ihren
Steckplatz im Kartenträger mit einer ihnen zugehörigen Adresse
versehen, unter der sie vom Prozeßrechner Informationen erhalten
bzw. aufgefordert werden, Informationen an ihn zu senden. Die
Übertragung erfolgt asynchron mit einer Baudrate von 4800 Baud.
Der Rahmen für ein Zeichen besteht aus einem Startbit, acht Da-
tenbits und einem Stoppbit, die Information wird im ASCII-code
dargestellt.

Abb. 3 zeigt eine Übertragungssequenz vom Prozeßrechner zu einem
Modul. Der Block beginnt mit dem Zeichen '?', gefolgt von einem
zweistelligen Adreßfeld, das die Adresse des anzusprechenden
Modules enthält, und einem vierstelligen Kommandofeld. Daran
schließen sich beliebig viele, in ihrer Länge variable Datenfelder an. Diese Datenfelder sind sowohl vom Kommandofeld als
auch untereinander durch das Zeichen '/' getrennt. Der Sende-
block wird mit dem Zeichen 'Wagenrücklauf' beendet und der Prozeßrechner schaltet auf Empfang. Reagiert das angesprochene Modul
nicht innerhalb einer festgelegten Zeit (eine Sekunde), wird

?	Adr.	Kommando	/	data 1	/	data 2	data n	CR

Abb. 3. Übertragung Prozeßrechner - Modul

eine entsprechende Fehlermeldung ausgegeben und dieses Modul
weiterhin nicht mehr angesprochen.

In Abb. 4 ist eine Übertragungssequenz von einem Modul zum Prozeßrechner dargestellt. Der Block beginnt mit dem Zeichen '!',
gefolgt von dem zweistelligen Adreßfeld, dem vierstelligen Statusfeld und einer beliebigen Anzahl von Datenfeldern mit variabler Länge. Auch hier werden das Statusfeld und die einzelnen
Datenfelder durch das Zeichen '/' voneinander getrennt. Als Abschluß dient wieder das Zeichen 'Wagenrücklauf'.

!	Adr.	Status	/	data 1	/	data 2	data n	CR

Abb. 4. Übertragung Modul - Prozeßrechner

Werden bei einer Übertragung das Kommandofeld, das Statusfeld
oder Datenfelder nicht benötigt, werden sie unterdrückt bzw.
durch das Trennzeichen ersetzt (z.B. kein Kommandofeld aber Datenfelder). Wird beispielsweise ein Eingabemodul aufgefordert
seine Meßdaten zu senden, besteht die Übertragung vom Prozeßrechner zum Modul lediglich aus dem Startzeichen '?', dem Adreßfeld und dem Zeichen 'Wagenrücklauf'.

EIN BETRIEBSSYSTEM FÜR EINEN SINGLE-CHIP BASIC COMPUTER ZUR
VERWALTUNG DER MESSDATENVERARBEITUNG

R. Röhrer, G. Stöckler

Institut für Elektronik
Technische Universität Graz

ZUSAMMENFASSUNG:

Für den Single-Chip Computer Intel 8052-BASIC wird ein Betriebssystem vorgestellt, welches die Verwendung dieses Chips als
Prozeßrechner in einem System mit verteilter Intelligenz ermöglicht. Das Betriebssystem besorgt den Daten- und Steuer-
verkehr mit den einzelnen Modulen, kontrolliert ein Tastenfeld
und eine Anzeige, und sorgt für den Verkehr mit einem überge-
ordnetem Rechner.

1. Der SBUS-Verkehr mit den Modulen

Das Betriebssystem soll so arbeiten, daß das in BASIC geschrie-
bene Anwenderprogramm auf die Daten und die Kommandoinformationen
der einzelnen Module in Form von BASIC Variablen zugreifen kann.
Hier bieten sich zwei Möglichkeiten an:

a.) Zu einem bestimmten Zeitpunkt ruft das Anwenderprogramm das
Betriebssystem auf, worauf dieses die Information der Module
anfordert, beziehungsweise Information zu den Modulen sendet.
Im Mittel werden bei einem SBUS Transfer 25 Zeichen gesendet,
was mit einer hohen Baudrate schnell zu bewältigen wäre, die
Antwort der einzelnen Module kann jedoch verzögert kommen, da
diese z.B. gerade eine Berechnung abschließen müssen.

b.) In einem interruptgesteuerten Programm wird der SBUS-Verkehr
ununterbrochen zyklisch mit allen Modulen durchgeführt. Dabei
kann es allerdings zu Kollisionen bei einzelnen Datenzugriffen
zwischen Anwenderprogramm und dem Betriebssystem kommen.

In dem hier beschriebenen System werden beide Varianten miteinander verbunden. Der SBUS-Verkehr wird interruptgesteuert,
die Daten werden jedoch in einem eigenen Speicherbereich gesammelt bzw. zur Verfügung gestellt. Im Anwenderprogramm wird dann
der Zeitpunkt des Datenaustausches zwischen dem BASIC Speicher
und seinem Schattenspeicher durch den Betriebssystemaufruf 'Update' bestimmt.

In die Auswahl der Baudrate fließen zwei Überlegungen ein. Eine
hohe Baudrate sorgt für einen schnellen Datenaustausch, nimmt
aber viel Rechenzeit in Anspruch. Braucht man zum Bereitstellen
eines ASCII-Zeichens im Interruptprogramm zum Transport (der dann
rein hardwaremäßig erfolgt) im Mittel 100 us, so würde man bei
100 kBaud ebenfalls 100 us für die Übertragung eines Zeichens benötigen; eine Zeit, die wieder dem Anwenderprogramm zur Verfügung
steht. Es ergibt sich somit eine Verlangsamung des Anwenderprogramms um den Faktor zwei. Bei einer langsamen Baudrate dauert wiederum der zyklische Datenaustausch zu lange. Als Kompro-
miß wurde eine Baudrate von 4800 Baud gewählt, bei der bei typisch 10 Modulen der Datenaustausch in einer halben Sekunde erfolgt, andererseits das Anwenderprogramm nur um 5 % verlangsamt
wird.

In Abbildung 1 ist der logische Speicheraufbau für die Verwaltung des SBUS dargestellt.

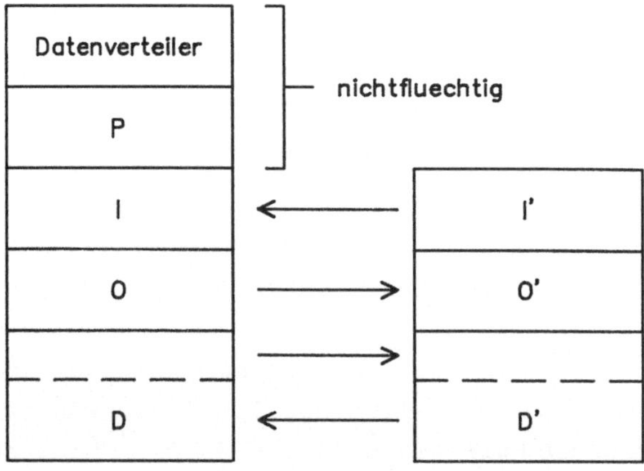

Abb. 1. logischer Speicherplan

Im Anwenderprogramm werden drei Arrays definiert, sie sind mit D,O und I bezeichnet. Das Betriebssystem richtet für diese Arrays die dazugehörigen Schattenspeicher D',O' und I' ein. Das D-Array wird auf 254 Variable definiert, von denen 200 für die Eingangsdaten von maximal 50 Modulen verwendet werden, der Rest dient für die im Anwenderprogramm errechneten Daten, die zu Ausgabemodulen gesendet werden können. Dem O-Array ist das Kommandofeld des SBUS zur Ausgabe an die Module zugeordnet. Wird vom Anwenderprogramm in das O-Array geschrieben, so wird dieses Kommando einmalig über den SBUS an das zugehörige Modul geschickt. Die umgekehrte Aufgabe erfüllt das I-Array, hier werden die Kommandos der einzelnen Module gesammelt. Kommt es zum Betriebssystemaufruf 'Update', so werden die Arrays mit ihren Schattenarrays in Pfeilrichtung (Abb. 1.) ausgetauscht.

Die Systemparameter, die von den einzelnen Modulen für ihre Berechnungen gebraucht werden und im nichtflüchtigen Speicher des Prozessrechners abgelegt sind (P-Array), werden bei der Initialisierung des Gesamtsystems übertragen. Alle Systemparameter sind vom Anwenderprogramm als BASIC-Variable ansprechbar. Ist während des Betriebs eine Änderung dieser Parameter notwendig, so erfolgt die Übertragung automatisch nach dem Beschreiben der zuständigen Variable im O-Array mit dem zutreffenden Kommando.

Welche Module überhaupt angesprochen werden und welche Daten zu diesen übertragen werden, wird in einem Bereich des nichtflüchtigen Speichers, dem Datenverteiler festgelegt. Jedem Modul sind dort sechs Byte zugeordnet, die mit den Indices der auszusendenden D-Variablen beschrieben sind. Steht im ersten dieser Bytes eine Null, so wird dieses Modul nicht in den SBUS-Verkehr eingebunden, steht dort eine Eins, so wird nur ein Wagenrücklauf als Aufforderung zum Senden an das Modul geschickt.

Ein einfaches Beispiel eines Anwenderprogramms soll hier dargestellt werden.

```
10 DIM D(254),P(250),O(50),I(50)
20 CALL UPDATE
30 D(220)=D(54) D(23)
40 GOTO 20
```

Nach der Dimensionierung der Arrays wird in Zeile 20 das Betriebssystem aufgerufen, welches bei seinem ersten Aufruf eine Initialisierung des Systems und den ersten Datenaustausch durchführt.
In 30 wird dann das Produkt zweier von Modulen gelieferter Daten
gebildet und einem neuen Datum zugewiesen, das nach Anweisungen
des Datenverteilers nach dem nächsten Betriebssystemaufruf z.B.
an einen Ausgabemodul gesendet wird. Dieser Vorgang wird dann
zyklisch wiederholt.

2. Verwaltung der Tastatur

Die Tastatureingaben an den Prozessrechner werden ebenfalls
durch ein Interruptprogramm behandelt. Da sie langsam erfolgen,
sind sie in der Prioritätsstufe tiefer als der SBUS-Interrupt
gereiht. Für die Interpretation der Tastatureingaben ist direkt
das Betriebssystem verantwortlich. Hauptaufgaben sind die Änderung der Systemparameter und das Stellen des Datenverteilers.
Tastaturbedienungen werden am Display benutzerfreundlich geführt.

3. Verkehr mit einem übergeordneten Rechner oder Terminal

Der Verkehr kann auf drei verschiedene Arten stattfinden. Alle
drei sind interruptgesteuert in der gleichen Prioritätsstufe
wie der Tastaturinterrupt. Das Handshake der beiden Rechner
wird durch ein Echo jedes an den Prozessrechner gesendeten
Zeichens erzielt.

a.) Im Konsolenmodus kann mit dem Prozessrechner mit den üblichen
PRINT und INPUT Anweisungen kommuniziert werden, sofern dies im
Anwenderprogramm festgelegt wurde. Auch das Anwenderprogramm
selbst wird in diesem Modus programmiert. (Command Mode des BASIC
Interpreters)

b.) Durch ein Steuerzeichen wird in den Tastaturmodus umgeschal-
tet und jedes an den Prozessrechner gesendete Zeichen wird vom
Betriebssystem gleich interpretiert wie ein über die interne
Tastatur eingegebenes.

c.) Durch ein weiteres Steuerzeichen ist es möglich, den Prozessrechner aufzufordern, einen Datenblock zu senden, der vorher in
einem Teil des Datenverteilers festgelegt wurde. Dazu sind keine
Anweisungen im Anwenderprogramm erforderlich.

4. Zeitsteuerungen

Das Betriebssystem stellt eine Intervalluhr, die in der höchsten
Prioritätsstufe interruptgesteuert läuft, zur Verfügung. Das
Anwenderprogramm kann direkt auf diese Zeitbasis Bezug nehmen.

5. Fehlerbehandlungen im System

Fehler, die von einem Modul erkannt werden, gelangen über das
Kommandofeld des SBUS an den Prozessrechner. Sie werden vom
Betriebssystem sofort am Display zur Anzeige gebracht, eine
Fehlermeldung wird über die Rechnerschnittstelle abgesetzt und
ein Relais angezogen. Dieser Fehlerzustand bleibt bis zu einer
Quittierung erhalten. Meldet sich ein Modul am SBUS nicht mehr,
so erkennt dies eine Zeitüberwachung im Prozessrechner, es kommt
zur gleichen Fehlerbehandlung und das betreffende Modul wird
nicht mehr angesprochen.

Ein Fehler im Anwenderprogramm führt, sofern er vom Programm-
ersteller nicht berücksichtigt wurde, zum Abbruch des BASIC
Programmes; der Interpreter geht in den Command Mode. Hier
filtert das Betriebssystem die Fehlermeldung aus, damit auch
ohne angeschlossenen Rechner eine Fehlermeldung am Display sichtbar wird. In diesem Fall wird die Art des Fehlers und die Zeile
des Anwenderprogramms, in der er aufgetreten ist, angezeigt.

Fehler im nichtflüchtigen Speicher werden auf Grund von Check-
summenbildungen erkannt und führen zu Fehlermeldungen.

Am Prozessrechner ist ein Watchdog-Timer angeschlossen, der
periodisch rückgesetzt werden muß. Es geschieht dies jedesmal
mit dem Betriebssystemaufruf 'Update'. Läuft der Watchdog-Timer
ab, so wird ein Hardware Reset auf das gesamte System gegeben.

Ein Auslösen dieses Resets kann auch gewollt vom Anwenderprogramm passieren. In diesem Fall wird einfach der Aufruf 'Update'
über eine Watchdog-Periode nicht gegeben, und ein Zustandsbit
im nichtflüchtigen Speicher gesetzt. Daten können ebenfalls im
nichtflüchtigen Speicher abgelegt werden. Nach dem Hardwarereset
kann dann entschieden werden, ob es sich um ein gewolltes Reset
oder einen Fehler gehandelt hat. Diese Information wird auch
allen Modulen zugespielt, die darauf ihre Initialisierung ab-
stimmen. Entweder kommt es zu einer Neuinitialisierung der Ausgänge oder der vorherige Zustand wird gehalten. Dieses bewußt
ausgelöste Reset erhöht beträchtlich die Zuverlässigkeit des
gesamten Systems.

FOTODIODENARRAYS ALS SENSOREN IN DER PARTIKELELEKTROPHORESE

Ch. Jorde, M. Hirschler

Institut für Physikalische Chemie, Universität Graz

ZUSAMMENFASSUNG:

Zur automatisierten Messung der elektrophoretischen Wanderungsgeschwindigkeit mit einem Fotodiodenarray als Sensor wurden
Optiken entworfen, die die Beleuchtung der wandernden Teilchen
und ihre Abbildung im Dunkelfeld ermöglichen. Die vom Array
seriell ausgegebenen Spannungen werden von einer mit der
Auslesefrequenz synchronen Programmschleife gelesen und gespeichert. Durch numerisches Differenzieren werden die Orte
maximaler Lichtstärke ermittelt und ihre Bewegung verfolgt.

Einleitung:

Aus der Wanderungsgeschwindigkeit von Partikeln im elektrischen
Feld (Elektrophorese) kann die Oberflächenladung der Teilchen
beziehungsweise das Zetapotential ermittelt werden. Dieses
Zetapotential spielt bei der Wechselwirkung von Partikeln eine
entscheidende Rolle und stellt somit in vielen technischen
Prozessen - zum Beispiel in der Papier- und Faserindustrie -
eine wichtige Größe dar. Bei Teilchen mit Abmessungen von
2-15 Mikrometern erfolgte die Messung bisher durch mikro-
skopische Beobachtung und Handstoppung, was nicht nur ausgesprochen mühsam und zeitraubend ist, sondern sich auch
nachteilig auf die Genauigkeit auswirkt.
Für die Aufgabe das Meßverfahren zu automatisieren bietet sich
ein lineares Fotodiodenarray als Sensor an.

Optik:

Die Abbildung der Teilchen erfolgt im Dunkelfeld, weil im
Durchlicht kein genügend großer Kontrast erreichbar ist.
Als Beleuchtungsquelle wurde einerseits ein Laser verwendet
(He-Ne-Typ mit 4 mW). Dabei wurde der Strahl durch eine
Zylinderlinse in einer Richtung aufgeweitet, wobei ein gleich-
mäßiger Intensitätsverlauf durch mehrfache Reflexion in einem
Glasrohr erreicht wurde.
Eine kostengünstigere Möglichkeit stellt die Verwendung starker
Leuchtdioden mit kleinem Abstrahlwinkel dar. Die von uns ver-
wendete Type CQX24/2 von Philips liefert bei einem Strom von
70 Milliampere etwa 800 Millicandela integrale Lichtstärke,
wobei der Halbwertswinkel der Intensität 15° beträgt. Die
Anordnung der Optik (Abb. 1) entspricht einem zweidimensionalen
Keplerschen Fernrohr, wobei die Zelle selbst als zweite
Zylinderlinse dient.
In beiden Fällen wird die beleuchtete Schicht mit einer
sphärischen Sammellinse auf das Array abgebildet.

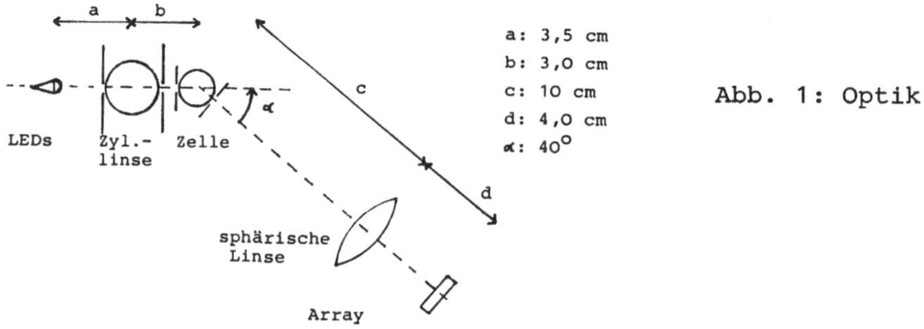

Abb. 1: Optik

Das Fotodiodenarray:

Die Wahl fiel auf ein Fotodiodenarray TH7802 von Thomson-CSF
mit 1024 praktisch lückenlos aneinandergereihten Fotodioden.
In den einzelnen Dioden von jeweils 13 x 13 $\mu\,\text{m}^2$ sensitiver
Fläche werden der Beleuchtungsstärke und Einfallsdauer
proportionale Mengen an Fotoelektronen gebildet, die in
Kondensatoren gespeichert werden (Abb. 2). Bei Öffnen einer
Potentialsperre (Triggerflanke) werden die gesammelten Ladungen
parallel in je ein Schieberegister für geradzahlige und un-

geradzahlige Fotoelemente übertragen. Die Ladungspakete
werden mit dem Schiebetakt ϕ_T seriell auf eine Diode ausgelesen, wodurch sie in entsprechende Spannungen umgesetzt
werden. Diese Spannungen werden verstärkt und gelangen über
eine Sample and Hold - Schaltung an den Ausgang (Abb. 3).
Das Fotodiodenarray liefert also eine Ausgangsspannung, deren
zeitlicher Verlauf der Beleuchtungsstärke entlang des
Beobachtungsbereichs entspricht.

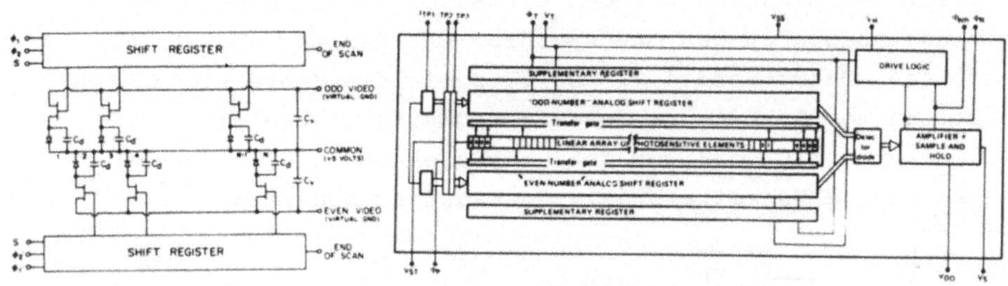

Abb. 2 (2)   Abb. 3 (3)
Schematischer Aufbau des Fotodiodenarrays

Zum Betrieb benötigt man zwei Taktsignale: ϕ_P, dessen
Periodendauer die Zeit bestimmt, in der über die Lichtintensität integriert wird, sowie die Auslesefrequenz ϕ_T,
die in jeder Halbperiode einen Wert aus dem Schieberegister
an den Ausgang bringt. Diese beiden Frequenzen müssen zeitlich
synchronisiert sein (Abb. 4).

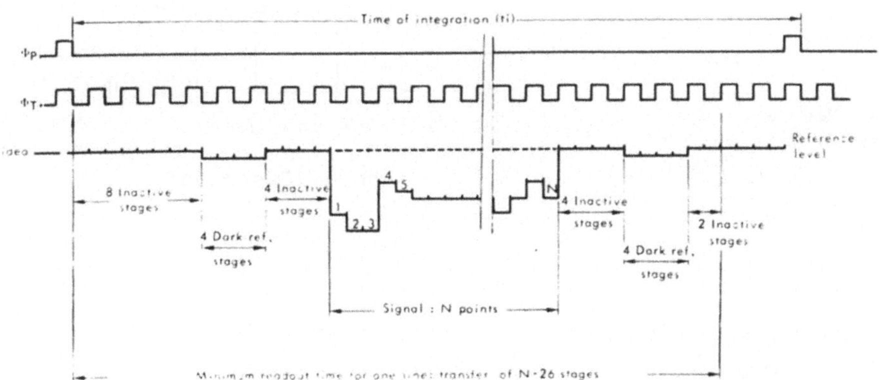

Abb. 4: Taktsignale (3)

A/D-Konversion und Synchronisation:

Das Ausgangssignal des Arrays wird nach einem Impedanzwandler
vom Gleichspannungsanteil befreit, invertiert und leicht
geglättet.
Die A/D-Konversion erfolgt durch einen schnellen 6 Bit Wandler
(Micro Power Systems MP7682). Die Bits 1-6 und ein Overflow-
Bit können über einen PIA-Port vom Mikroprozessor gelesen
werden. Das Einlesen der den einzelnen Fotoelementen zugeordneten Spannungen muß synchron mit dem Schiebetakt ϕ_T
erfolgen. Daher werden ϕ_T und ϕ_P sowie die Konversionsbefehle
sämtlich vom Taktsignal des Mikrocomputers abgeleitet (Abb. 5).
Zu beachten ist, daß vor den nutzbaren Fotodioden zuerst
inaktive und Dunkelreferenzdioden ausgegeben werden.

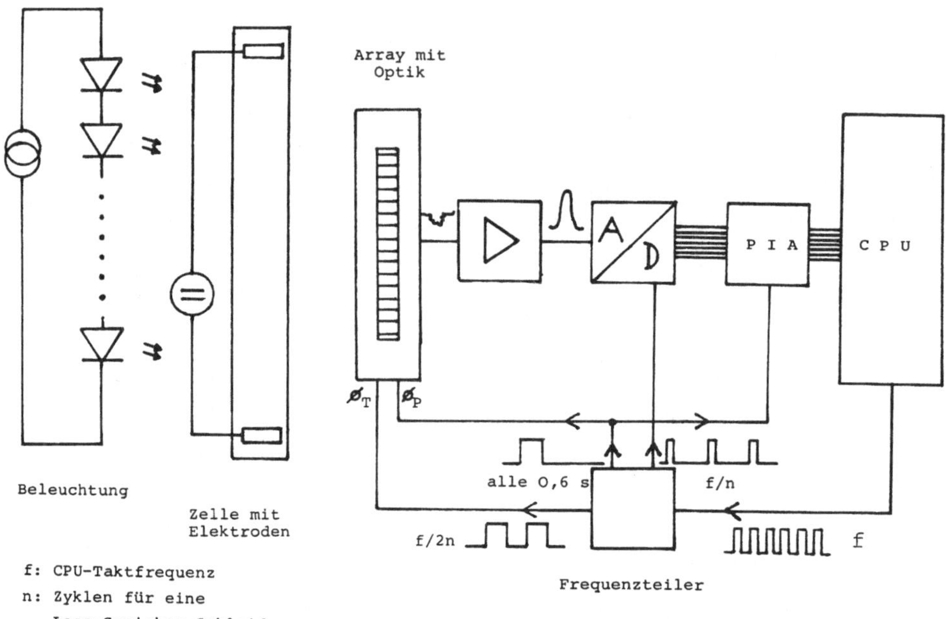

Abb.5: Gesamtaufbau

Auswertung:

Die Anwesenheit von Teilchen beziehungsweise -ansammlungen im
Beobachtungsbereich verursacht Maxima im erhaltenen Spannungs-
verlauf. Um nun die Wanderungsgeschwindigkeit der Teilchen zu
bestimmen, vergleicht man die Lage der Maxima in regelmäßigen

Zeitabständen, zum Beispiel alle halben Sekunden.
Das Programm dazu gliedert sich in drei Teile: In der ersten
Schleife werden die Werte des ADCs gelesen und indiziert gespeichert. Im weiteren wird eine Mindestspannung als Basis-
linie errechnet und letztlich wird zur Ermittlung der Maxima
jeder Wert über der Schwelle mit dem nächsten verglichen,
wobei Rücksicht darauf genommen wird, daß die beiden Schieberegister nicht vollständig ausbalanziert sind und deshalb
geringfügig unterschiedliche Spannungen liefern.

Ausblick:

Obwohl die Entwicklung im Bereich der Meßzelle - und verbunden
damit auch in der Auswertung - noch nicht abgeschlossen ist,
läßt sich doch sagen, daß es gelungen ist, die Bewegung mikro-
skopischer Teilchen mit einem Fotodiodenarray zu erfassen, was
neben der Partikelelektrophorese auch Anwendung auf andere
Problemstellungen - Diffusion, Sedimentation oder Strömungen
mit Schwebeteilchen um einige Beispiele zu nennen - finden
könnte.

Literatur:

(1) Hirschler M.: Neue Wege zur Messung der elektrophoretischen
        Wanderungsgeschwindigkeit kolloidaler Teilchen
        Diplomarbeit, Graz 1985
(2) EG&G Reticon: Product Summary - Solid State Image Sensors
        Sunnyvale (California) 1983
(3) Thomson-CSF: Charge-Coupled Device Linear Image Sensor
        TH7802
        Boulogne-Billancourt Cedex (France) 1983

ELEKTRONENSTRAHL-ISTPOSITIONSGEBER

E. Benes, M. Gröschl
Institut für Allgemeine Physik, TU-Wien

K. Lübke
Institut für Allgemeine Elektrotechnik und Elektronik, TU-Wien

N. Gurker
Institut für Angewandte und Technische Physik, TU-Wien

F.W. Thomas, G. Thorn, H. Ranke
Leybold-Heraeus GmbH., Hanau / BRD

ZUSAMMENFASSUNG:
Es wird über ein neuartiges Sensorprinzip zur Detektion der Auftreffstelle eines Elektronenstrahls (insbesondere im Hinblick auf die Strahlpositionsregelung in Elektronenstrahl-Verdampferquellen) berichtet, bei dem die der Aufpralldichte des Elektronenstrahls proportionale Röntgenstrahlung nach dem Lochkamera-prinzip auf einen positionsempfindlichen Detektor (PSD) abgebildet wird. Als PSD werden hier Si- und GaAs-Lateraldioden verwendet, wobei deren **direkte** Röntgenempfindlichkeit ausgenützt wird.

1. Grundlagen

Der hier beschriebene "Elektronenstrahl-Istpositionsgeber" ist eine Einrichtung zur Detektion der x- und y-Koordinaten der Auftreffstelle des Elektronenstrahls auf das Targetmaterial in Elektronenstrahl-Verdampferquellen, die insbesondere zum Einsatz als Ist-Positionsgeber einer Regelschleife geeignet ist. Gemäß diesem Sensorprinzip wird die Auftreffstelle des Elektronenstrahls mit den Koordinaten (x,y) durch die von der Auftreffstelle ausgehende Röntgenstrahlung über ein Blendensystem auf Lateraldioden abgebildet. Die von den Lateraldioden gelieferten Photoströme werden durch eine geeignete Elektronik weiter-verarbeitet und dienen als Maß für die Bildkoordinaten (x',y').

Das Intensitätsmaximum der emittierten Röntgenstrahlen liegt – bei der üblichen Gauß-Verteilung der Elektronenstrahlintensität – im Zentrum der Auftreffstelle des Elektronenstrahls. Durch Ausnutzung der von der Auftreff-stelle ausgehenden Röntgenstrahlung (charakteristische Strahlung sowie Röntgenbremsstrahlung) anstatt der sichtbaren, infraroten oder ultravioletten elektromagnetischen Strahlung erhält man ein scharfes, kontrastreiches Bild der Auftreffstelle. Für die Detektion des Bildes wird am einfachsten die direkte Röntgenstrahlempfindlichkeit der Lateraldioden ausgenützt. Hiefür sind offene Photodioden (ohne Deckglas) gut geeignet. Da diese aber besonders im sichtbaren und infraroten, in geringerem Ausmaß auch im ultravioletten

Spektralbereich empfindlich sind, wird zwischen der Auftreffstelle des Elektronenstrahls und der Halbleiterdetektoranordnung eine Filter-Folie bzw. -Schicht angebracht, die nur im interessierenden Röntgenstrahlen-Spektralbereich durchlässig ist.

2. Aufbau des Elektronenstrahl-Istpositionsgebers

Die Abbildung der Auftreffstelle des Elektronenstrahls auf die Photodioden-anordnung erfolgt am einfachsten nach dem Lochkameraprinzip, demgemäß das Blendensystem aus einer kreisförmigen Lochblende besteht (Abb. 1). Da nicht die Form der Auftreffstelle des Elektronenstrahls interessiert, sondern nur deren Position, besteht beim derzeit realisierten Aufbau das Blendensystem aus zwei rechtwinkelig angeordneten Schlitzblenden, von denen die eine für die Abbildung der x-Koordinate und die andere für die Abbildung der y-Koordinate verwendet wird (Abb. 2). Die Schlitzblenden erlauben dabei die Ausnützung eines höheren Röntgenstrahlfluß-Raumwinkels ohne Verlust an Ortsauflösung. Sie sind daher besonders bei geringer Elektronenstrahlleistung vorteilhaft, da in diesem Fall mit einer geringen Röntgenstrahlintensität das Auslangen gefunden werden muß.

Als Detektor werden derzeit handelsübliche PIN-Photodioden aus Silizium, jedoch ohne Deckglas, verwendet. Außerdem wurde die Eignung von GaAs-Photodioden in Schottky-Ausführung untersucht, die sich durch grundsätzlich höhere Röntgen-absorption und kürzere Anstiegszeiten auszeichnen. Abb. 3 zeigt den schematischen Aufbau einer solchen GaAs-Photodiode. Ausgangsmaterial ist einkristallines, semiisolierendes GaAs mit einer Dicke von 0,5 mm und einem spezifischen Widerstand von 10^8 Ωcm. Darauf werden zwei GaAs-Schichten epitaktisch aufgewachsen. Die erste ist ungefähr 2 µm dick mit einem spezifischen Widerstand von $4 \cdot 10^{-3}$ Ωcm, die Dicke der zweiten Schicht kann, je nach Anwendungsfall, zwischen 5 µm und 50 µm variiert werden, ihr spezifischer Widerstand beträgt ca. 50 Ωcm. Für die ohmschen Kontakte wird AuGe/Cr/Au aufgedampft und bei 400 °C einlegiert, für den Schottky-Kontakt können z.B. die Materialien Ti, Al oder Cr mit einem seitlichen Anschluß aus Gold verwendet werden.

Durch negative Vorspannung dieser Diode entsteht unter dem Schottky-Kontakt eine Raumladungszone im undotierten GaAs. Aus ihr werden die durch Photonen erzeugten Ladungsträger abgesaugt und bilden den Photostrom. Die dotierte n^+-GaAs-Schicht fungiert als Stromteiler, in ihr wird der generierte Photo-strom entsprechend den Abständen des Photonenauftreffpunktes zu den beiden ohmschen Kontakten aufgeteilt.

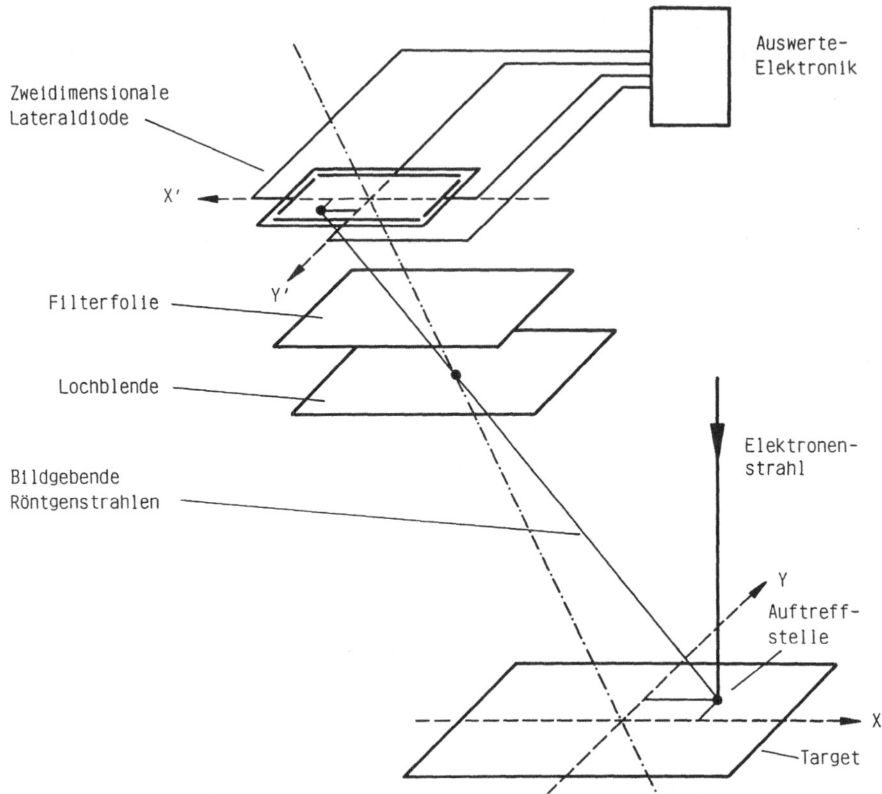

Abb. 1. Lochkameraprinzip, Abbildung auf eine zweidimensionale Lateraldiode

Abb. 4 zeigt die Auswerte-Elektronik, wie sie von den Anwendungen der Lateraldiode im Bereich des sichtbaren Lichtes her bekannt ist. Die Elektronik liefert ein ausschließlich positionsabhängiges (U_p) und – bei Bedarf – ein ausschließlich intensitätsabhängiges (U_I) Signal. Da die Röntgenempfindlichkeit der bisher verwendeten Dioden gering im Vergleich zur Empfindlichkeit gegenüber sichtbarem Licht ist, konnten mit einer elektronischen Schaltung nach dem hier gezeigten Prinzip keine brauchbaren Ergebnisse erzielt werden. Aus diesem Grund wurde eine neuartige Auswerte-Elektronik [1] entwickelt, die den hohen Anforderungen, insbesondere bzgl. Empfindlichkeit, Dynamik und Positionsauflösung, gerecht wird.

3. Ergebnisse

Aus Abb. 5 geht die mit dem Elektronenstrahl-Istpositionsgeber erreichte Ortsauflösung hervor. Es wurden die Positionssignale bei konstant eingestellter

---

1 Patentanmeldung in Vorbereitung

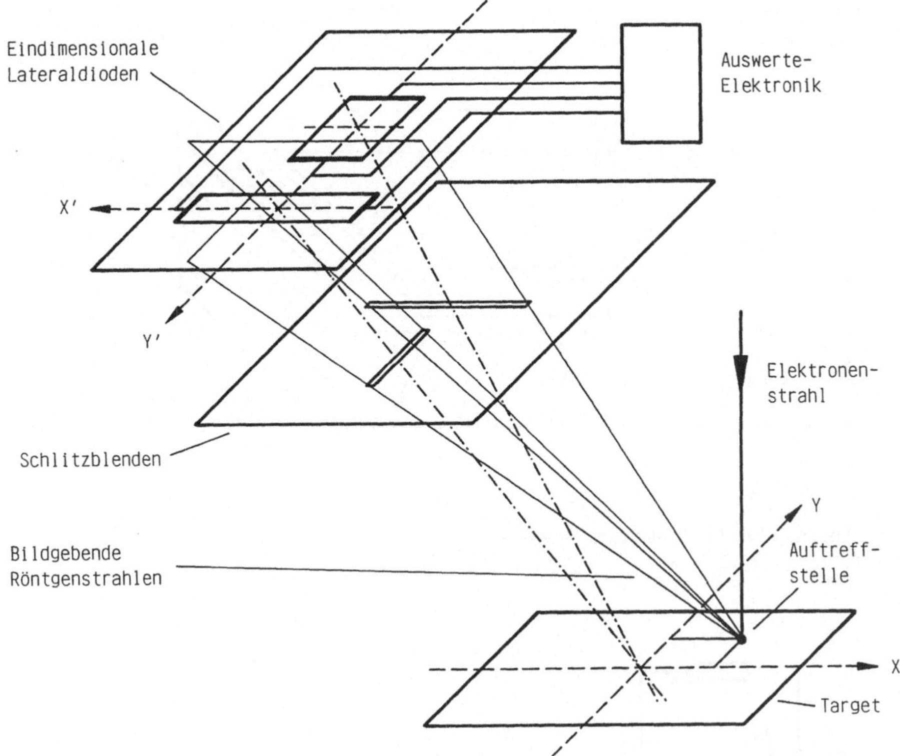

Abb. 2. Modifiziertes Lochkameraprinzip, Abbildung auf zwei eindimensionale
Lateraldioden

Strahlposition und bei sinusförmiger, periodischer Strahlauslenkung (Gesamthub:
ca. 6 mm, Frequenz: 1 Hz) verglichen. Man erkennt, daß die kleinste nach-
weisbare Positionsveränderung des Elektronenstrahls ca. 0,5 mm beträgt. Dieser
Wert liegt deutlich unterhalb des Elektronenstrahl-Durchmessers von ca. 25 mm.
Die erreichte Positionsauflösung, bezogen auf die maximale Auslenkung des
Elektronenstrahls von 500 mm, beträgt somit 1 : 1000. Die Messung erfolgte bei
einer Beschleunigungsspannung von 36 kV und einem Strahlstrom von 750 mA.
Als Targetmaterial wurde Tantal verwendet. Abb. 6 zeigt die Hysterese der
Elektronenstrahl-Ablenkeinheit. Durch gleichzeitige Messung des Ablenkstromes
(Stellwert) und des zugehörigen Positionssignales des Elektronenstrahl-
Istpositionsgebers (Istwert), konnte nachgewiesen werden, daß kein eindeutiger
Zusammenhang zwischen den genannten Größen besteht. Ein und derselbe
Stellwert führt zu unterschiedlichen Strahlpositionen, abhängig von der Richtung,
aus welcher die Sollposition angelaufen wird. Die Messung erfolgte bei einer
Beschleunigungsspannung von 36 kV und einem Strahlstrom von 250 mA mit
Tantal-Target.

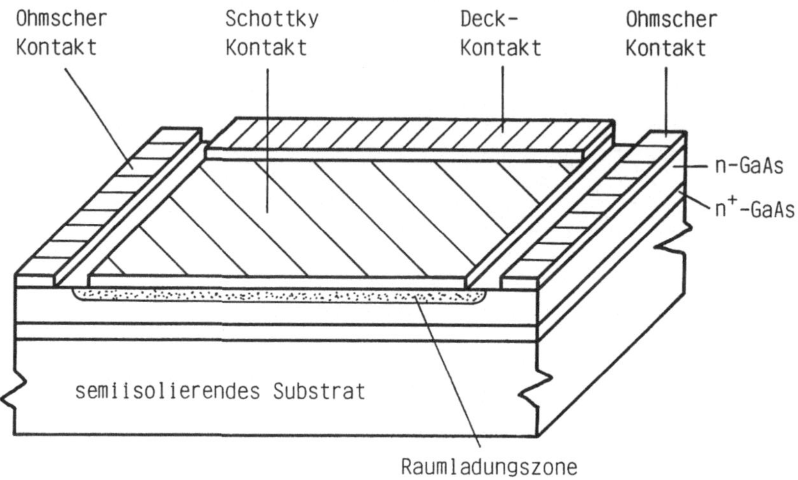

Abb. 3. Aufbau der GaAs-Lateraldiode

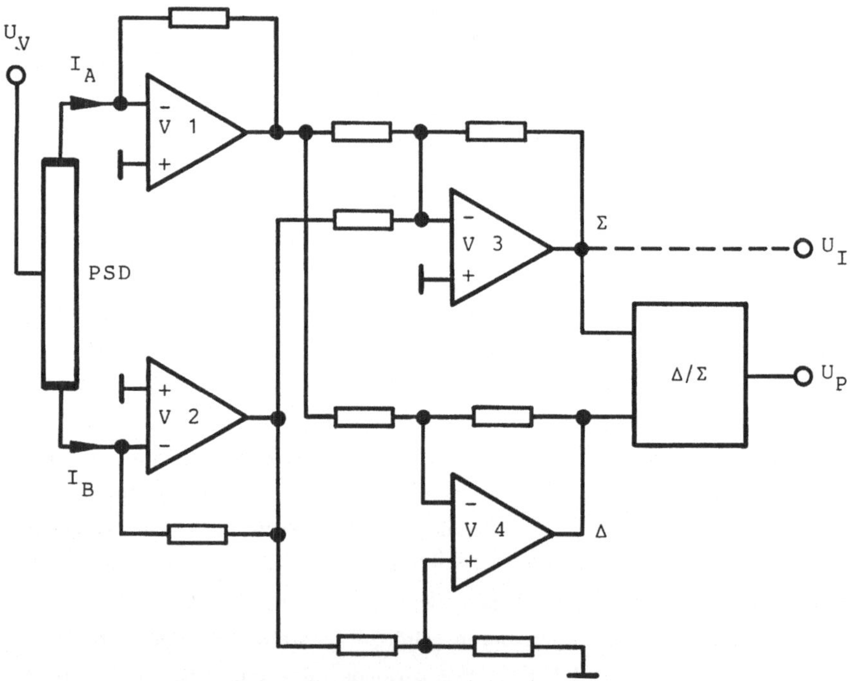

Abb. 4. Auswerte-Elektronik für eine eindimensionale Lateraldiode

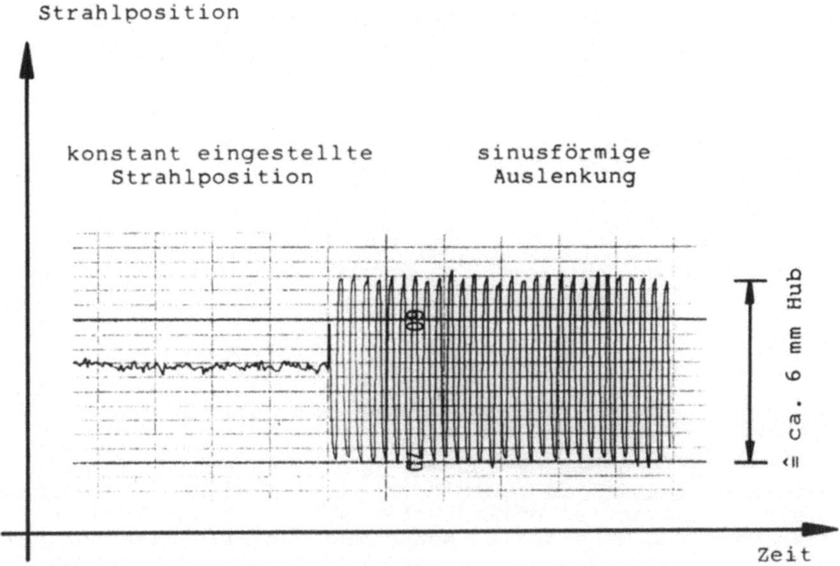

Abb. 5. Positionsauflösung des Elektronenstrahl-Istpositionsgebers

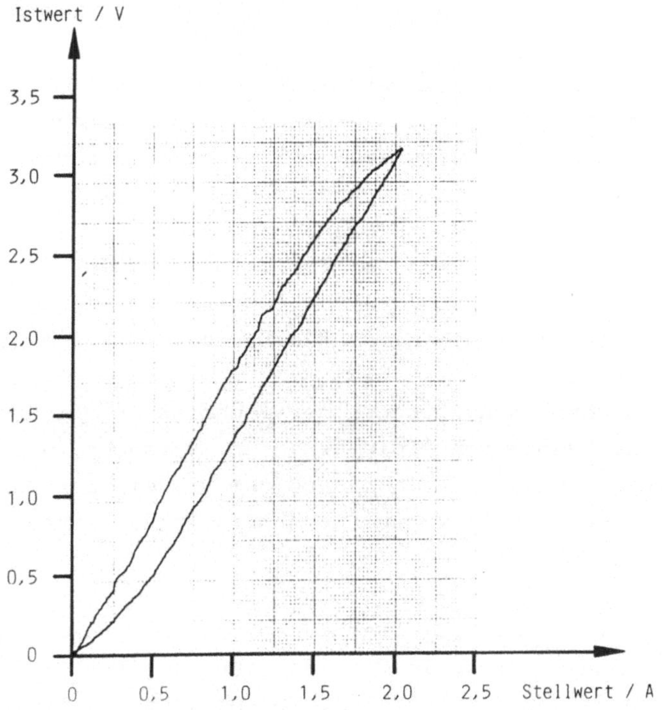

Abb. 6. Hysterese der Ablenkeinheit bei stetiger Veränderung der Strahlposition

DIE NUTZUNG DES FARADAYEFFEKTES ZUR STROMMESSUNG IN HOCH-SPANNUNGSANLAGEN

S. Pack

Graz

ZUSAMMENFASSUNG:

Der Faradayeffekt beruht auf der optischen Aktivität bestimmter
Kristalle, die sich in einem Magnetfeld befinden. In Verbindung
mit einem faseroptischen Meßsystem mit optischer Erzeugung und
Übertragung von Meßsignalen können solche Kristalle zur Messung
von Magnetfeldern und über diese zur Messung von Strömen verwendet werden. Es wird hier ein Versuchsaufbau vorgestellt, der
die prinzipielle Funktionsweise und die Vorteile eines solchen
Stromwandlers aufzeigt.

Durch neue Entwicklungen in den letzten Jahren auf den Gebieten
der Faseroptik und Optoelektronik wurden die Voraussetzungen
geschaffen, faseroptische Meßsysteme auch für die Anwendung in
Hochspannungsanlagen zu entwickeln und zu erproben.
Die Strommeßtechnik in Hochspannungsanlagen (große Potential-
differenz) wird sehr stark durch den Isolationsaufwand bestimmt,
da man bestrebt ist, die Spannungen auf langen Übertragungsstrecken immer weiter zu erhöhen, um die Leitungsverluste klein
zu halten /1/.
Am Institut für Hochspannungstechnik der Technischen Universität
Graz wird daher im Rahmen von Diplomarbeiten[1] versucht, Strom-
meßsysteme zu entwickeln, die <u>nicht</u> nach dem Prinzip der induktiven Kopplung zwischen Primär- und Sekundärseite arbeiten /2/.

---

1 "Strommessung mittels Faradayeffekt" Diplomarbeit von S.Pack
  am Inst.f.Hochspannungstechnik der Techn.Universität Graz
  Institutsvorstand: oUniv.-Prof.Dipl.-Ing.Dr.techn.H.Gsodam
  Betreuer: UDoz.Dipl.-Ing.Dr.techn.M.Muhr,1984

1. Der Faradayeffekt

Manche Substanzen (z.B. Quarzglas) zeigen unter dem Einfluß
eines parallel zur Strahlungsrichtung orientierten Magnetfeldes
optische Aktivität. Der magnetooptische Effekt oder Faradayeffekt kann als Wechselwirkung zwischen den durchtretenden Licht-
strahlen und der Elektronenbewegung aufgefaßt werden. Dabei wird
die Polarisationsebene linear polarisierter Strahlung in einem
Faradaydreher, der einem transversalen Magnetfeld ausgesetzt
ist, um einen Winkel a gedreht /3/.

$$a = V \cdot l_{FR} \cdot H = V \cdot l_{FR} \cdot N \cdot I_{SP} / l_{SP} \tag{1}$$

Darin bedeuten V die Verdetkonstante des Faradaydrehers, H die
magnetische Feldstärke, l_{FR} die Länge des Faradaydrehers, N die
Windungszahl, I_{SP} den Spulenstrom und l_{SP} die Spulenlänge.
Der Drehwinkel ist dem Magnetfeld und damit auch der Stromstärke
direkt proportional.

2. Der Laboraufbau

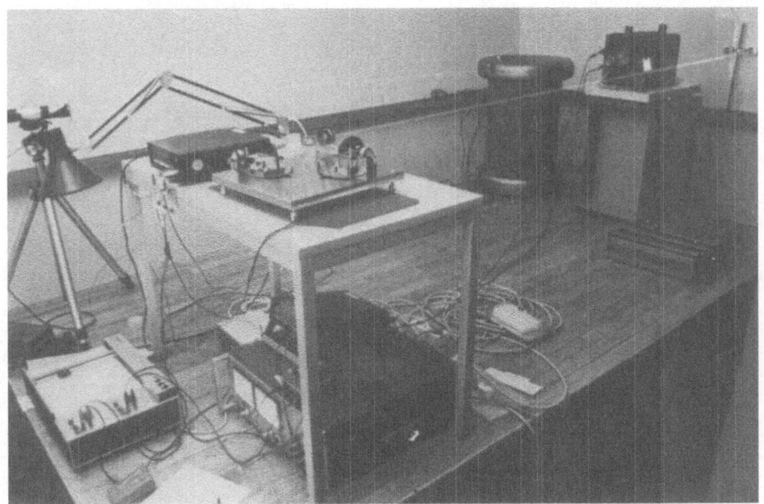

Abb.1 Meßaufbau im Labor mit freiem Übertragungsweg

Bei diesem Meßsystem (unkonventioneller Stromwandler) befindet
sich nur der passive Sensor (Kristall) auf Hochspannungspotential,
während die Sende- und Empfängereinheit auf Erdpotential liegt.

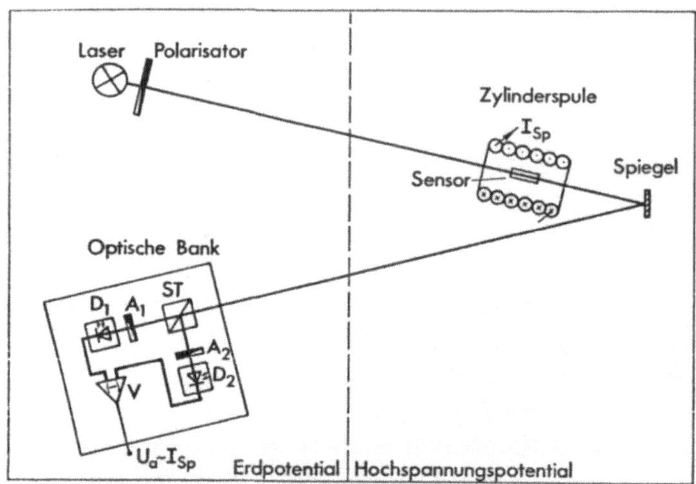

Abb.2 Prinzipdarstellung des Meßaufbaues

Als Strahlungsquelle wird wegen der Einfachheit ein HeNe-Laser
(Wellenlänge 632,8 nm) mit einer Ausgangsleistung von 1,o mW und
einem Strahlungsdurchmesser von o,75 mm verwendet. Der durch den
Polarisator linear polarisierte Laserstrahl durchläuft den Sensor
(Faradaydreher), der sich in einem annähernd homogenen Magnetfeld
der Zylinderspule befindet (Abb.3). Die Zylinderspule wird vom
zu messenden Strom durchflossen.

Abb.3 Zylinderspule

Die dem Laserstrahl im Sensor auf Grund des Faradayeffektes aufmodulierte Information über die Größe des Stromes wird anschliessend in einer optisch - elektronischen Empfängereinheit ausgewertet. Hier gelangt der modulierte Strahl linear polarisierten Lichtes über einen Strahlungsteiler zu den Analysatoren A1, A2 (Abb.4). Die Analysatoren sind um $\pm\ 45^\circ$ gegen die ursprüngliche Polarisationsebene (ohne Faradaydrehung) gedreht.

Abb.4 Optische Bank,Strahlungsteiler, Analysatoren, Fotodioden

Die Signalspannungen der nachgeordneten Fotodioden D1, D2 werden in einem Subtrahierer voneinander abgezogen und bilden so die Ausgangsspannung U_a.

$$U_a = k_1 \cdot \sin (k_2 \cdot I_{SP}) \tag{2}$$

Da das Vorzeichen in die Messung eingeht, können Gleich- und Wechselströme gemessen werden.

3. Meßergebnisse

Es konnte ein guter linearer Zusammenhang zwischen Meßgröße und der Ausgangsspannung nachgewiesen werden. Auf Grund der Sinusfunktion nach Gl.2 gilt dies nur für kleine Drehwinkel.
Für <u>Gleichstrom</u> wurde im Bereich von -1o A bis +1o A gemessen (Abb.5). Weit höhere Ströme (bis in den kA Bereich) sind meßbar, wenn man die Windungszahl N entsprechend reduziert, sodaß das Produkt $N \cdot I_{SP}$ der Gl.1 annähernd konstant bleibt.

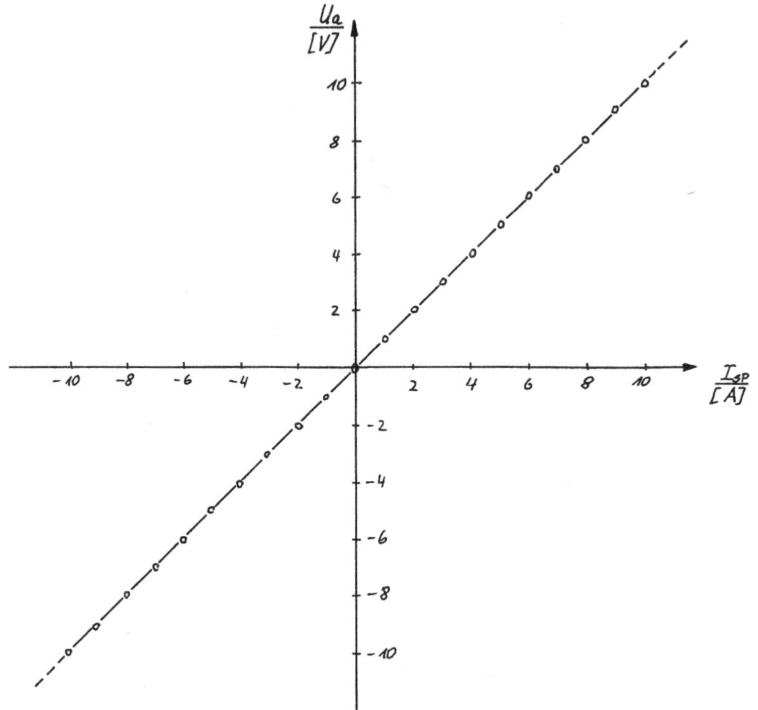

Abb.5 Linearität der Gleichstrommessung, Abstand 5380 mm

Eine Erhöhung der Empfindlichkeit kann durch Verlängerung des
Lichtweges im Sensor (Faradaydreher) erreicht werden.
Für <u>Wechselstrom</u> wurde im Bereich von O bis 5 A gemessen.
Linearität, Kurvenform und Frequenz wurden gut übertragen.
Da die Bandbreite der Faradaydreher laut Literatur bei 350 MHz
liegt, wird diese hauptsächlich durch die elektronische Empfängereinheit bestimmt. Magnetooptische Meßverfahren würden sich daher
besonders für die Messung elektrischer Impulse hoher Bandbreite
und großer Amplitude eignen /4/.

4. Meßprobleme und Anmerkungen zur Lösung

Dieses Meßsystem mit freiem Signalübertragungsweg ist sehr
empfindlich gegen äußere Einflüsse wie z.B. Fremdlicht. Die Aufstellung erfordert große Genauigkeit und eine exakte Justierung
aller an der Messung beteiligten Komponenten. Bereits geringe
Justierungenauigkeiten und Fehler durch mechanische Schwingungen

haben einen großen Einfluß auf die Ausgangsspannung.
Primär ist daher ein verbesserter Meßaufbau mit geschlossenem
Signalübertragungsweg anzustreben. Eine Ausführung in Modulbau-
weise (Strahlungsquelle, Sensor, Empfänger), die durch Lichtwellenleiter miteinander verbunden werden, wäre eine denkbare
Lösung. Allerdings hat der Lichtwellenleiter einen Einfluß auf
den Polarisationszustand des Meßsignals.
Die sinusförmige Ausgangsspannung kann schaltungstechnisch
linearisiert werden oder man bedient sich eines Mikroprozessors,
der diese und noch andere Funktionen übernimmt.

5. Vorteile von faseroptischen Meßsystemen

Die technischen Vorteile solcher Systeme sind neben der galvanischen Trennung durch den Lichtwellenleiter der geringe
Isolationsaufwand und damit verbunden niedriges Gewicht,geringes
Volumen und niedrige Kosten. Die Unempfindlichkeit gegen elektro-
magnetische Störgrößen, die große Bandbreite, die Möglichkeit
Gleich- und Wechselströme bis in den kA Bereich messen zu können,
der sichere Einsatz in brand- und explosionsgefährdeten Bereichen
und die minimale Beeinflußung der Meßgröße durch den Sensor
sind weitere Argumente für den Einsatz von faseroptischen Meßsystemen.
Für den technischen Einsatz in Bereichen der Anlagenüberwachung
(z.B. Leitungsschutz) und der allgemeinen Meßtechnik sollen die
Genauigkeit, Stabilität und Zuverlässigkeit neben der Robustheit
und Witterungsbeständigkeit dem gedachten Verwendungszweck entsprechen.

Literatur

1. Bargmann,Winterhoff: Meßverfahren zur Strommessung in Hochspannungsanlagen, Technisches Messen, 1983/2
2. Muhr,M: Hochspannungsmeßtechnik - Skriptum, Inst.f.Hoch-
   spannungstechnik, Technische Universität Graz
3. Gerthsen,Kneser,Vogel: Physik, Springer Verlag,Berlin 1982
4. Bertele: EF in die elektrischen Impulstechniken,R.Oldenbourg
   Verlag, 1974

DESINGNRICHTLINIEN FÜR LAGESENSOREN AUF DEM PRINZIP DER
INDUKTIVEN NÄHERUNGSSCHALTER

W. Winkler, H. Pichler, T. Kylmälä[*]

Technische Unversität Wien, Institut für allgemeine Elektrotechnik und Elektronik und Kone Sowitsch AG[*]

Zusammenfassung

Lagesensoren, die auf dem Prinzip der Näherungsschalter (Dämpfung eines Schwingkreises durch Annäherung von Metallteilen) arbeiten, stellen in der Steuerungstechnik und Industrieelektronik
häufig verwendete Bauelemente dar. In ihrer einfachsten Form
sind sie durch eine IEC Norm beschrieben, wobei primär als Anwendungsfall die Annäherung des Metallteiles in Achsenrichtung abgedeckt wird. Der Wunsch, die Annäherung normal zur Achsenrichtung
auszuwerten, führte zur Entwicklung eines Differentialsensors
auf der Basis induktiver Näherungsschalter.

1. Das Prinzip induktiver Näherungsschalter

Das Prinzip induktiver Näherungsschalter wird als Blockschaltbild in Bild 1 gezeigt. Der Oszillator des induktiven Näherungsschalters erzeugt mit Hilfe der im offenen Schalenkern liegenden
Spule ein hochfrequentes, magnetisches Wechselfeld, das an der
aktiven Fläche austritt. Wird in dieses Feld ein elektrisch lei-
tendes Material (z.B Metall) gebracht, so entsteht eine Induk-
tionsspannung, die im leitenden Material Wirbelströme verursacht
/1/. Der fließende Wirbelstrom entzieht auf Grund der endlichen
Leitfähigkeit des Materials dem Oszillatorschwingkreis Energie.
Die Belastung des Oszillators (Veringerung der Schwingkreisgüte) bewirkt eine Verkleinerung der Schwingungsamplitude. In einer nachfolgenden Schaltstufe wird ein Schwellwert der Amplitude detektiert. Das Über- oder Unterschreiten des Schwellwertes
durch die Oszillatoramplitude definiert den Zustand des Ausgangs-
kreises.

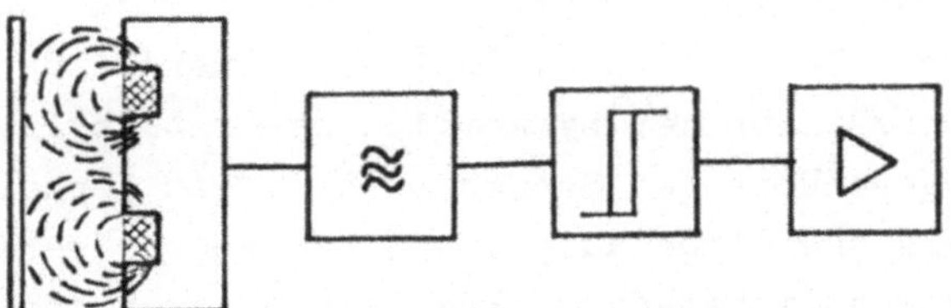

Bild 1 Blockschaltbild eines induktiven Näherungsschalter

2. Arbeitscharakteristik

Soll die Annäherung in axialer Richtung ausgewertet werden, erweist sich die Wahl eines rotationssymmetrischen Magnetfeldes
als günstig. An sich erfüllt eine Zylinderluftspule bereits diese Bedingung. Man wird jedoch eine Beeinflußung nur von der Vor-
derseite des Sensors wünschen, um den Einfluß eventuell vorhandener Metallteile hinter dem Sensor (Befestigung, etc.) auszuschalten. Weiters ist schaltungstechnisch eine hohe Schwingkreisgüte
wünschenswert. Beide Überlegungen legen die Gestaltung des Magnetfeldes in einer Form nahe, wie es mit einem offenen Schalenkern erreicht werden kann. Die Wahl des Schalenkerns (insbesondere sein Durchmesser) legt die Arbeitscharakteristik bereits weitgehend fest /2/. Der relevante Anteil des Magnetfeldes kann als
Halbkugel mit Schalenkerndurchmesser an der aktiven Fläche abge-
schätzt werden. Nur Metallteile, die in diese Zone eingebracht
werden, führen in der Praxis zu einer deutlichen Amplitudenände-
rung des Oszillators. Legt man den Schwellwert der Amplitude auf
etwa 90% des Wertes für den unbeeinflußten Fall fest, erreicht
man ein Schaltverhalten wie es in Bild 2 gezeigt wird.

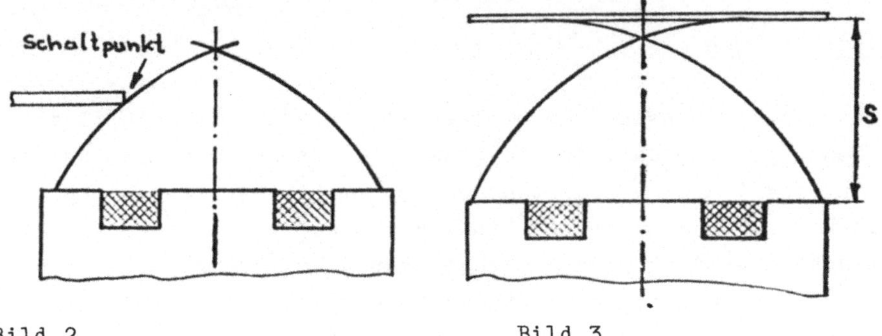

Bild 2   Bild 3
Schaltpunktcharakteristik für radiale und axiale Annäherung

Der axiale Annäherungsfall ist dadurch gegeben, daß die Metallplatte (zu detektierende Fläche) relativ groß gegenüber der Fläche der Sensorspule ist. Es ergibt sich ein Schaltabstand s, der zwar von einigen Parametern abhängt, aber nahezu unabhängig von der Position bezüglich der Symmetrieachse ist, solange die leitende Fläche gegenüber der Sensorspule in der Normalen zur Achsenrichtung als unendlich ausgedehnt betrachtet werden kann (Bild 3). Der Schaltabstand s wird primär durch die Größen Oszillatoramplitude (dh Dämpfung der Sensorspule durch die zu detektierende Metallfläche) und den Schwellwert festgelegt, wobei die Dämpfung auch noch von der Leitfähigkeit des Materials abhängt.

Betrachtet man die Anordnung Schwingkreisspule-Metallplatte in einem primitiven Modell als Transformator mit einer "Kurzschlußwicklung", die jedoch nur lose gekoppelt ist (abhängig vom Abstand), gewinnt man daraus die Aussage, daß ein idealer Leiter zu keinen Verlusten und damit zu keiner Dämpfung führt und daher ebensowenig detektiert werden kann wie ein Nichtleiter. Gut leitende Metalle (Kupfer, Aluminium) erreichen daher, physikalisch bedingt, eine verringerte Empfindlichkeit gegenüber Materialien mit mittlerer Leitfähigkeit. Aus praktischen Gründen gibt man den Schaltabstand für Stahl an, wobei sich die Schaltabstände für andere Materialien mittels Korrekturfaktoren aus denen für Stahl berechnen lassen. So beträgt der Schaltabstand für Kupfer nur mehr 40% dessen von Stahl /3/. Schlechte Leitfähigkeit kann man aber auch durch geringe Plattendicke erreichen, so werden dünne Folien (dünn, bezogen auf die Eindringtiefe des Magnetfeldes in das Material) aus einem entsprechend größerem Abstand erkannt als massive Metallteile.

3. Störeinflüsse

Induktive Näherungsschalter stellen ein relativ störunempfindliches Sensorprinzip dar, da sie praktisch nur auf Metalle ansprechen und somit andere Umweltparameter (Licht, Luftfeuchtigkeit, Verschmutzung) nahezu keinen Einfluß auf die Funktion haben. Die praktische Anwendung kann jedoch eingeschränkt sein: Sollen mehrere Näherungsschalter nebeneinander betrieben werden, ist ein Mindestabstand zu beachten; der bündige Einbau in eine Metallhalterung erfordert Typen mit reduzierter Empfindlichkeit.

Die Spulengüte ist relativ stark temperaturabhängig, es verändert sich der Gleichstromwiderstand der Wicklung im Temperaturbereich von 0 bis 70°C um mehr als 40%, der Temperaturgang von Kupferverlusten /4/, Skineffekt und Wirbelstromverlust in der eigenen Wicklung /5/ sowie der Temperaturgang der Eigenschaften des Schalenkernes muß ebenfalls berücksichtigt werden /2/. Das Ziel der dadurch bedingten schaltungstechnischen Maßnahmen ist, die Güteänderung durch eine Temperaturänderung durch geeignete Wahl von Frequenz, Windungszahl und Drahtdurchmesser auf ein Minimum zu reduzieren. Die dann erreichbare Toleranz beträgt 1 mm bei einem Schaltabstand von 15 mm über dem Temperaturbereich von -25 bis 75°C /2/. Für höhere Genauigkeitsanforderungen muß eine Kompensationsschaltung, sowie ein Abgleichvorgang vorgesehen werden, um die Bauteiltoleranzen der Elektronik und vor allem die des Schalenkernes auszugleichen.

Magnetische Störfelder können durch geeignete Hysterese der Triggerstufe eliminiert werden (üblicherweise 5...10% des Schaltabstandes).

Die Oszillatorfrequenz ist nicht nur für den Temperaturgang wichtig. Einerseits produziert der Sensor selbst Felder auf der Arbeitsfrequenz (allerdings mit geringer Intensität) und kann damit die (elektronische) Umwelt beeinflussen, andererseits könnten genügend starke Felder mit dieser Frequenz (z.B Rundfunksender) die Funktion des Sensors stören.

Die Ein- und Ausschaltzeit des Näherungsschalters wird von Oszillatorfrequenz und Spulengüte bestimmt und liegt meist im Bereich von unter 1 ms.

4. Spezielle Anwendungen

Der induktive Näherungsschalter ist, wie bereits in Bild 3 gezeigt, besonders zur Auswertung axialer Annäherung geeignet und deckt damit einen großen Anwendungsbereich in der Mechanik und im Maschinenbau ab (Endschalter). Werden Objekte erfaßt, die sich am Sensor vorbeibewegen (Auswertung normal zur Achsenrichtung), reduziert sich entsprechend den Ansprechpunktcharakteristiken (Bild 2) die damit erreichbare Genauigkeit.

Will man nur die Position in der Richtung normal zu Spulenachse
erfassen, so sind zwei günstige Fälle möglich:
- Man wählt einen möglichst geringen Abstand s und befindet
sich somit im steilen Bereich der Schaltkurve. Mechanische
Toleranzen des Abstandes wirken sich hier am geringsten auf
den Schaltpunkt in radialer Richtung aus. Als Nachteil muß in
Kauf genommen werden, daß der Schaltpunkt nicht in der Nähe
der Achse liegt, ein von der Annäherungsrichtung abhängiger
Offset (mit konstantem Betrag) liegt vor.
- Man wählt den Abstand s so, daß der Schaltpunkt genau auf
der Achse liegt. Die Schaltkurve ist in diesem Bereich jedoch
schon sehr flach, und alle Toleranzen (mechanische Toleranzen
sowie die des Schalters selbst) wirken sich bereits stark aus.
Bei einem 30 mm-Norm Schalter beträgt der Schaltabstand in Ach-
senmitte 12 mm. Wird dieser Abstand auf 1 mm genau eingehalten, erhält man eine Schaltpunkttoleranz in radialer Richtung
von mehr als 5 mm.
Für die Auswertung radialer Annäherung sind induktive Näherungsschalter der bekannten Bauform daher nur bedingt geeignet.

5. Der Differentialsensor

Höhere Genauigkeit bei gleichzeitig größerer Toleranzbreite für
den Abstand kann mit dem bisherigen Prinzip nicht erreicht werden, da hierzu das Magnetfeld anders gestaltet werden müßte, der
Feldverlauf im freien Raum aber physikalisch vorgegeben ist. Die
Zuhilfenahme einer zweiten Spule ermöglicht eine Lösung des Problemes. Die Anordnung der zweiten Spule kann entweder neben oder
rund um die ursprüngliche Sensorspule erfolgen.

Eine Anordnung von zwei Spulen auf einem U-förmigen Ferrit (Bild
4) liefert bei entspechender Auslegung einen weitgehend linearen
Zusammenhang der beiden Spulengüten in Abhängigkeit von der Ortskoordinate, wobei der Abstand der Metallplatte entlang der Symmetrieebene variiert wurde (Kurve 2 in Abb.5).
Die Kurven 1 und 3 zeigen den Zusammenhang, wenn die Metallplatte bis knapp vor (1) oder hinter die (3) Symmetrieebene reicht.
Wird die Metallplatte von der anderen Seite angenähert, vertau-
schen die beiden Spulen ihre Rollen.

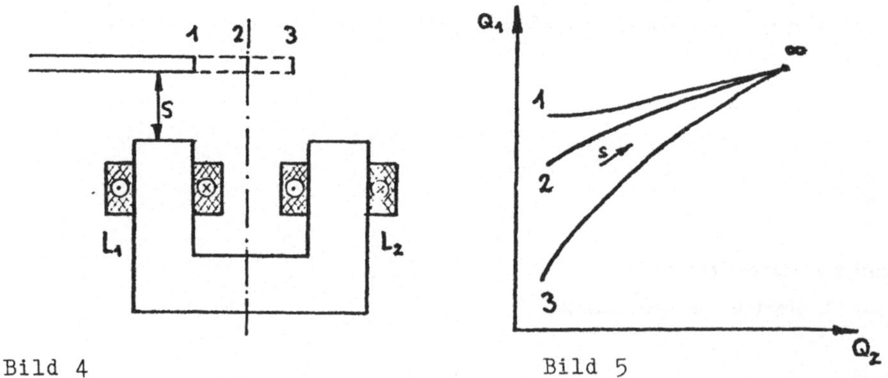

Bild 4   Bild 5

Wird die Richtungsinformation nicht benötigt, kann die Auswerte-
elektronik vereinfacht werden, da das symmetrische Verhalten bereits durch die Spulenanordnung festgelegt ist (E-Kern mit drei
Spulen). Die beiden äußeren Spulen werden elektrisch zu einer
Spule zusammengefaßt (Serienschaltung). Da die Symmetrieebene
jetzt nicht mehr zwischen zwei Spulen sondern genau über der
mittleren liegt, ergibt sich ein Zusammenhang der Spulengüten,
der ebenfalls der Kurve 3 entspricht, wobei Q1 dann als Güte für
die mittlere, Q2 als Güte für die äußeren Spulen gilt. Die beste
Linearität kann a priori nicht in der Symmetrieebene erwartet
werden, sondern tritt in Ebenen parallel dazu auf. Hier bietet
jedoch die Geometrie des E-Kerns Optimierungsmöglichkeiten. Eine
Optimierung bezüglich gleichen Schaltverhaltens für verschiedene
Materialien (Metalltyp, Dicke) erscheint auf einfachem Wege
nicht möglich. Zur Auswertung werden zwei Oszillatoren benutzt.
Da die Spulen magnetisch gekoppelt sind, werden zwei verschiedene Frequenzen in ausreichendem Abstand verwendet, sodaß durch
die hohen Schwingkreisgüten ausreichende Trennung möglich ist.
Die Oszillatoren müssen Ausgangsspannungen liefern, die proportional zur jeweiligen Güte sind (geschaltete Stromquellen).

Literatur:
/1/ H. Kaden: Wirbelströme und SASchirmung in der Nachrichtentechnik Springer Verlag 1959
/2. Schaltbeispiel der Fa. Siemens Induktiver Näherungsschalter
nach CENELEC-Norm
/3/Produktinformation der Fa. Schmersal Näherungsschalter, induk-
tiv, kapazitiv und optisch
/4/ A. Weis: Über die Bestimmung der Kupferverluste von Rundfunk-
spulen. HF u EA 47(1936) S 148-152
/5/ J. Koch: Wirbbelstromverluste in der Wicklung von Schalenker-
nen mit Luftspalt. NTZ 21(1968) S 267-270

AUTOMATISCH KALIBRIERTE TEMPERATURMESSUNG

H.Kern

Technische Universität Wien
Institut für elektrische Meßtechnik

ZUSAMMENFASSUNG

Die im folgenden beschriebene Arbeit wurde mit dem Ziel in Angriff genommen, ei
Temperaturmeßgerät zu entwickeln, das bei einer Genauigkeit von 0,1 - 0,5 % mög
lichst kostengünstig produziert werden kann und bei dem im Betrieb die Genauigkei
ohne wesentliche Nachjustierung über lange Zeit erhalten bleibt. Dieses Vorhabe
konnte dadurch realisiert werden, daß ein Mikroprozessor eingesetzt wird, um all
Meßzweige periodisch wiederkehrend nachzumessen und gegebenenfalls zu kali
brieren. Außerdem wird die Linearisierung der Meßwerte digital durchgeführt, un
die dabei auftretenden Fehler garantiert unter dem zulässigen Wert halten z
können.

Für den Aufbau eines automatisch kalibrierten Meßgerätes sind im wesentlichen
Aufgabenbereiche gegeben, die alle einem Mikroprozessor übertragen werden:

1. Die Messung der Thermoelementspannung mit der notwendigen Genauigkeit un
   Auflösung. Darin enthalten die ständige Überwachung und Kalibrierung der Meß
   einheit.

2. Die rein digitale Linearisierung der gemessenen Thermospannung entsprechen
   der Kennlinie des gerade verwendeten Thermoelementes. Es sollen verschieden
   Thermoelemente durch einfaches Umschalten eines Drehschalters verwende
   werden können.

3. Die Ermittlung der Vergleichsstellentemperatur und die Korrektur der gemesse
   nen Temperatur des Thermoelementes.

4. Die Ermittlung des gewünschten Betriebszustandes (Schalterstellungen) und di
   Ausgabe des Ergebnisses (digital als Anzeige oder analog als Schreiberausgang).

Messung der Thermospannung mit dem automatisch kalibrierten Spannungsmeßgerät

Die Probleme bei der Messung von Thermospannungen ergeben sich hauptsächlich aus der Kleinheit der Spannung und dem großen Bereich, in dem sich die Spannungen bewegen. Während jedoch die Umsetzung aus dem Mikrovoltbereich der Thermospannungen in den Voltbereich der Meßeinheit mit einem guten Verstärker mit fester Verstärkung relativ leicht bewerkstelligt werden kann, sind für die Beherrschung der großen Dynamik wesentlich umfangreichere Maßnahmen notwendig.

Um dem Mikroprozessor die Möglichkeit zu geben, den Bereich des eigentlichen Meßgerätes immer optimal ausnützen zu können, wurde ihm ein Verstärker mit umschaltbarer Verstärkung und eine Möglichkeit zum Abzug einer definierten Spannung vom Meßsignal untergeordnet.

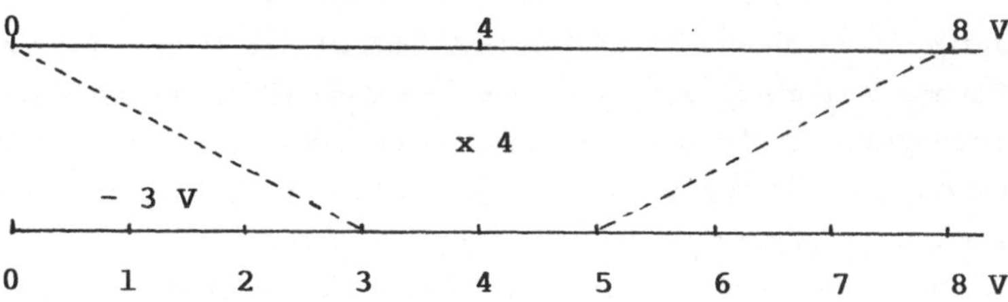

Abb.1.: Erhöhung der Auflösung durch Herausvergrößerung des gewünschten Meßintervalles

Im Beispiel, das Abb.1 zugrunde liegt, wird der Bereich zwischen 3 V und 5 V durch den Abzug von 3 V vom Meßsignal und ein darauffolgendes Verstärken mit 4 so vergrößert, daß der gesamte Bereich der eigentlichen Meßeinheit von 0 - 8 V ausgenützt wird.

In analoger Hardware aufgebaut würde dies allerdings, um die notwendige Genauigkeit erreichen zu können, bedeuten, daß jeweils einer von mehreren hochgenauen driftarmen Verstärkern mit abgeglichenem Offset über Analogschalter, die das Meßsignal nicht mehr beeinflussen dürfen, ausgewählt wird, um es, nachdem eine von mehreren genau eingestellten Spannungen abgezogen wurde, auf den Eingangsbereich der Meßschaltung zu verstärken.

Weil in analogen Hardwareaufbauten alle Parameter den Sollwerten entsprechen müssen, um einen definierten Übertragungsweg für das Signal zu ergeben, sind hochgenaue, driftarme und dementsprechend teure Bauteile sowie viel kostenintensive Justierarbeit notwendig.

Durch die Verwendung des Mikroprozessors gestaltet sich die Lösung des Problemes jedoch viel einfacher. Die Hardware wird so aufgebaut, daß Verstärker, die ungefähr die benötigte Verstärkung aufweisen, über beliebige Analogschalter ausgewählt werden, nachdem vom Meßsignal eine ungefähr passende Spannung zur Nullpunktsverschiebung abgezogen wurde.

Die gewünschte Genauigkeit wird nun dadurch erreicht, daß in Kalibrierzyklen, die ständig zwischen die Meßzyklen des Nutzsignales (Thermospannung) eingeschoben werden, die exakte Größe der abgezogenen Spannung und der Verstärkung ermittelt werden, wodurch auch das Nutzsignal exakt errechnet werden kann.

Die Hardware besteht damit nur mehr aus einigen billigsten Operationsverstärkern, Analogschaltern und Widerständen, deren Genauigkeit weit schlechter sein darf als die gewünschte Genauigkeit der Messung. Nebenbei wird aber auch noch der eigentliche ADC in diese Kalibrierung miteinbezogen, wodurch auch hier keine exakte Nullpunkteinstellung und Endbereichseinstellung notwendig ist. Lediglich die Linearität der Umsetzung muß der geforderten Genauigkeit entsprechen.

Die einzige Größe, die die Genauigkeit bestimmt, ist eine Referenzspannung, auf die alle Kalibriermessungen bezogen werden. Die Genauigkeit der Messungen und die Langzeitstabilität ist damit nur mehr von einem einzigen Bauteil abhängig und für die Justierung des Gerätes bei der Fertigung genügt die Einstellung dieser einzigen Spannung auf ihren Sollwert.

Das Ergebnis dieser Maßnahmen ist ein Meßwert, dessen Auflösung bei herausvergrösserten Teilbereichen, bezogen auf den Gesamtbereich, wesentlich größer ist und daher auch die analoge Darstellung des Ergebnisses auf Schreibern ohne störende Sprünge ermöglicht.

Digitale Linearisierung der gemessenen Thermospannung

Die analoge Linearisierung der Thermospannung hat vor allem den Nachteil, daß Bauteilwerte und deren Drift die Übertragungsfunktion der Schaltung beeinflussen und damit weitere nicht konstante Fehler bei der Temperaturmessung verursachen.

Bei einem digitalen Linearisierungsverfahren fällt dieser Nachteil weg, die Fehler sind berechenbar, es kommen jedoch durch die nicht unendlich feine Auflösung der Zahlenwerte Fehler hinzu.

Die Kennlinien der gebräuchlichen Thermoelemente haben, bezogen auf eine digitale Linearisierung, den Nachteil, daß die Krümmung um den Nullpunkt herum viel stärker ist als bei hohen Temperaturen. Eine starke Krümmung bedeutet aber, daß viele Stützstellen einer Linearisierungstabelle notwendig sind. Legt man also die Stützstellentabelle so an, daß die Punkte im gleichen Spannungs- oder Temperaturabstand liegen, so ergibt dies eine unnötig hohe Stützstellenzahl bei hohen Temperaturen, nur um den Fehler bei tiefen Temperaturen genügend klein halten zu können. Die äquidistanten Werte (Spannung oder Temperatur) müßten hier zwar nicht abgespeichert werden, trotzdem würde eine solche Tabelle für 5 Thermoelemente und einen Pt-100-Fühler den zur Verfügung stehenden Speicherplatz sprengen.

Um hier einen Ausweg zu finden, wurde zunächst ein Programm auf einem Großrechner erstellt, das eine Tabelle von Wertepaaren so erzeugt, daß der Fehler durch die lineare Annäherung der Thermoelementkurve in jedem Linearisierungsabschnitt kleiner bleibt als der zulässige Temperaturfehler. Die so erzeugte Tabelle wird für jedes Thermoelement im PROM gespeichert. Das Linearisierungsprogramm wurde so geschrieben, daß es unabhängig von der Zahl der Stützstellen arbeiten kann, die Genauigkeit der Linearisierung ist nur vom Tabellenprom und nicht vom Betriebsprom abhängig.

Die Ermittlung der Vergleichsstellentemperatur

Geht man davon aus, daß die Vergleichsstellentemperatur eine langsam veränderliche Größe ist, kann man ihre Messung in den Kalibriervorgang des Gerätes einbeziehen. Zu ihrer Ermittlung wird ein Pt-100-Fühler verwendet, der in Serie zu einem Normalwiderstand liegt und von einem ungefähr konstanten Strom durchflossen wird. Durch Messung der Spannung am Normalwiderstand sowie der Spannung am Normalwiderstand + Pt-100 und Vergleich der beiden Werte kann sehr einfach der genaue Widerstand des Pt-100-Fühlers ermittelt werden. Die genaue Größe des Meßstromes ist dabei nicht wesentlich, weil sie bei der Verhältnismessung nicht in das Ergebnis eingeht, es genügt also, einen Vorwiderstand anstatt einer genauen Stromquelle zu verwenden.

Die Ermittlung der Temperatur aus dem Widerstandswert erfolgt über dasselbe Linearisierungsprogramm wie die Thermoelementmessung, es muß lediglich eine genügend genaue Tabelle für die Pt-100-Linearisierung im PROM vorgesehen werden.

Einstellung des Betriebszustandes und Ausgabe des Ergebnisses

Die vierte Aufgabe des Mikroprozessors ist das Mensch-Maschinen-Interface. Die Eingabe der Betriebsparameter wie Temperaturbereich, Art des Thermoelementes und ähnliches geschieht durch Abfragen von Schaltern durch den Mikroprozessor.

Für die Ausgabe des Ergebnisses sind zwei Wege denkbar. Die digitale Ausgabe des Ergebnisses benötigt herkömmliche Hardware, die keiner weiteren Erläuterung bedarf.

Die analoge Ausgabe, z.B. für die Anzeige auf einem Schreiber, stellt wesentlich höhere Ansprüche. Um eine stufenlose Anzeige zu erhalten, könnte ein hochauflösender DAC verwendet werden.
Aus Kostengründen wurde aber auch hier ein Verfahren eingesetzt, bei dem der Mikroprozessor regelnd eingreift. Er mißt dazu die Ausgangsspannung des Gerätes und korrigiert sie solange, bis der gewünschte Wert erreicht ist. Die Korrekturen sind so fein, daß sie nicht als Stufen am Schreiber erkennbar sind und schnell genug, sodaß das Ausgangssignal immer dem gemessenen Temperaturwert entspricht.

Zusammenfassend soll hier noch festgestellt werden, daß dieses Vefahren natürlich nicht auf die Temperaturmessung mit Thermoelementen beschränkt ist, sondern daß durch einfachen Austausch von Tabellen nahezu beliebige Meßfühler, die eine physikalische Größe in Spannung oder Strom bzw. Widerstand umwandeln, verwendet werden können, die Vorteile der automatischen Kalibrierung der Messung und der definierten digitalen Linearisierung bleiben dabei selbstverständlich voll erhalten.

FLÄCHENGEWICHTSMESSANLAGE

L. Riedlmayer, G. Stehno

Institut für Isotopenanwendung des Österreichischen
Forschungszentrums Seibersdorf

ZUSAMMENFASSUNG:

Die beschriebene Flächengewichtsmeßanlage besteht aus zwei Meßsonden und einem zentralen Datenauswertegerät mit Meßwertan-
zeige. Die Meßsonden, die nach dem Gammadurchstrahlungsprinzip
arbeiten und das Datenauswertegerät sind mit je einem Mikroprozessor ausgerüstet. Die Datenübertragung zwischen den Meßsonden
und dem Datenauswertegerät erfolgt über Lichtwellenleiter. Die
Bestimmung des Flächengewichtes aus den Meßdaten, die in Form
von Strahlungsimpulsen pro Zeit anfallen, wird mit einer Kalibrierfunktion durchgeführt. Die Parameter dieser Kalibrierfunktion werden vom Datenauswertegerät, nach Durchführung einer entsprechenden Anzahl von Kalibriermessungen, mittels Ausgleichsrechnung bestimmt und auf elektrisch löschbare Speicher geschrieben.

Einleitung

Bei der Herstellung von Platten aus verschiedenen Materialien
wie Gips, Asbestzement oder Homogenholz werden zur Produktions-
überwachung und Qualitätskontrolle Meßgeräte zur Bestimmung des
Flächengewichtes benötigt. Da sich diese Materialien oft noch
in weichem nicht ausgehärtetem Zustand befinden, werden sehr
gerne die berührungslos arbeitenden Radionuklidstrahlenmeßanla-
gen verwendet.

Meßprinzip

Zur Meßwertgewinnung im Bereich von 0 - 30 kg/m2 wird das Gamma-
durchstrahlungsmeßprinzip verwendet, wobei als Strahlenquelle
Am-241 dient. Dabei wird wie in Abb. 1 dargestellt unter dem
Meßgut eine Gammastrahlenquelle die sich in einem Schutzpanzer
befindet angebracht und gegenüber oberhalb des Meßgutes ein Strahlendetektor. Dieser Strahlendetektor gestattet, durch Vergleich
der gemessenen Intensitätswerte mit und ohne Meßgut im Strahlengang, die Bestimmung der vom Meßgut absorbierten Strahlung. Aus
der vom Meßgut absorbierten Strahlung kann das Flächengewicht
mit Hilfe einer Kalibrierfunktion ermittelt werden.

Aufbau der Meßanlage

Die Flächengewichtsmeßanlage besteht aus maximal zwei Meßsonden und einem zentralen Datenauswertegerät.

Die Meßsonde

Jede Meßsonde setzt sich zusammen aus einer Gammastrahlenquelle
die in einem Schutzpanzer mit einer elektrisch oder pneumatisch
gesteuerten Quellenschließvorrichtung montiert ist und aus einem
Strahlungsdetektor. Der Strahlungsdetektor besteht aus drei Szin-
tillationsdetektoren mit den zugehörigen Spannungsteilern und
Vorverstärkern die in einem gemeinsamen Gehäuse untergebracht
sind. Darüberhinaus ist jede Meßsonde mit 3 Impulshöhenkomparatoren und 6 Zählern sowie mit einem Mikroprozessor zur Steuerung
der Meßwerterfassung und zur Übertragung der Meßdaten an das
Datenauswertegerät ausgestattet.

Das zentrale Datenauswertegerät

Das zentrale Datenauswertegerät besteht aus einem Mikroprozes-

sor zur Steuerung des Datenverkehrs zwischen den Meßsonden und
dem Datenauswertegerät und zur Meßwertverarbeitung, einem Hard-
warerechner zur Durchführung der Rechenoperationen, einer Uhr zur
Bestimmung der Meßzeit, einem Terminal mit 8 frei programmierbaren Funktionstasten zur Anzeige der Meßergebnisse und zum Auf-
rufen von verschiedenen Meß- und Kalibrierprogrammen bzw. zur
Eingabe von Kalibrierdaten und einer Schnittstelle zur Weiter-
gabe der Flächengewichtsmeßwerte an einen zentralen Leitrechner.

Der Datenverkehr

Der Datenverkehr zwischen den Meßsonden und dem zentralen Auswertegerät erfolgt über Seriell Line Interfaces und wegen der
oft großen Entfernungen zwischen den Meßsonden und dem Auswertegerät über Lichtwellenleiter. Für den Datenverkehr zwischen zen-
tralem Datenauswertegerät und dem Leitrechner ist eine serielle
Schnittstelle (V24/RS232) vorgesehen.

Die Meßdatenerfassung

Die Meßdatenerfassung beginnt sobald der Plattendetektor - ein
optischer Näherungsschalter - anzeigt, daß sich eine Platte im
Strahlengang der Meßsonde befindet. Nach Abwarten einer Einlauf-
zeit werden die Zähler gestartet und nach jedem Clock Tick ausgelesen und von neuem gestartet bis die vorgegebene Meßzeit, die
in Clock Ticks angegeben wird, abgelaufen ist. Nach Abwarten
einer Auslaufzeit werden die während der Meßzeit auf einem Sum-
menspeicher aufsummierten Zählraten auf einen Transferspeicher
geschrieben, von wo sie durch den Zentralrechner abgerufen werden können. Sobald keine Platte vom Plattendetektor angezeigt
wird, werden Nullwertmessungen durchgeführt.
Die weiter oben angeführten 6 Zähler sind deshalb notwendig,
weil pro Szintillationsdetektor ein Meßwert und ein Untergrund-
wert erfaßt wird, der vom Meßwert abgezogen werden muß. Die Dif-
ferenzierung zwischen Meßimpulsen und Untergrundimpulsen erfolgt
durch Impulshöhenkomparatoren.

Die Meßdatenverarbeitung
========================

Das Meßprogramm bestimmt aus den von den Meßsonden empfange-
nen Meßdaten (Zählraten/Zeit) das Flächengewicht. Dazu muß das
Verhältnis zwischen einer mittleren Nullzählrate und der mit der
Platte gemessenen Zählrate gebildet und daraus mit Hilfe einer
Kalibrierfunktion das zugehörige Flächengewicht errechnet wer-
den. Als Kalibrierfunktion wurde eine Kurve zweiter Ordnung ge-
wählt, deren Parameter durch Kalibriermessungen empirisch be-
stimmt werden.
Zur Überprüfung der Funktionstüchtigkeit des Meßgerätes und zur
Bestimmung der Parameter der Kalibrierfunktion sind im zentralen
Datenauswertegerät verschiedene Programme vorgesehen.
Zur Überprüfung und Überwachung der Funktionstüchtigkeit des
Meßgerätes wird nach Starten des Programms und später laufend
überprüft, ob die Daten zwischen Meßsonden und Datenauswertegerät richtig übertragen werden, ob sich die Strahlenquellen der
Meßsonden in der Meßposition befinden und ob die Nullwerte die
laufend zwischen den Platten gemessen werden innerhalb der zulässigen Toleranzgrenzen liegen. Darüberhinaus wird nach Starten
des Programmes getestet, ob der Plattendetektor Leerwertmessungen
zuläßt. Außerdem können die Zählratenwerte sowohl bei einer Plat-
tenmessung als auch bei einer Nullwertmessung zu Kontrollzwecken
durch Aufruf entsprechender Programme von der Anzeige abgelesen
werden.
Zur Bestimmung der Parameter der Kalibrierfunktion muß eine entsprechende Anzahl von Kalibriermessungen durchgeführt werden,
deren Ergebnis im zentralen Datenauswertegerät dauerhaft gespeichert wird. Aus diesen Daten werden vom Kalibrierprogramm des
Datenauswertegerätes mittels Ausgleichsrechnung die Parameter
der Kalibrierfunktion bestimmt und im Gerät auf elektrisch löschbare Dauerspeicher geschrieben.
Auf diesen Speichern befinden sich auch alle anderen Programm-
parameter wie zum Beispiel die Meßzeiten. Durch Ändern dieser
Parameter kann das Meßprogramm den tatsächlichen Gegebenheiten,
wie zum Beispiel der Transportgeschwindigkeit und der Platten-
länge angepaßt werden.

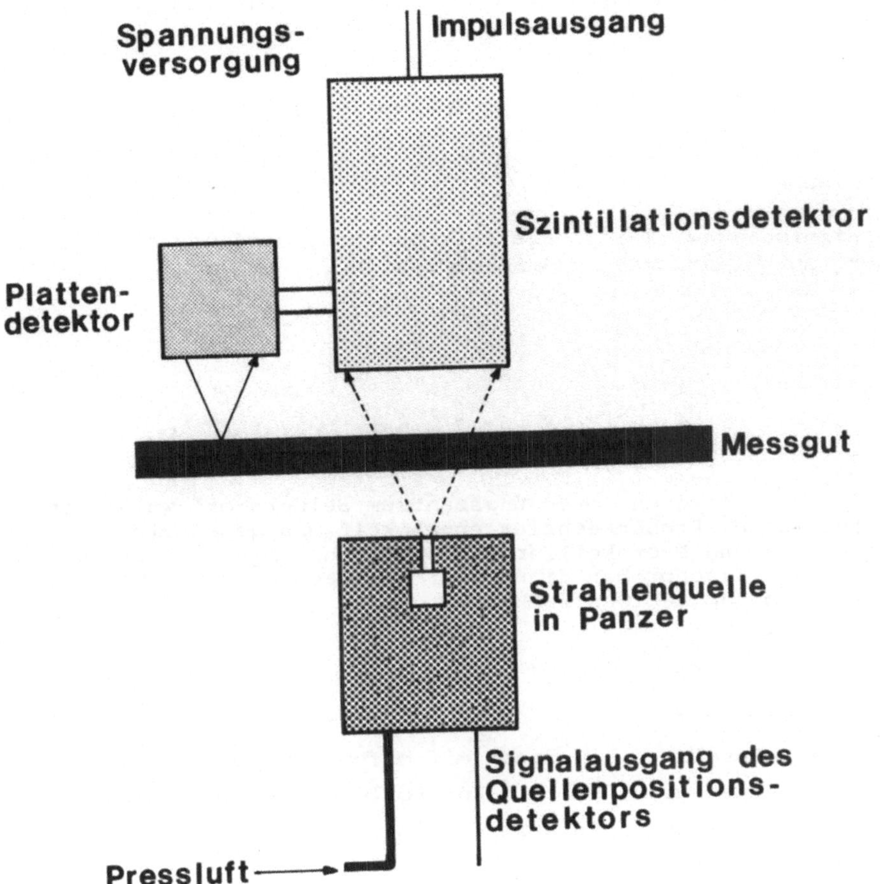

Spannungs-
versorgung
Impulsausgang
Szintillationsdetektor
Platten-
detektor
Messgut
Strahlenquelle
in Panzer
Signalausgang des
Quellenpositions-
detektors
Pressluft

AUTOMATISCHER PROBENWECHSLER MIT AUSWERTUNG UND PROTOKOLLIERUNG

W. Klösch

Österreichisches Forschungszentrum Seibersdorf Ges.m.b.H.,
Elektronik-Institut, 2444 Seibersdorf

ZUSAMMENFASSUNG:

Im Österreichischen Forschungszentrum Seibersdorf wurde ein
automatischer Probenwechsler entwickelt und gebaut, um die
Auswertung und Protokollierung von Wischproben zu automatisieren. Diese Wischproben dienen zur Überwachung von Arbeitsplätzen auf Kontaminationsfreiheit.

In vielen Bereichen, in denen mit offenen radioaktiven Stof-
fen gearbeitet wird, ist die Kontrolle der Arbeitsflächen und
Fußböden auf Kontaminationsfreiheit eine lästige und zeitrau-
bende Tätigkeit. Um unabhängig von einer eventuell im Labor
vorhandenen Hintergrundstrahlung zu sein, wird die Kontamina-
tionskontrolle zumeist mit Wischproben durchgeführt, die dann
auf einem abgeschirmten Meßplatz gemessen werden. Bei dieser
Methode der Überwachung von Arbeitsplätzen und Gebäuden ist
eine sehr große Anzahl von Proben erforderlich, um sicherzustellen, daß keine kontaminierten Stellen übersehen werden.
Es bestand daher seit langem großes Interesse an einer automatischen Durchführung der Messung und Protokollierung, um
zumindest bei der Auswertung der Meßproben Zeit sparen zu
können.

Das Prinzip der Überwachung von Gebäuden, Räumen und Arbeitsplätzen mit Wischproben funktioniert wie im folgenden beschrieben.

Bei der Wischprobennahme wird ein Papier mit ca. 10 cm2 großer
und rauher Oberfläche über eine definierte Fläche der zu
untersuchenden Oberfläche gerieben. Die Größe der definierten
Fläche kann durch eine Standardisierung des Wischverfahrens
auf ca. 10 % genau festgelegt werden. Als Wischpapier dienen
zumeist Zellulosefilter, die eine hohe Haftfähigkeit der
abgeriebenen Nuklide am Papier garantieren. Durch das Reiben
wird ein Teil der auf der Oberfläche befindlichen Radionuklide
abgerieben und auf dem Filterpapier festgehalten. Da der Ab-
riebfaktor schwanken kann, wird zumeist ein mittlerer Abrieb-
faktor von 10 % angenommen.
Weitere Parameter, welche den Meßwert beeinflussen, sind der
Kalibrierfaktor des Zählrohres und die im Meßraum vorhandene
Umgebungsstrahlung.

Der Probenwechsler besteht im wesentlichen aus zwei Teilen,
die zu einem Gerät zusammengebaut wurden. Der eine Teil ist
das Steuergerät mit der Auswerteelektronik, der zweite Teil
ist ein zu diesem Zwecke umgebauter Diaprojektor. Das Steuergerät beinhaltet eine CPU-Karte, basierend auf dem Mikroprozessor Z80, mit 16 KByte RAM und 64 KByte PROM. Weitere Kar-
ten im Einfacheuropaformat sind: ein Parallelinterface mit 48
Ein- bzw. Ausgangsleitungen und einem programmierbaren Zähler,
eine Real-Time-Clock, ein Druckerinterface und eventuell
eine serielle Schnittstelle. Die Protokollierung der Meßergebnisse, welche in Bequarel angezeigt und ausgedruckt werden,
erfolgt auf einem Normalpapierdrucker mit 16 Zeichen pro
Zeile. Dieser Drucker ist im Steuergerät eingebaut. Weiters
werden am Drucker Datum und Uhrzeit der Messung, die Meßdauer
der Proben, der Wert der einstellbaren Schwelle für die Alarm-
meldung und der Wert der Umgebungsstrahlung in cps (counts
per second) ausgedruckt.

Da für die Korrektur des Meßergebnisses der Leerwert, d.h.
der Wert der Umgebungsstrahlung benötigt wird, mißt der Probenwechsler gleich nach dem Einschalten und zu jeder Zeit, in
welcher er nicht mit der Probenauswertung beschäftigt ist,
die Umgebungsstrahlung. Die Umgebungsstrahlung wird, um eine
genügend hohe Genauigkeit zu erreichen, über eine Zeit von
1000 Sekunden gemessen. Der erste Start nach dem Einschalten
und nach erfolgter Leerwertmessung, d.h. nach 1000 Sekunden,

erfolgt automatisch, sodaß der Benützer die Meßzeit der Leerwertmessung nicht abwarten muß, um den Meßzyklus zu starten.

Da es möglich ist, eine Schwelle für das Meßergebnis einzustellen und das Überschreiten dieser Schwelle optisch und
akustisch angezeigt wird, ist es dem Benützer möglich, konta-
minierte Proben sofort zu erkennen. Die Schwelle ist von
1 - 9999 Bequarel und die Zeit von 1 - 9999 Sekunden vorwähl-
bar. Außerdem wird überwacht, ob das Zählrohr durch zu hohe
Aktivität überlastet wird und es daher zu Fehlmessungen kommt.
Eine Überwachung der Mechanik per Software garantiert auch
bei einem eventuell auftretenden Fehler, daß es zu keiner
Beschädigung der Mechanik kommen kann.

Die Zuführung der Meßproben zur Meßposition wird mit einem
Diamagazin, welches 30 Proben faßt, durchgeführt. Ist ein
Magazin nicht voll bestückt, so kann das Gerät das Ende der
Meßserie feststellen und das Protokoll beenden. Zusätzlich ist
es möglich, mehrere Magazine hintereinander zu messen, da
das Auswertegerät 100 einzelne Proben hintereinander messen
und protokollieren kann.

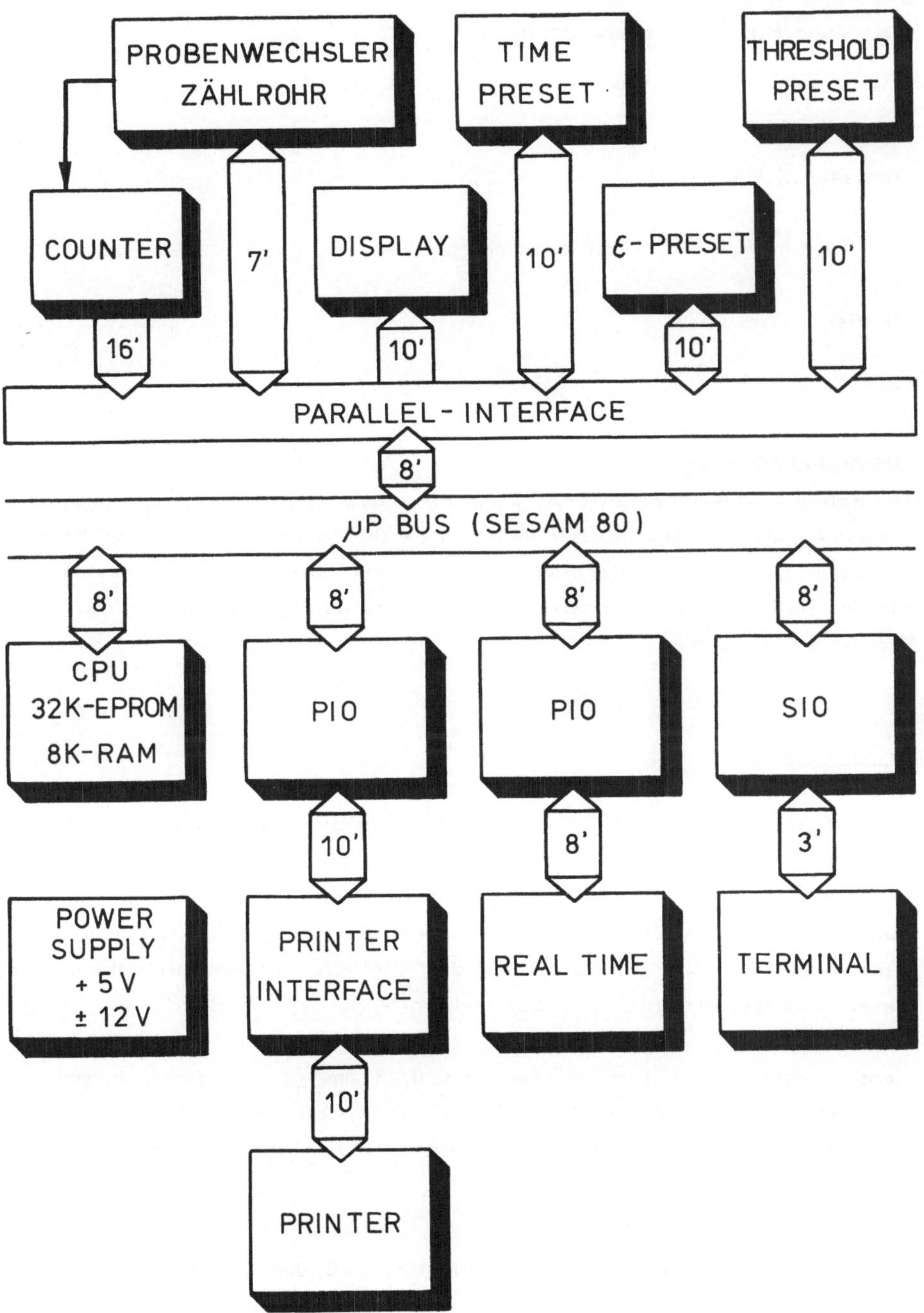
PROBENWECHSLER ZÄHLROHR
TIME PRESET
THRESHOLD PRESET
COUNTER
7'
DISPLAY
10'
ε-PRESET
10'
16'
10'
10'
10'
PARALLEL-INTERFACE
8'
µP BUS (SESAM 80)
8'
8'
8'
8'
CPU
32K-EPROM
8K-RAM
PIO
PIO
SIO
10'
8'
3'
POWER SUPPLY
+ 5 V
± 12 V
PRINTER INTERFACE
REAL TIME
TERMINAL
10'
PRINTER

DAS Au/Ni-DICKSCHICHTTHERMOELEMENT
Ein neuer Miniaturtemperatursensor

Thomas F.E.WALLA

Institut für Werkstoffe der Elektrotechnik
der
TU-Wien

ZUSAMMENFASSUNG:

Im Rahmen dieser Mitteilung wird ein neuer Miniaturtemperatursensor
– das Au/Ni- Dickschichtthermoelement – und seine elektrischen Eigenschaften besprochen. Darüberhinaus werden die bei der Herstellung
dieses Sensors auftretenden werkstoffkundlichen und technologischen
Probleme diskutiert.

1. Einleitung

Im Bereich der elektrischen Temperaturmessung finden zur Zeit Metall-
Widerstandssensoren (Pt-100, Ni-100)[1], Halbleiter-Widerstandssensoren
(PTK, NTK)[2] oder aber Drahtthermoelemente der verschiedensten
Bauformen (Schutzrohr- u.Mantelthermoelemente) als Meßfühler Anwendung /1/. Diese Meßfühler haben jedoch auch noch in Miniaturausfüh-
rung relativ große Abmessungen; der kleinste kommerziell erhältliche
Metall-Widerstandssensor (Dünnschichttechnik) hat die Maße
2 mm × 2,3 mm bei 1 mm Stärke /1/, die kleinsten Mantelthermoele-
mente haben einen Durchmesser von 0,25 mm /2/. Dadurch kommt es
beispielsweise bei der Erfassung der Temperatur eines elektronischen
Bauelementes zu einer Verfälschung der Meßstellentemperatur infolge

---

[1] Die Abkürzung Pt-100 (Ni-100) bedeutet, daß der den Sensor bildende
Widerstand aus Pt(Ni) besteht und bei 0°C einen Nominalwiderstand
von 100 Ω hat /1/.

[2] PTK...Positiver Temperatur Koeffizient (Kaltleiter)
NTK...Negativer Temperatur Koeffizient (Heißleiter)

der Rückwirkung der thermischen Masse des Sensors auf die Meßstelle.

Eine Alternative dazu stellt das Dickschichtthermoelement dar. Die zu seiner Herstellung angewandte Technologie (Dickschichttechnik) ermöglicht kleinste Strukturbreiten von ca. 30µm /3/ bei einer Schichtdicke von etwa 12µm bis 18µm und ein dem jeweiligen Anwendungsfall optimal angepaßtes Layout. Ein praktisch ausgeführtes Beispiel für diesen Sensortyp ist das nachstehend besprochene Au/Ni-Dickschichtthermoelement.

2. Technologie und Werkstoffe

Dickschichtthermoelemente werden durch siebdrucken zweier verschiedener Dickschichtleiterpasten (diese bilden die beiden Thermoelementschenkel) auf ein temperaturfestes Substrat (meist Aluminiumoxidkeramik, oder auch Glas) und anschließendes Trocknen und Brennen der bedruckten Substrate hergestellt. Abb.1 zeigt einen Querschnitt durch die Kontaktzone eines Dickschichtthermoelementes.

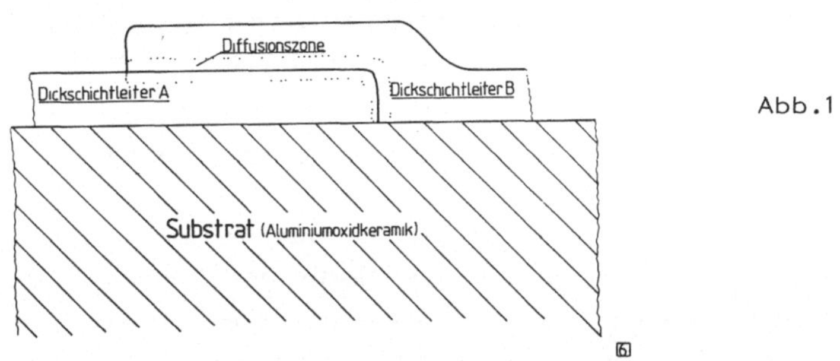

Abb.1

Die elektrischen Eigenschaften der Dickschichtthermoelemente (und damit ihre differentielle Thermospannung[1], µV/°C) hängen bei beliebigen geometrischen Abmessungen der Thermoelementschenkel (Breite, Dicke) nur von zwei Faktoren ab;

---

[1] Die differentielle Thermospannung ist nur in 1.Näherung eine Materialkonstante. Bei großen Temperaturdifferenzen zwischen Meß- und Referenzstelle des Thermoelementes ändert sie ihren Wert und führt damit zu der für Thermoelemente charakteristischen nichtlinearen Spannungs-Temperaturkennlinie.

einerseits von den verwendeten Dickschichtpasten, anderseits vom Brennprozeß ("Brennen"), dem die bedruckten Substrate unterzogen werden.

Dickschichtleiterpasten sind Mischmaterialien, sie enthalten Metalle als funktionelle Bestandteile (diese bestimmen die elektrischen Eigenschaften der gebrannten Paste) und Gläser und/oder Metalloxide als permanente Bindemittel (diese bewirken die Haftung der gebrannten Paste auf dem Substrat). Untersuchungen von WALLA /7/ haben gezeigt, daß die Thermospannung von Dickschichtthermoelementen - die unter Verwendung von Dickschichtleiterpasten mit geringem permanenten Bindemittelanteil hergestellt wurden - nur kleine Streuung und sehr gute Langzeitstabilität aufweisen. Darüberhinaus entspricht die von diesen Dickschichtthermoelementen abgegebene Thermospannung der von Drahtthermoelementen, deren Werkstoffzusammensetzung gleich der Zusammensetzung der funktionellen Bestandteile der verwendeten Dickschichtpasten ist. Hingegen zeigen Dickschichtthermoelemente, die unter Verwendung von Dickschichtpasten mit großem permanenten Bindemittelanteil (20 Masse% und mehr) hergestellt wurden, schlechte Langzeitstabilität /6/. Für die Werkstoffwahl bedeutet das, daß konventionelle Dickschichtleiterpasten (diese enthalten permanente Bindemittel in Mengen von etwa 2 Masse% bis 10 Masse% /7/) für die Herstellung von Dickschichtthermoelementen gut geeignet sind. Von allen möglichen Kombinationen kommerziell erhältlicher Dickschichtleiterpasten liefert die Materialkombination Au- und Ni-Dickschichtleiterpaste die größte differentielle Thermospannung.

Der zweite Faktor, der die von einem Dickschichtthermoelement abgegebene Thermospannung beeinflußt, ist der Brennprozeß. Von Drahtthermoelementen ist bekannt, daß Inhomogenitäten (vor allem Korngrenzen, aber auch Verunreinigungen) innerhalb der Thermoelementschenkel die Ursache parasitärer Thermospannungen sind, die die vom Thermoelement abgegebene Spannung schwächen /4/. In Dickschichtstrukturen wird die Korngrenzenzahl wesentlich von der Brenntemperatur beeinflußt. Ist die Brenntemperatur niedrig (der Sintergrad daher klein), so existieren viele Korngrenzen innerhalb der, das Thermoelement bildenden Dickschichtleiter. Diese Korngrenzen, sowie allfällige nicht vollständig erschmolzene permanente Bindemittel stellen Inhomogenitäten, die parasitäre Thermospannungen verursachen, dar. Darüberhinaus kommt es bei hohen Meßstellentemperaturen zu Diffusionserscheinungen innerhalb der Dickschichtleiter (Thermoelementschenkel) im Bereich der Meßstelle und damit zu einer Veränderung der Thermospannung (Drift) /5/. Für die Herstellung optimaler Dickschichtthermoelemente (große differentielle Thermospannung, gute Langzeitstabilität) ist es daher notwendig zum einen die Korngrenzenzahl innerhalb der Dickschichtleiter zu minimieren und zum anderen die Diffusionsneigung im Bereich der Meßstelle zu verringern. Da bei Diffusionserscheinungen in Dickschichtleitern die Korngrenzendiffusion den dominierenden Anteil darstellt, nimmt bei Verringerung der Korngrenzenzahl gleichzeitig die Diffusionsneigung ab. Die Au/Ni-Dickschichtthermoelemente werden daher bei sehr hohen Temperaturen (900°C und höher, diese bewirken einen hohen Sintergrad und damit eine kleine Korngrenzenzahl) gebrannt. Abb.2 zeigt ein fraktographisches SEM-Bild[1] der Meßstelle eines optimal gebrannten Au/Ni-Dickschichtthermoelementes.

Brennbedingungen:
Au-Paste 950°C, 10min
Ni-Paste 900°C, 10min

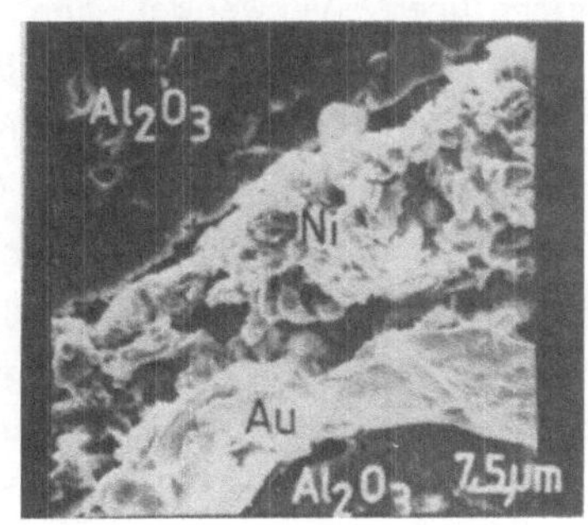

Abb.2

Man erkennt an Hand des Druckgefüges die vollständig erschmolzene Au-Leiterstruktur guter Duktilität sowie den hohen Sintergrad des Ni-Dickschichtleiters.

3. Elektrische Eigenschaften des Au/Ni-Dickschichtthermoelementes

Die folgenden elektrischen Kennwerte und Angaben über das Alterungsverhalten sind Mittelwerte gebildet aus den Meßergebnissen von 30 untersuchten Au/Ni-Dickschichtthermoelementen.

---

[1] SEM-Bild...Sekundär Elektronen Mikroskopie-Bild

3.1. Kennwerte

Das Au/Ni-Dickschichtthermoelement liefert im Temperaturbereich von
0°C bis +100°C eine mittlere differentielle Thermospannung von
27µV $\pm$ 1µV pro °C. Im Temperaturbereich von +100°C bis +150°C steigt
die mittlere differentielle Thermospannung auf 29µV $\pm$ 1µV pro °C an,
bei Temperaturen zwischen +150°C bis +200°C auf 32µV $\pm$ 1µV pro °C.

3.2. Alterungsverhalten

Unter der Alterung eines Sensors (Thermoelementes) versteht man die
Änderung seiner elektrischen Kennwerte infolge der während des
Betriebes auftretenden Umwelteinflüsse. Beim Dickschichtthermoelement
sind vor allem folgende, die Thermospannung beeinflussende externe
Größen zu nennen /7/;
- hohe Temperaturen. Verwendet man ein Thermoelement während eines
  längeren Zeitraumes (500h und länger) bei Temperaturen, die knapp
  unterhalb der höchstzulässigen Meßtemperatur liegen, so tritt eine
  Drift der Thermospannung auf. Der Grund für diese Erscheinung sind
  Diffusionseffekte und Veränderungen des Korngefüges (Rekristallisa-
  tion) innerhalb der Thermoelementschenkel.
- Feuchteeinfluß. Bei Verwendung des Thermoelementes in feuchter
  Atmosphäre (aber auch bei wasserstoffhältigen Gasen) kommt es
  durch Diffusion von Wasserstoffatomen in die Thermoelementschenkel
  (Zwischengitterdiffusion) zu einer Aufweitung der Kristallstruktur
  und damit zu einer Änderung der Thermospannung.

Um das Alterungsverhalten der Au/Ni-Dickschichtthermoelemente zu
erfassen, wurden Proben (Dickschichtthermoelemente) während 1000h bei
200°C, bzw. 100h bei 850°C gelagert, um den Temperatureinfluß zu
ermitteln. Andere Proben wurden für die Dauer von 1000h einem Klima
von 90% rel. Feuchte und 20°C ausgesetzt, um den Feuchteeinfluß auf
die elektrischen Kennwerte der Au/Ni-Dickschichtthermoelemente festzustellen. Weder die verschiedenen Temperaturbelastungen (1000h bei
200°C, oder 100h bei 850°C) noch die Feuchtebelastung führten zu
einer meßbaren Änderung der elektrischen Kennwerte der Au/Ni-Dick-
schichtthermoelemente.

LITERATUR

/1/ WEICHERT, L. u.a.: Temperaturmessung in der Technik.
     Grundlagen und Praxis.
     3. überarb. u. erw. Auflage.
     Expert Verlag 1981.

/2/ THIEL, R.: Elektrisches Messen nichtelektrischer Größen.
     2.Auflage.
     Teubner, Stuttgart 1983.
     S.207 bis S.214.

/3/ WALLA, Th.F.E. u. FASCHING, G.M.: Dickschichttemperatur-
     sensoren. Funktionsprinzipien und Technologie.
     E u. M, im Druck.

/4/ JUSTI, E.: Leitungsmechanismus und Energieumwandlung in Fest-
     körpern.
     2.Auflage.
     Vandenhoeck & Ruprecht 1965. Göttingen.
     S.100 bis S.112.

/5/ WALLA, Th.F.E. u. WERNISCH, J.: Untersuchung von Diffusions-
     vorgängen im Kontaktbereich von Gold- und Nickeldick-
     schichtleitern.
     Sonderbände der Praktischen Metallographie 16.
     Dr.Riederer-Verlag GmbH, Stuttgart.
     S.259 bis S.266.

/6/ ROBERTSON A.R.: Thick Film Thermocouples - A New Approach to
     Temperature Measurement. 26th Electronic Component
     Conference, 1976. San Francisco Calif. USA. S 166.

/7/ WALLA, Th.F.E.: Untersuchung des Seebeckeffektes in Dickschicht-
     leiterpasten und deren Verwendung zur Herstellung von
     Thermoelementen am Beispiel der Materialkombination von
     Gold- u. Nickelleiterpasten.
     Dissertation TU-Wien 1984.

VEREINFACHTE D.I.M.-VERZERRUNGSMESSUNG NACH DEM RECHTECK/SINUS-VERFAHREN

P. Skritek

Institut für Nachrichtentechnik, Technische Universität Wien
Gußhausstraße 25, A-1040 Wien

ZUSAMMENFASSUNG:

Die Messung nichtlinearer Verzerrungen im Audiofrequenzbereich
mittels Rechteck/Sinus- oder Dreieck/Sinus-Verfahren vereinfacht sich beträchtlich, wenn nur das resultierende tieffrequente Intermodulationsspektrum bewertet wird. Als Empfangsfilter genügt ein Tiefpaßfilter anstelle des selektiven Voltmeter oder Spektrumanalysators mit hoher Auflösung. Der Prototyp eines entsprechenden Meßgeräts wurde realisiert und Vergleichsmessungen durchgeführt, welche für Rechteck/Sinus-
Messung eine sehr gute Übereinstimmung mit dem ursprünglichen
Verfahren zeigen.

1. Rechteck/Sinus-Meßverfahren

Blockschaltbild und Signalspektren des herkömmlichen Verfahrens
zeigt Abb.1. Das Testsignal besteht aus einem Rechteck- oder
Dreiecksignal mit überlagertem Sinussignal im Amplitudenver-
hältnis 4:1, welches auf 100 kHz bzw. 30 kHz frequenzbandbe-
grenzt wird. Als Verzerrungsmaß NL dient das Verhältnis der
Amplituden v_i der Intermodulationsprodukte innerhalb des Audio-
frequenzbereichs zur Amplitude a_2 des 15 kHz-Sinussignals f_2:

$$NL = \frac{\sqrt{\sum_{i=1}^{9} v_i^2}}{a_2} \times 100 \text{ \%} \qquad (1)$$

Diese Messung erfordert ein selektives Voltmeter oder einen
Spektrumanalysator zur Messung der einzelnen Intermodulations-
amplituden sowie eine nachfolgende Berechnung der Gesamtver-
zerrungen und ist deswegen kosten- und zeitintensiv /1,2/.

Verschiedene Modifikationen wurden vorgeschlagen /2,4/, ergeben jedoch keine signifikaten Aufwandsverringerung.

2. Neue Meßmethode

Die hier vorgeschlagene Modifikation benützt die gleichen Testsignale. Es läßt sich zeigen /5/, daß speziell für das Rechteck/Sinus-Verfahren Intermodulationsspektren auftreten, welche symmetrisch zu den Teilspektren des Rechtecksignals (f_1=3.18 kHz) liegen. Dies gilt vor allem für nichtlineare Verzerrungen, die z.B. durch kurzzeitige Übersteuerung an den Rechtecksignalflanken entstehen. Dabei entsteht ein IM-Spektrum, dessen Amplituden geradzahliger Ordnung $v_2 \simeq v_4 \simeq v_6 \simeq \ldots$ und ungeradzahliger Ordnung $v_3 \simeq v_5 \simeq$ jeweils untereinander bis etwa zur 10. Ordnung näherungsweise gleich sind.

Die neue Meßmethode erfaßt deswegen nicht das gesamte Verzerrungsspektrum, sondern nur jenes Seitenband, welches unterhalb die Rechteckgrundfrequenz fällt. Darin sind zumindest je eine IM-Frequenz zufolge geradzahliger Nichtlinearität (v_6: $5f_1-f_2$) und eine IM-Frequenz zufolge ungeradzahliger Nichtlinearität (v_5: f_2-4f_1) enthalten. Als Empfangsfilter ist ein steilflankiges Tiefpaßfilter mit ca. 2.4 kHz Grenzfrequenz ausreichend.

Als neues Verzerrungsmaß NL* dient das Effektivwert-Verhältnis der Intermodulationsprodukte v_{TP} nach dem Tiefpaß zum Gesamtsignalpegel a (Abb.2)

$$NL^* = \frac{v_{TP}}{a} \times 100 \text{ \% .} \tag{2}$$

Mit dem in /5/ benützten Signalmodell ergibt sich als Zusammenhang zwischen dem konventionell ermittelten Verzerrungsfaktor NL und dem nach dem neuen Verfahren ermittelten Wert NL*

$$\begin{aligned} NL^* &\simeq 0.12 \cdot NL \quad \ldots \quad \text{Rechteck/Sinus-Verfahren} \\ NL^* &\simeq 0.19 \cdot NL \quad \ldots \quad \text{Dreieck/Sinus-, Hochpaß-} \\ & \qquad\qquad\qquad\qquad \text{Rechteck/Sinus-Verfahren} \end{aligned} \tag{3}$$

Gl.(3) ist mit $\leq$ 0.5 dB Abweichungen gültig für gerade und ungerade nichtlineare Kennlinien mit kurzzeitig starker Übersteuerung zufolge des Rechtecksignalanteils.

3. Meßgeräte-Prototyp

Basierend auf den vorangestellten Untersuchungen wurde ein
Meßgeräte-Prototyp für die neue Meßmethode realisiert (Abb.3).
Es besteht aus dem Testsignalgenerator (für Rechteck/Sinus-,
Dreieck/Sinus- und Hochpaß-Rechteck/Sinus-Signale) und dem
Meßempfänger. Als Empfangsfilter dienen zwei Tiefpässe 5. und
7. Ordnung in FDNR-Technik mit rund 96 dB minimaler Sperr-
dämpfung oberhalb $f \geq 3.15$ kHz zur Unterdrückung des Eingangs-
signalspektrums. Dies ergibt eine untere Meßgrenze von etwa
$NL^* \approx 0.003\%$. Die untere Meßbereichsgrenze liegt dabei bei
$U_e \geq 30$ mV Eingangspegel, bei $U_e = 1$ V betrug das Grundrauschen
6 ppm (-105 dB). Zur Effektivwertmessung wird ein integrierter
"true-rms-to-dc"-Konverter eingesetzt. Einschließlich Generator-
teil enthält das Meßgerät an aktiven Bauelementen 11 "low-cost"-
Doppel OVs (LF 353), 4 Transistoren und 1 "true-rms"-Konverter,
das Gehäuse mißt $B \times H \times T = 20$ cm $\times 9$ cm $\times 22$ cm.

Der Meßvorgang entspricht in der Einfachheit dem z.B. einer
Klirrfaktormessung: i) Messung des gesamten Signalpegels;
ii) Einstellung auf Vollausschlag; iii) Messung des Intermodu-
lationspegels nach dem Tiefpaßfilter. Ein Meßvorgang bei ma-
nueller Durchführung dauert rund 15 s, während er bei herkömmlicher Messung selbst mit automatisch durchlaufenden Spektrumanalysator rund 2 min benötigt.

4. Meßergebnisse

In Abb.4 sind Rechteck/Sinus-Vergleichsmessungen zur herkömmlichen Methode ausgewiesen. Abb.4a zeigt die Ergebnisse für
eine Schaltung mit überwiegend Slew-Rate-Verzerrungen. Es ergibt sich eine sehr gute Übereinstimmung zu den gemäß Gl.(3)
rückgerechneten Werten aus der konventionellen Messung.

Eine sehr gute Übereinstimmung beider Meßverfahren besteht auch
z.B. für analoge Magnetaufzeichnungsgeräte (Abb.4b), da hier
ebenfalls starke Verzerrungen bei höheren Frequenzen auftreten.
Der scheinbare Verzerrungsanstieg bei niedrigen Pegeln nach dem
neuen Verfahren ist durch überlagerte tieffrequente Störsignale
bedingt (50 Hz und 150 Hz Netzbrumm). Abhilfe ist durch ein
zusätzliches Hochpaßfilter erzielbar, dessen Grenzfrequenz

$f_{gr} \leq 800$ Hz unterhalb der niedrigsten relevanten IM-Frequenz $|f_2 - 5f_1|$ liegt.

Abb.4c vergleicht die Meßergebnisse an einem Verstärker mit Übernahmeverzerrungen (B-Endstufe). Für das Rechteck/Sinus-Verfahren besteht eine sehr gute Übereinstimmung beider Messungen, jedoch ist diese Methode grundsätzlich bei stationären schwach nichtlinearen Kennlinien unempfindlich. Als Ergänzung ist die Messung nach dem dafür geeigneteren Dreieck/Sinus-Verfahren angeführt. Das neue Meßverfahren ist in diesem Fall unempfindlicher. Dies ist dadurch begründet, daß die Voraussetzungen des Verzerrungsmodells nicht erfüllt sind. Bei schwach nichtlinearen stationären Kennlinien sind IM-Produkte zufolge der quadratischen und kubischen Nichtlinearität über die Produkte höherer Ordnung, wie sie das neue Verfahren mißt, dominant. Für derartige Kennlinien werden jedoch i.a. ohnehin andere Meßverfahren, wie Klirrfaktor oder Intermodulations-faktor angewendet.

Literatur

/1/ Leinonen E., u.a.: A Method for Measuring Transient Inter-modulation Distortions. JAES **25**, 170-176 (1977).
/2/ Skritek P.: A Combined Measurement Method for both DIM and Static Nonlinear Distortions. AES-convention **75**/no.2077 (1984).
/3/ Taylor N.K.: A Survey of Audio Distortion Measurement Techniques. ITCA-Report **129** (1983).
/4/ Lagadec R., Weiss, D.: A New Approach to Transient Inter-modulation Distortion Measurements. AES-convention **68**/no. 1750 (1981).
/5/ Skritek P.: Simplified Measurement of Squarewave/Sine and Related Distortion Test Methods. AES-convention **77**/no.2195 (1985).

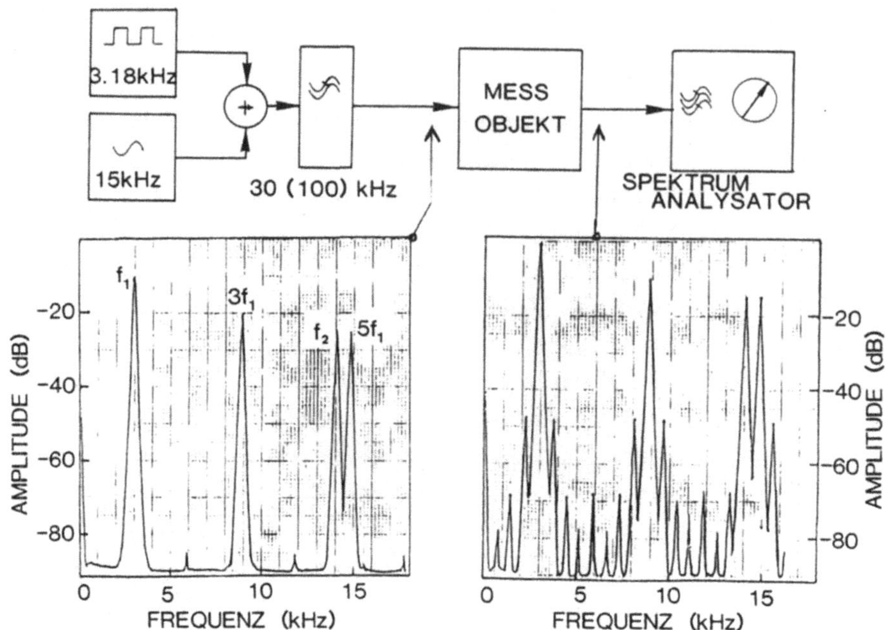

Bild 1: Meßanordnung und Signalspektrum

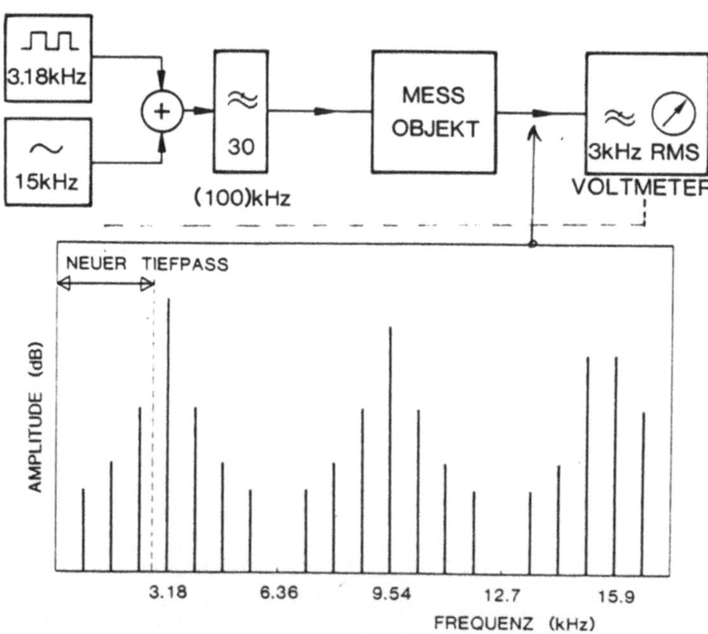

Bild 2: Vorgeschlagener Meßfrequenzbereich (a),
neue Meßanordnung (b)

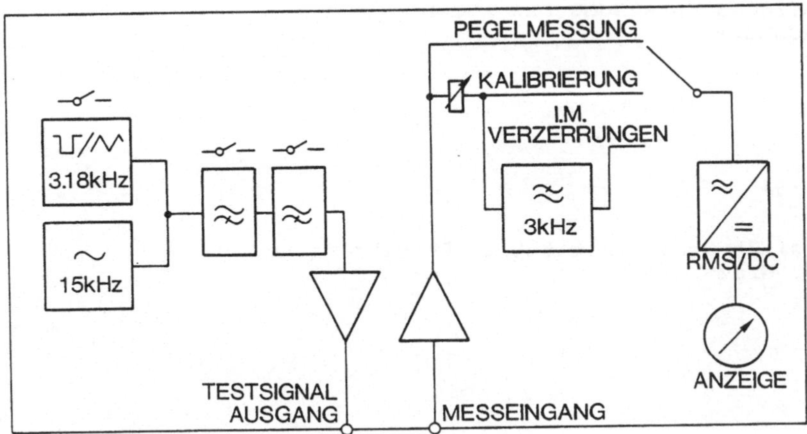

Bild 3: Blockschaltbild des neuen Meßgeräts

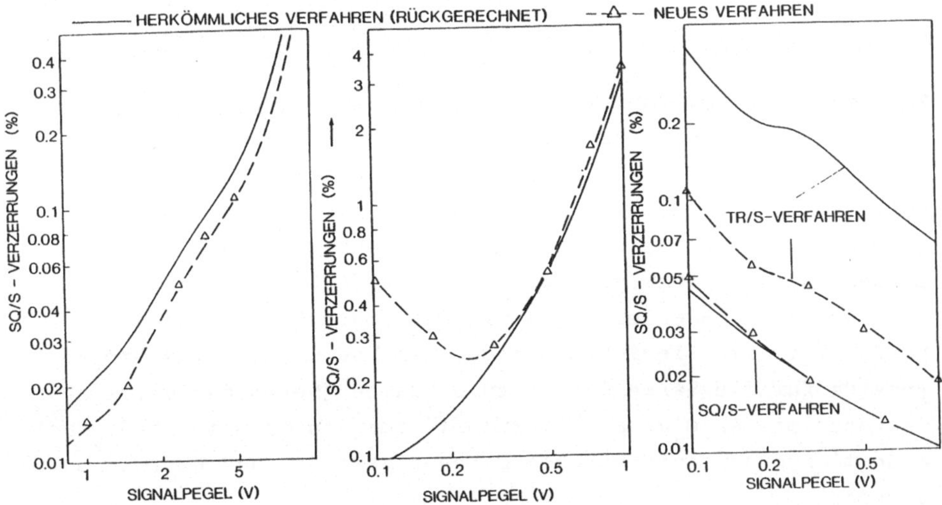

Bild 4: Vergleichsmessungen bei Slew + Rate Verzerrungen (a),
Tonbandgeräte (b), Übernahmeverzerrungen (c)

AUTOMATISCHE ERFASSUNG DER KUGEL
BEIM ROULETTE

Ch. Jorde

Universität Graz, Institut f. Physikalische
Chemie, Graz

ZUSAMMENFASSUNG:

Für eine Qualitätskontrolle für Roulette-Tische ist eine
automatische Erfassung der Kugelzahlen wünschenswert. Es
wird ein System beschrieben, welches über eine Optik die
Kugel mittels IR-Strahl abtastet, laufend die Winkelstellung
ermittelt und daraus in einem Mikrocomputer die Kugelposition kalkuliert. Diese Daten werden einem Rechner übermittelt, welcher die statistischen Analysen ausführt.

Zur Kontrolle der Roulette-Tische im Casino ist es erforderlich, die geworfenen Zahlen zu erfassen und statistisch zu
analysieren. Um das manuelle Notieren der Zahlenfolge unnötig zu machen, wurde ein System (Fa Grips, Graz) zur
automatischen Erfassung der im Fach liegenden Kugel entwickelt.
Es besteht aus einem zentralen Rechner (PC) im Casino, der
über serielle Datenleitungen mit den Roulette-Tischen verbunden ist. Die Einrichtung jedes Tisches umfaßt eine Groß-
Anzeige für die Serie der letzten Zahlen (Permanenzen), eine
Tastatur mit Anzeige als "Terminal" für den Croupier und
eine mikroprozessorbestückte Datenerfassungs- und Überwachungs-
einheit.
Das Erfassen der Kugelposition muß rückwirkungsfrei sein und
soll möglichst unauffällig und mit minimalen Änderungen am
Kessel erfolgen. Dies schließt jede Art von mechanischer Abtastung aus. So wurde eine Lösung mit Infrarotlicht gewählt.

Über ein optisches System (Abb.1) werden scharf gebündelte
Lichtimpulse abgegeben, welche von der vorbeibewegten Kugel
reflektiert werden. Die Stärke der Reflexion wird gemessen
und digitalisiert. Aus diesen Daten und den Winkelwerten
berechnet ein Mikrorechner das Fach, in dem die Kugel liegt.
Die Zahlen der Coups werden auf dem Permanenzendisplay angezeigt und zum zentralen Rechner übertragen, welcher sie für
die statistische Auswertung speichert.

Die Hardware der Erfassungseinheit besteht aus 2 Europakarten,
eine mit Mikrorechner, Uhr und ADC. Die andere enthält den
Fotoverstärker, eine einfache Sample-and-Hold Schaltung, das
Interface zu den optischen Sensoren für den Winkelaufnehmer
und Überwachungsfunktionen, die Anpassung für drei serielle
Schnittstellen (Zentralrechner, Permanenzendisplay und Tisch-
tastatur) sowie eine Versorgungsspannungsüberwachung und
einen Notbetriebs-Akkumulator.
Bei Unterbrechung der Netzversorgung beschränkt sich das
System auf Überwachungsfunktionen. Der Rechner wird alle
2 Sekunden "aufgeweckt", exekutiert ein Überwachungsprogramm,
speichert allfällige Ereignisse mit Uhrzeit und schaltet
sich wieder ab ("Standby", da im Sleepmode zu großer Stromverbrauch).
Der Winkelaufnehmer funktioniert inkremental mittels zweier
versetzter Zählspuren und einer Referenzmarke. Durch 4-fach
Auswertung können 296 Winkelstellungen unterschieden werden,
das sind 8 pro Zahlenfach. Die Abtastung erfolgt in Abständen
von 1 Millisekunde. Falls dabei eine Winkeländerung festgestellt wird, löst dies den oben erwähnten Lichtimpuls aus.
Daraus resultiert eine von der Drehgeschwindigkeit unabhängige
Anzahl von Reflexwerten pro Kesselumdrehung. Der Lichtsender,
eine IR-LED, wird für die Dauer von 25 μs mit einem Strom
von ~ 1,3A betrieben. Als Empfänger dient ein integrierter
Fotoimpulsverstärker U123 von AEG. Am Ende des Lichtimpulses
wird dessen Ausgangssignal gesampelt und in einem ADC mit
sukzessiver Annäherung in einen 8-bit Wert umgesetzt. Aus
den Werten für einen Kesselumlauf wird eine Schwelle ermittelt
(es muß zB. die verschiedene Reflexion der roten und schwarzen
Fachböden berücksichtigt werden).Das Überschreiten dieser

Schwelle löst ein Kugelermittlungsprogramm aus, wobei verschiedene Faktoren, wie Dauer und Form der Überschreitung vom Schwellwert, bewertet werden. Gemeldet wird die Zahl wenn die Kugel in zwei aufeinanderfolgenden Umläufen im gleichen Fach erkannt wird.

Die Anforderungen an die Software enthalten einige zeitkritische Aufgaben, wie die periodische Bearbeitung des Winkelgebers, das Steuern der Lichtimpulse und des Sample-Hold-Signals sowie das Starten und Auslesen des AD Wandlers. Zusätzlich werden von den 3 seriellen Schnittstellen 2 unter softwaremäßiger Parallel/Serienumsetzung betrieben. Es wurde der leistungsfähige 8-bit Mikroprozessor 6303X von Hitachi ausgewählt. Dieser ist in CMOS-Technologie aufgebaut, hat einen auf dem MC 6803 basierenden Instruktionssatz und verfügt über einige integrierte Peripherie (3Ports, 5 Timerfunktionen und eine serielle Schnittstelle).Bei einem 8MHz Quarz dauern viele 1 Byte Befehle nur 0,5 μs und eine 16 bit Addition zwischen 1,5 und 2,5 μs. Das Programm ist zur Gänze in Assembler Sprache geschrieben und umfaßt etwa 7k-Byte Maschinencode.

Das vorliegende System ist ein Beispiel dafür, daß der Einsatz moderner Mikroelektronik die Lösung von Aufgaben ermöglicht, die vor einigen Jahren am zu hohen Hardwareaufwand scheiterten. Die Baugröße und vorallem die Leistungsaufnahme sind durch Fortschritte der Halbleitertechnik stark gesunken. Die Hürden bei der Realisierung von "Intelligenten Produkten" sehe ich in einem guten Gesamtkonzept und im Aufwand für die Programmentwicklung.

Dank gilt dem Forschungsförderungsfonds für die gewerbliche Wirtschaft für seine Unterstützung und für die fruchtbare Zusammenarbeit Herrn E.Mothwurf (u.a. Entwurf des optischen Systems).

Literatur:

Hitachi Ltd : Datenblatt HD6303X, Feb.1974

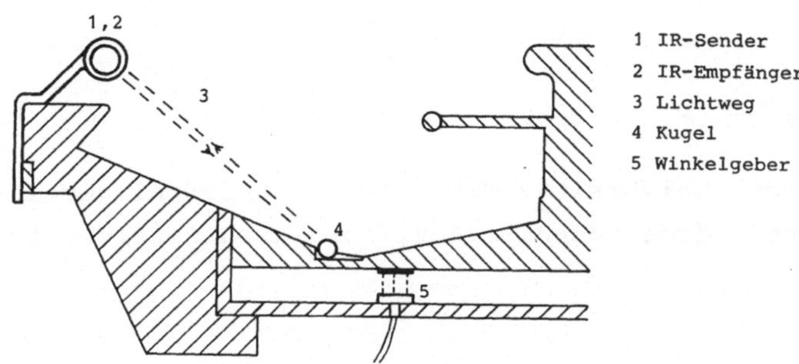

Roulette-Kessel mit Lesekopf und Winkelgeber

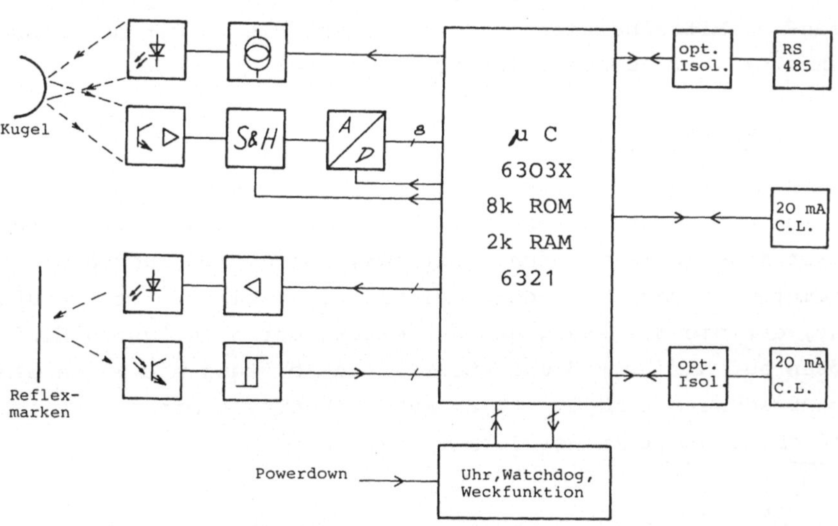

Schema der Hardware

PRÜFSTANDAUTOMATISIERUNG MIT KLEINRECHNER

A. Popescu, W. Werdecker, L. Rinder

Technische Universität Wien, Institut für Allgemeine Maschinen-
lehre und Fördertechnik, Abt. für Maschinenelemente

ZUSAMMENFASSUNG:

Unser Bericht zeigt an Hand eines automatischen Prüfstandes
für einen Schraubenverdichter Ergebnisse des Einsatzes eines
Kleinrechners (Apple II+) als Prüfstandrechner für die Meßdaten-
erfassung, Datenverarbeitung, Prüfstandregelung und Maschinen-
simulation. Es werden ebenfalls Erfahrungen der Kopplung des
Kleinrechners an einen PDP 11/34 Rechner präsentiert.
Ziel des Artikels ist es, auch Fragen zu beantworten, die sich
Klein- u. Mittelbetrieben stellen, wenn sie in der Anfangsphase
Rechner in der Automatisierung einsetzen.

1. Aufgabenstellung

Einspritzgekühlte Schraubenverdichter zur Verdichtung von Luft
stellen eine erst in den letzten 10 Jahren entwickelte Verdichter-
bauart hoher Leistungsfähigkeit dar. Zur Optimierung der Betriebsparameter solcher Verdichteranlagen wurde ein Prüfstand aufgebaut, der die Erfassung und Auswertung der wichtigsten Einfluß-
größen auf Liefergrad und spezifische Leistung mit Hilfe eines
Prozeßrechners ermöglicht. Es wurde ebenfalls ein analytisches
Verdichtermodell in der Form aufgestellt:

$$\vec{W}_a = T \cdot \vec{W}_e \tag{1}$$

wobei $\vec{W}_a$, $\vec{W}_e$ die Spaltenvektoren der Ausgangs-bzw. Eingangs-
größen (spezifische Arbeit, Fördermenge, Ausgangstemperatur,
Antriebsmoment / eingespritzte Ölmenge, Enddruck, Drehzahl, Ein-
spritztemperatur) und T die Transfermatrix darstellen.

2. Prüfstandbeschreibung

Der für diesen Zweck aufgebaute Prüfstand ist in Abb. 1 dargestellt. Er besteht aus dem zu untersuchenden Kompressor, Drossel-
ventilen, Ölabscheider, Ölkühler, Meßgeräten zur elektrischen
Messung mechanischer Größen und aus einer Auswerteelektronik
zur Kopplung an einen Rechner /1/. Die Meßstellen zur Erfassung
der wichtigsten Betriebsparameter sind in Abb. 1. angeführt.

3. Prozeßelektronik

Dieses Kapitel beschreibt die Geräte, die zur Erfassung der Meßwerte, zur Steuerung der Stellgrößen und zur Rechnerkopplung eingesetzt wurden.

Temperaturmessung: Alle Temperaturen werden mit integrierten Si-
Temperatursensoren erfaßt. Das elektrische Signal passiert einen
Analogmultiplexer, wird von einem programmierbaren Verstärker
pegelmäßig an den A/D-Wandler angepaßt und anschließend digitalisiert.

Ölmengenmessung: Zur Messung der eingespritzten Ölmenge wird ein
Ovalradzähler verwendet, an dessen Welle ein Impulsgeber mit
1000 Imp./U befestigt ist. Die so erzielte Auflösung beträgt
100 Imp./l. Die Impulse werden von einem Zähler erfaßt.

Ventilsteuerung: Vom Rechner aus werden die eingespritzte Ölmenge
und die Kühlwassermenge eingestellt. Die Stellglieder sind ein
Potentiometer bzw. ein Wasserventil. Beide werden von Schrittmotoren mit 2600 Schritte/U betätigt. Die Schrittmotoren werden
direkt von Digitaleinschüben der Interfaceschaltung gesteuert.

Interfaceschaltung: Die wichtigsten technischen Daten der Einschübe sind in Tabelle 1 zusammengafaßt. Das Interface wird über
eine 9-Bit breite Parallelschnittstelle angesprochen (8-Bit Daten,
1-Bit Steuerleitung). Die maximale Datentransferrate wird von der
Interfaceschaltung auf 10.000 Bytes/s begrenzt. Wir haben in der
Praxis Meßdatenerfassungsfrequenzen von 10-15 Meßwerten/s erreicht. Bei Bedarf ist eine Steigerung auf ca. 100 Messungen/s
relativ leicht realisierbar.

4. Programmbeschreibung und Meßergebnisse

Das realisierte Programmpaket umfaßt folgende vier Programme:
Der Meßdatenerfassungsmodul erfaßt sechs Temperaturen, drei
Drücke, eine Drehzahl, ein Drehmoment und einen Öldurchfluß.

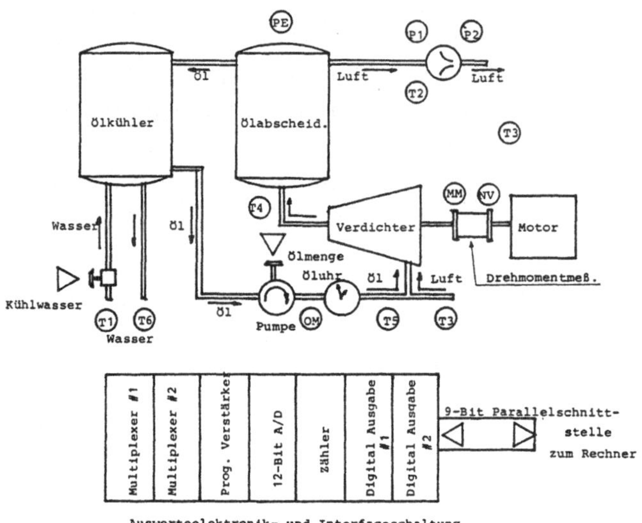

Abb. 1. Schraubenverdichterprüfstand und Meßstellenanordnung
(für eine genauere Beschreibung siehe /1/.)

Tabelle 1. Technische Daten der Einschübe der Prozeßelektronik

Einschubbezeichnung	Kanalanzahl	Ansprechzeit	Bemerkungen
Multiplexer 1	16	10µs	FET-Schalter
Multiplexer 2	8	10µs	FET-Schalter
Programmierbarer Verstärker	1	100µs	Verst. 1, 2, 4, 5, 8, 10, 20, 40.
12 Bit A/D Wandler	1	100µs	-
Zähler	4	100µs	12 Bit Zähler (0 bis 4095)
Digital-Ausgabe	8	10µs	TTL- Pegel

Der <u>Datenverarbeitungsmodul</u> wertet die Daten aus und speichert die Meßpunkte auf einer Diskette.

Der <u>Regelungsmodul</u> ermittelt die Korrekturwerte und steuert über zwei Schrittmotoren Ventile an.

Wahlweise kann ein <u>Modellgernerierungsprogramm</u> eingeschaltet werden, das die auf der Diskette gespeicherten Daten analysiert und ein stationäres analytisches Modell der Maschine generiert.

Die Lösung dieser Aufgaben wurde in 3 verschiedenen Stufen durchgeführt. Wir bezeichnen im weiteren die Implementierungen mit Pgm. 1, Pgm. 2, bzw. Pgm. 3 und beziehen uns auf Tabelle 2 bei der Behandlung des Zeitbedarfes der einzelnen Module.

<u>Pgm. 1</u>: Dieses Programm stellt die erste Stufe unserer Programmimplementierung dar. Es besteht aus den Modulen Datenerfassung, Datenauswertung und Ein-/Ausgabe auf Drucker, Diskette und Bildschirm. Der Zeitbedarf dieses Programms (Basic) beträgt in der compilierten Version ca. 2,8 s/Lauf. Es ergibt sich eine übersichtliche und ausreichend schnelle Prüfstandserfassung. Der Hauptnachteil dieses Programms ist das Fehlen einer automatischen Regelung der stark gekoppelten Eingangsgrößen, was das Einstellen einer bestimmten Parameterkonstellation sehr kompliziert macht.

<u>Pgm. 2</u>: Diese zweite Stufe des Programmausbaues enthält auch Regelungsmodule für die gekoppelten Eingangsgrößen (Öleinspritztemperatur und eingespritzte Ölmenge). Die programmierten Regler weisen I-Verhalten und programmierbare, variable Verstärkung auf. Die erfaßten Meßdaten werden ebenfalls zur Berechnung der Matrixelemente des Verdichtermodells verwendet. Der Zeitbedarf für einen Lauf des 8k-Byte Programms beträgt ca. 5,3 s.

Nach einem Kaltstart des Schraubenverdichters (kalte Maschine + ca. 100 l kaltes Öl) wurden die eingestellten Sollwerte nach ca. 3 min erreicht (früher mind. 30 min)(siehe Abb. 2 rechts).

Mit der Implementierung von immer komplexeren (z.B. adaptiven) Reglern und Modellen steigt der Datenverarbeitungsaufwand. Um die Meßfrequenz auf dem gewünschten Wert zu halten, stehen prinzipiell zwei Möglichkeiten zur Auswahl:

- Der Einsatz eines immer stärkeren Rechners oder
- der Aufbau eines Mehrprozessorsystems, das die existierende Hardware und Software weiterhin verwendet und die anfallenden Aufgaben zwischen mehreren Rechnern aufteilt. Ein "Manager - Rechner" übernimmt die Koordination.

Tabelle 2. Zeitbedarf der wichtigsten Programmodule in den
drei Implementierungsstufen Pgm.1, Pgm.2, u. Pgm.3.

	Pgm.1 Zeitbedarf f. einen Lauf	Pgm.2 Zeitbedarf f. einen Lauf (Basic/compiler)	Pgm.3 Zeitbedarf f. einen Lauf (Apple + PDP11)	
			Apple II(Basic)	PDP 11/34(Fortran)
Meßdatenerfassung u. Vorverarbeitung	0,8 s	0,8 s	0.8 s	-
Datenauswertung	1 s	1 s	-	*
Regelung, Maschinen-simulation u. Vergleich mit den Meßdaten	-	2 s	-	*
Ein- Ausgabe auf Drucker, Disk u. Bild-schirm	1 s	1 s	-	*
Kommunikation Apple II-PDP 11/34	-	0.5 s	0,5 s	*
Zeitbedarf f. einen Programmdurchlauf	2,8 s	5,3 s	1,3 s	<0,1 s

* nicht einzeln gemessene Zeiten

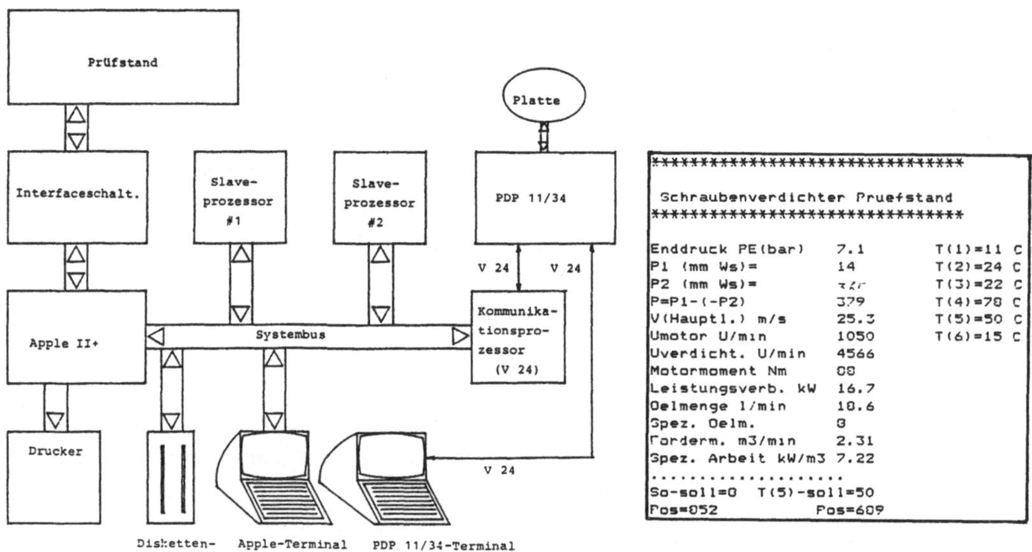

Abb. 2. Schematische Darstellung der aufgebauten Prüfstand-
steuerung mittels zweier gekoppelter Rechner.
Rechts eine "hard-copy" des Apple-Bildschirms in einem
typischen Betriebspunkt des Schraubenverdichters.

Neben den technischen Vorteilen bietet die zweite Variante auch
andere wesentliche Vorteile, wie z.B.:
- die Umbauzeiten werden reduziert,
- die bestehenden Geräte und Programme werden nur erweitert und
nicht ersetzt, u.a.
Eine schematische Darstellung des aufgebauten Prüfstandes zeigt
Abb. 2. Der Apple II Kleinrechner erfaßt die Meßdaten, führt eine
Datenvorverarbeitung durch, steuert die Stellglieder und kann
über eine Leitung (V 24) mit einem anderen Rechner (PDP 11/34)
Daten austauschen.
Der zweite Rechner (der Manager) führt die komplizierten Daten-
verarbeitungen aus und gibt die Ergebnisse teilweise an den
Prüfstandrechner zurück.
Unter Verwendung dieser Rechnerkombination hat sich die Zeit
zwischen zwei Meßzyklen von 5,3s auf weniger als 1,3s bei glei-
chem Verarbeitungsaufwand verringert. Dabei kann der Manager
sogar weitere Aufgaben erfüllen, ohne den Prüfstandbetrieb negativ zu beeinflußen.

5. Verbesserungsvorschläge

Eine weitere Leistungssteigerung ergibt sich, wenn der Prüfstandrechner über Slave-Prozessoren verfügt (Abb. 2), die ihm
die zeitkritischen Aufgaben abnehmen (z.B. Position-und Dreh-
zahlerfassung, u.a.). Außerdem können mehr als zwei Rechner miteinander verbunden und von einem Manager koordiniert werden.
Abschließend können die wesentlichen Vorteile beim Einsatz mehrerer Kleinrechner für Prüfstandsteuerungen zusammengefaßt werden:
- der Investitionsaufwand ist zeitlich aufgeteilt,
- das System wächst mit den Anforderungen,
- selbst bei mehreren Prüfständen befindet sich immer ein Prüfstandrechner unmittelbar in der Nähe, wodurch eine hohe Meßfrequenz nicht durch lange Übertragungswege begrenzt wird, u.a.

Literatur

1. Rinder, L.:Wirkungsgrad und Lieferoptimierung an einspritz-
   gekühlten Schraubenverdichter mit Hilfe eines Prozessrechners.
   Österreichische Ingenieur-Zeitschrift, Heft 4,Jg.21 (1978).
2. Schindler M.: Multiprozessor-Architekturen. Elektronik 17/1984

MESSWERTERFASSUNGSSYSTEM FÜR NETZTRANSFORMATOREN

A. Huemer

Elin-Union AG, Bereich Elin Elektronik
Abt. Marketing und Vertrieb, Wien

ZUSAMMENFASSUNG:

Das Meßwerterfassungsgerät MWE 630 dient zur Ermittlung des
Ausnutzungsgrades sowie der Maximal- und Minimalbelastung von
Netztransformatoren. In Verbindung mit einem Speichermodul
MWS 630 bietet es die Möglichkeit die Meßwerte der einzelnen
Phasen mit Zeit und Datum versehen bis zu 40 Tagen aufzuzeich-
nen.

Das Meßwerterfassungsgerät MWE 630 dient zur Ermittlung des
Ausnutzungsgrades sowie der Maximal- und Minimalbelastung von
Netztransformatoren. Über einen Beobachtungszeitraum von max.
64 Tagen werden die Tageswerte der Phasen R, S und T abgespeichert. Mit Hilfe der Tastatur kann man sowohl die Werte über
den Beobachtungszeitraum, als auch die einzelnen Tageswerte
abfragen.

Ein zusätzliches Speichermodul MWS 630 bietet die Möglichkeit
die einzelnen Meßwerte der Phasen R, S und T mit Zeit und Datum zu versehen und bis zu 40 Tagen aufzuzeichnen.

Über ein Daten-Interface DI 630 können die im Speichermodul
aufgezeichneten Meßwerte und Zeitinformationen über eine serielle Schnittstelle einem Rechner zugeführt werden. Mit diesem Rechner können dann Tages-, Wochen-, Monatsbelastungsdia-
gramme, statische Verteilungen etc. verarbeitet und z.B. über
eine Hard-Copy-Einheit ausgedruckt werden.

Daten Aufnahmestation MWE 630
____

Meßmethode:

Über einen Schalter wird die Typenleistung des Trafos eingestellt. Es kann zwischen folgenden Typenleistungen gewählt
werden: 125/160/200/250/315/400/500/630 kVA. Der Schalter besitzt auch eine Stellung zur direkten Strommessung von 0-199 A
(über Wandler 1000 : 5 A)

Grundsätzlich werden die Phasenströme J_R, J_S, J_T gemessen und
mathematisch behandelt.

Der Stromwert J_R, J_S, J_T wird alle 3 sec. gemessen und über
3 min. gemittelt.

$$J_{RMn} = \frac{JR1 + JR2 + JR3 + \ldots + JR60}{60}$$

Dieser Wert J_{RMn}, J_{SMn}, J_{TMn} wird in dem Gerät bis zum Tagesabschluß abgespeichert.

Weiters wird der Wert J_{RMn}, J_{SMn}, J_{TMn} kontrolliert, ob er ein
neuer Maximal- oder Minimalwert ist.

$$J_{RMn} \qquad J_{RMAXn} \qquad \text{wenn Ja} \qquad J_{RMn} = J_{RMAXn}$$
$$J_{RMn} \qquad J_{RMINn} \qquad \text{wenn Ja} \qquad J_{RMn} = J_{RMINn}$$

Die Werte J_{RMAX}, J_{SMAX}, J_{TMAX}, J_{RMIN}, J_{SMIN}, J_{TMIN} werden ebenfalls im Gerät gespeichert.

Am Ende eines Tages (24 h) wird aus den im Gerät gespeicherten
3 min.-Mittelwerten J_{RM1} bis J_{RMn} ein Tagesmittelwert J_{RTMn}
ermittelt und abgespeichert.

$$J_{RTMn} = \frac{JRM1 + JRM2 + \ldots + JRMn}{n}$$

n kann maximal 480 betragen. Bei Neuaufstellung des Gerätes,
bei Spannungsausfall usw. können auch weniger Meßwerte pro
Tag anfallen.

Aus den errechneten Tagesmittelwerten J_{RTMn}, J_{STMn}, J_{TTMn}
wird über den Beobachtungszeitraum ein Kommulativwert errechnet werden.

$$J_{RK} = \frac{JRTM1 + JRTM2 + \ldots + JRTMn}{n}$$

n kann maximal 64 betragen.

Weiters wird ermittelt, welcher J_{RMAXn} und J_{RMINn} der absolut größte bzw. kleinste ist.

J_{RKMAX}, J_{SKMAX}, J_{TKMAX}
J_{RKMIN}, J_{SKMIN}, J_{TKMIN}

| J_{RMAXn} | J_{RKMAX} | wenn Ja | $J_{RMAXn} = J_{RKMAX}$ |
| J_{RMINn} | J_{RKMIN} | wenn Ja | $J_{RMINn} = J_{RKMIN}$ |

Im Gerät werden folgende Werte abgespeichert:

J_{RMAXn}
J_{SMAXn} — Tages-Maximalwerte — n = Tageszähler
J_{TMAXn} — der Phasen R, S, T — max. 64

J_{RMINn}
J_{SMINn} — Tages-Minimalwerte
J_{TMINn} — der Phasen R, S, T

J_{RTMn}
J_{STMn} — Tages-Mittelwert
J_{TTMn} — der Phasen R, S, T

J_{RKM}
J_{SKM} — Mittelwert über den
J_{TKM} — gesamten Beobachtungszeitraum Kommulativwert

J_{RKMAX}
J_{SKMAX} — Absoluter Maximalwert
J_{TKMAX} — im Beobachtungszeitraum

J_{RKMIN}
J_{SKMIN} — Absoluter Minimalwert
J_{TKMIN} — im Beobachtungszeitraum

Alle abgespeicherten Werte können über Tasten auf einer 12-stelligen 16 Segment Anzeige (Ziffern und Buchstaben) zur Anzeige gebracht werden.

Die Anzeige der aufgezeichneten Meßwerte erfolgt in Abhängigkeit von dem Stufenschalter "TRANSFORMATORLEISTUNG".

a) Schalterstellung "TRAFOTYPENLEISTUNG" alle Werte in % des
   Nennstromes (Wandler:
   1000 A : 5 A)

b) Schalterstellung "0 - 199 A"   alle Werte in A
   (Wandler: 1000 A :
   5 A)

Der Speicher des Grundgerätes ist wie ein Schieberegister aufgebaut, das die Datenmenge von 64 Tagen aufnehmen kann.

Daten die länger als 14 Tagen zurückliegen, gehen verloren; im Speicher des Gerätes stehen immer die Daten der vergangenen 64 Tagen zur Verfügung.

Auswertung der in der Datenaufnahmestation gespeicherten Daten

Folientastatur

Für die Einstellung der Uhr notwendige Tasten:

UHR   Anwahl des Uhrenmodus
SZ   Anwahl der Sommerzeit
WZ   Anwahl der Winterzeit
ST   Anwahl des Schalttages

Durch betätigen der entsprechenden Tasten können Sekunden, Minuten, Stunden, Tag, Monat und Wochentag zur Anzeige gebracht werden. Mit den Tasten + oder − können Änderungen des angezeigten Wertes vorgenommen werden. Mit der Taste RES können die Sekunden auf Null gesetzt werden.

Bei einer Verstellung der Uhr oder Kalenderfunktionen (außer Sekunden und Sonderfunktionen) wird ein Meßstop durchgeführt.

Um einer Fehlbedienung vorzubeugen, erscheint in der Anzeige nach der 1. Betätigung der Taste + oder - ein ?, erst bei einer nochmaligen Betätigung der Taste + oder - erfolgt die tatsächliche Änderung mit all ihren Auswirkungen.

Für die Bedienung der Auswertefunktion notwendige Tasten:

R   Anwahl der Phasenmeßwerte für die Phase R

S   Anwahl der Phasenmeßwerte für die Phase S

T   Anwahl der Phasenmeßwerte für die Phase T

IST   Anzeige des Istwertes (Momentanwert) (JR, JS, JT)

MIN   Anzeige des Tagesminimalwertes oder des Minimal-
        wertes über den Beobachtungszeitraum (J_{RMNn}, J_{SMINn},
        J_{TMINn}, J_{RKMIN}, J_{SKMIN}, J_{TKMIN})

MAX   Anzeige des Tagesmaximalwertes oder des Maximalwertes
        über den Beobachtungszeitraum (J_{RMAXn}, J_{SMAXn}, J_{TMAXn},
        J_{RKMAX}, J_{SKMAX}, J_{TKMAX})

MIT   Anzeige des Tagesmittelwertes oder des Mittelwertes
        über den Beobachtungszeitraum (J_{RTMn}, J_{STMn}, J_{TKMn},
        J_{RKM}, J_{SKM}, J_{TKM}

T   Umschaltung zur Anzeige der Tageswerte

K   Umschaltung zur Anzeige der Kommulativwerte (Werte
        über den Beobachtungszeitraum).

RES   Resettaste zum Löschen von Werten die länger als XX
        Tage zurückliegen

+   Steuertaste zum Auffinden bestimmter Tageswerte im
        Speicher (+   weiter zurück in der "Vergangenheit")

-       Steuertaste zum Auffinden bestimmter Tageswerte im
        Speicher (-   aus der "Vergangenheit"in Richtung
        aktueller Zeitpunkt)

Datenträger:

Funktionsweise

Das Grundgerät, die Daten-Aufnahmestation, besitzt die Möglich-keit mit einem externen RAM-Speicher die "3-Minuten-Mittelwerte" über einen Beobachtungszeitraum von wahlweise 10, 20, 30 und

40 Tagen (je nach Größe des Speichers) aufzuzeichnen.

Der Speicher ist wie ein Schieberegister aufgebaut, dadurch sind auch bei längerer Aufzeichnungsdauer immer die Meßwerte der letzten 10, 20, 30 oder 40 Tagen abgespeichert.

Die aufgezeichneten Werte werden mit Zeit und Datum versehen auf einem batteriegepufferten (Lithiumbatterie) RAM-Modul gespeichert.

Nach Einstecken des Speichermoduls (RAM) schickt der uP Datum

und Zeitinformation und anschließend alle drei Minuten die drei Meßwerte von den Phasen R, S und T. Bei jedem Tagesabschluß, sowie Uhrverstellung, Sommer-Winterzeitumschaltung und nach jedem Spannungsausfall schickt er zusätzlich Datum und Zeit. Dadurch besteht die Möglichkeit mit der Auswertestation den Zeitpunkt des betreffenden Ereignisses oder die Dauer des Spannungsausfalles festzustellen.

Es kann festgestellt werden:

a) wann ein neuer Datenträger angeschlossen wurde

b) ob und wann eine Uhrenverstellung durchgeführt wurde.

c) ob und wann eine Sommer-Winterzeit Verstellung erfolgte.

d) Anfang- und Enderkennung der aufgezeichneten Daten

e) Spannungsausfallerkennung

Diese Informationen sind in Form von Kennummern, die vor der Zeitinformation gesendet werden, im Speichermodul aufgezeichnet.

Das Speichermodul hat auch die Aufgabe, die im Speicher aufgezeichneten Werte auszulesen und über eine serielle Schnittstelle (RS 232) die Meßwerte und Zeitwerte in binärer Form in den übergeordneten Rechner zu übertragen.

Der Rechner hat dabei die Möglichkeit über Steuerleitungen die verschiedenen Arten des Auslesens anzuwählen - vorwärts, rückwärts, blockweise (start - stop) oder kontinuierlich.

Auswertegerät:
____

Derzeit werden von der Fa. Elin zwei unterschiedliche Auswertgeräte angeboten. Einerseits eine low-cost Variante, ein Kompaktgerät mit einer kleinen graphikfähigen LCD-Anzeige und einem eingebauten 4-Farben Plotter.

Andererseits einen Personal-Computer mit größerem LCD-Schirm,
mit eingebautem Kassettenlaufwerk (wahlweise externe Disketten-
station) zur Datenabspeicherung und einem externen 4-Farben
Plotter.

Die zweite Variante bietet neben einigen anderen Vorteilen
(mehrere Möglichkeiten der Auswertung und Ausdrucke) auch die
Möglichkeit den Plotterausdruck mit Texten (Aufstellungsort...)
zu vervollständigen.

Mit den Auswertegeräten können dann Tages- und Wochenbelastungs-
diagramme, statische Verteilungen, Maxima und Minima, Spannungs-
ausfälle usw. auf einem 4-farbigen Plotterausdruck dargestellt
werden.

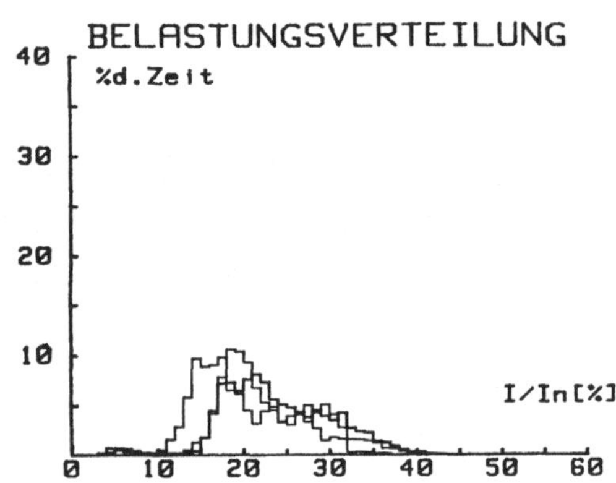

Weiters besteht die Möglichkeit mit dem Auswertegerät einen
schreiberähnlichen Ausdruck mit variablen Maßstab zu erstellen.

EIN SENSOR ZUR MESSUNG DER LUFT-IONEN-KONZENTRATION

M. Friedmann

Bundesversuchs- und Forschungsanstalt Arsenal
Elektrotechnisches Institut, Abt. EA, Wien.

ZUSAMMENFASSUNG:

Bisher war es üblich, die Luft-Ionisation mit Aspirations-
Ionometern zu messen. Dabei wird in örtlich eng begrenzten Bereichen gemessen, wobei i.A. auch relativ schnelle zeitliche
Schwankungen der Meßergebnisse auftreten. Die hier vorgestellte
Methode benützt hingegen eine große, frei montierte Elektrode,
deren Entladung durch die vorhandenen Luft-Ionen gemessen wird.
Die Messung wird automatisch gesteuert und ausgewertet. Es werden somit Meßergebnisse als Mittelwerte von großen Luft-Volumina
und langen Meßzeiten erhalten.

Einleitung

Die Moleküle der atmosphärischen Luft sind normalerweise elektrisch neutral. Durch Ionisationsprozesse können jedoch aus ihnen
elektrisch positiv oder negativ geladene Teilchen, die sogenannten Luft-Ionen, entstehen. Verschiedene Ionisierungsprozesse
kommen in Frage:
- Im Freien durch radioaktive Stoffe in der Atmosphäre und
  im Erdboden, durch die UV-Strahlung der Sonne, durch kosmische Strahlung, durch Gasentladungen (Blitze), sowie
  durch Verbrennungen (Motoren, Industrie).
- In geschlossenen Räumen durch radioaktive Stoffe in Bau-
  materialien, durch die kosmische Strahlung, durch glühen-
  de Körper (z.B. Heizung, Beleuchtung), durch offene Flammen,
  usw.

Nach der Ladungstrennung entstehen aus den ionisierten Gasmole-
külen durch Anlagerung von anderen elektrisch neutralen Teilchen (z.B. Hydratration) innerhalb von etwa 10^{-7} s die sogenannten Klein-Ionen, deren Lebensdauern in der Größenordnung von
Minuten liegen. Durch weitere Zusammenlagerungen entstehen dann
Groß-Ionen mit Lebensdauern von Stunden, die jedoch wegen ihrer
großen Massen nur eine geringe Beweglichkeit im elektrischen

Feld haben. Die Luft-Ionen bleiben solange bestehen, bis sie sich bei Zusammenstößen gegenseitig entladen bzw. an leitenden Flächen ihre Ladung abgeben.

Die Luft-Ionen-Konzentration ist großen örtlichen und zeitlichen Schwankungen unterworfen, sowohl im Freien als auch in geschlossenen Räumen, sie beträgt etwa $10^2 - 10^3$ Ionen/cm^3.

Die Beeinflussung von Lebewesen durch die in der Luft vorhandenen Ladungen wird zwar sehr oft behauptet, ist jedoch keineswegs unumstritten /1/.

Meßverfahren

Das allgemein übliche Meßverfahren zur Messung der Luft-Ionen-Konzentration besteht darin, die zu messende Luft durch einen offenen, geladenen Kondensator durchzusaugen und den elektrischen Strom zu messen, der aufgrund der in der Luft vorhandenen freien Ladungen abfließt (Aspirationsverfahren). Dieser Strom liegt in der Größenordnung von 10^{-12} A.

Die Nachteile dieses Meßverfahrens sind im wesentlichen:
 - Aufgrund des schnellen Ansprechens des Meßkreises ergibt sich ein stark schwankendes Meßergebnis, v.a. bei Messungen im Freien bei Wind.
 - Die Messung der Luft-Ionen ist auf das relativ kleine Gebiet der Einsaugöffnung beschränkt. Messungen in einem großen Volumen, z.B. in einem Saal, sind daher sehr aufwendig.

Die Nachteile des Aspirationsverfahrens, vor allem die kleinen zeitlichen und örtlichen Bereiche, die die Meßergebnisse bestimmen, haben dazu geführt, auch ein anderes Meßprinzip heranzuziehen. Stellt man einen elektrisch geladenen Leiter isoliert in freier Luft auf, so verliert er im Lauf der Zeit von selbst seine Ladung (schon 1785 von Coulomb als "Zerstreuung" der Elektrizität beschrieben). Die Ladung des Körpers nimmt entsprechend einem Exponentialgesetz ab:

$$E(t) = E_O \cdot \exp(-at) \qquad\qquad (1),$$

wobei $E(t)$ die Ladung zur Zeit t ist, E_O die Ladung zur Zeit 0, und der Koeffizient a die Entladungsgeschwindigkeit beschreibt. Der Koeffizient a ist durch die Luft-Ionen-Konzentration und eventuelle Leckströme bestimmt. Für a gilt somit die Formel:

$$a = (1/t) \cdot \ln(E_O/E(t)) \qquad\qquad (2).$$

Die Entladung des isolierten Körpers ergibt sich durch die
Hinwanderung von Luft-Ionen der jeweils anderen Polarität und
die Abgabe ihrer Ladung an den geladenen Körper. Eine störende
Entladung über eine mangelhafte Isolation des leitenden Körpers
fällt hierbei umso weniger ins Gewicht, je größer das vom
Körper einbezogene luftionenhaltige Volumen ist.

Als Maß für die Luft-Ionen-Konzentration kann der Koeffizient a
gemäß Gl. 2 genommen werden.

Es wurde ein Meßaufbau zusammengestellt und getestet, der das
beschriebene Entladungsmeßverfahren durchzuführen gestattet (s.
Bild 1).

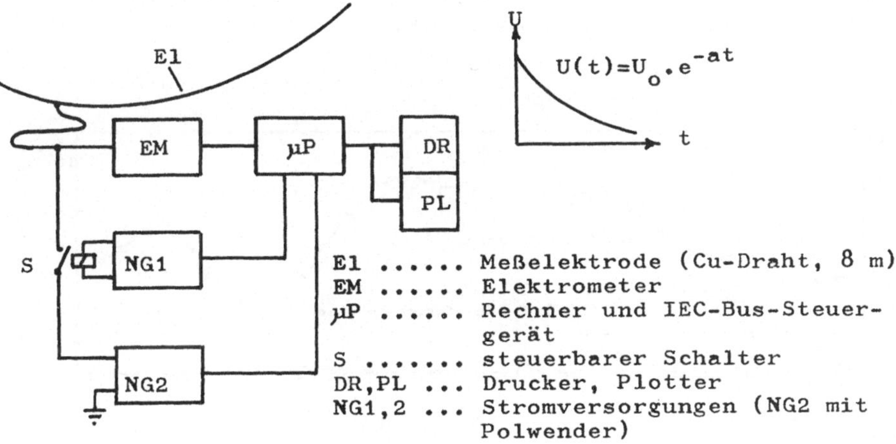

Bild 1: Messung der Entladungsgeschwindigkeit bei Luft-
Ionisation.

Als Meßelektrode wurde ein blanker, 8 m langer Cu-Draht verwendet, der sorgfältig gegen Erde isoliert montiert wurde. Die
Elektrode wurde zu Beginn jedes Meßzyklusses aufgeladen (z.B.
auf 150 V) und ihre Entladung sodann während längerer Zeit hochohmig gemessen.

Der gesamte Meßaufbau war automatisiert (IEC-Bus) und lief nach
den folgenden Schritten ab:
  1. Aufladen der Elektrode mit einer Spannung bis zu 500 V.
  2. Messung der Elektrodenspannung U(t) mittels Elektrometer
     (Eingangswiderstand größer 10^{14} Ohm) in 5-s-Schritten
     während der Zeit T, wobei T wählbar war von 1 Minute bis
     1 Stunde.

3. Berechnen der Ausgleichsgeraden $\ln U(t) = a \cdot t + \ln U_0$
   gemäß der Gl. 2.
4. Abspeichern bzw. Ausdrucken der Uhrzeit und des Wertes
   100.a als Maß für die Luft-Ionen-Konzentration, gegeben
   als prozentuelle Entladung der Elektrode pro Minute.
5. Beginn des gleichen Vorganges für die andere Polarität.

Somit wurde abwechselnd die Entladungsgeschwindigkeit der
Elektrode durch positiv und negativ geladene Luft-Ionen automatisch gemessen und ausgewertet.

Bild 2 zeigt als Beispiel den gemessenen Verlauf der Luft-
Ionisation im Freien (Arsenalgelände, Wien) während 40 Stunden.
Eingezeichnet ist auch die Häufigkeit von atmosphärischen
elektromagnetischen 10-kHz-Impulsen (sog. Sferics), die als
Maß für die Gewitteraktivität dienen.

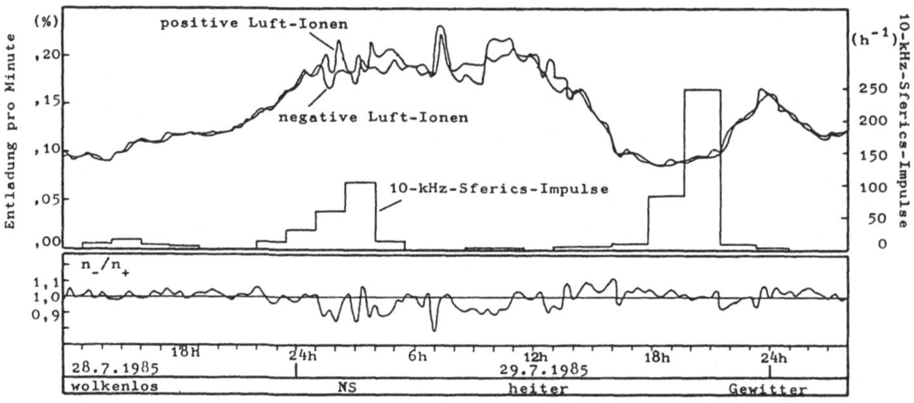

Bild 2: Gemessener Verlauf der Luftionisation, Arsenalgelände, Wien (Beispiel).
Oberer Bildteil: Entladung der Elektrode durch neg. und pos. Luft-Ionen (8 m Cu-Draht,
Meßzeiten jeweils 10 min, 10-kHz-Sferics zum Vergleich, s. Text).
Unterer Bildteil: Errechneter Überschuß der Ladungen einer Polarität.

Literatur:

/1/ König, H.: Unsichtbare Umwelt - Der Mensch im Spielfeld
    elektromagnetischer Kräfte. Moos-Verlag, München, 1975.

/2/ Eichmeier, J.: Eigenschaften und biologische Wirkungen
    atmosphärischer Kleinionen. Umschau 64, 420-422, 1964.

EINBINDUNG VON SENSOR-REGELKREISEN
IN ROBOTERSTEUERUNGEN

H. Schweinzer

VOEST-ALPINE Linz,
Finalindustrie, TLM 4

ZUSAMMENFASSUNG:

In den meisten modernen Robotersteuerungen sind Anschluß-
möglichkeiten für Sensoren vorhanden, die in vorgesehener
Weise Online-Korrekturen der Roboterbahnen auf Grund der
Sensorinformationen bewirken. Darüber hinausgehende Beeinflussungen sind jedoch nicht oder kaum möglich. Die hier
vorgestellte Methode bietet demgegenüber eine modularisierte
Einbindung von Sensoren in die Steuerung: Durch die
Möglichkeit des Aufbaus eigener Sensor-Regelkreise, die im
wesentlichen parallel zur Steuerung angeordnet sind, wird
eine optimale Anpassung an die stark unterschiedlichen
Problemstellungen erreicht.

1.   Sensoren und ihr Einfluß auf Roboterbewegungen

Sensoren dienen bei Robotern hauptsächlich der Bewegungs-
und Ablaufsteuerung. Neben der eigentlichen Bewegungs-
kontrolle, die den Betrieb des Roboters unabhängig von
seinen Arbeitsaufgaben abwickelt, können auch Informationen
über Form und Lage der Werkstücke von Interesse sein.
Verbreitet für diesen Anwendungsfall sind Sensoren zur
Abstandsmessung, zur Messung der vom Roboter auf das
Werkstück ausgeübten Kräfte, sowie Bilderkennungssysteme,
welche Objektlage und -form analysieren.

Sensorinformationen führen im allgemeinen zu einer Modifi-
kation der im Bewegungsprogramm festgelegten Roboterbahn.
Beispiele dafür sind das Verfolgen von Konturen und das
Verfahren mit konstantem Anpreßdruck des Werkzeuges, bei

welchen die theoretisch definierte Bahn durch Abtastung der
realen Werkstückabmessungen durch den Sensor korrigiert
wird, sowie das Greifen von Objekten beliebiger Lage, bei
welchem das relativ zum Objekt formulierte Bewegungsprogramm
mit Berücksichtigung der vermessenen Objektlage in die
absoluten Raumpositionen umgewandelt wird. Darüber hinaus
ist auch die Anpassung der Vorschubgeschwindigkeit auf der
Bahn in manchen Bearbeitungsfällen (z.B. Gußputzen und
Entgraten) notwendig.

In den meisten Robotersteuerungen sind Anschlüsse für
Sensoren zur Bahnkorrektur vorgesehen /1,2/. Üblich sind
binäre und mehrwertig digitale Beeinflussungen, sowie
Korrektursignale als Analogwerte. Die Arten der Korrekturen,
Strukturen und Parameter der Regelkreise sind vorgegeben
oder nur in geringem Masse beeinflußbar.

2. Grundstruktur einer Robotersteuerung

Robotersteuerungen können in zwei prinzipiell unterschiedlichen Arten realisiert werden: als Regelkreis auf der
kartesischen Ebene oder als Steuerung mit unterlagerten
Regelkreisen auf Antriebsebene. Eine Realisierung als
Regelkreis auf kartesischer Ebene ist auf den ersten Blick
etwas einfacher. Die primären Vorgaben erfolgen meist im
kartesischen Raum, sodaß ein inkrementelles, kartesisches
Weiterschreiten relativ einfach durch einen Regelkreis mit
Berücksichtigung der differenziellen Roboterkinematik verfolgt werden kann. Sensoren können in diesem Fall auf
kartesischer Ebene durch Korrekturinkremente wirksam werden.

Die beschriebene Methode hat jedoch auch gravierende
Nachteile. Der Rechenaufwand für die Roboterkinematik
erzwingt eine große Durchlaufzeit durch den Regler, die
abhängig von Betriebszuständen stark schwanken kann. Limi-
tierungen der Geschwindigkeiten und Beschleunigungen der
Roboterachsen sind von der kartesischen Ebene aus nicht
vorhersehbar und führen dazu, daß der Roboter den Vorgaben
des Reglers nicht folgen kann. Schließlich entsteht durch

die Verkoppelung vieler, unterschiedlicher Eigenschaften der Roboterbewegungen in einem gemeinsamen Regelkreis eine schlechte Modularisierbarkeit, die Änderungen im Wege steht.

Aus diesen Gründen ist die im weiteren beschriebene Robotersteuerung als Direkt-Steuerung mit unterlagerten Regelkreisen für die Antriebe realisiert. Die Grundstruktur für einen sechsachsigen Knickarmroboter zeigt Abb. 1. Die Vorgabe der Bewegung erfolgt von der kartesischen Punktvorgabe aus in den darunter liegenden Ebenen absolut. Dazu wird der kartesisch ermittelte Punkt durch die der Roboterkinematik entsprechende Koordinatentransformation in absolute Gelenksstellungen umgerechnet, der Bewegungsvorgang im Hinblick auf zulässige Beschleunigungen und Geschwindigkeiten limitiert und in ausführbare Zwischenpunkte zerlegt. Alle diese zeitaufwendigen Berechnungen laufen in keinem festen Bezug zu irgendeinem Takt, müssen jedoch rechtzeitig vollzogen sein. Die Antriebsregler benützen die Punktvorgaben und realisieren die Motorwege mit einem gemeinsam festgelegten Reglertakt. Vorteile dieser Vorgangsweise liegen in den absoluten Punktvorgaben, der guten Modularisierung der Teilfunktionen und in der optimalen Ausnützung der verfügbaren Rechenzeit. Aufwendiger gestaltet sich jedoch der Einbau eines kartesischen Regelkreises, wie er für Sensoranwendungen notwendig ist. Dieser Aufwand wird jedoch durch die erreichbare Modularität wettgemacht, wie im weiteren gezeigt wird.

3. Sensor-Regelkreise

Sensoren kommen in vielen Einsatzgebieten zur Anwendung. Sie dienen der Bahnverfolgung, der Kontrolle von Annäherungsvorgängen, der Überprüfung der Anwesenheit von Objekten im Arbeitsraum und dem Kollissionsschutz, der externen Positionsbestimmung der Roboterhand, sowie der Objekterkennung und Lagebestimmung. Es gibt eine Vielzahl von Anwendungen, die die sensorgeführte Bahnkorrektur der Roboterbewegung erfordern. Typische Beispiele dafür sind die Bewegung in konstantem Abstand von einer Oberfläche (Ab-

standsmesser nach geometrisch-optischen Verfahren, mit Feld-
oder Laufzeitmessung), die Bewegung entlang einer Werkstück-
Oberfläche mit konstanter Kraftausübung auf das Werkstück
(taktiler Kraft/Momenten-Sensor /3/) und die automatische
Regelung der Vorschubgeschwindigkeit bei einem Bearbeitungs-
vorgang (taktiler Sensor).

Die unterschiedlichen Anwendungen haben einige Gemeinsam-
keiten. Die entstehenden Regelkreise sind meist nichtlinear,
komplex aufgebaut und verkoppelt /4,5/. Aus den Sensor-Meß-
werten muß in Roboterbahn- und -stellungsabhängiger Weise
die Istgröße für den Sensorregelkreis gebildet werden. Dazu
muß gegebenenfalls (z.B. bei Verwendung eines Handwurzel-
sensors zur Kraftmessung) das Eigengewicht des Werkzeugs
stellungsabhängig sowohl in den Kräften, als auch in den
Momenten kompensiert werden. Auch die aus dem Sensorregelkreis entstehenden Korrekturwerte können auf der Roboterbahn
in unterschiedlicher, vordefinierter Weise wirksam werden:
so sind beim Auftreten von Hindernissen im Bearbeitungsvor-
gang sowohl das Reduzieren der Vorschubgeschwindigkeit, als
auch das seitliche Ausweichen von der definierten Bahn
denkbar.

Von wesentlicher Bedeutung ist die Geschwindigkeit, mit der
die Regelung wirksam wird. In Bearbeitungsvorgängen ist die
Vorschubgeschwindigkeit meist langsam, wodurch sinnvolle
Zeitkonstanten für die Regelung möglich werden. Die mit
modernen Robotersteuerungen typisch realisierbaren Zeitkonstanten liegen um 200 msec und darüber. Manche Anwen-
dungsfälle würden jedoch schnellere Sensorkorrekturen erfordern, die im Extremfall bis zur Geschwindigkeit der
Motorregler denkbar wären.

4. Einbindung von Regelkreisen in die Steuerung

Im Kapitel 2 wurde die Grundstruktur der Robotersteuerung
kurz dargestellt. Wesentliche Aspekte für die Erweiterung
der Basissteuerung um Sensorregelkreise sind:
- modularer Aufbau der Sensorregelprogramme,
- Zusatzmoduln ohne Beeinflussung der Grundstruktur,

- Implementierungsmöglichkeiten auf eigenen Computermoduln,
- hohe Taktraten bei entsprechender Computerleistung,
- gute Einbaumöglichkeiten für spezielle Regler neben den
  standardmässigen.

Das Prinzip der um einen Sensorregler erweiterten Robotersteuerung zeigt Abb. 2. Sensorkorrekturen können in zweifacher Weise wirksam werden. "Langsame" Korrekturen werden
der kartesischen Bahnplanung aufgeprägt, die der eigentlichen Roboterbewegung natürlich zeitlich voraus ist. Damit
ist eine größere Totzeit vor der eigentlichen Regelstrecke
gegeben. "Schnelle" Korrekturen werden demgegenüber direkt
auf die Ebene der Motorregler wirksam und weisen eine
wesentlich geringere Totzeit auf. Der kartesische Korrektur-
vektor wird dazu mit Hilfe der inversen Jacobimatrix direkt
in die Korrekturwerte für die Gelenksstellungen umgerechnet.
Die inverse Jacobimatrix ist die differenzielle Koordinatentransformation im "Arbeitspunkt" des Roboters, die natürlich
nur im begrenzten Umfeld vom Arbeitspunkt und bei ausreichend kleinen Korrekturen anwendbar ist.

Entscheidend für schnelle, differenzielle Korrekturen ist
die Trennung der Anwendung von Transformationsmatrizen beim
Regelvorgang von der Bildung dieser Matrizen im asynchronen
Hintergrundprogramm. Wie bereits kurz erwähnt, müssen
Sensor-Meßwerte ggf. stellungsabhängig kompensiert werden,
weiters werden der oder die Sensor-Istwerte durch eine
problem- und bahnabhängige Transformation gewonnen. Die vom
Regler gelieferte Stellgröße wird in einer berechneten,
kartesischen Korrekturrichtung wirksam, die schließlich in
die Gelenkskorrekturen umgerechnet wird. Alle diese Trans-
formationen sind arbeitspunktabhängig. Die Vorteile des
differenziellen Ansatzes sind:
- Berechnung und Anwendung von Transformationsalgorithmen
  können asynchron zueinander erfolgen,
- entsprechend der Roboter-Bahngeschwindigkeit sowie der
  erforderlichen Genauigkeit kann die Häufigkeit der
  Berechnung der aktuellen Transformationsalgorithmen
  wesentlich geringer sein als ihre Anwendung im Regelvorgang,

- der Sensor-Regelkreis ist ein unabhängiger, paralleler Programmzyklus, der mit der Robotersteuerung nur über die bereitgestellten, aktuellen Transformationsalgorithmen und die gebildeten Korrekturgrößen kommuniziert. Er eignet sich daher auch gut für die Implementierung auf einem eigenen Computermodul.
- Sensor-Regelkreise können schließlich asynchron zu den Motorreglern oder synchron mit diesen in einem ganzzähligen Vielfachen des Motorreglertaktes laufen.

Abschließend soll kurz die Steuerungshardware erwähnt werden. Die Robotersteuerung ist auf Basis des Multi-Mikrocomputersystems VAMPIX realisiert. Die eingesetzten Computermoduln benützen die Prozessoren Intel 8086 und 8087. Die Anzahl der für die Roboter-Bewegungssteuerung verwendeten Computermoduln ist konfigurierbar und richtet sich nach den erforderlichen Leistungsmerkmalen der Robotersteuerung.

Literatur

1. Hesselbach, J.: Steuerungssysteme für Industrieroboter. In: Fachtagung Prozeßrechner 84 (Trauboth, H. u. Jäschke, A., Hrsg.), S 469-478. Informatik-Fachberichte 86. Berlin-Heidelberg-New York-Tokyo: Springer. 1984.
2. N.N.: Robot Control M, RCM2, Produktbeschreibung. Siemens AG. 1983.
3. Schott, J.: Tactile Sensor with Decentralized Signal Conditioning. 9th IMEKO World Congress. Berlin, May 1982.
4. Hirzinger, G.: Direct Digital Robot Control Using A Force-Torque-Sensor. IFAC Symposium on Real Time Digital Control Applications. Guadalajara, Mexico, Jan. 1983.
5. Plank, G., Hirzinger, G.: Controlling A Robot's Motion Speed By A Force-Torque-Sensor For Deburring Problems. 4th IFAC-IFIP Symposium on Information Control Problems in Manufacturing Technology. Gaithersburg, Maryland, USA, Oktober 1982.

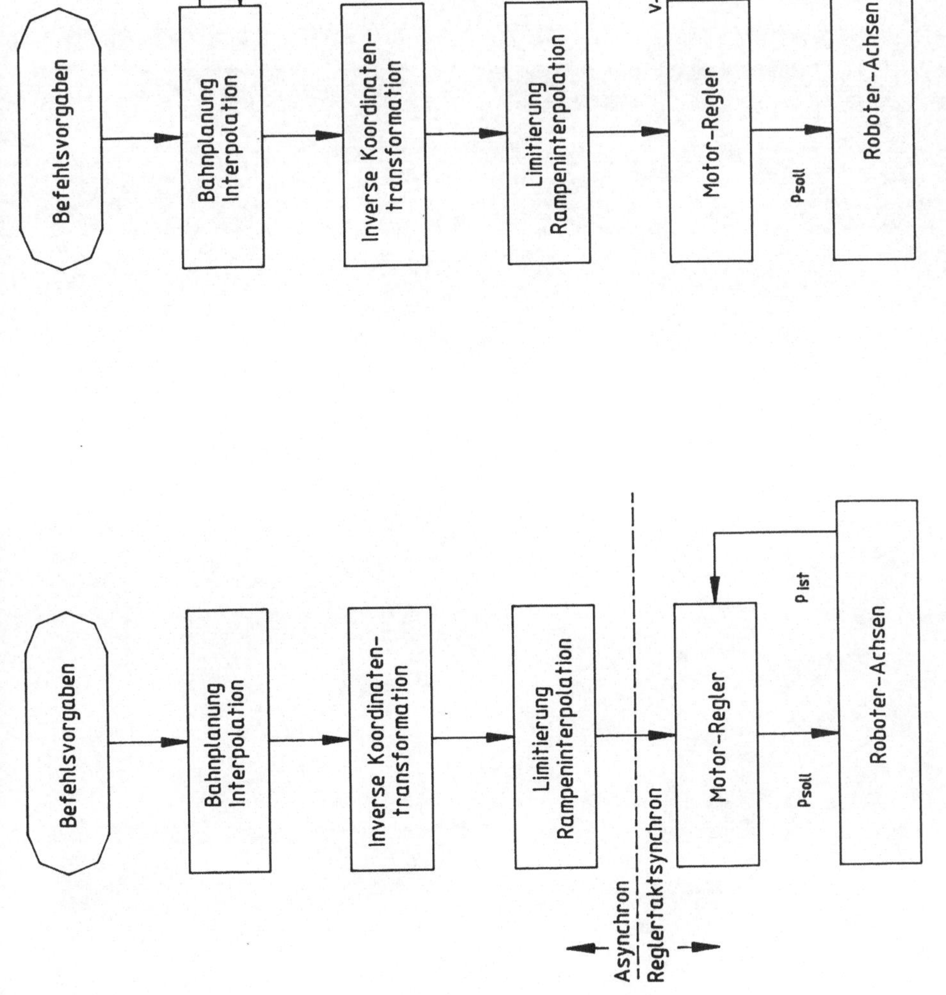

Abb. 2. Einbindung von Sensorregelkreisen in die Robotersteuerung

Abb. 1. Grundstruktur einer Robotersteuerung

SIEMENS
We are competent
in components…

8. Themenkreis

ANWENDUNG IN DER VERKEHRSTECHNIK

Leitung:

Hofrat Dipl.-Ing. Dr. A. Sethy

VIDEOPULT - EINE MICROPROZESSORGESTEUERTE MENSCH/MASCHINE-
SCHNITTSTELLE FÜR DIE EISENBAHNSICHERUNGSTECHNIK

H. Steinbrecher

ITT Austria GesmbH, Wien
Abteilung für Failsafe und Prozeßsteuerung

ZUSAMMENFASSUNG:

Das Videopult ist ein System für die Bedienung der sicherungs-
technischen Einrichtungen sowie zur Betriebsführung eines Bahnhofes. Das System hat den Zweck, alle Aufgaben, die in einem
größeren Bahnhof für die zahlreichen Zugsfahrten und den Ver-
schubbetrieb im Stellwerk ausgeführt werden müssen, zu vereinfachen und möglichst sinnfällig zu gestalten.

In großen, modernen Stellwerken ist für die Anzeige von Weichen,
Signalen, Gleisen und Zugnummern und deren Betätigung eine Panoramatafel vorhanden. Die Bedienung des Stellwerkes erfolgt
in der Regel jedoch nicht durch die Tasten auf der Panoramatafel, sondern durch ein sogenanntes Nummernstellpult vom Arbeitsplatz des Fahrdienstleiters aus. Im Prinzip wird jeder
Taste auf der Panoramatafel eine dreistellige Nummer zugeordnet; diese Nummern werden nach Bedarf eingewählt und über einige
Funktionstasten am Nummernstellpult an das Stellwerk abgesetzt.

Das Videopult-System wurde als Alternative zum konventionellen
Nummernstellpult entwickelt, wobei vor allem die Mensch-Maschine-
Kommunikation in den Mittelpunkt der Entwicklung gestellt wurde.

Die Betriebsführung eines Bahnhofes soll durch das Videopult-
System unterstützt werden. Der Bedienende steht nach wie vor
als Entscheidungsträger vor allem für komplexe Entscheidungen

im Mittelpunkt, jedoch sollen menschliche Irrtümer durch technische Unterstützung weitgehendst verhindert werden.

Beim Videopult-System wird die Gleislage eines Bahnhofes auf einem oder mehreren Bildschirmen dargestellt, wobei die gewählten Fahrstraßen, die Stellung der Weichen und der Signale sowie die besetzten Gleisabschnitte erkennbar sind. Außerdem werden entsprechend dem Zugsverkehr Zugnummern im Bahnhofsbild angezeigt.

Der Symbolik für die Darstellung auf den Bildschirmen wurde besonderes Augenmerk geschenkt. Grundsätzlich wurde eine assoziative Bildwirkung mit einfach und schnell erfaßbaren Symbolen angestrebt. So wird z.B. ein in Stellung Halt befindliches Hauptsignal durch einen roten Balken und ein in Freistellung befindliches Hauptsignal mit einem grünen Pfeil dargestellt.

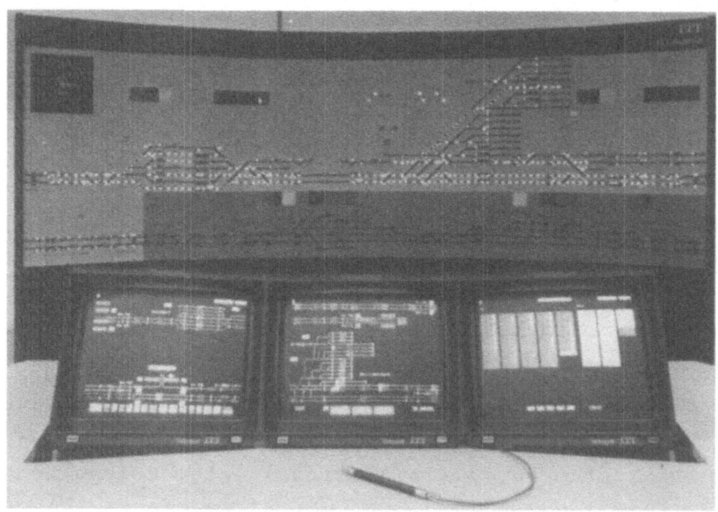

Die Befehlseingabe erfolgt mittels Lichtgriffel direkt auf dem Bildschirm. Es ist keine alphanumerische Eingabe und keine Bedienführersprache notwendig. Die Eingabe ist assoziativ, wo-

durch die Möglichkeit von Irrtümern erheblich reduziert und der
Bedienende von Routinearbeit entlastet wird.

Zusätzlich ist eine Zehnertastatur mit Funktionstasten und nu-
merischer Anzeige vorgesehen, um einerseits Zugnummern einge-
ben zu können und andererseits im Falle eines Ausfalles von
Monitor oder Prozeßvideosystem eine Rückfallebene mit Funktionen
des Nummernstellpultes zur Verfügung zu haben.

Das Videopult-System ist mit Microrechnern der bei ITT Austria
entwickelten Bauart ITT 0802 aufgebaut.

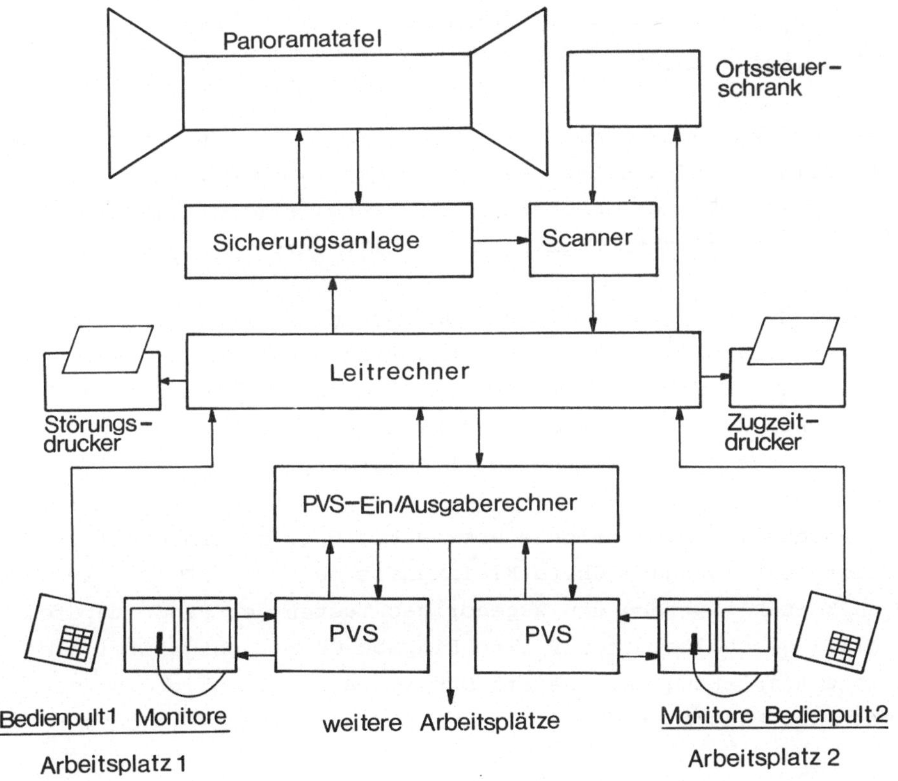

**Videopult
Blockschaltbild**

Ein Scanner, der alle Meldeeingänge zyklisch abfrägt, ist an
der Schnittstelle Sicherungsanlage/Panoramatafel angeschlossen.
Für die Abtastung werden je nach Verfügbarkeit Kontakte aus dem
Stellwerk oder Lämpchen der Panoramatafel über entsprechende
Interfaces verwendet. Durch diese Flexibilität an den Abtast-
punkten ist der Anschluß des Videopultes an jede Art von tech-
nischen Einrichtungen möglich. Ein Scannerrechner kann 1400
Meldeeingänge verarbeiten, wobei bei einer höheren Zahl von
Meldeeingängen mehrere Scannerrechner eingesetzt werden können.

Die vom Scanner aufbereitete Information wird an den Leitrechner
weitergegeben, in dem sämtliche feste und veränderliche Daten
der angeschlossenen Einrichtungen abgelegt sind. Die für die
Darstellung auf den Monitoren wesentlichen Daten werden über
den PVS-Ein/Ausgaberechner seriell an das Prozeßvideosystem
(PVS) weitergeleitet.

Dieses Prozeßvideosystem ist ein semigrafisches System mit 2048
Rasterfeldern und 256 frei definierbaren Symbolen. Die Prozeß-
bilder selbst können im übrigen mit diesem System relativ schnell
und leicht mittels Lichtgriffel erstellt werden.

Vom Prozeßvideosystem empfängt nun der Leitrechner andererseits
jene Befehle, die durch den Lichtgriffel ausgelöst werden. Die
Befehlseingabe durch den Lichtgriffel erfolgt so, daß durch
das Drücken des Griffels auf die Bildröhre ein Kontakt betätigt
wird, der das optische Auge des Lichtgriffels einschaltet.

Die Ausgabe der Stellbefehle vom Leitrechner an das Stellwerk
erfolgt über zwangsgeführte Kleinrelais der Type ITT Relais 65E.
Deren Kontakte werden den zugehörigen Tasten der Panoramatafel
parallel geschaltet, sodaß eine Eingabe über Lichtgriffel die
gleiche Auswirkung hat wie ein Drücken auf die entsprechenden
Tasten der Panoramatafel.

Über serielle Schnittstellen erfolgt die Steuerung von Druckern,
auf denen die Zugsfahrten (Zugzeitdrucker) und Störmeldungen
der Sicherungsanlage (Störungsdrucker) protokolliert werden.
Auf den Monitoren werden außerdem Störzustände von Bahnhofs-

elementen (z.B. Weichen) entsprechend dargestellt. Dies dient
vor allem einer gezielten Störungsbehebung im Stellwerk.

Die äußerst aufwendige Software für das gesamte Videopult-System
wurde in CHILL erstellt. CHILL ist eine CCITT-genormte Echtzeit-
programmiersprache für prozessorgesteuerte Systeme.

Von großer Bedeutung beim Videopult-System ist auch die Gestaltung der Arbeitsplätze. Dabei wurde größtes Gewicht auf ergo-
nomische Gesichtspunkte gelegt und sämtliche behördlichen und
medizinischen Vorschriften und Richtlinien berücksichtigt. Gerade die Gestaltung des Arbeitsplatzes ist ein wesentliches
Element um die Akzeptanz des Bedienpersonals für ein solches
System zu erreichen.

Im Videopult-System sind auch zusätzliche Leistungspakete für
die Betriebsführung eines Bahnhofes realisiert. An Leistungs-
paketen sind u.a. Betriebsführungssysteme für die Speicherung
von Verschubfahrstraßen und deren automatischer Einstellung,
für die Bildung von Zugnummern und deren automatischer Fort-
schaltung, für die programmierbare, automatische Fahrstraßen-
einstellung durch den Zug, für die Steuerung des Fahrleitungs-
netzes eines Bahnhofes sowie die automatische, sicher über-
wachte Registrierung der Zugsbewegungen in Verbindung mit den
Nachbarbahnhöfen (automatisches Zugmeldeverfahren) realisiert.

Das Videopult-System ist ein microcomputergesteuertes, integriertes Betriebsführungssystem für das Bahnhofsmanagement, daß
die überaus strengen signaltechnischen Sicherheitsanforderungen
des Bahnbetriebes erfüllt. Es ist bereits in den Bahnhöfen Wolfurt, Kufstein und Heiligenstadt in Betrieb und für die Bedienung des in Bau befindlichen Zentralstellwerkes Linz Haupt-
bahnhof vorgesehen.

FERNWIRKSYSTEM INNERHALB DER "RECHNERGESTÜTZTEN ZUGÜBER-
WACHUNG SCHNELLBAHN WIEN" BEI DEN ÖBB

A. Graßl, H. Schlegl

Österreichische Bundesbahnen, Generaldirektion, Bau- und
Elektrotechnische Direktion, Abteilung VI/10 - Fernmeldedienst

ZUSAMMENFASSUNG

Innerhalb des Systems der "Rechnergestützten Zugüberwachung
Schnellbahn Wien" (RZÜ S-Bahn Wien) ist für die Funktion der
Lautsprecheranlagen sowie für die Überwachung von technischen
Einrichtungen der RZÜ S-Bahn Wien ein Fernwirksystem erforder-
lich, dessen Aufgabenstellung und Funktionsweise beschrieben
wird.

Aufgabenstellung
Die Aufgabenstellung der RZÜ S-Bahn Wien umfaßt folgende Ge-
biete:
- Sammlung, Übertragung und Aufbereitung der Daten über den
  Zugverkehr als Information und Dispositionsgrundlage für den
  Disponenten
- Information der Reisenden bzgl. der Zugziele und betrieblicher
  Störungen
- Kommunikationsmöglichkeit des Disponenten mit den Fahrdienst-
  leitern, Triebfahrzeug- und Zugführern.

Information über den Zugverkehr
In einer Zentrale wird dem Disponenten das Verkehrsgeschehen des
gesamten Überwachungsbereiches in Form von Streckenspiegel und
Bildfahrplan (Zeit-Weg-Linie) auf Farbmonitoren dargestellt so-
wie ein Soll/Ist-Vergleich bzgl. des Fahrplanes durchgeführt.
Der Streckenspiegel enthält ein stilisiertes Gleisbild. Die Zug-

standorte sind durch die Angabe der Zugnummer, der eventuell
eine Planabweichung hinzugefügt ist, gekennzeichnet. Im Bildfahrplan wird jede Zugfahrt als Zeit-Weg-Linie dargestellt. Die
senkrechte Achse enthält die Zeit-, die waagrechte die Ortsan-
gaben. Vergangenheit (Ist-Bereich) und Zukunft (Soll-Bereich)
sind ober- bzw. unterhalb der Zeitnullinie, die sich üblicherweise in der Bildmitte befindet, angegeben. Die Sollinien werden
nahtlos an die Istlinien angehängt, sodaß der Disponent allfällige in der Zukunft entstehende Konfliktsituationen frühzeitig
erkennen kann.

Während der Bildfahrplan nur in der Zentrale dargestellt wird,
wird der Streckenspiegel sowohl in der Zentrale für den Disponenten als auch in den Zentralstellwerken des Überwachungsbereiches (ca.160 km Streckenlänge) für die jeweiligen Fahrdienstleiter angezeigt.

Information der Reisenden
In dem Bereich der Wiener S-Bahn existiert ein sehr gemischter
Verkehr (Personen- und Güterverkehr) mit verschiedenen Schnell-
bahnlinien. Die Information der Reisenden ist daher auch bei
planmäßigem Verkehr eine wesentliche Aufgabe, gewinnt aber noch
an zusätzlicher Bedeutung bei betrieblichen Unregelmäßigkeiten
und Störungen.

Die Information der Reisenden umfaßt:
- Anzeige des Zieles der nächsten Zugfahrt auf Bahnsteiganzei-
  gern mit Angabe der Linienbezeichnung und etwaiger Zusatzin-
  formation wie Zugteilung und Einfachgarnitur.
- Ansage der Einfahrt eines Zuges mit Angabe des Gleises und des
  Zugzieles:
  "Achtung Gleis 1, Zug nach Gänserndorf fährt ein!",
- Ankündigung der bevorstehenden Abfahrt eines Zuges:
  "Achtung Gleis 1, Zug fährt ab!",
- Möglichkeit der Fernbesprechung der Lautsprecher einer Halte-
  stelle von den benachbarten Zentralstellwerken sowie von der
  Zentrale,
- Anzeige einer einheitlichen Uhrzeit,
- Periodische Ansage von betrieblichen Unregelmäßigkeiten ge-
  koppelt mit entsprechenden Leuchttransparenten bei den Stie-
  genaufgängen:
          "Mit Verspätung ist zu rechnen",

"Züge Richtung Floridsdorf fahren vom

gegenüberliegenden Gleis ab"

"Benützen Sie andere Verkehrsmittel"

Neben der Information der Reisenden werden bestimmte Haltestel-
leneinrichtungen, wie Fahrkartenautomaten, Beleuchtung, Roll-
treppen u.ä.m. laufend überwacht und Unregelmäßigkeiten an bestimmte Stellen gemeldet.

Kommunikationsmöglichkeiten

Der Disponent hat die Möglichkeit direkt jeden Fahrdienstleiter
ebenso wie die Triebfahrzeugführer innerhalb des gesamten Überwachungsbereiches zu rufen. Er kann weiters Rufe zu den einzelnen Bahnsteigfernsprechkästen absetzen und so die Zugführer der
in den Haltestellen haltenden Züge erreichen.

Systemlösung für die Lautsprecheranlage

Zu den Informationsanlagen der Wiener S-Bahnen gehört eine umfangreiche Lautsprecheranlage. Dabei kann ein Lautsprecherkreis
einer Haltestelle von folgenden Sprechstellen besprochen werden:
- automatische zuggesteuerte Tonbandanlage
- automatisches Störungsansagegerät
- Fernbesprechung von der Verkehrslenkzentrale
- örtliche Besprechung von Fahrdienstleitung (Bahnhof) oder
  Kassa (Haltestelle)
- örtliche Besprechung vom Bahnsteig
Die verschiedenen Sprechstellen haben unterschiedliche Priorität und es kann daher zu Unterbrechungen laufender Durchsagen
kommen. Um einen geordneten Betrieb insbesondere der Fernbesprechung mit Belegtsignalisierung der LS-Kreise und Signalisierung von Unterbrechungen zu ermöglichen wurde zur Unterstützung ein Fernwirksystem (FWS) vorgesehen. Dieses meldet die Be-
legtzustände und Unterbrechungen zur Verkehrslenkzentrale und
den Zentralstellwerken.
Nachdem die Aufgabenstellung für dieses System gegeben war,
wurde es für weitere Anwendungen herangezogen:
- Meldung von Störungen verschiedenster Komponenten der gesamten Fernmeldeanlagen in den Haltestellen und Zentralstellwerken an eine zentrale Entstöriungsstelle
- Meldungen fremder Dienste (Überwachung, Stromversorgung und
  Beleuchtung des Elektrodienstes, Überwachung der Fahrschein-

automaten des Sicherungsdienstes) werden selektiv an Meldestel-
len des Elektro- bzw. Sicherungsdienstes ausgegeben
- für eine Fernsprech-Gesellschaftsleitung über alle Bahnstei-
ge zur Verkehrslenkzentrale wird der Selektivruf in beiden
Richtungen über das FWS betrieben
- ein optischer und akustischer Störungshinweis für die Reisenden (4 Texte können mit beleuchtbaren "Transparenten" angezeigt bzw. gleichlautend in 2 wählbaren Zyklen über die
Lautsprecheranlage ausgegeben werden) kann von der Verkehrslenkzentrale über das FWS in allen Haltestellen aktiviert
werden.

Funktion des Fernwirksystemes
An die in der Verkehrslenkzentrale aufgebaute FWS-Zentrale sind
über Gesellschaftsleitungen die in den Haltestellen bzw. Zentralstellwerken untergebrachten FWS-Unterstationen angeschlossen. Dabei sind an eine Zweidrahtverbindung die Unterstationen
hochohmig angestaffelt, die Übertragung der Informationen erfolgt mit 600 bit/s. Die Prozedur entspricht der im gesamten
RZÜ-Komplex angewandten PIPS die wohl die anfallenden Übertra-
gungszeiten verlängert, dafür aber u.a. den Vorteil der Prüf-
möglichkeit mit einfachen Mitteln (Bildschirmterminal, direkter
Ausdruck der Telegramme im Klartext) bietet.
Die einzelnen Unterstationen sind identisch, die Identität wird
durch 2 stelligen Daumenradschalter eingestellt. Von der Zentrale her wird zyklisch abgefragt, Antworttelegramme werden nur
bei Meldungsänderungen gegeben, ansonsten wird nur formal quittiert. Die in der Unterstation über eine Parallelschnittstelle
übernommenen Meldungen (dzt. 40 vorgesehen) werden in Vierer-
gruppen in ASCII-Zeichen verpackt; bei Änderung einer Meldung
wird das betr. Zeichen mit Kennung der jeweiligen Vierergruppe
übertragen (nicht das Gesamttelegramm mit allen 40 Meldungen!).
Von der Zentrale gegebene Befehle werden in Parallelinformati-
onen umgesetzt und an die örtlichen Einrichtungen weitergegeben (dzt. 28 Befehle).
Die Zentrale ist für 4 Linien ausgebaut, wobei für die S-Bahn
im Hinblick auf die Reduzierung der Zykluszeit eine Teilung auf
2 Linien erfolgte. Je Linie sind 12 Unterstationen angeschlossen, als durchschnittliche Zykluszeit kann 2 sec. angenommen
werden.

Die FWS-Zentrale ist über eine V 24-Schnittstelle mit einer Mikroprozessor-Lautsprecherzentrale verbunden, mit der die Meldungen und Befehle des FWS getauscht werden. Ferner bestehen V 24-Anschlüsse für Protokolldrucker, Uhr- und Prüfterminal. Eine Besonderheit ist die Übertragung von Belegtzuständen und Unterbrechungssignalisierungen für die Fernbesprechung von den Zentralstellwerken aus. Da sämtliche Meldungen von den Unterstationen zur Zentrale laufen, wird der Belegtzustand bzw. die Unterbrechungssignalisierung bei Fernbesprechung eines Zentralstellwerkes, die als Meldung der betreffenden Haltestelle an die Zentrale ging, als Befehl an das Zentralstellwerk weitergegeben.

HEISSLÄUFERMELDEANLAGEN BEI DEN ÖBB

H. Schlegl

Österreichische Bundesbahnen, Generaldirektion, Bau- und
Elektrotechnische Direktion, Abteilung VI/10 – Fernmeldedienst

ZUSAMMENFASSUNG:

Die Abteilung für Fernmeldewesen der ÖBB ist für die Errichtung, Erneuerung und Erhaltung von Fernmeldeeinrichtungen zuständig; Heißläufermeldeanlagen sind Spezialeinrichtungen die
in dieses Aufgabengebiet fallen.

1. Allgemeines

Im Eisenbahnbau sind Radlager in der Regel als außen liegen-
de Rollenlager ausgebildet. Sie sind wartungsfrei und erreichen
Laufleistungen von vielen hunderttausend Kilometern. Fallweise
treten Lagerschäden durch Überbeanspruchung wie Überladung und
Flachstellen oder durch mangelnde Schmierfähigkeit des Fettes
durch Überhitzung oder Verunreinigung auf. Folge derartiger
Schäden sind bei schnellfahrenden Fahrzeugen oder bei hohen
Achslasten ein Bruch des Achszapfens und die Entgleisung der
Wagen. Daher müssen schadhafte Lager möglichst frühzeitig auf-
gespürt und die Wagen ausgestellt werden. Eine Möglichkeit hiezu ist die Messung der Lagertemperaturen vorbeifahrender Züge
durch ortsfeste Heißläufermeldeanlagen.
Bei den ÖBB ist der Aufbau derartiger Anlagen auf allen bedeutenden Strecken in einem Abstand von 50 km beabsichtigt,
wobei die West- und Südbahn zum größten Teil ausgerüstet sind.

2. Systembeschreibung

Die Heißläufermeldeanlage besteht aus einer Außenanlage die auf
freier Strecke aufgebaut wird und einer Stellwerksanlage, über
die ev. Alarmfälle im nachgelegenen Bahnhof signalisiert werden.
Die Entfernung Außenanlage-Stellwerksanlage muß so groß sein,
daß das Anhalten eines mit Streckenhöchstgeschwindigkeit fahr-
enden Zuges mit einem Heißläufer auf der letzten Achse mittels
Sicherungsanlage vor dem Bahnhof möglich ist.
Die Außenanlage umfaßt zwei elektronische Schienenkontakte zur
Einschaltung der Anlage und Festlegung des Meßzeitpunktes, 2
Infrarot-Detektoren für die eigentliche Temperaturmessung und
eine in einem Schalthaus untergebrachte Schienenelektronik zur
Auswertung der Kriterien der Detektoren und Schienenkontakte
und Übertragung einer entsprechenden Information zum Bahnhof.
Die Stellwerksanlage interpretiert die übertragene Information
und bringt sie optisch und akustisch zur Anzeige.

3. Anlagenkomponenten
3.1. Außenanlage
3.1.1. Schienenkontakte

Der doppelte elektronische Schienenkontakt DEK wird direkt an
die Schiene geschraubt und enthält 2 Sendespulen (in Serie geschaltet) und 2 Empfangsspulen. Von einem zugehörigen Anschluß-
gehäuse wird eine Wechselspannung von 9,8 kHz in die Sendespulen eingespeist. Ein Wechselfeld dieser Frequenz dringt nur
gering in die Schiene ein. Die induzierten Wirbelströme wirken
sich überwiegend in der Schienenoberfläche aus. Befährt ein Rad
den Schienenkontakt, so bewirken Radreifen und Spurkranz eine
festere Kopplung und die Empfangsspannung steigt auf die 1,8
fache Ruhespannung oder höher. Die Empfangsspannungen werden
jeweils gleichgerichtet und spannungsgeregelten Multivibratoren
zugeführt, die bei Ruhespannung konstant schwingen (3,85 kHz u.
6,74 kHz); diese Grundschwingung gelangt über entsprechende
Bandpässe zu einer Auswerteschaltung. Erhöht sich die Empfangsspannung, ändert sich analog die betr. Frequenz wobei ab dem
1,4 fachen die oberen Bandgrenzen erreicht sind und somit ein
entspr. Kriterium für die Auswertung gegeben ist. Die beiden
Empfangsspulen geben somit 2 charakteristische Impulse die zur
Erkennung der Fahrtrichtung, Zählung der Achsen und Ausbildung

eines "Meßfensters" ("Meßkontakt" ist fluchtend mit Detektoren montiert) benutzt werden.

3.1.2. Detektoren

Auf beiden Schienen wird am Schienenfuß ein IR-Detektor montiert, der senkrecht von unten nach oben die Temperatur mißt. Die IR-Strahlung wird über einen rotierenden Umlenkspiegel, ein IR-Objektiv, einen Modulator und eine optische Transformation auf den Detektor geleitet. Der Detektor besteht aus Cadmium - Quecksilber - Tellurid für das Infrarotband von 3 bis 5 μM Wellenlänge. Zur Erreichung eines möglichst hohen Wirkungsgrades wird er auf ca. - 30 Grad Celsius mittels Peltier - Element gekühlt und ist so für die IR - Strahlung hochempfindlich, schnell und ändert kaum seine spez. Eigenschaften. In dieser Wellenlänge ist die Atmosphäre transparent, d.h. unbeeinflußt durch Dunst oder Nebel. Die IR-Strahlung wird mit einer Frequenz von 3000 Hz moduliert. Die Finnen des Modulators sind gegen den Detektor verspiegelt und geben damit einen konstanten thermischen Referenzwert in der Größe der Kühltemperatur (- 30 Grad Celsius). Die Modulationsfrequenz von 3kHz läßt eine sichere Messung bei Zuggeschwindigkeiten von 1 bis max. 250 km/h zu. Eine Achsbreite von ca. 15 cm führt bei höchster Geschwindigkeit zu ca. 7 Einzelmessungen. Ein unmittelbar nach dem Meßelement angeordneter Operationsverstärker hebt das Meßsignal von einigen μV auf ca. 20 Vss bei 140 Grad Celsius an. Die Gußgehäuse werden ab ca. + 15 Grad Celsius geheizt, die Meßöffnung ist im Ruhezustand abgedeckt. Beim Befahren des ersten Schienenkontaktes wird die Meßöffnung geöffnet, der Umlenkspiegel gestartet und der Modulator eingeschaltet.

3.1.3. Schienenelektronik

In der in einem Schalthaus aufgestellten Schienenelektronik - "Koffer" mit 3 Baugruppenträgern - werden die Informationen der Schienenkontakte, Detektoren und eines Außentemperaturfühlers (Referenzwert für gemessene Lagertemperatur) verarbeitet, bewertet und in Telegrammform an die Stellwerksanlage weitergeleitet. Die wesentlichsten Funktionen sind:

- Zählung der Achsen von den Schienenkontakten her, Prüfung

auf Gleichstand ein- und auslaufende Achsen, Speicherung der
Achsnummer bei der eine überhöhte Temperatur festgestellt
wurde.

- Linearisierung der Meßsignale der Detektoren, Überprüfung ob
  die auf Komperatoren für bestimmte Temperaturen vorgesehenen
  Spannungen überschritten werden und wenn ja Speicherung. Dabei werden 2 Schwellen für "Warm" und "Heiß" vorgegeben, die
  in unterschiedlicher Höhe zwischen den beiden Lagern einer
  Achse bzw. von jedem Lager gegen Umgebungstemperatur verglichen werden.

Die Alarme sind in der Regel bei folgenden Temperaturen eingestellt:

- Differenz "Warm" .... 40° C
- Absolut "Warm" .... 65° C
- Differenz "Heiß" .... 60° C
- Absolut "Heiß" .... 100° C

Bei Auftreten eines Alarmes wird sofort ein "Spontanalarm" an
die Stellwerkseinrichtung gesandt der nur aussagt ob "Warmalarm" oder "Heißalarm", erst nach Durchfahrt der letzten
Achse wird die komplette Information mit Angabe der Alarmge-
samtzahl (max. 6), betreffende Achsnummer und ob links oder
rechts übermittelt.

Das Telegramm wird seriell mit 3 Frequenzen übertragen, die
"Start" bzw. "High" oder "Low" der mit 24 Bits übertragenen
Information kennzeichnen.

3.1.4. Festbremszusatz

Eine weitere Schadensquelle bei Zügen sind schadhafte Bremsen
die zur Überhitzung von Radreifen und im Extremfall zum Lösen
derselben führen, weiters zur Ausbildung von Flachstellen und
Bildung von Härtestellen, die wieder Ausgangspunkt von Härte-
rissen sein können. Es wurde daher in die Heißläufermeldeanlage ein sogenannter Festbremszusatz integriert, der aus einem
unabhängigen Detektor besteht, welcher die Temperatur der Radreifen mißt. Die Alarmschwellen sind für "Warmalarm" ca. 200° C,
für "Heißalarm ca. 400° C. Die Verarbeitung der Signale und
Übermittlung an den Bahnhof erfolgt im Rahmen der Heißläufermeldeanlage.

3.2. Stellwerksanlage

3.2.1. Stellwerkselektronik

Die Stellwerkselektronik empfängt die Tf-Signale der Telegramme, verarbeitet, überprüft und interpretiert sie. Sie leitet sie weiter an die Anzeige- und Bedieneinheit.

3.2.2. Anzeige und Bedieneinheit

Auf Leuchttasten bzw. Hupen wird optisch und akustisch der jeweilige "Spontanalarm" signalisiert. Der betr. Bedienstete hat im Alarmfalle daraufhin den Zug anzuhalten und zwar bei "Heißalarm" sofort vor dem Bahnhof, bei "Warmalarm" im Bahnhof. Nach Durchfahrt der letzten Achse wird auf einem Display angezeigt auf welcher Achse der Alarm war, ob links oder rechts und wieviele Alarme insgesamt.

RECHNERGESTÜTZTE BEDIENUNG
VON EISENBAHNSICHERUNGSANLAGEN

K. Schmidt

Österreichische Bundesbahnen
Bau- und Elektrotechnische Direktion
Abt. VI/9, Sicherungsdienst

ZUSAMMENFASSUNG:

Die zur planmäßigen und sicheren Abwicklung des Zugsverkehrs
notwendigen Elemente (wie z.B. Weichen, Signale, etc.) werden
zentral von Stellwerken aus überwacht und gesteuert. Für die
Bedienung großer Stellwerke wurde von der Fa. ITT-Austria in
enger Zusammenarbeit mit den ÖBB ein modernes Bediengerät, das
"Videopult", entwickelt.

Die sichere Abwicklung des Zugsverkehres wird durch Eisenbahnsicherungsanlagen, die sehr hohen Anforderungen bezüglich
Sicherheit und Zuverlässigkeit genügen müssen, gewährleistet.
Aus diesem Grund werden Sicherungsanlagen auch derzeit noch
mit speziell ausgeführten Relais aufgebaut. In Randbereichen,
an die keine derart hohen Sicherheitsansprüche gestellt werden, zeichnet sich jedoch der Durchbruch der Elektronik und
im Speziellen der Mikrocomputertechnik ab.

Bei großen modernen Stellwerken steht zur Steuerung und Überwachung des Verkehrsgeschehens eine Panoramatafel in Mosaik-
technik zur Verfügung. Die Bedienung der Sicherungsanlage erfolgt in der Regel jedoch nicht durch die auf dieser Tafel angeordneten Bedienelemente, sondern mittels zusätzlicher Be-
dieneinrichtungen, die sich am Arbeitsplatz des Bedieners befinden.

Als dzt. modernstes Bediengerät ist nunmehr das, von der Fa.
ITT-Austria gemeinsam mit den ÖBB entwickelte, "Videopult" in
den Bahnhöfen Heiligenstadt, Kufstein und Wolfurt im Einsatz.

1. Aufgabe des Videopultes:

Das Videopult dient in erster Linie zur Bedienung der siche-
rungstechnischen Einrichtungen eines Stellwerkes vom Arbeitsplatz des Bedieners aus. Die Bedienung erfolgt dabei mittels
eines Lichtstiftes auf einem oder mehreren Farbsichtgeräten,
auf denen der Anlagenzustand entsprechend der geografischen
Anordnung der Elemente in der Natur dargestellt ist.

2. Aufbau des Videopultes:

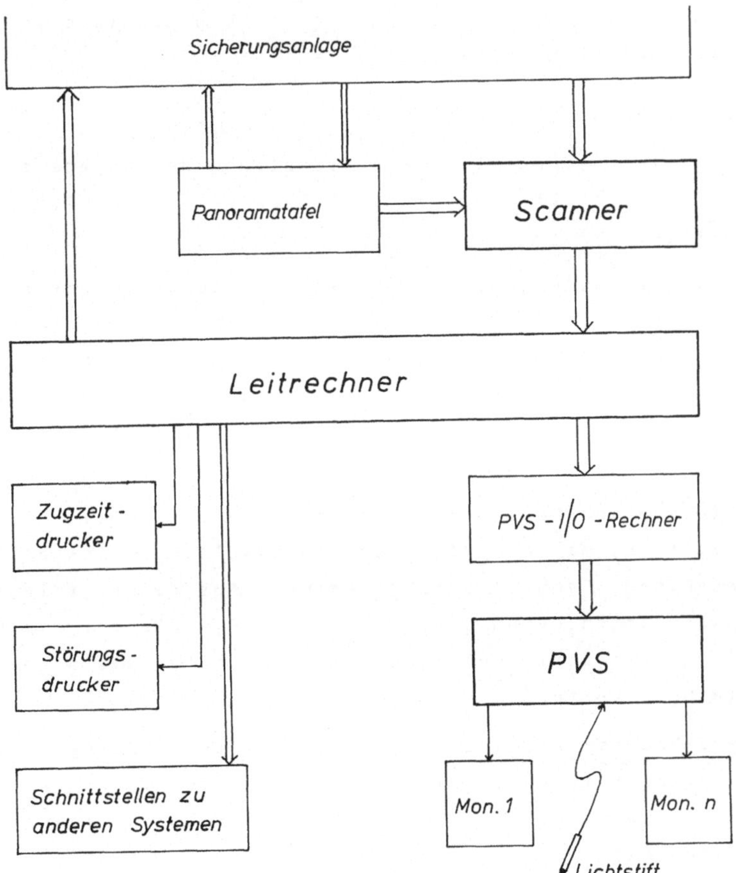

- Scannerrechner:

Der Scannerrechner hat die Aufgabe, die in der Sicherungsanlage anstehenden Meldungen über den Zustand der einzelnen
Elemente zyklisch abzufragen, Änderungen zu erkennen und
diese an den Leitrechner weiterzuleiten.

- Leitrechner:

Der Leitrechner bildet das Herz des Videopultes. Einerseits
wird er vom Scannerrechner laufend mit den aktuellen Zu-
standsdaten informiert, die er dann über den PVS-I/O-Rechner
an das PVS zur Darstellung des Anlagenzustandes weiterlei-
tet, andererseits empfängt er vom PVS Argumente, daß bestimmte Symbole mit dem Lichtstift angesprochen wurden. Aus
diesen Argumenten leitet er dann die erforderlichen Bedienhandlungen ab und gibt sie an die Sicherungsanlage in Form
von Stellbefehlen weiter.

- Prozeß-Video-System (PVS):

Das PVS dient einerseits der Darstellung des Anlagenzustandes und andererseits der interaktiven Bedienung mittels
Lichtstift.

Für die Darstellung des aktuellen Betriebszustandes werden
entsprechend der Anlagengröße bis zu vier Farbmonitore eingesetzt. Auf diesen Monitoren wird mittels verschiedener
grafischer Symbole der jeweilige Zustand der Elemente der
Außenanlage angezeigt, wobei auf eine möglichst assoziative
Wirkung der Symbolik geachtet wurde.

Die Eingabe von Bedienungshandlungen erfolgt mittels eines
Lichtstiftes, mit dem die, für die gewünschte Einstellung
vorgesehenen, Symbole berührt werden. Aus den Koordinaten
der aktivierten Symbole errechnet das PVS die für die Einstellung erforderlichen Argumente und leitet sie an den
Leitrechner weiter.

Als PVS-Rechner wird das Prozeßvideosystem 1051 der Fa.
Krupp-Atlas-Elektronik eingesetzt, das sich vor allem durch
hohe Zuverlässigkeit und die gut unterstützte Bilderstellung
angeboten hat.

Die anderen Rechner werden mit dem Mikrocomputersystem ITT 0802 aufgebaut, das sich aufgrund der großen Stückzahlen kostengünstig für diese Anwendung einsetzen läßt.

3. Vorteile des Videopultes:

Durch die Anzeige auf Farbmonitoren läßt sich der Anlagenzustand in übersichtlicher Weise darstellen, ohne auf Details verzichten zu müssen. Die einfache assoziative Eingabe mittels Lichtstift erübrigt die Verwendung einer Bedienführersprache und bietet daher gegenüber der Bedienung mittels einer numerischen oder alphanumerischen Tastatur erhebliche Vorteile, was sich vor allem in kurzen Einarbeitungszeiten und einer Zeitersparnis bei den einzelnen Bedienhandlungen äußert.

Da jedoch das Rechnersystem mit der Verarbeitung der Meldungen und Bedienhandlungen, die bezogen auf die Verarbeitungsgeschwindigkeit der Rechner selten auftreten, nicht ausgelastet ist, wurde schon bei der Entwicklung die Einbeziehung von Automatisierungsaufgaben berücksichtigt. So wird zum Beispiel jede, einem Zug zugeordnete Zugnummer, entsprechend der stattfindenden Zugfahrt am Monitor geografisch richtig angezeigt. Mit diesen Daten ist einerseits eine automatische Verbuchung der Zugfahrten möglich (die bisher vom Bediener handschriftlich durchzuführen war) und andererseits die automatische Einstellung von Fahrstraßen in Abhängigkeit von der Zugnummer möglich (Zuglenkbetrieb). Ein weiteres Zusatzprogramm dient wiederum der automatischen Abwicklung von Verschubbewegungen anhand einer vom Bediener vorprogrammierten Tabelle. Außerdem bietet das Videopult die Möglichkeit, vom Arbeitsplatz des Bedieners aus die Fahrleitungsanlagen seines Bereiches zu überwachen und ggf. zu schalten.

All diese Maßnahmen führten zu einer wesentlichen Entlastung des Bedieners von Routinehandlungen, sodaß sich dieser mehr der Disposition des Zugverkehres und ggf. der Kundenbetreuung widmen kann. Nachdem diese Entwicklung bereits in drei größeren Bahnhöfen mit positiven Erfahrungen in Betrieb ist, kann man daher getrost von einer Innovation in der Steuerung des Eisenbahnbetriebes sprechen.

ZUGLEITFUNK BEI DEN ÖBB

H. Müller

Österreichische Bundesbahnen, Generaldirektion, Bau- und
Elektrotechnische Direktion, Abteilung VI/10 - Fernmeldedienst

ZUSAMMENFASSUNG:

Der Zugleitfunk stellt ein System zur Kommunikation und Überwachung aller in einem Steckenabschnitt eingesetzten Zügen auf
schwach frequentierten Strecken dar. Die Überwachung wird von
einer zentralen Betriebsstelle durchgeführt, die mit jedem im
Leitbereich eingesetzten mobilen Funkgerät selektiv in Sprechverbindung treten kann. Jeder mobile Teilnehmer kann seiner-
seits Sprechverbindung zur Zentrale aufnehmen.

Zielsetzung für die Schaffung eines Zugleitfunksystems war es,

für schwach frequentierte Strecken eine kostengünstige Lösung

zu finden, bei der trotz Einsparung von Personal höchstmögliche

Sicherheit für die Reisenden erreicht werden kann. Aus diesem

Grunde entschlossen sich die österreichischen Bundesbahnen im

Jahre 1981 in Zusammenarbeit mit der Fa. Kapsch AG ein System

zu kreieren, das allen oben genannten Anforderungen Rechnung

trägt.

Geräte und Einrichtungen

Ortsfeste Einrichtungen

Zur Verbindung der Zentrale eines Streckenabschnittes mit den
mobilen Sende- Empfangsgeräten werden entlang der Strecke Funkstellen aufgebaut, die über Fernmelde-Leitungen (Kabel oder
Freileitung) mit den zentralen Einrichtungen verbunden sind.
Stehen keine Fernmelde-Leitungen zur Verfügung, kann zur Verbindung der Stationen auch Richtfunk eingesetzt werden.
Die Standorte der ortsfesten Einrichtungen müssen nach den betrieblichen Erforderungen (Funktechnischer Ausleuchtungsgrad)
mittels Funkausbreitungsmessungen ermittelt werden, wobei natürlich auch die Infrastruktur (Gebäude, Antennenmast, Stromversorgung) berücksichtigt werden soll. Mit Hilfe des maschi-
nentechnischen Meßwagens, in dem ein Meßempfänger eingebaut ist,
wird die Strecke abgefahren, während an bestimmten Stellen entlang der Strecke ortsfeste Anlagen simuliert werden. An einem
VW-Bus ist zu diesem Zweck ein ausfahrbarer Antennenmast mit
12 m Länge angebracht, auf dem eine 10 dB-Richtantenne montiert
ist. Im VW-Bus befindet sich eine Sendeanlage, von der aus über
die Richtantenne eine Frequenz des 70 cm-Bandes mit 6W Sendeleistung abgestrahlt wird. Im Meßwagen wird über den eingebauten Empfänger ein Signal bestimmter Feldstärke empfangen und
über einen Kleinrechner sowohl analog (X-Y-Schreiber) als auch
als Meßwert ausgegeben.
Beim Zugleitfunk wird höchstes Augenmerk auf die funkmäßige
Versorgung der Betriebsstellen gelegt; die ortsfesten Anlagen
können in den meisten Fällen in bestehenden Räumen untergebracht werden.
Die ortsfesten Funkstellen enthalten ein Duplex S/E-Gerät, Einrichtungen zur Überwachung der Stromversorgung (Batteriepuffer-
ung) und die zum Dämpfungsausgleich der Fernmeldeleitung notwendigen Baustufen. Die Sendefrequenz der ortsfesten Funkstellen werden im 3er-Rhytmus gestaffelt, um Interferenzen benach-
barter Stationen zu vermeiden. Die 3 Frequenzen liegen im Ober-
band des 70 cm-Bandes und haben einen Frequenzabstand von 50
kHz, wobei die Fahrzeugsendefrequenz im Duplexabstand (10 MHz)
unter der mittleren Sendefrequenz der ortsfesten Anlagen liegt.

Falls trotzdem überreichweiten auftreten werden Gleichwellen-
stationen eingesetzt, wobei dann 2 oder mehrere aufeinander
folgende ortsfeste Funkstellen die gleiche Frequenz, was hohe
Anforderungen an den Sender bezüglich Frequenzdifferenz (<100
Hz), gleiche Phase und gleichen Frequenzhub bedeutet. Weiters
muß hiebei der gleiche Modulationsinhalt bei beiden Sendern zu
gleichsinniger Frequenzänderung führen.
Die zentrale Einrichtung besteht aus einem Bedienpult beim Disponenten und der in einem 19"-Wandschrank untergebrachten zentralen Elektronik. Im gleichen Rahmen befindet sich die Sprach-
/Rufnummerndokumentation wobei neben dem Gespräch bzw. der Rufnummer auch die aktuelle Zeitinformation mit Datum auf dem Tonband aufgezeichnet wird. Bei außergewöhnlichen Ereignissen
(z.B. Unfall), kann diese Dokumentation wertvolle Rückschlüsse
auf den Hergang bzw. die Ursachen eines Unfalles geben.

Mobile Einrichtungen

Als mobile Einrichtungen werden Funkgeräte für Simplexbetrieb
eingesetzt. Sie wird bei Einsatz eines Triebfahrzeuges in eine
Vorrichtung eingeschoben und mit der fix installierten Hör-
Sprechgarnitur bzw. dem Antennenkabel verbunden. Das Funkgerät
stellt sich automatisch auf den entsprechenden Kanal der nächst-
gelegenen ortsfesten Funkstelle ein (Kanaldiversity). Das handelsübliche Funkgerät wird durch eine Reihe von Zubauten ergänzt. Auf einen Codierschalter wird auf der 1. Stelle der Zug-
leitcode des entsprechenden Leitbereiches eingestellt. Die 2.
Stelle bleibt frei (Notrufcodierung) und auf den Stellen 3 - 5
wird die Zugnummer eingestellt. Neben einer Ruftaste gibt es
auch noch eine Reihe von Anzeigelämpchen für Kanalbelegung, Ruf-
signalisierung und Rufquittierung sowie für Kontrolle des Lade-
zustandes der Batterien.

Funktionsbeschreibung

Allgemeines

Zur Signalisierung der Zugnummern, des Zugleitbereiches und des
Notrufes (Codierschalter) wird ein 5-Tonsequenz-Verfahren, genormt nach ZVEI verwendet. Die Zehntausenderstelle ist zur Erkennung des Zugleitbereiches eingesetzt (10 Möglichkeiten). Die
Tausenderstelle dient zur Erkennung eines Notrufes (null normaler Ruf/neun Notruf). Mit den restlichen 3 Stellen wird eine
dreistellige Zugnummer übermittelt.

Funktionsweise

Wenn ein Mobil-Gerät ein Gespräch der Zentrale anmeldet, wird
eine entsprechende 5-Tonfolge ausgesendet. Eine Streckenfunk-
stelle empfängt das Signal und leitet es zur Zentrale. In der
Zentrale wird die 5-Tonfolge ausgewertet. Bei Übereinstimmung
des Zugleitbereiches wird die TFZ-Nr. in eine frei Zeile geschrieben, gleichzeitig ertönt im Lautsprecher ein Anrufton.
Außerdem wird die 5-Tonfolge in den Geber übernommen und zum
TFZ zurückgesendet. Über die Streckenfunkstelle gelangt das
Signal zum Mobilgerät, in dem die 5-Tonfolge ausgewertet wird.
Es ertönt ein akustisches Signal und die Lampen Zentrale und
Sprechen leuchtet auf. Die Funktionsgruppe "Mobilsteuerung"
löscht nach 2 sec. die Lampe Sprechen und sperrt den Lautsprecher. Wenn der Disponent in der Zentrale Verbindung aufnehmen
will, drückt er die neben der Zeile befindliche Rückruftaste.
Dadurch wird eine, der in der Zeile stehende Zug-Nummer entsprechende 5-Tonfolge ausgesandt. Wenn das Mobilgerät die 5-Tonfolge
auswertet, ertönt im Lautsprecher ein Anrufton, die Lampe Sprechen leuchtet auf, und das Mobilgerät quittiert mit der 5-Ton-
folge 00000. Diese 5-Tonfolge wird in der Zentrale ausgewertet
und die Lampe in der Rückruftaste leuchtet. Das Trennen der Verbindung kann auf mehrere Arten geschehen:

a) Durch Drücken der Schlußtaste oder durch Auflegen des Hand-

apparates bzw. Ausschalten der Freisprechgarnitur. Das Auflegen des Handapparates oder Abschalten der Freisprechgarnitur bewirkt ein Aussenden des Schlußsignales (2280 Hz/1 sec.)
das im Mobilgerät ausgewertet wird, und das Mobilgerät sperrt
Wenn das Mobilgerät gesperrt wird, sendet es ein Rufsignal
aus (1750 Hz/1 sec.), welches in der Zentrale das Verlöschen
der Lampe in der Rückruftaste zur Folge hat und damit die
Trennung bestätigt.

b) Durch Auflegen des Handapparates im Mobilgerät.

Die Zentrale

Die Zentrale besteht aus: dem Pult
                         der Steuerung Zentrale
                         dem Streckenverteiler
                         der Zeitdokumentation
                         dem Tonband Einschub

Im Pult sind die Bedienelemente, Anzeigenelemente und die 5-
Ton-Signalisierung untergebracht. Im Einschub Steuerung-Zentrale werden die Signale aufbereitet, verteilt und ausgewertet.
Im Streckenverteiler wird die von der Steuerung-Zentrale kom-
mende Vier-Drahtleitung auf Zwei-Drahtleitung umgesetzt und auf
die beiden Streckenabschnitte über Leitungsschutzgebilde geschaltet. Der Füllsender wird gleichfalls vom Streckenverteiler
gesteuert. Im Einschub Zeitdokumentation werden die ankommenden
und abgehenden NF-Signale gemischt und dem Tonband zugeführt.
Ein Sprachschalter dient zur Steuerung des Tonbandes. Mit dem
eingebauten Zeitcode-Geber wird die Zeit auf die zweite Spur
des Tonbandes gebracht. Bei Wiedergabe kann mit dem Zeit-Code-
Leser die Zeit decodiert werden. Beim Abheben des Handapparates
bzw. Einschalten des Freisprechverstärkers, werden alle Sender
der Strecke getastet. Die Tastung der Sender erfolgt mit einem
3450 Hz Pilotton. Um die Aussendung des Pilottones zu verhindern,
ist jedem Sendeeingang ein Tiefpaßfilter vorgeschaltet. Das Tiefpaßfilter schwächt alle Signale über 3200 Hz um mindestens 60 dB
ab. Da der Pegel des Pilottones um 10 dB niedriger als das Nutzsignal ist, ergibt sich am Eingang des Senders ein Unterschied
zwischen Nutzsignal und Pilotton von 70 dB. Dies verhindert, daß
der Pilotton im Empfänger hörbar wird. Beim Auflegen des Handapparates bzw. Abschalten des Freisprechverstärkers wird der
Pilotton und der Schlußruf 2280 Hz eine Sekunde lang ausgesandt.
Nach dieser Zeit werden beide Signale abgeschaltet. Das NF-Sig-
nal vom Mikrofon des Handapparates bzw. der Freisprechgarnitur
wird, im Mikrofonverstärker um 60 dB verstärkt und dann der
Pegelanpassung zugeführt. In der Pegelanpassung wird das Signal
symmetriert und über die symmetrische Leitung zur Steuerung-Zen-

trale geleitet. In der Steuerung-Zentrale wird das Signal von
einer Pegelanpassungsschaltung übernommen und dem Mischverstärker zugeführt. Vom Mischverstärker gelangt das Signal zum Strek-
kenverteiler Zentrale.

Die Streckenfunkstelle

Eine Streckenfunkstelle besteht aus: Funkeinschub,
                                     NF-Einschub und
                                     Stromversorgung

Beim Funkeinschub handelt es sich um eine Duplexfunkanlage, bestehend aus zwei Telecar TE 450 die über eine Ober-Unterband-
weiche an die Antennenanlage geschaltet sind. Der NF-Einschub
dient zur Ansteuerung des Funkeinschubes, Einspeisung des Not-
stromsignals, Ausgleich der Schräglage des Leitungssignales und
seine Pegelanhebung auf Sollwert.

ZLF-TFZ-Anlage

Das ZLF-TFZ-Gerät besteht aus: einem Funkgerät (Semiduplex)
einer Mobilsteuerung
einer Tragplatte mit 5-Ton G/AW
einem Ladegerät mit Batterie

Bei dem Funkgerät handelt es sich um ein Telecar TE 450 in 450
MHz-Band. Die Mobilsteuerung bewirkt ein Sperren der Sendetaste, wenn das Gerät nicht von der Zentrale gerufen wurde bzw.
sperrt die Ruftaste bei besetztem Kanal und entriegelt sie ca.
10 sec. nach Freiwerden des Kanals. (Für die Notrufsignalisie-
rung notwendig) Bei Betätigung der Notruftaste bewirkt die Mobilsteuerung das Aussenden des Notrufes:
-Der Notruf wird im Sekunden-Takt ausgesandt, bis die Zentrale
 quittiert.
-Der Notruf wird auch bei besetztem Kanal ausgesandt.

Bei Betätigung der Ruftaste schaltet der 5-Ton-Geber den Lautsprecher ein, um den Quittierungston hörbar zu machen; die Mobilsteuerung schaltet den Lautsprecher nach 2 sec. wieder ab.
Die Signalleuchten (Zentrale, Belegt und Sprechen) werden von
der Mobilsteuerung gesteuert. Die Trägerplatte dient zur Kon-
taktierung des 5-Ton-G/AW und zur Erzeugung des Anruftones.
Der Anrufton läuft ca. 10 sec., kann aber durch Drücken der Sendetaste vorzeitig gestoppt werden. Über das eingebaute Ladegerät
kann die Batterie in ca. 14 h geladen werden. Der Ladestrom wird
durch die Ladekontrollampe (rot) signalisiert; das Leuchten der
Lampe Zentrale (gelb) bedeutet, daß ein Ruf ausgewertet wurde.
Die Lampe Zentrale wird durch Drücken der Sendetaste bei offenem
Gerät (Lampe Sprechen leuchtet) gelöscht. Wenn die Lampe Sprechen (grün) leuchtet, ist das Gerät offen, es kann gesprochen
werden. Die Lampe Besetzt (rot) leuchtet bei besetztem Kanal.
Es kann kein Ruf abgesetzt werden (außer Notruf). Beim Einschalten des Gerätes leuchtet die Besetzt-Lampe ca. 10 sec. (auch bei
freiem Kanal auf.

Technische Daten

Fahrzeuganlagen:

Kanalzahl   : 2 Quadrupelkanäle

Anzahl der Zugüberwachungs-
bereiche pro Quadrupelkanal : 10

Betriebsart   : bedingtes Gegensprechen

Sendeleistung   : 6 W

Stromversorgung   : 24 V DC (andere Betriebs-
                                     spannungen mit Vorschalt-
                                     gerät möglich)
                                     mit oder ohne eingebauter
                                     Batterie und Ladegerät

Zugnummernübertragung   : 3- od. 5-stellig

Ortsfeste Einrichtungen:

Frequenzen   : 1 Quadrupelkanal im
                                     0,7m-Band

Betriebsart   : Gegensprechen

Sendeleistung   : 6 W

Stromversorgung   : 12/24V DC oder 220V WS

Zugnummernübertragung   : 3- od. 5-stellig

Zusatzeinrichtungen   : Freisprecheinrichtung
                                     mit Fußtaste; Mithör-
                                     möglichkeit für Ein-
                                     schulungszwecke

9. Themenkreis

ANWENDUNG IM KRAFTFAHRZEUG

Leitung:

Univ.-Prof. Dr. H. Leopold

EIN EINFACHES PRÄZISIONSVERFAHREN ZUR BESTIMMUNG DES OBEREN
TOTPUNKTES VON KOLBENMASCHINEN

G. Roth, O. Haager, J. Glaser

COM - Gesellschaft für computerorientierte Meßtechnik m.b.H.,
Graz

ZUSAMMENFASSUNG:

Die Untersuchung innermotorischer Prozesse von Verbrennungs-
kraftmaschinen erfordert eine exakte Zuordnung aller Meßgrößen zum Arbeitsvolumen, das über eine Messung des Kurbelwinkels bestimmt wird. Während es dazu bereits ausgereifte
Inkrementalwinkelgeber gibt, stellte die Zuordnung des
Kurbelwinkels zu einem motorischen Fixpunkt - dem oberen
Totpunkt - ein Problem dar, das durch einen speziellen
kapazitiven Weggeber gelöst wurde.

Zur Bestimmung des oberen Totpunktes von Kolbenmaschinen
bieten sich kapazitive Wegsensoren an, da diese robust
genug gebaut werden können, um den relativ hohen Gastempera-
turen, wie sie im Brennraum herrschen, standzuhalten. Ein
kapazitiver Wegsensor besteht aus einer isolierten Elektrode,
die planparallel zum Kolbenboden angeordnet in den Brennraum ragt und mit diesem einen Kondensator bildet, dessen
Kapazität von der Stellung des Kolbens im Zylinder abhängt,
wie Abb. 1 zeigt.

Für diese Kapazität gilt:

$$C = \frac{\varepsilon_o \cdot A}{s} \tag{1}$$

In dieser Formel bedeutet ε_o die Feldkonstante, A die Fläche
der Elektrode und s den Abstand zwischen Elektrode und
Kolben. Diese Kapazität kann prinzipiell mit einem Träger-

frequenzverstärker gemessen werden. Um aber Phasenlaufzeiten zwischen Sensorkapazität und Verstärkerausgang zu erreichen, die eine Messung des oberen Totpunktes auf 0,1° Kurbelwinkel genau bei 6.000 U/min gestatten, ist eine Demodulatorbandbreite von etwa 80 kHz vorzusehen. Diese Forderung impliziert eine Trägerfrequenz von 500 kHz, da die Trägerunterdrückung besser als 72 dB sein sollte.

Es hat sich bei der Messung motorischer Phänomene eingebürgert, sämtliche Meßgeräte in einer Prüfkabine aufzustellen, die etwa 10 m vom Motor entfernt ist. Diese Tatsache, zusammen mit der durch Parallelkapazitäten bedingten Abnahme der Sensorempfindlichkeiten hat bei der praktischen Realisierung dazu geführt, daß man die Brückenerregung und Brückenergänzungselemente in einem Kabelverstärker unmittelbar an den Motor bringt und den Rest des Verstärkers in der Prüfkabine aufstellt.

Diese Konstruktion ist recht aufwendig und hat bei der Auswertung des Kolbenwegsignals noch den Nachteil, daß der obere Totpunkt über die Feststellung eines Kurvenmaximums erfolgt. Dies hat zu folgender Konstruktion geführt, die durch vier Eigenschaften charakterisiert werden kann:

1) Erregung durch Gleichspannung,
2) Unabhängigkeit der Sensorempfindlichkeit
   von Kabelkapazitäten,
3) Bestimmung des oberen Totpunktes durch einen
   Nulldurchgang und
4) geringe Kosten.

Ordnet man einen kapazitiven Wegsensor, wie in Abb. 2 dargestellt, an, so gilt:
$$Q = C \cdot U \tag{2}$$
Leitet man (2) nach der Zeit ab, so folgt:
$$\frac{dQ}{dt} = \frac{\partial C}{\partial t} \cdot U + C \cdot \frac{\partial U}{\partial t} \tag{3}$$
Da die Spannung über dem Kondensator konstant ist, reduziert sich (3) zu
$$\frac{dQ}{dt} = I = U_b \cdot \frac{dC}{dt} \tag{3a}$$

Zusammen mit (1) ergibt das:

$$I = -U_b \cdot \frac{\varepsilon_0 \cdot A}{s^2} \cdot \frac{ds}{dt} \tag{4}$$

Für eine Kolbenmaschine läßt sich s in Abhängigkeit vom Kurbelwinkel angeben:

$$s(\alpha) = s_0 - h \cdot \left(\frac{1-\cos\alpha}{2} + \frac{1}{h} - \sqrt{\frac{1^2}{h^2} - \frac{\sin^2\alpha}{4}} \right) \tag{5}$$

$$\frac{ds}{d\alpha} = h \cdot \frac{\sin\alpha}{2} \left(1 + \frac{\cos\alpha}{2\sqrt{\frac{1^2}{h^2} - \frac{\sin^2 a}{4}}} \right) \tag{6}$$

In diesen Formeln bedeutet α den Kurbelwinkel, 1 die Pleuelstangenlänge und h den Kolbenhub. Mit

$$\frac{ds}{dt} = \frac{\partial s}{\partial \alpha} \cdot \frac{\partial \alpha}{\partial t} = \omega \cdot \frac{ds}{d\alpha} \tag{7}$$

kann man (5) und (6) in (4) einsetzen und erhält für den Sensorstrom:

$$I = - \frac{U_b \cdot \varepsilon_0 \cdot A \cdot \omega \cdot h}{\left(s_0 - h \left(\frac{1-\cos\alpha}{2} + \frac{1}{h} - \sqrt{\frac{1^2}{h^2} - \frac{\sin^2\alpha}{4}} \right) \right)^2} \cdot \frac{\sin\alpha}{2} \left(1 + \frac{\cos\alpha}{2\sqrt{\frac{1^2}{h^2} - \frac{\sin^2\alpha}{4}}} \right)$$

Abb. 3 zeigt den Kolbenweg aufgetragen über dem Kurbelwinkel. Abb. 4 veranschaulicht den Sensorstrom bei 1.000 U/min. Die Spitzenströme von $\pm$ 1 nA zeigten bei der praktischen Realisierung dieses Konzeptes das einzige Problem dieses Lösungsansatzes auf : nämlich die Tatsache, daß durch die Kabelkapazität eine Rauschverstärkung von

$$A = 1 + \frac{C_1}{C_2}$$

für Frequenzen höher als

$$f = \frac{1}{2} \cdot \pi \cdot R_2 \cdot (C_1 + C_2)$$

auftritt. Es mußte daher die Kabelkapazität ähnlich wie bei dem Trägerfrequenzverstärkerkonzept minimiert werden. Mit Kapazitäten kleiner als 25 pF konnte das gesteckte Entwicklungsziel jedoch erreicht werden.

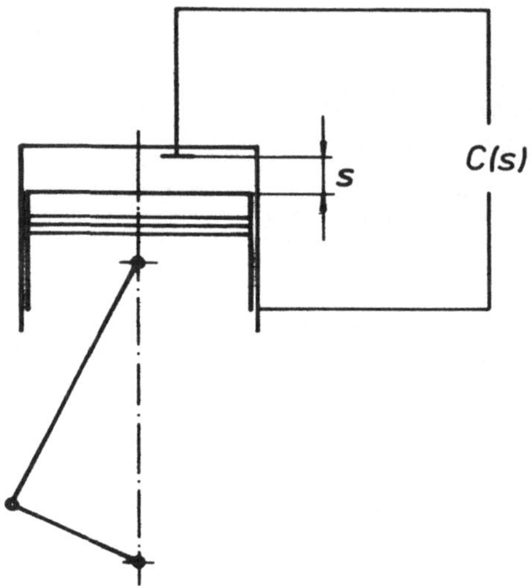

Abb. 1: Prinzipanordnung eines kapazitiven Kolbenwegsensors

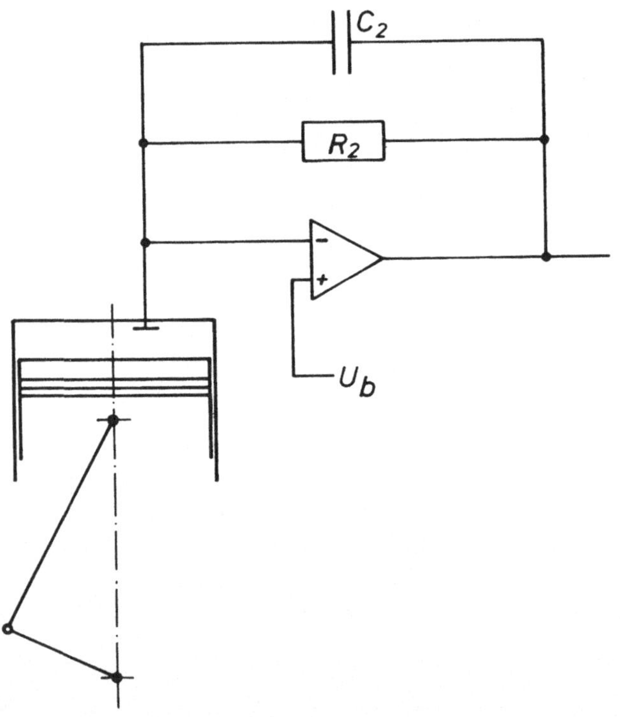

Abb. 2: Messung der Kapazitätsänderung mit einer Konstant-
spannung

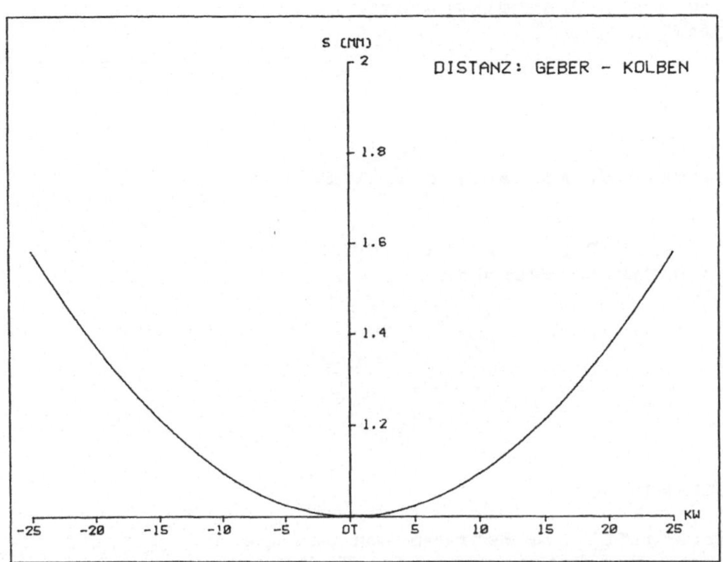

Abb. 3: Der Kolbenweg über dem Kurbelwinkel

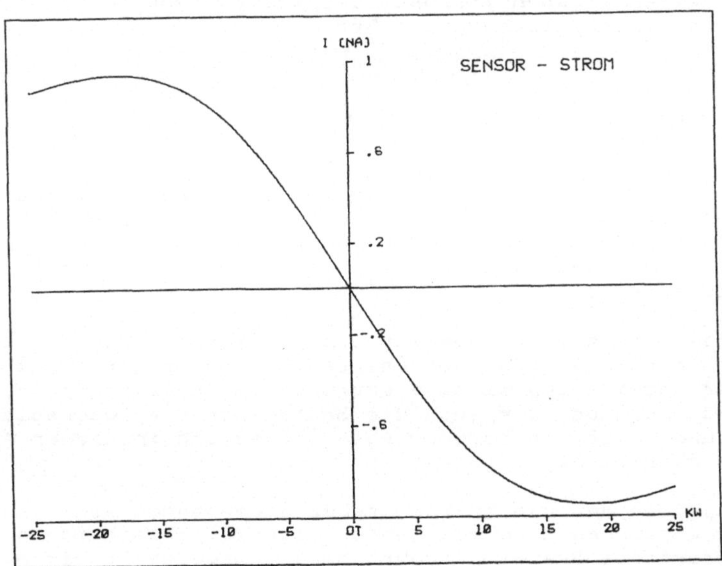

Abb. 4: Der Sensorstrom I bei 1.000 U/min

ELEKTRONISCHES FAHRERINFORMATIONSSYSTEM
FUER TRAKTOREN

J. Schimmel, J. Noetstaller, F. Fraundorfer

STEYR - DAIMLER PUCH AG HAUPTWERK STEYR
Forschung/Mikroelektronik

ZUSAMMENFASSUNG:

Der wirtschaftliche Betrieb von Traktoren erfordert die Not-
wendigkeit der Optimierung des Traktoreinsatzes bei
schweren Zugarbeiten.
Als Unterstuetzung des Fahrers zur Wahl der optimalen
Getriebeuebersetzung und Gaspedalstellung, wurde ein
Fahrerinformationssystem entwickelt. Die Einsaetze bei
Feldarbeiten ergaben Treibstoffeinsparung von im Mittel 9%
und gute Stoersicherheit des Geraetes.

EINLEITUNG:

Steigende Kosten bei der Produktion und wachsender Preisdruck
beim Absatz landwirtschaftlicher Produkte haben auch in der
Landwirtschaft zu einem Bedarf an Maschinen gefuehrt, die
sowohl in der Anschaffung als auch im Betrieb kostenguenstiger
als bisher sind.

Als Traktorhersteller bemueht sich STEYR-DAIMLER-PUCH intensiv
dieser Forderung nachzukommen, und hat daher bereits 1982
mit der Entwicklung eines elektronischen Fahrerinformationssystems begonnen, das auch die Basis fuer die automatische
Schaltung eines Traktorgetriebes bildet und in dieser Arbeit
beschrieben wird.

Bevor jedoch auf das System naeher eingegangen wird, sollen die
wirtschaftlichen Randbedingungen, die zur Entscheidung fuer
ein derartiges System gefuehrt haben dargestellt werden.

1. DURSCHNITTLICHE AUFTEILUNG DER TRAKTORKOSTEN

Auf dem ersten BILD (1) sind die Kosten eines Traktors fuer
Anschaffung und Betrieb aufgeschluesselt [1]. Man sieht, dass
die Abschreibung einen Anteil von etwa 55 % einnimmt, die Be-
triebstoffe 26% und die Wartungs- und Reparaturkosten ca. 19 %
ausmachen.

Da die Gesamtkosten des Traktors auf keinen Fall gesteigert
werden sollen, waren fuer eine neue Entwicklung folgende Bedingungen einzuhalten:

  - jede Erhoehung der Abschreibung muss durch
    Einsparungen bei anderen Kostenanteilen amortisierbar sein

  - die Kosten fuer Wartung und Reparatur
    duerfen nicht steigen;

  - das Qualitaetsniveau muss erhalten oder sogar gesteigert
    werden

Aus der Sicht steigender Energiepreise wurde der Anteil Treib-
stoffkosten zunaechst naeher untersucht. Etwa 60 % des Gesamt-
verbrauches fallen bei schwerer Bodenbearbeitung an, 30 %
bei leichter Bodenbearbeitung und im Strassentransport, der
Rest bei Leer- und Rangierfahrten, sowie im Leerlauf. Der Anteil
schwere Bodenbearbeitung bietet also eine lohnendes Gebiet zur
Einsparung von Kraftstoff.

Aus Feldarbeiten ist weiters bekannt, dass der Kraftstoffverbrauch
bei schwerer Zugarbeit sehr stark von der Fahrweise des Traktors
abhaengt.

Eine theoretische Untersuchung der Zusammenhaenge mit Hilfe
eines Computer-Simulationsmodelles fuer das System Traktor-
Pflug bestaetigte die Erkenntnisse des Versuches und er-
moeglichte erstmals eine systematische Analyse der wirtschaftlichen Betriebspunkte in Abhaengigkeit von Treibstoffverbrauch
und Arbeitszeit.

2. VERBRAUCHSKENNFELD FUER EINEN TRAKTOR IM PFLUGEINSATZ

Dieses Bild zeigt den Kraftstoffverbrauch eines Traktor beim
Pfluegen bezogen auf die bearbeitete Ackerflaeche in der Einheit Liter/Hektar. Fuer jeden Motorbetriebspunkt sind bei
gegebenen Fahrzeug-, Geraete- und Bodendaten die Einsatzpara-
meter des Gesamtsystems eindeutig definiert. Unter Annahme
eines vielstufigen Getriebes wurde der Verbrauch fuer ein
dichtes Netz von Betriebspunkten errechnet und in Form von
Muschelkurven gleicher Werte dargestellt. Die strichlierten
Linien zeigen die jeweils erzielte Flachenleistung an, die
proportional der Fahrgeschwindigkeit ist.

Anhand dieser Darstellung laesst sich die optimale Fahrweise
eines Traktor diskutieren. Der absolut niedrigste flaechen-
bezogene Kraftstoffverbrauch ergibt sich in dem markierten
Punkt mit 10.7 l/ha, wobei allerdings die erzielte Flaechenleistung nur etwa 1 ha/h betraegt. Bei Steigerung der Flaechenleistung um 100% auf 2 ha/h ergibt sich ein flaechenbezogener
Kraftstoffverbrauch von 15 l/ha, also ein Mehrverbrauch von
50%.

Auf der durch das Kennfeld gezeichneten dicken Linie sind
nun die wirtschaftlichen Betriebspunkte des Traktors zu finden,
weil dort eine bestimmte Flaechenleistung mit dem niedrigsten
Kraftstoffverbrauch gefahren werden kann. Diese Betriebspunkte
sollen durch den Fahrer mit Hilfe von Gangwahl und Gaspedalstellung eingehalten werden, wobei auch noch die Entscheidung
zu treffen ist, ob mit niedrigem Verbrauch und einer ver-
minderten Flaechenleistung also "kraftstoffsparend" oder mit
etwas hoeherem Verbrauch und der maximalen Flaechenleistung
also "zeitsparend" gefahren werden soll. Wir nennen diese beiden
Fahrweisen "Fahrstrategien".

3. BETRIEBSBEREICHE FUER OPTIMALE FAHRWEISE UND
   EINFLUSS DES BODENS

Im naechsten BILD 3 sind die Betriebsbereiche fuer die beiden
Fahrstrategien eingezeichnet wie sie sich aus einem Kompromiss
zwischen Kraftstoffverbrauch und Arbeitszeit ergeben.
Zusaetzlich ist auch der Einfluss des Bodens aufgezeigt. Man
sieht, dass die Lage der Betriebspunkte zwischen einem schweren
und einem leichten Boden nur geringfuegig unterschiedlich ist,
obwohl die Absolutwerte von Verbrauch und Flaechenleistung
natuerlich verschieden sind.

Dies ist ein wichtiges Ergebnis, denn es kann damit auf die
Messung von Bodenparametern in einem Informationssystem ver-
zichtet werden.

Die Beruecksichtigung all dieser Zusammenhaenge aufgrund des
"Gefuehls" allein ist praktisch kaum moeglich. Wir haben daher
ein Informationssystem entwickelt, das dem Fahrer das wirtschaftliche Fahren des Traktors erleichtert.

4. AUFBAU DES FAHRERINFORMATIONSSYSTEMS

BILD 4 zeigt die Zentraleinheit des Systems, in der
Mikrocomputer, Anzeige- und Bedienteil vereint sind.

Die fuer den Fahrer wesentlichen Elemente des Systems
- Anzeige- und Bedienteil - sollen hier naeher erlaeutert
werden. Es wurde der einfachen und leicht verstaendlichen
Gestaltung besondere Beachtung geschenkt, wodurch ein auch ohne
wesentliche Einschulung verwendbares System entstand.

Das in der Mitte sichtbare STEYR-SYMBOL leuchtet gruen auf,
wenn ein optimaler Fahrzustand vorliegt. Wird dieser verlassen,
so ermittelt der Computer aufgrund der gemessenen Motor-
belastung und -drehzahl sowie deren Gradienten durch welchen
Fahrereingriff das Optimum wieder erreicht wird. Es erfolgt
dementsprechend eine Anzeige "shift up", "shift down",
"Gasgeben" oder "Gaswegnehmen".

Als zusaetzliche Unterstuetzung wird dem Fahrer staendig der
momentan eingelegte Gang auf einem Schema von LEDs angezeigt.
Im Falle eines notwendigen shift up oder shift down beginnen
dann auch diejenigen LEDs zu blinken, die den zu schaltenden
Sollgang bezeichen.

5. ERGEBNISSE DER FELDVERSUCHE

Die Ergebnisse der Feldeinsaetze waren ueberaus ermutigend.
Es konnten gegenueber einer besonders schlechten Fahrweise bei
Verwendung des Fahrerinformationssystems Kraftstoffeinsparungen
bis zu 20 % erzielt werden. Im Mittel war die Einsparung ueber alle
Einsaetze immerhin bei 9 % und somit weit ueber den Erwartungen.
Wenn man diese Ergebnisse auf die oesterreichische Landwirtschaft
umlegt, so ergibt sich ein Energiesparpotential von 13.5 MIO Liter
Dieselkraftstoff pro Jahr, wenn alle Traktoren mit einem derartigen
System ausgeruestet waeren.

Besondere Bedeutung wurde der Erprobung der Stoersicherheit des
Geraetes auf aeussere Stoerungen und auf im Betrieb auf dem
Bordnetz entstehende ausserordentliche Einfluesse gelegt.

BILD 5 zeigt die auf den Traktor einwirkenden aeusseren
Stoerungen:

Felder von Hochspannungsleitungen
Rundfunksender
CB - Funkgeraete

Auf dem Bordnetz den Traktors wurde die Auswirkung der folgenden
aussergewoehnlichen Betriebszustaende untersucht.

Lichtmaschine - Lastabwurf
Lichtmaschine - Ausfall der Erregerspannung
Start mit doppelter Spannung am Bordnetz
Scalten induktiver Lasten am Bordnetz

Das Geraet hat diese Versuche ohne Schaden ueberstanden

Neben den Versuchstraktoren werden zur Erprobung der Dauerhalt-
barkeit und der Stoersicherheit des Geraetes auch 20 Traktoren
von ausgewaehlten Kunden ausgeruestet.

6. DIAGNOSE UND SERVICE

Im Hinblick auf das bestehende Werkstaettennetz fuer landwirt-
schaftliche Maschinen wurde ein zweistufiges Fehlerdiagnose-
system konzipiert.
Als erster Schritt wird ein Testgeraet, basierend auf dem
Original-Fahrerinformationssystem, zur Verfuegung stehen. Dieses
Testgeraet wird an die bestehende Schnittstelle zum Fahrer-
informationssystem angeschlossen. Es koennen damit die auf-
tretenden Fehler auf die Peripherie oder das Geraet selbst ein-
gegrenzt werden.
Im ersten Fall kann in der Werkstaette der Austausch eines
Sensors vorgenommen werden.
Im zweiten Fall muss das Geraet getauscht werden und das defekte
Geraet wird direkt bei Steyr Daimler Puch in Stand gesetzt.

Als zweiter Schritt soll ein ein elektronisches Diagnosesystem
zur Verfuegung stehen, welches die Ueberpruefung der Hardware
der gesamten Anlage sowie der Software erlaubt.

7. WEITERENTWICKLUNG

Das Fahrerinformationssystem als offener Regelkreis, wie hier
beschrieben, ist ein erster Schritt zur Anwendung von Mikroelektronik im Traktor.
Auch wenn das Fahrerinformationssystem bei falscher Betriebs-
weise des Traktors noch nicht aktiv eingreift, so hilft es grundlegende Erkenntnisse fuer den weiteren Einsatz der Mikroelektronik
im Traktor zu gewinnen.

Als weiterer Entwicklungsschritt soll das Fahrerinformationssystem
als geschlossener Regelkreis arbeiten und das Schalten eines
Lastschaltgetriebes uebernehmen.

LITERATUR

/ 1/ Welschof G.: Der Ackerschlepper - Mittelpunkt der
      Landtechnik.
      VDI-Berichte Nr. 407, 1981.

/ 2/ Renius K.T.: Wirtschaftlichkeit und technische Weiterent-
      wicklung des Ackerschleppers.
      Grundl. der Landtechnik Bd. 31, Nr. 6, 1981

/ 3/ Mertins K.H., Goehlich H.: Driver Information Displays -
      A Step to Optimum Tractor Operation.
      Pergamon Press Oxford and New York, 1981

/ 4/ Weiler W., Schimmel J.; Optimaler Schleppereinsatz beim
      Pfluegen. Diplomarbeit TECHNISCHE UNIVERSITAET WIEN -
      STEYR DAIMLER PUCH AG, 1982

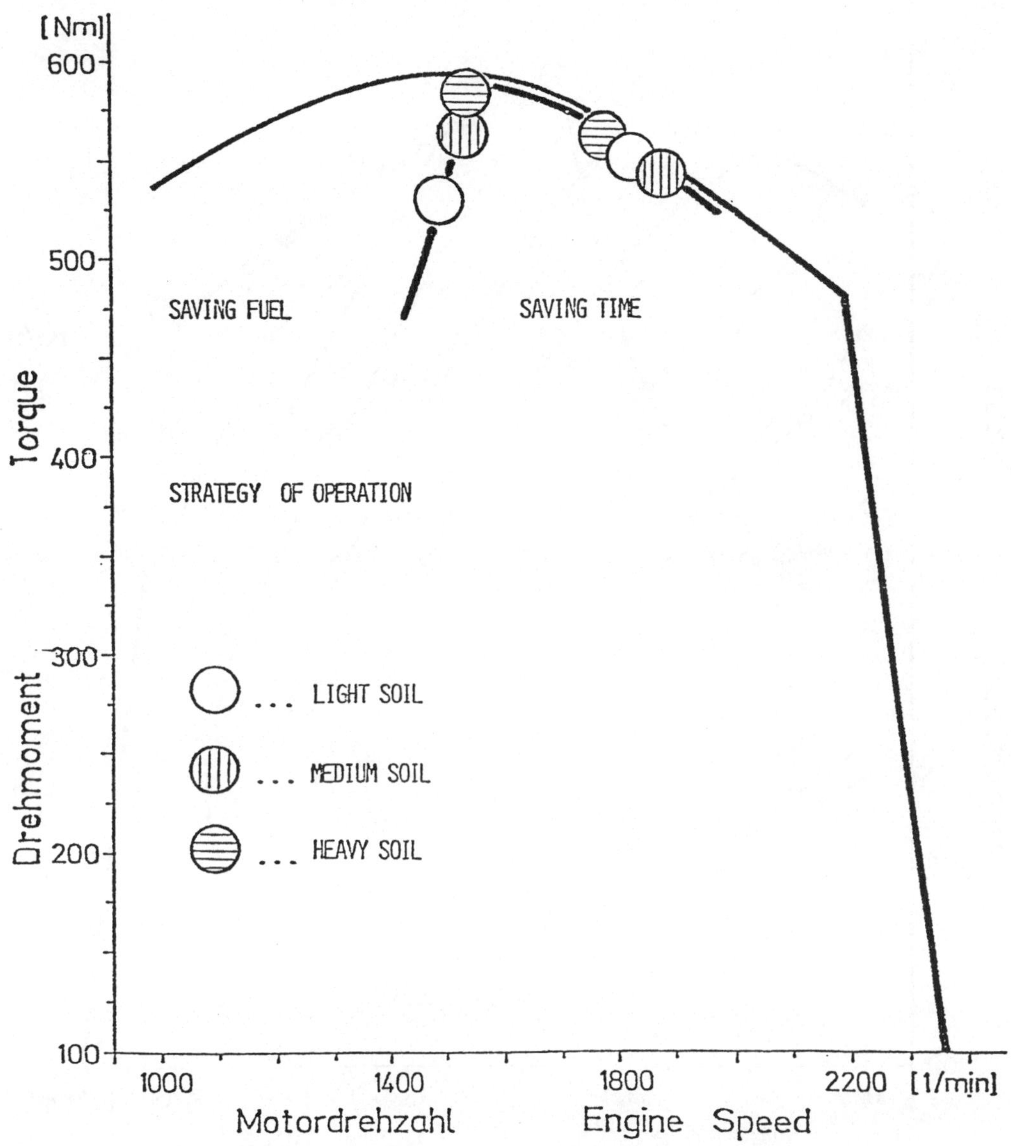

FIG. 3 OPERATING RANGES
INFLUENCE OF SOIL

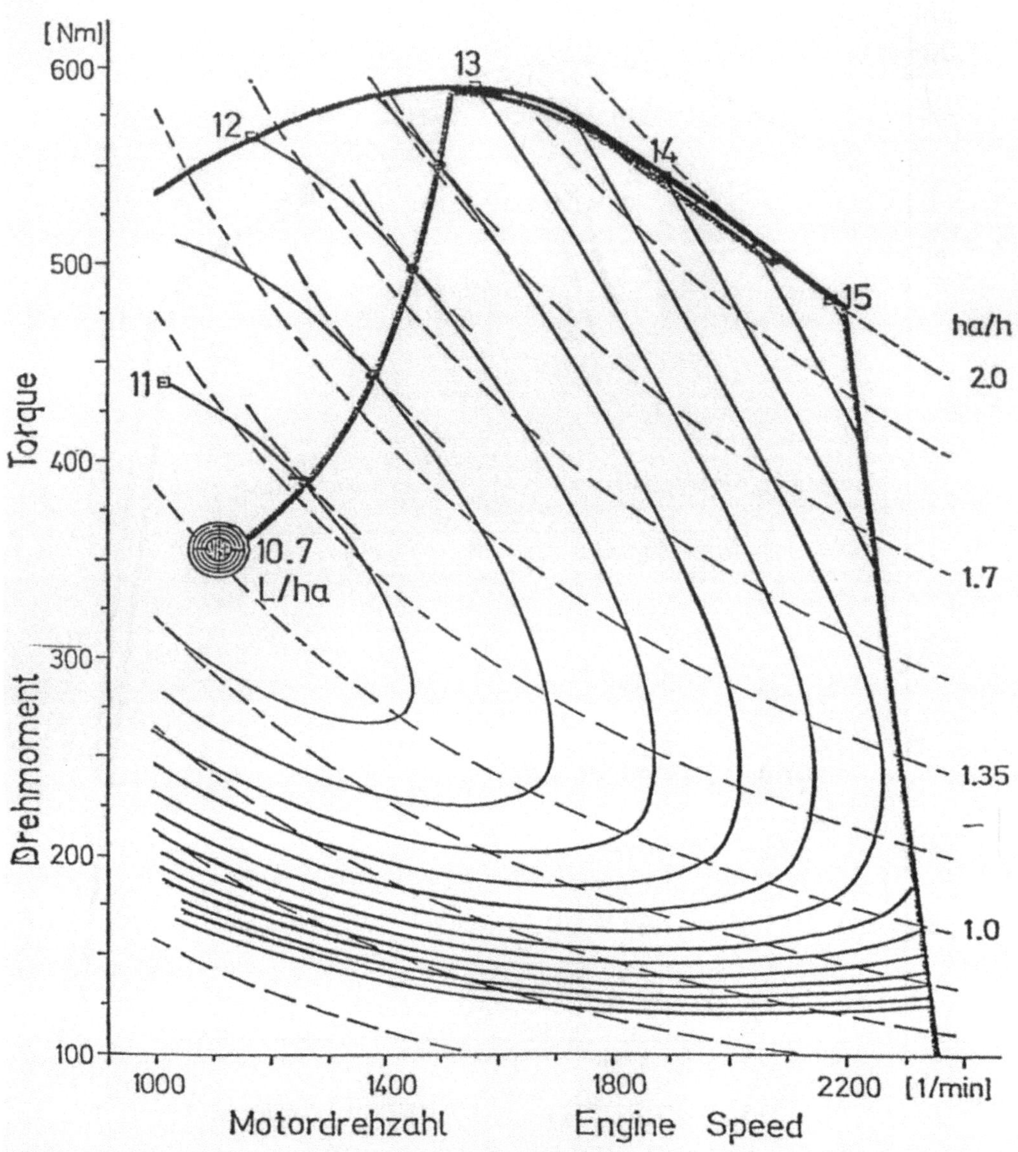

FIG.2. OPTIMAL OPERATING

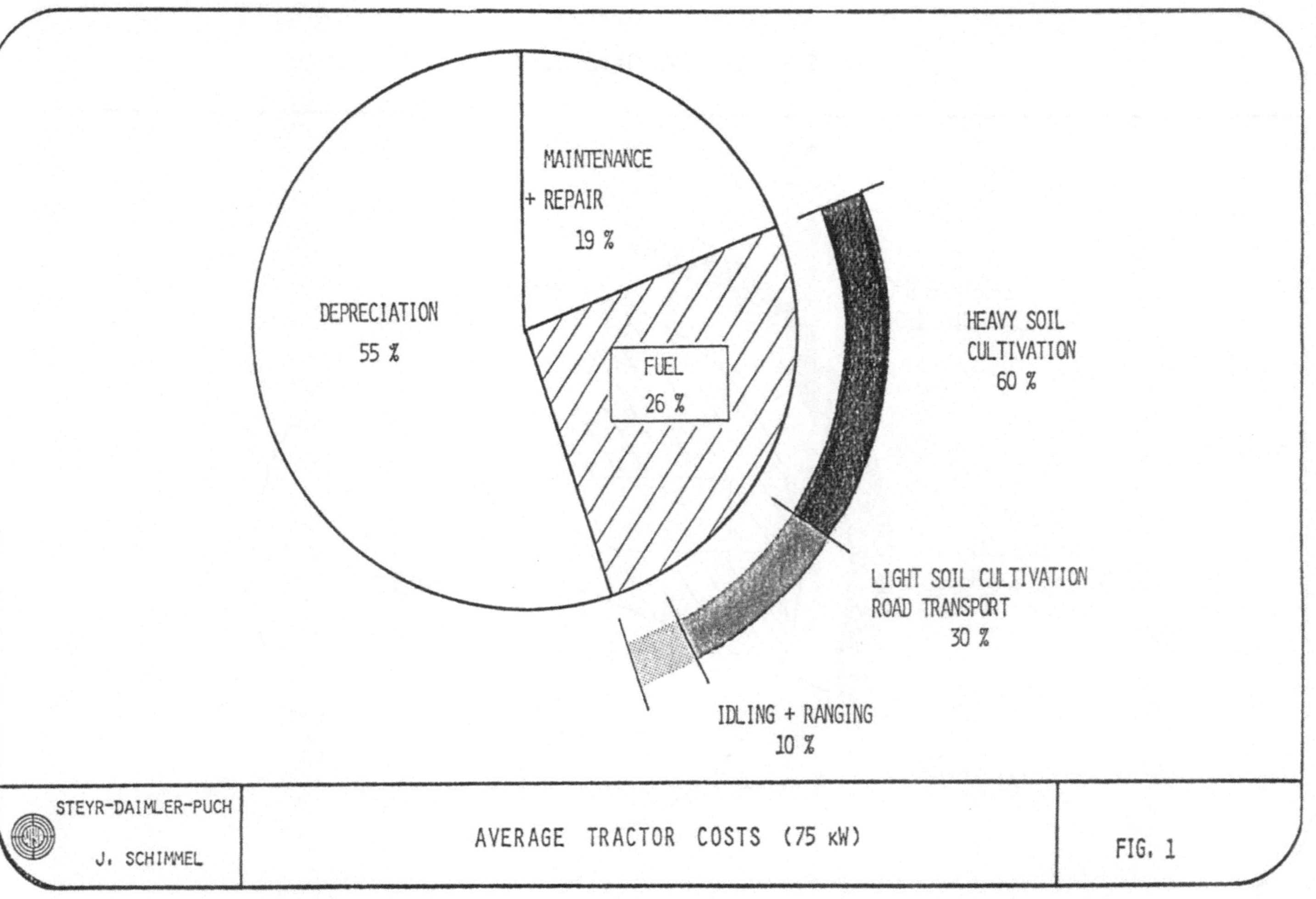

MAINTENANCE
+ REPAIR
19 %
DEPRECIATION
55 %
FUEL
26 %
HEAVY SOIL
CULTIVATION
60 %
LIGHT SOIL CULTIVATION
ROAD TRANSPORT
30 %
IDLING + RANGING
10 %
STEYR-DAIMLER-PUCH
J. SCHIMMEL
AVERAGE TRACTOR COSTS (75 KW)
FIG. 1

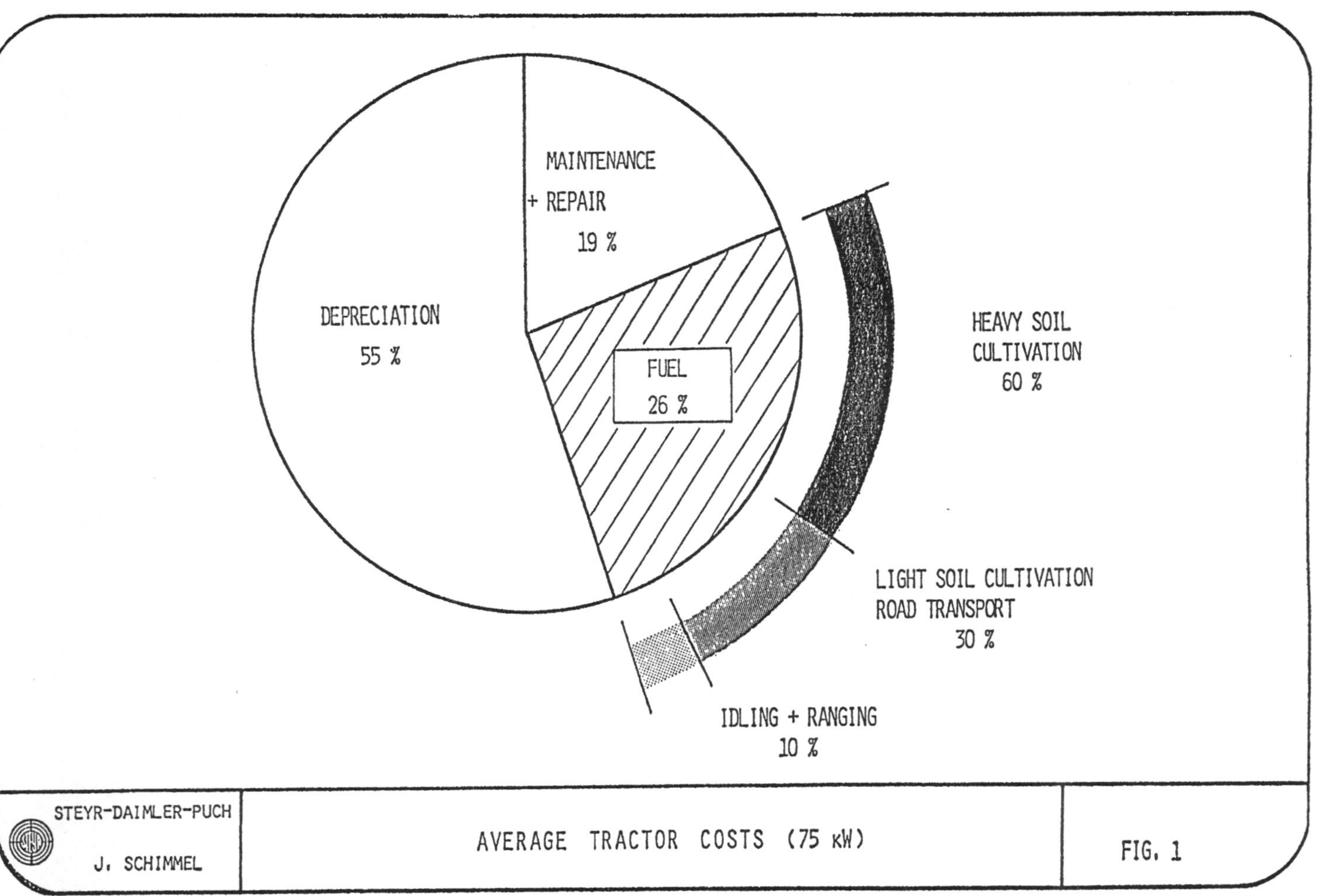

DEPRECIATION
55 %
MAINTENANCE
+ REPAIR
19 %
FUEL
26 %
HEAVY SOIL
CULTIVATION
60 %
LIGHT SOIL CULTIVATION
ROAD TRANSPORT
30 %
IDLING + RANGING
10 %
STEYR-DAIMLER-PUCH
J. SCHIMMEL
AVERAGE TRACTOR COSTS (75 кW)
FIG. 1

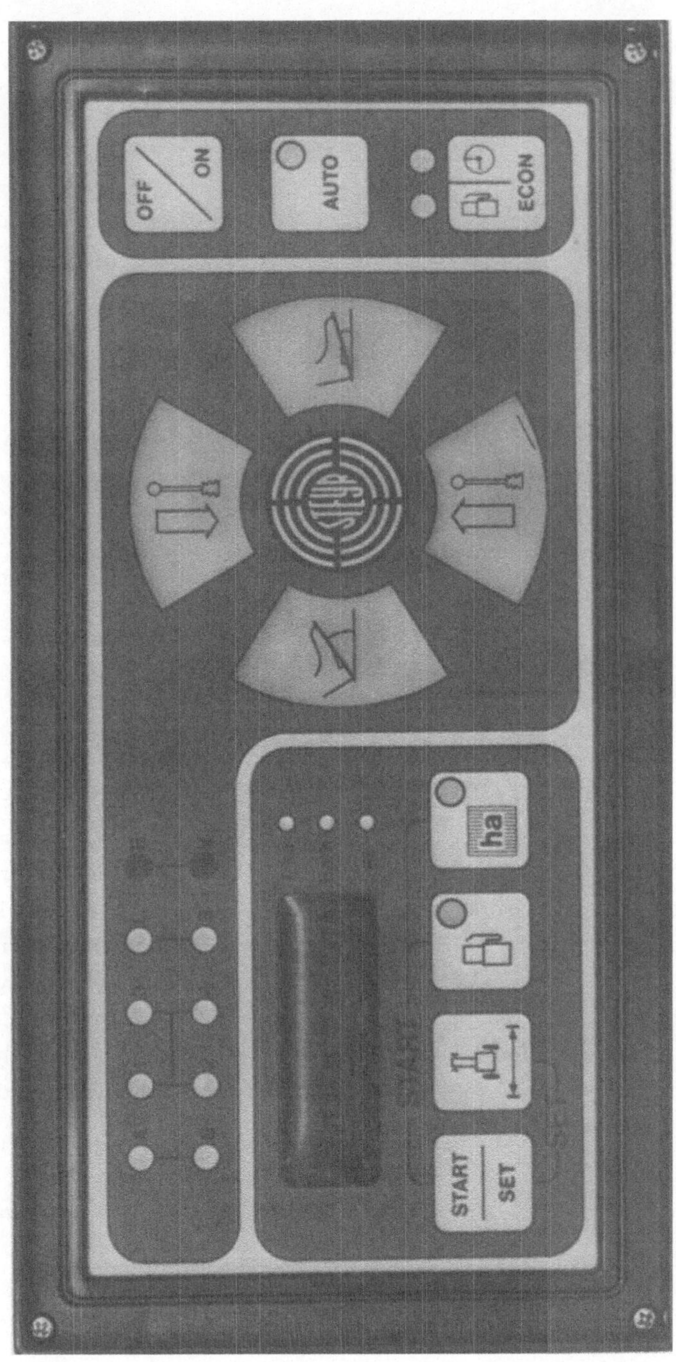

OFF
ON
AUTO
ECON
ha
START
SET

FAHRERINFORMATIONSSYSTEM FÜR TRAKTOREN
ELEKTRONISCHE KOMPONENTEN UND PROGRAMMSTRUKTUR

E. Mausner

Voest-Alpine AG, Abt. Automobilelektronik, Linz

1. Einleitung

Bei Personenkraftfahrzeugen und Nutzfahrzeugen werden heute
schon Fahrerinformationssysteme, die auch als Fahrdatenrechner
bekannt sind, eingesetzt. Erfahrungen mit diesem System liegen
vor und ermöglichen bei Beachtung der angezeigten Daten und
danach ausgerichteter Fahrweise eine Treibstoffersparnis von
durchschnittlich bis zu 10 %. In Zusammenarbeit mit der Steyr-
Daimler-Puch AG hat die Voest-Alpine nun ein solches System
für Traktoren entwickelt.
Durch den Einsatz heute verfügbarer modernster Komponenten
und Techniken konnte das vorliegende System mit folgenden
Schwerpunkten erreicht werden:

- Hohe Flexibilität in der Anpassung an Motor
  und Traktor bei allen Einsatzbedingungen.

- Darstellung verschiedenster Schaltprogramme,
  z.B. verbrauchs- und leistungsorientiert.

- Einfache Bedienung und Ablesbarkeit durch
  übersichtliche Darstellung.

- Hohe Zuverlässigkeit durch geringe Bauelemente-
  anzahl, optimierte Fertigung und Prüfung.

- Ausbaubar für zusätzliche Funktionen.

2. Sensoren

Zur einwandfreien Funktion des Traktorinformationssystems
kommt den verwendeten Sensoren besondere Bedeutung zu. Aus
Kostengründen wurden außerdem beim Festlegen des Gesamtkon-
zepts vorhandene Kennwerte und Signale ausgenutzt.

2.1. Nadelhubsensor

Zur Erfassung der Einspritzzeit bzw. des Kraftstoffdurch-
flusses wird ein Nadelhubsensor (Bild 1) verwendet.

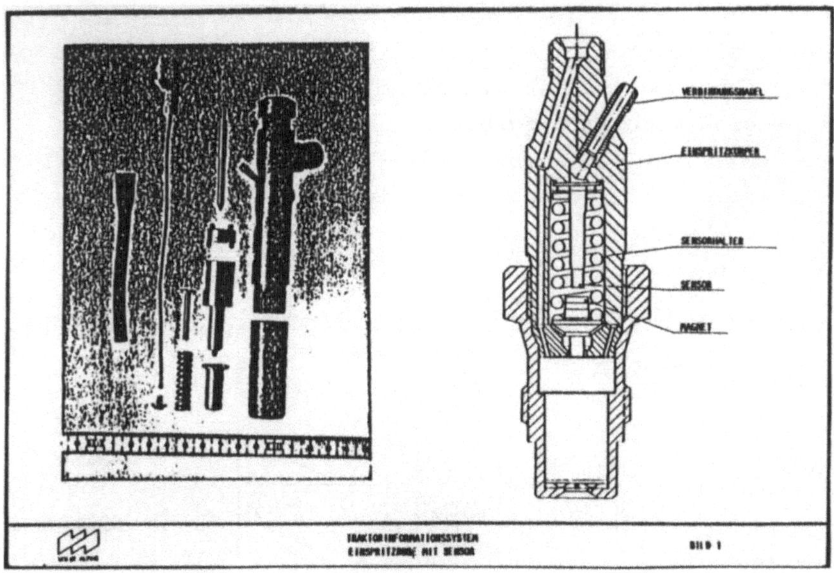

Der normale Temperaturarbeitsbereich erstreckt sich von - 40°C
bis + 125°C und ist somit ausreichend für das von uns ausge-
wählte Arbeitsgebiet. Die Messungen haben ergeben, daß bei
dem Vergleich verschiedener kompletter Düsenhalter mit Sensoren eine Toleranz von ± 4 % eingehalten werden kann.

2.2. Sensor für Fahrgeschwindigkeit

Zur Ermittlung der Fahrgeschwindigkeit wird ein Drehzahl-
sensor, der als sogenannter Abreißoszillator arbeitet, verwendet.

2.3. Motordrehzahl

Ein Motordrehzahlsensor wurde aus Kostengründen eingespart, da
das Drehzahlsignal aus der der Lichtmaschine überlagerten
Wechselspannung gewonnen werden kann.

2.4. Sonstige Sensoren

Die Stellung der Lastschaltgruppen, der Kupplung und die
Anzeigehelligkeit werden über Schalter ermittelt.

3. Zentralelektronik

3.1. Hardware-Blockschaltbild

Die Zentralelektronik des Traktorinformationssystems ist
Kommandozentrale und ist mit einem höchstmöglichen Inte-
grationsgrad modular aufgebaut.
Herzstück dieser Kommandozentrale ist ein 8 bit-Singlechip-
mikrocomputer der letzten Generation. Ein 16 bit- und zwei
8 bit-Timer stehen zur Meßwerterfassung und zum Timing der
Anzeige- und Bedieneinheit zur Verfügung. Die Blockstruktur
ist in Bild 2 dargestellt.

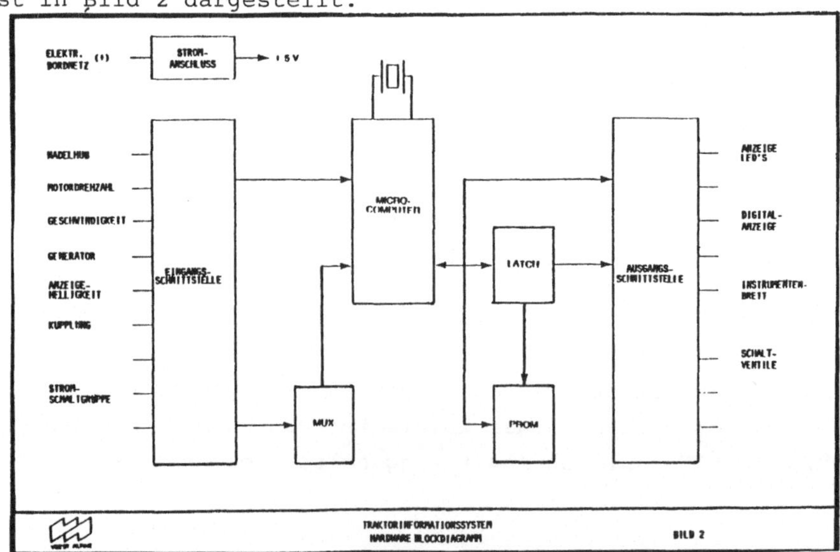

In den Signalaufbereitungsschaltungen werden die unterschiedlichen Sensorsignale in vom Mikrocomputer verarbeitbare
Steuerpegel umgesetzt. Ein Teil der Eingangssignale wird über
einen speziellen Multiplexbaustein dem Mikrocomputer zugeführt. Das Ablaufprogramm ist im internen Speicher des Ein-
chipmikrocomputers abgelegt, während traktorspezifische Daten
aus Gründen hoher Flexibilitätsanforderungen hinsichtlich der
Traktortypenvielfalt und Einsatzbedingungen im externen Parameter - PROM gespeichert sind. Unterschiedliche Reifengrößen
können vor Ort über Leiterplattenschalter berücksichtigt werden. Wegen der Vielzahl der benötigten Ports des Mikrocomputers müssen Daten- und Adressleitungen gemeinsam benützt werden, sodaß die Adresse für das Parameter - PROM in einem
externen Latch zwischengespeichert wird. Die Ausgangsschal-
tung verstärkt die Steuersignale des Mikrocomputers und führt
sie dem Anzeigeteil zu.
Bei der Schaltungsentwicklung wurde auf höchste
- Zuverlässigkeit und Qualität
Wert gelegt. Ausgedehnte Labor- und Dauerversuche, 100 %
Prüfung der eingesetzten Bauelemente, Burn-In sind hierzu
notwendige Voraussetzungen.

3.2. Software Blockstruktur

Durch das Anwenderprogramm werden die Eingangsparameter
- Motordrehzahl n (u/min)
- Öffnungsdauer der Düsennadel (Vielfaches der Zähleinheit)
- Fahrgeschwindigkeit V (km/h)
miteinander verknüpft. Entsprechende Korrekturgrößen werden
dabei berücksichtigt.
Die Werte sind in einer Tabelle abgelegt und der Zusammenhang
wird in einem Kennfeld aufgezeigt (Bild 3).

Aus dem Kennfeld ergibt sich dann der Korrekturfaktor $k = f$
(n, t) und erlaubt über die Beziehung $B = n.t.k$ die Berechnung des Verbrauchs in Litern pro Stunde.

Da die Eingangswerte, wie schon erwähnt, sequentiell abgefragt werden, müssen im Programmablauf Prioritätsebenen vorhanden sein. Bild 4 zeigt hierfür die Struktur auf.

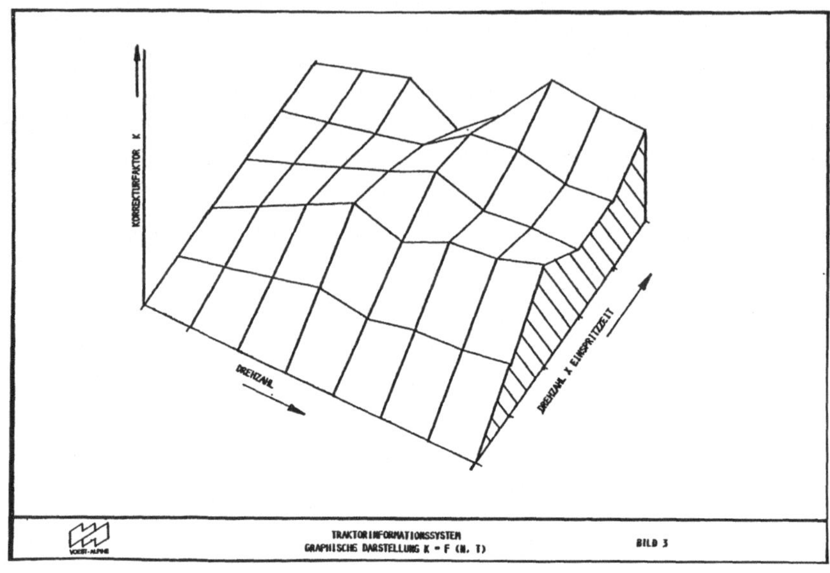

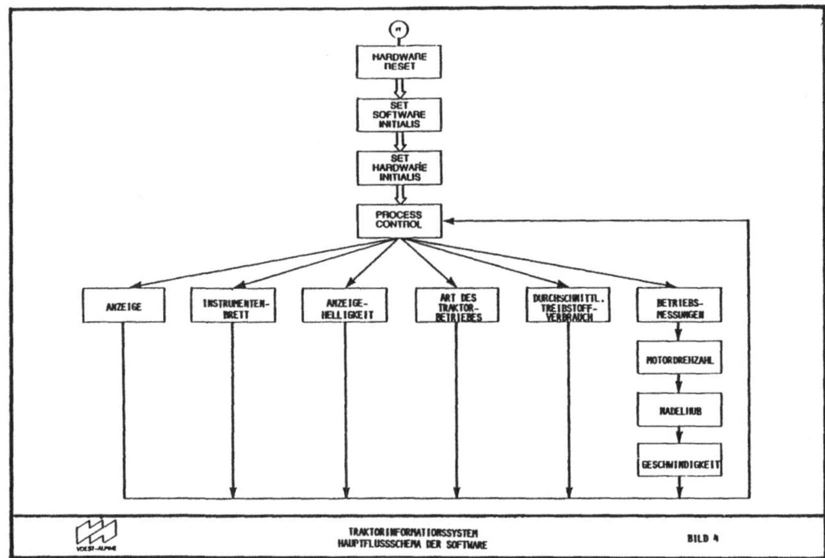

4. Bedienungs- und Anzeigeeinheit

Die Bedienungs- und Anzeigeeinheit mußte eine Vielzahl von
Anforderungen erfüllen:

- leichte Bedienung,

- übersichtliche und verständliche Anzeige,

- leichte flexible Montagemöglichkeit,

- hohe Temperaturfestigkeit,

- unempfindlich gegen übliche Beschleunigungswerte,

- wasser- und staubgeschützt.

Die Vorgabe verschiedener Fahrstrategien ermöglicht dem Fahrer, ob er bei seinem Einsatz einen optimalen Kraftstoffverbrauch bei etwas reduzierter Leistung erreichen will, oder ob er die Arbeit mit etwas höherem Verbrauch aber der maximalen Leistung verrichten möchte. Das Programm ermittelt, mit welchen Maßnahmen gewünschte Verbesserungen zu erreichen sind. Werte wie Motordrehzahl, Flächenleistung usw. werden angezeigt.

5. Zusammenfassung und Ausblick

Der mit dem Traktorinformationssystem im Mittel einzusparende Verbrauch beträgt 9 % - 10 %. Zusätzlich werden durch verringerte Motordrehzahl der Geräuschpegel und die Abgasemission reduziert.

Wegen seines modularen und flexiblen Aufbaus ist es leicht an verschiedene Traktortypen anzupassen und auch nachrüstbar. Das System kann außerdem kurzfristig für den LKW-Einsatz umgerüstet werden.

Zunächst bestehende Meß- und Umweltprobleme wurden durch umfangreiche Erprobungen und sorgfältigste Entwicklung und Fertigung gelöst.

Das entwickelte Grundkonzept des Traktorinformationssystems berücksichtigt zukünftige Funktionserweiterungen und bietet darüber hinaus alle für die Ansteuerung eines Automatgetriebes notwendigen Leistungsausgänge.

Referenzen

1. Schimmel J., Hulla H., "Einsatzoptimierung von Ackerschleppern durch elektronische Fahrerinformation", Grundl. d. Landtechnik Bd. 33, Nr. 1, 1983

2. Wolff, G.D., "Selbstkalibrierender Einspritzsensor für elektronisch geregelte Dieselmotoren", IAVD Congress on Vehicle Design and Components, 1985.

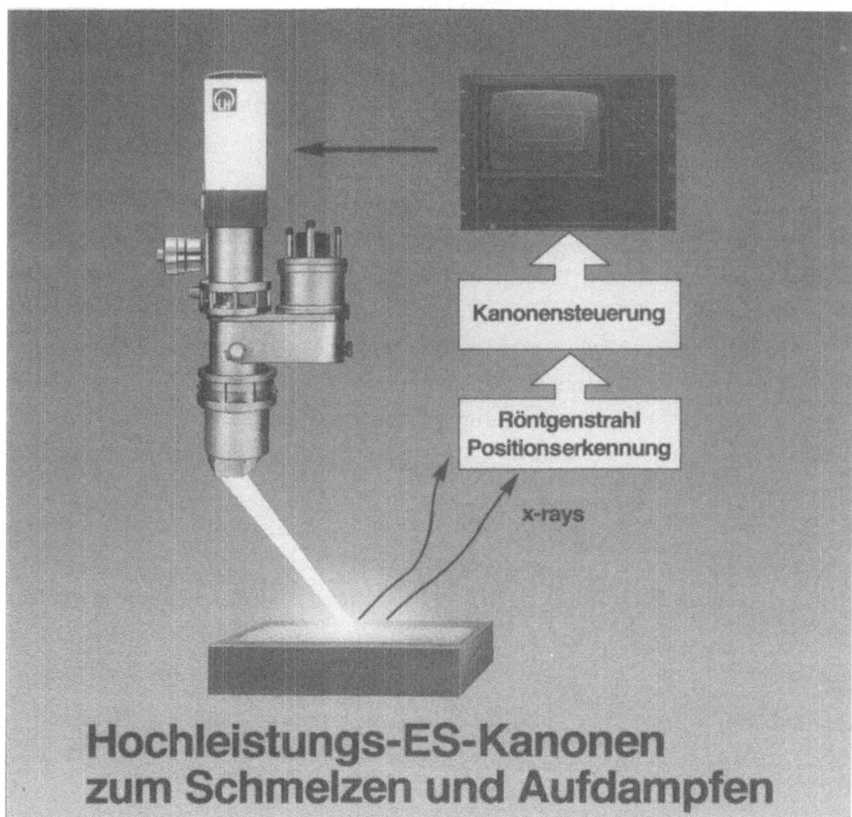

LEYBOLD-HERAEUS präsentiert eine neue
Generation von Hochleistungs-Elektronenstrahl-
Kanonen. Einsatzgebiete sind z. B. das Herstellen
von Superlegierungen oder Applikationen in Band-
Beschichtungs-Anlagen.

Hauptmerkmale

- Leistung bis 600 kW
- Druckbereich $<10^{-1}$ mbar
- Leistungsdichte 200 kW $\cdot$ cm^{-2}
- Automatische Strahlsteuerung
- Röntgenstrahl-Sender zur Positions-Bestim-
  mung des Elektronenstrahls — die Elektronen-
  strahl-Fehl-Ablenkung wird dadurch vermieden
- Hochfrequente Ablenkung über großen Winkel-
  bereich zum Erzeugen isothermer Schmelzbad-
  Flächen

LEYBOLD-HERAEUS — das bedeutet mehr als
50 Jahre Vakuumtechnik und Vakuum-Verfahrens-
technik. LEYBOLD-HERAEUS-Know-how und
Anlagentechnik — auf den Gebieten Elektronik,
Speichertechnik, Optik, Glas-Beschichtung,
Metallurgie und Analytik — hat oft entscheidend zur
Innovation neuer Technologien beigetragen.

Österreich:
LEYBOLD-HERAEUS GES.M.B.H.
Favoritenstrasse 35 · A-1040 Wien · Tel.: 651644/45
Telex: 131400

10. Themenkreis

DIGITALE SIGNALVERARBEITUNG

Leitung:

Univ.-Prof. Dipl.-Ing. Dr. W. Mecklenbräuker

DIGIVISION; EINE ANWENDUNG DIGITALER SIGNALVERARBEITUNG

R. Deubert

ITT Semiconductors
Freiburg BRD

ZUSAMMENFASSUNG:

Die Gründe für die Einführung der digital Signalverarbeitung in Farbfernsehgeräten werden erläutert. Dabei wird
herausgestellt, welche Arten digitaler Signalverarbeitung
angewendet werden und welche Prozessorstrukturen zur Rea-
lisieruing erforderlich sind. An zwei Beispielen, einem an-
wendungsspezifischem Prozessor und einem Echtzeitsignalprozessor, werden die speziellen Anforderungen beschrieben.

1. Gesamtsystem DIGIVISION

Die wesentlichen Gründe für die Digitalisierung der Signalverarbeitung in Farbfernsehgeräten sind schnell aufgezählt:
Keine Drift oder Alterung, keine Toleranzen und Abgleiche,
programmierbar, vollständig simulierbar und für VLSI
besonders geeignet.

Unter Anwendung der zum Entwicklungszeitpunkt bestehenden
technologischen Möglichkeiten konnte ein Satz von
Prozessoren realisiert werden, der die gesamte Signalverarbeitung und Steuerung, mit Ausnahme des HF- und ZF-
Teils und der Leistungsendstufen durchführt. Die dabei zu
verarbeitenden Signale lassen sich in drei Gruppen auf-
teilen:
                a) Steuer- und Bediensignale
                b) Tonsignale
                c) Videosignale
Berücksichtigt man die maximal zu verarbeitenden Frequenzen
so ergibt sich zwangsläufig die für die jeweilige Signalart
optimale Prozessorstruktur und zwar:
            für a) Mikroprozessoren
            für b) Programmierbare Echtzeit-
                    Signalprozessoren
            für c) Anwendungsspezifische Signalprozessoren
und daraus zwangsläufig die Struktur eines Farbfernseh-
gerätes mit digitaler Signalverarbeitung (Bild 1).

Die wesentlichen Bestandteile sind:
Die Centrale Control Unit CCU, ein Mikrokomputer, der die
gesamte Ablaufsteuerung übernimmt,
Der Audioprozessor APU, der als programmierbarer Echtzeit-
Signalprozessor die Verarbeitung der Tonsignale durchführt
und die vier anwendungsspezifischen Prozessoren VPU, SPU,
DPU und TPU:
    VPU für die Videosignalverarbeitung für PAL und NTSC,
    SPU für die Verarbeitung der SECAM- Signale,
    DPU für die Synchronisation und Ablenkung und
    TPU für Teletextverarbeitung.
Der Systemtakt wurde mit vierfacher Farbträgerfrequenz
(17.7Mhz) gewählt. Die erforderliche analog - digital-
Wandlung des Videosignals geschieht im Videocodec VCU
und des Tonsignals im Audio-AD-WAndler ADC.
Im folgenden seien als Beispiele für digitale Signalverarbeitung der Videoprozessor VPU und der Audioprozessor APU
näher beschrieben.

2. Videoprozessor (Bild 2).

Hierbei handelt es sich um einen anwendungsspezifischen Pro-
zessor bei dem alle Funktionsblöcke in speziellen Hardware-
Schaltungen realisiert sind.

Das digitale FBAS-Signal wird in einem Codeconverter in die
für die Signalverarbeitung geeignete Form gebracht und zwei
verschiedenen Zweigen zugeführt. Im oberen Zweig wird das
Luminanzsignal vom Farbsignal befreit. Ein Peakingfilter erlaubt eine Amplitudenbeeinflussung der höheren Signal-
frequenzen und damit eine Verbesserung der Bildschärfe.
Diesem Filter folgt der Kontrastmultiplizierer und eine
Begrenzerstufe.

Im unteren Zweig wird das Farbartsignal mit Hilfe des
Chromabandpasses herausgefiltert. Das gefilterte Signal wird
dann automatisch auf konstante Amplitude gebracht (ACC)
Abevor es über den PAL-Dekoder, das PAL-Kammfilter und den
Farbabschalter geführt wird. Eine Phasenvergleichs -und
Korrekturschaltung sorgen für die phasenstarre Synchronisation der intern erzeugten Farbträgerfrequenz mit dem empfangenen FBAS-Signal. Die Farbsättigung läßt sich mit dem
darauf folgenden Multiplizierer einstellen. Bevor das Chroma
signal zum Ausgang gelangt werden im Datenmultiplexer noch
für die Bildröhreneinstellung nötige Daten hinzugefügt.

Die gesamte digitale Signalverarbeitung wird praktisch nur
mit Hilfe der Grundfunktionen Speichern (Verzögern), Multi-
plizieren, Addieren und Subtrahieren ermöglicht. Als Beispiel ist in Bild 3 die interne Struktur des Luminanzfilters
gezeigt. Die ersten vier Blöcke selectieren das Lmunanz-
signal und unterdrücken den Farbträger. Danach verteilt sich
das Signal auf einen direkten Weg und auf einen mit einem
Bandpaß und nichtlinearer Kennlinie versehenen Weg auf in
dem höhere Frequenzanteile mit Hilfe des Multiplizierers angehoben und hochfrequente Rauschanteile durch die
nichtlineare Kennlinie unterdrückt werden. In Bild 4 ist die
gesamte Durchlaßcharakteristik des Luminanzfilters gezeigt.
Das Chipfoto (Bild5) läßt genau die für die Signalverarbeitung benötigten Schaltungen erkennen.

3. Audioprozessor APU (Bild 6).

Ganz anders stellt sich sie Struktur des Audioprozessors dar
Hier haben wir es mit einem Echtzeitsignalprozessor zu tun,
bei dem alle erforderlichen Additionen, Subtraktionen, Multi
plikationen und Speicherungen in einem zentralen Rechenwerk
(Arithmetic Unit) durchgeführt werden. Welche Funktionen aus
geführt werden sollen bestimmt das Programm. Die Hardware-
blöcke des Prozessors sind:
- ALU, bestehend aus einem schnellen 16x8 bit Multipli-
  zierer, Addierer und Akkumulator. Eine Schaltung für
  Schiebeoperationen und eine Übertlauflogik sind ent-
  halten
- RAM für variable Koeffizienten
- RAM zur Speicherung von Zustandsgrößen
- ROM für feste Koeffizienten
- Programm - ROM und Zähler
- IM -Bus Schnittstelle zur Steuerung und Übertragung von
  Koeffizienten
- Separator zur Trennung des Datenbus 1 von Datenbus 2.

Wie läuft nun hier die Signalverarbeitung ab?
Der Basisbefehl ist: Bilde die Summe von Produkten.
Da für die gesamte Audiosignalverarbeitung etwa einhundert
solcher Basisoperationen in Echtzeit, d.h. in etwa 25 µs ausgeführt werden müssen, darf also eine solche Basisoperation
maximal 250 ns dauern. Das Rechenwerk ist daher so ausgelegt,
daß Multiplikation 16x8 bit, Addition und Akkumulieren in
weniger als 200 ns durchgeführt wird. Gleichzeitig können
noch Schiebebefehle in jeweils 112 ns entsprechend der Taktfrequenz von 17,7 Mhz ausgeführt werden. Ein Funktionsblock-
diagram des Audiosystems (Bild 7) zeigt die verschiedenen
Einstellmöglichkeiten. Die mit Sternchen gekennzeichneten
Blöcke sind Hardware-Schaltungen während alle anderen dargestellten Funktionsblöcke durch Software realisiert sind.

Schaut man nun in die interne Programstruktur erkennt man,
daß praktisch alle Funktionen durch Multiplikation, Verzögern und Addition erreicht werden.

Das Signal durchläuft zuerst die Matrix, in der die
Sendersignale in Rechts -und Linkssignale umgewandelt
werden. Der darauf folgende Programablauf bestehend aus
Deemphase, Höhen -und Baßsteuerung, Physiologie,
Stereobasisbreite existiert nur einmal und wird nacheinander
vom Rechts -und vom Links- signal durchlaufen.

Durch geeignete Wahl der Koeffizienten lassen sich weitgehend alle gewünchten Frequenz -und Amplitudengänge einstellen.

Ein zweiter Audioprozessor könnte auch z.B. als Equalizer
programmiert werden, sodaß mit zwei Prozessoren ein äußerst
komfortables System realisierbar wäre.

Auf dem Chipfoto (Bild 8) sind die wesentlichen Blöcke des
Audioprozessors zu sehen.

4. Ausbblick

Die beiden Beispiele haben gezeigt, daß die digitale Signalverarbeitung äußerst vorteilhaft in Geräten der Unterhaltungselektronik einsetzbar ist. Darüberhinaus werden neue Funktionen wie z.B. zeilenfreies und flimmerfreies Fernsehen erst durch digitale Signalverarbeitung möglich. Denkt man noch an die Einführung von direktem Fernsehsatellitenempfang, bei dem Bildsignale im Zeitmultiplex und Tonsignale digital überttragen werden, dann wird die digitale Signalverarbeitung zur Vorbedingung für die Realisierbarkeit solcher neuer Dienste.

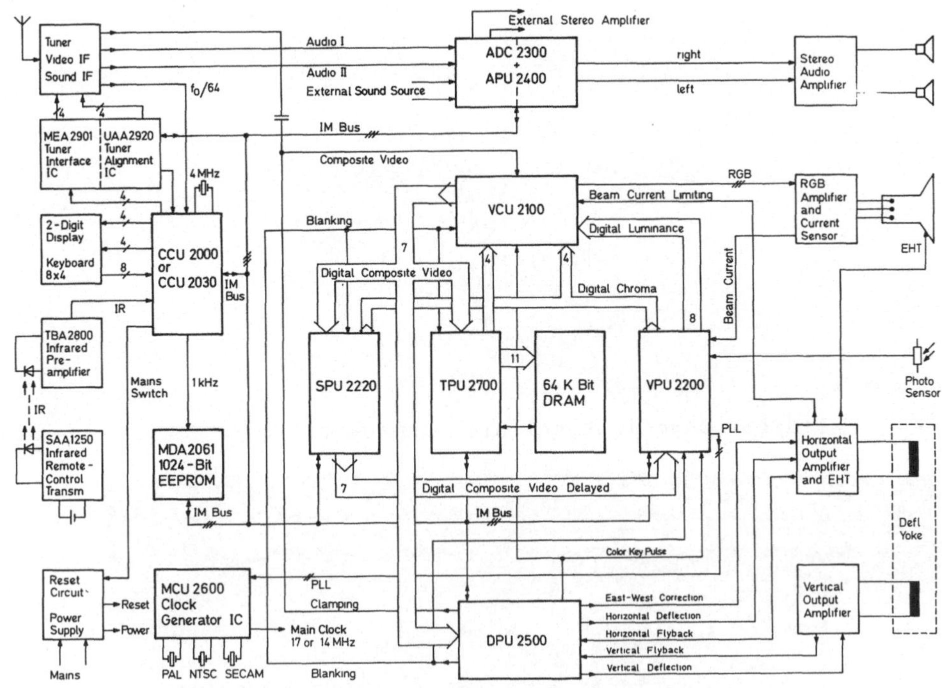

Bild 1:   DIGIVISION - Gesamtsystem

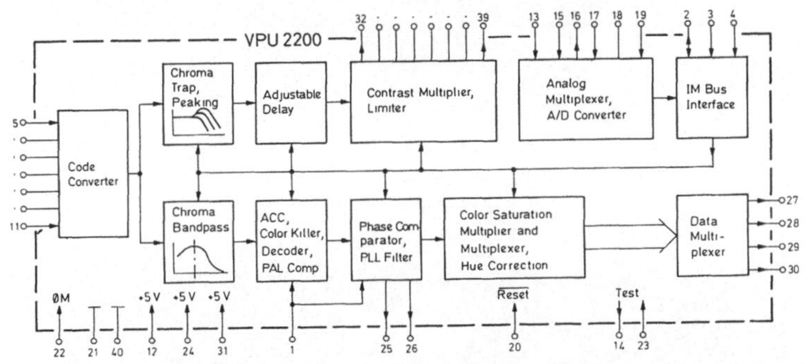

Bild 2:   Videoprozessor VPU

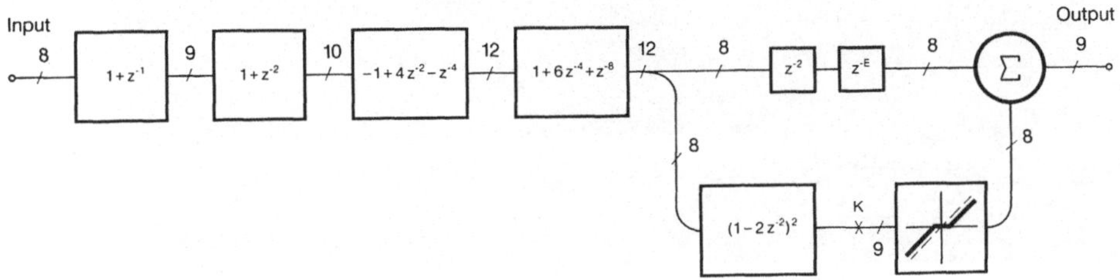

Bild 3:   Architektur Luminanzfilter

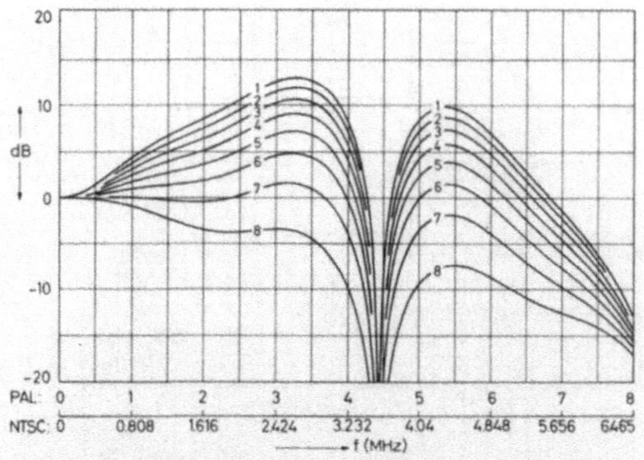

Bild 4:   Durchlaßkennlinien Luminanzfilter

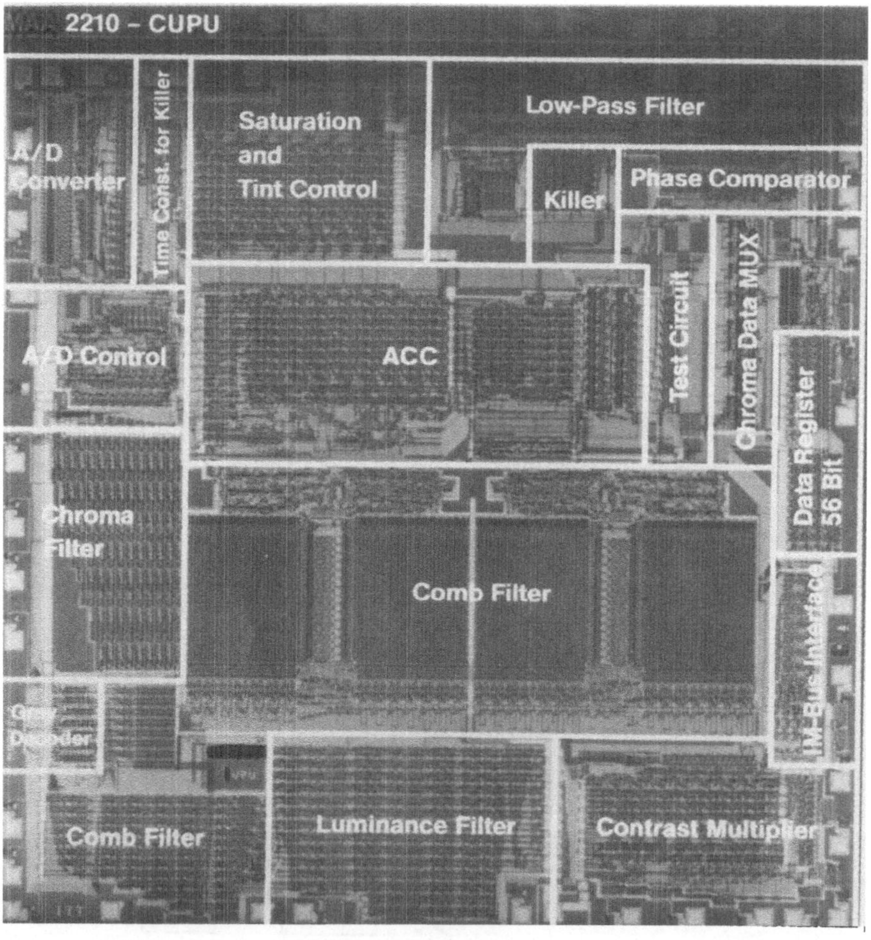

Bild 5:   Chipfoto VPU

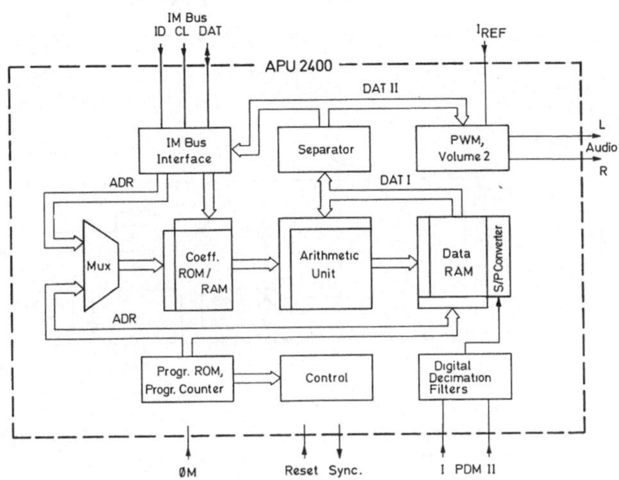

Bild 6: Audioprozessor APU

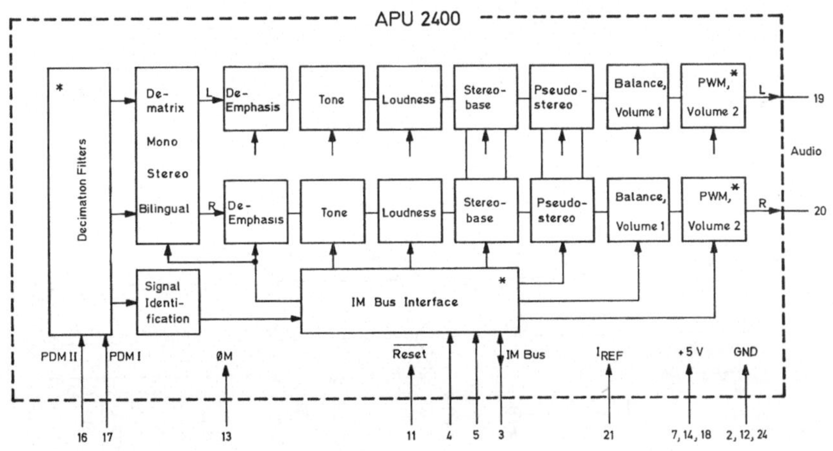

Bild 7: Funktionsdiagramm APU

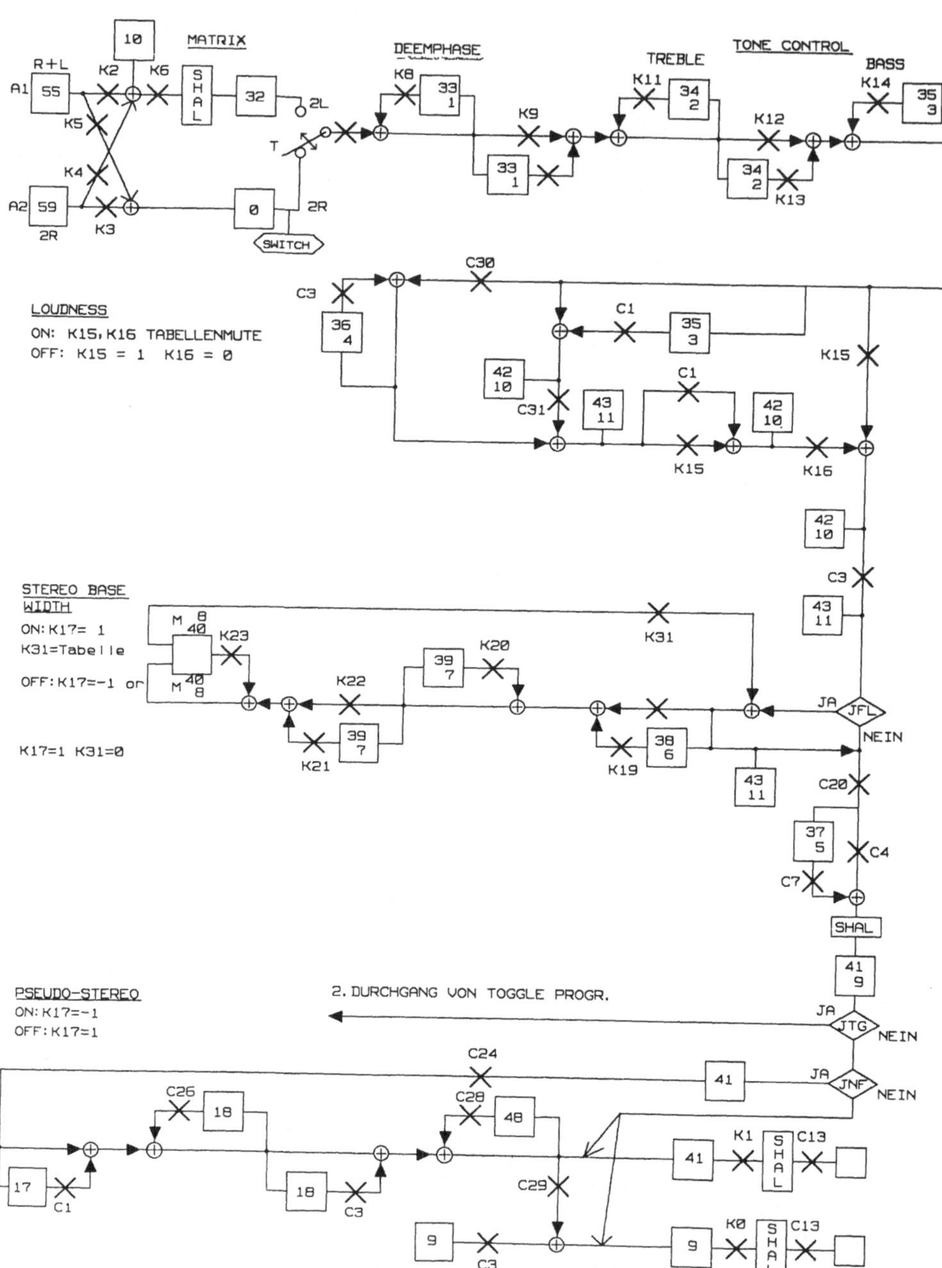

Bild 8: Programmstruktur APU

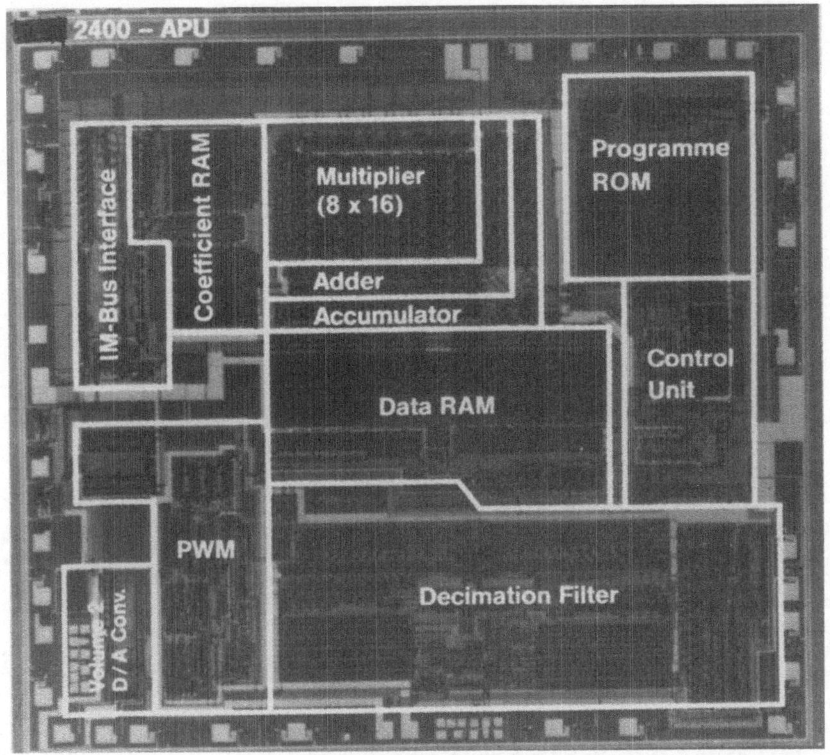

Bild 9: Chipfoto APU

ERKENNEN VON STÖRUNGEN BEI ANALOGAUFZEICHNUNG

H. Fürst

Institut für Elektrische Meßtechnik
Technische Universität Wien

ZUSAMMENFASSUNG:

Bei der Aufzeichnung von Signalen durch Abtastung beschränkt
sich die Darstellung auf eine endliche Zahl von Signalproben.
Kurzzeitige Abweichungen von einem kontinuierlichen Signal-
verlauf, sogenannte "Glitches" zwischen diesen Abtastwerten
können nicht erkannt werden.
Bei digitalen Rekordern verwendet man zusätzliche asynchrone
Speicher zur Lösung dieser Aufgabe, bei analogen, wie
Transientenrekordern oder Digitalspeicheroszilloskopen, hingegen Differenzschaltungen und Analogspeicher.
Der Nachteil, daß diese Schaltungen auch eine starke Änderung
des Grundsignals als Störung interpretieren, wird durch die
im folgenden beschriebene, digital arbeitende Anordnung vermieden.

In der Meßtechnik ergibt sich häufig die Aufgabe, zeitlich
veränderliche Größen zu erfassen, abzuspeichern und sichtbar
zu machen.
Bei der Aufzeichnung durch Abtastung und Digitalisierung mit
Hilfe von Analog-Digital-Konvertern geschieht dies naturge-
mäß mit einer endlichen Abtastfrequenz, die durch Teilung aus
einer maximal möglichen gewonnen wird. Somit ist auch das
Zeitintervall zwischen zwei abgespeicherten Werten endlich
groß. Ist nun das analoge Eingangssignal von einer kurz-
zeitigen Störung ("Glitch") überlagert, die zeitlich kürzer
ist als das Zeitintervall zwischen zwei Werten und liegt sie
zwischen diesen, so wird sie auch nicht abgespeichert. Es ist
daher nicht mehr erkennbar, ob eine solche Störung aufgetreten
ist.

In der Netzspannungstechnik etwa ist es von großer Bedeutung,
Abweichungen des Spannungsverlaufes von der idealen Sinusform,
wie z.B. Spannungsspitzen, hervorgerufen durch Schaltvorgänge,
erfassen zu können. Für solche Anwendungen sind Schaltungen in
/1/, /2/ und /3/ angegeben. Dabei wird das Eingangssignal
differenziert, bei Überschreiten einer bestimmten Minimalsteig-
ung der Maximal- bzw. Minimalwert zwischen zwei Speicherwerten
des Analogsignals festgehalten und gemeinsam mit dem nächsten
digitalisiert.

Handelt es sich hingegen um eine allgemeine Signalfunktion, die
auch Unstetigkeitsstellen enthalten kann, versagt die angege-
bene Methode völlig, da ja bei jeder steilen Flanke die Mini-
malsteigung überschritten und damit eine Störung angezeigt
würde. Dies ist von besonderer Bedeutung, wenn die Störung als
Triggerereignis verwendet werden soll, um ihre unmittelbare Umgebung darstellen zu können.

Wie bereits erwähnt, wird in einem digitalen Speicheroszillos-
kop ein Analog Digital Konverter verwendet, um das analoge Eingangssignal zu digitalisieren. Dabei wird das Eingangssignal
mit einer bestimmten Frequenz abgetastet. Die dabei entstehenden digitalen Meßwerte seien im Folgenden "Abtastwerte" genannt.
Der Speicher des Oszilloskops ist begrenzt. Sind zeitlich relativ langdauernde Vorgänge abzuspeichern, so wird nicht jeder
Abtastwert gespeichert, sondern, je nach Länge, nur jeder n-te
Abtastwert, um die gesamte Länge des Vorganges im Speicher
unterzubringen. Die einstellbare Aufzeichnungsrate bestimmt,
jeder wievielte Abtastwert abgespeichert wird.

Die Abtastwerte, die zwischen zwei benachbarten Speicherwerten
liegen, werden für die eigentliche Aufzeichnung nicht benötigt.
Sie können aber dazu verwendet werden, die oben genannten
Störungen zu erkennen (Abb. 1).

Der Kurvenverlauf wird also auch zwischen den Speicherwerten
abgetastet und durch Auswertung eine Abweichung von der Grundfunktion erkannt.

Die beschriebene Anordnung bewertet eine Störung nach ihrer
Amplitude und zeitliche Längen.

Grundsätzlich läßt sich sagen, daß die Amplitude der Störung
eine vorgegebene relative Amplitude zur Grundfunktion überschreiten muß. Außerdem darf die Störung nur eine maximale Länge T_{St} haben, damit sie von der Grundfunktion unterscheidbar ist.

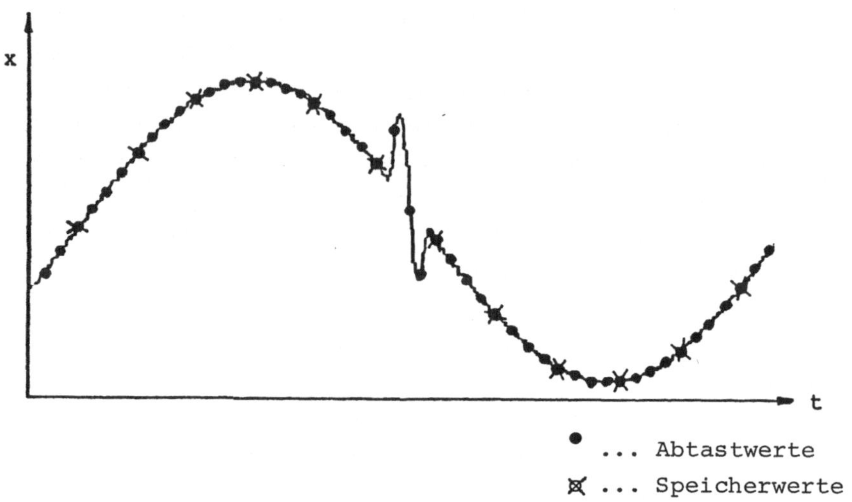

Abb. 1. Abtast- und Speicherwerte

Offensichtlich muß das zu untersuchende Signal eine vorgegebene
Schranke e überschreiten (sofern die Polarität der Störung positiv ist). Das Überschreiten wird vom letzten Speicherwert aus
gemessen.
Dieser Vorgang entspricht einer Differentiation und führt, wie
bereits bei den oben erwähnten differenzierenden Verfahren erläutert, bei Grundfunktionen mit Unstetigkeitsstellen (Stellen,
an denen die erste Ableitung sehr groß wird) nicht zum gewünschten Ziel.
Der entscheidende Unterschied zu den bekannten differenzierenden Verfahren liegt nun darin, daß das Signal nicht nur eine
Schranke e überschreiten, sondern die Schranke e auch wieder
unterschreiten muß, um als positive Störung erkannt zu werden.
Das Unterschreiten wird vom höchsten Abtastwert (Maximum) aus
gemessen.
In analoger Weise muß, wenn die Polarität der Störung negativ
ist, das Signal die Schranke e zunächst unterschreiten, gemessen vom letzten Speicherwert aus. Dann muß die Schranke e
überschritten werden, gemessen vom tiefsten Abtastwert (Minimum).
Die zeitliche Länge der Störung sei definiert durch die Zeit-
differenz zwischen dem Erkennen des Über- und Unterschreitens.
Sie darf maximal so groß sein wie das Zeitintervall zwischen
zwei Speicherwerten. Man könnte auch sagen, die Störung "muß
zwischen zwei Speicherwerte passen".

Falls eine Abweichung länger ist als die Zeit zwischen zwei
Abtastwerten, so liegt mindestens ein Speicherwert auf dieser
Abweichung. Ihr Auftreten ist daher aus den gespeicherten
Werten auf jeden Fall erkennbar. Eine solche Abweichung wird
nicht als Störung erkannt.

Nach diesen Definitionen ergibt sich folgender grundsätzlicher
Aufbau für die Anordnung (Abb. 2).

Die gestörte, analoge Eingangsspannung - die von Störungen
überlagerte Grundfunktion - wird an den ADC gelegt und digitalisiert.

Die entstehenden Abtastwerte werden dem Speicher und einer
Rechenschaltung zur Verfügung gestellt. Die Steuerlogik ent-
scheidet aufgrund der eingestellten Aufzeichnungsrate, welcher
Abtastwert als Speicherwert verwendet wird.

Der Speicher arbeitet als Ringspeicher. Er wird laufend beschrieben, bis die Steuerlogik durch ein Trigger-Signal ver-
anlaßt wird, die Aufzeichnung zu stoppen. Die Speicherwerte
vor Auftreten des Triggers können dann ausgelesen werden.

Damit nicht nur die Vorgeschichte eines Ereignisses erfaßt
wird, sondern auch eine gewisse Zeit nachher, kann der Trigger
verzögert werden (Delayed Trigger).

Die Rechenschaltung untersucht, ob eine Störung nach den obigen
Definitionen aufgetreten ist. Wird eine Störung erkannt, stellt
die Rechenschaltung dem Speicher eine Zusatzinformation zur
Verfügung, die mit dem nächsten Speicherwert zusammen aufgezeichnet wird.

Diese Zusatzinformation gibt an, ob es sich um eine positive
oder negative, um eine kleine oder große Störung handelt.

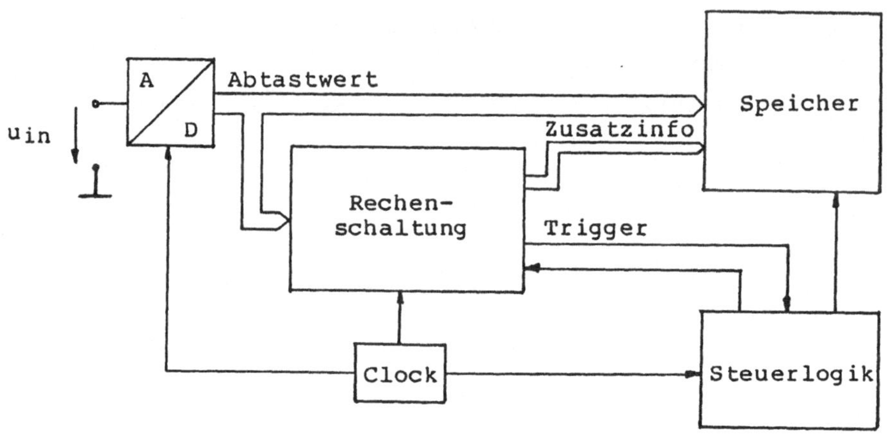

Abb. 2. Grundsätzlicher Aufbau eines digitalen Systems
zur Erkennung von Störungen bei Analogaufzeichnung

Literatur

1. Smith, David M.: Latch grabs glitches for waveform
recorder. Electronics, March 24, 1981.
2. Malkiel, Saul: Wideband peak detector recovers short
pulses. Electronics, May 24, 1979.
3. Philips Service Manual: Digital storage oscilloscope
PM3305, pg. 3-45: Min/Max circuit description, 1984.
4. Werni, Alfred: Erkennen von Störungen über einer deutlichen
Grundfunktion. Diplomarbeit an der TU-Wien, April 1985.

SPRACHSYNTHESE ZUR PROZESSPROTOKOLLIERUNG

G. Josef

Institut für Nachrichtentechnik, Technische Universität Wien
Gußhausstraße 25, A-1040 Wien

ZUSAMMENFASSUNG

In Zusammenarbeit mit der Firma Elin wurde am Institut für
Nachrichtentechnik der Technischen Universität Wien ein in-
dustriell einsetzbares Sprachsynthesesystem zur Ausgabe deutscher Sprache bei Eingabe beliebiger Texte entwickelt. Obwohl
dieses System für den Einsatz in Prozeßprotokollierungsanlagen
konzipiert wurde, kann es auf allen Gebieten der akustischen
Ausgabe technischer Texte verwendet werden.

Allgemeines

Aufgabe eines Protokollierungssystems ist es, Meldungen über
Zustände und Störungen laufender Prozesse und des Gesamtsystems
aufzulisten. Eine klare und eindeutige Form der Meldungen ist
Voraussetzung für richtige Reaktionen des Überwachungspersonals.

Die Möglichkeit der akustischen Ausgabe von Textmeldungen stellt
neben Druckerprotokollierung und Bildschirmauflistung ein weiteres Hilfsmittel für die Informationsausgabe dar und ersetzt
außerdem bisherige optische und akustische Signale (z.B. Warn-
leuchten, Hupen), die nur der Erregung von Aufmerksamkeit dienen. Das Wartenpersonal kann bei auftretenden Stör- bzw. Alarm-
meldungen sofort reagieren, ohne erst auf einem Drucker oder
einer Wartentafel nachsehen zu müssen, welche Störung den Alarm
verursachte. Ebenso besteht die Möglichkeit zur Ausgabe von Anweisungen für Sofortmaßnahmen zur Behebung schwerwiegender

Störungen. Andererseits müssen abrufbare Zustandsmeldungen vom
Drucker nicht mehr mitprotokolliert werden.

Die Sprachausgabeeinheit im Protokollierungssystem hat also die
Aufgabe, herkömmliche Druckerprotokollierungen sinnvoll zu er-
gänzen und das Überwachungspersonal in seiner Tätigkeit zu un-
terstützen.

Auswahl des Syntheseverfahrens

Durch die Entwicklung hochintegrierter Sprachausgabebausteine
stehen dem Anwender heute eine Vielzahl von Verfahren zur
Sprachausgabe zur Verfügung. Die Methoden weisen aber stark
unterschiedliche Merkmale auf, sodaß es einer genauen Betrachtung ihrer Eigenschaften bedarf (z.B. Größe von Datenraten und
Sprachumfang), um das geeignetste Verfahren für den jeweiligen
Anwendungsfall zu finden /1/. Für Zeitansagen beispielsweise
ist ein kleines Vokabular, bestehend aus Zahlwörtern und einigen
Zusatzwörtern, wie "Uhr", "Minuten", "und" usw. ausreichend. Für
Prozeßprotokollierungen muß hingegen eine große Zahl verschiedener Meldungen auf Abruf bereitgestellt werden (typ. 500 Meldungen mit einer Gesamtdauer von 2500 Sekunden).

Es ergeben sich daher die Forderungen
- möglichst geringe Datenraten (bzw. geringer Speicherplatzbedarf) und
- unbeschränktes Vokabular
an das Syntheseverfahren.

Einen ersten Gesichtspunkt für die Auswahl des Verfahrens ergibt
die Betrachtung der möglichen Synthesesegmente /2/. Das Inventar
kann aus gespeicherten
- Wörtern und Silben,
- Halbsilben,
- Doppellauten und Lautübergangselementen ("Diphone") oder
- Lauten ("Phoneme" und "Allophone")
bestehen. Im allgemeinen gilt dabei, daß eine feinere Segemen-
tierung eine kleinere Anzahl verschiedener Segmente ergibt. So
benötigt man für die deutsche Sprache nur etwa 70 verschiedene

Laute, jedoch 1600 verschiedene Halbsilben. Andererseits erlauben größere Einheiten eine einfache Segmentierung und Verkettung.

Eine weitere Möglichkeit zur Klassifizierung der Methoden ist die Betrachtung der Art der Parametergewinnung aus dem akustischen Signal /1/.
Bei den Verfahren der Signalformcodierung (wie z.B. PCM, ADPCM) werden Synthesesegmente codiert, abgespeichert und bei der Synthese aneinandergereiht. Diese Verfahren können zwar hinsichtlich des Speicherplatzbedarfes optimiert werden, haben aber den Nachteil, daß bei der Synthese aus wenigen Elementen (z.B. Phonemsynthese) ein großer Aufwand erforderlich ist.
Bei den Frequenzbereichsverfahren (wie z.B. LPC, Formantensynthese) werden charakteristische Parameter aus dem Amplitudenspektrum des akustischen Signals gewonnen. Zur Synthese werden diese Daten dann der Nachbildung eines Quelle-Filter-Modells des menschlichen Sprechtraktes zugeführt (Abb.1). Dieses Modell besteht aus einer periodischen Signalquelle für stimmhafte Laute, einer Rauschquelle für stimmlose Laute, einem Umschalter zwischen diesen beiden Quellen, einem Verstärker und einem Bandpaßfilter höherer Ordnung, das die akustischen Eigenschaften des menschlichen Artikulationsapparates nachbildet. Die Art des Filters wird durch das jeweilige Verfahren bestimmt. Bei der Formantensynthese beispielsweise stellen die Mittenfrequenzen

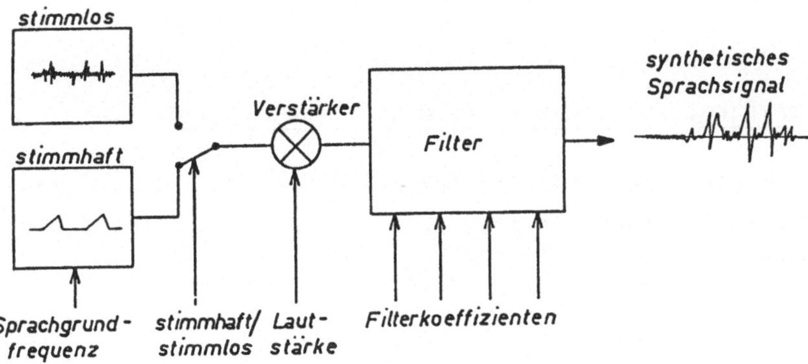

Abb.1: Quelle-Filter-Modell des menschlichen Sprechtraktes

der Filterkaskade die Resonanzpunkte der Stimmstrecke (sog.
Formanten) dar. Diese Methoden zeichnen sich dadurch aus, daß
sie aufgrund der Parametergewinnung aus dem sich relativ langsam ändernden Amplitudenspektrum (kurzzeitstationär für ca.
20 ms) besser geeignet sind, mit Lauten als Basis eines Inven-
tars auszukommen.

Aufgrund der obengenannten Forderungen an eine Sprachsyntheseeinheit beim Ersatz in Prozeßprotokollierungen wurde daher das
Verfahren der Formantensynthese mit Phonemen als Synthesesegmente gewählt.

Die Synthese-Baugruppe

Die Sprachausgabeeinheit wurde im Doppeleuropakartenformat zum
Einschub in 19"-Normgehäuse aufgebaut. Kernstück der Baugruppe
ist ein handelsüblicher integrierter Phonemsynthesator. Derzeit
sind die Bausteine SC-01 (Votrax, /3/ und SSI 263A (Silicon
Systems, /4/) in Verwendung. Die Hardware bietet auch die Möglichkeit zur Steuerung prosodischer Merkmale (Intensität, Rhyth-
mus und Intonation). Zur Ankündigung von Meldungstexten wurde
ein Drei-Klang-Gong implementiert. Die Übermittlung der erforderlichen Codes (Phonemcodes, Codes für die Prosodiesteuerung
und Gongstartzeichen) erfolgt durch eine serielle Standard-
schnittstelle (RS 232), sodaß die Einheit vom Prozeßrechner als
Drucker behandelt werden kann. Der Stromverbrauch der Platine
konnte durch die Verwendung von CMOS-Bausteinen klein gehalten
werden.

Programmpaket zur Transkription und Codeausgabe

Es wurde ein menügesteuertes Programmsystem zur Generierung der
für die Ansteuerung der Baugruppe benötigten Codes auf einer
Rechenanlage VAX 11/750 (DEC) in der Programmiersprache C erstellt.

Das Programmsystem enthält das Transkriptionsprogramm,das Ausgabeprogramm, einen Bildschirm-Editor für alle Eingabe- und Änderungsaufgaben und ein übergeordnetes Menüprogramm.

Das Transkriptionsprogramm sorgt für die automatische Umsetzung deutscher Texte in Lautschrift. Es führt eine Aufbereitung der Texte und eine anschließende wortorientierte Transkription nach Regeln durch /5/. Bei dieser Umsetzung werden auch die jeweiligen Betonungsstufen nach einfachen Regeln ermittelt. Für die Transkription werden nur die ca. 100 wichtigsten Regeln verwendet. Da die Texte zur Prozeßprotokollierung eine große Zahl von Wörtern nichtdeutschen Ursprungs (meist technische Fachbegriffe englischer Herkunft) und Eigennamen (Anlagen- und Gerätenamen) enthalten, können falsch übersetzte Wörter mit dem komfortablen Editor händisch korrigiert oder bei mehrmaliger Verwendung in eine Tabelle geschrieben werden.

Das Ausgabeprogramm führt eine Umsetzung der ermittelten Lautschriftzeichen und Betonungsstufen in die von der Baugruppe benötigten Ansteuercodes durch und gibt diese Daten dann über eine serielle Schnittstelle ab. Nur dieses Teilprogramm muß bei Hardware-Änderungen der Sprachausgabeplatine angepaßt werden.

Ergebnisse

Ein Text mit Meldetexten einer bestehenden Druckerprotokollierung hat gezeigt, daß die geringe Zahl implementierter Regeln keineswegs zu umfangreichen Korrekturmaßnahmen nach der automatischen Umsetzung führt. Die Ausbesserungsarbeiten nach der Transkription beschränken sich meist auf einige falsche Vokallängen und auf einige falsche Betonungsmuster bei zweisilbigen Wörtern.
Abschließend kann vermerkt werden, daß durch den Einsatz einer Sprachsyntheseeinheit in der Prozeßprotokollierung eine geeignete Erweiterungsmöglichkeit bestehender Drucker- oder Bildschirmprotokollierungen gegeben ist. Bei Überwachungsaufgaben kann dadurch das menschliche Auge, das optische Indikatoren beobachten muß, durch gesprochene Störungsmeldungen entlastet werden.

<u>Literatur</u>

/1/ L.R. Rabiner, R.W. Schafer, Digital Processing of Speech
    Signals, Prentice Hall 1978.

/2/ M. Kommenda, G. Kubin, G. Dobligner, Ein System zur akusti-
    schen Ausgabe von deutschem Text für Personal-Computer, in:
    Sprachsynthese (B.S. Müller, Hrsg.), Georg Olms Verlag (im
    Erscheinen).

/3/ VOTRAX SC-01, Speech Synthesizer Data Sheet, Votrax 1980.

/4/ SSI 263A, Phoneme Speech Synthesizer Data Sheet, Silicon
    Systems 1984.

/5/ M. Mangold, Der große Duden Bd. 6 - Aussprachewörterbuch,
    Bibliographisches Institut 1974.

ZEITLICHE RAFFUNG UND ZEITLICHE DEHNUNG VON SPRACHSIGNALEN*

E. Brazda, D. Bach, H. Weinrichter

Institut für Nachrichtentechnik, Technische Universität Wien
Gußhausstraße 25, A-1040 Wien

ZUSAMMENFASSUNG:
Es wird ein praktisch realisiertes Verfahren vorgestellt, mit
dessen Hilfe Sprache von einem Tonband schneller oder langsamer
wiedergegeben werden kann, ohne daß sich der Stimmcharakter des
Sprechers ändert oder die Verständlichkeit des Textes leidet.
Bei rascherer Wiedergabe werden kurze Signalausschnitte über-
sprungen, bei zeitlicher Dehnung der Sprache werden kurze Signalausschnitte wiederholt. Damit der Stimmcharakter und die
Sprachverständlichkeit erhalten bleiben, werden diese Signalausschnitte grundsätzlich den stationären Abschnitten des
Sprachsignals entnommen und periodensynchron aus dem Sprachsignal herausgeschnitten bzw. in das Sprachsignal eingefügt.
Es wurde ein Gerät entwickelt, das Sprache in Echtzeit in einem
Bereich von der halben bis zur doppelten Originalgeschwindig-
keit zeitlich expandiert bzw. komprimiert.

1. Einführung

Bei manchen Vorträgen hat man den Wunsch, der Vortragende möchte
doch etwas langsamer oder in anderen Fällen, besonders wenn
man den Inhalt des Vortrages zum Teil schon kennt, etwas
schneller sprechen. Wenn sich solche Wünsche "on line" schon
schwer verwirklichen lassen und auch individuell sehr verschieden sind, so können sie doch mit Hilfe der modernen Technik wenigstens im Nachhinein beim Abspielen der auf Tonband gespeicherten Texte verwirklicht werden. Eine zeitliche Raffung
bzw. Dehnung von Sprachsignalen kann jedoch nicht so vorgenommen

*Dieses Forschungsvorhaben wurde vom Fonds zur Förderung der
wissenschaftlichen Forschung in Österreich unterstützt.

werden, daß man einen mit normaler Tonbandgeschwindigkeit auf-
genommenen Text einfach schneller oder langsamer wieder ab-
spielt. In einem solchen Fall werden nämlich alle Sprachfrequenzen mit dem durch das Verhältnis von Aufnahme- zu Wiedergabegeschwindigkeit festgelegten Faktor erhöht bzw. erniedrigt,
sodaß sich der Stimmcharakter des Sprechers stark ändert und
die Verständlichkeit leidet.

Am Institut für Nachrichtentechnik wurde ein Tonbandgerät mit
variabler Abspiel-Geschwindigkeit entwickelt, mit dem eine zeitliche Raffung oder Dehnung von Sprachsignalen möglich ist, ohne
daß dabei die Sprachfrequenzen geändert werden, so daß Stimmcharakter und Verständlichkeit in hohem Maße erhalten bleiben.
Ausgenützt wird dabei die natürliche, hohe Redundanz des Sprachsignals.

2. Grundfunktion

Bild 1 zeigt die grundsätzliche Funktion anhand eines Zeitsig-
nalverlaufs eines gesprochenen Wortes. Das Sprachsignal wird in
verschiedene Zeitsegmente unterteilt. Bei zeitlicher Kompression werden einzelne Segmente weggeschnitten, bei zeitlicher
Expansion werden Segmente wiederholt. Der Anteil der wegge-
schnittenen bzw. wiederholten Segmente ist vom Kompressions-
faktor, also der Bandgeschwindigkeit abhängig. Um eine gute
Sprachqualität zu erreichen, müssen die Zeitsegmente, die weggeschnitten bzw. wiederholt werden, nach ihrer Bedeutung für
die Sprachqualität, d.h. insbesondere nach ihrer Stellung im
Satzgefüge und in entsprechender Länge, sorgfältig gewählt werden. Wesentliche Bausteine des entwickelten Gerätes zur Sprachkompression und Expansion sind demnach ein schneller Sprach-
Grundperioden Detektor sowie eine Segmentiereinheit, die zwischen kürzbaren und nicht kürzbaren Sprachsegmenten unterscheidet. Pegelsprünge an den Schnittstellen werden durch eine gewichtete Interpolation vermieden.

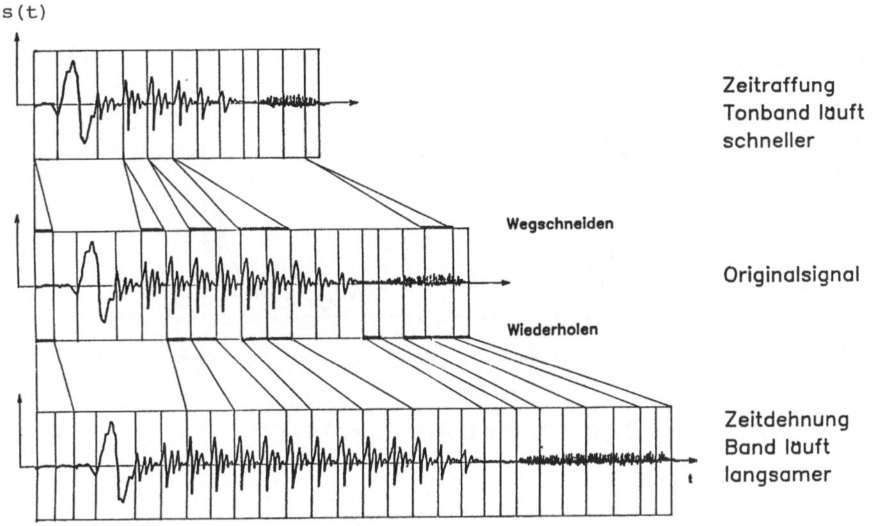

Bild 1: Grundfunktion

3. Messung der Sprachgrundperiodendauer

Die Länge der Schnittsegmente muß in periodischen Anteilen des
Sprachsignals exakt den Vielfachen einer Grundperiode entsprechen, um beim Schneiden oder Wiederholen keine Störungen zu
verursachen. Die Grundperiodendauer wird mit Hilfe der Polari-
tätskorrelationsfunktion gemessen. Die Polaritätskorrelation
liefert ein normiertes Ergebnis (Bild 2), das auch direkt zur
Segmentierung verwendet wird.

Die Verschiebung NO an der Stelle des Maximums der Polaritäts-
korrelationsfunktion Rxx(n) entspricht der Grundperiode. Die
Höhe des Maximums SO ist ein Maß für die Stationarität des jeweiligen Sprachausschnittes und dient zur Segmentierung.

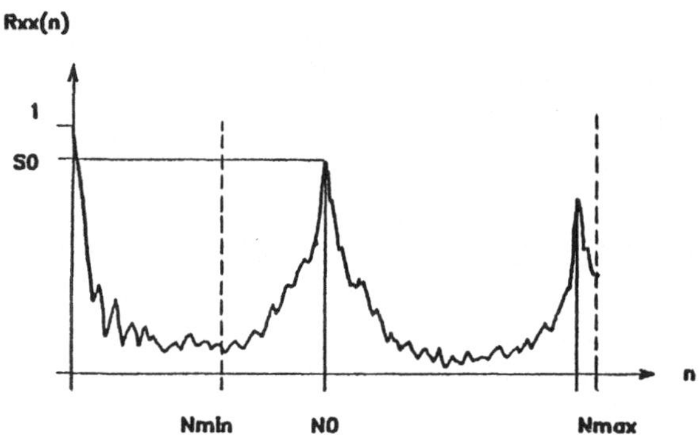

Bild 2: Polaritätskorrelation

4. Segmentierung,

Die Segmentiereinheit unterscheidet zwischen fünf unterschiedlichen Segmenttypen. In Bild 3 sind typische Vertreter der verschiedenen Segmenttypen skizziert.

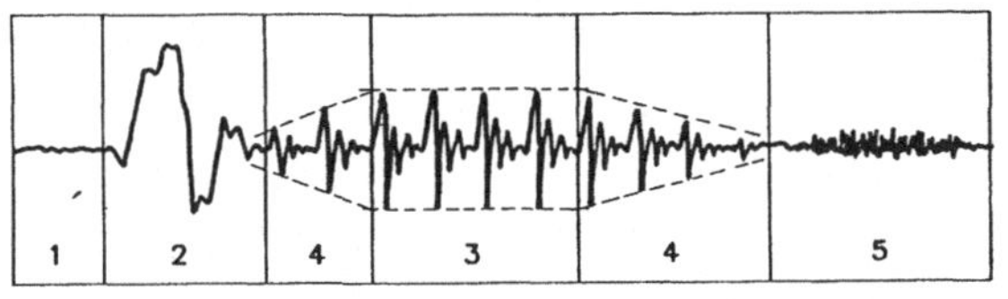

Auswertung von Augenblicksleistung und Korrelation zur Segmentierung

	Segmenttyp	Leistung	Korrelation	kürzbar
1	Pause	0	—	JA
2	Transiente	1	0	NEIN
3	Vokale	1	1	JA
4	An— und Auslaut	0<—>1	—	NEIN
5	Zischlaute	0	0	JA

Bild 3: Segmentierung

Die Segmentiereinheit wertet die Augenblicksleistung und die
Höhe des Korrelationsmaximums der AKF entsprechend der Tabelle
in Bild 3 aus. Eine 0 bzw. 1 in der Tabelle bedeutet, daß die
Kenngröße unterhalb bzw. über einer bestimmten Entscheidungs-
schwelle liegt.

5. Realisierung

Ein grobes Blockschaltbild des Zeitkompanders ist in Bild 4
dargestellt. Von einem Tonband wird das Sprachsignal mit ein-
stellbarer Wiedergabegeschwindigkeit ausgelesen, in einem Tiefpaß bandbegrenzt, abgetastet, mit 12 Bit Auflösung quantisiert,
und fortlaufend in den Pufferspeicher geschrieben. Die Grenzfrequenz des Tiefpasses und die Abtastfrequenz f_{S1} sind dabei
der Tonbandgeschwindigkeit direkt proportional.

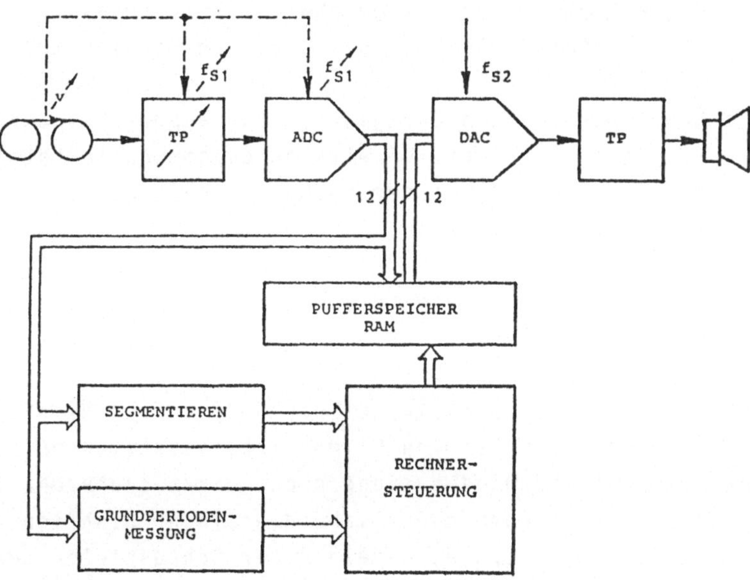

Bild 4: Blockschaltung des Zeit-Kompanders

Die im Pufferspeicher abgelegten Abtastwerte werden mit einer
festen Taktrate f_{S2} ausgelesen, geglättet und über Kopfhörer
oder Lautsprecher abgestrahlt. Das Auslesen der Abtastwerte
erfolgt jedoch nicht kontinuierlich, sondern, Speicherplätze
überspringend, wenn $f_{S2} < f_{S1}$, oder einzelne Speicherbereiche

wiederholend, wenn $f_{S2} > f_{S1}$. Die Steuerung dieses intermittie-
renden Auslesevorganges wird mit einem Mikroprozessor durchgeführt, der seine Informationen von der Segmentier-Einheit und
dem Grundperioden-Detektor erhält.

6. Anwendungen

Die nächst liegende Anwendung dieses Sprach-Kompressions- bzw.
Expansionsgerätes besteht in der Möglichkeit, gesprochenen Text
in einer individuell einstellbaren, optimalen Geschwindigkeit
abzuhören. Dies kann in Blindenbibliotheken interessant sein,
wo Zuhörer mehr oder weniger konzentriert auf Band gesprochene
Texte ("sprechende Bücher") über sehr lange Zeiten abhören.

Ein langsameres Abhören von gesprochenem Text kann insbesondere
bei Diktiergeräten wichtig sein, weil man damit die Sprechgeschwindigkeit an die Schreibgeschwindigkeit anpassen kann, ohne
daß man das Tonband ständig vor- und zurückspulen muß.

Ein schnelleres Abhören dagegen ist für Reporter interessant,
die häufig auf bestimmte, bereits aufgenommene Textstellen zu-
rückkommen wollen und bei der Suche danach möglichst wenig Zeit
verlieren wollen.

Eine Zeitdehnung kann auch in Sprachlabors sinnvoll sein, um
bestimmte Lautfolgen akustisch genauer zu analysieren.

Ein Gerät zur stufenlos einstellbaren Sprechgeschwindigkeit ist
bei der Synchronisation von Filmen interessant, wenn der unter-
legte Text mit der Mundbewegung nicht exakt synchronisiert ist.
Mit Hilfe des Zeitkompanders kann die Synchronisation im Nachhinein verbessert werden, ohne daß der Schauspieler den Text
immer wieder neu sprechen muß. Allgemein ist die Zeitkompres-
sion und Expansion bei jeder Art von "play back"-Verfahren
grundsätzlich interessant.

Zuletzt soll noch auf die Möglichkeiten einer besseren Kanal-
ausnützung bei der Übertragung von Sprachsignalen durch die
Methoden der Sprachkompression hingewiesen werden.

HARDWARE-EINHEIT ZUR DIGITALEN AUDIO-SIGNALVERARBEITUNG

P. Skritek, E. Parth, R. Polleros, J. Rabitz

Institut für Nachrichtentechnik, Technische Universität Wien
Gußhausstraße 25, A-1040 Wien

ZUSAMMENFASSUNG:

Der Beitrag beschreibt das Konzept und die Realisierung einer
einfachen und kostengünstigen Einheit zur digitalen Verarbeitung von hochwertigen 16-Bit Audiosignalen. Kern der Arbeit
ist ein Signalprozessor mit zwei 12×12-Bit Hardwaremultipli-
zierern und zwei 24-Bit Addierern, der bis zu 23 Millionen
arithmetische Operationen pro Sekunde durchführt. Dabei erfolgt die gesamte Berechnung einschließlich Zeitverzögerung/
Hall-Bus mit 24-Bit Signalwortlänge, sodaß Übersteuerung und
Rundungsrauschen vermieden werden.

1. Einleitung

Hauptanforderung für die Bearbeitung hochwertiger digitalisierter Audiosignale ($L = 16$-Bit Wortlänge, $f_A \geq 44$ kHz Abtastfrequenz) ist die Realisierung einer sehr schnellen Signalverarbeitungseinheit mit weniger als $t_s < 250$ ns Zykluszeit
und mindestens 20-Bit interne Signalwortlänge. Verschiedene
Realisierungskonzepte sind in der Literatur beschrieben /1-5/.
Entsprechend der erhältlichen Hardware zu Arbeitsbeginn 1982
wurde eine Lösung mit diskret aufgebautem Signalprozessor aus
Hardware-Multiplizierern und ALUs gewählt.

Integrierte Signalprozessoren (z.B. NEC µPD 7720 und µPD 7281,
TI TMS 320, Fujitsu MB 8764, AMI S2811, ITT UDPI 01, Bell DSP,
IBM RSP u. SPI16) sind intern nur auf 16-Bit Wortbreite aus-
gelegt und besitzen für die geforderten Aufgaben keine optimale
Struktur (i.a. nur 1 Operation pro Zyklus von ≥ 200 ns). Eine

Verarbeitung in doppelter Genauigkeit mit 32 Bit ist i.a. zwar
möglich, reduziert die Durchsatzrate jedoch etwa um den Faktor 4.

Neue Arithmetik-ICs (z.B. Weitek WTL 1032/1033, AD ADSP-3210,
AMD Am 29300) mit 32 Bit Wortbreite bieten sich wegen der erforderlichen Zusatz-Hard/Software vor allem für Groß-Lösungen
an, i.a. wird jedoch deren Rechenkapazität und -struktur bei
einfachen Audioanwendungen nur zu einem geringen Teil ausgenützt. Eine geeignete Realisierung erlaubt in Zukunft auch
möglicherweise ein spezieller Signalprozessor /6/, dessen
Konzept kürzlich vorgestellt wurde und welches unserer Lösung
/7/ sehr nahe kommt.

2. Digitaler Signalprozessor

Abb.1 zeigt das Blockschaltbild der gesamten Signalverarbeitungseinheit mit je 2 analogen Eingangs-Ausgangskanälen, wie
sie derzeit als Prototyp realisiert wird. Zwei weitere, digitalisierte Tonquellen sind über Interfaces anschaltbar. Eine
Blockschaltung des digitalen Signalprozessors DSP selbst
zeigt Abb.2. Er besitzt eine Signalwortbreite von 24 Bit und
12 Bit Koeffizienten. Die 24×12-Bit Multiplikationen erfolgen
parallel in zwei 12×12-Bit Hardware-Multiplizierern. Die
Teilprodukte werden in einem eigenen Addierer mit Überlauf-
schutz kombiniert, das Ergebnis wird auf 24 Bit gerundet/
abgeschnitten. Ein zweiter 24-Bit Addierer dient zur Signal-
akkumulation. Über einen getrennten 24-Bit Signal-Bus kann
z.B. eine externe $32 \, k \times 24$-Bit RAM-Speicherbank beschickt
werden, etwa für Zeitverzögerung/Nachhall.

Während eines DSP-Zyklus von $t_S = 125$ ns kann zufolge Pipeline-
Technik gleichzeitig eine volle 24×12-Bit Multiplikation,
Signaladdition/Akkumulation sowie Schreiben/Lesen in die
Datenspeicher RAM erfolgen. Damit wird die Durchführung von
bis zu 23 Mio. arithmetischen Operationen pro Sekunde erreicht. Bei einer maximalen Abtastfrequenz von $f_A \leq 50.4$ kHz
sind pro Abtastintervall bis zu 158 Bearbeitungsschritte
durchführbar.

Die notwendigen Koeffizienten sind z.B. in preisgünstigen langsamen EPROMs abgespeichert. Die aktuellen Werte werden jeweils in das schnelle 256 x 12-Bit Koeffizienten-RAM des DSP übertragen. Dieses ist in zwei 128 x 12-Bit Sektionen unterteilt, wobei neue Koeffizienten in jenen Teil geladen werden, auf den vom Programm gerade nicht zugegriffen wird. Damit wird eine Änderung eines Filterkoeffizienten innerhalb von 200 µs und der Lautstärkeneinstellung innerhalb von 80 µs möglich.

Der DSP ist in (Schottky) TTL-Technik realisiert, wodurch Interface-Probleme zu ECL-Schaltungen entfallen. Zusätzlich kann die Hardware zukünftig durch ICs der (HCT)-MOS (z.B. Multiplizierer) oder F-Serie ersetzt werden, wodurch eine Verringerung der Leistungsaufnahme um 75% erreichbar ist.

3. Steuerung

Digitaler Signalprozessor, Signal-Eingabe/Ausgabe-Einheit und Bedienpult sind räumlich trennbar. Der DSP besitzt einen 8-Bit Programmzähler, einen Z-80 µP-Kontroller und zur Übernahme der Filterkoeffizienten ein Z-80 SIO serielles Interface, welches mit dem Bedienpult oder einem Host-Rechner verbunden werden kann.

Abb.3 zeigt die Blockschaltung der Bedieneinheit. Sie enthält eine eigene Z-80 µP-Steuerung, ein SIO zum DSP und ein 32 k x 8-Bit EPROM als Koeffiziententabelle. Eingabe der Pegelstellung erfolgt dzt. aus Kostengründen über Analog-Schieberegler mit gemultiplextem A/D-Wandler. Filterfunktionen und Zeitverzögerung werden über ein Tastenfeld eingegeben, 7-Segment-Anzeigen dienen zur Rückmeldung.

4. Signalbearbeitung

Der DSP ist speziell für einfache Signalbearbeitungsaufgaben wie Mischen, Filtern und Zeitverzögerung von Audiosignalen ausgerichtet und ist derzeit für 4 Eingangskanäle und 2 Ausgänge konfiguriert. Dabei sind pro Kanal Filter bis 8. Ordnung vorgesehen (3 Equalizer 2. Ordnung und je 1 Tiefen/Höhen-Fächerregler) sowie Zeitverzögerung, Mischen und Panoramaregelung. Dies erfordert 29 Taktzyklen des DSP für den 1. Kanal, 27 Zyklen für jeden der 3 weiteren Kanäle, 24 Zyklen für Nachhall und

14 Zyklen für Mischen und Panoramaregelung, wobei noch 10 Reservezyklen pro Abtastwert bestehen bei 48 kHz Abtastfrequenz.

Abb.4 zeigt als Beispiel die Filterstruktur für einen Kanal. Es werden rundungsfehler-unempfindliche transponierte Systeme 2. Ordnung /1/ benützt. Während der gesamten Bearbeitung verbleibt ein Abtastwert in 24-Bit Wortlänge, erst am Ausgang wird auf 16-Bit reduziert.

5. Anwendungen

Der Prototyp wurde zunächst zum Studium der Probleme bei der Bearbeitung hochwertiger digitalisierter Tonsignale entwickelt. Ein weiterer Einsatz bietet sich etwa für die rasche Simulation verschiedener Analogfilter, z.B. für Lautsprecherweichen. Damit sind direkte Hörvergleichstests in Echtzeitverarbeitung durchführbar.

Danksagung

Dieses Projekt wurde durch Mittel der Hochschuljubiläumsstiftung der Gemeinde Wien gefördert.

Literatur

/1/ McNally G.W.: A Computer-Based Mixing and Filtering System for Digital Sound Signals. BBC Res. Rep. RD 1979/4, (1979).

/2/ Richards J.W., Craven, I.: A Prototype "All-Digital" Studio Mixing Desk. AES-convention 67/no.1709 (1980).

/3/ Hergum R.: A Digital Hardware for Filtering and Mixing of Audio Signals. AES-convention 71/no.1873, (1982).

/4/ Jones M. u.a.: Digital Sound Mixing in the Analog Studio. 10. Intern. Broadcasting Conv., IEE Conf. Publ. 240, 371-374 (1984).

/5/ Masslich R.: Tonmischpult in Digitaltechnik. Tonmeistertagung Bericht 13, 472-487 (1984).

/6/ Vandenbulcke C. u.a.: An Integrated Digital Audio Signal Processor. AES-convention 77/no.2181 (1985).

/7/ Skritek P. u.a.: A Hardware Concept for an Expandable "low-cost" digital audio mixer. AES-convention 73/no.1962 (1983).

/8/ Skritek P.: Design Factors of Digital Filters for Audio Signals. AES-convention 68/no. 1744 (1981).

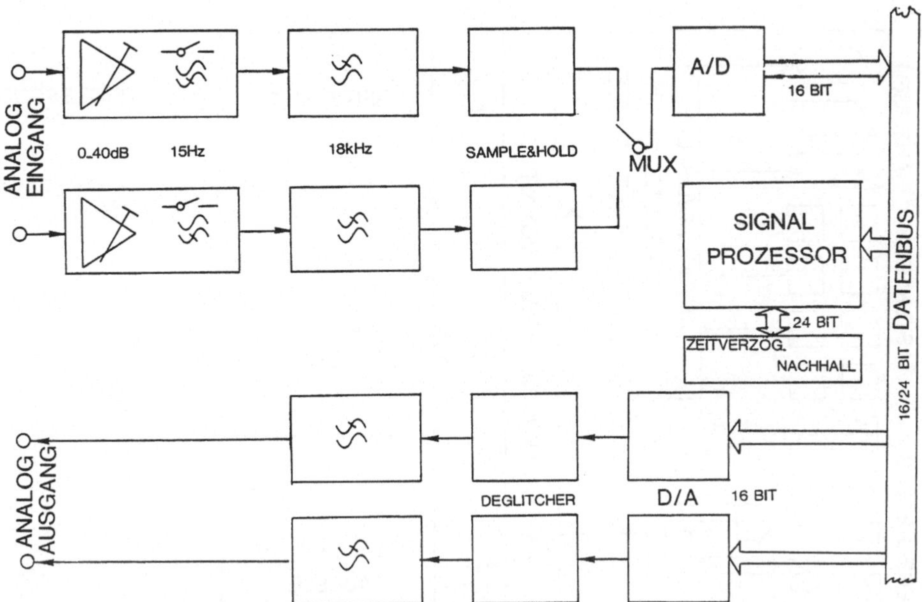

Bild 1: Blockschaltbild der gesamten Signalverarbeitungseinheit

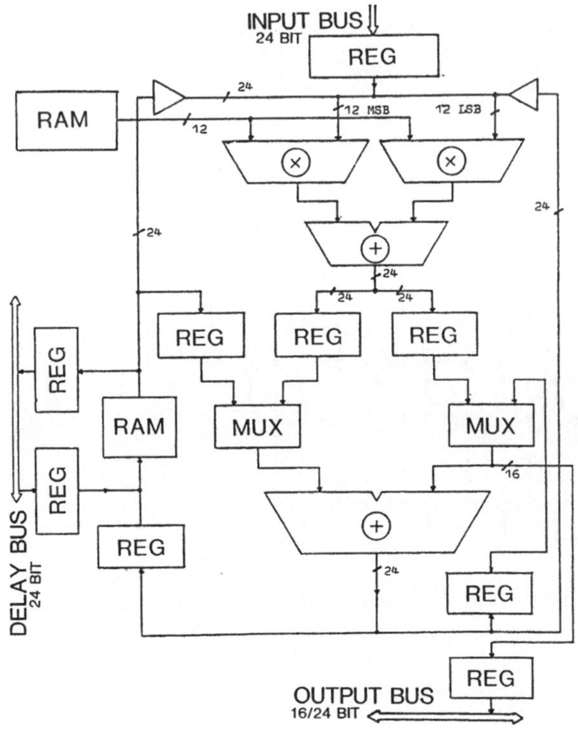

Bild 2: Blockschaltbild des Signalprozessors

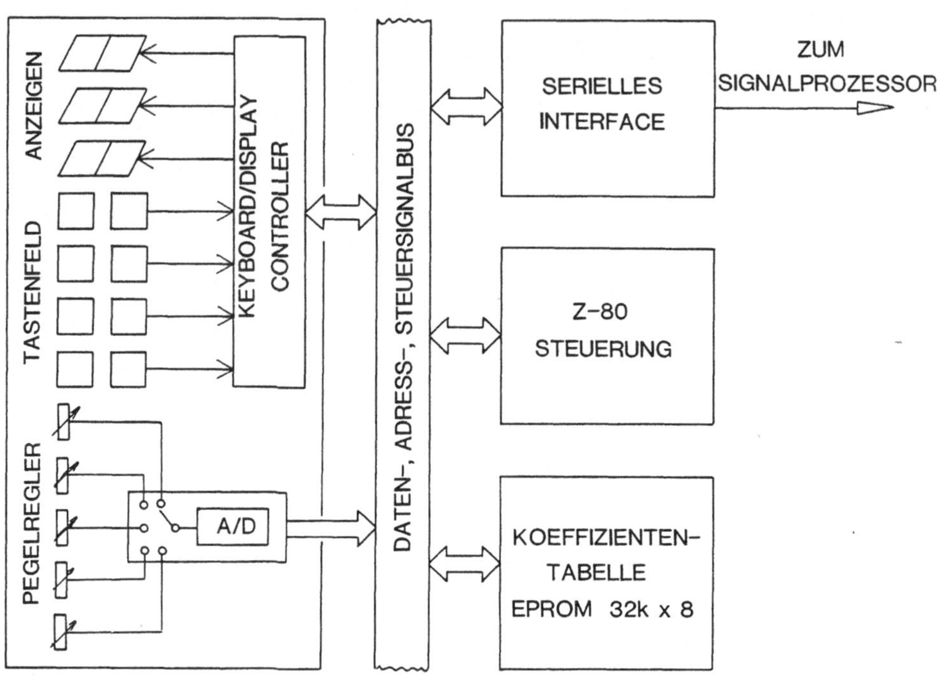

Bild 3: Eingabe-Einheit und Steuerung

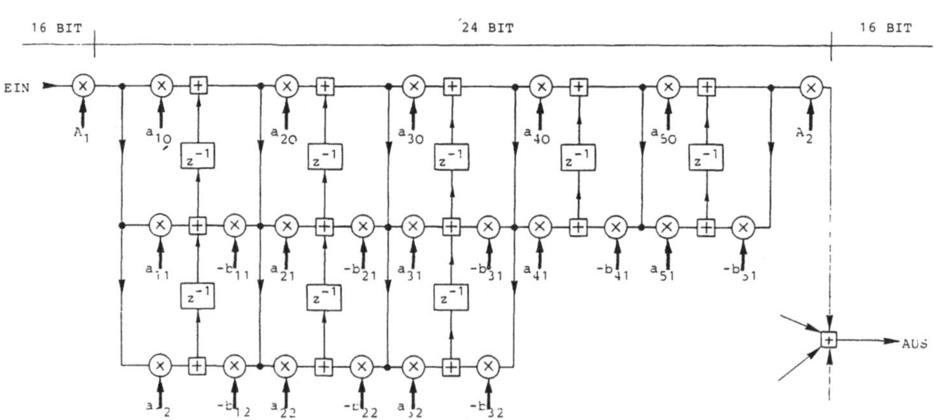

Bild 4: Beispiel einer implementierten Filterstruktur

Eine neue Codec-Filter Generation
mit digitaler Signalverarbeitung

J. Reisinger, D. Vogel

Entwicklungszentrum für Mikroelektronik Ges.m.b.H.*), Villach
Siemens AG München

*) Ein Unternehmen der Siemens AG und der ÖIAG

Zusammenfassung
Die Umstellung der Fernsprechübertragungstechnik auf digitale
PCM-Verfahren stellt eine Herausforderung an Entwicklung und
Fertigung von VLSI-Schaltungen dar. Mit diesem Beitrag wird
eine weltweit völlig neue Architektur für ein Chip vorgestellt,
in welche die Funktionen der Schnittstelle zwischen analogen
Teilnehmer-Anschlußleitungen und einer digitalen Vermittlungs-
anlage realisiert sind. Als erstes Produkt wird von Siemens
der SiCoFi[R] PEB 2060 zusammen mit dem Peripheral Board Controller Chip PEB 2050 für eine neue Teilnehmerbaugruppe für
analoge Telefonendgeräte vermarktet.

1. Einleitung:

Die Entwicklung hochkomplexer Integrierter Schaltungen beeinflußt in zunehmendem Ausmaß die Architekturen moderner Vermitt-
lungsanlagen. Die Unzulänglichkeiten der analogen Integrations-
technik werden durch den Einsatz neuer Methoden der digitalen
Signalverarbeitung überwunden. Mit der hohen Packungsdichte eines modernen CMOS-Prozesses und einer Reihe von Systemarchitektur-
und Schaltungstechnikinnovationen war es möglich, die erweiterten
Codec-Filter Funktionen auf ein einziges Chip zu integrieren.
Die mit dem Kunstwort BORSCHT umschreibbaren Funktionen der Baugruppe SLMA (Subscriber Line Board Analog = Teilnehmerbaugruppe
für analoge Endgeräte) werden in Abb.1 dargestellt.

SiCoFi[R] ist ein eingetragenes Warenzeichen der SIEMENS AG
und ist eine Abkürzung für Signalprocessing Codec Filter

TEILNEHMERBAUGRUPPE FÜR ANALOGE ENDGERÄTE

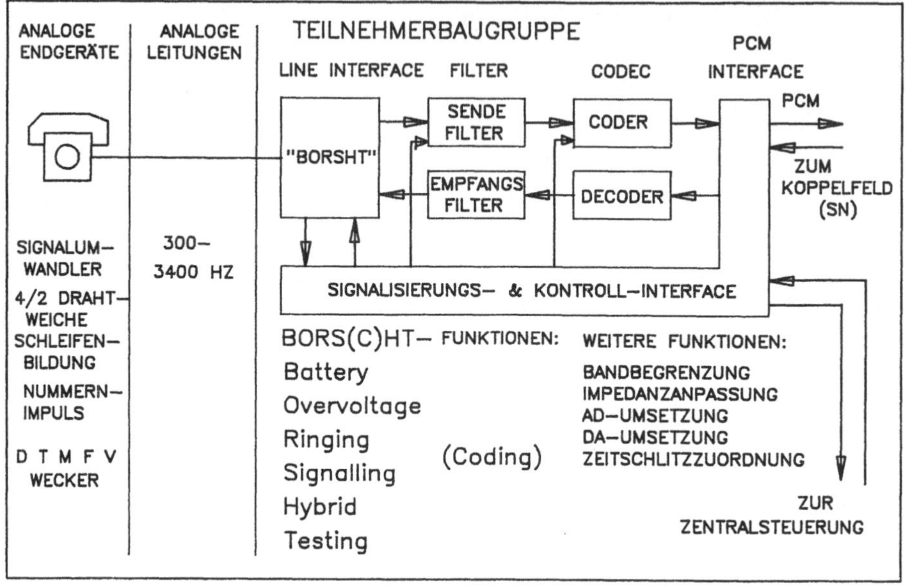

Abb. 1

Im SiCoFi wurden folgende Funktionen mit analoger Schaltungs-
technik realisiert:
- Vorfilterung zur Bandbegrenzung vor der Digitalisierung
- Analog/Digital-Umsetzung
- Digital/Analog-Umsetzung
- Nachfilterung (Glättung) des DAU-Ausgangssignals
Der Einsatz digitaler Signalverarbeitungsmethoden (Digitalfil-
ter) ermöglicht die optimale Implementierung folgender Module:
- Tief- und Bandpassfilter für Sende- und Empfangsrichtung
- Programmierbare Filter zur Verstärkungseinstellung und zur
  Einstellung der Frequenzgänge (Sende- und Empfangsrichtung)
- Programmierbares Filter zur Impedanzanpassung (Z-Filter)
- Programmierbares Filter für die Gabelfunktion (B-Filter)
Weitere Logikblöcke sind für Signalisierung, Expansion und Kom-
pression, Schnittstellenbearbeitung und für Testaufgaben erfor-
derlich (siehe Abb. 2).

Abb. 2   **Blockschaltbild**

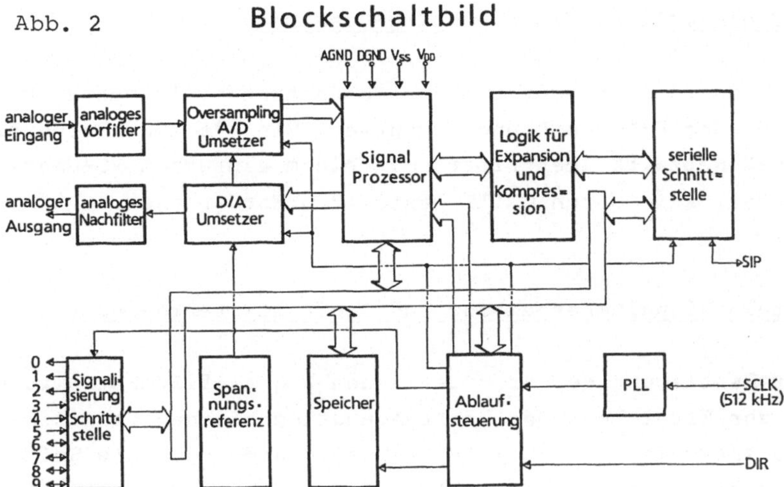

Bei der Konzeption der SiCoFi Architektur mußte der Wahl der
Schnittstelle zwischen dem Analogteil und dem Signalprozessor
besonderes Augenmerk geschenkt werden. Kriterien, wie zum Beispiel Chipfläche, Leistungsverbrauch und besonders die Genauigkeitsanforderungen an die Bauelemente führten zu einem Design
mit A/D- und D/A-Umsetzern mit erhöhten Abtastraten.

2. Der interpolierende Oversampling Analog/Digital-Umsetzer

Die Statistik von Sprachsignalen zeigt, daß die Signalenergie
auf niedere Frequenzbereiche konzentriert ist. Die Methoden der
Überabtastung (Oversampling) bieten unter diesen Voraussetzungen
die Möglichkeit, den Aufwand für die A/D-Umsetzung zu reduzieren.
Dabei wird die erforderliche Linearität nicht durch hochgenaue
Widerstandsverhältnisse oder hochauflösende Komparatoren, sondern durch Überabtastung und Rückkopplung (predictive coding,
noise shaping) erreicht. So können die Forderungen an den Dynamikbereich, die Auflösung und den Störabstand optimal erfüllt
werden. Das Quantisierungsrauschen ist über einen breiten Frequenzbereich (begrenzt durch die hohe Abtastfrequenz) verteilt.
Alle Rauschanteile, welche außerhalb des Sprachbandes liegen,
können im nachfolgenden Digitalfilter leicht gedämpft werden.
Die hohe Abtastrate bietet einen weiteren großen Vorteil: Ein
Tiefpaß zweiter Ordnung reicht aus, um bei einer gewählten Abtastrate von 128 kHz das Nyquist-Theorem zu erfüllen.

3. Der Oversampling Digital-Analog-Umsetzer

Die oben angeführten Vorteile der Überabtastung lassen sich
ebenso bei der D/A-Umsetzung ausnützen. Ein mit 256 kHz betrie-
benes R-2R-Netzwerk übertrifft, mit einem einfachen RC-Glät-
tungsfilter, alle durch CCITT gestellten Forderungen.

4. Digitale Signalverarbeitung und Digitalfilterkonzept:

Nach der Festlegung der erforderlichen Digitalfilterstrukturen
(Abb.3) zur Erreichung der übertragungstechnischen Spezifikationen wird entschieden, ob die Filter als Hard- oder als Softwarelösung zu realisieren sind. Alle erforderlichen Filterfunktioner
müssen in einem 125 usec Zyklus berechenbar sein. Als Optimum fü
den SiCoFi erwies sich ein speziell für diese Anwendung neu ent-
wickelter Signalprozessor, welcher mit 4 MHz interner Taktrate
ohne weitere Hardware alle Filterfunktionen berechnet. Die Verwendung eines maskenprogammierbaren Mikroprogramm-ROM's erforder
bei größtmöglicher Flexibilität eine sehr kleine Chipfläche.

Abb. 3   Signalfluß

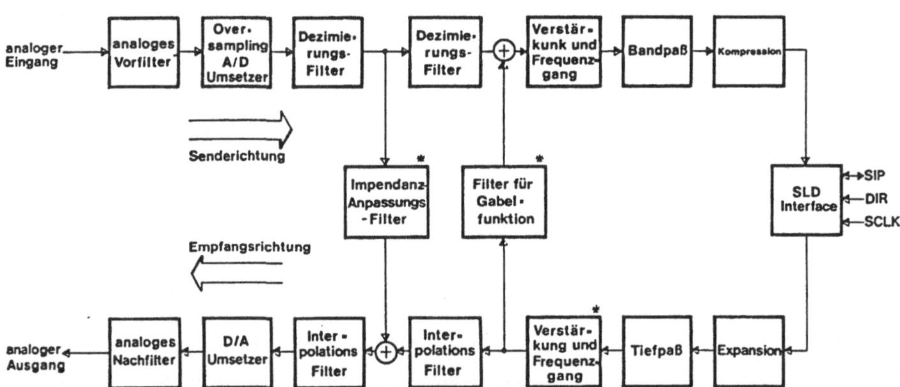

In einer Architektur, wie der des SiCoFi (Abb. 2) lassen sich
Filtertypen realisieren. Programmierbare Transversalfilter werden für die Einstellung der Verstärkungen und der Frequenzgänge
eingesetzt. Die Impedanzanpassung und die Optimierung der Ga-
bel (2-Draht/4-Draht Weiche) wird ebenfalls mit programmierbaren transversalen Strukturen realisiert.

In rekursiven Filtern führen begrenzte Wortbreiten zu nichtlinearen Effekten (Quantisierung, Überlauf). Diese können nicht beherrschbare Instabilitäten hervorrufen. Wegen ihres passiven Charakters weisen Wellen Digital Filter (WDF's) bei vergleichbaren Übertragungseigenschaften diese Nachteile nicht auf. Die PCM-Bandbegrenzungen wurden daher im SiCoFi mit WDF's mit sehr guten Rauscheigenschaften implementiert.

Abb.4 **Wellen   Digital   Filter**

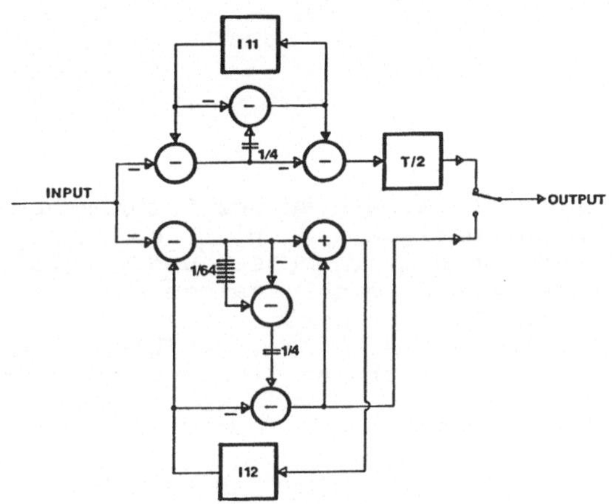

Die Entwicklung dieses Schaltkreises wurde vom Forschungsförderungsfonds für die Gewerbliche Wirtschaft der Republik Österreich in dankenswerter Weise unterstützt.

Literatur:

E.Schmid, J.Reisinger: High Performance Oversampling A/D-Converter
                         for Digital Signalprocessing Applications,
                         ESSCIRC Dig. Techn.Papers, Edinburgh, 1984
D.Vogel, W.Pribyl: CMOS Digital Signalprocessing Codec-Filter
                         with high Performance and Flexibility,
                         ESSCIRC Dig. Techn.Papers, Edinburgh, 1984
L.Lerach: A Novel Device Concept for Subscriber Line
                         Boards in Digital Exchange Systems,
                         NTG Fachtagung "Größtintegration"
                         Dig. Techn. Papers, Baden Baden 1983

MESSUNG DER ÜBERTRAGUNGSFUNKTION VON ANALOGEN UND DIGITALEN
FILTERN

G. Käfer

Institut für Nachrichtentechnik, Technische Universität Wien
Gußhausstraße 25, A-1040 Wien

ZUSAMMENFASSUNG:

Am Institut für Nachrichtentechnik an der Technischen Universität Wien wurde ein automatischer Meßplatz entwickelt um
Übertragungsfunktionen von Filtern messen und vergleichen zu
können. Als Meßobjekte können sowohl analoge als auch digitale
Filter verwendet werden. Für das Gerät wurde ein fast ausschließlich digital arbeitendes Konzept gewählt. So wird die
Meßwerterfassung von einem digitalen Signalprozessor durchgeführt.

Eine geeignete Methode zur Messung der Übertragungsfunktion
von analogen und digitalen Filtern ist die harmonische Anregung des Meßobjekts. Die Messung läuft in einem vorgewählten
Frequenzbereich automatisch ab, wobei an einer wählbaren Zahl
von diskreten Frequenzwerten das Meßobjekt harmonisch erregt
wird und im eingeschwungenen Zustand die komplexe Amplitude am
Ausgang des Meßobjekts erfaßt wird.

Bei analogen Meßobjekten ergibt sich die Betriebübertragungs-
funktion A_B aus dem Verhältnis der Ausgangsspannung zur Quell-
spannung und einem Faktor, der sich aus den Abschlußwiderständen
des zu messenden Zweitors ergibt.

$$A_B = 2 \cdot \sqrt{\frac{R_1}{R_2}} \, \frac{U_2}{U_0} \, .$$

Digitale Filter, also zeit- und wertdiskrete Systeme werden mit
der periodischen Exponentialfolge $\langle x(k) \rangle = \langle \exp(j\Omega k) \rangle$ die als

komplexe Erweiterung einer reellen sinusförmigen Folge der Frequenz Ω und der Periode 2π zu betrachten ist,

$$\langle A \cos(\Omega k)\rangle = \langle A/2((\exp(j\Omega k) + \exp(-j\Omega k))\rangle$$

erregt. So folgt für die Ausgangsgröße (bei kausalen zeitinvarianten Systemen) die sich aus der Faltung der Eingangsfolge $\langle x(m)\rangle$ mit der Impulsantwort des Systems $\langle h(k-m)\rangle$ ergibt

$$\langle y(k)\rangle = \sum_{0}^{\infty} h(m)\exp(-j\Omega k) \quad \langle\exp(j\Omega k)\rangle$$

$$= H(\exp(j\Omega)) \langle\exp(j\Omega k)\rangle .$$

Demnach ist die Ausgangsfolge eines sinusförmig erregten Systems eine sinusförmige Folge derselben Frequenz, deren komplexe Amplitude über $H(\exp(j\Omega))$ mit der komplexen Amplitude der Eingangsfolge verknüpft ist. Die Übertragungsfunktion $A(\Omega)$ von digitalen Meßobjekten ergibt sich also aus dem Verhältnis der komplexen Amplituden von Ausgangs- zu Eingangsfolge.

$$A(\Omega) = \frac{Y(\Omega)}{X(\Omega)}$$

Die Funktion des Gerätes und der Signalfluß wird aus dem Funktionsblockschaltbild Bild 1 ersichtlich.

Die Speisung des Meßobjektes erfolgt durch den digitalen Sinus-Cosinusgenerator. In dieser Baugruppe wird ein digitales Sinus- und Cosinussignal in Zweierkomplement-Darstellung mit fester Abtastfrequenz erzeugt. Für analoge Meßobjekte wird das Sinussignal in einer Digital-Analog-Umwandlerstufe in ein kontinuierliches Anregungssignal umgesetzt. Dort kann es auch, dem Meßobjekt entsprechend abgeschwächt werden. Das Ausgangssignal eines analogen Meßobjektes wird derart verstärkt, daß die darauffolgende Analog-Digitalumwandlung mit höchst möglicher Auflösung erfolgen kann. Das digitalisierte Ausgangssignal wird dann vom Korrelationsempfänger abgetastet. Bei digitalen Meßobjekten entfällt natürlich die Umsetzung zwischen analogem und digitalem Bereich. Eine digitale Bereichsanpassung nach dem Meßobjekt gewährleistet, daß das Ausgangssignal mit möglichst großer Genauigkeit weiterverarbeitet werden kann.

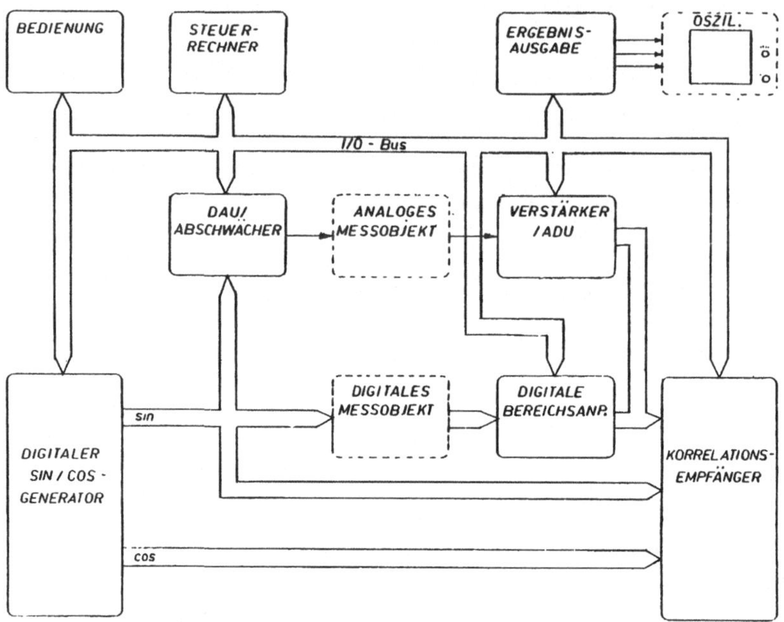

Bild 1. Funktionsblockschaltbild

Das Herzstück des Gerätes ist der Korrelationsempfänger der
aus dem Ausgangssignal des Meßobjektes und den Generatorsignalen Real- und Imaginärteil der Übertragungsfunktion liefert.
Bild 2 zeigt den Signalflußplan des Korrelationsempfängers.

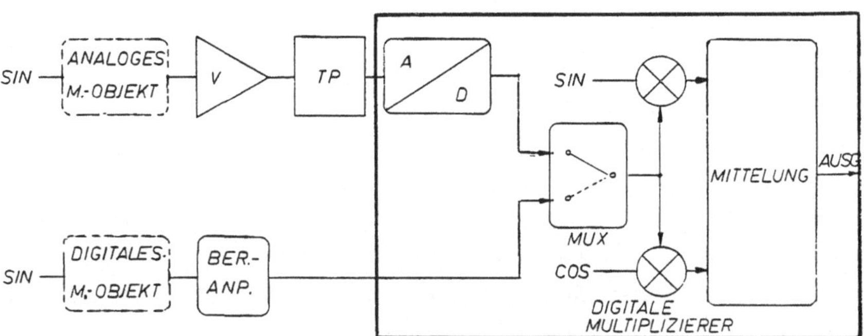

Bild 2. Signalflußplan des Korrelationsempfängers

Der digitale Sinus-Cosinusgenerator erzeugt sowohl Realteil als auch Imaginärteil eines analytischen Signals.

$$u(kT) = u_r(kT) + ju_i(kT) = \exp(j\omega kT)$$

$$u_r(k) = \cos(k\Omega) \qquad u_i(k) = \sin(k\Omega) \qquad \text{mit } \Omega = \omega t$$

Das Meßobjekt wird erregt mit $u_i(k)$ und erzeugt am Ausgang

$$y(k) = H(\Omega) \cdot \sin(k\Omega - \varphi(\Omega))$$

$$= \sqrt{\text{Re}(\Omega)^2 + \text{Im}(\Omega)^2} \cdot \sin(k\Omega - \varphi(\Omega))$$

$$\text{mit} \qquad \varphi(\Omega) = -\arctan \frac{\text{Im}(\Omega)}{\text{Re}(\Omega)} \qquad \text{und} \qquad \begin{aligned} \text{Re}(\Omega) &= \text{Re}(H(\Omega)) \\ \text{Im}(\Omega) &= \text{Im}(H(\Omega)) \end{aligned}$$

Über trigonometrische Umformungen erhält man

$$y(t) = \text{Re}(\Omega)\sin(k\Omega) + \text{Im}(\Omega)\cos(k\Omega) \ .$$

Nach Multiplikation mit den Komponenten von $u(k)$ wird

$$x_r(k) = y(k) \cdot u_i(k)$$

$$= 1/2 \ \text{Re}(\Omega) + 1/2[\text{Im}(\Omega)\sin(2k\Omega) - \text{Re}(\Omega)\cos(2k\Omega)]$$

und

$$x_i(k) = y(k) \cdot u_r(k)$$

$$= 1/2 \ \text{Im}(\Omega) + 1/2[\text{Im}(\Omega)\cos(2k\Omega) + \text{Re}(\Omega)\sin(2k\Omega)]$$

Diese beiden Signale enthalten neben dem gewünschten Real- bzw. Imaginärteil der Übertragungsfunktion auch Anteile mit doppelter Frequenz des Generatorsignals. Um also als Ergebnisse nur Real- und Imaginärteil zu erhalten muß noch eine Tiefpaßfilterung oder eine Mittelung erfolgen, welche die höherfrequenten Anteile unterdrückt. Wegen der einfachen Realisierungsmöglichkeit wurde in dieses Gerät eine Mittelung eingebaut, die möglichst über eine ganze Zahl von Perioden des Meßsignals mittelt.

Die vorangegangenen Ausführungen setzen ein ideales Meßobjekt voraus. In Wirklichkeit treten aber neben den hier berrechneten Signalen noch Oberwellen, Rauschen und Fremdspannungseinflüsse

auf, die bei der Messung erfaßt und zu verfälschten Ergebnissen
führen. Um also Einflüsse anderer Frequenzen außer denen der
Signalfrequenz auszuschalten, muß eine Bandpaßfilterung stattfinden deren Mittenfrequenz die Signalfrequenz ist. Bild 3
zeigt die Übertragungsfunktion des Korrelationsempfängers bei
einer Mittelung über 50 Perioden der Meßfrequenz und macht
deutlich, daß ein Meßsystem wie es hier realisiert wurde, bestehend aus einem Korrelator mit anschließender Mittelung,
diese Forderung erfüllt.

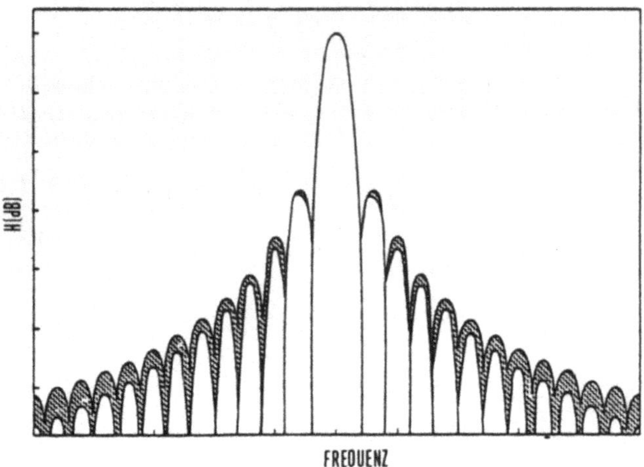

Bild 3. Übertragungsfunktion des Korrelationsempfängers

Die Übertragungsfunktion hat Nullstellen die auf den Harmoni-
schen der Meßfrequenz liegen und somit eine der am häufigst
auftretenden Fehlerursachen, nämlich Frequenzen die durch
Nichtlinearitäten im Meßobjekt aus der Meßfrequenz entstehen
unterdrücken. Die schraffierten Bereiche der Übertragungsfunktion in Bild 3 entstehen durch verschiedene Phasenlagen
des Eingangssignals. Bei der Mittenfrequenz ist das System
jedoch phasenunabhängig.

Der Korrelationsempfänger wurde mit einem digitalen Signalprozessor aufgebaut. Dieser übernimmt die Abtastung des Meßsignals dessen Multiplikation mit den Generatorsignalen und
die anschließende Mittelung. Der Vorteil dieser Realisierung
liegt zum einen im geringen schaltungstechnischen Aufwand,

zum anderen in der großen Flexibilität einer Softwarelösung. So
ist z.B. die Mittelungsdauer bei verschiedenen Frequenzen unterschiedlich lang, um die Meßzeit zu minimieren.

Der Korrelationsempfänger wie auch alle anderen Baugruppen des
Meßgeräts werden von einem Mikroprozessor gesteuert. Durch
diese zentralisierte Steuerung des Gerätes war es möglich,
eine automatische Kalibrierung vor jeder Messung vorzunehmen.
Somit können z.B. die unvermeidlichen Frequenzgänge analoger
Baugruppen im Meßgerät eliminiert werden. Die Folge ist eine
sehr hohe Genauigkeit und eine große Langzeitstabilität. Der
Einsatz eines zentralen Steuerrechners machte auch die Implementierung einer komfortablen Bedienerschnittstelle mittels
einer Menüführung sinnvoll.

Es ist hier ein Meßgerät zur Messung und zum Vergleich analoger
und digitaler Filter entstanden, das sich durch seine hohe
Genauigkeit, Flexibilität und Bedienerfreundlichkeit aus-
zeichnet.

Literatur

1. Lücker, R.: Grundlagen digitaler Filter, S. 51-58, Berlin-
   Heidelberg-New York: Springer, 1980.
2. Lücke, H.D.: Signalübertragung. Berlin-Heidelberg-New York:
   Springer, 1979.
3. Büttner, M., Eckhardt, B., Oetken, G.: Meßtechnik in der
   seriellen digitalen Signalverarbeitung. Erlangen: Schüssler,
   W., 1976.
4. Agnew, D.: Simplified Tone Detector for PCM Channel. IEEE
   ASSP, vol. 31, no. 4, S. 8-16, 1983.

SIMULATION DIGITALER SIGNALVERARBEITUNGSSYSTEME MIT MEHRFACHTAKTVERARBEITUNG

B. Wess

Institut für Nachrichtentechnik
Technische Universität Wien

ZUSAMMENFASSUNG

Ein am Institut für Nachrichtentechnik der Technischen Uni=
versität Wien entwickeltes Programmpaket gestattet die Nach=
bildung digitaler Signalverarbeitungssysteme mit Mehrfach=
taktverarbeitung.
Grundelemente digitaler Systeme zur Signalverarbeitung werden
vorgestellt und die Vorteile der Anwendung von Mehrfachtakt=
verarbeitung an Hand eines Beispiels diskutiert.

1. Einleitung

Digitale Signalverarbeitungssysteme sind die Realisierung
zeitdiskreter Systeme in Form einer speziellen Hardware oder
eines Programms für einen Signalprozessor. Die Eigenschaften
solcher digitalen Systeme weichen hervorgerufen durch nicht=
lineare Einflüsse zufolge Zahlendarstellung, Quantisierungs-
und Überlaufkennlinie von der gewünschten Charakteristik des
entsprechenden zeitdiskreten Systems ab. Während diese Effekte
einer theoretischen Untersuchung nur sehr schwer zugänglich
sind, können durch Nachbildung dieser Nichtlinearitäten mit
Hilfe eines Computerprogramms die realen Verhältnisse simuliert
werden.

2. Grundelemente zeitdiskreter Systeme

Zeitdiskrete Systeme können graphisch sehr anschaulich durch
einen Signalflußgraphen beschrieben werden /1/. Dieser be=
steht aus einer Anzahl von Knoten, die untereinander durch

gerichtete Zweige verbunden sind. Jedem Knoten k ist ein Knoten=
signal W_k und jedem vom Knoten j zum Knoten i orientierten
Zweig ein Zweigsignal V_{ij} zugeordnet. Sowohl bei W_k als auch
bei V_{ij} handelt es sich um zeitdiskrete Signale. Sogenannte
Quellenknoten sind im Signalflußdiagramm dadurch ausgezeichnet,
daß sie nur Ursprungsknoten und nicht Zielknoten von Netzwerk=
zweigen sind. Ein beliebiges Knotensignal W_k ist durch alle zu
diesem Knoten hinführenden Zweige festgelegt. Der Wert er=
rechnet sich gemäß Glg. (1) aus der Summe der jeweiligen
Zweigausgangssignale V_{kj}. Ist der Knoten k ein Quellenknoten,
dann ist die Summe gleich Null und für das Knotensignal gilt
$W_k=S_k$, wobei mit S_k das Quellensignal bezeichnet wird.

$$W_k = \sum_j V_{kj} + S_k \tag{1}$$

Das einzelne Zweigausgangssignal V_{kj} wiederum errechnet sich
aus dem Wert des entsprechenden Zweigausgangssignals, das
durch das Knotensignal des Ursprungsknotens W_j definiert ist.

$$V_{kj} = f_{kj}(W_j) \tag{2}$$

Damit läßt sich das Knotensignal W_k ganz allgemein in der in
Glg. (3) dargestellten Form anschreiben.

$$W_k = \sum_j f_{kj}(W_j) + S_k \tag{3}$$

Lineare zeitinvariante Systeme (LTI-Systeme), die durch lineare
Differenzengleichungen mit konstanten Koeffizienten beschrieben
werden, benötigen zur Systemimplementierung als Grundelemente
Addierer, Multiplizierer und Verzögerungselemente /2/. In Abb. 1
sind die entsprechenden Signalflußgraphsymbole zusammengefaßt.

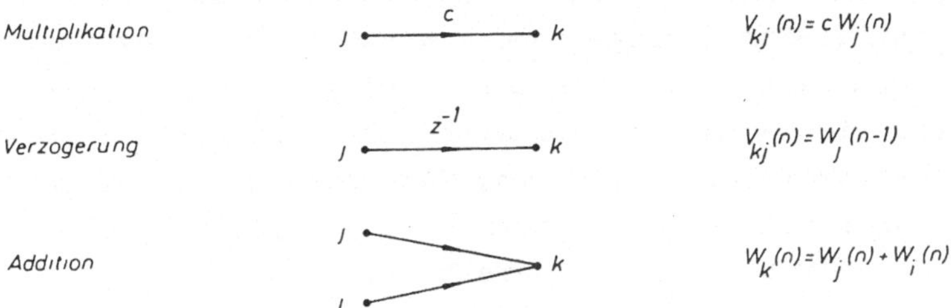

Abb. 1. Grundoperationen zeitdiskreter LTI-Systeme

Zur Beschreibung von linearen zeitvarianten Systemen (LTV-Systeme) mit Hilfe der Signalflußgraphdarstellung müssen noch weitere Zweigoperationen definiert werden. In Abb. 2 sind vier allgemein verwendete Netzwerkzweige aufgelistet /3/.

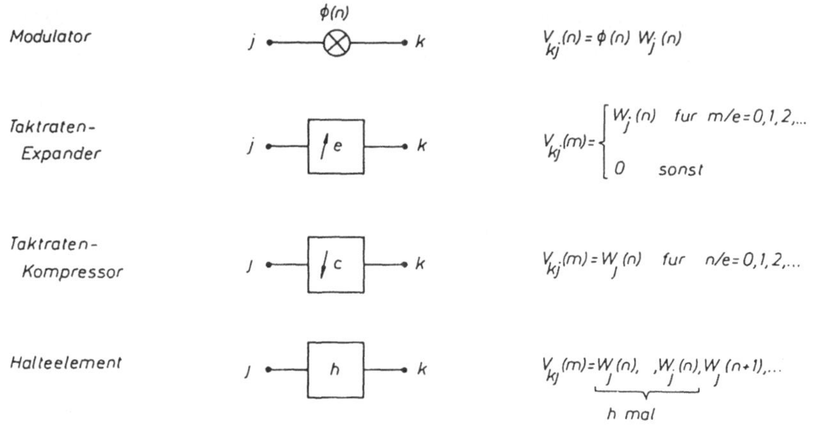

Modulator $\qquad j \xrightarrow{\phi(n)} \otimes \longrightarrow k \qquad V_{kj}(n) = \phi(n)\, W_j(n)$

Taktraten-Expander $\qquad j \longrightarrow \boxed{/e} \longrightarrow k \qquad V_{kj}(m) = \begin{cases} W_j(n) & \text{fur } m/e = 0,1,2,\dots \\ 0 & \text{sonst} \end{cases}$

Taktraten-Kompressor $\qquad j \longrightarrow \boxed{/c} \longrightarrow k \qquad V_{kj}(m) = W_j(n) \quad \text{fur } n/e = 0,1,2,\dots$

Halteelement $\qquad j \longrightarrow \boxed{h} \longrightarrow k \qquad V_{kj}(m) = \underbrace{W_j(n),\ ,W_j(n), W_j(n+1),\dots}_{h\ \text{mal}}$

Abb. 2. Netzwerkzweige für zeitdiskrete LTV-Systeme

Der Modulator unterscheidet sich vom Koeffizientenzweig dadurch, daß als Multiplikationsfaktor kein konstanter Wert sondern eine vom Zeitindex n abhängige Größe auftritt. Der Taktratenexpander, Taktratenkompressor und das Halteelement stellen taktratenum= setzende Netzwerkzweige dar. Dies bedeutet, daß sich die Rate, mit der das Zweigeingangssignal am Ursprungsknoten anliegt, von der Rate des Zweigausgangssignals unterscheidet. Beim Expander wird die Rate um den Faktor e erhöht, indem zunächst bei Anliegen eines Zweigeingangssignals dieser Wert als Zweigausgangssignal übernommen wird und danach e-1 weitere Ausgangssignale mit Wert Null definiert werden. Beim Kompressor hingegen wird nur jeder c-te Wert des Ursprungsknotens als Zweigausgangssignal genommen. Dies bewirkt eine Taktratenreduzierung um den Faktor c. Die Halteoperation wiederum ordnet jedem Wert des Ursprungsknotens h Ausgangssignalwerte zu, indem der Eingangswert h-mal aus= gelesen wird. Die sechs oben erklärten Zweigoperationen Multi= plikation, Verzögerung, Modulation, Taktratenexpansion, Takt= ratenkompression und Halteoperation stellen typische Netz= **werkzweige der digitalen Signalverarbeitung dar.**

3. Ein Beispiel für die Anwendung von Mehrfachtaktverarbeitung

Es werde eine Einfachtakt- und eine Mehrfachtaktversion des
Einseitenbandmodulators gegenübergestellt, der ein Tiefpaß=
signal x(n) in ein Bandpaßsignal y(n) transformiert. Mathe=
matisch läßt sich eine solche Modulation gemäß Glg. (4) formu=
lieren.

$$y(n) = \left[x(n)\, e^{-j\Theta_T n} * h_{TP}(n) \right] e^{j\Theta_B n} + \left[x(n)\, e^{j\Theta_T n} * h_{TP}(n) \right] e^{-j\Theta_B n} \tag{4}$$

Während Θ_T für die halbe Grenzfrequenz des Tiefpaßsignals x(n)
steht, bedeutet Θ_B die Mittenfrequenz des aus der Modulation
resultierenden Bandpaßsignals y(n). Bei Θ_T und Θ_B handelt es
sich um normierte Frequenzen, die über die Vorschrift $\Theta = 2\pi f T$
aus der absoluten Frequenz f und der Abtastperiode T ermittelt
werden. Abb. 3 zeigt das Prinzip des sogenannten Weaver-
Modulators, der diese Einseitenbandmodulation durchführt.

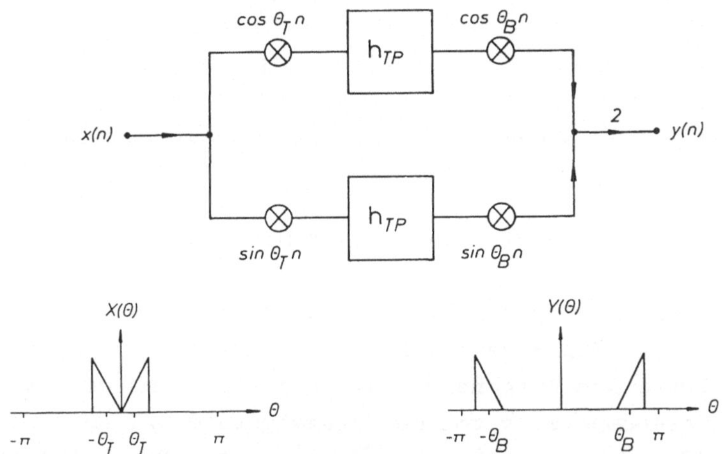

Abb. 3. Einfachtaktversion des Weaver-Modulators

Die minimale Taktrate dieses zeitdiskreten Systems ist durch
die doppelte obere Grenzfrequenz des Bandpaßsignals y(n) ge=
geben. Bei der Realisierung des Weaver-Modulators mit Einfach=
taktverarbeitung (Abb. 3) hat auch das Tiefpaßsignal x(n) mit
dieser Rate vorzuliegen, was auf Grund des Shannonschen Theorems
einer Überabtastung entspricht. Diese ist umso größer, je
kleiner die Grenzfrequenz des Tiefpaßsignals verglichen mit
der Mittenfrequenz des Bandpaßsignals ist, also je schmal=

bandiger das Ausgangssignal des Modulators ist. Wird beispiels=
weise das zeitdiskrete Signal x(n) durch eine Analog/Digital-
Konversion aus einem analogen Signal gewonnen, so hat die Kon=
versionszeit des Umsetzers kleiner zu sein als der durch das
Tiefpaßsignal festgelegten maximalen Abtastperiode entsprechen
würde. Dadurch hätte dieser A/D-Wandler erhöhten Anforderungen
zu genügen. Eine Abhilfe schafft die in Abb. 4 dargestellte
Mehrfachtaktversion des Weaver-Modulators /4/.

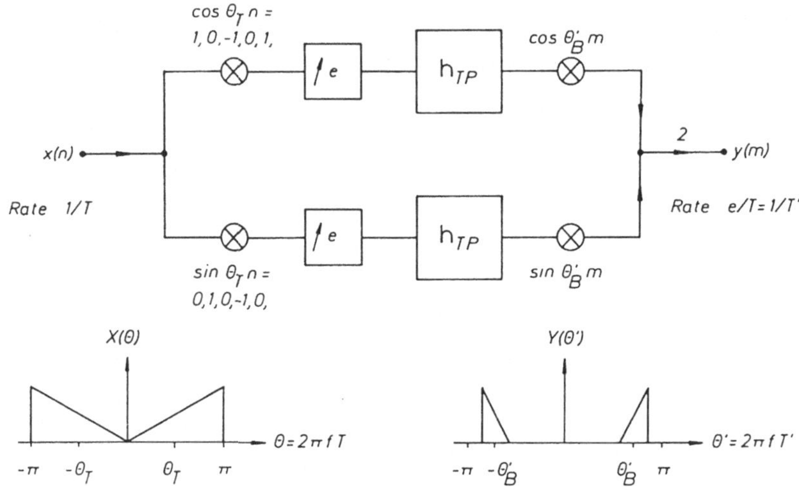

Abb. 4. Mehrfachtaktversion des Weaver-Modulators

Bei dieser Realisierung des Einseitenbandmodulators unter=
scheidet sich die Taktrate des Eingangssignals (Zeitindex n)
von der Taktrate des Ausgangssignals (Zeitindex m) um den Faktor
e. Die Taktratenumsetzung von der Eingangsrate 1/T auf die Aus=
gangsrate e/T erfolgt durch Taktratenexpander. Damit ist es
möglich das Tiefpaßsignal x(n) mit der durch das Shannonsche
Theorem festgelegten minimalen Rate zu verarbeiten, während die
für das Bandpaßsignal y(m) notwendige höhere Rate erst durch die
beiden Expander bewerkstelligt wird. Da x(n) beim Weaver-Modu=
lator mit Mehrfachtaktverarbeitung mit einer kleineren Rate ver=
glichen mit der Einfachtaktversion vorzuliegen hat, darf auch
die Konversionszeit eines vorgeschalteten A/D-Wandlers größer
sein. Einen weiteren Vorteil stellen die nun trivialen Multi=
plikationen mit cosπn/2 und sinπn/2 dar. Da bei der Mehrfach=
taktversion θ_T=π/2 gilt, treten bei den entsprechenden zeit=

varianten Multiplikationen nur die Faktoren 1, 0 und -1 auf.

4. Programmpaket zur Simulation digitaler Signalverarbeitungs= systeme mit Mehrfachtaktverarbeitung

Der Entwurf digitaler Systeme zur Signalverarbeitung erfolgt
nahezu ausschließlich unter der Voraussetzung einer nicht=
quantisierten Signalamplitude. Wie die mit jeder Realisierung
verbundenen Nichtlinearitäten zufolge Zahlendarstellung, Quanti=
sierungscharakteristik und Überlaufkennlinie das vom jeweiligen
System geforderte Verhalten beeinflussen, kann durch Nachbildung
der realen Verhältnisse mit Hilfe eines Computerprogramms fest=
gestellt werden. Ein am Institut für Nachrichtentechnik der
TU Wien entwickeltes Programmpaket (Programmiersprache Pascal,
implementiert auf VAX 11/730) gestattet die Simulation digitaler
Signalverarbeitungssysteme mit Mehrfachtaktverarbeitung /5/.
Dafür ist das zu analysierende System, das in Form eines Signal=
flußgraphen festgelegt ist, dem Programm als Zweigliste mitzu=
teilen. Zunächst werden alle notwendigen Präzedenzbeziehungen
ermittelt, die zusammen mit dem Signalflußgraphen den Algorith=
mus festlegen, der dem jeweiligen System zugrunde liegt. Danach
erfolgt die eigentliche Simulation. Diese wird unter den vom
Benutzer im Dialogbetrieb festgelegten Randbedingungen (An=
regungsfolge, Zahlendarstellung, Quantisierungscharakteristik,
Überlaufkennlinie, Anfangsbedingungen, ...) ausgeführt. Die
erhaltenen Ergebnisse können anschließend sowohl im Zeitbereich
als auch im Frequenzbereich analysiert werden.

Literatur

/1/ R. E. Crochiere, A. V. Oppenheim: Analysis of Linear
     Digital Networks. Proceedings of the IEEE, 1975, 581-595
/2/ A. V. Oppenheim, R. W. Schafer: Digital Signal Processing.
     Prentice-Hall, 1975.
/3/ R. E. Crochiere, L. R. Rabiner: Interpolation and Decimation
     of Digital Signals. Proceedings of the IEEE, 1981, 300-331.
/4/ R. E. Crochiere, L. R. Rabiner: Multirate Digital Signal
     Processing. Prentice-Hall, 1983.
/5/ B. Wess: Analyse digitaler Systeme zur Signalverarbeitung.
     Diplomarbeit, ausgeführt am Institut für Nachrichten=
     technik der TU Wien, 1985.

ARTIKULATORISCHE SPRACHSYNTHESE

G. Dorffner, G. Kubin

Institut für Nachrichtentechnik,
Technische Universität Wien

ZUSAMMENFASSUNG:

Die Erzeugung von synthetischer Sprache aus Lautschrift erfordert die Berücksichtigung der gegenseitigen Beeinflussung aufeinanderfolgender Laute. Bei der "Artikulatorischen Sprachsynthese" erfolgt dazu eine naturgetreue Modellierung der Bewegungen der Sprechorgane. Das entwickelte Programmpaket liefert eine graphische Darstellung dieser Bewegungen und erlaubt die Ansteuerung eines digitalen Filters zur Echtzeit-Sprachsynthese.

1. Einleitung

Bei der Umsetzung von beliebigem Text in synthetische Sprache sind zwei Schritte erforderlich:

1. Die Ermittlung der in Lautschrift dargestellten Aussprache des Textes, vgl./1/;

2. Die Synthese des akustischen Sprachsignals anhand der Lautschrift.

Für den zweiten Schritt ist ein bloßes Aneinanderreihen von akustischen Segmenten, die den einzelnen Lauten entsprechen, nicht möglich. Vielmehr erfolgt die menschliche Sprachproduktion durch ein komplexes Ineinandergreifen von parallel ablaufenden Bewegungen der Sprechorgane oder "Artikulatoren" (im wesentlichen: Lippen, Zunge, Gaumensegel). Die Bewegungen der einzelnen Organe laufen oft unterschiedlich schnell ab und greifen jedenfalls über die gedachten Lautgrenzen hinaus. Diese Phänomene werden unter dem Begriff Koartikulation zusammengefaßt und können bei der Sprachsynthese auf folgende Arten berücksichtigt werden:

1. Für jeden Laut wird eine Vielzahl akustischer Varianten abgespeichert ("Diphon-" und "Halbsilbensynthese")·

2. Für jeden Laut wird nur ein Satz akustischer Daten gespeichert, jedoch werden diese durch eine Vielzahl ad hoc definierter Regeln kontextabhängig modifiziert ("Allophonsynthese");

3. Man simuliert die tatsächlich bei der Sprachproduktion ablaufenden Sprechbewegungen in Form eines vereinfachten Computermodells und vermeidet somit die Probleme bei der akustischen Abgrenzung einzelner Laute; dies geschieht in der "Artikulatorischen Sprachsynthese".

2. Grundkonzept des artikulatorischen Sprachsynthesators

2.1. Parametrisierung der Artikulatorgeometrie

Informationen über die Einstellungen und Bewegungen der Artikulatoren während des Sprechens sind aus Röntgenbildern bzw. -filmen zu gewinnen /2,3/. Diese Aufnahmen stellen einen mittigen Längsschnitt durch den menschlichen Schädel dar; für die Festlegung der Artikulatorgeometrie genügen jedoch die Konturen der Sprechorgane:

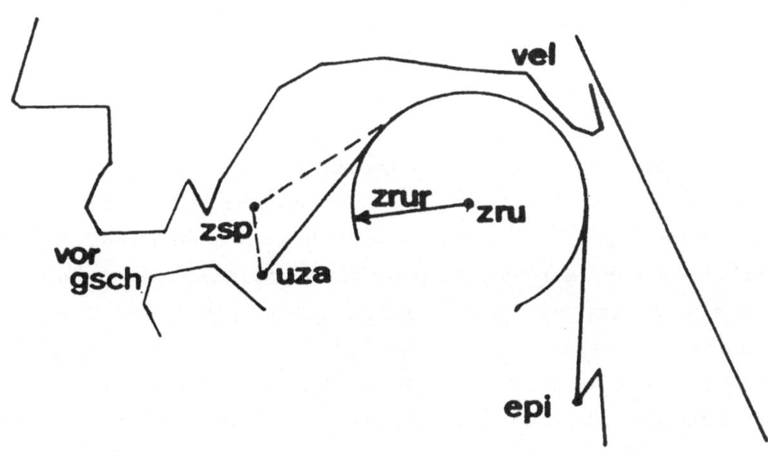

Abb.1. Artikulatorgeometrie:
zsp - Zungenspitze, zru - Zungenrücken/Mittelpunkt, zrur - Zungenrücken/Radius, epi - Epiglottis (Zungenwurzel), vor - Lippenvorstülpung, gsch - Lippenöffnung, uza - unterer Schneidezahn, vel - Gaumensegel.

Die Parametrisierung der Geometrie beruht auf einer näherungs-
weisen Ersetzung funktional trennbarer Konturteile (z.B. Zunge
= Zungenspitze + Zungenrücken + Zungenwurzel) durch einfache,
analytisch darstellbare Formen wie Kreis und Gerade (Abb.1).

2.2. Parametrische Definition der Laute

Für jedes Lautschriftsymbol müssen bestimmte Werte der artikulatorischen Parameter festgelegt werden. Dabei ist zwischen
den für die Definition des Lautes wesentlichen Parametern
(z.B. Lippenvorstülpung beim /u/) und den unwesentlichen (z.B.
Lippenvorstülpung beim /t/) zu unterscheiden. Die unwesentlichen Parameter können im Zuge der Koartikulation durch
Interpolation von den benachbarten Lauten aus eingesetzt
werden /4,5/.

2.3. Steuerung der Artikulatorkinematik

Durch die Definition der Lautsymbole sind nur idealisierte
Zwischenstellungen des gesamten Sprechbewegungsablaufes festgelegt. Zur vollständigen Beschreibung der Artikulatorkinema-
tik müssen zusätzliche Momentaufnahmen der Uebergangsbewegun-
gen zwischen diesen Einstellungen erzeugt werden. Dies erfolgt
durch Interpolation der artikulatorischen Parameter, wobei die
Länge der Interpolationsintervalle abhängig vom jeweiligen
Laut und vom betroffenen Artikulator gewählt wird, um dem
Ineinander- und Uebergreifen der Artikulatorbewegungen gerecht
zu werden /6/.

2.4. Vermessung der Artikulatorgeometrie

Die Synthese des Sprachsignals erfordert eine geometrische
Auswertung der in den bisherigen Schritten gewonnenen Artiku-
latorbilder. Für ein vereinfachtes akustisches Spracherzeu-
gungsmodell genügt es, den Querschnitt des von den Sprechorga-
nen eingeschlossenen Hohlraums für eine Anzahl von Stützstellen zu kennen. Diese Querschnittsflächen werden nach
empirischen Formeln aus den linearen Abständen zwischen einander gegenüberliegenden Artikulatorkonturen (z.B. Zunge/Gaumen)
ermittelt.

2.5. Akustische Synthese

Die für jeden Zeitschritt bestimmten Querschnittsflächen stellen die Randbedingungen für die akustischen Wellengleichungen

dar. Ein den akustischen Vorgängen analoges Modell kann in ein digitales Filter umgesetzt werden, das in seiner Struktur über die bei der Sprachsynthese üblichen hinausgeht; so weist es z.B. einen zweiten Pfad für die Modellierung nasaler Laute und zuschaltbare Rauschquellen für Reibe- und Verschlußlaute auf /7/.

3. Realisierung des Synthesators als Experimentiersystem

Bei der Realisierung des dargelegten Konzeptes bleiben eine Reihe a priori unbekannter Systemparameter offen, die nachträglich durch Anpassung der synthetischen Sprache an natürliche Sprache ermittelt werden sollen. Daraus ergeben sich Forderungen nach einer flexiblen Systemstruktur, nach echtzeitnahem Syntheseablauf und nach interaktivem Zugriff auf Zwischenergebnisse des Syntheseprozesses. Die dazu gewählte Hard- und Softwareumgebung besteht aus dem digitalen Signalprozessor "MOSIP" zur Implementierung des digitalen Filters und einem eigens entwickelten MC 68000 - Mikrocomputer mit schneller Graphikausgabe /8/ zur Implementierung des Sprechbewegungsablaufes in der höheren Programmiersprache C; dadurch können zeitkritische Routinen bei relativ geringem Aufwand maschinennah programmiert werden. Zur interaktiven Parameteroptimierung wurde ein Editierprogramm entwickelt, das die Manipulation der geometrischen und zeitlichen Parameter der Laute erlaubt. Die Veränderungen können simultan am Standbild oder anhand schrittweise abgearbeiteter Bildsequenzen kontrolliert werden.

Die Systemimplementierung konnte weitestgehend im Rahmen einer Diplomarbeit /9/ abgeschlossen werden: Neben dem Editierprogramm liegt ein Programm vor, das bei Eingabe eines Lautschrifttextes den entsprechenden Bewegungsablauf der Artikulatoren synthetisiert und über den Graphikbildschirm in Form eines Zeichentrickfilms ausgibt. Ein Beispiel für die Sequenz /matematik/ zeigt Abb.2. Die Rechengeschwindigkeit des Systems liegt allerdings noch etwa einen Faktor zehn unter der für ein genaues Verfolgen aller Bewegungsdetails wünschenswerten von etwa 50 Bildern je Sekunde. An der Implementierung des digitalen Filters für die Signalsynthese wird derzeit gearbei-

tet, wobei schon jetzt abzusehen ist, daß die dabei auftretenden Rechenzeitprobleme weit geringer bleiben als für die
Bildsynthese.

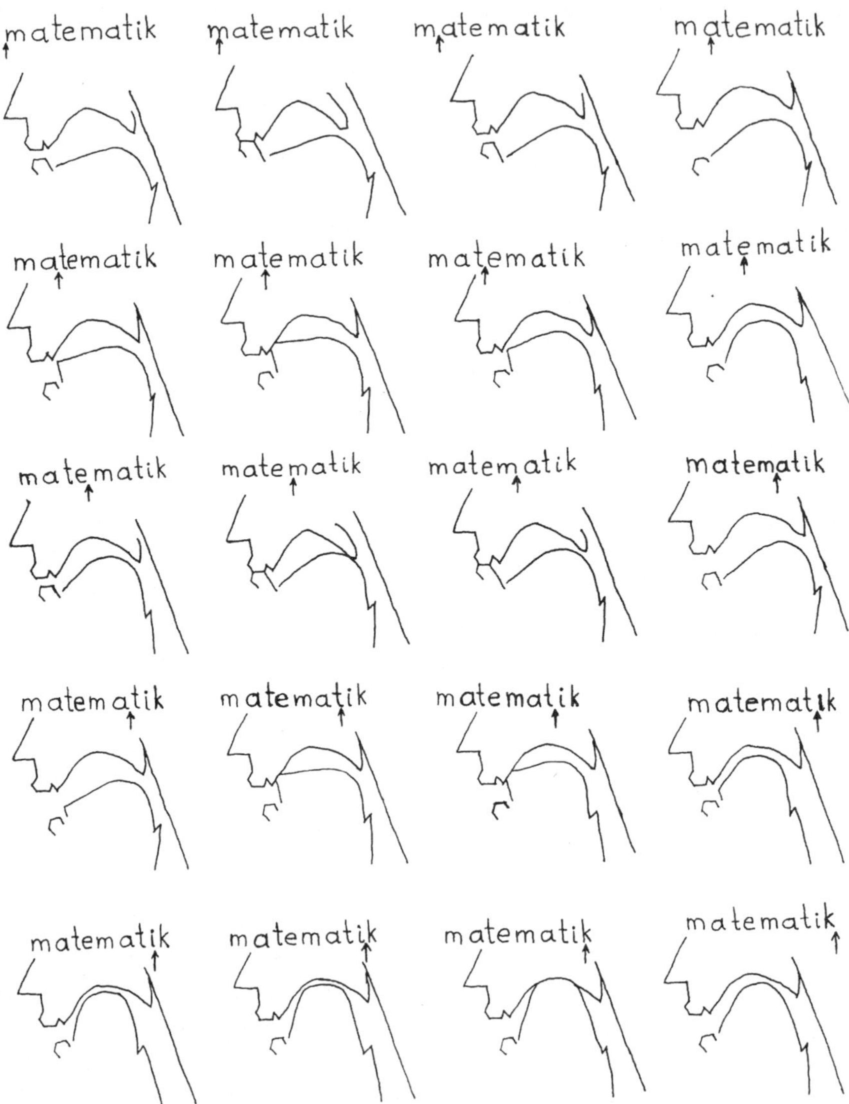

Abb.2. Synthetische Bildsequenz für /matematik/:
       Der Pfeil verweist jeweils auf die zeitliche Lage des
       Bildes innerhalb des gesamten Wortes.

Literatur

/1/ M. Kommenda, G.Kubin:
Ein flexibler Regelkatalog für die Sprachsynthese aus
Text.
Fortschritte der Akustik - DAGA'84. S. 817-820.
Bad Honnef: DPG-Gmbh 1984.

/2/ H.H. Wängler:
Atlas der deutschen Sprachlaute.
7. Aufl. Berlin: Akademie-Verlag 1981.

/3/ G. Lindner:
Optische Analysen der Koartikulation durch Röntgenkine-
matographie.
Hochschulfilm T-HF 719.
Berlin: Institut für Film, Bild und Ton 1972.

/4/ G. Lindner:
Der Sprechbewegungsablauf.
Berlin: Akademie-Verlag 1975.

/5/ G. Heike:
Artikulatorische Synthese: Beschreibung des Programmpakets
ARSDEM.
IPKöln-Berichte, Nr. 10(1980), S. 7-31.

/6/ G. Dorffner, M. Kommenda:
Ein Artikulationsmodell zur Sprachsynthese.
Fortschritte der Akustik - DAGA'85. S. 615-618.
Bad Honnef: DPG-GmbH 1985.

/7/ P. Meyer, H.W. Strube, R. Wilhelms:
Anpassung eines stilisierten Vokaltraktmodelles an
stationäre Sprachlaute.
Fortschritte der Akustik - DAGA'84. S. 825-828.
Bad Honnef: DPG-GmbH 1984.

/8/ W. Köllner:
Ein intelligentes hochauflösendes Graphikterminal.
Diplomarbeit am Institut für Nachrichtentechnik, TU Wien
1985.

/9/ G. Dorffner:
Sprachsynthese durch Nachbildung der Artikulation von
Sprechlauten.
Diplomarbeit am Institut für Nachrichtentechnik, TU Wien
1985.

„Wieviele Programme gibt es für den IBM Personal Computer?"

Genau das richtige Programm für Sie. Und viele mehr bei

IBM

IBM Österreich: Wien – Linz – Graz – Salzburg – Innsbruck – Klagenfurt – Bregenz
Informationsdienst Telefon 0222/53 20 20

Neu!
Preisgünstiger als
herkömmliche Relais- und
Schützensteuerungen

LOGISTAT A 020.
Die problemlose elektronische Kleinsteuerung für Industrie und Handwerk.

Österreichische AEG-TELEFUNKEN
Wien, Traun, Salzburg, Innsbruck, Dornbirn,
Graz, Klagenfurt

AEG
Automatisierungstechnik
von AEG-TELEFUNKEN

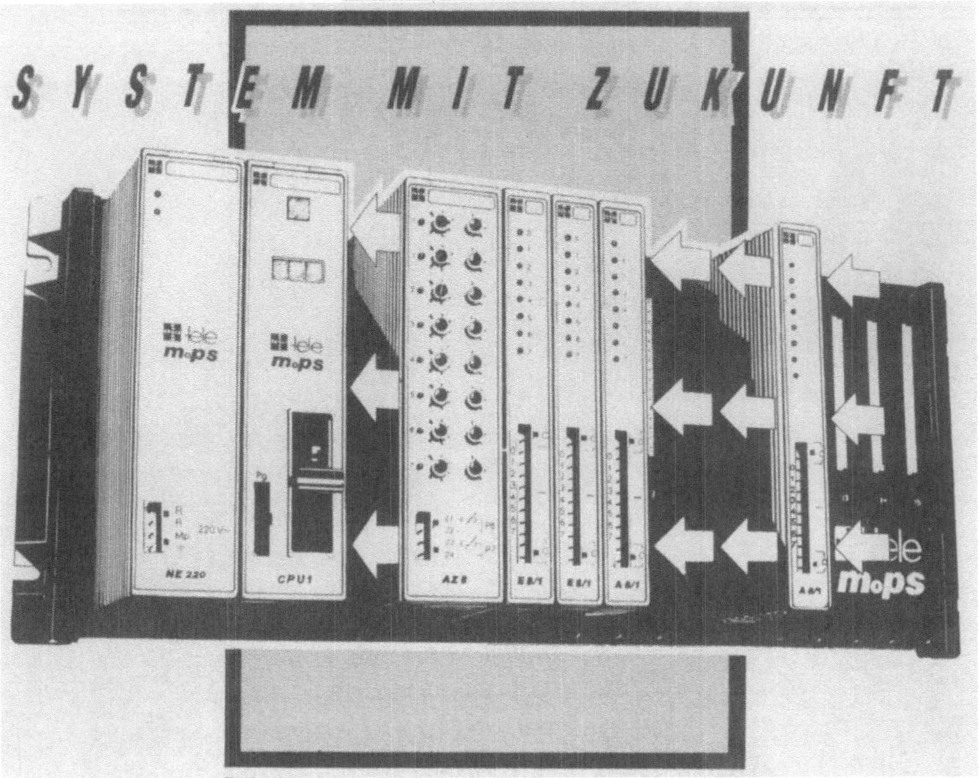

mops
SYSTEM MIT ZUKUNFT
tele mops
tele mops
NE 220
CPU 1
AZ 8
E 8/1
E 8/1
A 8/1
A 8/1
tele mops

SCHRACK

Digital – phänomenal.
Multidat.
Die digitale Telefonzukunft.

– mit 10–10.000 Anschlüs-
sen

– mit allen Features, die ein
Telefon der Zukunft hat.

Informieren Sie sich und fordern Sie unsere Prospekte
an.

MULTIDAT

SCHRACK ELEKTRONIK AG, A-1121 Wien, Pottendorfer Str. 25–27, Tel.: (0222) 85 01 – 5440 Dw.

11. Themenkreis

NACHRICHTENTECHNIK UND DATENKOMMUNIKATION

Leitung:

Univ.-Prof. Dipl.-Ing. Dr. E. Bonek

EINSATZ DIGITALER KORRELATOREN IN EINEM ÜBERTRAGUNGSSYSTEM

M. Sust, B. Eichinger, M. Kowatsch

Abteilung für Angewandte Elektronik, Institut für Allgemeine
Elektrotechnik und Elektronik, Technische Universität Wien.

ZUSAMMENFASSUNG:

Spread-Spectrum-Verfahren bieten eine Verringerung der Empfindlichkeit gegen Störsignale, erhöhten Schutz gegen den Informa-
tionszugriff durch unbefugte Empfänger und neuartige Möglichkeiten für die Vielfachausnutzung eines Übertragungskanals. Die
Verfügbarkeit von digitalen Korrelatoren in Form integrierter
Bausteine ermöglicht es, Matched Filter-Empfänger hoher Flexibilität mit relativ geringem Aufwand aufzubauen. Ein derartiges
System wird in dieser Arbeit vorgestellt.

Unter Spread-Spectrum (SS)-Systemen versteht man Übertragungssysteme, in denen die zur Übertragung verwendete Bandbreite
wesentlich größer ist als für die Übermittlung der Information
unbedingt erforderlich. Die Bandaufspreizung erfolgt durch eine
von der Information unabhängige analoge oder digitale Modula-
tionsvorschrift, den Spread-Spectrum-Code. Dem erwünschten Empfänger muß der Spread-Spectrum-Code bekannt sein, um das empfangene Signal durch Korrelation mit einem Referenzcode mit
einem Gewinn an Signal-Rausch-Verhältnis (Korrelationsgewinn)
verarbeiten zu können /1/,/2/. Bandaufspreizung, Korrelation
und die Verwendung nicht öffentlicher SS-Codes bewirken eine
Verringerung der Empfindlichkeit gegen Störsignale und einen
Schutz gegen das Eindringen von unbefugten Empfängern in derartige Übertragungsnetze. Die Vielfachausnutzung des Übertragungskanals kann durch Codemultiplex erreicht werden. Häufig
erweist sich der Einsatz von signalangepaßten Filtern (Matched

Filter, MF) unter Verwendung digitaler Korrelatoren als vorteilhaft /3/,/4/,/5/. Sie liefern als Ausgangssignal die Auto-
korrelationfunktion des Eingangssignals, die beim Vorliegen
zeitdiskreter, digitaler Signale als Summe definiert ist.

$$R(m) = \sum_{n=1}^{N} s(n).s(n+m) \qquad (1)$$

n ... diskrete Zeitvariable, m ... diskrete Zeitverschiebung

Zur Realisierung dieses Ausdruckes verknüpft man korrespon-
dierende Zellen zweier Schieberegister der Länge N durch EXNOR-
Gatter (Abb. 1).

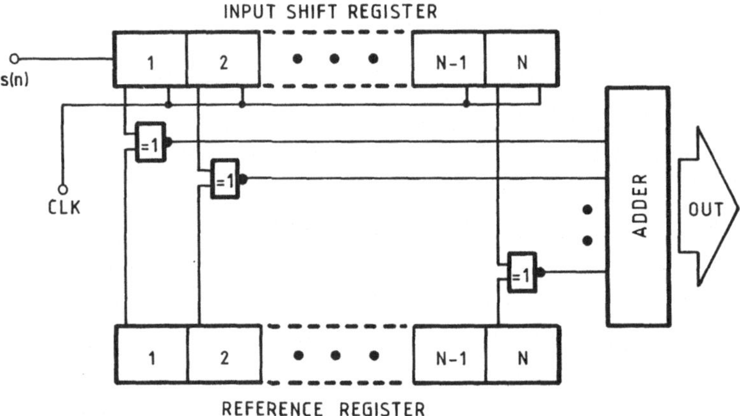

Abb. 1 . Aufbau eines digitalen Korrelators

In einem der Register ist das Referenzsignal s(n) gespeichert
und verbleibt dort für die gesamte Dauer des Korrelationsvor-
ganges. Der Takt CLK steuert das serielle Einlesen von s(n) in
das "INPUT SHIFT REGISTER", wobei jeder Taktzeitpunkt einer
bestimmten Verschiebung m zwischen Signal und Referenz entspricht. Betrachtet man das digitale (Amplitudenwerte 0,1)
Signal s(n) aus einem bipolaren Signal (Amplitudenwerte -1,+1)
durch die Abbildungsvorschrift -1 → 1, +1 → 0 entstanden, erkennt man, daß mit Hilfe der EXNOR-Gatter die in Glg. (1) ge-

forderte Multiplikation durchgeführt wird. Das entspricht einem
Vergleich korrespondierender Schieberegisterzellen,sodaß am
Summierausgang die AKF(m) als Summe der Übereinstimmungen A(m)
in Erscheinung tritt. Durch die Umrechnung

$$AKF(m) = 2A(m) - N \qquad (2)$$

erreicht man eine Anpassung an die in der Literatur üblichere
Definition der AKF als Differenz zwischen Übereinstimmungen
und Nichtübereinstimmungen.

Das Blockschaltbild eines SS-Systems mit einem digitalen Korrelator als MF ist in Abb. 2 dargestellt. Im Sender des realisierten Systems erzeugen zwei Codegeneratoren zwei quasiortho-
gonale, 64 Bit lange Codes geringer Kreuzkorrelation mit einer
Taktfrequenz von 10 MHz. Einer Folge ist das Datenbit logisch
Ø, der anderen logisch 1 zugeordnet. Der anliegende Datenstrom
bestimmt daher die Auswahl des Codes (Code Shift Keying, CSK).
Der aktuelle Code wird dem Träger mittels Biphase Phase Shift
Keying (BPSK) aufmoduliert. Im Empfänger erfolgt die Demodula-
tion des BPSK-Signals durch Multiplikation mit zwei orthogonalen
Trägerkomponenten (nichtkohärenter Quadraturempfänger) und daher eine Aufspaltung in I- und Q-Kanal. Anschließend wird in
beiden Kanälen eine Digitalisierung durch Vorzeichendetektion
vorgenommen. Die durch die 1-Bit-Quantisierung in beiden Kanälen
entstandenen Codebitströme müssen jeweils mit den Referenzcodes
für Ø und 1 verglichen werden. Dafür ist die Aufspaltung jedes
Kanals in zwei Pfade notwendig. Die Ausgänge der MF werden
quadriert und addiert, wodurch die quadratische Detektion des
komplexen digitalen Signals durchgeführt wird. Die Datenent-
scheidung beruht auf dem Vergleich der detektierten Korrelationsfunktionen für 1 und O zum Abtastzeitpunkt. In einem Zweig
tritt das Maximum der AKF auf, im anderen der zugehörige Wert
der Kreuzkorrelationsfunktion (KKF). Ist dem Empfänger der Abtastzeitpunkt bekannt, wird demgemäß an jeden der verwendeten
Codes die Forderung nach großer Differenz zwischen seiner AKF
und der KKF mit anderen in diesem System verwendeten Codes zum
Abtastzeitpunkt gestellt /6/. Im realisierten System werden
zwei verschiedene 64-Bit Folgen als Pseudo Noise (PN)-Codes
verwendet. In linear rückgekoppelten Schieberegistern werden
zwei 63-Bit M-Folgen erzeugt. Um die Codelänge an die Korre-

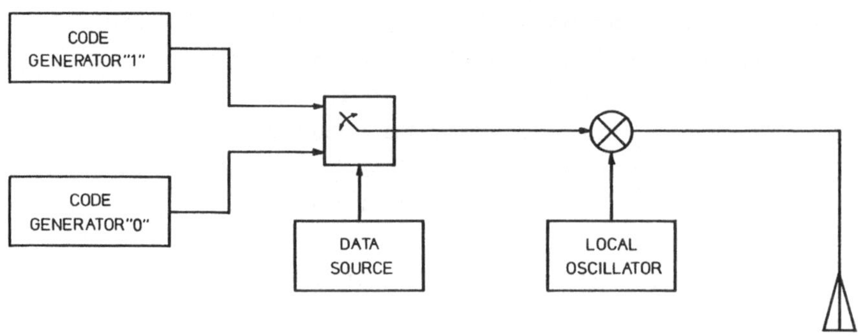

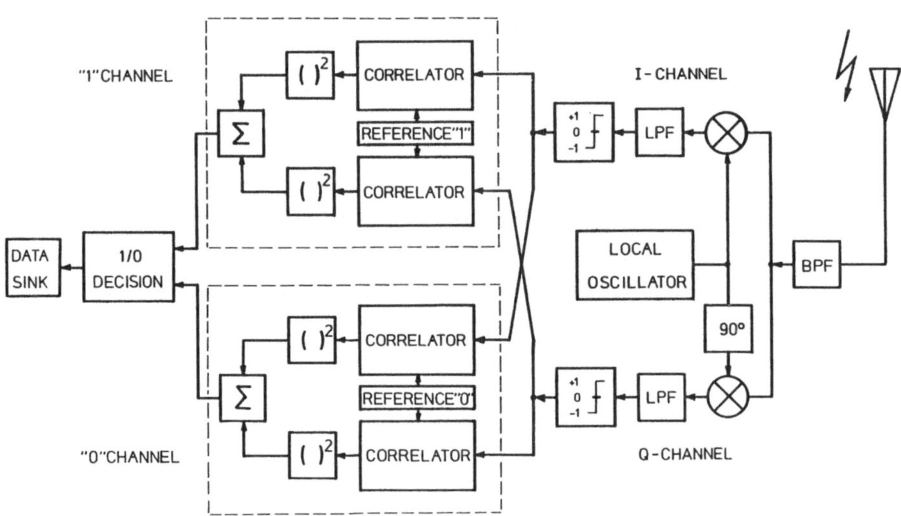

Abb. 2. Blockschaltbild von Sender und Empfänger des beschriebenen Systems

latorlänge anzupassen wird am Ende dieser M-Folgen jeweils das
letzte Bit wiederholt, sodaß 64 Bit lange Spread-Spectrum-Codes
entstehen. Ihre Korrelationseigenschaften, die sich kaum von
denen der ursprünglichen M-Folgen unterscheiden, sind in Abb.3
dargestellt. Diese Darstellung entspricht der analogen Korrelationsfunktion. Im Falle der digitalen Korrelation ist diese
Funktion natürlich stufenförmig.

Der richtige Abtastzeitpunkt kann dem Empfänger durch Senden
eines speziellen Codes vor dem Beginn der Datenübertragung mitgeteilt werden (Präambel). Das Untersuchen des Eingangssignales
auf das Vorhandensein der Präambel kann wiederum in einem digitalen MF erfolgen. Da in diesem Fall eine Schwellwertent-
scheidung zu treffen ist, wird vom Präambelcode eine möglichst
große Differenz zwischen dem Hauptmaximum und den Nebenmaxima
der AKF gefordert.

Um das Verhalten des realisierten Systems beurteilen zu können,
wurden Messungen der Bitfehlerwahrscheinlichkeit durchgeführt,
die im Rahmen der Meßgenauigkeit gute Übereinstimmung mit der
theoretischen Analyse des Systems zeigen (Abb. 4).

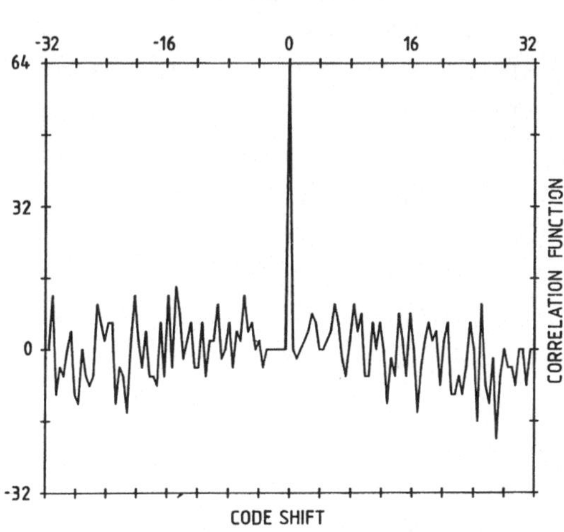

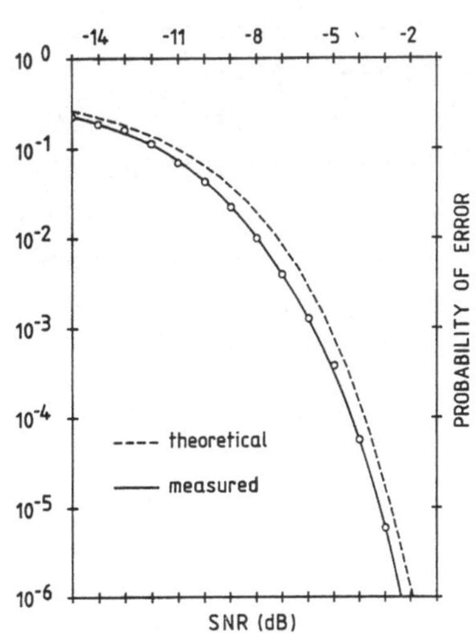

Abb. 3. Korrelationsfunktion einer
01-Folge in einem Korrelator mit der Referenz 1

Abb. 4. Bitfehlerwahr-
scheinlichkeit

Die theoretische Fehlerkurve (strichliert) berücksichtigt die
1-Bit-Quantisierung des demodulierten Empfangssignales, und
gilt aufgrund der verwendeten Näherungen nur für kleine Signal-
Rausch-Verhältnisse am Empfängereingang /3/. Das SNR wurde nach
dem Bandpaßfilter des Empfängereinganges gemessen.

Danksagung : Die Autoren danken Herrn D.I. A.Ersoy und Herrn
D.I. A.Güney für ihre wertvolle Mithilfe bei der Realisierung

des beschriebenen Konzepts sowie Herrn D.I. W.Kausel für seine
Unterstützung bei der Berechnung der Korrelationsfunktionen.
Diese Arbeit wurde vom Hochschuljubiläumsfonds der Stadt Wien
gefördert.

Literatur

1. Dixon, R.C.: Spread Spectrum Systems, 2nd ed., New York:
   Wiley, 1984.
2. Lafferl, J., Kowatsch, M., Seifert, F.: "Stör- und abhör-
   festes drahtloses Datenübertragungssystem", Arbeitsbericht
   der Informationstagung Mikroelektronik 1983, Wien 1983.
3. Turin, G.L.: "An Introduction to Digital Matched Filters",
   Proc. IEEE, Vol.64, pp.1092-1112, July 1976.
4. Eldon, T.J.: "Correlation - A Powerful Technique for Digital Signal Processing", TRW/LSI-Products, La Jolla, CA,
   Dec. 1980.
5. Eldon, T.J.: "Digital Correlator defends Signal Integrity
   with Multibit Precision", Electronic Design, May 17, 1984.
6. Sarwate, D.V. and Pursley, M.B.: "Crosscorrelation Properties of Pseudorandom and Related Sequences", Proc. IEEE,
   Vol.68, pp.593-619, May 1980.

VERBINDUNG LOKALER RECHNERNETZWERKE ÜBER SATELLITEN

O. Koudelka

Institut für Nachrichtentechnik und Wellenausbreitung
Technische Universität Graz

ZUSAMMENFASSUNG:

Nachrichtensatelliten erlauben die Verteilung von Information bei hohen
Geschwindigkeiten zu einer nahezu beliebigen Anzahl von Teilnehmern. Mit
kleinen transportablen Bodenstationen können Verbindungen in kurzer
Zeit bei Bedarf aufgebaut werden. Im folgenden wird ein System zur
Übertragung von Computerdaten, Sprache und TV- Bildern bei Datenraten
im Megabit/Sekunden- Bereich über Nachrichtensatelliten beschrieben.
Dabei werden lokale Rechnernetze und ein neuartiges Vielfachzugriffs-
verfahren eingesetzt.

1. Allgemeines

Die kontinentale und interkontinentale Übermittlung von Telefongesprächen
und TV-Signalen wird seit vielen Jahren erfolgreich über Satelliten
durchgeführt. Satellitensonderdienste im Bereich der verteilten Datenverarbeitung oder für Videokonferenzen haben, obwohl in den USA seit
einigen Jahren und nun auch in Europa bereits verfügbar, nicht in dem
erwarteten Ausmaß Kunden gefunden. Dies liegt hauptsächlich daran, daß
dem Benutzer üblicherweise ein einzelner 56 - 2048 kbit/s-Kanal auf der
Basis einer Punkt-zu-Punkt- Verbindung angeboten wird. Obwohl die
Kosten für eine kleine Satellitenempfangs/-sendestation laufend sinken,
sind sie selbst für einen sehr großen Betrieb nur dann zu rechtfertigen,
wenn die Station entsprechend gut ausgelastet werden kann.

Die Herstellung der Verbindung erfolgt manuell und benötigt entsprechend
geschultes Bedienungspersonal. Die Planung hat für Stunden oder Tage
im voraus zu erfolgen. Für kurze Nachrichten ist dies völlig unzufrieden-

stellend. Bei verteilter Datenverarbeitung (z.B. in Firmen mit Niederlassungen in verschiedenen Teilen Europas) im interaktiven Betrieb sind kurze Datenblöcke zu übertragen. Die Häufigkeit ist meist nicht vorhersagbar. Bei zukünftigen verteilten Bürocomputersystemen wird dies besonders zum Tragen kommen. Hier ist die gleichzeitige Verteilung von Sprache, Computerdaten (interaktiver Natur oder Files), Faksimile und eventuell TV-Bildern wünschenswert. Die erforderlichen hohen Datenraten sind derzeit nur mit Nachrichtensatelliten realisierbar. Eine attraktive Möglichkeit ist es, einen Satellitentransponder mit beispielsweise 5 MHz Bandbreite im Zeitmultiplexverfahren (TDMA) unter einer Vielzahl von Benutzern bzw. Benutzergruppen aufzuteilen. Die Satellitenbodenstation wiederum kann effizient genutzt werden, wenn sie für mehrere Teilnehmer als Konzentrator zum Satellitennetz dient. Lokale Rechnernetzwerke mit einer Verbindung zum Satellitennetz bieten sich hier an.

Das Institut für Nachrichtentechnik und Wellenausbreitung arbeitet seit mehreren Jahren in internationaler Kooperation an der Realisierung solcher Übertragungssysteme.

2. Das Systemkonzept

Die Verfügbarkeit von Hochgeschwindigkeitskanälen, schnellen lokalen Netzen (LANs), die schwindenden Kosten von Mikroprozessoren und Speichermedien sowie die große Verbreitung von Personal Computern und Arbeitsstationen, vor allem im Bürobereich, zeigen, daß die Entwicklung in Richtung von schnellen digitalen Paketvermittlungssystemen geht, die verschiedenste Arten von Information (Sprache, Bilder, Faksimile, Daten) handhaben können. Daher wurde bei diesem Projektvorschlag darauf Rücksicht genommen. Das zur günstigen Ausnutzung des Satellitenkanals eingesetzte Zeitmultiplexverfahren muß den verschiedenen Arten von Daten Rechnung tragen. Unterschiedliche Anforderungen hinsichtlich der Qualität des Kanals und der Priorität der Datenpakete sind gegeben.

Bei Sprach- oder Bildübermittlung ist es nicht zulässig, daß in Paketform vorliegende Informationsblöcke langen Verzögerungen unterworfen sind. Ihnen muß hohe Priorität gegeben werden. Andererseits ist bei Sprache eine höhere Bitfehlerrate tolerierbar. Bei interaktivem Computerdatenaustausch sind sowohl hohe Priorität, als auch große Datensicherheit erforderlich. Filetransfer benötigt sehr hohe Fehlersicherheit, hingegen sind Verzögerungen durch niedrigere Priorität vertretbar. Erstere Gruppe ist unter dem Begriff *Stream Traffic*, letztere unter *Datagramme Traffic* zusammengefaßt. Ein neuartiges TDMA-Verfahren wurde speziell zu diesem Zweck entwickelt /1/.

2.1 Das Vielfachzugriffsverfahren

Das Verfahren basiert auf zentraler Kontrolle, d.h. eine Station agiert als Referenz. Jedoch kann jede Station die Funktion der Referenzstation einnehmen, die Kontrolle kann jederzeit weitergegeben werden. Das Wesen des TDMA-Verfahrens ist, daß jeder Station ein Zeitschlitz zugeordnet wird, in der sie exklusiv die gesamte Übertragungskapazität des Transponders beansprucht. Die Zuordnung kann statisch erfolgen, was aber nur bei genau definiertem Verkehrsaufkommen sinnvoll ist.

Eine Zuordnung auf Anforderung hat dagegen wesentliche Vorteile. Zeitschlitze werden nur Stationen zugewiesen, die auch tatsächlich Daten zu übertragen haben. Damit wird der Kanal effizienter genützt. Nachteilig können sich hier die vermehrt benötigten Kontrollinformationen auswirken.

Bei einem Zufallszugriffsschema versucht eine Station den Kanal zu beanspruchen, in der Hoffnung, nicht mit einer anderen zu kollidieren. Im Kollisionsfall ist der Vorgang zu wiederholen. Das in den USA realisierte ALOHA- Netz funktioniert nach diesem Prinzip.

Nachteilig bei all diesen Verfahren ist die fixe Länge von Datenpaketen. Wenn das Verkehrsaufkommen verschiedener Informationsquellen stark streut, werden diese Methoden uneffizient. Wählt man die Länge des Datenblocks gemäß dem längstmöglichen Datenpaket, wird diese oft nicht vollkommen genützt sein. Zugriffsverfahren nach dem Zufallsprinzip haben den Nachteil, daß Sprachpakete wegen der nicht vorhersagbaren Verzögerung kaum zufriedenstellend übertragbar sind.

Da für dieses Experiment vorgesehene Zugriffsverfahren nennt sich FODA (*FIFO Order Based Demand Assignment*). Die wesentlichen Eigenschaften sind: Unter der Annahme, daß die Station selbst als Konzentrator wirkt und starke Verkehrsschwankungen absorbiert, gibt jede Station eine Anforderung für einen Zeitschlitz an die Referenzstation. Da sie zwischen *Stream-* und *Datagramme-* Paketen unterscheiden kann, sind in der Anforderung die gewünschte Aufteilung in die einzelnen Anteile des Datenfeldes und die Priorität enthalten (das Verhältnis zwischen beiden ist variabel). Der Rahmen ist folgendermaßen gestaltet (Abb. 1). Die Gesamtlänge ist mit 31,25 ms festgelegt. (Dies entspricht 64 kbit bei 2 Mbit/s Übertragungsrate). Der Rahmen beginnt mit einem Referenzburst. Für jeden Rahmen enthält er die Aufteilung für *Stream* und *Datagramme*. Weiters dient er zur Synchronisation der beteiligten Stationen.

Im Kontroll-Subrahmen sind vier fixe Schlitze enthalten. Innerhalb dieser können Stationen an die Referenzstation Sendeanforderungen stellen. Der Ablauf einer Übertragung geschieht nun so:

Jeder Station ist eine logische Nummer zugeordnet. Die Referenzstation möge bereits in Betrieb sein und den Referenzburst senden.

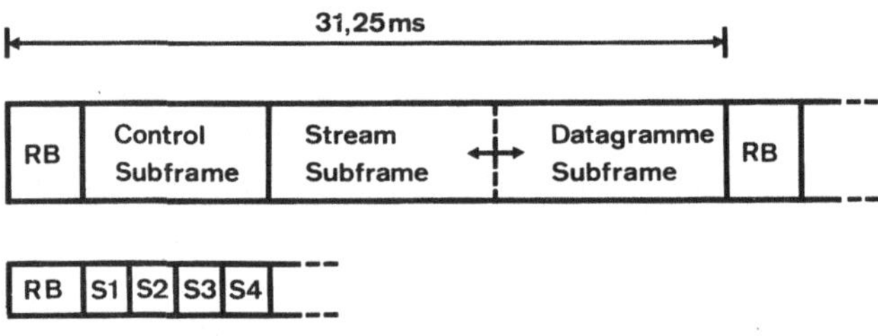

Abb. 1: Übertragungsrahmen

Bezüglich des Referenzbursts synchronisiert jede weitere Station. Dadurch ist die Verkehrsstation in der Lage, zu erkennen, wann ihr ein Zeitschlitz im Kontrollfeld des Rahmens zugeordnet ist. In diesem sendet sie die Anforderung. Gemäß der Anzahl der verfügbaren Zeitschlitze wird die Referenzstation eine Zuteilung vornehmen und über den Referenzburst dies den beteiligten Stationen mitteilen. Sobald ihn die Verkehrsstation empfangen hat, wird im nächsten Rahmen der Sendevorgang der Daten eingeleitet. Wenn eine Station den Referenzburst nicht empfangen kann, darf sie keinesfalls senden, um die Gefahr einer Kollision zu vermeiden. Hat eine Station die Übertragung beendet, wird die freiwerdende Kapazität anderen Stationen zugeteilt.

2.2 Der Satellitenzugriffs-Controller

Das Kernstück jeder Station ist der sog. *Satellite Access Controller* (Abb. 2). Er enthält das Interface zum lokalen Rechnernetz. Vorgesehen ist derzeit ein *Cambridge Ring-* Netz, aber auch andere Systeme wie *Ethernet* sind realisierbar /2/. Für den Sende- und Empfangszweig ist je ein leistungsfähiger Mikroprozessor (68000) vorgesehen. Da die Laufzeit über den Satelliten etwa 255 ms beträgt, sind entsprechend große Datenspeicher erforderlich. Zwei unabhängige Datenpuffer von je 512 kbyte sind für die Sende- und Empfangspakete vorgesehen.

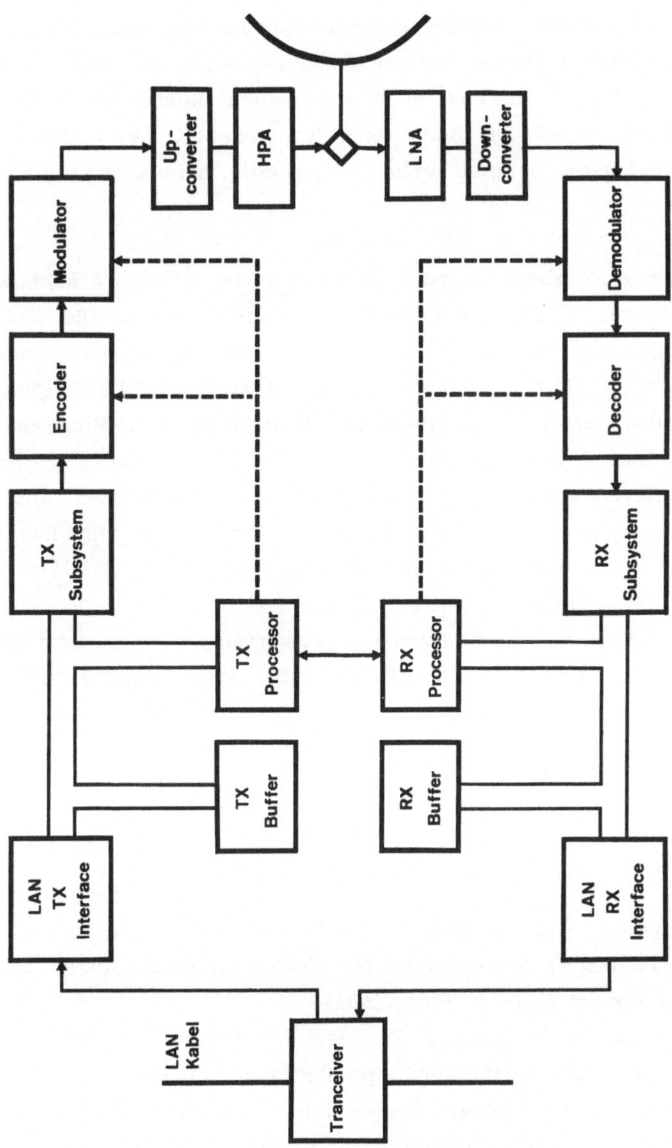

Abb. 2: Blockschaltbild des Satellitenterminals

Die Synchronisierung hinsichtlich des Satellitennetzes wird von den beiden Prozessoren vorgenommen. Sie können zum Austausch von Kontrolldaten miteinander kommunizieren. Die zeitlich genaue Synchronisation erfolgt im

Empfangszweig durch Detektion eines unverwechselbaren Bitmusters (*Unique Word*) im Referenzburst.

Damit kleine und kostengünstige Bodenstationen verwendet werden können, werden adaptive Übertragungsverfahren und Codierung angewandt. Die zu sendenden Daten werden codiert, sodaß am Empfangsort Fehler nicht nur erkannt, sondern auch automatisch korrigiert werden können. Das Maß der zugefügten Redundanz ist variabel. Bei Computerdaten mit hoher geforderter Datensicherheit wird eine höhere Redundanz gewählt werden.

Weiters werden digitale Modems eingesetzt, bei denen verschiedene Modulationsverfahren (BPSK, QPSK, MSK) wählbar sind. Die Datenrate ist variabel und kann von Burst zu Burst verändert werden. Modembitraten von 1 bis 8 Mbit/s sind möglich. Sinkt die Übertragungsqualität, beispielsweise durch troposphärische Störungen des Mikrowellensignals, was durch eine höhere Bitfehlerrate erkennbar ist, wird eine Anforderung an die Referenzstation gegeben, die Bitrate zu senken und ggf. die Coderate zu vermindern. Damit ist selbst bei kleinen Sendeleistungen ein hohes Maß an Zuverlässigkeit erreichbar.

Das beschriebene Experiment wird in Zusammenarbeit mit dem Rutherford-Appleton Lab. (UK) und CNUCE Institute, Pisa (Italien) unter Verwendung der Satellitenbodenstation am Observatorium Lustbühel, Graz abgewickelt /3/.

Literatur:

1. R. Beltrame, A.B. Bonito, N. Celandroni, E. Ferro:
   FODA-TDMA: Final Report on the New Protocol for Mixed Traffic.
   CNUCE Report C84-19, Pisa (1984).
2. C.J. Adams, J. Burren: A Proposal for Experiments in Satellite
   Access Methods. Rutherford Appleton Lab. (1984).
3. O. Koudelka, W. Riedler: Proposal for Telecommunications Tests and
   Data Transmission Experiments Using the ECS/SMS Payload. TU Graz
   (1985).

EIN ZEITSIGNAL FÜR BREITE ANWENDUNG ZUR AUSSENDUNG ÜBER RUNDFUNK- UND FERNSEHSENDER

D.Kirchner

Institut für Nachrichtentechnik und Wellenausbreitung
Technische Universität Graz

ZUSAMMENFASSUNG:

Es wird ein Zeitsignal vorgestellt, das zur Aussendung über Rundfunk-
und Fernsehsender geeignet ist und das in Italien bereits seit einigen
Jahren ausgestrahlt wird. Nach der Beschreibung des verwendeten Codes
werden Generation, Aussendung und Empfang des Signals besprochen.
Weiters werden Meßresultate angegeben und die Abstrahlung des Zeitsignals über Rundfunksender diskutiert.

Einleitung

Auf vielen Gebieten (z.B. Post, Bahn, Rundfunk- und Fernsehanstalten,
Elektrizitätsversorgungsunternehmen, Flughafen, Industrie, Wissenschaft,
bürgerliches Leben) wird die Zeit mit einer Genauigkeit zwischen 1 s und
ca. 1 ms für verschiedene Anwendungen (Datierung von Ereignissen,
Steuerung von Prozeßabläufen, Schalten von Tarifen, Uhrenanlagen,
EDV-Anlagen, Gebrauchsuhren etc.) benötigt. Es müssen daher die für
die Zeithaltung verwendeten Uhren in gewissen Zeitabständen, die von
der angestrebten Genauigkeit und den Eigenschaften des in der Uhr
verwendeten Taktgenerators abhängen, nachgestellt (synchronisiert)
werden. Für viele Anwendungen ist es auch notwendig, daß die
Umschaltung von Normal- auf Sommerzeit und umgekehrt, sowie das
Einfügen von Schaltsekunden automatisch durchgeführt werden. Der dies
leistende Dienst soll im ganzen Land problemlos mit gleichbleibender
Genauigkeit zur Verfügung stehen. Ein Verfahren, dies zu gewährleisten,
das viele Vorteile aufweist, ist die Übertragung eines zentral generierten
schnellen Zeitsignals, das über alle Rundfunk- und Fernsehsender
verbreitet werden kann.

Zeitsignal

Seit mehreren Jahren wird über die Rundfunk- und Fernsehsender des Italienischen Rundfunks (RAI) täglich ca. 25 mal ein Zeitsignal ausgesendet. Dieses besteht aus einem Zeitcode und Sekundenkennungen für die letzten Sekunden einer Minute /1/. Der verwendete Code ist ein 8421-BCD Code, dessen logische Zustände durch die beiden Frequenzen 2 kHz und 2.5 kHz übertragen werden (Abb. 1). Die Zeit- und Datumsinformation wird durch ein Signalpaket von 32 bit zu je 30 ms Dauer in der Sekunde 52 jeder Minute übertragen. Die Übertragungsdauer des Codes beträgt somit 960 ms. Übertragen werden die Zeit- und Datumsinformation einschließlich Wochentag und die Angabe über Normal- bzw. Sommerzeit mit zwei Identifikationsbits am Codebeginn und je einem Paritätsbit für die Zeit- und Datumsinformation. Weiters wird natürlich die fallweise Einfügung bzw. Auslassung von Schaltsekunden berücksichtigt.

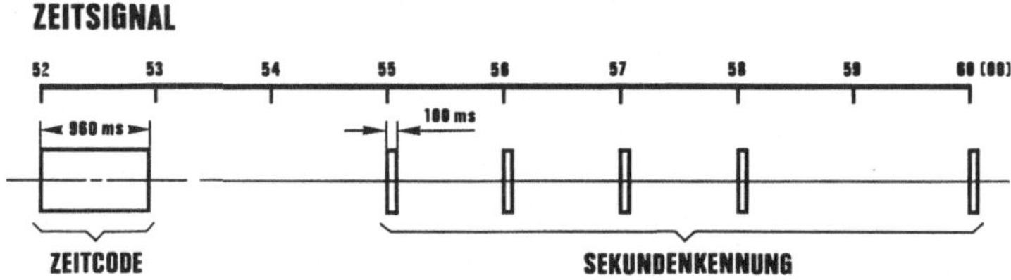

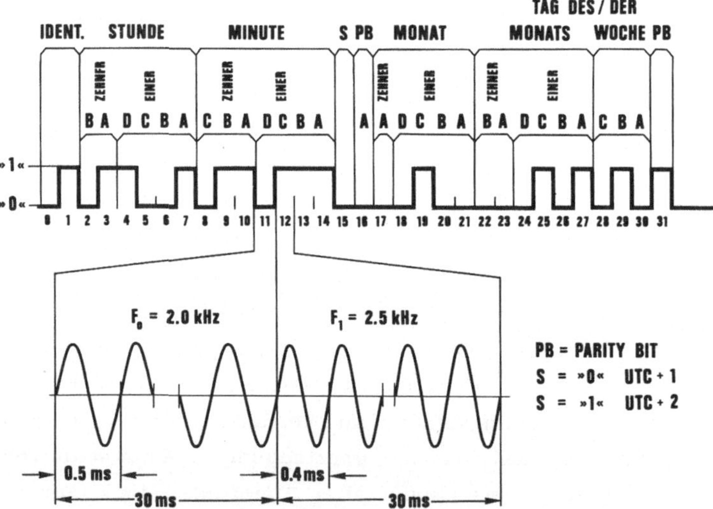

Abb. 1. Zeitsignal

Die automatische Synchronisation wird durch den Empfang des Codes erzielt, die nachfolgenden Sekundenimpulse erlauben die manuelle Einstellung einer Uhr, die nicht für den Codeempfang ausgerüstet ist.

Generation und Aussendung

Abb. 2 zeigt das Blockschaltbild des am Institut für Nachrichtentechnik
und Wellenausbreitung (INW) gebauten Zeitsignalgenerators. Bei der Entwicklung des Gerätes wurde größter Wert auf Betriebssicherheit gelegt.
Die Umschaltung von Normal- auf Sommerzeit und umgekehrt kann vorpro-
grammiert werden, ebenso die Einfügung bzw. Auslassung von Schaltsekunden.

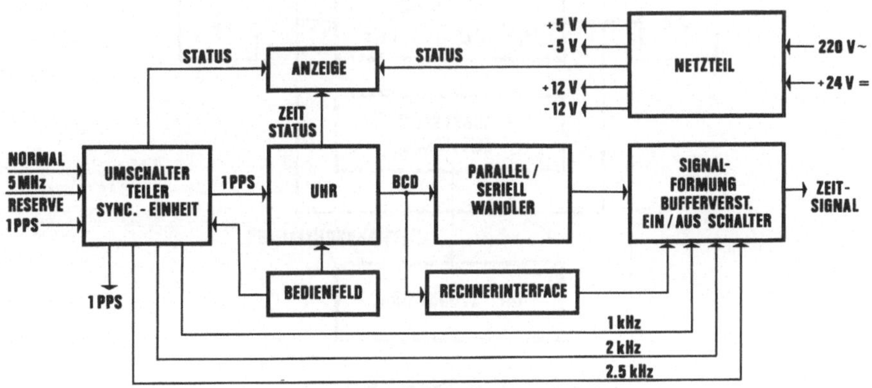

Abb. 2. Blockschaltbild des Zeitsignalgenerators

Am Observatorium Lustbühel in Graz befindet sich eine Zeitstation, welche
die Koordinierte Weltzeitskala UTC (TUG) generiert und mit ihren Cäsium-
atomfrequenznormalen zur Definition der Internationalen Atomzeit beiträgt
und bestens geeignet ist, die für die Generation des Zeitsignals nötigen
Eingangssignale (genaue Frequenz und Zeit) zu liefern. Die Zeitskala
UTC (TUG) steht seit 1977 ohne Unterbrechung zur Verfügung, und ihr
Stand zur Koordinierten Weltzeit UTC wird regelmäßig im Bulletin D des
Bureau International de l'Heure mitgeteilt und auch mit der Zeitskala des
Bundesamts für Eich- und Vermessungswesen in Wien verglichen. Die
Zeitstation in Graz gehört zu den derzeit weltweit nur 11 Stationen, die
den Zeitvergleich (Genauigkeit größer als 50 ns) regelmäßig über die
Satelliten des Global Positioning Systems (GPS) durchführen /2/. Für die
Aussendung des Zeitsignals durch den ORF muß ein System zur

Generation und Kontrolle des Zeitsignals als Subsystem installiert werden,
das automatisiert ist und wie die Zeitstation allen Anforderungen an zuverlässigen Dauerbetrieb ohne Unterbrechungen entspricht. Das Zeitsignal
kann über eine Miettelephonleitung entweder zum Landesstudio Steiermark
und von dort nach Wien oder direkt nach Wien übertragen werden und
zentral an die Landesstudios verteilt werden (Abb. 3) und kann somit
über alle Sender des O RF auf allen Programmen abgestrahlt werden. Das
Signal selbst würde permanent zur Verfügung stehen (einmal pro Minute)
und kann je nach Programmgegebenheit eingeblendet werden.

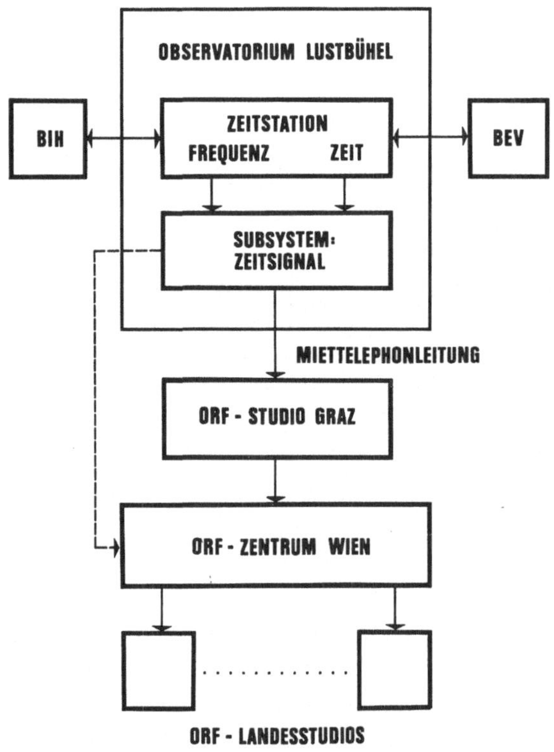

Abb. 3. Generation und Verteilung des Zeitsignals

<u>Empfang</u>

Abb. 4 zeigt das Blockschaltbild eines mikroprozessorgesteuerten Zeitsignalempfängers, der am INW entwickelt wurde. Besonderer Wert wurde
dabei auf Betriebssicherheit (u.a. möglichst große Sicherheit gegen Fehl-
synchronisationen) und Bedienungskomfort gelegt. Eine Reihe von Funktionen wie die Umschaltung von Normal- auf Sommerzeit und umgekehrt

und die Einfügung bzw. Auslassung von Schaltsekunden sind vorprogrammierbar. Die Zeitinformation steht, außer über die Anzeige und über eine serielle Rechnerschnittstelle auch als Sekundenimpuls für genaue Messungen zur Verfügung. Als Taktgenerator kann der eingebaute Quarz oder eine externe Normalfrequenz verwendet werden. Die von der Distanz zwischen Sender und Empfänger abhängige Signallaufzeit kann im Empfänger kompensiert werden.

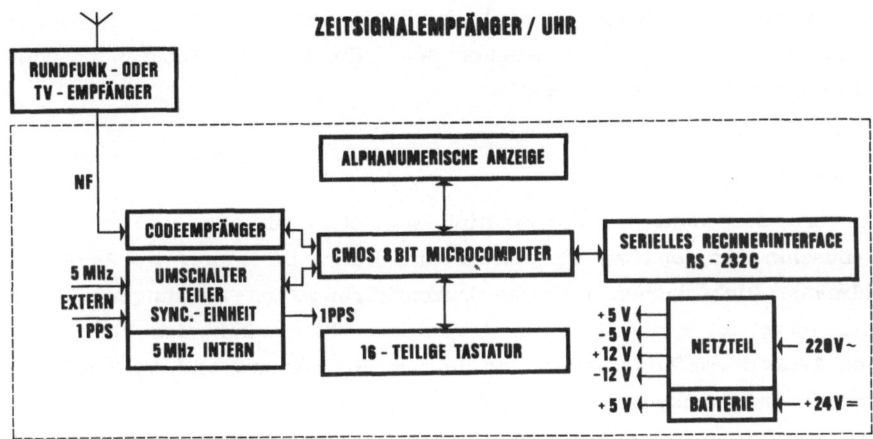

Abb. 4. Blockschaltbild des Zeitsignalempfängers

Messungen

Die am Codegenerator durchgeführten Messungen ergaben für den Code Unsicherheiten von kleiner als 1 µs und für das direkt in den Codeempfänger eingespeiste Signal Unsicherheiten der Synchronisation von kleiner als 50 µs.

Mit von Rundfunksendern abgestrahlten Signalen ergaben Messungen, die in Turin (Empfang von UKW-Sendern) und in Graz (Empfang der Raumwelle des Mittelwellensenders Mailand auf 900 kHz – stark gestörte Signale bei Sonnenaufgang und Sonnenuntergang) durchgeführt wurden, Unsicherheiten von kleiner als 1 ms /3/.

Diskussion

Das vorgestellte Zeitsignal hat seine Eignung zum Betrieb von Funkuhren in der Praxis bewiesen, und die erzielten Leistungen erfüllen die Bedürfnisse einer großen Zahl von Anwendern. Die Vorteile von über Rundfunksender im Vergleich zu über Normalfrequenzsender ausgestrahlten Zeitsignalen (sehr gutes Signal/Störverhältnis – auch in Gebäuden und Fahrzeugen, Verwendung von gewöhnlichen Radioempfängern, Übertragung des Zeitcodes innerhalb einer Sekunde, keine Abhängigkeit von ausländischen Sendern, große Auswahl an Sendern, beim Empfang von Ultrakurzwellensignalen beliebige Miniaturisierung möglich, Kompatibilität – derzeit Italien) überwiegen die Nachteile (Sendezeiten vom Programm abhängig, keine Übertragung einer Normalfrequenz, Langwellensignale dringen in den Erdboden ein) für die meisten Anwendungen bei weitem. Eine Zeitsignalaussendung der angegebenen Art entspricht auch den Empfehlungen des International Radio Consultative Committee (CCIR), bestehende Dienste für die Verteilung genauer Zeit, für die ein stetig wachsender Bedarf besteht, zu verwenden.

Danksagung

Der Verfasser dankt den Herren Dipl.-Ing. R. Breithuber und cand. ing. R. Luschin für den Bau der Geräte und Herrn Dipl.-Ing. H. Reßler für zahlreiche Diskussionen und die Durchführung von Messungen. Besonderer Dank gilt Herrn Prof. S. Leschiutta für die leihweise Überlassung eines Zeitcodeempfängers und den Herren P. Cordara und V. Pettiti für wertvolle Informationen.
Die Durchführung der Arbeiten wurde ermöglicht durch Verwendung von Geräten, die aus Mitteln des Fonds zur Förderung der wissenschaftlichen Forschung, des Jubiläumsfonds der Österreichischen Nationalbank und der Österreichischen Akademie der Wissenschaften angeschafft bzw. betrieben wurden.

Literatur

1. Leschiutta, S., Pettiti, V., Detoma, E.: Time Coded Distribution via Broadcasting Stations. Proc. 11th Ann. Precise Time and Time Interval (PTTI) Applications and Planning Meeting (Washington, DC), 351–361 1979
2. Kirchner, D.: Precision Timekeeping at the Observatory Lustbühel, Graz, Austria. Proc. 37th Ann. Symp. on Frequency Control, (Philadelphia, PA), 67–77, 1983
3. Cordara, F., Kirchner, D., Leschiutta, S., Pettiti, V.: Sincronizzazione di orologi con codici radiodiffusi. Rendiconti LXXXV Riunione Annuale AEI (Riva del Garda), 91-1 – 91-4, 1984

INTEGRATION VON SPRACHE, TEXT, BILD UND DATEN AUS DER
SICHT DES BÜROS

Dipl.Ing.Mag.A.Hartig

SIEMENS DATA GES.M.B.H., Wien
Abt.Fachberatung Bürokommunikation

ZUSAMMENFASSUNG:

Durch die Festlegung der Normen für das ISDN (Integrated
Sevices Digital Network) ergeben sich für das Büro,
und im speziellen für die Bürokommunikation eine Reihe
von neuen Möglichkeiten. Die Nutzungsmöglichkeiten und
Vorteile bei Problemlösungen aus der Sicht der Anwender
werden hier aufgezeigt.

GLIEDERUNG:
            1. EINFÜHRUNG
            2. INTEGRATED SERVICES DIGITAL NETWORK (ISDN)
            3. NUTZUNGSMÖGLICHKEITEN IM BÜRO
            4. AUSBLICK UND ZUSAMMENFASSUNG

1.EINFÜHRUNG

Die Personal- und Kostenentwicklung in den Büro-
organisationen und Verwaltungen hat in den letzten
Jahren bedenkliche Ausmaße angenommen. Die Anzahl der
in Büros Beschäftigten hat in den letzten Jahren stark
zugenommen, und Experten sprechen davon, daß sehr bald
etwa 50% aller Unselbständigen in Büros beschäftigt
sein werden. Diese Entwicklung für sich alleine wäre
noch nicht so besorgniserregend. Erschreckend ist vielmehr die damit einhergehende Entwicklung der Arbeits-
platzkosten. Denn diese steigen nicht proportional
sondern annähernd expontiell mit der Anzahl der Beschäftigten. Eine ähnliche Situation hatten wir in den
50er und 60er Jahren in den Industriebetrieben. Dort
hat man mit sehr hohen Investitionen je Arbeitsplatz
die Kosten des Arbeitsplatzes je Output-Einheit
drastisch verringern können, bzw. wäre es unmöglich
die aufgrund der bestehenden Nachfrage erforderliche
Produktion zu befriedigen. Im Büro ist die Situation
schon viel bedenklicher. Die Menge an Information die
vorhanden und notwendig ist, kann vielfach mit heutigen
Mitteln nicht mehr bewältigt werden. Zweifellos hat
die Einführung und Weiterentwicklung der Datenverarbeitung enorme Fortschritte gebracht. Trotzdem ist
technische Ausstattung der überwiegenden Anzahl der
Büroarbeitsplätze auf das Telefon und die Rechen-
maschine begrenzt.

Die neuen Möglichkeiten der Mikroelektronik eröffnen
aber nun Möglichkeiten, auch diesen bisher sehr
vernachlässigten, Bereich wirtschaftlich zu unter-
stützen.

2. INTEGRATED SERVICES DIGITAL NETWORK

Das ISDN - Dienstintegrierte Netz - ist die Vorraussetzung für die Entwicklungen auf den Büroarbeitsplätzen. Aus diesem Grund ist es erforderlich darauf etwas näher einzugehen.

Das Telefon - der weltgrößte Automat der Welt mit mehr als 600 Millionen Teilnehmern - war der Ausgangspunkt der Überlegungen sämtlicher Postverwaltungen. Das Ziel war, die äußerst unwirtschaftliche Vielfalt der verschiedenen Netze und Dienste auf einen gemeinsamen Nenner zu bringen. Dabei war der 1.Schritt die wirtschaftliche Digitalisierung der Sprache, sowie deren Übermittlung mit Hilfe der vorhandenen Kupfer-Netze. Die Methode - Sprache zu digitalisieren - ist schon verhältnismäßig alt, nur war es bisher nicht möglich dieses

- wirtschaftlich beim Teilnehmer durchzuführen und
- die dazu erforderlichen 64 kbit/sec (1) über das bestehende Leistungsnetz zu übertragen.

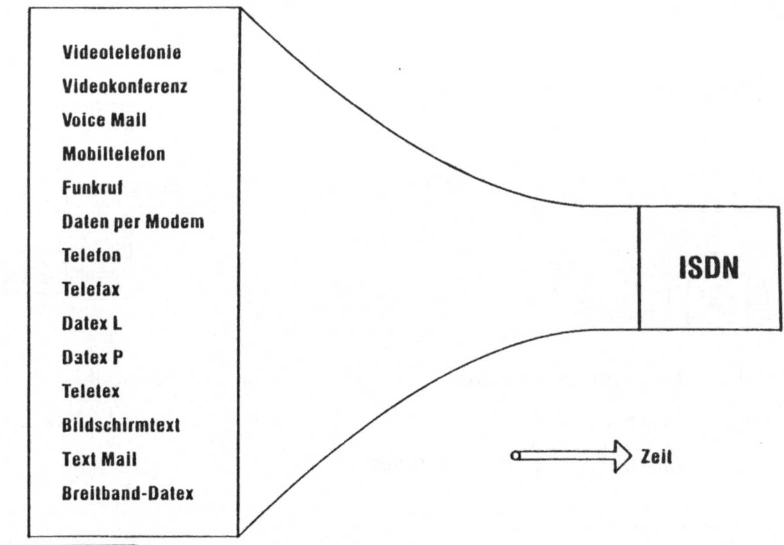

(1) 64 kbit/sec = Sprachbreite 4kbit/sec x 2 (Shannon Theorem) x 8 bit je Abtastung

Beides wurde durch die Entwicklung von immer höher
integrierten Chips - den TELECOM Chips - und durch die
Entwicklung eines ganz speziellen Übertragungsverfahrens
- dem Echokompensationsverfahren - möglich. Parallel
dazu hat das weltweite Gremium der Postverwaltungen
- CCITT (2) sich mit der Normierung seit 1980 beschäftigt. Aufgrund der erforderlichen 64 kbit/sec für
die Sprachumsetzung wurde die Kanalbreite für einen
Nutzkanal mit 64 kbit/sec festgelegt. Weiters sollten
die vorhandenen Netze und Dienste damit ebenfalls abgewickelt werden. Daher ein zweiter Nutzkanal mit 64
kbit/sec. Zusätzlich ist noch ein Steuerkanal bzw.
Signalisierungskanal mit 16 kbit/s erforderlich. Daraus
ergibt sich die Kanalstruktur für den Teilnehmer-Basis-
anschluß (2 Adern):

Basis-Access = B + B + D = 144 kbit/sec

B....Nutzkanal 64 kbit/sec
D....Signalisierungskanal 16 kbit/sec.

Standardisierter Teilnehmeranschluß: *Basic Access*

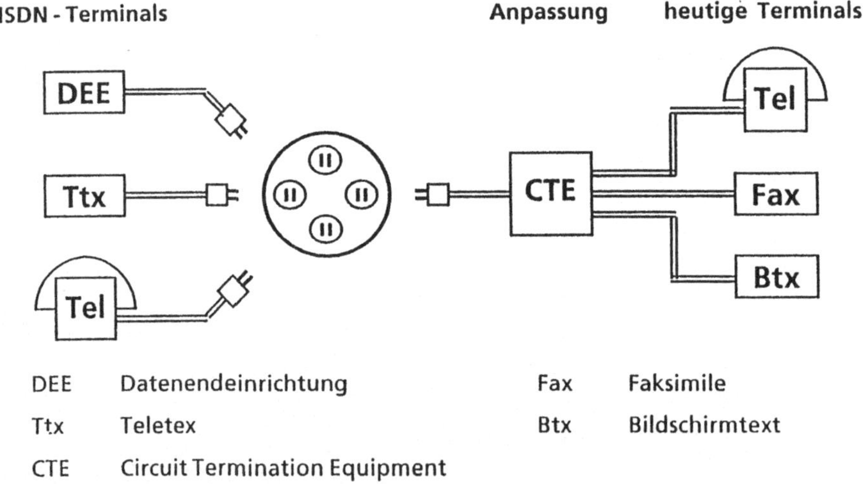

DEE   Datenendeinrichtung   Fax   Faksimile

Ttx   Teletex   Btx   Bildschirmtext

CTE   Circuit Termination Equipment

---

(2) CCITT=Comité Consultation International Tele-
graphique et Telephonique

Jeder der beiden Nutzkanäle kann für sämtliche Arten
der Übertragung - Sprache, Text, Daten und Bild - voneinander unabhängig genutzt werden. Über die Leitung
läuft ganz einfach ein Bitstrom den der Sender - entsprechend einer Norm - codiert und der Empfänger decodiert. Der vorrausgehende Informationsaustausch erfolgt über den D-Kanal, dem daher auch das Augenmerk
bei der Normierung galt. Der Hauptteil der Normierung
wurde im Oktober 1984 im Rahmen der CCITT-Vollver-
sammlung verabschiedet und mit der I.-Serie (I.430 bis
I.451) veröffentlicht. Kernstück ist die Festlegung
der Übertragungsprozedur für den D-Kanal. Mit HDLC-LAP
D wurde hierfür eine sehr leistungsfähige Prozedur ausgewählt.

Siemens hat normbegleitend das System HICOM entwickelt.
Dieses - ganz der ISDN-Norm entsprechende - System wurde
am 12.12.1984 der Weltöffentlichkeit vorgestellt und
hat in der Folge auf der Hannover Messer und der IFABO
enorme Erfolge verzeichnen können. An Hand dieses
Systems werden einige neue Möglichkeiten aufgezeigt.

3. NUTZUNGSMÖGLICHKEITEN IM BÜRO

An die Spitze ist eindeutig das Vorhandensein einer
genormten Kommunikationssteckdose zu stellen. Das bedeutet für die Praxis ein Ende der verschiedenen In-
house Kommunikationsnetze (Telefon, Text etc.) und in
der Folge eine einfache Verwaltung und eine äußerst
hohe Flexibilität bei Änderungen und Umsiedlungen
(kann alles über Software erfolgen). Durch das Vorhandensein von verschiedenen Servern erfüllt die
Kommunikationszentrale eine Reihe von Aufgaben:

- höchster Telefonkomfort mit neuen ISDN-
  Leistungsmerkmalen (Chipkarte, Display usw.)
- Teletex-Vermittlung

- Telefax-Vermittlung
- Sprachspeicherzentrale ("Sprachbriefkasten")
- DV-Verbindung
- BTX-Zentrale
- Kommunikation von LAN´s
- Integration von Multifunktionsterminals
  mit ISDN-Anschluß

Sämtliche Funktionen können über die vorhandenen Kupfer-
leitungen erfolgen.

Wesentlich ist auch, daß in Hinkunft ein Teilnehmer
für alle seine Dienste (Telefon, Teletex, Fax ...) nur
mehr eine Rufnummer hat, wodurch die Visitkarten in
Hinkunft wieder etwas übersichtlicher werden.

Die neuen ISDN-Sprachterminals sind richtige Super-
telefone. Das beginnt damit, daß HICOM nicht mehr wie
bisher Wahlberechtigungen einzelnen Sprechstellen zuordnet (ein eher löchriger Schutz gegen unberechtigte
Ferngespräche), sondern die jeweiligen Berechtigungen
auf einer Chipkarte gespeichert sind. Jeder Anschluß
im gesamten Haus ist damit für Berechtigte benutzbar
- und keiner für Nichtberechtigte. Die Zuordnung der
Gebühren ist mit dem Chipkartensystem ebenfalls ganz
einfach. Natürlich speichert die Chipkarte auch eigene
Kurzwahlen usw.

Ein ganz besonderer ISDN-Vorteil ist im Anruferdisplay
zu sehen. Wie oft fragt man dreimal nach dem Namen des
Anrufers und hat ihn dann immer noch nicht verstanden.
Jetzt erscheint der Name des Anrufers bereits vor dem
Abheben des Hörers in einem Display oberhalb des Tasten-
feldes - und man kann sich sogar überlegen, ob man für
den Anrufer da sein will.

HICOM besitzt auch eine elektronischen Briefkasten,
in dem gesprochene Nachrichten hinterlegt werden können.

Die Nachrichten können vom jeweiligen Empfänger auch
fernabgefragt werden. Den elektronischen Briefkasten
wird es übrigens auch für Texte und Fernkopien geben.

Die optimale Ausstattung des HICOM-Arbeitsplatzes ist
natürlich das multifunktionale Terminal HICOM 3510,
das digitales Komforttelefon, Text- und Datenterminal
in einem darstellt. Mit diesem Endgerät ist erstmals
die Mischkommunikation von Sprache, Text und Daten
möglich. Das bedeutet nicht mehr und nicht weniger,
als daß parallel zum Telefongespräch dem Partner auch
Informationen via Bildschirm zugesendet werden können
oder auch zusätzliche Informationen aus einem zentralen
Rechner abgerufen bzw. zu diesem gesendet werden können
auch Texte direkt bearbeitt und anschließend per
elektronischer Post einem oder mehreren Empfängern zu-
gestellt werden. Ein Namensspeicher sorgt für die Herstellung der notwendigen Verbindungen auf Knopfdruck.

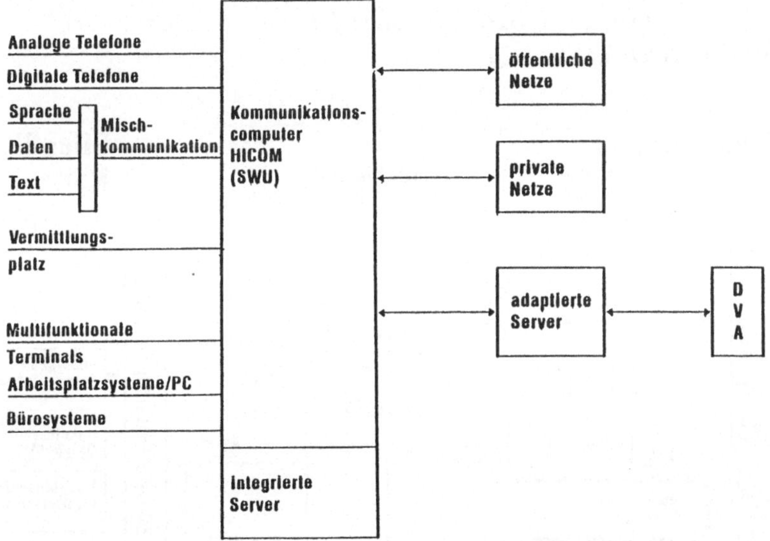

Selbstverständlich können auch sämtliche vorhandene
Endgeräte (analoge Wahlscheibentelefone etc.) über entsprechende HICOM-Adapter, die die Umsetzung auf ISDN
durchführen, angeschlossen werden. Mit dieser sehr
breiten Bürokommunikationspalette auf Basis des ISDN,
kann Siemens praktisch jedem Anwender eine maßgeschneiderte, modular aufgebaute Lösung anbieten.

4. AUSBLICK

Die österreichische Post- und Telegraphenverwaltung
hat seit Mitte 1985 die beiden ersten digitalen Ver-
mittlungsämter im Einsatz. Im Jahre 1988 wird der
ISDN-Pilotversuch von öffentlicher Seite gestartet.
Bis dahin werden dem Anwender im Büro sämtliche
ISDN-Leistungen für die interne Bürokommunikation zur
Verfügung stehen. Parallel dazu wird die Anzahl der
Endgeräte mit ISDN-Anschluß rapid zunehmen.

Zusammenfassend läßt sich sagen, daß die Integration
von Sprache, Text, Bild und Daten aus der Sicht des
Büros heute schon Realität ist und dem Anwender ein
sehr breites Spektrum an Unterstützungsmöglichkeiten
bietet. Die Schwierigkeiten werden in Zukunft eher auf
dem Gebiet des Erkennens der Schwachstellen und des
Entwickelns von entsprechenden Konzepten liegen. Dazu
werden spezielle Tools notwendig sein, die es heute
nur zum Teil gibt.

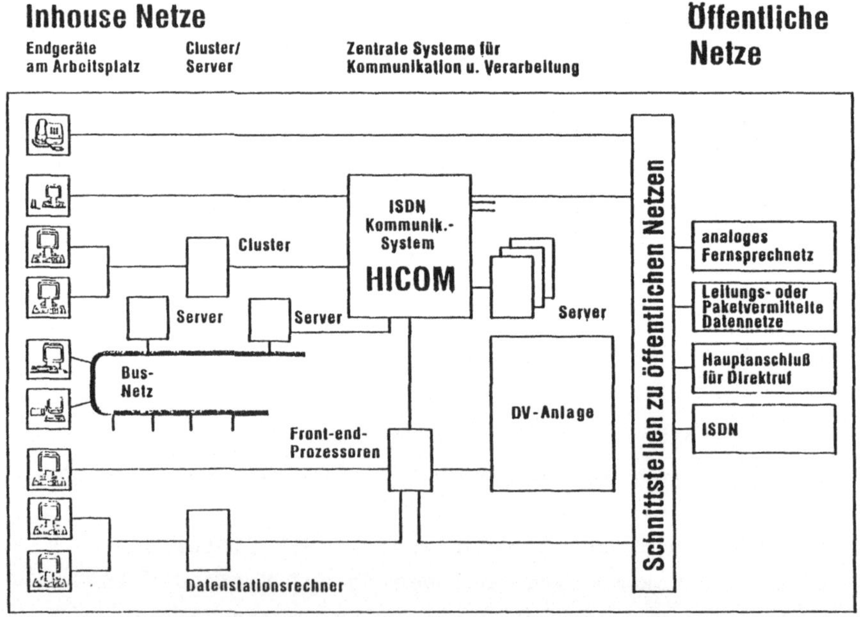

Produkt- und Systemlandschaft

ITT 5200 BCS
EIN DIGITALES INTEGRIERTES SPRACH- UND DATENKOMMUNIKATIONSSYSTEM
aus oesterreichischer Entwicklung und Fertigung

P. Tomsu, M. Kneidinger, H. Wolfgang

ITT Austria
Scheydgasse 41, A-1210 Wien

ZUSAMMENFASSUNG:

ITT 5200 BCS ist eine ISDN-faehige, private digitale
Nebenstellenanlage mit 1024 Pforten. Die Systemarchitektur
erlaubt die Integration von Sprache und Daten, wobei die heute
am haeufigsten verwendeten asynchronen und synchronen DTE's mit
CCITT V Serie (RS232C) Schnittstellen unterstuetzt werden.
Darueberhinaus erlaubt das System durch Verwendung der
entsprechenden Kommunikationsschnittstellen den Zugang zu
spezifischen Netzen.Leistungsfaehige Systemverwaltungs- und
Wartungsfunktionen sind sowohl ferngesteuert als auch lokal
aufrufbar.

1. Einleitung

Das ITT 5200 BCS (Business Communication System) stellt die
neueste Generation einer digitalen Nebenstellenanlage dar, deren
Hauptmerkmal die vollstaendige Integration von Sprach- und
Datentransportdiensten ist, sowie die Tatsache, dass alle
erforderlichen Leistungsmerkmale sowohl fuer Sprache als auch
fuer den Datenverkehr angeboten werden.

Besonderes Augenmerk wurde auf die Kompatibilitaet mit dem
zukuenftigen oeffentlichen Integrated Services Digital Network
(ISDN) gelegt und daher die Systemstruktur so ausgelegt, dass
die Anlage den Primary Access (2.048 Mbit) und Basic Access (144
kbit) samt den dafuer notwendigen Signalisierungsprotokollen
unterstuetzt /8/. Da aber trotzdem in vielen Teilen der Welt
das heute verwendete oeffentliche Telefonnetz (PSTN)
hauptsaechlich analog ist, muss das System auch wirkungsvoll und
kostenguenstig in einer analogen Umwelt verwendbar sein.

Datenterminals, Personal Computer, Telefonapparate oder auch die
Kommunikationspforten lokaler Rechner werden ueber 2-adrige
konventionelle Telefonkabel angeschlossen, wobei Sprache und
Daten gleichzeitig uebertragen werden. Synchrone und asynchrone
Modems, die in der Anlage zentral angeordnet sind (Modem-Pool),
ermoeglichen Datenverkehr ueber das oeffentliche Telefonnetz.
Die in dem System verwendeten Steuerungs- und
Vermittlungsstrukturen erlauben einen reibungslosen Uebergang

von der gemischten analogen und digitalen Umwelt zum
universellen digitalen Netz von morgen /1/.

2. Systemarchitektur

Das Herz des ITT 5200 BCS ist ein nicht blockierendes
Koppelnetzwerk mit 1024 Pforten. Damit werden PCM Highways
bedient, von denen jeder aus 32 Zeitschlitzen besteht.
Verschiedene Peripherieeinheiten (Teilnehmerschnittstellen,
Datenschnittstellen, Amtsleitungsschnittstellen u. a. m.)
werden an die PCM Highways angeschlossen. Die in zwei
beliebigen Zeitschlitzen vorhandene Information wird, gesteuert
von der System Control, durch das Koppelnetzwerk ausgetauscht.
Das Koppelnetz koppelt Datenraten von 64kbit/s pro Kanal, dies
entspricht einem Zeitschlitz am PCM Highway. Wenn Verbindungen
mit hoeheren Bitraten aufgebaut werden muessen, werden mehrere
Zeitschlitze "gebuendelt" gekoppelt.

Bild 1 zeigt die grundlegende Systemstruktur, unterteilt in
verschiedene Peripherieeinheiten, das Koppelnetz, Auxiliary
Control Einheiten und die System Control.

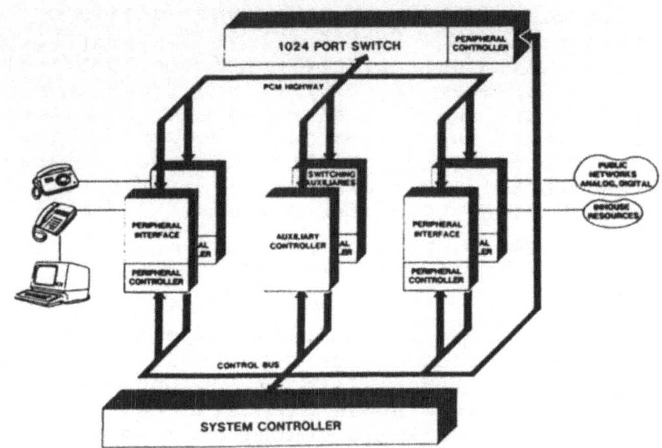

Bild 1: Systemstruktur des ITT 5200 BCS

2.1. Steuerungsarchitektur

Die hierarchisch organisierte Systemsteuerung ist in vier
Steuerungsebenen unterteilt: Line Controller, Peripheral
Controller, Auxiliary Controller und System Controller.

Die Kommunikation zwischen System Controller, Peripheral
Controller und Auxiliary Controller wird ueber den Systembus
abgewickelt. Auxiliary Controller unterstuetzen den System
Controller waehrend der Aufbauphase einer Datenverbindung und
werden fuer diese Zeit der Datenschnittstelle dynamisch
zugeordnet. Der Line Controller ist ein wesentlicher
Bestandteil einer Datenschnittstelle und erfuellt Terminal
Adapter Aufgaben.

Diese dezentrale Architektur mit den standardisierten internen
Hardware- und Softwareinterfaces bietet eine Vielzahl von
Vorteilen. Im Besonderen kann das System sehr leicht an

verschiedene Signalisiersysteme und neue applikationsorientierte
Terminals angepasst werden, wobei der Kern des Systems von den
Aenderungen nur wenig betroffen wird. Die einheitliche modulare
Struktur des Systems wird im folgenden an den Beispielen
verschiedener Peripheriebaugruppen besonders deutlich.

2.2. Analoge Teilnehmerbaugruppe

Bild 2 zeigt das Blockschaltbild einer analogen
Teilnehmerbaugruppe, an die je nach Integrationsstand eine
unterschiedliche Anzahl (8 oder 16) 2-adriger analoger
Teilnehmerleitungen angeschlossen werden kann. Jede
Teilnehmerschnittstelle beinhaltet den SLIC (Subscriber Line
Interface Circuit), die Gabelfunktionen und den Codec und stellt
die Verbindung zum PCM Highway her. Die
Gleichstromsignalisierung, die der SLIC detektiert, wird vom
Peripheral Controller, der sich auf derselben Leiterplatte
befindet, weiterverarbeitet. Dieser bedient alle
angeschlossenen Teilnehmerleitungen. Er hat die Aufgabe, alle
Signale in Systemmessages zu uebersetzen und umgekehrt.

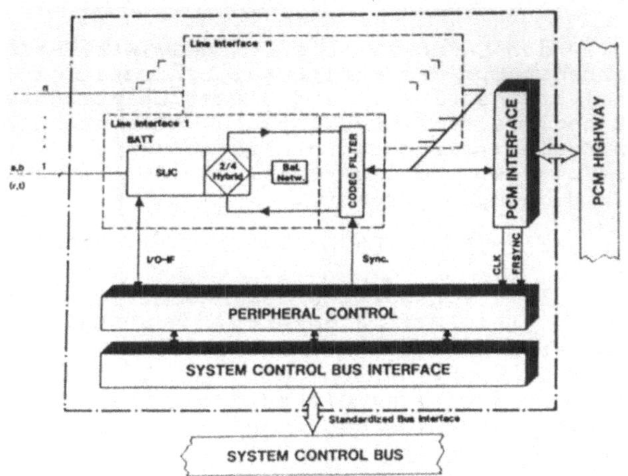

Bild 2:   Blockschaltbild einer analogen Teilnehmerbaugruppe

2.3. Digitale Teilnehmerbaugruppe

Der Grundaufbau einer digitalen Teilnehmerbaugruppe (Digital
Line Interface) ist aus Bild 3 ersichtlich. Die
Teilnehmerstation kann entweder ein digitaler Teilnehmerapparat
mit daran angeschlossenem Datenendgeraet, oder aber ein
Integriertes Terminal fuer Sprache und Daten sein, wobei beide
ueber eine normale 2-adrige Leitung angeschlossen werden. Die
Teilnehmerschnittstelle ist vom Typ des U Referenzpunktes,
entsprechend den zur Zeit bestehenden ISDN Empfehlungen mit
einer Kanalstruktur von zwei 64kbit/s B-Kanaelen und einem
16kbit/s D-Kanal.

Die Teilnehmerleitung endet an der Line Power Unit (LPU). Diese
stellt die vom Teilnehmergeraet benoetigte Gleichstromleistung
zur Verfuegung und beinhaltet auch alle Schaltkreise fuer den
Ueberspannungsschutz. Die Digital Transmission Unit (DTU) sorgt
fuer die 2 Draht/4 Draht Umsetzung durch digitale
Echounterdrueckung und multiplext/demultiplext die beiden

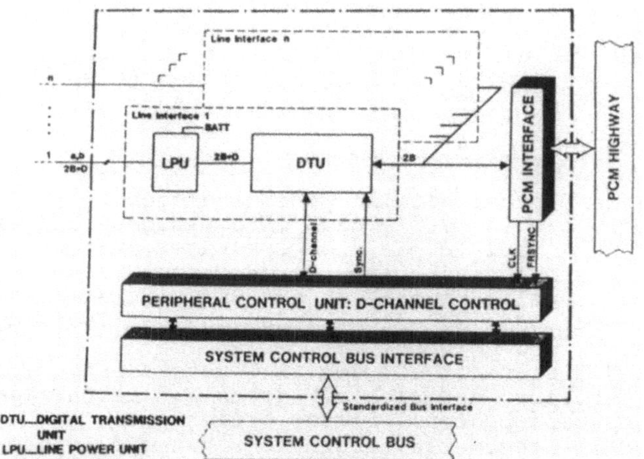

Bild 3: Blockschaltbild einer digitalen Teilnehmerbaugruppe

B-Kanaele, sowie den D-Kanal. Die D-Kanal Information wird auf
der Teilnehmerbaugruppe dem Peripheral Controller zugefeuhrt,
der als D-Kanal Prozessor alle auf dieser Leiterplatte
vorhandenen Line Interfaces bedient und die ueber den D-Kanal
uebertragenen Signalisierungsinformationen in interne
Systemmessages umsetzt und umgekehrt. Beide B-Kanaele werden
direkt dem PCM Highway zugefuehrt.

2.4. Datenschnittstellen-Baugruppe

Das Blockschaltbild der Baugruppe zum Anschluss verschiedener
Datenendgeraete wird in Bild 4 gezeigt. Acht Datenendgeraete
(DTE) werden ueber mehrpolige Schnittstellen (V.24/V.28, RS232C,
X.21) mit dieser Baugruppe verbunden. Die Laenge der
Anschlussleitung wird von den elektrischen Eigenschaften des
jeweiligen Schnittstellenstandards bestimmt.

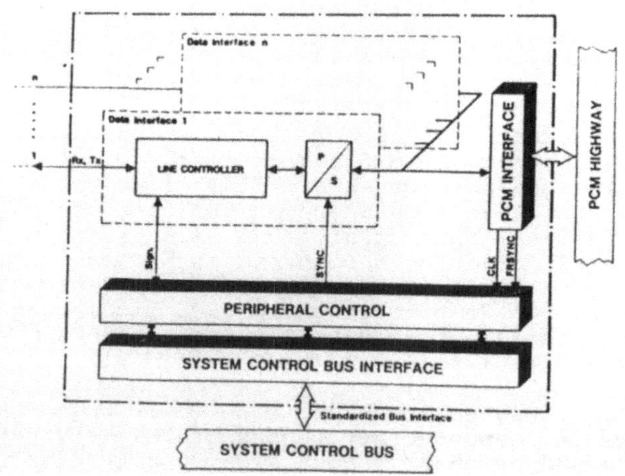

Bild 4: Blockschaltbild einer Datenschnittstellen-Baugruppe

Jede der acht Schnittstellen ist mit einem Line Controller
ausgeruestet, der die Signalisierinformation, die an den
Steuerleitungen der Schnittstelle anliegt, verarbeitet und die
Datensende- und Datenempfangsleitungen mit dem PCM Highway
verbindet. Die Anpassung der Datenraten und Formate mit denen
die angeschlossenen Datenendgeraete arbeiten an den synchronen
64kbit/s Transportkanal (PCM Highway) wird ebenfalls vom Line
Controller vorgenommen.

3.   Teilnehmerapparate und Endgeraete

An das ITT 5200 BCS kann eine Vielfalt von Teilnehmerapparaten
und Endgeraeten angeschlossen werden. Dazu zaehlen
herkoemmliche Telefonapparate mit Impulswahl, Erdtasten oder
Hookflash, aber auch Mehrfrequenzwahl (MFV) kann ungeachtet der
Verfahren, die im oeffentlichen Netz Verwendung finden
eingesetzt werden. Auch sind Teilnehmerapparate mit besonderen
Merkmalen und Funktionstasten verfuegbar.

Datenendgeraete, wie etwa verschiedene Datenterminals, Personal
Computer oder Printer werden entweder direkt ueber die
mehrdraehtige Schnittstelle, oder ueber den Datenanschluss des
digitalen Teilnehmerapparates mit dem ITT 5200 BCS verbunden.
Die Nebenstellenanlage verbindet diese Geraete im Internverkehr
untereinander, oder mit lokalen Host Computern und erlaubt auch
den Zugang zu externen Netzen. Als Hausverkabelung wird die
uebliche 2-adrige Telefonleitung verwendet, ueber die 144kbit/s
ISDN Rahmen (2B-Kanaele, 1D-Kanal) uebertragen werden.
Integrierte Multifunktionale Terminals werden ueber die gleiche
digitale Schnittstelle angeschlossen (siehe Bild 5).

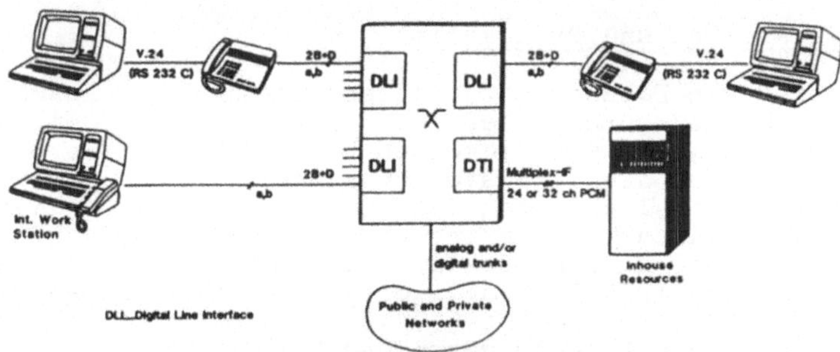

Bild 5: Anschlusstechniken digitaler Teilnehmerapparate und
        integrierter Vermittlungsterminals

3.1. Digitaler Teilnehmerapparat

Den Digitalen Teilnehmerapparat (Digital Data Subset, DDS) zeigt
Bild 6. Er ist ueber eine Line Terminating Unit (LTU) an eine
2-adrige digitale Teilnehmerleitung angeschlossen, ueber die der
Apparat auch von der Anlage aus ferngespeist wird.

Der Teilnehmerapparat besteht aus einem Sprach- und einem
Datenteil. Der Sprachteil beinhaltet die analogen
Sprachschaltungen und den Codec zur Analog-Digital
(Digital-Analog) Wandlung der Sprachsignale. Der Datenteil
erlaubt den Anschluss verschiedener DTE Typen an den Terminal
Adapter, abhaengig von deren Schnittstellen (V.24/V.28, RS232C,
X.21) ueber entsprechende Treiber. Der Terminal Adapter

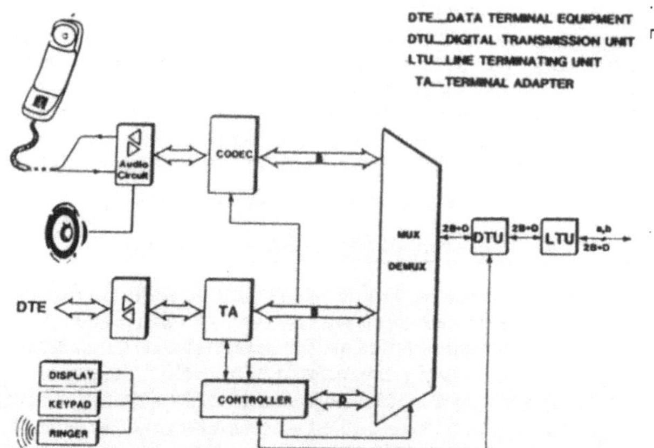

Bild 6:   Blockschaltbild eines digitalen Teilnehmerapparates

erledigt die Rate Adaption Aufgaben, die notwendig sind, um den
Datenstrom an den 64kbit/s Traeger anzupassen, weiters bedient
er die entsprechenden Steuerleitungen der Schnittstelle.

Die Steuerung uebernimmt ein Controller der das Man-Machine
Interface bedient und die Signalisieraufgaben fuer Sprach- und
Datenteil wahrnimmt.   Beide B-Kanaele (Sprache, Daten) sowie der
D-Kanal werden ueber einen Multiplexer/Demultiplexer mit der
Digitalen Transmission Unit (DTU) verbunden, die die 2-adrige
Leitungsschnittstelle (Network Terminator, NT) bildet.

4.   Schnittstellen und Protokolle

Die beschriebenen Datenschnittstellen erlauben den Anschluss von
synchronen und asynchronen Terminals nach V.24/V.28 mit
Datenuebertragungsgeschwindigkeiten bis zu 19.2kbit/s.   Auf
diese Weise bietet die Nebenstellenanlage
Kommmunikationsmoeglichkeiten fuer nahezu alle heute gaengigen
Terminals.   Im naechsten Schritt wird es nicht nur synchrone
Schnittstellen mit X.21 Protokollen,sondern auch Schnittstellen
zum Anschluss von ISDN Terminals mit S-Interface geben.

Datenverbindungen mit heute gaengigen Terminals (d.h.   keine
ISDN Terminals) werden mit Hilfe eines Mensch-Maschine Dialogs
aufgebaut, der ueber das Datenterminal eingegeben wird.   Im
Dialog wird die gewuenschte Verbindung festgestellt (Wahl), die
geeigneten Uebertragungsparameter festgelegt und die
verschiedenen Merkmale wie Kurzwahl u. a. aktiviert.
Zusaetzlich kann jener Teil der Datenbasis des Systems abgefragt
oder editiert werden, der fuer den Benutzer zugaenglich ist

5.   Zusatzdienste ("Value Added Services")

Es ist nicht nur ein einfacher Datentransport durch das Netz
moeglich, auch Zusatzdienste sind ueber die Nebenstellenanlage
verfuegbar.   Die Zusatzdienste koennen ueber billige
Mehrzweckterminals aufgerufen werden, die an jedem beliebigen
Punkt des bestehenden Telefonnetzes fuer den Endverbraucher
angeschlossen werden.   Diese neuen Dienste wie Teletex,
Videotex, Electronic Mail, Fileverwaltung und Textverarbeitung

laufen entweder auf einem Cluster integrierter Serviceeinheiten
oder auf einem Host-Computer. Es koennen sowohl
Serviceeinheiten von ITT als auch von anderen Firmen integriert
werden, wodurch dem Benutzer die groesstmoegliche Freiheit in
der Wahl einer optimalen Loesung gegeben ist.

6. Betrieb und Wartung

Sowohl Testfunktionen, als auch umfassende Moeglichkeiten der
Verwaltung sind ein integraler Bestandteil einer modernen
Nebenstellenanlage. Sie sind mittels eines menuegefuehrten
Dialogs zugaenglich /4/. Der Zugriff auf diese Funktionen ist
sowohl lokal als auch von aussen moeglich, wobei der Zugriff von
aussen durch Direktwahl ueber Fernleitungen oder ueber
Datennetze durchgefuehrt wird. Testprogramme, die systeminterne
Hardware- und Softwarefunktinen testen, koennen periodisch oder
nach Bedarf aufgerufen werden. Jede Funktion, die sich als
fehlerhaft erwiesen hat wird automatisch ausser Betrieb
genommen.

Zusaetzlich sind Funktionen zum Teilnehmerleitungs- und
Amtsleitungstest integriert. Diese Funktionen gestatten
Messungen zum Teilnehmerendgeraet und zur Nebenstellenanlage,
womit Fehler in lokalen und entfernten Systemteilen geortet
werden koennen. Die Verwendung dieser Teststruktur ermoeglicht
es, fehlerhafte Anlagenteile sehr rasch zu finden.

7. Systemaufteilung

Das ITT 5200 BCS wird in verschiedenen Groessen von 60 bis 1024
Pforten ausgeliefert. Die Systeme mit 60 und 120 Pforten werden
als Geraete zur Wandmontage geliefert, groessere Systeme sind in
Standschraenken untergebracht. Alle Installationsarbeiten
koennen von der Frontseite her durchgefuehrt werden. Das System
ist fuer den Einsatz in normaler Buereauumgebung konstruiert und
benoetigt keine Zwangsbelueftung.

8. Literatur

/1/ Mc Namara John E.: Technicall Aspects of Data Communication/
Digital Equipment Cooperation 1982
/2/ Davis R.: One Viewpoint of Local Area Networks/ Communication
International, February 1982
/3/ Parnas D.L.: On the Criteria to be used in Decomposing
Systems into Modules/ CACM 15, 1972
/4/ Martin J.: Design of Man-Computer Dialogues/ Prentice Hall
/5/ Welch S.: Signaling in Telecommunications Networks/ IEEE
Telecommunication Series 6, 1981
/6/ Tanenbaum A.: Computer Networks/ Prentice Hall, 1981
/7/ Telecommunications Commission WG11: Switching and
Signalling/ CEPT, 1982
/8/ Schindler S., Spaniol O.: Informatik Fachberichte;
Kommunikation in verteilten Systemen - Anwendung und
Betrieb/GI/NTG-Fachtagung, Berlin 1983/ Springer Verlag, 1983

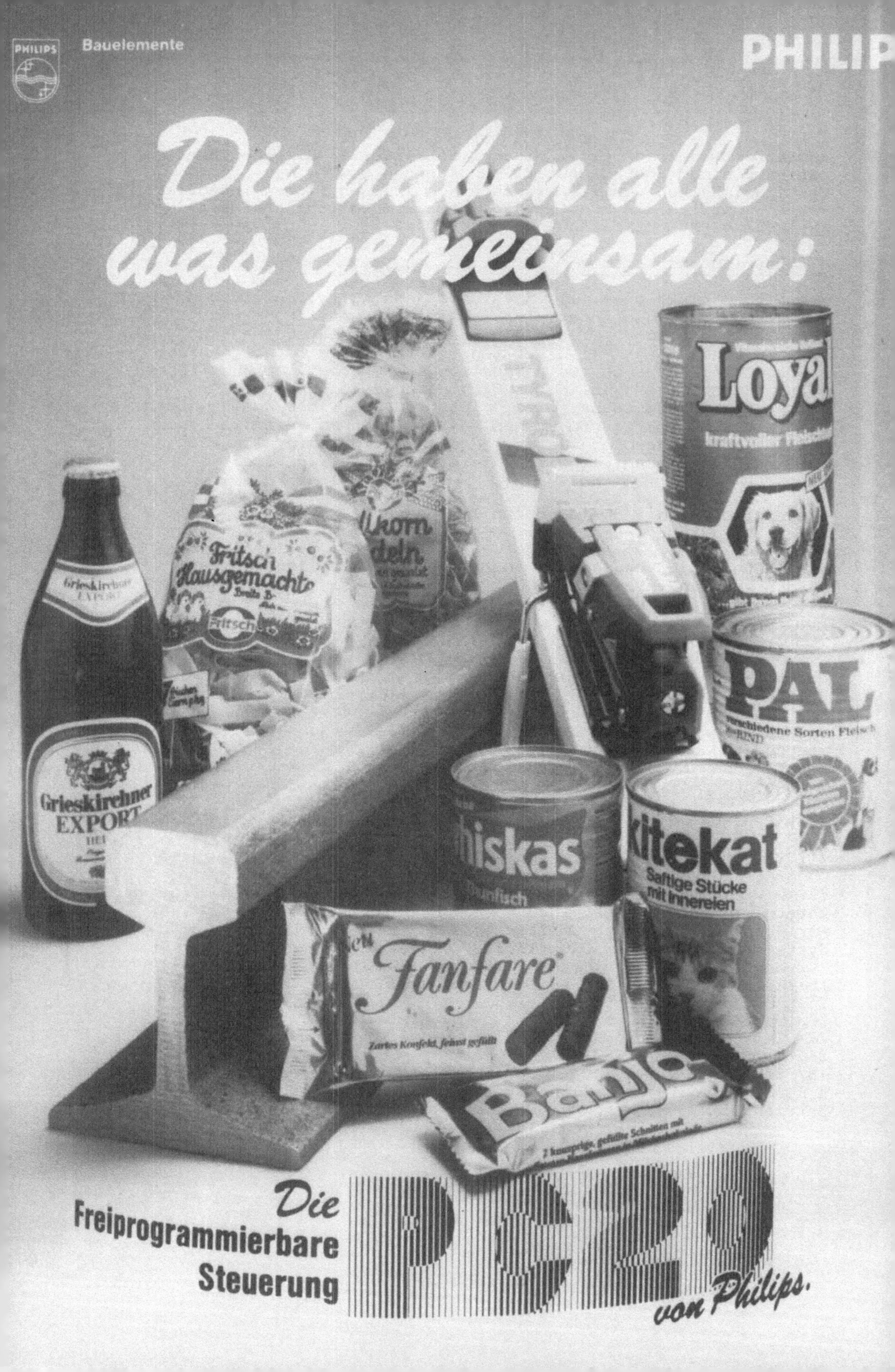
Bauelemente
PHILIP
Die haben alle was gemeinsam:
Grieskirchner EXPORT
Fritsch Hausgemachte
Loyal
PAL
kitekat
Saftige Stücke mit Innereien
Fanfare
Banjo
Die Freiprogrammierbare Steuerung
von Philips.

DIE MEISTER ALLER KLASSEN

Bubble Speicher
CMOS
Dynamische RAM
Darlington Arrays
EPROMS
Ethernets
Gate Arrays
HCMOS Gate Arrays
Keyboards
Low Power Schottky
Microprozessoren
Module
Plasma Displays
PROM
Ring Emitter Transistor
Relais
Special MOS
Speicher
Statische RAM
Stecker
Telecom

CMOS
Diskret Power
Darlington Arrays
Gate Arrays
High Speed CMOS
HCMOS Gate Arrays
Kleinsignaltransistoren
Linears
Low Power Schottky
Microprozessoren
Module
Special MOS
Speicher
Telecom

Frontplatten
HMM Electronic Panel
Kurzhubtaster
Keyboards
Standard-Folientastaturen

ATEL Electronics

Atel Electronics
Eitnergasse 6
1232 Wien
Tel. (0222) 86 15 31 Serie
Telex 11-2344
Telefax (0222) 86 32 11/200

Punkt für Punk

Logic Analysis System LAS

Modulares Logikanalysesystem
mit 16-bit-Rechner für
Entwicklung, Prüfung und Überwachung
von digitalen und hybriden Testobjekten

IEEE 488   (IEC625Bus)

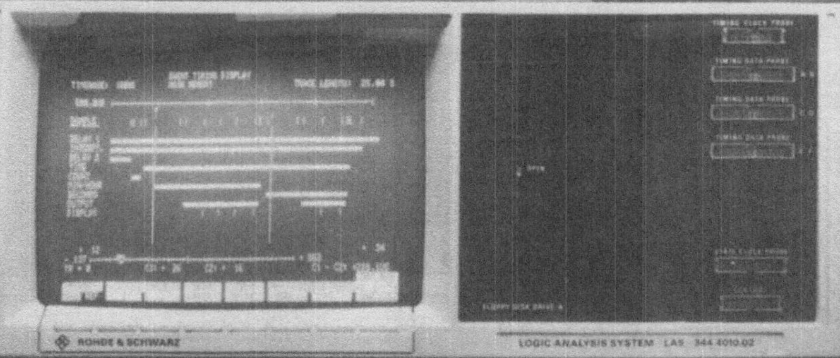

Unsere Adresse:
Rohde & Schwarz — Österreich
GmbH
1100 Wien, Sonnleithnergasse 20
Tel.: (0222) 626141, Abt. VÖ
Telex: 133933

ROHDE & SCHWARZ — Österreich

Arsenal

BUNDESVERSUCHS- UND FORSCHUNGSANSTALT ARSENAL

A-1030 WIEN, FARADAYGASSE 3; ☎ 78 25 31-0*

MIKROELEKTRONIK

Mikroprozessortechnik

— Entwicklung anwendungsoptimierter Systeme auf Mikroprozessorbasis
— Entwicklung von Subsystemen zu vorhandenen Schnittstellenkonfigurationen
— Entwicklung von Datenerfassungssystemen zu vorhandenen Meßfühlern und -systemen
— Mikroprozessoreinsatz in der Prozeßsteuerung
— Mikroprozessoreinsatz in der Meßautomatisierung
— Vergleichende, grundlegende Untersuchungen an Mikroprozessorfamilien, insbesondere im Hinblick auf das zu lösende Problem (4-, 8- oder 16-bit-Prozessor)
— Anwendungen des IEC-625-Busses

■ **Durchführung von Forschungs- und Entwicklungsvorhaben**
■ **Untersuchungen, Analysen, Tests**
■ **Dokumentation, Information und Beratung**

Qualität und Zuverlässigkeit

— Untersuchungen, Messungen und Tests an Bauteilen der Elektronik
— Untersuchungen, Messungen und Tests an elektronischen Geräten und Systemen mit Bezug auf Fragen der Qualität und Zuverlässigkeit, insbesondere Schaltungsauslegung, EMI-Schirmung, Netzentstörung, Entkopplung, galvanische Trennung, eingebaute Redundanzen, Fehlermechanismen, Fehlererkennung im Hoch- und Niederspannungsbereich und an Datenleitungen, Funkentstörung
— Entwicklungsbegleitende Untersuchungen und Tests im Hinblick auf Fragen der Qualität und Zuverlässigkeit.

■ **Erstellung von Berichten, Gutachten und Zeugnissen**
■ **Konzeption, Planung und Durchführung von Großversuchen**

Springers
Angewandte
Informatik

Herausgegeben von
Helmut Schauer

Graphische Datenverarbeitung

Von Dipl.-Ing. Dr. techn. **Werner Purgathofer,**
Institut für Praktische Informatik,
Technische Universität Wien

1985. 133 Abbildungen. XI, 201 Seiten.
Geheftet DM 59,–, öS 420,–
ISBN 3-211-81855-3

„Ein Bild sagt mehr als 1000 Worte" bzw. Zahlen —
so etwa könnte das Motto der graphischen Datenverarbeitung lauten, denn Bilder oder bildlich dargestellte Informationen sagen uns nun einmal mehr
als Texte und Tabellen. Deshalb gewinnt auch die
Erzeugung von Bildern mit Hilfe des Computers
immer mehr an Bedeutung, und dies um so stärker,
je schneller die aufwendige Verarbeitung zur Bild-
erzeugung von den Rechnern geleistet werden
kann. Dieses Buch möchte nun den Stand der Dinge in einem fundierten Überblick vermitteln und
verläßliche Orientierung bieten.

Dazu werden zunächst die Grundbegriffe der GDV
ausführlich erläutert, um anschließend — ausgehend von praktischen Anwendungen — die diver-
sen Geräte, Programmiermethoden und algorith-
mischen Grundlagen eingehend darzulegen.

Leichte Lesbarkeit und Verständlichkeit wurden
besonders angestrebt, damit sich das Werk auch
als Lehrbuch eignet; nur die einfachsten Begriffe
aus der Informatik werden vorausgesetzt.

So wird das Buch dem DV-Fachmann und Studen-
ten ein umfassendes Grundlagenwerk sein, aber
genausogut dem interessierten Amateur und be-
ruflichen Anwender abschätzen helfen, welche
neuen Chancen ihm die graphische Datenverarbeitung eröffnet.

Springer-Verlag
Wien New York